MIP/L&H

BUILDING & CONSTRUCTION DICTIONARY

ENGLISH-RUSSIAN

АНГЛО-РУССКИЙ СЛОВАРЬ ПО СТРОИТЕЛЬСТВУ И АРХИТЕКТУРЕ

Moscow International Publishers
in cooperation with
L&H Publishing Co., Copenhagen

Building & Construction Dictionary English-Russian

Prepared by the editorial board of Moscow International Publishers on the basis of lexicographic data supplied and edited by the editorial board of L&H Publishing Co.

Published by Moscow International Publishers in cooperation with
L&H Publishing Co., Copenhagen, Denmark
General Editor Jorgen Hoedt
Printed in Norway by Aktietrykkeriet i Trondhjem.

ISBN 5-900628-02-7 (in CIS and the Baltic States)
ISBN 87-7845-004-7 (outside CIS and the Baltic States)

Introduction

Although it may not be the most conspicuous of the building and construction sector the text quantities are enormous. At the same time as the degree of internationalization of the industry intensifies, the need for accurate translation grows.

A primary target group for the Building and Construction Dictionary, English-Russian, is industry participants at all levels who are familiar with the above description, and who need a precise understanding of the vast amount of data.

As is the case with all other L&H Dictionaries, the source material originates from L&H's large database compiled by professional translators and expert linguists comprising millions of terms and expressions from a large number of sectors.

The primary source material for the L&H Building and Construction Dictionary is authentic translations by professional translators, including tenders, contracts, specifications, standards, patent documents, regulations, laws, brochures, operating manuals, user instructions, product information, technical descriptions and service manuals.

A number of colleagues and other experts have contributed to the Building and Construction Dictionary. Editorial contributors and external consultants have all made an invaluable and enthusiastic effort.

Jorgen Hoedt
General Editor, L&H Publishing Co.,
Copenhagen, Denmark
1994

Предисловие

Выходом "Англо-русского словаря по строительству и архитектуре" российское издательство "М.И.П. - Москоу Интернэшнл Паблишерз" открывает серию специализированных словарей, не имеющих аналогов с точки зрения насыщенности терминологией, точности формулировок и удобства использования. Одновременно со "Строительным словарем" выходят также "Англо-русский бизнес словарь" и "Англо-русский словарь компьютерных терминов".

Данная продукция - результат сотрудничества "М.И.П." с датским издательством "L&H Publishing Co.", выпустившим десятки наименований популярных в Европе словарей терминов. После тщательного изучения западного рынка специализированных словарей эксперты "М.И.П." пришли к выводу о том, что оригинальная концепция и уникальная база данных "L&H Publishing Co." смогут найти массового пользователя среди всех тех, кто профессионально занимается русскими переводами.

Все эти книги не появились бы на свет без громадного труда переводчиков, редакторов и консультантов "М.И.П." и "L&H Publishing Co.", которые проявили завидное упорство и новаторский подход.

Сергей Серебряков,
главный редактор "М.И.П.- Москоу Интернэшнл Паблишерз"
Москва,
1994

"М.И.П.- Москоу Интернэшнл Паблишерз"
Россия, Москва 117802
Научный проезд 12,
тел. 7 095 120 25 36
факс 7 095 120 84 39

M.I.P. - Moscow International Publishers
Nauchnyi proezd 12,
117802 Moscow, Russia
Phone: 7 095 120 25 36
Fax: 7 095 120 84 39

Abbreviations and designations

Where it has been found appropriate, the dictionary makes use of the following abbreviations and designations to describe the primary field of application of the relevant entries:

ac.=acoustics
aero=aero technologi
agr.=agriculture
ant.=antenna
arch.=architecture
auto.=automobile
bat.=battery
book b.=book binding
bot.=botany
bridge=bridge construction
build.=building
carp.=carpentry
cart.=cartography
cast.=casting
cer.=ceramics
chem.=chemistry
cin.=cinema
comm.=commerce
comp.=computer
concr.=concrete
corr.=corrosion
crane
cycle=bicycle
desk
draw.=drawing
econ.=economics
el.=electricity
electr.=electronics
empl.=employment
en.=environment
fish.=fishery
food=food
forest=forest industry
forg.=forging
furn.=furniture
galv.=galvanizing
geod.=geodesy
geogr.=geography
geol.=geology
geom.=geometry
glass
graph.=graphics
hydr.=hydraulic construction
illum.=illumination/lighting
ingsteel=steel
instr.=instrument
label.=labelling
land surv.=land survey
leath.=leather
lift
light.=lighting
lingv.=linguistics
liq.=liquids
lock=locks
log.=logic
mach.=machining
mason.=masonry
mat.=mathematics
mater.=science of materials
meas.=measuring
meas.instr.=measuring instruments
mech.=mechanical
mech.draw.=mechanical drawing
mech.eng.=mechanical engineering
med.=medicine
met.=metallurgy
meteo.=meteorology
met.w.=metal working
micro.=microelectronics
mil.=military
min.=mineralogy
mining
motor
nav.=navigation
nuc.=nuclear
oil ind.=oil industry
opt.=optics
paints=paints and lacquers
paintw.=paintwork
paper
pat.=patenting
photo
phys.=physics
pipe=pipes
plast.=plastics
plumb.=plumbing
pow.met.=powder metallurgy
prof.=professional
pump
rad.=radio
rail.=railways
rec.=recording
riv.=riveting
road=road construction
san.eng.=sanitary engineering
sc.=semi-conductors
sew.=sewage
stat.=statistics
stucco=stucco work
syst.=system

tech.=technics
telecom.=telecommunications
text.=textile
tool=tooling
traf.=traffic
turb.=turbine
tv=television
unit
wat.=water
weap.=weapons
weav.=weaving
weld.=welding
wk.env.=working environment
woodw.=woodwork
yarn.=yarn

Word classes:

adj. = adjective
vb. = verb

Practical Comments

English words are spelled in accordance with acknowledged British-English standards, except in cases where the word is obviously of American extraction.
Composite words have been included where it has been found relevant to illustrate the use of the word.
(US) and (UK) mark American and British-English usage, respectively.

A

A (ampere) [electr.] *А (ампер)*

abandoned property *бесхозное имущество*

abate (vb.) *обтесывать камень, ослаблять, отпускать сталь, уменьшать, уменьшать шум*

abatement *обтесывание, ослабление, отпуск стали, снижение, уменьшение*

abatement of noise *борьба с шумом, ослабление шума, снижение уровня шума*

ability *способность*

ability to function *способность действовать*

ability to withstand heat *жаростойкость*

able *способный, умелый*

above ground *наземный*

above water *надводный*

above-water *выступающий над поверхностью воды, выше ватерлинии*

abradant *абразив, абразивный шлифовальный материал*

abrade (vb.) *изнашивать, истирать, очищать песком или дробью, сдирать, шлифовать*

abrading process *процесс очистки, процесс шлифовки*

abrasiometer *измеритель абразивного износа*

abrasion *абразивное истирание, абразивный износ, абразия, истирание, шлифование*

abrasion hardness *твердость на истирание*

abrasion index *коэффициент абразивного износа*

abrasion-proof *стойкий к истиранию, износу, трудношлифуемый*

abrasion resistance *износостойкость, сопротивление истиранию*

abrasion resistance index *показатель износостойкости*

abrasion-resistant *износостойкий, стойкий против истирания*

abrasion-resistant alloy *износостойкий сплав*

abrasion strength *прочность на истирание*

abrasion test *испытания на абразивное изнашивание, испытания на абразивное истирание, испытания на абразивный износ*

abrasive *абразив, абразивный материал*

abrasive (adj.) *абразивный, шлифующий*

abrasive agent *абразивное вещество*

abrasive belt *шлифовальная лента*

abrasive blasting *обработка пескоструйным аппаратом*

abrasive cloth *абразивное полотно, наждачное полотно, шкурка*

abrasive coat *абразивное покрытие*

abrasive compound *абразивная смесь, составной абразив*

abrasive disc *шлифовальный круг*

abrasive dust *абразивная пыль*

abrasive grain *абразивное шлифовальное зерно*

abrasive grinding *сухая шлифовка*

abrasive grit *зернистость абразива, шлифовальное зерно*

abrasive machining *абразивная обработка*

abrasive material *абразивный материал*

abrasive paper *наждачная бумага*

abrasive paste *абразивная паста*
abrasive polishing *абразивная полировка*
abrasive powder *абразивный порошок*
abrasive product *абразивное изделие*
abrasive test *испытания на износ*
abrasive wheel *точильное колесо, шлифовальный круг*
abscissa [geom.] *абсцисса*
absent *отсутствующий*
absolute accuracy *абсолютная погрешность, абсолютная точность*
absolute density *абсолютная плотность*
absolute gravity *абсолютная тяжесть*
absolute humidity *абсолютная влажность*
absolute orientation [geod.] *внешнее ориентирование*
absolute pressure *абсолютное давление*
absolute temperature *абсолютная температура*
absolute value *абсолютная величина, абсолютное значение, модуль*
absorb *абсорбировать, амортизировать, впитывать, поглощать*
absorb (vb.) *абсорбировать, впитывать, всасывать, поглощать*
absorbance *абсорбция, логарифм коэффициента пропускания, оптическая плотность, поглощение*
absorb a shock (vb.) *обладать противоударным свойством, поглощать удар*
absorbed moisture *гигроскопическая влага*
absorbed water *абсорбированная вода*
absorbency *впитывающая способность, впитывающая способность бумаги, оптическая плотность, поглощение*
absorbent *абсорбент, неотражающий материал (в радиолокации), поглотитель, поглощающий материал*
absorbent (adj.) *абсорбирующий, гигроскопичный*
absorbent liquid *абсорбирующая жидкость*
absorber *абсорбер, абсорбирующее вещество, абсорбционный аппарат, амортизатор, демпфер, поглотитель, поглотительная схема, поглотительная цепь, поглотительный контур, поглощающее вещество, фильтр*
absorber material *поглотитель, поглощающее вещество, поглощающий материал*
absorbing *абсорбция, амортизация, впитывающий, поглощающий, поглощение*
absorbing (adj.) *впитывающий, всасывающий*
absorbing material *гигроскопическое вещество, поглотитель*
absorbing medium *поглощающая среда*
absorbing power *абсорбционная способность, поглощающая способность*
absorbing well *дрена, поглотительный колодец*
absorptance *коэффициент абсорбции, коэффициент поглощения, лучепоглотительная способность, поглощающая способность*
absorption *абсорбционный, абсорбция, амортизация, впитывание, всасывание, лучепоглощение, поглощение*
absorption (adj.) *поглощающий*
absorption agent *поглощающее вещество*
absorption capacity *поглощающая способность*

absorption coefficient *коэффициент абсорбции, коэффициент поглощения*
absorption factor *коэффициент абсорбции, коэффициент поглощения*
absorption heat pump *абсорбционный тепловой насос*
absorption of energy *поглощение энергии*
absorption of heat *поглощение тепла*
absorption rate *скорость абсорбции, темп абсорбции*
absorption ratio *коэффициент поглощения*
absorption well *поглотительный колодец, поглощающая скважина*
absorptive *абсорбирущий, впитывающий, всасывающий, поглощающий*
absorptive capacity *абсорбционная способность, поглощающая способность*
absorptive power *абсорбционная способность, поглощающая способность*
absorptivity *абсорбционная способность, поглощаемость, поглощающая способность*
abundant *богатый, обильный*
abut (on) (vb.) *прилегать, примыкать, соединять впритык*
abutment *контрфорс, опорная стена, пилястр, прилегание, пята свода, укосина, устой;* [bridge] *береговой пролет, береговой устой*
abutment wall *откосное крыло берегового устоя, открылок плотины, устой*
abutting joint *стыковое соединение, торцовое соединение*
abutting surface *прилегающая поверхность*
Abyssinian well *забивной трубчатый колодец*
AC (alternating current) *переменный ток*
accelerate (vb.) *разгонять, ускорять*
accelerated ageing *искусственное старение, ускоренное старение*
accelerated corrosion test *ускоренные испытания на коррозионную стойкость*
accelerated test(ing) *ускоренные испытания*
accelerating agent *катализатор*
acceleration lane [road] *скоростная полоса, скоростное шоссе*
accelerator *акселератор, акселератор (устройство ускорения выполнения команд), катализатор, педаль управления дроссельной заслонкой, ускоритель;* [concr.] *ускоритель твердения*
accept (vb.) *допускать, принимать, соглашаться*
acceptable *допустимый, приемлемый*
acceptable state of thermal efficiency *допустимый тепловой к.п.д.*
acceptance *одобрение, приемка здания, приемка изделия, принятие*
acceptance check *приемочная проверка*
acceptance gauge *приемочный калибр*
acceptance test *испытания на соответствие техническим условиям, приемочные испытания, тест на приемку, тест на приемлемость*
access *выборка данных, выборка из памяти, доступ, люк, обращение, подход, подъездная дорога, подъездной, проход, регулировочное отверстие, смотровой (об окне, люке)*

access balcony [arch.] *смотровой балкон*
access conditions [road] *состояние подъездных путей*
access door *дверца смотрового люка, смотровое отверстие*
access expressway *подъездная дорога, подъездное шоссе*
access eye *очистное отверстие*
access hatch *смотровой люк*
accessibility *достижимость, доступность, досягаемость (для летчика, оператора), легкость доступа, легкость ремонта, наличие подъездных путей, удобство обслуживания*
accessible *достижимый, доступный, проходимый*
accessories *аксессуары, принадлежности, приспособления, фурнитура*
accessory materials *дополнительные материалы*
accessory mounting *дополнительная установка, дополнительное крепление*
access panel *люк*
access point *место доступа*
access ramp *аппарель, пандус*
access road *подъездная дорога*
accident *авария, несчастный случай, происшествие*
accidental *случайный*
accidental error *случайная ошибка, случайная погрешность*
accident at work *производственная авария*
accident during work *несчастный случай на производстве, производственная авария*
accident prevention *мероприятия по технике безопасности, профилактика аварий*
acclivity *откос, подъем, уклон*
accommodation *аккомодация, жилье, квартира, место, подгонка, помещение, приспособление, приспособляемость организма, размещение, размещение в гостинице, расквартирование*
accommodation module *жилой модуль*
accommodation space *бытовка, бытовое помещение*
accordance *согласие, соответствие*
accumulate (vb.) *аккумулировать, накапливать, складывать, скучивать*
accumulation *аккумулирование, аккумуляция, накопление, собирание*
accumulation of waste *скопление отходов*
accuracy *безошибочность, меткость, погрешность, правильность, пунктуальность, точность, тщательность, четкость изображения*
accuracy of measurement *точность измерений, точность измерения*
accuracy requirement *необходимая точность, требования к точности, требуемая точность*
accurate *безошибочный, правильный, точный*
accurate formation level [road] *точность закладки земляного полотна*
acetone [chem.] *ацетон*
acetylene [chem.] *ацетилен*
acetylene burner *ацетиленовая горелка*
acetylene cutting *ацетиленовая резка*
acetylene-oxygen cutting torch *кислородно-ацетиленовый газовый резак*

acetylene welding *ацетиленовая сварка*
ACI (American Concrete Institute) *Американский институт бетона*
acicular *игольчатый*
acid *кислота*
acid-based *кислотный*
acid cleaning *очистка кислотой*
acid-etch (vb.) *травить кислотой*
acid etching *травление кислотой*
acid-fast *кислотостойкий, кислотоупорный*
acid-free *бескислотный*
acid-hardening *закалка в кислоте*
acidless *бескислотный*
acidproof *кислотостойкий, кислотоупорный*
acidproof enamel *кислотоупорная эмаль*
acidproof steel *кислотостойкая сталь*
acid rain *кислотный дождь*
acid resistance *кислотостойкость, кислотоупорность*
acid resistant *кислотостойкий, кислотоупорный*
acid resistant mortar *кислотостойкий строительный раствор*
acid-resisting *кислотостойкий, кислотоупорный*
acid-resisting lacquer *кислотостойкий лак*
acid steel *бессемеровская сталь*
acid-wash (vb.) *обрабатывать кислотой, снижать кислотность*
acid-washed oak *дуб, отбеленный кислотой*
acid washing *кислотная промывка*
acme *верх, высшая точка*
acme screw thread *трапецеидальная винтовая нарезка*
acme thread *трапецеидальная нарезка*
acorn nut *колпачковая гайка*
acoustic *акустический, звуковой*
acoustical *акустический, звуковой*
acoustical absorption *поглощение звука*
acoustical absorption coefficient *коэффициент поглощения звука*
acoustic attenuation *затухание звуковых колебаний*
acoustic backing *звукопоглощающее покрытие стен*
acoustic baffle *акустический экран, звукоотражатель*
acoustic barrier *звукопоглощающий экран*
acoustic ceiling *звукопоглощающее покрытие потолка*
acoustic insulation *звукоизоляция*
acoustic insulation material *звукоизолирующее вещество, звукоизолирующий материал, звукопоглощающий материал*
acoustic nuisance *шумовой раздражитель*
acoustic oscillation *звуковые колебания*
acoustic paint *звукопоглощающая краска*
acoustic panel *звукопоглощающая панель, звукопоглощающий экран*
acoustic plaster *звукопоглощающая штукатурка*
acoustics *акустика*
acoustic screen *акустическое изображение, звукопоглощающий экран*
acoustic sealant *звукоизолирующий герметик*
acoustics of rooms *акустика помещений*

acoustic tile *звукоизолирующая плитка*
acoustic trauma [wk.env.] *акустическая травма*
acoustic warning signal *акустический сигнал предупреждения*
acquisition *вхождение в синхронизм, захват объектов роботом, обнаружение, захват цели на автоматическое сопровождение, определение местоположения объекта в пространстве, ориентация антенны на сопровождаемый объект, прием и накопление данных, приобретение, сбор данных, целеуказание;* [comp.] *сбор данных*
acreage *площадь земли в акрах*
across the grain [woodw.] *поперек волокна*
acrylate rubber *акрилатный каучук*
acrylic *акриловый*
acrylic resin paint *полиакрилатная краска*
acrylic rubber *акриловый каучук*
acrylics *акриловые волокна*
acrylic sealant *акриловый герметик*
act (vb.) *действовать, поступать*
acting in the opposite direction *действующий в противоположном направлении*
action *влияние, воздействие, действие, механизм работы, операция, поведение системы, принцип действия, работа, срабатывание, ход;* [phys.] *фазовый интеграл*
action area *участок застройки*
action area plan *план участка застройки*
activate *активизировать, активировать, включать, возбуждать, запускать, приводить в действие*
activate (vb.) *активизировать, активировать, инициировать*
activated carbon *активированный уголь*
activated charcoal *активированный древесный уголь*
activated coal *активированный уголь*
activation *активация, активизация, активирование, включение, вызов процедуры, вызов процесса, заливка электролита в аккумулятор, запуск, инициирование, приведение в действие*
active *активный, действующий*
active anchor *анкерное устройство с домкратом, регулируемый анкер*
active carbon *активированный уголь*
active coal *активированный уголь*
active component *активная составляющая*
active cutting edge [tool] *подвижная режущая кромка*
active earth pressure *активное давление грунта*
active element *активная составляющая*
active-energy meter *счетчик расхода электроэнергии*
active filler *активный наполнитель*
active impact test *испытание на динамическое воздействие*
active pigment *активированный пигмент*
active principle *активная составляющая*
active solar heating system *система отопления на солнечных батареях*
active state *активное состояние, рабочее состояние*

active state of plastic equilibrium *состояние динамического равновесия*

activity *активность, деятельность, рабочая операция*

act of God *стихийное бедствие, форс мажор*

act on (vb.) *воздействовать*

actual *действительный, настоящий, подлинный, фактический*

actual dimension *действительный размер, фактический размер*

actual efficiency *действительная отдача, реальный к.п.д.*

actual measure *действительный масштаб*

actual risk *действительный риск, реальный риск*

actual size *реальные габариты, фактический размер*

actual value *реальная стоимость, фактическое значение величины*

actuate (vb.) *активизировать, воздействовать, побуждать, приводить в действие*

actuating quantity *величина воздействия, величина срабатывания*

actuation *активизированный, включение, срабатывание*

acute *острый*

acute angle *острый угол*

a.d. (air-dried) *воздушно-сухой*

adapt (vb.) *адаптировать, настраивать, пригонять, прилаживать, приспосабливать, приспособлять*

adaptable *регулируемый*

adaptation *адаптация, внедрение новой техники, приспособление, усовершенствование*

adapter *адаптер, держатель, надставка, наконечник, переходная деталь, переходник, приставка, согласователь*

adapter fitting *арматура, соединительные части труб, фасонные части труб, фиттинги*

adapter kit *набор переходников*

adapter plug *адаптерная вставка, штепсель-переходник*

adapter sleeve *закрепительная втулка, патрубок, переходная муфта, переходной конус, штуцер*

adapter socket *втулка, ниппельная муфта*

adaption *адаптация, приспособление*

add (vb.) *добавлять, наращивать, прибавлять, присоединять, складывать*

addition *добавление, прибавление, примесь, присоединение, суммирование;* [build.] *пристройка;* [chem.] *добавка;* [mat.] *сложение, суммирование*

addition agent *добавка, присадка*

additional *добавочный, дополнительный, присадочный*

additional attachments *дополнительная привязка, дополнительные приставки, приспособления*

additional building *пристройка*

additional implements *дополнительные принадлежности, дополнительный инструмент*

additional lane [road] *дополнительная полоса движения*

additional reinforcement *дополнительное укрепление армирование*

additional treatment *дополнительная обработка*

additional work *доделка, доработка*

additive *добавка, присадка*

additive mixing *смешение цветов путем сложения*

add-on *добавление, удлинение*

add to (vb.) *добавить, сложить с*

adequate *адекватный, достаточный, отвечающий требованиям, соответствующий*

adhere *прилипать, сцепляться*

adhere (vb.) *прилипать, сцепляться*

adherence *прилипание, приставаемость, слипаемость, сцепление*

adherent *клейкий, липкий*

adhesion *адгезия, молекулярное притяжение, прилипание, слипание, сцепление*

adhesion agent *связывающее вещество*

adhesion promoter *активатор склеивания, промотер*

adhesion stress *напряжение сцепления*

adhesion test *испытание на адгезионную прочность, испытания на адгезию*

adhesive *клей, клейкое вещество*

adhesive (adj.) *клейкий*

adhesive bonding *соединение склеиванием*

adhesive-coated *с клеющим покрытием*

adhesive force *адгезионная сила, сила сцепления*

adhesive grease *адгезионная смазка*

adhesive insulating tape *клейкая изоляционная лента*

adhesive medium *соединяющее вещество*

adhesiveness *адгезионная способность, клейкость, липкость, приставание к поверхности, сцепляемость*

adhesive power *адгезионная способность, сила сцепления*

adhesive property *свойство адгезионности*

adhesive strength *прочность прилипания, прочность сцепления, сила адгезии*

adhesive substance *адгезионная субстанция, соединительное вещество*

adhesive tape *клейкая лента*

adiabatic *адиабатический, адиабатный*

adiabatic cooling *адиабатическое охлаждение*

adiabatic heat drop *адиабатическое падение температуры*

adjacent *прилегающий, примыкающий, смежный, соседний*

adjacent angle *смежный угол*

adjacent building *примыкающее здание, примыкающее строение*

adjacent side *смежная сторона*

adjacent span *примыкающее пролетное строение;* [build.] *прилегающий пролет*

adjacent to *близлежащий, смежный с*

adjacent weld element *примыкающая сварная секция*

adjoin (vb.) *граничить, прилегать, примыкать*

adjoining *граничащий, прилегающий, примыкающий*

adjoining house *соседний дом*

adjoining property *соседний участок*

adjust (vb.) *выверять, выравнивать, налаживать, приводить в порядок, пригонять, приспособлять, регулировать, улаживать, юстировать*

adjustable *приспособляемый, регулируемый*

adjustable end wrench [tool] *разводной гаечный ключ*

adjustable face wrench *штифтовый гаечный ключ;* [tool] *разводной торцевой ключ*

adjustable open-end wrench [tool] *разводной трубный ключ*

adjustable spanner [tool] *разводной ключ*

adjustable square *угломер;* [tool] *регулируемый угольник*

adjustable wrench [tool] *разводной гаечный ключ*

adjuster *регулировочное приспособление*

adjust for wear (vb.) *компенсировать износ, подтягивать*

adjusting button *грибок (орган управления), клавиша управления, кнопка управления*

adjusting device *регулирующее приспособление, установочное приспособление*

adjusting nut *регулировочная гайка*

adjusting plate *регулировочная доска, регулировочная плита*

adjusting screw *регулировочный винт, установочный винт, юстировочный винт*

adjustment *выверка, корректировка, наладка, настройка, подгонка, регулирование, регулировка, согласование, установка, юстировка*

adjustment device *регулирующее устройство, установочное приспособление*

adjustment knob *кнопка регулировки, рукоятка настройки, ручка настройки*

adjustment nut *установочная гайка*

adjustment pin *установочный штифт*

adjutage *мундштук, патрубок, форсунка*

administer (vb.) *вести дела, снабжать, управлять*

administration block *административный блок*

administration building *административное здание*

admissible *допускаемый, допустимый, приемлемый*

admissible load level *допустимый уровень нагрузки*

admission *впуск, допуск, наполнение, подача, подвод*

admission pipe *впускная труба*

admission valve *впускной клапан*

admix (vb.) *вводить добавку в бетон*

admixture *добавка, присадка*

adobe *глинобитная постройка, землянка, кирпич воздушной сушки, кирпич-сырец*

adsorb (vb.) *адсорбировать, всасывать*

adsorbed water *адсорбированная вода*

adsorbent *адсорбент, адсорбирующее вещество*

adsorbent (adj.) *адсорбирующий*

adsorption *адсорбция, поверхностное поглощение*

adsorption (adj.) *адсорбирующий*

adsorption compound *адсорбирующее соединение*

adsorption power *адсорбционная способность*

adsorptive *адсорбирующий, поглощающий*

adulterate (vb.) *подмешивать, фальсифицировать*

adulteration *подмешивание, фальсификация*

advance *опережение, поступательное движение, упреждение*
advanced *выдвинутый вперед, опережение, передовой, продвижение, усовершенствованный*
advance direction sign [road] *указатель направления движения*
advantage *выгода, преимущество*
adverse camber [road] *поперечный уклон*
adverse effect *неблагоприятное воздействие, противоположный эффект*
adverse health effect *вредность, условия, опасные для здоровья*
adverse weather conditions *неблагоприятные погодные условия*
advising engineer *инженер-консультант*
advisory *консультативный*
advisory diversion [road] *разгрузочное ответвление дороги*
adz(e) *тесло*
aeolian soil *лесс, эоловый грунт*
aerate (vb.) *аэрировать, вентилировать, насыщать газом, проветривать*
aerated concrete *газобетон*
aeration *вентилирование, проветривание*
aeration plant *станция аэрации*
aerator *аэратор*
aerial *антенна*
aerial (adj.) *воздушный, надземный*
aerial cable *антенный кабель, воздушный кабель*
aerial cableway *кабелепровод, кабельный кран, канатная дорога*
aerial contact wire *контактная сеть, контактный провод*
aerial funicular *воздушная канатная дорога*
aerial line *воздушная линия, воздушная проводка*
aerial mast *антенная мачта*
aerial photogram *аэрофотограмма*
aerial photograph *аэроснимок*
aerial ropeway *воздушная канатная дорога*
aerial view *вид с воздуха*
aerification *аэрация*
aerify (vb.) *аэрировать*
aerosol coating *нанесение покрытия аэрозолем*
aerosol paint *краска в аэрозольной упаковке*
aeroturbine *аэротурбина*
affect (vb.) *влиять, воздействовать, вредить, действовать, оказывать влияние, поражать*
affix (vb.) *присоединять*
affix a seal (vb.) *опечатать*
afflux *приток*
African mahogany *красное дерево*
after-curing *последующее выдерживание бетона*
after-polishing *последующая шлифовка*
after-sales service *гарантийное обслуживание;* [label.] *послепродажное обслуживание, сервисное обслуживание*
after-treatment *дополнительная обработка, последующая обработка*
age *возраст, срок службы*
age hardening *старение, твердение бетона с возрастом, твердение цемента с возрастом*

ageing *выдерживание бетона, изнашивание, старение*
ageing process *процесс старения, технология выдерживания*
ageing resistance *сопротивление старению*
agent *вещество, среда, средство, фактор*
agglomerate *агломерат*
agglomerate (vb.) *агломерировать*
agglomeration *агломерат, агломерация*
agglutinant *агглютинирующее вещество, агглютинирующий, склеивающее вещество, склеивающий*
agglutinant sand *формовочная смесь*
agglutinate (vb.) *агглютинировать, склеивать*
agglutination *агглютинация, склеивание*
aggregate *заполнитель бетона, множество, скелетный материал, совокупность*
aggregate (adj.) *совокупный, суммарный*
aggregate bin [concr.] *бункер для заполнителя*
aggregate exposure *выдержка, совокупное воздействие*
aggregate flow diagram *сводная схема технологического процесса*
aggregates for exposed finish *заполнитель для фактурной отделки бетонной поверхности*
aggregate silo *силос для хранения заполнителя*
aggregate size *крупность заполнителя*
aggregate spreader *распределитель щебня или гравия*
aggregate with natural content of moisture *заполнитель с естественным влагосодержанием*
aggression [corr.] *агрессия*
aggressive *агрессивный*
aggressive water *агрессивная вода*
aggressivity *агрессивность*
agitate (vb.) *взбалтывать, встряхивать, перемешивать*
agitation *взбалтывание, перемешивание, турбулентность*
agitator *лопасть мешалки, мешалка*
agitator mixer [concr.] *лопастной смеситель*
agreed penalty *установленный штраф*
agreement *договор, соглашение*
aid *помощь, содействие*
aid (vb.) *помогать*
aim *цель*
air *воздух*
air (vb.) *обдувать воздухом, проветривать*
air and material separator *воздухооткачивающий сепаратор*
air bell *воздушный пузырек*
air bleed *выпуск воздуха, жиклер*
air bleed cock *вантуз, воздуховыпускной кран*
air blower *воздуходувка*
air-blown bitumen *окисленный битум*
airborne *бортовой, воздушный, самолетный*
airborne noise *воздушные помехи*
airborne particle *пылинка, частица аэрозоля*
airborne sound *передающийся по воздуху звук*
air breather *вентилятор*

air brick *кирпич воздушной сушки, необожженный кирпич, пустотелый кирпич, саман, сырец*

air brush *аэрограф, краскопульт, малогабаритный распылитель краски*

air bubble *вздутие, пузырек воздуха, пустота, раковина*

air cable *воздушный кабель*

air chamber *воздушная камера, воздушный колпак насоса*

air change *воздухообмен*

air change rate *скорость воздухообмена*

air channel *вентиляционная труба, воздушный канал, вытяжная труба*

air circulation *циркуляция воздуха*

air cleaner *воздухоочиститель, воздушный фильтр*

air cleaning *воздухоочистка*

air cleaning filter *воздушный фильтр*

air cock *вантуз, воздушный кран*

air compressor *воздушный компрессор, краскораспылитель, пульверизатор*

air conditioning *кондиционирование воздуха*

air conditioning equipment *оборудование для кондиционирования воздуха*

air conditioning plant *установка для кондиционирования воздуха*

air conditioning system *система кондиционирования воздуха*

air condition system *система кондиционирования воздуха*

air conduit *вентиляционная труба, воздухопровод*

air content *содержание воздуха*

air-cooled *с воздушным охлаждением*

air-cooling *воздушное охлаждение*

air curing [concr.] *выдерживание на воздухе*

air current *воздушная струя, воздушный поток*

air curtain *воздушный экран*

air damper *вьюшка, задвижка*

air distribution *воздухораспределение*

air distributor *воздухонаправляющий аппарат*

air drain *вентиляционный канал, отдушина*

air-dried *высушенный на воздухе*

air drill *пневматический сверлильный инструмент, пневматическое сверло*

air drilling *пневматическое бурение*

air-driven *пневматический, с пневматическим приводом*

air-dry *высушенный на воздухе*

air-dry (vb.) *сушить воздухом*

air-dry aggregate *воздушно-сухой заполнитель*

air-drying *воздушная сушка, сушка воздуха, сушка воздухом, сушка дутья, сушка на открытом воздухе*

air-drying (adj.) *высыхающий на воздухе*

air-drying lacquer *высыхающая на открытом воздухе политура*

air duct *вентиляционная труба, воздуховод, воздушный канал*

air engine *компрессор, пневматический двигатель*

air-entrained concrete *бетон с воздухововлекающей добавкой*

air-entraining agent *воздухововлекающая добавка*

air-entraining cement *цемент с воздухововлекающей добавкой*

air-entraining concrete *бетон с воздухововлекающей добавкой*

air entrapment *воздухоуловитель*

air escape *отдушина*

air escape cock *воздуховыпускной кран, воздушный кран*

air exchange *воздухообмен*

air exhauster *вытяжной вентилятор, эксгаустер*

air extraction equipment *оборудование для вытяжной вентиляции, оборудование откачки воздуха*

air fan *воздушный вентилятор*

air filter *воздухоочиститель, воздушный фильтр*

airflow *воздушная струя, воздушный поток*

air flue *вентиляционная труба, воздуховод, воздухопровод*

air gap *воздушный зазор, воздушный промежуток, междужелезное пространство*

air gauge *воздушный манометр*

air grating *воздушный люк*

air hammer *пневматический молот*

air handling *кондиционирование воздуха*

air handling installation *установка для кондиционирования воздуха*

air handling unit *аппарат для кондиционирования воздуха*

air-hardening mortar *раствор, твердеющий на воздухе*

air-hardening steel *самозакаливающаяся сталь*

air heater *воздухоподогреватель, калорифер*

air heating *воздушное отопление*

air heating apparatus *устройство для воздушного отопления*

air heating unit *агрегат для воздушного отопления*

air hole *вентиляционное отверстие*

air hose *воздушный шланг*

air humidity *влажность воздуха*

airing *вентиляция, проветривание, сушка на воздухе*

airing pipe *вентиляционная труба*

air injection *вдувание воздуха*

air inlet *отверстие для впуска воздуха*

air inlet system *система впуска воздуха*

air intake *воздухозаборник, входное отверстие воздухопровода*

airless *безвоздушный*

airless spraying *безвоздушное распыление*

air level *ватерпас, вентиляционный штрек, уровень с воздушным пузырьком*

air line *воздушная линия электропередачи, кратчайшее расстояние между двумя точками на земной поверхности, линия подачи сжатого воздуха*

air line hose apparatus [wk.env.] *установка для шланговой подачи очищенного воздуха*

air line respirator [wk.env.] *пневмомаска со шланговой подачей воздуха*

air lock *воздушная пробка, воздушный шлюз*

air mortar *строительный раствор, схватывающийся на воздухе*

air-operated *пневматический*

air-operated hammer *пневматический молот*

air photo *аэрофотоснимок*

air pick *пневматический отбойный молоток*

air pipe *воздуховод, воздухопровод, воздушная труба*

air-placed concrete *торкрет-бетон*

air pocket *воздушная яма, раковина в металле*

air pressure *атмосферное давление, воздушное давление*

air pressure fall *падение атмосферного давления*

air pressure hose *шланг для подачи сжатого воздуха*

air pressure spraying *разбрызгивание сжатым воздухом*

airproof *воздухонепроницаемый, герметичный*

airproof (vb.) *герметизировать*

airproofing *герметизация*

air purging device *аппарат для продувки воздухом*

air purification *очистка воздуха*

air-raid shelter *бомбоубежище*

air recirculation *циркуляция воздуха в замкнутом цикле*

air relief cock *воздуховыпускной кран*

air removal equipment *воздухооткачивающая аппаратура*

air renewal *воздухообмен*

air renewal rate *скорость воздухообмена*

air seal *герметичное уплотнение*

air-seasoned *естественно высушенный*

air-seasoning *естественная сушка*

air shaft *вентиляционная шахта, вентиляционный ствол*

airspace *воздушное пространство, зазор, площадь прохода воздуха*

airspace ratio [concr.] *коэффициент пористости*

airspeed *скорость воздушного потока, скорость набегающего воздуха*

air storage [concr.] *выдержка на воздухе*

air stream *воздушная струя, воздушный поток*

air supply *подача воздуха*

air supply duct *канал подачи воздуха*

air tap *воздушный кран*

air-temperature sensor *датчик температуры воздуха*

airtight *воздухонепроницаемый, герметичный*

air tightness *герметичность*

air tile *пустотелый керамический камень*

air trap *гидравлический затвор*

air tube *воздухопровод, воздушная трубка*

air vent *вентиляционная вытяжная скважина, воздушный канал, выхлопное отверстие*

air venting *выброс в атмосферу*

airvoid (adj.) *вакуумный*

air void *вакуум, полость, пустота*

air void analysis *определение пористости*

air washer *вентиляционная камера с водяной завесой, воздухоочиститель*

airway *вентиляционная выработка*

aisle *коридор, пролет, проход между рядами, флигель;* [arch.] *крыло здания*

alarm *аварийная сигнализация, тревога, тревожить*

alarm bell *звуковая аварийная сигнализация*

alarm device *сигнальное устройство*

alarm system *система аварийной сигнализации*

alburnum *оболонь;* [forest] *заболонь*

Alclad [met.] *алклэд (плакированный дюралюминий)*

alcohol [chem.] *спирт*

alcohol diluted lacquer *спиртовая политура*

alcove *ниша;* [arch.] *альков*

alder [bot.] *ольха*

alderwood *ольха*

alert *сигнал тревоги, тревога*

alerter *сирена*

align (vb.) *выпрямлять, выравнивать, налаживать, располагать на одной линии, устанавливать в одну линию*

aligned and plumbed *отцентрованный и проверенный по отвесу*

aligning *выравнивание, спрямление*

alignment *выпрямление, выравнивание, горизонтальная проекция, ориентация*

alike *похожий*

alimentary pipe *питательная трубка*

alive *действующий, живой, под напряжением, продуктивный, работающий;* [electr.] *под током*

alkali *щелочь*

alkaline *щелочной*

alkalinity *щелочность, щелочные свойства*

alkali-reactive aggregates *щелочной химически активный заполнитель бетона*

alkali resistance *щелочестойкость, щелочеупорность*

alkali-resistant *щелочестойкий, щелочеупорный*

alkali-silica reaction *взаимодействие щелочей цемента с кремнеземом заполнителя в бетоне*

alkali silicate [chem.] *жидкое стекло*

alkali-silica weathering *эрозия бетона в результате взаимодействия щелочей с кремнеземом*

alkalization *подщелачивание, превращение в щелочь*

alkalize (vb.) *подщелачивать*

alkyd *алкид*

Allen key *ключ-шестигранник, секстантный ключ, торцевой ключ*

Allen screw *установочный винт*

Allen wrench *универсальный гаечный ключ*

alley *аллея, проезд, проход*

alligator clip *трубный зажим*

alligatoring *сетка трещин;* [paintw.] *поверхностное трещинообразование*

alligator wrench *аллигаторный ключ, трубный ключ*

all-in-one *цельный*

allotment *выделение, распределение, участок, участок земли*

allow (vb.) *допускать, позволять, разрешать*

allowable *дозволенный, допустимый*

allowable load *допустимая нагрузка*

allowable soil pressure *допустимое грунтовое давление*

allowable stress *безопасное напряжение, допустимое напряжение*
allowable unit stress *допустимое удельное напряжение*
allowance *допуск, допущение, пособие, припуск, разрешение*
alloy *сплав*
alloy metal *легированный металл*
alloy steel *легированная сталь*
all-purpose *многоцелевой, универсальный*
all-purpose primer *универсальная грунтовка*
all-round *всесторонний, комплексный*
all-round crane *универсальный кран*
all-weather raincoat *плащ-палатка*
alter (vb.) *изменять, менять, переставлять*
alteration *изменение, перемена*
alternate (vb.) *перемежать(ся), поочередно сменять(ся), чередовать(ся)*
alternate (adj.) *знакопеременный, переменный, чередующийся*
alternate joints *соединяемые в шахматном порядке, стыки, стыки в разбежку*
alternate spans [build.] *пролеты в шахматном порядке*
alternating current (AC) *переменный ток*
alternating-pressure process *технология переменного давления*
alternative *знакопеременный, переменно действующий, переменный*
alternative energy *альтернативная энергия*
alternative energy source *альтернативный источник энергии*
alternative route *вариантный маршрут, объезд*
alternative routing *вариантная трасса, объездные пути*
altitude *высота, отметка над уровнем моря*
alu foil *альфоль, алюминиевая фольга*
alum *квасцы*
alumed plaster *алебастр с квасцами*
alumina *глинозем, окись алюминия*
alumina brick *глиноземистый кирпич*
alumina cement *глиноземистый цемент*
alumina silicate brick *глиноземистый силикатный кирпич*
aluminium (UK) *алюминий*
aluminium alloy *алюминиевый сплав*
aluminium bronze *алюминиевая бронза*
aluminium foil *алюминиевая фольга*
aluminium oxide *оксид алюминия*
aluminium oxide coating *покрытие оксидом алюминия*
aluminium paint *краска серебрянка*
aluminium powder *алюминиевый порошок*
aluminium primer *алюминиевая грунтовка*
alumino-silicate refractory *глиноземистый силикатный огнеупорный материал*
aluminothermic welding *термитная сварка*
aluminous cement *глиноземистый цемент*
aluminum (US) *алюминий*
amalgam *амальгама*
amass (vb.) *накоплять*
ambient *окружающий*

ambient air *окружающий воздух*

ambient air temperature *температура окружающего воздуха*

ambient cure *выдерживание бетона без формы*

ambient temperature *окружающая температура, температура окружающей среды*

ambulator *дальномер, колесо со счетным механизмом*

ameliorate (vb.) *улучшать*

amelioration *мелиорация, улучшение*

amend (vb.) *вносить поправку, исправлять, корректировать, улучшать*

amenity *удобство жилища*

amenity grass *обычная трава*

American caisson *открытый кессон*

American screw thread *американская винтовая резьба*

American standard beam (ASB) *стандартная двутавровая балка*

American standard thread *американская нормальная резьба, резьба Селлера*

amine *амин*

ammonia *аммиак*

ammonia fume [woodw.] *дымовая морильня*

ammonia solution *нашатырный спирт*

ammonia water *аммиачная вода*

amount passing sieve *материал, прошедший через сито (при ситовом анализе)*

amount retained *остаток на сите*

amperage [el.] *амперная нагрузка, сила тока в амперах;* [electr.] *сила тока*

ampere [electr.] *ампер*

ampere-hour *ампер-час*

amplitude [phys.] *амплитуда*

analysis *анализ, исследование*

analysis of the working environment *анализ условий труда*

analysis of water content *анализ на содержание влаги*

analytical error *погрешность в исследовании*

analytical finding *аналитические данные, аналитическое открытие*

analytical measuring instrument(s) *лабораторные измерительные приборы*

analytical result *аналитические данные, аналитический результат*

analytical study *аналитическое исследование*

analytic determination *определение аналитическим путем*

analytic survey *аналитическое исследование*

analyze (vb.) *анализировать, исследовать, разлагать*

analyzer *анализатор*

anchor *анкер, якорь*

anchorage block *анкерная опора, анкерный блок*

anchorage by bond *анкеровка за счет сцепления арматуры с бетоном*

anchorage length *длина зоны анкеровки*

anchorage support block *анкерная опора, анкерный блок*

anchor band *бугель, стяжной хомут*

anchor bar *анкерный стержень*

anchor block *анкерная колодка арматуры, анкерная опора, анкерный блок*
anchor bolt *анкерный болт, фундаментный болт*
anchored sheet wall *заанкеренная шпунтовая стенка*
anchor frame *анкерная рама, фундаментная рама*
anchoring *анкеровка, закрепление*
anchoring base [electr.] *кабельный наконечник*
anchoring rod *анкерный стержень*
anchor log *анкерное бревно, анкерный столб*
anchor nut *анкерная гайка*
anchor plate *анкерная плита*
anchor screwbolt *анкерный болт*
anchor slip *скольжение анкера*
anchor strap *анкерная скоба, бугель*
anchor wall *анкерная стенка*
anchor washer *анкерная шайба*
ancillary equipment *вспомогательное оборудование*
ancillary materials *вспомогательные материалы*
ancillary shoring [build.] *вспомогательное крепление*
angle *угол, уголок, угольник*
angle (vb.) *поворачивать, ставить под углом*
angle at centre *центральный угол*
angle bar *уголковая сталь, уголковое железо, уголок*
angle bearing *угловая опора*
angle brace *коловорот для сверления в углах, подкос, раскос, угловая дрель, угловая связь*
angle bracket *консоль, кронштейн из уголка*
angle change *изменение угла*
angle closer *крайний кирпич*
angle crane *кран на треугольной опоре, кран на треугольных козлах, кран с угловыми подкосами*
angle dozer *бульдозер с поворотным отвалом*
angle element *угловая деталь, угловая секция, уголок*
angle facing *облицовка угла*
angle fishplate *угловая стыковая накладка*
angle flange *поясной уголок, угловой фланец*
angle gauge *угловое лекало, угломер*
angle hinge *угловая петля*
angle iron *уголковое железо*
angle joint *угловой стык*
angle kerbstone *бортовой камень*
angle measurement *измерение угла*
angle meter *угломер*
angle of attack *угол атаки*
angle of bending *угол изгиба*
angle of contact *прилежащий угол, угол соприкосновения*
angle of countersink *угол зенкования*
angle of departure *задний угол проходимости, угол выхода, угол съезда*
angle of deviation of the vertical (UK) *угол девиации*
angle of dip *угол наклона, уклон откоса*

angle of flexure *кривизна, прогиб, угол скривления*
angle of friction *угол естественного откоса, угол трения*
angle of immersion *угол погружения*
angle of inclination *скат, угол наклона*
angle of pressure *угол давления*
angle of radiation *угол излучения*
angle of reflection *угол отражения*
angle of release *угол испускания*
angle of repose *угол предельного равновесия;* [road] *угол естественного откоса*
angle of rest [road] *угол естественного откоса*
angle of rotation *угол вращения, угол поворота*
angle of shearing resistance *угол естественного откоса, угол сопротивления сдвигу*
angle of shock *угол удара*
angle of slide *угол скольжения*
angle of slope *угол наклона, угол откоса*
angle of torsion *угол кручения*
angle of twist *угол закручивания, угол свивки*
angle piece *угловая деталь, уголок*
angle plate *угловая пластина, угловая плита*
angle post *угловая стойка*
angle rafter *угловая стропильная нога, угловое стропило*
angle ridge *коньковый брус, угловой брус*
angle section *угловой профиль, уголок*
angle splice *стыковка под углом, угловое соединение*
angle staff *угловая рейка, угольник*
angle stay *угловая стойка*
angle steel *уголковая сталь*
angle stiffener *ребро жесткости, уголок жесткости*
angle tie *балка, связывающая стенные балки, угловая связь, угловое скрепление*
angle unit *угловой элемент*
angling dozer *бульдозер с поворотным отвалом*
angular *коленчатый, угловой*
angular cut *косой прорез, косой срез*
angular deflection *угол поворота сечения*
angular deformation *угловая деформация*
angular displacement *угловое смещение*
angular fishplate *плоская угловая накладка, угловая стыковая накладка*
angular measurement *измерение углов, угловой размер, угловые измерения*
angular particle *частица угловатой формы*
angular steel *уголковая сталь*
angular stone *дробленый камень, щебенка*
angular thread *винтовая нарезка*
angulation *поворот, установка под углом*
anhydrous *безводный*
anionic emulsion *анионитовая эмульсия*
anisotropic material *анизотропное вещество*

anneal [met.] *отжигать*
annealed cast iron [met.] *ковкий чугун, отожженный чугун*
annealed steel [met.] *отожженная сталь*
annealing [met.] *отжиг*
annex *крыло, приложение, пристройка, флигель;* [arch.] *пристройка*
annex (vb.) *присоединять*
annexe *крыло, флигель;* [arch.] *пристройка*
annoyance *беспокойство*
annual (adj.) *ежегодный*
annual growth ring [woodw.] *кольцо роста*
annual ring [woodw.] *кольцо роста*
annular *кольцевой*
annular air gap *кольцевой воздушный зазор*
annular bearing *радиально-упорный подшипник*
annular groove *кольцевая канавка, кольцевой паз, конусообразная канавка, конусообразный паз*
annular rubber ring *уплотнительное резиновое кольцо*
annulus *зазор, кольцевое пространство, кольцо*
anodic coating *анодное покрытие*
anodic oxide film *анодная оксидная пленка*
anodic treatment *анодирование, анодная обработка, электролитическое глянцевание, электролитическое осветление*
anodic treatment, give (vb.) *производить анодную обработку*
anodization *анодирование, анодное окисление металлов и сплавов*
anodize (vb.) *анодировать, окислять электролитически*
anodizing *анодирование*
anoxidative *средство от аноксии*
antechamber *вестибюль, передняя*
antenna *антенна*
antenna mast *антенная мачта*
antenna tower *антенная вышка*
anteroom *вестибюль, прихожая*
anticlockwise *против часовой стрелки*
anticlockwise rotation *вращение против часовой стрелки*
anticorrosion (adj.) *противокоррозийный*
anticorrosion efficiency *антикоррозийная отдача*
anticorrosion paint *антикоррозийная краска*
anticorrosion paper *антикоррозийная бумага*
anticorrosion property *антикоррозийное свойство*
anticorrosive (adj.) *антикоррозийный, противокоррозийный*
anticorrosive additive *антикоррозийная добавка, антикоррозийная присадка*
antidrum (adj.) *звуконепроницаемый*
antifall device *приспособление против скольжения*
antifire paint *огнестойкая краска*
antifreeze *антифриз*
antifreeze agent *противоморозная добавка*
antifreeze mixture *смесь с противоморозной добавкой*
antifreeze paint *морозостойкая краска*
antifreeze solution *раствор антифриза*

antifrosting agent *противоморозная добавка*
antiglare *небликующее (стекло)*
antilivering agent [paints] *разжижающее вещество*
antimony *сурьма*
antimony (Sb) *сурьма (Sb)*
antimony lead *гартблей, твердый сурьмянистый свинец*
antimony white [paints] *сурьмяные белила*
antinoise (adj.) *противошумный*
antinoise campaign [wk.env.] *кампания по борьбе с шумом*
antinoise measure [wk.env.] *противошумные мероприятия*
antinoise paint *звукоизолирующая краска*
antique glass *антикварное стекло, антикварные стеклянные изделия*
antirot (adj.) *противогнилостный*
antirust (adj.) *противокоррозийный*
antirust agent *противокоррозийное вещество*
antirust composition *противокоррозийный состав*
antirust paint *противокоррозийная краска*
antirust paper *противокоррозийная бумага*
antirust primer *противокоррозийная грунтовка*
antiskid paint *предупреждающая скольжение краска*
antislip finishing *нескользкая облицовка*
antislip paint *предупреждающая скольжение краска*
antislip treatment *обработка, предупреждающая скольжение*
antisoiling (adj.) *предупреждающий загрязнение*
antistain (adj.) *антикоррозийный, предупреждающий ржавение*
antistatic *антистатик*
antistatic agent *антистатик, антистатическая добавка*
antistatic fibre *антистатическое волокно*
antistatic finish *антистатическая обработка*
antistatic floor *пол с антистатическим покрытием*
antistatic rubber *антистатический каучук*
antisymmetric *асимметричный*
antitack agent *вещество, препятствующее прилипанию*
antitarnish paper *антикоррозийная бумага*
antivibration (adj.) *противовибрационный*
antivibration mountings *противовибрационная арматура, противовибрационная рама*
anvil *наковальня*
apartment (US) *квартира*
apartment block (US) *жилая застройка*
apartment house (US) *жилой дом*
aperture *отверстие, проем, пролет моста, проход, щель*
apex *вершина, гребень, конек крыши, пик*
apex angle *угол конуса, угол при вершине, угол раствора*
apparatus *аппарат, прибор, устройство*
apparent *видимый, кажущийся, явный*
apparent angle of friction *видимый угол естественного откоса*
apparent cohesion *видимое сцепление*
apparent density *теоретическая плотность*
apparent diameter *видимый диаметр*

apparent limit of elasticity *теоретический предел упругости*
appearance *внешний вид*
appearance of fracture *видимая поверхность излома*
append (vb.) *дополнять, прилагать, присоединять*
appliance *прибор, приспособление, устройство*
applicable *годный, применимый*
application *включение, использование, приведение в действие, приложение силы, приложение усилия, применение*
application conditions *условия эксплуатации*
application guide *руководство по эксплуатации*
application instructions *инструкция по применению*
application rate *доза, дозирование, норма внесения удобрений*
applicator *аппликатор, шпатель*
applicator roll *малярный валик*
applied volume *нужный объем*
apply (vb.) *включать, прилагать, применять, употреблять;* [paintw.] *наносить*
apply a seal (vb.) *опечатывать*
apply lacquer to (vb.) *покрывать лаком*
apply the finishing coat (vb.) *наносить последний слой*
apply varnish to (vb.) *покрывать лаком*
apportion (vb.) *дозировать*
appraisal *оценка*
apprentice *подмастерье, ученик*
approach *доступ, подход, подъезд, подъездной путь, приближение*
approach (vb.) *подъезжать, приближаться*
approach area *участок подхода*
approach embankment *подъездная насыпь*
approach ramp *пандус*
approach road *подъездной путь*
approach viaduct *путепровод*
appropriate (adj.) *подходящий, соответствующий*
appropriate body *необходимая консистенция*
appropriate use *надлежащее применение*
approval *одобрение*
approval by the authorities *разрешение властей*
approve (vb.) *одобрять, принимать, разрешать*
approximation *аппроксимация, приближение, приближенная формула, приближенное выражение*
apron *козырек, перегородка, перрон аэровокзала, пластина конвейера, салазки станка, фартук токарного станка, щиток;* [arch.] *парапет;* [build.] *открытая бетонированная площадка, фартук свеса крыши;* [hydr.] *водобой, защитное покрытие, понур, флютбет;* [mining] *лоток, рисберма*
apron conveyor *пластинчатый конвейер, пластинчатый транспортер*
apsis *линия апсид*
aqueduct *акведук*
aqueous *водный, водянистый, водяной*
aqueous detergent *водное моющее средство*
aqueous solubility *растворимость в воде*

aquifer *водоносный горизонт, водоносный пласт, водоносный слой*
arbitrary direction *независимое направление, произвольное направление*
arbitrary force *произвольная сила*
arbitration *арбитраж*
arborescent *ветвящийся, древовидный, разветвленный*
arbour *беседка*
arc *дуга*
arcade *аркада*
arc-boutant *аркбутан*
arc-braze welding *дуговая сварка твердым припоем*
arc burn [weld] *прожог электродом*
arc cutting [weld] *дуговая резка*
arc cutting electrode [weld] *электрод дуговой резки*
arch *арка, свод*
arch (vb.) *изгибаться*
arch abutment *пята арочного свода*
arch brick *клинчатый кирпич*
arch bridge *арочный мост*
arch dam *арочная плотина*
arched *арочный, изогнутый, сводчатый*
arched bridge *арочный мост*
arched buttress *арочный контрфорс*
arched catenary support *цепная арочная подвеска*
arched girder *арочная балка*
arched roof *арочная крыша*
arched roof hall *помещение со сводчатым потолком*
arching *кладка свода*
architect *архитектор*
architect-built *сооруженный при участии архитектора, спроектированный архитектором*
architectonic (adj.) *архитектурный*
architectural *архитектурный*
architectural acoustics *акустика архитектурных сооружений*
architectural adviser *консультант по вопросам архитектуры*
architectural control *архитектурный надзор*
architectural drawing *архитектурный чертеж*
architectural feature *архитектурная особенность*
architectural model *образец архитектуры*
architectural style *архитектурный стиль*
architecture *архитектура*
architect's bureau *архитектурно-проектное бюро*
architect's office *архитектурная мастерская*
architrave *бордюр, оправа, рама;* [arch.] *архитрав;* [furn.] *царга*
arch of a bridge *арка моста*
arch rib *ребро свода;* [arch.] *нервюра*
arch rise *стрела арки, стрела свода*
arch slab *арочная плита*
arch span *арочная ферма;* [arch.] *арочный пролет*
arch stone *клинчатый камень свода или арки*
arch truss *сквозная арка*

archway *проход под аркой*
arc image welding *контактно-дуговая сварка*
arcing time [weld] *скорость дугового разряда*
arc of a circle *дуга окружности*
arc resistance *дугостойкий*
arc-shaped *дугообразный*
arc strike *прожог электродом*
arc stud welding *дуговая приварка шпилек или болтов*
arcuate(d) *дугообразный, изогнутый*
arc welding *дуговая сварка*
arc welding alternator *генератор переменного тока для дуговой сварки*
arc welding transformer *сварочный трансформатор*
area *область, площадка, площадь, поверхность, район, территория, участок*
area levelling *площадное нивелирование, поверхностное нивелирование*
area load *нагрузка на единицу площади*
area of bearing *опорная поверхность, площадь опоры*
area of circle *площадь круга*
area of contact *контактная поверхность, площадь контакта*
area of cut *площадь сечения*
area of reinforcement *площадь армирования*
area of surface *площадь поверхности*
area reclamation *застройка местности, мелиорация местности*
area to be developed *район, подлежащий застройке*
argillaceous *глинистый, содержащий глину*
argillaceous marl *известковая глина*
argilliferous *содержащий глину*
argillous *глинистый*
arid *аридный, безводный, бесплодный (о почве), засушливый, сухой*
aridity *бесплодие почвы, засушливость*
arithmetic *арифметика*
arithmetic mean *средне-арифметическое, среднее арифметическое*
arm *рукоятка, рычаг*
armature *арматура, обкладка конденсатора, якорь электромагнита*
arm file *брусовка, напильник квадратного сечения с грубой насечкой*
arm hoist *ручная таль*
arming *вооружение, оснастка*
armour *броня, панцирь*
armour (vb.) *бронировать*
armoured cable *армированный кабель*
armoured concrete *железобетон*
armoured cord *армированный корд*
armoured glass *армированное стекло, стекло с проволочной сеткой*
armoured hose *армированный рукав, армированный шланг*
armoured underground cable *армированный подземный кабель*
armouring *арматура, армирование*
armour-plate (vb.) *облицовывать броней, покрывать броней*

A-road *шоссе класса A*
around-the-clock work *круглосуточный режим работы*
arrange (vb.) *закреплять изделие на станке, пригонять, прилаживать, приспосабливать, располагать, расставлять, устраивать*
arrangement *приготовление, расположение, расстановка, схема, устройство*
array *антенная решетка, порядок, регулярный, ряд, строй, таблица;* [mat.] *массив, матрица*
arrester *защелка, ограничитель, предохранитель, разрядник, упор;* [wk.env.] *сепаратор пыли*
arris *кант, кромка, ребро;* [arch.] *острый угол*
arrival *прибытие*
arrive (vb.) *прибывать*
arrow *стрела, указатель*
arterial highway *автомагистраль, автострада*
arterial road *автомагистраль, автострада*
artery *магистраль*
artesian boring *бурение артезианской скважины*
artesian well *артезианский колодец*
article *изделие, предмет, продукт, статья*
articulate (vb.) *соединять, сочленять*
articulated column *составная колонна*
articulated door *складывающаяся дверь*
articulated girder *составная балка*
articulation *артикуляция, сочленение, центр шарнира*
artificer *изобретатель, механик, ремесленник*
artificial *искусственный*
artificial fibre *искусственное волокно*
artificial lake *пруд*
artificial lighting *искусственное освещение*
artificial stone *бетонный блок, искусственный камень*
artisan *кустарь, ремесленник*
art of building *зодчество*
A.S.A.P. (as soon as possible) *в срочном порядке*
ASB (American standard beam) *стандартная двутавровая балка*
asbestos *асбест*
asbestos board *асбестовый картон, асбокартон*
asbestos card *тонкий асбокартон*
asbestos cement *асбестоцемент*
asbestos cement board *асбестоцементная плита*
asbestos cement lining *асбестоцементная стеновая облицовка*
asbestos cement sheet *асбестоцементный лист*
asbestos cement slab *асбестоцементная плита*
asbestos dust *асбестовая пыль*
asbestos fibre *асбестовое волокно*
asbestos fibreboard *асбестоволокнистая плита*
asbestos filler *асбестовый наполнитель*
asbestos floor covering *асбестовое покрытие пола*
asbestos insulation *асбестовая изоляция*
asbestosis *асбестовый пневмокониоз;* [wk.env.] *асбестоз*

asbestos jointing *асбестовый стык, заделка асбестом*
asbestos layer *асбестовый слой*
asbestos millboard *толстый асбестовый картон*
asbestos packing *асбестовая упаковка*
asbestos plate *асбестовая плита*
asbestos ply *асбестовая прослойка*
asbestos sheet *листовой асбест, рулонный асбест*
asbestos slate *асбестовый шифер*
asbestos spray *асбестовый факел*
asbestos wool *асбестовая вата, асбестовое волокно*
asbestos yarn *асбестовая нить*
as built *в заводском исполнении*
as built drawing *план застройки, схема застройки*
ascend (vb.) *восходить, поднимать, подниматься*
ascending *восходящий, подъем*
ascending gradient *подъем*
ascending pipe *восходящая труба*
ascensional ventilation *восходящая вентиляция*
ascension pipe *восходящая труба*
ascent *восхождение, подъем*
ascertain (vb.) *удостоверять*
ash *зола, пепел;* [bot.] *ясень*
ash can (US) *урна*
ash concrete *золобетон*
ashlar *пятикант, тесаный камень*
ashlar joist *стропильная затяжка*
ashlar masonry *кладка из тесаного камня*
ashlar stone work *кладка из тесаного камня*
ashlar wall *стена из тесаного камня*
ashwood *ясень*
as is *как есть*
askew *косо, криво, набок, сбоку*
aspen [bot.] *осина*
asperity *неровность, шероховатость*
asphalt *асфальт, битум*
asphalt (vb.) *асфальтировать*
asphalt (US) *битум*
asphalt binder *битумное вяжущее*
asphalt board *битуминизированный картон, толь*
asphalt coating *битумное покрытие*
asphalt cold mix *асфальтобетонная смесь, уложенная в холодном состоянии*
asphalt cork slab *верхний слой асфальтобетонного покрытия*
asphalt covering *асфальтовое покрытие*
asphalted felt *пропитанный битумом кровельный картон, рубероид*
asphalt emulsion *асфальтовая эмульсия*
asphalt emulsion (US) *битумная эмульсия*
asphalt emulsion slurry seal *битумный шлам*
asphalter *рабочий-асфальтоукладчик*
asphalt felt *рубероид*
asphalt finisher *асфальтоотделочная машина*

asphalt floor(ing) *асфальтированная проезжая часть моста*
asphalt grout *асфальтовая мастика, битумный раствор*
asphaltic *асфальтовый*
asphaltic bitumen *мягкий асфальт*
asphaltic cement *асфальтоцемент*
asphaltic concrete *асфальтобетон*
asphaltic concrete with high stone content *асфальтобетон с большим содержанием гравия*
asphaltic concrete with low stone content *асфальтобетон с низким содержанием гравия*
asphaltic concrete with tar binder *асфальтобетон на смоляном вяжущем, смолобетон*
asphaltic emulsion *битумная эмульсия*
asphaltic felt *рубероид*
asphaltic mortar *битумный раствор*
asphalting *асфальтирование*
asphaltite *асфальтит*
asphalt laying *укладка асфальта*
asphalt mastic *асфальтовая мастика*
asphalt membrane *гидроизоляционная битумная мембрана*
asphalt mixer *асфальтомешалка*
asphalt mixing plant *асфальтовый завод*
asphalt mortar *битумный раствор*
asphalt paint *асфальтовая краска, битумный лак*
asphalt paper *толь*
asphalt road covering *асфальтовое дорожное покрытие*
asphalt sheet *рубероид, толь*
asphalt surfacing *асфальтовое покрытие*
asphalt varnish *асфальтовый лак*
asphalt worker *дорожный рабочий*
asphyxiate (vb.) *вызывать асфиксию, вызывать удушье*
asphyxiation *удушье*
aspiration *всасывание*
aspiration duct *вытяжной канал*
aspiration plant *вытяжная установка*
assay *анализ, испытание, проба*
assemblage *монтаж, сборка*
assemble (vb.) *ассемблировать, монтировать, собирать*
assembled representation [draw.] *общий вид*
assembler *ассемблер, монтажник*
assembling *монтаж, сборка, установка*
assembling bay *сборочный пролет*
assembling shop *сборочный цех*
assembly *агрегат, комплект, монтаж, сборка, узел*
assembly bay *сборочный пролет*
assembly crane *монтажный кран*
assembly drawing *монтажный чертеж, сборочный чертеж*
assembly gantry *сборочный помост*
assembly hall *сборочный цех*
assembly properties *монтажные характеристики*
assembly shop *сборочный цех*

assembly site *сборочная площадка*
assembly time *время ассемблирования, продолжительность сборки*
assembly time in glueing *время склеивания*
assembly unit *агрегат, блок, секция*
assess (vb.) *оценивать, расценивать*
assessment *оценка*
assistance *помощь, содействие*
assistant *помощник*
associate *соединять*
associate (vb.) *связывать, соотносить, ставить в соответствие, увязывать, участвовать*
associate (adj.) *ассоциированный, связанный*
assort (vb.) *классифицировать, подбирать, сортировать*
assortment *ассортимент, марка, набор*
astable (adj.) *нестабильный, неустойчивый*
asymmetric(al) *асимметричный*
asymmetrical lighting fitting *асимметричное расположение светильников*
asymmetry *асимметрия*
asymptote [mat.] *асимптота*
at grade *на одном уровне*
at ground level *на нулевой отметке*
atmospheric *атмосферный*
atmospheric air *атмосферный воздух*
atmospheric circulation *циркуляция воздуха*
atmospheric corrosion *воздушная коррозия*
atmospheric humidity *влажность воздуха*
atmospheric precipitation *выпадение атмосферных осадков*
atmospheric pressure *атмосферное давление*
atomization *пульверизация, распыление*
atomize (vb.) *разбрызгивать, распылять*
atomizer *пульверизатор, распылитель*
atomizer nozzle *форсунка*
at right angles to *под прямым углом*
atrium *атрий;* [arch.] *атриум*
atrium house *дом с атриумом*
attach (vb.) *прикреплять, присоединять*
attaching *крепление, соединение*
attachment *прикрепление, приспособление, приставка, прицепка, соединение*
attachment(s) *насадки, принадлежности, приспособление(я)*
attachment bolt *крепежный болт*
attachment device *крепежное приспособление, крепление*
attachment flange *соединительный фланец*
attachment of fittings *крепление арматуры*
attack *коррозия, продвижение забоя, проходческий цикл, разъедание*
attack (vb.) *корродировать, разъедать*
attack by corrosion *коррозионное воздействие, коррозия*
attain (vb.) *достигать*
attempt *попытка*
attempt (vb.) *пытаться*

attendance *обслуживание, уход*

attendance button *вызывная кнопка*

attendance crew *обслуживающий персонал*

attend to (vb.) *браться за что-либо, заниматься чем-либо*

attenuate (vb.) *затухать, ослаблять(ся)*

attenuation *затухание, затухание колебаний, ослабление, уменьшение*

attest (vb.) *свидетельствовать*

attestation *аттестация*

attic *аттик, мансарда, мезонин, фронтон*

attic boxroom *чердачный чулан*

attic floor *мансарда, мансардный этаж, чердак*

attic-floor room *мансардное помещение, чердачное помещение*

attic joist floor *чердачные балочные перекрытия*

attic room *мансардное помещение*

attic stairs *чердачная лестница*

attic window *чердачное окно*

attractive force *сила притяжения*

attrition *изнашивание от трения, истирание, притирка, трение*

attrition face *трущаяся поверхность*

attrition-resisting *износостойкий, прочный на истирание*

audible sound *слышимый звук*

audible warning signal *звуковой сигнал, звуковой сигнал предупреждения*

audio *звуковой, тональный*

audit *проверка отчетности, ревизия, финансовая ревизия*

auger *сверло, спиральный бур, шнекобурильная машина*

auger bit *винтовое сверло для коловорота*

auger conveyor *винтовой транспортер, червячный транспортер*

auger elevator *вертикальный червячный транспортер, шнековый подъемник*

auger feeder *червячный транспортер, шнековой питатель*

aula *большая комната, внутренний двор, зал*

autarkic house *здание с автономной системой энергоснабжения*

authority *администрация, власть, полномочие, полномочия, управление*

authorization *разрешение*

authorize (vb.) *разрешать, уполномачивать*

autogenous cutting *газовая резка*

autogenous flame *пламя автогенной горелки*

autogenous healing [concr.] *самоуплотнение*

autogenous welding *автогенная сварка, газосварка, сварка автогеном*

autokinetic *самодвижущийся*

automate (vb.) *автоматизировать*

automatic *автоматический*

automatic action *автоматическое действие*

automatically closing *самозакрывающийся*

automatically controlled *автоматически регулируемый, с автоматическим управлением*

automatic change-over *автоматическое переключение*

automatic change-over switch *автоматический переключатель*
automatic circuit breaker *автоматический размыкатель цепи, автоматическое реле*
automatic control *автоматический контроль, автоматическое управление*
automatic control engineering *конструирование автоматических систем управления*
automatic control system *автоматизированное управление, автоматическая система управления, АСУ, система автоматического контроля*
automatic door closer *устройство для автоматического закрывания дверей*
automatic expansion valve *автоматический отсечной клапан, автоматический расширительный клапан*
automatic gate opener *устройство для автоматического открывания ворот*
automatic level [geod.] *самоустанавливающийся нивелир, самоустанавливающийся уровень*
automatic light control *автоматическая регулировка освещения*
automatic light regulation *автоматическая регулировка освещения*
automatic locking *автоматическая блокировка*
automatic non-return valve *автоматический обратный клапан*
automatic operation *автоматическое срабатывание*
automatic regulation *автоматическая регулировка*
automatics *автоматика*
automatic shut-off valve *автоматический отсечный клапан*
automatic staircase switch *автоматический выключатель освещения на лестничной клетке*
automatic suction pump *автоматическая помпа*
automatic switch [electr.] *автоматический выключатель*
automatic time switch for staircase lighting *автоматический выключатель освещения на лестничной клетке*
automation *автоматизация, автоматика*
automatism *автоматизм*
automatization *автоматизация*
automatize (vb.) *автоматизировать*
automotive *автомобильный*
autonomous house *здание с автономной системой энергообеспечения*
autosilo *многоэтажный гараж*
autotruck (US) *грузовой автомобиль*
auxiliaries *вспомогательное оборудование, вспомогательные устройства, запасные агрегаты, резервные агрегаты*
auxiliary (adj.) *вспомогательный, дополнительный*
auxiliary circuit [electr.] *вспомогательный контур*
auxiliary contact [electr.] *вспомогательный контакт*
auxiliary equipment *вспомогательное оборудование, дополнительное оборудование, запасные агрегаты, резервные агрегаты*
auxiliary girder *дополнительная балка, распорка*
auxiliary hoist *вспомогательный подъемник*
auxiliary instrument *вспомогательный прибор*
auxiliary machinery *резервные агрегаты*

auxiliary power supply *вспомогательный источник энергии*
auxiliary scaffolding *дополнительные леса*
auxiliary tool *подсобный инструмент*
auxiliary traffic lane *дополнительная дорожная полоса*
auxiliary valve *запасной клапан*
availability *готовность, доступность, коэффициент готовности, пригодность, эксплуатационная готовность*
available *годный, доступный, имеющийся в наличии, имеющийся в распоряжении, наличный, применимый, усвояемый*
available technology *имеющаяся технология, имеющиеся технические возможности*
average *среднее, среднее арифметическое, среднее число*
average (adj.) *средний*
average consumption *средний расход*
average life *ресурс, средний срок годности, средний срок службы*
average load *средняя нагрузка*
average particle size *средняя крупность частиц*
average running speed *средняя скорость при эксплуатации*
average sea level *средний уровень моря*
average speed *средняя скорость*
average strength *средняя прочность*
average temperature *средняя температура*
average value *среднее значение*
average velocity *средняя скорость*
avoirdupois (UK) *английская система единиц веса и массы*
awarded to, be (vb.) *выносить решение в пользу кого-либо в арбитраже*
awarding authority *организация-заказчик*
awl *шило*
awning *маркиза, навес из парусины*
awning roof *солнцезащитный навес*
awry *косой, кривой, наклонный*
axe *топор*
axe head *врубовая головка топора*
axe of street *осевая линия проезжей части улицы*
axe shaft *топорище*
axial clearance *осевой зазор*
axial deformation *осевая деформация*
axial displacement *смещение по оси*
axial fan *осевой вентилятор*
axial-flow fan *вентилятор с осевым потоком, лопастной вентилятор*
axial-flow lift fan *вентилятор с осевым потоком, лопастной вентилятор*
axial force *продольное усилие*
axial load *осевая нагрузка*
axially displaced *аксиально смещенный*
axially oriented *расположенный вдоль оси*
axially shifted *перемещенный по оси*
axial pitch *наклон оси*
axial strain *продольная деформация*

axial stress *осевое напряжение*

axial thrust *аксиальное давление или усилие, осевое давление или усилие, осевое усилие*

axis *вал, координатная ось, осевая линия, ось, степень подвижности*

axis of abscisses [mat.] *ось абсцисс*

axis of coordinates *ось координат*

axis of oscillation *ось колебания*

axis of rotation *ось вращения*

axis of symmetry *ось симметрии*

axle load *нагрузка на ось*

axle loading *нагрузка на ось*

axle pressure *давление на ось*

back *назад, обратная сторона, подкладка, спинка сиденья*
back (vb.) *забутить пространство за крепью, поддерживать, усиливать*
back (adj.) *задний, обратный*
backacter *экскаватор типа обратная лопата*
backboard *задняя панель*
back bracing *задняя связь жесткости*
back-cantilevered bar *задний кронштейн, задняя укосина*
back clearance *тыловой зазор*
back digger *экскаватор типа обратная лопата*
backfill *заделка, закладка, заполнение, засыпка*
backfill (vb.) *засыпать;* [build.] *закладывать*
backfill(ing) *забутовка*
back flap hinge *двухстворчатая накладная навеска или петля*
backflash [electr.] *обратное зажигание;* [weld] *обратный удар пламени*
back-flow *обратное течение, противоток*
backhand welding *правая сварка, сварка правым способом*
backhoe *экскаватор типа обратная лопата*
backhoe loader *обратная лопата-погрузчик*
backing *вращение в обратную сторону, забутовка, закладка, засыпка, опора, основа, поддержка, подкладка, подложка*
backing coat *первый намет штукатурки*
backing run [weld] *подварочный шов*
backing-up *забутовка;* [concr.] *формование в кассетной форме*
backlash *боковой зазор, зазор, мертвый ход, потеря хода при механической передаче*
back off (vb.) *затыловать, снимать кромку*
back of weld *обратная сторона сварочного шва*
back panel *задняя панель, тыльная сторона*
back part *задник, задняя часть*
back plate *задний щиток, затыльник*
back premises *помещения в задней части здания*
back pressure *обратное давление, противодавление*
back priming *первая грунтовка*
back putty *замазка*
backshore *заднее крепление, задняя подпорка*
back shovel *экскаватор типа обратная лопата*
backside *задняя сторона, тыльная сторона*
back square [build.] *аншлажный угольник*
backstairs *запасной выход, черная лестница*
backstop *ограничитель обратного хода*
back-to-back houses *здания, соседствующие друг с другом по задней стенке*
backup *вспомогательные средства, дублирование, резервирование, резервное копирование*
backup (adj.) *дублирующий*
back up (vb.) *восстановить предшествующее состояние*
back-up (adj.) *запасной, резервный*
backward welding *правая сварка, сварка правым способом*

backwater *запруженная вода, стоячая вода, струя обратного течения*

backwater curve *кривая обратного течения*

backwater flap *задвижка для отсечки обратного течения*

back weld (US) *подварочный шов*

back welding *правая сварка*

back wing *флигель*

bad *бракованный, испорченный, нехороший, плохой*

bad quality *брак, низкое качество, плохое качество*

bad-smelling *зловонный*

baffle *отражательная перегородка, щит, экран*

baffle (vb.) *направлять, отводить, отклонять поток или течение, отражать, преграждать*

baffle plate *дефлектор, направляющая пластина, направляющий лист, отражатель, отражательная плита, отражательный лист*

baffle surface *отражательная плоскость*

baffle wall *боровок, отражательная перегородка, разделительная перегородка*

bag *мешок, множество, допускающее повторение элементов, полость в породе, заполненная водой или газами, сумка*

bag filter *мешочный фильтр*

bagged cement *цемент в мешках, цемент в упаковке*

bagging *мешковина, упаковка в мешки*

bag hoist *мешкоподъемник*

bake (vb.) *высушивать, обжигать кирпич, прокаливать, просушивать, спекаться, сушить*

baked enamel *эмаль печной сушки*

baked-on enamel *эмаль муфельной сушки*

bakelite *бакелит*

baking *обжиг кирпича, прокаливание, спекание, сушка*

baking enamel *эмаль горячей сушки*

baking varnish (US) *эмаль горячей сушки*

balance *балансировка, весы, контргруз, положение равновесия, противовес, равновесие, симметрирование, симметрия*

balance (vb.) *балансировать, взвешивать, уравновешивать*

balanced *сбалансированный, уравновешенный*

balanced load *уравновешивающая нагрузка*

balance error *погрешность весов*

balance sash *откидывающая оконная рама*

balance weight *контргруз, противовес*

balancing *балансировка, компенсация, симметрирование, уравновешивание, установка на нуль*

balancing of masses *уравновешивание масс*

balancing of moments *уравновешивание моментов*

balcony *балкон*

balcony element *деталь балкона*

balcony railing *перила балкона*

balcony slab *балконная плита*

bald *бесфланцевый, не имеющий бортов*

baldachin *балдахин, навес, тент*

balk *анкерная балка, балка, бревно, брус, затяжка, подпорка для поддержания кровли, поперечная связь, прогон моста*

ball *шар*

ball-and-socket joint *шарнир Гука, шарнир Кардана, шаровое шарнирное соединение, шаровой шарнир*

ballast *балласт, балластный слой, щебень*

ballast layer *балластный слой;* [road] *щебеночный слой*

ballastless track [rail] *небалластированный путь*

ballast of broken stone *щебень*

ballast pit *карьер, где добывают щебень*

ballast quarry *каменоломня*

ballast section *балластная призма*

ballast stone *щебень*

ballast-tamper *трамбовочная машина, шпалоподбойка*

ball catch *шаровая защелка*

ball cock *шаровой кран*

ball float valve [san.eng.] *шаровой поплавковый клапан*

ball grinder *шаровая мельница*

ball-grip lever *манипулятор в виде шарика, рычаг с круглой рукояткой*

ball joint *шаровое соединение*

ball mill *шаровая мельница*

ballotini [road] *баллотини*

ball pane hammer *слесарный молоток с шаровым и фасонным бойком*

ball peen hammer *слесарный молоток с шаровым и фасонным бойком*

ball penetration test *испытание на пенетрацию, испытание на твердость по Бринелю, определение пенетрации консистентных смазок*

ball plug valve [san.eng.] *шаровой вентиль*

ball valve [san.eng.] *шаровой клапан*

baluster *балясина, стойка перил;* [road] *столбики дорожного ограждения*

balustrade *балюстрада, парапет, перила*

bamboo *бамбук*

bamboo filament *бамбуковое волокно*

banana plug *однополюсный штепсель*

band *лента, полоса, полоска орнамента, хомут*

band (vb.) *связывать, соединять*

band-and-hook hinge *навеска*

band conveyor *ленточный конвейер, ленточный транспортер*

band elevator *ленточный подъемник*

band feeder *ленточный питатель, ленточный транспортер*

banding *полосчатость, связывание, слоистость, соединение*

band iron *железная лента, полосовое железо*

band sander *ленточный шлифовальный станок*

band saw *ленточная пила*

band screen *ленточное сито, ленточный грохот*

band steel *полосовая сталь, стальная лента*

band together (vb.) *связывать вместе*

banister *балясина, колонка, стойка перил*

banister knob *законцовка парапета*

banisters *перила*

bank *вал, насыпь, уступ;* [road] *поперечный уклон*

bank (vb.) *группировать, запруживать, образовывать наносы;* [road] *образовывать уклон*

bank angle [road] *угол поперечного уклона*

bank gravel *речной гравий*

banking *береговая насыпь, дамба;* [road] *вираж*

banking-up *запруживание*

bank run gravel *негрохоченный гравий из речного карьера*

bank sand *речной песок*

bank up (vb.) *обваловывать, создавать подпор;* [hydr.] *строить дамбу*

ban on building *запрет на строительство*

banquette *берма, вал, насыпь, тротуар моста, уступ*

bar *арматурное железо, болванка, брусок, жердь, засов, перекладина, стержень, шина, штанга, щеколда;* [electr.] *пластина коллектора;* [mat.] *прямоугольник*

bar (vb.) *загораживать, преграждать*

barb *заусенец, колючка, шип*

barbed wire *колючая проволока*

barbed wire fence *ограждение из колючей проволоки*

barbwire *колючая проволока*

barbwire fence *ограждение из колючей проволоки*

bar copper *прутковая медь, штыковая медь*

bare *голый, пустой (о породе);* [electr.] *неизолированный*

bared wire *оголенный провод*

bare pin *шпилька без нарезки*

bare wire *неизолированный провод;* [weld] *голая присадочная проволока*

barge board *доска, закрывающая фронтонные стропильные ноги*

barge course [build.] *верхний ряд кирпичной кладки, образующий обрез или скос стены*

barge crane *плавучий кран*

bar iron *прутковое железо*

barite *барит*

bark [woodw.] *кора*

bark pocket [forest] *карман с корой в древесине*

bark seam [forest] *карман с корой в древесине*

bar load *нагрузка на стропильную балку*

bar lock *засов*

barometric height *барометрическая высота*

barometric pressure *барометрическое давление*

barrack *барак, навес над столом*

barrage *водоподъемная плотина, дамба, заграждение*

barrel *барабан, баррель, бочка, цилиндр, цилиндрическая часть*

barrel bolt *болт с цилиндрической головкой, дверной засов, язычок замка*

barrel of a pump *корпус насоса, цилиндр насоса*

barrel roof *цилиндрическая крыша*

barrel shell *цилиндрическая оболочка*

barrel vault *полуцилиндрический свод;* [arch.] *цилиндрический свод*
barrel vault roof [arch.] *крыша с цилиндрическим сводом*
barricade *баррикада, перемычка, преграда*
barrier *барьер, перегородка, перила, преграда, шлагбаум*
barrier coat [paintw.] *изоляционный слой*
barrier joint [electr.] *изолирующая муфта*
barrier lake *запруда*
barrier wall *парапет, парапетная стена*
barring *крепление выработки, крепь*
barrow *носилки, ручная тележка, тачка*
barrow truck *двухколесная тележка*
bar screen *колосниковый грохот, решетка*
bar-shaped *в форме бруска*
bar size [concr.] *размер арматуры*
bar steel *прутковая сталь;* [concr.] *стержневая арматура*
bar stress *усилие в стержне решетки фермы*
bar tension *напряжение стержня, растяжение стержня*
barytes *барит*
barytes concrete *бетон на барите*
basal *базальный, основной*
basalt [geol.] *базальт*
bascule *подвижная ферма подъемного моста, подъемное крыло моста*
bascule bridge *подъемный мост, разводной мост*
base *база, базовая линия, опорная поверхность, опорная точка, основание, платформа, плинтус, подложка, подножие, подошва, пьедестал, фундамент, цоколь;* [geod.] *репер;* [mat.] *основание логарифма, основание системы счисления;* [paintw.] *связующий слой;* [road] *щебеночный подбалластный слой*
base angle *основной угол*
base bid *стоимость строительства, заявленная на торгах*
baseboard *плинтус*
base coat(ing) *первый намет штукатурки*
base course *нижний слой дорожного покрытия, основной венец каменной крепи, подстилающий слой;* [paintw.] *связующий слой*
base course gravel (US) *гравий для нижнего слоя дорожного покрытия*
base felt *строительный картон*
base frame *несущая рама*
base gravel *гравий для нижнего слоя дорожного покрытия*
base-height ratio [geod.] *отношение основания к высоте*
base layer [paintw.] *нижний слой*
baseline *базис, магистральный ход, ось дороги;* [geod.] *база*
base line *базовая линия*
baseline measure [geod.] *измерение базиса*
base map *картографический источник, основная карта, схема сети триангуляции*
base material *сырье*
base measurement [geod.] *измерение базиса*
basement *основание, подвал, подвальный этаж, фундамент*
basement corridor *ход в подвальном помещении*

basement entrance *вход в подвал*

basement passage *ход через подвал*

basement rock *коренная порода*

basement slab *подвальная плита*

basement stairs *подвальная лестница*

basement storey *подвальный этаж*

base metal *неблагородный металл, основной металл сплава*

base mount *опорная плита, фундаментная рама*

base of a wall *основание стены*

base of dam *основание плотины*

base of footing *подошва основания*

base of foundation *подошва фундамента*

base of rail *подошва рельса*

base of the roof *основание кровли*

base plate *опорная плита, фундаментная плита*

base quality *низкое качество*

base roofing *основание кровли*

base sheet *подложка*

base slab *фундаментная плита*

base stone *опорный камень*

base width *ширина в основании*

basic *номинальный, основной*

basic Bessemer pig iron *томасовский чугун*

basic coated electrode *электрод с основным покрытием*

basic converter pig iron (US) *томасовский чугун*

basic electrode *электрод с основным покрытием*

basic hole *основное отверстие в системе допусков и посадок*

basic map *картографический источник*

basic material *исходный материал, сырье*

basic module *базовый модуль*

basic product *основной продукт*

basic section *основное сечение*

basic size *основной габарит, основной размер*

basic slag [met.] *основной шлак, томасовский шлак*

basic steel [met.] *основная сталь, томасовская сталь*

basic tolerance *основной допуск*

basin *бассейн, водоем, котлован, резервуар;* [san.eng.] *раковина умывальника*

basis *база, базис, основа, основание*

basis of design *тип конструкции*

basis section *основное сечение*

bass broom *щетка из лубяного волокна*

bastard (adj.) *грубый, драчевый напильник, очень твердый*

bastard cut [woodw.] *зарубка*

bastard file *драчевый напильник, паразитный файл*

bastard flatting [paintw.] *матовый лак*

bastard size *нестандартный размер*

bat *битуминозный сланец, неполный кирпич (вид сырца), половняк, сланцевая глина*

batch *группа, дозировка, загрузка, замес бетона, пакет, партия, пачка, порция, производственная серия, серия*

batch (adj.) *пакетный*

batch composition [concr.] *состав замеса*

batch formula [concr.] *состав замеса*

batching *дозированная подача бетонной смеси;* [concr.] *дозирование*

batching by volume *дозировка по объему*

batching by weight *дозировка по массе*

batching plant *дозатор, дозаторная установка*

batch manufacturing *серийное производство*

batch measuring equipment *дозировочное устройство*

batch mixer *бетоносмеситель периодического действия, цикличный бетоносмеситель*

batch plant *дозатор, дозаторная установка*

batch production *серийное производство*

batch-type mixer *бетоносмеситель периодического действия, цикличный бетоносмеситель*

bath *ванна, раствор для травления или электропокрытия, чан*

bathroom *ванная, ванная комната*

bathtub *ванна*

batt *изолирующий коврик*

batten *вагонка, доска, дранка, обрешетина, планка, рейка, решетник*

batten (vb.) *обшивать вагонкой, скреплять рейками*

batten-board *мебельная фанерная плита*

batten door *решетчатая дверца*

battened door *решетчатая дверца*

batten fence *забор из штакетника*

battening (down) *обшивка вагонкой*

battening plate *накладка, подкрепляющий лист*

batter *выпуклость, замес глины, мятая глина, обрез, откос, скат, уклон, уступ*

batter (vb.) *месить глину, плющить металл*

batter boards *горбыль*

battered *изношенный, наклонный, расплющенный, сбитый, с откосом*

batter even (vb.) *выбивать, расплющивать, рихтовать, трамбовать*

battering ram *трамбовка*

batter level *нивелир*

batter pile *наклонная свая, подкосная свая*

batter rule *наугольник*

battery *аккумулятор*

battery electric traction *аккумуляторная электротяга*

battery-mould casting *отлив в батарейной форме*

battery operated *действующий от аккумулятора*

battery operation *работа от аккумулятора*

battery powered *действующий от аккумулятора*

batt insulation [build.] *тепло- и влагоизоляция*

baulk *анкерная балка, балка, бревно, брус, затяжка, подпорка для поддержания кровли, поперечная связь, прогон моста*

bay *ниша, панель, секция;* [bridge] *пролет;* [build.] *отсек*

bayed *с нишей*

bay length *длина пролета*

bay of a vaulted ceiling *пролет сводчатого потолка*
bayonet base (US) *соединительный штифт*
bayonet cap (UK) *соединительный штифт*
bay window *окно с выступом, эркер*
beach berm *береговая насыпь*
beach ridge *береговая насыпь*
beach sand *морской песок*
bead *валик сварного шва, диэлектрическая шайба коаксиальной линии, загиб, закраина, кромка, пузырек газа или воздуха*
bead (vb.) *загибать кромку, направлять валик, отбортовывать, развальцовывать, чеканить*
beading *забортовка, заварка в стекло, загибание кромки, зенковка, обсадка концов, развальцовка, чеканка труб*
beading machine *бортогибочный станок, закаточный станок, профилировочный стан*
beading plane *калевка*
beading tool *расширитель*
bead iron *бимсовая сталь*
beads *гранулы*
beak *носик*
beak iron *оправка для носика*
beam *балка, балочная ферма, бимс, брус, луч, прогон, пучок*
beam (vb.) *излучать, испускать лучи*
beam box *опалубка для изготовления балки*
beam bracket *бимсовая кница, опорная консоль балки*
beam bridge *балочный мост*
beam compasses *штангенциркуль*
beam connection *сопряжение балок*
beamed ceiling *потолок с нависающими балками*
beam end *торец балки*
beam flange *полка балки*
beam form *опалубка для изготовления балки, форма для изготовления балки*
beam grab *клещи для захвата балок, крюк для захвата балок*
beam head *ригель*
beaming *балочная конструкция*
beam knee *подкос балки*
beam lamina *элемент балки*
beam seat *опора балки*
beam section *сечение балки*
beam separator *распорка между балками*
beam shelf *балочный кронштейн*
beam splice *стык балки*
beam strength *несущая способность балки*
beam tie *стропильная затяжка*
beam trammels (US) *штангенциркуль*
bear *медведка, ручной дыропробивной пресс*
bear (vb.) *выдерживать, выносить, нести нагрузку, носить, поддерживать, подпирать*
bear against (vb.) *плотно прилегать, упираться*
bear down (vb.) *уступать давлению*

bearer *балка, несущая деталь, однонаправленный канал, опора, подпорка, поперечина, прогон, стойка*

bearing *опора, опорная поверхность, подшипник*

bearing (adj.) *несущий, опорный, поддерживающий*

bearing area *опорная поверхность, площадь опоры*

bearing capacity *грузоподъемность, несущая способность, подъемная сила*

bearing course [road] *несущий слой*

bearing face *опорная грань*

bearing length *несущая длина, рабочая длина*

bearing load *рабочая нагрузка*

bearing partition *внутренняя несущая стена*

bearing pile *несущая свая*

bearing plate *несущая плита, опорная плита*

bearing point *точка приложения нагрузки*

bearing pressure *давление на подшипник, опорное давление, реакция опоры*

bearing strength *несущая способность, прочность на смятие*

bearing stress *напряжение смятия*

bearing surface *направляющая поверхность, несущая поверхность, опорная поверхность*

bearing value *интенсивность нагрузки*

bearing wall *несущая стена*

bear on (vb.) *давить, опираться*

beat (vb.) *бить, отбивать, размалывать, толочь, ударять*

beaten cobwork *саманная постройка*

beat in tiles *крыть черепицей, пригонять черепицу*

beaumontage *комплект для ямочного ремонта*

beaver board *древесноволокнистая плита*

become unglued *расклеиваться*

be covered with snow (vb.) [road] *покрываться снегом*

bed *кладка каменная, ложе реки, опорная подушка, основание, плита, полотно дороги, рама, русло, станина, фундамент*

bed (vb.) *вставлять, заделывать, ставить на основание, укладывать, устанавливать*

bedbug *клоп*

bedded rockfill *насыпь из измельченной породы, насыпь из толченого камня*

bedding *наслоение, основание, послойная укладка, притирка, пришлифовка, фундамент;* [geol.] *залегание*

bedding mortar *раствор для заделки швов*

bedding putty *оконная замазка*

bed down (vb.) *изнашиваться*

bed elevator (US) *коечный лифт*

bed in (vb.) *оседать, отстаиваться*

bed joint *горизонтальный шов кладки, параллельная поверхность, трещина в породе*

bed lift (UK) *коечный лифт*

bed of rough material [road] *жесткое основание дороги*

bedrock *постель залежи, почва залежи;* [geol.] *коренная порода*

bedroom *спальня*

beech [bot.] *бук*
beech veneer *буковая фанеровка*
beechwood *древесина бука*
beeswax *пчелиный воск*
beetle *баба, кувалда, трамбовка*
beetle head *головка трамбовки, ударная часть бабы*
begin (vb.) *начинать*
beginning *начало, отправной момент*
beginning (adj.) *начальный, первый*
be level (vb.) *быть горизонтальным, находиться на одном уровне, находиться на уровне*
Belgian truss *стропильная треугольная ферма со стержнями, перпендикулярными верхнему поясу*
bell *звонок, капитель коринфской колонны без листьев, колокол, конус, купол, куполообразное включение в кровле, раструб*
bell-button *звонок, кнопка звонка*
bell insulator *колоколообразный изолятор, юбочный изолятор*
bell knob *нажимная дверная ручка*
bell-mouthed pipe *труба с воронкообразным концом, труба с расширенным концом*
bellow framed door (US) *дверь со складными створками*
bellows gland *сильфонное уплотнение*
bell push *звонок, кнопка звонка*
bell-shaped *воронкообразный, с раструбом*
bell transformer *трансформатор звонка*
bell wire *звонковый провод*
belt *зона, лента, пояс, ремень;* [arch.] *облом*
belt conveyor *ленточный конвейер, ленточный транспортер*
belt dressing *смазка для ремней*
belt drive *ременная передача, ременный привод*
belt-driven *ременно-приводной*
belt feeder *ленточный питатель*
belt grinding *ленточная шлифовка*
belt grinding machine *ленточно-шлифовальный станок*
belt guard *кожух ременной передачи*
belt guard grid *защитная сетка вокруг транспортера или конвейера*
belt highway (US) *окружная автострада*
belt line *кольцевая дорога, поточная линия*
belt line (US) *объездной путь*
belt pulley *ременный шкив*
belt ring (US) *кольцевая дорога*
belt route *автострада, кольцевая дорога*
belt sander *шлифовальный ленточный станок*
belt saw *ленточная пила*
bench *верстак, станок, уступ*
benched *ступенчатый, уступами*
bench mark (BM) [geod.] *репер*
bench screw *слесарные тиски, стуловые тиски*
bend *изгиб, излучина реки, колено, поворот, сгиб*
bend (vb.) *изгибать, поворачивать (о дороге), сгибать*
bendable *гибкий, поддающийся гнутию, сгибаемый*

bend a spring (vb.) *скручивать пружину*

bend back (vb.) *отгибать*

bend down (vb.) *загибать*

bending *гнутье, изгиб, изгибание, искривление, кривизна, сгибание*

bending axis *ось изгиба*

bending down *загиб, изгиб*

bending list *технологическая карта гибки*

bending load *изгибающее усилие*

bending machine *гибочный станок, станок для гибки арматуры*

bending moment *изгибающий момент*

bending pliers *клещи, щипцы*

bending press *гибочный станок*

bending process *гибка, технология гибки*

bending radius *радиус изгиба*

bending rigidity *жесткость к изгибу*

bending schedule *технологическая карта гибки*

bending shearing stress *напряжение сдвига при изгибе*

bending stiffness *жесткость при изгибе*

bending strain *деформация изгиба, изгибающее усилие*

bending strength *прочность на изгиб, сопротивление изгибу*

bending stress *изгибающее усилие, напряжение при изгибе*

bending tensile strength *прочность на растяжение при изгибе*

bending test *испытания на изгиб*

bending test specimen *образец для испытаний на изгиб*

bending tongs *клещи, щипцы*

bending up *загиб*

bending vibration *изгибные колебания*

bending vibration test *испытания на изгибные колебания*

bend off (vb.) *загибать*

bend test *испытания на изгиб*

bend-up bar *гнутая арматура в бетоне, отогнутый арматурный стержень*

beneficial effect *положительный результат*

benefit *прибыль*

bent *звено моста, изгиб, откос, прогиб, сборный ригель в каркасной конструкции, склон*

bent (US) *сборный элемент*

bent bar *гнутая арматура*

bent fracture *излом*

bent link *дуговая кулиса*

bent screw driver *фигурная отвертка*

bent tube *изогнутая труба*

benzene *бензол*

benzine *бензин*

benzoin *ароматический кетоноспирт, бензоин*

benzol *бензол*

be radiant (vb.) *излучать, светить(ся)*

be resilient (vb.) *быть упругим*

be responsive to (vb.) *реагировать*

Berlin blue *берлинская лазурь*

berm *берма;* [road] *обочина*

berm edge *кромка бермы*

be short of (vb.) *недоставать, нехватать*

Bessemer steel *бессемеровская сталь*

Bethell process [woodw.] *пропитка креозотом*

bevel *заострение, конус, наклон, обрез, скос, угломер, уклон, фаска*

bevel (vb.) *скашивать, снимать фаску*

bevel (adj.) *заостренный, конусный, скошеный*

bevel cut *косая обрубка*

bevel edge *скос, скошенный край*

bevel joint *косой стык, стык со скошенными кромками*

bevel lead *скос*

bevelled fillet [arch.] *косой плоский поясок карниза*

bevelling *косая заточка, скашивание*

bevel protractor *транспортир, угломер*

bevel shoulder *скошенная кромка*

bevel square [tool] *угольник*

bezel *гнездо камня в перстне или часах, грань камня, скошенная кромка лезвия, фацет*

bezel (vb.) *гранить, шлифовать грань*

bias *наклон, нарушение равновесия, смещение;* [el.] *напряжение смещения, ток смещения;* [stat.] *систематическая ошибка одного знака*

bias (vb.) *смещать*

bias (adj.) *косой, наклонный*

bias angle *угол резания*

bias cut *косая обрезка*

biaxial *двухосный*

bib-cock *водопроводный кран*

bickern *верстачная двурогая наковальня, шперак*

bicurvature *двойная кривизна*

bicycle lane *велосипедная дорожка*

bicycle path *велосипедная дорожка*

bid *предложение на торгах*

bid (vb.) *предлагать на торгах*

bidder *участник торгов*

bid proposal *коммерческое предложение на торгах*

bifurcated *вилкообразный, раздвоенный*

bifurcation *бифуркация, разветвление, разветвление решения нелинейного дифференциального уравнения, раздвоение*

big *большой*

bilateral *двунаправленный, двусторонний*

bilge *сточная канава*

bill *накладная, список, счет к оплате, фактура*

billet *заготовка, плашка, чурбан;* [arch.] *орнамент нормандского стиля*

billet of wood *чурбак*

bill of materials *ведомость материалов, накладная, спецификация материалов*

bill of quantities *накладная, фактура*

bimetallic *биметаллический*

bimetal strip thermostat *стабилизатор температуры на термопаре, термостат*

bin *бункер, закром, ларь*

bind (vb.) *завязывать, заедать, застревать, защемлять, связывать, скреплять*

binder *вяжущее вещество, вязочный материал, связующая балка, строительный раствор, цементирующая добавка;* [build.] *тычок*

binder course *тычковый ряд кладки;* [road] *подстилающий слой, связующий слой*

binding *заедание, защемление, обвязка, связь*

binding arch *связующая дуга*

binding bolt *сцепной болт*

binding clamp *зажимные приспособления, клетка кирпича, сложенного для обжига, струбцина, фиксатор, штабель*

binding course *подстилающий слой дорожного покрытия, связующий слой дорожного покрытия*

binding gravel *слой гравия*

binding joist *крепежная балка*

binding material *вяжущее, связующий материал*

binding post *зажим;* [electr.] *клемма*

binding power *вяжущая способность*

binding screw *зажимной винт*

binding strength *связующая способность*

binding twine *шпагат*

binding wire *бандажная проволока, вязальная проволока, проволока для сеток*

bipartite *двойное равенство, состоящий из двух частей*

bipartition *разделение на две части*

biphase (adj.) [electr.] *двухфазный*

biquadratic equation [mat.] *биквадратное уравнение*

birch [bot.] *береза*

bird cage *клеть подъемника*

bird's eye view *вид с высоты птичьего полета*

bird's mouth *врубка клином*

biscuit-coloured *кремовый*

bisect (vb.) *делить пополам, рассекать на две равные части*

bisecting line *биссектриса, средняя линия*

bisector *биссектриса, средняя линия*

bisymmetrical *бисимметричный*

bisymmetrical section *бисимметричное сечение*

bit *бородка ключа, долото, жало паяльника, каменотесный молоток, кусок, отрезок, сверло, частица*

bit (of a key) *бородка ключа*

bite *захват*

bite (vb.) *зажимать, захватывать, разъедать, травить*

bit stop *ограничитель сверла*

bitty [paintw.] *комковатый*

bitumen *асфальт, битум, горная смола*

bitumen binder *асфальтовое вяжущее, нижний битуминизированный слой дорожного покрытия*

bitumen bonded (adj.) *связанный битумом*

bitumen-bound sand *смесь битума с песком*

bitumen cutback *разжиженный битум*

bitumen distributor *гудронатор*

bitumen emulsion *битумная эмульсия*

bitumen felt *пропитанный битумом кровельный картон, рубероид*

bitumen-grouted macadam surfacing *щебеночное покрытие, обработанное битумом*

bitumen macadam *дорожное покрытие типа макадам с битумной пропиткой*

bitumen mastic *асфальтовая мастика*

bitumen penetration macadam surfacing *щебеночное покрытие, обработанное битумом*

bitumen sealing *герметизация швов битумом*

bituminize (vb.) *покрывать битумом*

bituminous *битуминозный, битумный*

bituminous binder *нижний битуминизированный слой дорожного покрытия, органическое вяжущее*

bituminous carpeting *битумный ковер, поверхностная обработка битумом*

bituminous coating *битумное покрытие*

bituminous felt *пропитанный битумом строительный картон, рубероид*

bituminous joint *залитый битумом шов*

bituminous joint-filler *битумный материал для заполнения швов*

bituminous macadam *макадам, щебенное покрытие с битумной обработкой*

bituminous paint *асфальтовая краска*

bituminous pavement *асфальтовое покрытие*

bituminous pitch *асфальтовый вар*

bituminous road surfacing *асфальтовое дорожное покрытие*

bituminous sealant *асфальтовый герметик, битумный герметик*

bituminous varnish *асфальтовый лак*

bivaulted *двусводчатый*

black (adj.) *черный*

black base *битумное или дегтевое основание дороги*

blacken (vb.) *затемнять, чернить*

blackening *чернение*

black finishing *отделка чернением*

black lead *графит*

black plate *черная жесть*

black-ringed knot [woodw.] *черный сучок*

blacksmith *кузнец*

blacksmith's hammer *кузнечный молот*

blacksmith's work *кузнечное дело, ручная ковка*

black spot [road] *пятно свежеуложенного асфальта*

black top [road] *асфальтовая дорожная одежда, битумная дорожная одежда*

black top spreader *асфальтоукладчик*

blade *диск пилы, лезвие, лента, полотно*

blade end *острие, рабочее ребро*

blade grader *грейдер с профилирующим ножом, ножевой дорожный струг*

blade holder *приспособление для крепления пильного полотна;* [tool] *держатель лезвия ножа*

blade of a plane *нож струга;* [tool] *железко рубанка*

blade-type grader *грейдер с профилирующим ножом, ножевой дорожный струг*

blanked-off nozzle *обрубленное сопло*

blanket *защитное покрытие, защитный слой, поверхностный слой, теплоизоляционный мат*

blank flange *глухой фланец, заглушка*

blank off (vb.) *заглушать трубу*

blank panel *глухая панель*

blank wall *глухая стена, стена без оконных отверстий*

blank window *глухое окно, декоративное окно*

blast *вентилятор, взрыв, воздуходувка, освобождение динамической памяти, пескоструйный аппарат, продувка, тяга*

blast (vb.) *взрывать, дуть, продувать, производить пескоструйную обработку*

blast cleaning *пескоструйная очистка*

blast-furnace cement *шлакопортландцемент*

blast-furnace slag *доменный шлак*

blast hole *взрывная скважина, шпур*

blasting *взрывные работы, обдувка, очистка струей*

blasting abrasive *абразив с крупной крошкой*

blasting agent *очиститель*

blasting cap *капсюль-детонатор*

blasting charge *заряд взрывчатого вещества*

blasting explosive *взрывчатое вещество*

blasting gelatine *гремучая смесь, гремучий студень, динамит*

blast injection *впрыскивание сжатого воздуха*

blast wave *взрывная волна*

blaze *клеймо на дереве, метка, пламя*

bleach (vb.) *белить, обесцвечивать, отбеливать*

bleaching *обесцвечивание, отбеливание*

bleed [paints] *пятно*

bleed (vb.) *выделять вяжущее на поверхность, выпускать воздух, опорожнять, сочиться (о жидкости или газе), спускать жидкость*

bleeder *делитель напряжения, предохранительный клапан*

bleeding *выпотевание битума на поверхности дороги, выступание цементного молока на поверхности бетона, отбор пара, спуск жидкости*

bleeding in wheel tracks *выступание битума в колее*

blemish *дефект поверхности, пятно*

blend (vb.) *смешивать, сплавляться*

blended cement *цемент с добавками*

blending drum *смесительный барабан*

blighted area *запущенная территория, район трущоб*

blind *жалюзи, ширма, штора, экран*

blind (vb.) *затемнять, ослеплять*

blind (adj.) *врезной, глухой, несквозное отверстие, потайной, сплошной (без проемов), тупиковый, утопленный, фальшивый (о части здания)*

blind alley *тупик*
blind angle *мертвый угол*
blind door *глухая дверь*
blind fastener *крепление для шторы*
blind flange *глухой фланец, заглушка*
blind hole *глухое отверстие, несквозное отверстие*
blinding *облицовка*
blinding wall *глухая стена*
blind nail *гвоздь с утопленной шляпкой*
blind rivet *потайная заклепка*
blind veneer *облицовочная фанера*
blind wall *глухая стена*
blister *вздутие;* [paintw.] *пузырь*
blistering *образование вздутий на окрашенной поверхности*
blizzard *метель*
blob *капля*
block *блок, блокировка, брусок, глыба камня, группа операторов, единица доступа к диску или ленте; заграждение, квартал, колода, преграда, препятствие, строительный блок, чурбан*
block (vb.) *блокировать, забивать, загораживать, засорять, преграждать, препятствовать*
block (of houses) *квартал*
blockage *блокировка, закупоривание, засорение, образование пробки в трубе*
block and tackle *таль*
block board *мебельная фанерная плита*
block bond *однорядная перевязка кирпичной кладки*
block cutter *калиберный резак*
block gauge *калиберная плитка, плитка Иогансона, плоскопараллельная концевая мера длины*
blocking *блокирование, забивание, заграждение на дороге, заедание, засорение трубы, объединение записей в блоки, перегораживание пути*
block level *ватерпас*
block of flats (UK) *жилой многоквартирный дом*
block pavement *брусчатая мостовая, торцовая мостовая, штучное дорожное покрытие*
block plane *торцевой рубанок*
block up (vb.) *заклинивать, подклинивать*
block wall *торцовая стена*
blockwork *кладка стены*
blockwork repair *ремонт кладки*
bloom *блюм, болванка, высол на бетонной поверхности, крица, крупная заготовка, налет*
bloom (vb.) *расковывать, расплющивать*
blot *пятно*
blotch *дефект поверхности, пятно*
blow *удар*
blow (vb.) *взрывать, дуть, обдувать, продувать;* [el.] *программировать ПЗУ*
blow (into) (vb.) *нагнетать*

blower *вентилятор, воздуходувка*

blowing of a fuse *перегорание предохранителя, сгорание плавкого предохранителя*

blow-lamp *паяльная лампа*

blown asphalt (US) *оксидированный битум*

blown bitumen *оксидированный битум*

blow off (vb.) *выпускать воздух или пар, продувать, спускать*

blow-out *выброс газа или жидкости, искрогаситель, разрыв*

blowpipe *газовая горелка с дутьем, паяльная трубка*

blow torch *паяльная лампа*

blow up *взрывать, вспучиваться (о грунте)*

blow up (vb.) *взрывать*

blueing *синева (порок древесины);* [woodw.] *синяя гниль*

blue metal *пуссьера, цинковая пыль*

blue powder *пуссьера, цинковая пыль*

blueprint *светокопия, синька, чертеж*

blueprint stage *стадия проектирования*

blue stain *синева (порок древесины);* [woodw.] *синяя гниль*

blue stain fungus *грибок плесени*

blunt (vb.) *притуплять*

blunt (adj.) *округленный, тупой, тупоносый*

blunt file *стертый напильник*

blunt-nosed *тупоносый*

blunt point *закругление*

blunt tool *тупой инструмент*

blushing *образование матовых пятен, помутнение лакового покрытия*

BM (bench mark) *опорная отметка высоты, поверочная точка, репер*

board *доска, картон, настил, панель, плата, помост, щит*

board (vb.) *обшивать досками, опалубливать*

boarded wall *дощатая стена*

board felt *облицовочный картон*

board fence *дощатый забор, штакетник*

board floor *дощатый пол*

boarding *доски, обшивка досками*

boarding up *обшивка досками*

board lumber *доски, пиломатериалы, поделочный лес*

board partition *дощатая перегородка*

board sawmill *лесопилка*

board up (vb.) *заколачивать окно или дверь*

boat bridge *понтонный мост*

body *керамическая масса, корпус, остов, станина, тело;* [paints] *консистенция*

body colour [paintw.] *кроющая краска*

bodying *сгущение, увеличение консистенции*

body of revolution *тело вращения*

bog *болото, грязеотстойник, топь*

boil *кипение, точка кипения;* [paintw.] *пузырь*

boil (vb.) *кипеть*

boiled linseed oil *льняная олифа*

boiled oil *олифа*

boiled plaster of Paris *алебастр, обожженный гипс, штукатурный гипс*

boiler *котел*

boiler deposit *накипь на котле*

boiler flue *жаровая труба котла*

boiler house *бойлерная, котельное помещение*

boiler room *котельная*

boiler scale *котельный камень, накипь, окалина*

boiler system *система котлов*

boiling *бурное газообразование, варка, кипение, кипячение;* [paintw.] *образование пузырей*

boiling point *точка кипения*

bole *известковая глина, ствол*

bollard [road] *островок безопасности*

bolster *плита перекрытия*

bolt *болт, засов, ось, палец*

bolt (vb.) *свинчивать, скреплять болтами*

bolt chisel *крейцмейсель*

bolt clamp *болтовое крепление, струбцина, тиски*

bolt clipper *болторезные кусачки*

bolt cropper *болторезные ножницы*

bolt cutter *болторезный станок*

bolt down (vb.) *закреплять болтами*

bolted joint *болтовое соединение*

bolt head *головка болта*

bolt hole *болтовое отверстие, скважина под штанговую крепь*

bolting *свинчивание, скрепление болтами*

bolting cloth *ткань для сит*

bolt lock *засов*

bolt of wallpaper *рулон обоев*

bolt on (vb.) *прибалчивать*

bolt screw *шуруп*

bolt shank *тело болта*

bolt thread *винтовая резьба*

bolt together *свинчивать, соединить болтом*

Bombay blackwood [woodw.] *индийский палисандр*

bond *перевязка кирпичной кладки, связующий материал, связь, соединение, стыковое рельсовое соединение, сцепление*

bond (vb.) *связывать, соединять, сцеплять*

bonded joint *замоноличенный стык, междурельсовое стыковое соединение, рельсовый стык с приваренным стыковым соединением*

bonded metal insert *замоноличенная закладная деталь в бетоне*

bonded prestressed concrete *предварительно напряженный железобетон со сцеплением арматуры с бетоном*

bonder *анкерный камень, вяжущее, соединительный камень*

bonding *перевязка кирпичной кладки, связь, сцепление*

bonding agent *вяжущее*

bonding material *вяжущее*

bonding plaster *штукатурка, штукатурный связующий слой*

bonding strength *сила сцепления;* [chem.] *прочность связи*

bonding substance *вяжущее*

bond length *длина зоны сцепления арматуры с бетоном*

bond pattern *рисунок перевязки каменной кладки*

bond scheme *рисунок перевязки каменной кладки*

bond stone *анкерный камень, соединительный камень*

bond strength *сопротивление сдвигу;* [concr.] *прочность сцепления*

bond stress *напряжение связи;* [concr.] *напряжение сцепления*

bond timber *импост окна*

bone (vb.) [geod.] *забивать колышки при нивелировании*

bone-dry (adj.) *абсолютно сухой*

boning *проверка отвесности стен;* [geod.] *нивелировка при помощи визирок*

boning rod *отвес*

book case *книжный шкаф*

boom *багор, пояс моста, арки или фермы, стрела крана, укосина*

booster station *бустерная установка, промежуточная станция трубопровода*

boot-scraper *скребница*

border *борт, граница, кайма, край, обочина дороги, фриз*

border (vb.) *граничить, окаймлять*

bordering *кант*

border levee *вал, дамба, набережная, насыпь*

border on (vb.) *граничить с*

border plane *двуручный струг, скобель*

bore *бур, отверстие, скважина, туннель*

bore (vb.) *бурить, сверлить*

bore chips *стружка от сверла*

bored hole [woodw.] *червоточина*

bore diameter *диаметр отверстия в свету*

bore hole *буровая скважина, шпур*

borer hole [woodw.] *червоточина*

boring *бурение, внутренний диаметр*

boring for water *бурение на воду*

boring machine *сверлильный станок*

borings *металлические стружки*

boring tool *буровое оборудование, буровой инструмент*

borough *район в городе*

borough architect *главный архитектор района*

borough engineer *главный инженер района*

borrow material *карьерный материал*

borrow pit *карьер, резерв грунта при земляных работах*

boss *круглый выступ, прилив, сучок*

bostic cement *бостикцемент*

botcher *плохой работник*

botching *плохая работа*

bottle *баллон, бутыль*

bottled gas *газ в баллонах*

bottleneck *критический параметр, сужение, узкий проход, узкое место*

bottleneck road *сужение дорожного полотна, узкость на дороге*

bottom *днище, дно, донный осадок, низкий, отстой, подстилающая порода, фундамент*

bottom (vb.) [paintw.] *грунтовать*

bottom (adj.) *донный, нижний, основной*

bottom block [road] *нижний слой камня*

bottom board *подмодельная доска*

bottom concrete layer *нижний слой бетона, подстилающий слой бетона*

bottom course *подстилающий слой дорожного покрытия*

bottom culvert *глубинный водосброс*

bottom electrode *подовый электрод в электропечи*

bottom flange *нижний пояс, нижняя полка балки*

bottom-hinged window *окно с откидывающейся вниз рамой*

bottom-hung casement *створный оконный переплет с нижней навеской*

bottoming *балластный слой;* [paintw.] *грунтовка;* [road] *слой щебня*

bottoming reamer *развертка для обработки дна*

bottoming tap *чистовой метчик*

bottom layer *нижний слой*

bottom log *комель*

bottom outlet *глубинный водосброс*

bottom plate *нижняя обвязка деревянного каркаса, подкладка, подушка*

bottom rail *нижняя перекладина, нижняя рейка*

bottom rail of sash *нижняя планка подъемного окна*

bottom reinforcement [concr.] *нижняя арматура*

bottom run [weld] *корень шва*

bottoms *донный осадок, отстой*

bottom sheathing *подовая плита*

bottom slab *нижняя плита*

bottom step *нижняя ступенька*

bottom view *вид в плане, вид снизу, горизонтальная проекция*

boulder *булыжный камень, валун*

boulder blasting *взрывные работы*

boulder clay *моренная глина*

bounce *отскакивание, подпрыгивание, срыв*

bounce (vb.) *отскакивать, подпрыгивать, резко изменять, срывать*

boundary *граница, линия раздела, ограничение*

boundary condition *пограничное состояние*

boundary of premises *граница помещений*

boundary stone *бортовой камень*

bow *арка, бугель, выступающая часть фасада, дуга, лучок дрели, лучок пилы, эркер;* [woodw.] *сук*

bow (vb.) *гнуть, сгибать*

bow compasses *кронциркуль*

bowing *изгибание, прогибание*

bowl *каток, ковш скрепера, резервуар, ролик, чаша, чашеобразный абажур;* [san.eng.] *унитаз*

bow saw *лучковая пила*

bow-saw (vb.) *пилить лучковой пилой*

bowstring arch *арочная ферма с затяжкой*

bowstring bridge *арочный мост с затяжкой*

bowstring girder *арочная ферма с затяжкой*

bowstring truss *ферма с криволинейным поясом*

bow window *полукруглое окно*

box *бокс, втулка, муфта, опалубка для бетона, прямоугольник, ящик;* [electr.] *коробка;* [graph.] *блок, рамка, стойка*

box beam *балка коробчатого сечения*

box caisson *массив-гигант*

box dam *массивная контрфорсная плотина*

box element *коробчатая секция*

box girder *балка коробчатого сечения*

box girder bridge *балочный мост с прогонами коробчатого сечения*

box girder frame *решетчатая рама с коробчатым сечением*

box lock *врезной замок*

box nut *глухая гайка, колпачковая гайка*

box principle *принцип 'ящиков' Дирихле*

box ring wrench *торцовый разводной ключ*

boxroom *кладовка, чулан*

box-shaped arch rib *коробчатая нервюра*

box-shaped unit *коробчатая секция*

box spanner *коробчатый свод арки, торцовый гаечный ключ*

box staple *квадратная скоба*

box unit *коробчатая секция*

box wrench *торцовый ключ*

brace *дрель, коловорот, обвязка, оттяжка, пара, подкос, распорка, расчалка, связь жесткости, укосина*

brace (vb.) *придавать жесткость, притягивать, связывать, скреплять*

braced girder *балочная ферма со связями жесткости, сквозная балочная ферма*

brace drill *коловорот*

braced sheet wall *шпунтовая стенка на расчалках*

brace piping *связная труба в огнетрубном котле*

bracing *крепление, расшивка, связь жесткости*

bracing frame *рама жесткости, связующая рама*

bracing structure *жесткая конструкция*

bracing wire *натяжная проволока, поперечный трос, проволочная растяжка*

bracket *выступ, держатель, консоль, консольный подшипник, кронштейн, подвеска, скобка;* [carp.] *распорное бревно*

bracket (vb.) *скреплять скобками*

bracket crane *консольный кран*

bracket frame *деревянная каркасная конструкция с ригелем в каждом этаже, жесткая рама, жесткий каркас*

bracket joint [rail] *угловая рельсовая накладка*

bracket plate *выступающая плита*

brad *гвоздь без шляпки, шпилька, штифт*

bradawl *шило*

braided hose *оплетенный шланг*

braided wire *оплетенный провод*

branch *ветвь, ветка, операция перехода, ответвление, отвод, отдел, отрасль, разветвление дороги;* [electr.] *тройник;* [san.eng.] *ответвительная труба;* [woodw.] *сучок*

branch (vb.) *ветвиться, ответвляться, разделяться надвое*

branch box *ответвительная муфта;* [electr.] *ответвительная коробка, рапределительная коробка, тройниковая муфта*

branch cable [electr.] *отводной кабель*

branch circuit [electr.] *ответвленная цепь, параллельная цепь, шунт*

branch connection *патрубок, штепсельный разъем*

branch duct *отводной канал*

branching *ответвление, разветвление;* [comp.] *передача управления*

branching box *ответвительная коробка, ответвительная муфта, тройниковая коробка, тройниковая муфта*

branching crack *разветвляющаяся трещина*

branch line [rail] *ветка*

branch piece *патрубок*

branch pipe *ответвление, отводная труба, патрубок, тройник*

branch railway *железнодорожная ветка*

branch socket *штуцер*

branch tee *тройник*

branch wire [electr.] *отводной провод*

brand *марка, сорт, товарный знак*

branded article *фирменное изделие*

brand name *фирменное название товара*

brash ice *шуга*

brass *желтая медь, латунь*

brass pipe *латунная труба*

brass solder *латунный припой*

brass tube *латунная трубка*

braze *твердый припой*

braze (vb.) *паять твердым припоем*

braze welding (US) *сварка с припоем*

brazing *пайка твердым припоем*

brazing alloy *твердый припой*

brazing apparatus *аппарат для сварки твердым припоем*

brazing filler metal *твердый припой*

brazing furnace *печь для пайки*

brazing joint *место пайки, паяный шов*

brazing seam *паяный шов, спай*

brazing solder *твердый припой*

BRC (British Reinforced Concrete) fabric *арматурная сетка марки BRC*

breach *брешь, отверстие, пролом, прорыв*

breadth *ширина*

breadth of distribution *масштаб распределения*

break *взлом, внезапное изменение рельефа, обрушение, обрыв, отбойка, посадка кровли, пролом, разлом, разрыв*

break (vb.) *взламывать, выключать, ломать(ся), обрывать(ся), отключать, прерывать, разрушать(ся), рвать(ся)*

breakage *авария, поломка*

breakdown *авария, неисправность, поломка;* [chem.] *распад;* [electr.] *пробой*

break down (vb.) *обрывать(ся), разрушать(ся), разрывать(ся);* [chem.] *распадаться*

breakdown voltage [electr.] *пробивное напряжение, разрывное напряжение*

breaker *бык моста, выключатель, ледорез, пневматический отбойный молоток;* [electr.] *прерыватель*

breaking capacity [electr.] *разрывная мощность выключателя*

breaking-down [build.] *обрушение;* [cer.] *распушка глины;* [chem.] *распад;* [electr.] *пробивание изоляции кабеля;* [met.] *черновое обжатие при прокатке*

breaking-down voltage [electr.] *пробивное напряжение, разрывное напряжение*

breaking load *разрушающая нагрузка*

breaking of a dyke *прорыв в плотине*

breaking point *предел прочности*

breaking strain *разрушающая деформация*

breaking strength *прочность на разрыв, разрывное усилие, сопротивление разрушению*

breaking stress *предел прочности на разрыв, предел прочности на растяжение, предельное напряжение, разрушающее напряжение*

break up (vb.) *разбивать*

breakwater *брекватер, волнорез, мол*

breast [arch.] *подоконная стенка*

breast drill *ручная дрель*

breastsummer *подоконная балка*

breast wall *подпорная стенка, стенка падения*

breather pipe *дыхательный аппарат, респиратор*

breather tube *вентиляционная труба, вытяжная труба*

breathing apparatus *дыхательный аппарат с принудительной подачей воздуха*

breathing mask *дыхательная маска, противогаз*

breeze block *шлакобетонный блок*

breeze concrete *бетон на котельном шлаке, шлакобетон*

breeze slab *шлаковая плита*

brick *брикет, брус, брусок, кирпич*

brick (vb.) *выкладывать кирпичом, класть кирпичи*

brick arch *кирпичная арка, кирпичная сводчатая крепь*

brick axe *молоток каменщика*

brickbats *половняк*

brick building *кирпичное здание*

brick-built *построенный из кирпича*

brick cladding *кирпичная футеровка*

brick clay *кирпичная глина*

brick course *горизонтальный ряд кирпичной кладки*

bricked-up window *глухое окно*

brick facing *облицовка кирпичом*

brick in (vb.) *закладывать кирпичами*

bricking in *закладка кирпичами*

bricking up *замуровка*

brick jointer *нож для расшивки швов, расшивка*

bricklayer *каменщик*

bricklayer's float *мастерок*

bricklayer's hammer *молоток каменщика*
bricklayer's hod *носилки каменщика*
bricklayer's scaffold *строительные леса*
bricklaying *кладка кирпича*
bricklaying work *кирпичная кладка, работа каменщика*
brick-on-edge course *ряд кирпичей, поставленных на ребро*
brick-on-end course *ряд торцевых кирпичей*
brick panel *кирпичная панель*
brick slip *оболочка кирпича*
brick tie *кирпичная связь*
brick-tile *глиняная черепица*
brick trowel *кельма для кирпичной кладки, комбинированная кельма*
brick up (vb.) *закладывать кирпичами, замуровывать*
brick vault *кирпичный свод*
brick veneer *кирпичная облицовка*
brick wall *кирпичная стена*
brickwork *выложенный кирпичом рисунок, кирпичная кладка*
brickwork construction *конструкция из кирпича*
brickworks *кирпичный завод*
brickyard *кирпичный завод*
bridge *мост, перемычка;* [telecom.] *мост в локальных сетях*
bridge (vb.) *наводить мост, перекрывать, перемыкать*
bridge abutment *опора моста, пята моста, устой моста*
bridge approach *подход или подъезд к мосту*
bridge arch *арка моста*
bridge bearing *выносной подшипник*
bridge bearing pad *вкладыш выносного подшипника*
bridge builder *мостостроитель*
bridge building *мостостроение*
bridge construction *строительство моста*
bridge crane *мостовой кран*
bridge deck *мостиковая палуба*
bridge decking *мостовой настил*
bridge deck slab *плита мостового настила*
bridge element *секция моста*
bridge embankment *насыпь моста*
bridge floor(ing) *настил моста*
bridge girder *ферма моста*
bridge link *звено моста, мостовое соединение*
bridge loan *ссуда на покупку нового дома до продажи заемщиком старого дома*
bridge pier *бык моста*
bridge pier cap *цоколь мостового быка*
bridge pile *мостовая свая*
bridge piling *забивка мостовых свай*
bridge pillar *опора моста*
bridge railing *перила моста*
bridge reamer *разжимная развертка*
bridge roadway *проезжая часть моста*
bridge safety fence *защитное ограждение моста*
bridge scaffold *висячие леса, висячий настил*

bridge site *место строительства моста*
bridge span *пролет моста*
bridge structure *конструкция моста*
bridge surfacing *настил моста*
bridge tower *башня моста, пилон*
bridge truss *ферма моста*
bridge way *проезжая часть моста*
bridging *звено, наводка моста, настил, помост, соединительная деталь*
bridging loan *ссуда на покупку нового дома до продажи заемщиком старого дома*
brief (adj.) *краткий*
bright *блестящий, полированный, светлый, яркий*
bright-drawn steel *светлотянутая сталь, чистотянутая сталь*
brighten (vb.) *осветлять, очищать, подсвечивать, полировать*
bright finish *зеркальная полировка*
brightness *яркость*
bright steel *светлотянутая сталь*
brilliance *блеск, яркость*
brilliant varnish *зеркальный лак*
brim *кант, край*
Brinell hardness [met.] *твердость по Бринелю*
bringing into state of equilibrium *балансировка, уравновешивание*
British Columbian Pine [bot.] *серебристая сосна*
British Standard Beam (BSB) *стандартная двутавровая балка*
brittle *ломкий, хрупкий*
brittle failure *хрупкое разрушение*
brittle fracture *хрупкий излом*
brittleness *ломкость, хрупкость*
broach *бурав, протяжка, прошивка, развертка*
broach (vb.) *обрабатывать протяжкой, прошивать*
broach blade *прошивное лезвие*
broaching *протяжка, прошивка, развертка*
broaching machine *протяжной станок, прошивной пресс*
broaching tool *протяжной инструмент, прошивной инструмент*
broad *обширный, широкий*
B-road *дорога класса В*
broad axe *плотницкий топор*
broaden (vb.) *расширять*
broadleaf tree (US) *широколистное дерево*
broad-leaved tree (UK) *широколистное дерево*
broad slab *каменная плитка*
broadstone *квадер, тесаный камень*
broken *ломаный, разбитый*
broken bricks *кирпичный щебень*
broken-down *поврежденный, потерпевший аварию, сломанный*
broken flagstone *крошка плитняка*
broken glass *битое стекло*
broken limestone *толченый известняк*
broken line *нарушенная линия, пунктирная линия*
broken materials *отходы*

broken natural stone *щебень*

broken number *дробь, нарушенный номер*

broken stone *щебень*

broken-stone concrete *бетон на щебне*

broken-stone roadbase *подстилающий слой щебня*

bronze *бронза*

bronze paint *бронзовая краска*

bronzing lacquer *бронзовочный лак*

broom *дорожная щетка, метла*

broom-clean (adj.) *очищенный щеткой*

broom cupboard *кладовка для метел*

broomed finish *отделка щетками бетонной поверхности*

broomed surface *поверхность отделки щетками*

broom finish (vb.) *отделывать щетками*

brooming *выглаживание дорожного покрытия щетками, размочаливание головы сваи при забивке*

broomstick *ручка щетки*

brown kern *бурый крупнозернистый песчаник*

brown oil of vitriol (US) *темная серная кислота*

brownstone *бурый железистый песчаник*

bruise *синяк, ушиб (дефект слитка)*

bruise (vb.) *дробить, повреждать, раздавливать, толочь*

brush *кисть, щетка*

brush (vb.) *наносить краску, сметать, чистить щеткой*

brush-coat (vb.) [paintw.] *делать предварительную подготовку поверхности*

brush coating *нанесение слоя щеткой*

brush finish *выглаживание щеткой*

brushing *очистка щеткой*

brush mark *след от кисти или щетки*

brush off (vb.) *смахивать*

brush stroke *мазок кистью*

brush treatment *обработка кистью или щеткой*

BSB (British Standard Beam) *стандартная двутавровая балка*

B.S. compaction test *полевое испытание плотности грунта по Проктору*

bubble *пузырек, раковина в металле;* [paintw.] *пузырь;* [phys.] *цилиндрический магнитный домен;* [tool] *ватерпас*

bubble (vb.) *кипеть, пузыриться*

bubble axis *ось по ватерпасу*

bubble level *плотницкий уровень*

bubbling up *кипение*

buck *дверная коробка, козлы для распиливания бревен, щелок*

buck (vb.) *дробить, подпирать, противодействовать, распиливать*

bucket *бадья, ведро, люлька, подъемная клеть, поршень насоса, черпак*

bucket chain *ковшовая цепь*

bucket-chain excavator *драглайн-экскаватор*

bucket conveyor *ковшовый конвейер, многоковшовый элеватор, нория*

bucket crane *грейферный кран*

bucket dredger *ковшовая землечерпалка*
bucket elevator *ковшовый элеватор, нория*
bucket excavator *одноковшовый экскаватор*
bucket-ladder dredger *ковшовая землечерпалка*
bucket-ladder excavator *многоковшовый экскаватор*
bucket lid *крышка бадьи*
bucket loader *ковшовый погрузчик*
bucket tooth *зубец ковша*
bucket wheel *ковшовое колесо*
bucket-wheel excavator *многоковшовый экскаватор*
buckle *подвеска, прогиб, продольный изгиб, пряжка, скоба, стяжная муфта, хомут;* [met.] *распучивание полой детали*
buckle (vb.) *вспучиваться, изгибаться, коробиться*
buckling *вспучивание, коробление, лапласиан, параметр кривизны, продольное изгибание*
buckling length *длина зоны продольного изгиба*
buckling load *критическая продольная нагрузка, нагрузка, вызывающая продольный изгиб*
buckling stress *напряжение, вызывающее продольный изгиб*
buff *полировальный круг*
buff (vb.) *поглощать удар, полировать эластичным кругом*
buffer *амортизатор, буфер, глушитель, демпфер*
buffer (vb.) *буферизовать*
buffer flange *буферный стакан*
buffering *амортизация, буферизация, глушение, демпфирование*
buffer plate *буферная панель*
buffer stop *буферный упор*
buffer washer *буферная прокладка*
buffing *глянцевание, полирование*
bug (US) *насекомое*
build *вертикальный шов в каменной кладке, конструкция, плотность, форма;* [paintw.] *консистенция*
build (vb.) *сооружать, строить*
build-down *снижение, сокращение*
build-down (vb.) *демонтировать*
builder *каменщик, строитель*
builder's estimate *строительная смета*
builder's hardware *фитинги*
builder's labourer *подручный каменщика*
builder's level *ватерпас*
build in (vb.) *вмонтировать, встраивать, замоноличивать*
building *здание, постройка, сооружение, строение, строительство*
building (adj.) *строительный*
building(s) *застройка, здания*
building above ground level *наземная часть здания*
building acoustics *акустика здания*
building act *закон, применямый при застройке территории*
building activity *строительные работы*
building and construction *строительство*
building and construction industry *строительная промышленность*
building and construction sector *отрасль строительства*

building and construction work *строительные работы*
building and construction works *строительно-монтажные работы*
building and loan association *ассоциация строительного кредита*
building area *район застройки, стройка*
building association *стройтоварищество*
building attenuation *сокращение строительства*
building authority *компетентные строительные органы*
building ban *запрет на строительство*
building block *строительный блок, строительный элемент*
building board *строительная доска*
building brick *строительный кирпич*
building by-law *подзаконный акт по строительству*
building code *СНиП, строительные нормы и правила*
building company *строительная компания*
building component *составная часть здания*
building conditions *условия строительства*
building contract *подряд на строительство*
building contractor *строительный подрядчик*
building control department *строительная инспекция*
building cost index *индекс затрат на строительство*
building costs *затраты на строительство*
building crane *строительный кран*
building damages *ущерб от строительства*
building density *плотность застройки*
building documents *документы на строительство*
building drawing *строительные чертежи*
building element *строительный элемент*
building engineer *инженер-строитель*
building envelope *ограждающая конструкция здания*
building environment *условия строительства*
building erection time *продолжительность строительства*
building estate *территория под застройку*
building expenses *расходы на строительство*
building expert *специалист-строитель*
building export *строительство за рубежом*
building foil *строительная фольга*
building frame *каркас здания*
building freeze *замороженное строительство*
building fund *строительный фонд*
building glass *строительное стекло*
building ground *стройплощадка*
building hardware *фитинги*
building height *высота застройки*
building implements *строительный инвентарь*
building in *замоноличивание в бетон*
building-in *вмонтированный, встроенный, замоноличенный*
building industry *строительная промышленность, стройиндустрия*
building inspection *осмотр здания*
building inspector *строительный инспектор*
building iron *строительное железо*
building joiner *плотник*

building land *земля под застройку*
building law *строительное законодательство*
building legislation *строительное законодательство*
building license *разрешение на строительство*
building line *линия застройки*
building loan *кредит на строительство, ссуда на строительство*
building location *местоположение здания*
building lot *стройплощадка*
building maintenance costs *балансовая стоимость эксплуатации здания*
building materials *стройматериалы*
building measures *строительные мероприятия*
building mechanics *строительная механика*
building method *технология строительства*
building office *стройинспекция*
building owner *заказчик строительства*
building paper *строительный картон*
building permit *разрешение на строительство*
building physics *строительная физика*
building plot *строительный участок*
building preservation *охрана здания как исторического или архитектурного памятника*
building project *строительный объект*
building refuse *строительные отходы*
building regulations *СНиП, строительные нормы и правила*
building sector *строительная отрасль*
building site *стройплощадка*
building site hoist *строительный подъемник*
building site road *подъездные пути к стройке*
building society *строительное общество*
building sponsor *спонсор строительства, финансирующая организация*
building stock *запасы стройматериалов и инвентаря*
building supervision *строительный надзор*
building technician *техник-строитель*
building technology *строительная техника*
building timber *строительный лес*
building tolerance *строительные допуски*
building tower crane *строительный башенный кран*
building trade *профессия строителя, строительная отрасль*
building tradesman *рабочий-строитель*
building under construction *строящееся здание*
building unit *строительная конструкция, строительная секция, строительное изделие*
building-up *монтаж здания, стройка*
building-up by welding *монтаж при помощи сварки*
building value *стоимость строительных работ*
building volume *объем строительства*
building wake effects *воздействие зданий на обтекающие воздушные потоки, явление спутной струи*
building waste *строительные отходы*

building with prefabricated elements *сборное строительство*

building work *строительные работы, стройка*

building yard *стройка*

building zone *район застройки*

build on (vb.) *застраивать, пристраивать*

build over (vb.) *надстраивать*

build together (vb.) *соединять здания между собой*

build-under refrigerator *холодильник для встройки в кухонный стол*

build up (vb.) *воздвигать, застраивать, монтировать, наращивать, собирать*

build-up *монтаж, организация, повышение давления, построение, сборка, соединение разъемных деталей*

build-up welding *наварка, наплавка*

built (adj.) *составной*

built beam *составная балка*

built-in *вмонтированный, встроенный*

built-in appliance *встроенный агрегат*

built-in kitchen range *встроенная кухонная плита*

built-in refrigerator *встроенный холодильник*

built-in switch [electr.] *утопленный выключатель*

built-on site *застроенный участок*

built-up *застроенный, клепаный, разъемный, сборный, сварной, составной*

built-up area *застроенный участок*

built-up beam *составная балка*

built-up bituminous roof(ing) *составная рубероидная кровля*

built-up board *наборная мебельная доска*

built-up hollow beam *составная пустотелая балка*

built-up roof(ing) *составная рулонная кровля*

built-up section *сборная секция*

bulb [electr.] *лампа накаливания*

bulb iron *бульбовая сталь*

bulge *выгнутость, выпуклость, кривизна*

bulge (vb.) *вздуваться, выпучиваться, деформироваться*

bulged *выпуклый, изогнутый*

bulged pane *деформированная рама, деформированная филенка*

bulging *выгнутость, выпуклость*

bulging stress *напряжение при изгибе*

bulgy *выпуклый, изогнутый*

bulk *масса, сыпучий материал*

bulk (vb.) *разбухать;* [paintw.] *набухать*

bulk, in *навалом*

bulk cement *цемент насыпью или навалом*

bulk collection *удаление крупных строительных отходов*

bulk concrete *бетонный массив, монолитный бетон, неармированный бетон*

bulk density *объемная плотность сыпучего тела*

bulkhead *подпорная стенка;* [concr.] *перегородка бетонной формы*

bulking *выпучивание, набухание*

bulk production *массовое производство*

bulk refuse container *контейнер для крупногабаритного мусора*

bulk specific gravity *удельный вес сыпучего материала*
bulk waste *крупногабаритный мусор*
bulky *большой, громоздкий, крупногабаритный, объемистый*
bulky waste *крупногабаритный мусор*
bulldog clip *зажим троса, замок троса*
bulldozer *бульдозер*
bulletproof *пуленепробиваемый*
bulletproof glass *пуленепробиваемое стекло*
bullhead [build.] *замковый камень, ключевой камень*
bullhead(ed) rail *двухголовый рельс*
bullnose *заглушка трубопровода, рубанок с железком в носовой части*
bullnosed *с закругленным ребром, с закругленным торцом*
bull riveting *гидравлическая клепка*
bulwark *бруствер, вал, мол*
bump *бугор, выпуклость, столкновение, толчок, удар*
bump against (vb.) *наскочить на, удариться*
bumper *бампер, буфер, буферный брус*
bumping test *испытание на ударную прочность, ударное испытание*
bump into (vb.) *налететь на*
bump test *ударное испытание*
bumpy *бугристый, ухабистый*
bunch (vb.) *образовывать припухлость, образовывать сгустки, складывать вместе*
bund (US) *набережная*
bundled *связанный в тюки, упакованный*
bundled bars *арматурные пучки*
bundled conductor *мультиплексный провод;* [telecom.] *менеджер узла*
bung *втулка, затычка*
bungler *плохой работник*
bungling *плохая работа*
bunker *бункер*
buoyancy *жидкотекучесть, плавучесть, подъемная сила, растекаемость, текучесть;* [nav.] *водоизмещение судна или корабля, плавучесть, подъемная сила*
burden *груз, загрузка, засыпка, наносная порода, ноша, ярмо*
burden (vb.) *нагружать, отягощать*
bureau *бюро, управление*
burglar alarm *противовзломная сигнализация*
burglar alarm installation *установка противовзломной сигнализации*
burglarproof *с противовзломной сигнализацией*
burglar retardant *затрудняющий взлом*
burial *захоронение*
burial of waste *захоронение отходов*
buried cable *подземный кабель*
buried wiring *проводка в стене, скрытая проводка*
burlap *дерюга;* [text.] *мешковина*
burn *клеймо, ожог*
burn (vb.) *выжигать, гореть, жечь, обжигать, прожигать, сжигать*
burnable *горючий*
burner *горелка*

burner control box *автомат управления горелкой*

burning *сжигание*

burning behaviour *горючесть*

burning oil *жидкое котельное топливо*

burning time *время горения;* [weld] *время оплавления*

burnish (vb.) *воронить сталь, полировать, придавать блеск, прокатывать зубья*

burnishing *воронение, обработка давлением, полировка, прокатка зубьев*

burnishing test *испытание на разглаживание под давлением*

burn off (vb.) *производить огневую отрезку, сгорать, сжигать*

burn out (vb.) *перегорать (о предохранителе)*

burnover brick *полуобожженный кирпич*

burnt gypsum *обожженный гипс*

burn through (vb.) *прогорать насквозь, прожигать насквозь*

burn-through *прогар стенки камеры сгорания*

burnt lime *негашеная известь*

burnt umber [paints] *негашеная умбра*

burr *грат, заусенец, оселок, точильный камень, треугольное долото*

burr (vb.) *снимать заусенцы*

burring *снятие заусенцев*

burring machine *абграт-пресс, станок для снятия заусенцев*

burst *взрыв, вспышка, пакет, разрыв*

burst (vb.) *взрываться, вспыхивать, лопаться, разбивать на части*

bursting *взрыв, прорыв*

bursting charge *взрывной заряд, запал*

bursting effect *эффект взрывания*

bursting of a dam *прорыв плотины*

bursting pressure *разрывающее давление*

bursting strength *сопротивление продавливанию, сопротивление прорыву*

bury (vb.) *закапывать в землю, зарывать, засыпать, хоронить отходы*

bus bay *автобусная стоянка*

bush *вкладыш, втулка, вывод обмотки;* [electr.] *проходной изолятор*

bush (vb.) *вставлять втулку*

bush bolt *втулочный болт*

bush hammer *бучарда*

bush hammering *обработка бучардой*

bushing *бушинг, вводный изолятор, вкладыш, втулка, переходной фитинг, проходной изолятор*

bushing insulator *проходной изолятор;* [electr.] *вводный изолятор*

bushing tube *бушинг*

business premises *служебное помещение*

business property *собственность фирмы*

bus lane [road] *дорожная полоса для движения автобусов*

bus lay-by [road] *автобусная стоянка*

bus-only lane *дорожная полоса со знаком движение только для автобусов*

bus shelter *навес над автобусной остановкой*

bus station *автобусная станция*

bus-stop bay *автобусная стоянка*

bust (vb.) *дробить, измельчать*

butt *комель дерева, конец, навес, петля, стык, стыковое соединение, торец, хвостовик*

butt (vb.) *соединять встык, стыковать*

butt bolt *замыкающий болт*

butt cut [woodw.] *комелевый рез (первый от комеля)*

butt dowel *дюбель, стыковой штырь*

butt edge *стыковая кромка*

butted joint *соединение встык, стыковое соединение*

butt end *комель, нижний конец, торец*

butterfly gate *дроссельный затвор*

butterfly nut *гайка-барашек, крыльчатая гайка*

butterfly valve *двухстворчатый клапан, дроссель, дроссельная заслонка, дроссельный клапан*

butterfly window *двустворчатое окно*

butt flap *петля окна или двери, торцевая створка*

butt hinge *двустворчатая торцевая навеска, навесная петля*

butt induction welding *стыковая контактная сварка*

butt joint *стыковое соединение, шов стыкового соединения*

butt joint (vb.) *соединять встык*

butt length [woodw.] *комель*

butt log [woodw.] *комель*

butt off (vb.) *отпиливать комель*

button *заглушка, задвижка, кнопка*

button-head screw *винт с круглой головкой*

button light [road] *дорожный световозвращатель*

butt plate *накладка, рельсовая подкладка*

butt resistance welding *стыковая контактная сварка*

buttress *бык моста, контрфорс, подпорка, подставка, устой*

buttress (vb.) *поддерживать, подпирать*

buttress dam *контрфорсная плотина*

buttress pier *бык моста, опора*

buttress wall *стена с контрфорсами*

butt riveting *стыковой заклепочный шов*

butt seam [weld] *шов встык*

butt-seam welding *стыковая сварка*

butt strap *стыковая накладка*

butt-strap (vb.) *делать стыковую накладку*

butt weld *шов с отбортовкой кромок*

butt-weld (vb.) *варить встык*

butt weld between plates with raised edges *сварной стыковой шов, соединяющий пластины с отогнутыми бортами*

butt-welded pipe *трубы, сваренные встык*

butt welding *сварка встык*

buzzer *автоматический прерыватель, зуммер, пищик*

buzz saw (US) *циркулярная пила*

by hand *вручную, руками*

bypass *байпас, обводной канал, обход, обходная дорога, перепуск, перепускной клапан;* [electr.] *шунт*

bypass channel *обводной канал*
bypass passage *обходной путь*
bypass pipe *отводная труба*
bypass road *обходная дорога, объезд*
bypass valve *перепускной клапан*
byroad *обход, обходная дорога, объездный путь*
by-way (US) *проселочная дорога*

C (Celsius) *градус Цельсия*

C (centigrade) *градус Цельсия*

CA (computer-aided) *автоматизированный, выполняемый с помощью вычислительной машины*

cabinet *камера, шкаф, ящик*

cabinet file *напильник по дереву*

cabinet freezer *низкотемпературный шкаф*

cabinet maker *краснодеревщик*

cabinet polish *мебельный лак*

cabinet varnish *мебельный лак*

cabinet wood *столярный лесоматериал*

cable *кабель, канат, провод, трос*

cable anchorage *анкерное крепление*

cable armature [electr.] *оплетка кабеля*

cable armouring [electr.] *оплетка кабеля*

cable bearer *крепление кабеля*

cable block *кабельный блок;* [concr.] *анкерная колодка*

cable box [electr.] *кабельная муфта*

cable breakdown *обрыв кабеля*

cable bridge *висячий мост*

cable bushing *ввод кабеля*

cable channel *кабельный канал;* [concr.] *канал для преднапрягаемой арматуры*

cable clamp *зажим для крепления троса, кабельный зажим, клемма кабеля*

cable clip *зажим для крепления троса, кабельный зажим*

cable compound *кабельное изоляционное масло, канатная смазка, смазка для стальных тросов*

cable concrete *предварительно напряженный железобетон с натяжением арматуры*

cable conduit *кабелепровод, кабельный канал*

cable connecting box *кабельная муфта*

cable core *жила кабеля*

cable coupling box *кабельная муфта*

cable crane *кабель-кран, кабельный кран*

cable detector *кабелеискатель*

cable distributing box *кабельная распределительная коробка*

cable drawing pit [electr.] *кабельный колодец*

cable drum *кабельный барабан*

cable duct *кабельная труба, кабельный канал, кабельный туннель;* [concr.] *канал для арматуры*

cable end box *концевая кабельная муфта*

cable end connector *концевая заделка кабеля, концевая кабельная муфта*

cable end piece *концевая заделка кабеля, концевая кабельная муфта*

cable end sleeve *концевая заделка кабеля, концевая кабельная муфта*

cable entry *ввод кабеля*

cable fittings *кабельная арматура*

cable head *концевая кабельная коробка, концевая кабельная муфта*

cable housing *оболочка кабеля, оболочка троса*

cable installation *канатная установка*

cable joint *кабельная муфта, кабельная спайка, кабельное соединение, кабельный сросток*

cable laying *прокладка кабеля*

cable localizer *кабелеискатель*

cable locator *кабелеискатель*

cable lug *кабельный наконечник*

cable manhole [electr.] *кабельный колодец*

cable pit [electr.] *кабельный колодец*

cable pothead *концевая заделка кабеля, концевая кабельная муфта*

cable protecting sleeve *предохранительная кабельная муфта*

cable rack *кабельная полка, кабельная стойка, кабельный кронштейн*

cable railway *канатная дорога*

cable reel *кабельный барабан*

cable routing *прокладка кабеля*

cable saddle [bridge] *опора несущего каната*

cable sheathing *оболочка кабеля*

cable sleeve *кабельная муфта*

cable socket *гнездо для спускового тросика*

cable-stayed bridge *канатный висячий мост*

cable-stressed concrete *предварительно напряженный железобетон*

cable suspension bridge *подвесной мост*

cable terminal *блочный кабельный соединитель*

cable tray *желоб для кабелей, лоток для кабелей*

cable trench *кабельная траншея*

cable vault *кабельная шахта, кабельный киоск;* [electr.] *кабельный колодец*

cableway *канатная дорога, канатная переправа*

cable well [electr.] *кабельный колодец*

cable winch *канатная лебедка*

cable worker *укладчик кабеля*

cabling *разводка кабелей;* [arch.] *витой орнамент;* [electr.] *укладка кабеля*

cadaster *кадастр*

cadastral map *кадастровая карта*

cadastral register *кадастровый журнал*

cadastral survey *кадастровая съемка, межевая съемка*

cadastre *кадастр*

CAD/CAM (computer-aided design/computer-aided manufacturing) [comp.] *автоматизированное проектирование и автоматизированная технологическая подготовка производства, автоматизированное проектирование и автоматизированное производство*

cage *кабина лифта, клеть, сруб;* [concr.] *арматурный каркас*

cage-arresting device *ловитель клети;* [lift] *стопорный механизм клети*

caisson *кессон, опускной колодец*

caisson foundation *кессонное основание, кессонный фундамент*

caisson pile *кессонная свая*

cake *брикет, брусок, кек, плитка, спекшаяся масса*

cake (vb.) *затвердевать, спекаться*

caking *брикетирование*

CALBA (compressed-air line breathing apparatus) [wk.env.] *дыхательный аппарат с подачей сжатого воздуха*

calcareous *известковый*

calcareous clay *известковая глина*

calcareous content *содержание кальция*

calcareous marl *известковый мергель*

calcareous rock [geol.] *известковая порода*

calcareous sandstone [geol.] *известковый песчаник*

calcareous tuff *известковый туф*

calcareous water *известковая вода*

calcic *известковый, кальциевый*

calciferous *известковый, кальциевый*

calcify (vb.) *обызвествляться*

calcinated flint *известковистый кремень*

calcium (Ca) *кальций*

calcium content *содержание кальция*

calcium nitrate *азотнокислый кальций, нитрат кальция*

calculable *исчислимый*

calculate (vb.) *вычислять, подсчитывать, рассчитывать*

calculated tensile strength *расчетная прочность при растяжении*

calculating rule *логарифмическая линейка*

calculation *вычисление, подсчет, расчет*

calculation of area *вычисление площади*

calculation of strength *расчет прочности*

calculator *арифмометр, калькулятор, счетная машина*

calculus *исчисление, математический анализ*

calefaction *нагревание*

calfdozer *малогабаритный бульдозер*

calibrate (vb.) *градуировать, калибровать*

calibration *градуировка, калибровка*

calipers *кронциркуль*

call box *телефонная будка*

call for tenders (vb.) *объявлять торги на получение подряда*

caloric *тепловой*

caloric conductibility *теплопроводимость*

caloric unit *единица теплоты*

calorifer *калорифер*

calorific capacity *теплоемкость*

calorific power *теплота сгорания, теплотворная способность*

calorific value *теплота сгорания, теплотворная способность*

calorimeter *калориметр*

calorimetry *калориметрия*

cam *копир, кулачковая шайба, шаблон, эксцентрик;* [motor] *кулачковый упор*

cam (vb.) *кулачок*

camber *выгиб, выпуклость, изгиб, коробоватость, прогиб, продольное коробление, серповидность, стрела прогиба, строительный подъем*

camber (vb.) *выгибать, изгибать*

camber of arch *провес арки*

came *свинцовый горбылек окна*

can *баллон, бидон, канистра, консервная банка, фляга*

canal *канал, проток, русло;* [arch.] *желоб*

canal (vb.) *отводить воду, прокладывать канал*

canalize (vb.) *канализировать, сооружать систему каналов*

canal lock *шлюз*

cancel *отмена*

cancel (vb.) *аннулировать, отменять*

candle *кандела, свеча*

cannelure *желобок, каннелюра, кольцевая выточка*

cannular *трубчатый*

canopy *купол парашюта, навес, тент;* [arch.] *сандрик*

canopy top *козырек, тент*

cant *кант, ребро, скос, уклон, фаска;* [rail] *наклон виража внутрь пути*

cant (vb.) *скашивать*

canted *наклонившийся, наклонный, скошенный*

cantilever *консоль, кран-балка, кронштейн, стрела крана, укосина*

cantilever (adj.) *консольный*

cantilever arm *консоль главной банки, консольная часть пролетного строения*

cantilever beam *консольная балка*

cantilever crane *консольный кран*

cantilevered *консольный*

cantilevered construction *строительство методом навесного монтажа пролетных строений*

cantilevered erection *навесной монтаж пролетного строения моста*

cantilever girder *консольная балка*

cantilever of a crane *стрела крана*

cantilever retaining wall *уголковаяая подпорная стена*

cantilever roof *консольная крыша*

cantilever wall *консольная стена*

canting strip *дренажная полочка*

cant off (vb.) *скашивать углы, снимать фаску*

cant of the track [rail] *наклон виража внутрь пути*

canvas *брезент, парусина*

canvas blind *маркиза*

canvas shelter *полотняный тент*

caoutchouc *каучук*

cap *головка, колпак, наголовник сваи, наконечник, подушка основания сооружения, шляпка, электродетонатор;* [arch.] *капитель;* [el.] *колпачок;* [graph.] *прописная буква*

capability *мандат для доступа к объекту системы, мощность, пропускная способность*

capability of thermal transmittance *возможность теплопередачи*

capacity *вместимость, грузоподъемность, емкость, производительность, производственные возможности, пропускная способность, способность*

capacity, of too low *имеющий очень низкую производительность*

capacity measure *мера вместимости*
cape chisel *крейцмейсель*
capillarity *капиллярность*
capillary *капилляр*
capillary attraction *капиллярное притяжение*
capillary brazing *капиллярная пайка*
capillary height *высота капиллярного подъема*
capillary pressure *капиллярное давление*
capillary rise *высота капиллярного подъема, капиллярное всасывание*
capillary soldering *капиллярная пайка*
capillary tube *капиллярная трубка*
capillary water *капиллярная влага*
capital *капитель*
capital of a column [arch.] *капитель колонны*
cap nut *колпачковая гайка;* [pipe] *глухая гайка*
capped roof *двускатная крыша*
cap piece *шапочный брус*
capping *верхний ряд каменной кладки, вскрыша*
capping brick *облицовочный камень*
cap screw *винт с головкой под ключ, колпачковая гайка, сгонная муфта*
capstan *ведущий вал лентопротяжного механизма, ворот, кабестан, якорный шпиль*
cap stone *облицовочный камень*
captive *привязной*
captive assembly [concr.] *замоноличенный узел*
capture (vb.) *захватывать, улавливать*
caput mortuum *колькотар;* [paintw.] *английская красная краска*
car *легковой автомобиль*
carbide cutting edge *режущая кромка твердосплавного режущего инструмента*
carbolineum *карболинеум (смесь для пропитки древесины)*
carbon [chem.] *уголь*
carbon (C) *углерод*
carbon arc welding *дуговая сварка угольным электродом*
carbonate white lead *карбонатные свинцовые белила*
carbon black *сажа*
carbon dioxide *диоксид углерода*
carbon dioxide fire extinguisher *углекислотный огнетушитель*
carbon fibre *углеродное волокно*
carbon monoxide *оксид углерода*
carbon oxide *оксид углерода*
carbon steel *углеродистая сталь*
carbon welding electrode *угольный сварочный электрод*
carborundum *карборунд*
carborundum brick *абразивный брусок*
carborundum cloth *абразивная шкурка, наждачное полотно*
carborundum paper *наждачная бумага*
carborundum wheel *абразивный круг*
carcase *остов*

carcass *корпус, мясная туша, несущая конструкция*
carcass work *каркас здания*
cardboard *картон*
cardboard wrapper *картонная упаковка*
cardinal point *главный румб, кардинальная точка оптической системы*
care *обслуживание, содержание, уход*
careful *осторожный, точный, тщательный*
careful treatment *осторожное обращение*
cargo *груз*
car park *место стоянки легковых автомобилей, парк легковых автомобилей*
carpenter *плотник*
carpenter (vb.) *плотничать*
carpenter's bench *столярный верстак*
carpenter's hammer *плотницкий молоток*
carpenter's level *ватерпас, уровень с отвесом*
carpenter's pencil *плотницкий карандаш*
carpenter's pincers *кусачки, острогубцы*
carpenter's work *плотницкие работы*
carpenter's workshop *столярная мастерская*
carpentry *деревообрабатывающее производство*
carpet *древесностружечный ковер, ковер, ковровая дорожка, поверхностный слой дорожного покрытия, покрытие*
carpeting *ковровый настил пола*
carpet rod *прижимной пруток ковровой дорожки*
carpet runner *ковровая дорожка*
carpet square *коврик*
carpet strip *ковровая дорожка*
carport *крытая автостоянка*
carriage bolt *болт с квадратным подголовком*
carriageway *проезжая часть дороги*
carriageway drainage *дренаж проезжей части*
carriageway marking *дорожная разметка, линия безопасности на проезжей части*
carriageway surfacing *устройство дорожного покрытия*
carrier *несущий элемент, транспортное судно, тягач*
carry *перенос*
carry (vb.) *везти, нести, поддерживать, транспортировать;* [electr.] *проводить ток;* [mat.] *переносить*
carrying capacity *грузоподъемность, несущая способность, пропускная способность, транспортирующая способность*
carrying force *несущая способность*
carrying frame *несущая рама, несущий каркас*
carrying iron *несущая металлоконструкция*
carrying out *выполнение*
carry on (vb.) *продолжать*
carry out (vb.) *выполнять, осуществлять*
carry-out *выходной сигнал переноса*
carryover *перенос*
carry over (vb.) *переносить*

carryover factor *коэффициент передачи*

car shed *гараж*

cart *повозка, тачка, тележка*

Cartesian rectangular coordinates *декартовы координаты, прямоугольные координаты*

carton *картон, картонный ящик*

carve (vb.) *вырезать из дерева, высекать из камня*

carved wood *резьба по дереву*

carver's mallet *киянка*

carving *резьба*

case *кожух, коробка здания, корпус, оболочка, обшивка, переплетная крышка, регистр клавиатуры, чехол, ящик*

case (vb.) *облицовывать, обшивать*

case bay *пролет между двумя балками, пролет между двумя окнами*

cased glass *накладное стекло*

case hardening *науглероживание, цементация, цианирование*

casement *оконный переплет*

casement fastener *оконный шпингалет*

casement hinge *оконная петля*

casement of a sash window *раздвижная оконная рама*

casement section *сечение оконного переплета*

casement stable *оконная ниша*

casement stay *ветровой крючок окна*

casement window *створное окно*

casing *кожух, облицовка, оболочка, обсадная колонна, обшивка;* [concr.] *опалубка*

casing of a chimney *кожух дымовой трубы*

cast *литье, отливка, продукт одной плавки, разливка, слепок*

cast (vb.) *коробиться (о древесине), отливать, сбрасывать листья;* [concr.] *формовать*

castability *удобоукладываемость бетонной смеси;* [met.] *жидкотекучесть*

castable [met.] *жидкотекучий*

cast alloy *литейный сплав*

cast asphalt *литой асфальт*

cast concrete *литой бетон*

cast concrete structure *монолитная бетонная конструкция*

castellated nut *корончатая гайка*

cast formwork *опалубка*

cast glass *литое стекло*

casting *литье, отливка, разливка, формование*

casting alloy *литейный сплав*

casting board [carp.] *доска опалубки*

casting box [concr.] *форма для железобетонных изделий*

casting characteristic *удобоукладываемость бетонной смеси;* [met.] *жидкотекучесть*

casting floor *литейный участок;* [concr.] *формовочный цех*

casting hangar *литейный цех*

casting house *литейный цех*

casting joint *литейный шов, шов между слоями уложенной бетонной смеси*

casting mould *литейная форма*
casting plaster *гипсовая литейная форма*
casting practice *технология литья*
casting stress *внутреннее напряжение в отливке*
casting technique *технология литья*
cast in-situ *отливка на месте*
cast in-situ concrete *бетон, залитый на месте*
cast iron *чугун*
cast iron pipe *чугунная труба*
castle nut *корончатая гайка*
castor *поворотное колесо;* [furn.] *ролик*
castor oil *касторовое масло*
cast steel *литая сталь, стальные отливки*
cast stone *бетонный камень*
cast welding *сварка отливок*
casual *случайный*
cat *кот*
cat (catalyst) *катализатор*
catalysis *катализ*
catalyst *катализатор*
catalytic agent *катализатор*
catalyze (vb.) *катализировать*
catalyzer *катализатор*
catch *задвижка, засов, захват, захватывающее приспособление, защелка, собачка, фиксатор, шпингалет*
catch (vb.) *захватывать, зацеплять, ловить*
catch basin *водосборный бассейн, грязеуловитель, канализационный отстойник, ливневый отстойник*
catch bolt *сцепляющий болт*
catch hook *откидная собачка*
catch lock *замок с защелкой*
catch pit *водосборный бассейн, водосточный колодец, сточная яма*
catch tank *ловушка*
catch water cistern *водосборный бак*
catch water drain *водоотводная канава, водоотводный канал*
catch water reservoir *цистерна для сбора дождевой воды*
catenary *контактная подвеска, цепная подвеска;* [rail] *контактная сеть*
catenary support [rail] *опора контактной сети*
catenary suspension system [rail] *система подвески контактной сети*
caterpillar *гусеница, гусеничный трактор*
caterpillar belt *гусеничная лента*
caterpillar crane *гусеничный кран*
cathedral glass *кафедральное стекло*
cathetus [geom.] *катет*
cathodic corrosion *катодная коррозия*
cathodic protection *катодная защита*
cationic emulsion [road] *катионоактивная эмульсия*
cat ladder *чердачная лестница*
cat rake [tool] *гребок*
catwalk *рабочие мостки*

cat's eye [road] *световозвращатель*
caulked joint *законопаченный шов*
caulking compound *состав для заделки швов*
caulking gun *шприц для заделки швов*
caulking iron *конопатка, чекан*
cause *основание, причина*
cause (vb.) *вызывать, служить причиной*
causeway *дорога на плотине*
caustic (adj.) *едкий, каустический*
caustic lime *негашеная известь, оксид кальция*
caustic potash solution *калийный щелок, раствор едкого кали*
caustic soda *каустическая сода*
caustic soda lye *натронный щелок*
caution *осторожность, предостережение*
caution (vb.) *предостерегать, предупреждать*
caution sign *предупредительный знак*
cautious *осторожный*
cave *впадина, полость*
cave in (vb.) *обваливать, обрушать внутрь, оседать*
caving-in *обвал, обрушение*
cavitation *кавитационные поры и пустоты, кавитация, порообразование*
cavitation attack [corr.] *кавитационная коррозия*
cavitation erosion *кавитационная коррозия;* [corr.] *кавитационная эрозия*
cavity *впадина, полость, пустота*
cavity brickwork *кладка из пустотелого кирпича*
cavity space *объем полости*
cavity wall *пустотелая стена*
CBR (California bearing ratio) *калифорнийское число (условный показатель несущей способности грунта)*
CC (closed circuit) *замкнутый контур*
cckw (counterclockwise) *против часовой стрелки*
C-clamp *С-образная струбцина*
ccw (counterclockwise) *против часовой стрелки*
cedar [bot.] *кедр*
ceiling *потолок, предельная величина*
ceiling beam *потолочная балка*
ceiling board *плита перекрытия, потолочная плита*
ceiling boarding *подшивка потолка*
ceiling boards *подшивка потолка, потолочные доски*
ceiling crab *потолочная тележка*
ceiling duct *потолочный канал*
ceiling fan *потолочный вентилятор*
ceiling height *высота потолка*
ceiling illumination *верхнее освещение*
ceiling joist *потолочная балка*
ceiling lamp holder *крюк в потолке для люстры*
ceiling light *верхний свет*
ceiling panel *плита перекрытия, потолочная плита*
ceiling rafter *стропило, стропильная нога*

ceiling sheet *плита перекрытия, потолочная панель*
ceiling suspension *потолочная подвеска*
ceiling travelling crane *мостовой кран*
ceiling value *предельное значение*
ceiling with timbers *балочный потолок*
cell *камера, секция, элемент, ячейка*
cellar *запоминающее устройство магазинного типа, погреб, подвал*
cellarage *площадь подвала, подвальный этаж*
cellar entrance *вход в подвал*
cellar fungus *домовая плесень*
cellar vault *свод подвала*
celled *ячеистый*
cellular *ячеистый*
cellular arch *ребристый арочный свод*
cellular brick *пустотелый кирпич*
cellular cement *ячеистый цемент*
cellular cofferdam *ячеистая перемычка*
cellular concrete *ячеистый бетон*
cellular floor *ячеистое перекрытие*
cellular floor unit *элемент ячеистого перекрытия, ячеистая плита*
cellular material *пористый материал*
cellular plastic *пенопласт, поропласт*
cellular plastic insulation *пенопластовая изоляция*
cellular product *пористое изделие*
cellular rubber *пенорезина*
cellular section *ячеистый профиль*
cellular structure *ячеистая структура*
cellulose *целлюлоза*
cellulose glue *эфироцеллюлозный клей*
cellulose lacquer *эфироцеллюлозный лак*
cellulose varnish *эфироцеллюлозный лак*
cellulous *ячеистый*
Celsius (C) *градус Цельсия*
cement *вяжущее вещество, замазка, клей, паста, цемент*
cement (vb.) *замазывать, склеивать, скреплять цементным раствором, цементировать*
cementation *нагнетание цементного раствора, схватывание цементного раствора, цементация*
cement-beton base [road] *основание из бетона на цементе*
cement-bound *скрепленный цементным раствором*
cement-bound granular material [road] *цементощебеночный материал*
cement-bound macadam *цементощебеночное покрытие;* [road] *цементированное щебеночное покрытие*
cement brand *марка цемента*
cement clinker *цементный клинкер*
cement concrete *цементный бетон*
cemented steel *науглероженная сталь*
cemented tube *клееная труба*
cement facing *цементная штукатурка*
cement flag *цементная плитка*
cement floating *затирка цементным раствором*

cement grout *жидкий цементный раствор*
cement grouting *заливка цементным раствором*
cement gun *цемент-пушка*
cement in bulk *цемент насыпью*
cementing *промазка клеем, склеивание;* [concr.] *цементирование;* [road] *заливка цементом*
cementing agent *вяжущее вещество, клей*
cement iron *науглероженное железо*
cement jointing *цементный шов*
cement-lime mortar *цементно-известковый строительный раствор*
cement making *производство цемента*
cement mixer *растворосмеситель*
cement mortar *цементный раствор*
cement of plaster *гипсовый раствор*
cement paint *цементная краска*
cement paste *цементное тесто*
cement plaster *цементная штукатурка*
cement slurry *цементный раствор*
cement stabilization *цементация*
cement-stabilized soil *грунт, стабилизированный цементным раствором*
cement to water ratio *соотношение цемента и воды*
cement washing [concr.] *выступание цементного молока на поверхности бетона*
central *главный, центральный*
central angle *центральный угол*
central arch *центральная арка моста*
central corridor *центральный проход*
central force *центральная сила*
central heater *батарея центрального отопления*
central heating *центральное отопление*
central heating system *система центрального отопления*
central island [road] *островок безопасности*
central mixing *заводское приготовление бетонной смеси*
central passage *центральный проход*
central point *центральная точка*
central projection [geod.] *центральная проекция*
central reservation *разделительная полоса автострады*
central reserve *разделительная полоса;* [road] *островок безопасности*
central reserve area *разделительная полоса*
central span *центральный пролет моста*
centre *сердцевина, середина, центр*
centre (vb.) *накернивать, помещать в центре, центровать*
centre arch *центральная арка*
centre bit *центровое сверло*
centre bolt *центровочный болт*
centre column *центральная колонна*
centre conductor *центральная жила коаксиального кабеля;* [electr.] *центральный проводник*
centre girder *центральная балка*
centre lane [road] *осевая полоса движения*

centre line *геометрическая ось, линия центров, центровая линия;* [road] *осевая линия*
centre line of pressure *центровая линия давления*
centre line of thrust *линия действия равнодействующей*
centre mark *керн, точка, выбитая кернером*
centre of buoyancy *центр плавучести*
centre of curvature *центр кривизны*
centre of gravity *центр тяжести*
centre of gravity mounting *установка по центру тяжести*
centre of inertia *центр инерции, центр масс*
centre of lift *центр ряда каменной кладки*
centre of mass *центр инерции, центр масс*
centre of pressure *центр давления*
centre of rotation *центр вращения*
centre of suspension *центр подвески*
centre of twist *центр кручения*
centre plane *диаметральная плоскость*
centre point *начало координат, начало отсчета, центральная точка*
centre punch *кернер*
centre span *центральный пролет моста*
centre square *угольник-центроискатель, центровочный угольник*
centre strip *разделительная полоса*
centre to centre (C to C) *межцентровое расстояние*
centric impact *сосредоточенный удар*
centrifugal *центробежный*
centring *центрирование, центрование*
centring gauge *центровочный шаблон*
centripetal *центростремительный*
centroid *центроид, центр тяжести*
centroidal axis *ось центра тяжести*
centroidal line *линия центров тяжести*
ceramic insulator *керамический изолятор*
ceramics *керамика*
ceramic tile *керамическая плитка, керамическая черепица*
certain *неизменный, определенный, постоянный*
certainty *несомненный факт, уверенность*
certificate *паспорт, свидетельство, сертификат, удостоверение*
certificate of compliance with a standard *свидетельство о соответствии требованиям стандарта*
certificate of origin *паспорт изготовителя, свидетельство о поверке*
certification *аттестация*
certification mark *знак сертификации*
certified drawing *заверенный чертеж*
certify (vb.) *аттестовывать, выдавать свидетельство*
ceruse [paintw.] *свинцовые белила*
cerussa [paintw.] *свинцовые белила*
cess pipe *спускная труба*
cess pool *выгребная яма, сточный колодец*
chafe (vb.) *перетирать, растирать*
chafing *истирание, перетирание*

chain *цепной механизм, цепь;* [geod.] *мерная цепь*
chain (vb.) *образовывать цепь;* [geod.] *измерять мерной цепью*
chain and bucket conveyor *многоковшовый цепной элеватор*
chain blade *пильная шина цепной пилы*
chain conveyor *цепной конвейер*
chain grate *цепная колосниковая решетка*
chain guide *направляющая шина цепного пильного аппарата*
chain haulage *цепная тяга*
chain hoist *цепная таль*
chaining *измерение расстояния мерной лентой, образование цепочки, связывание элементов изображения, сцепление, формирование цепочки*
chain link *звено цепи*
chain pipe wrench *цепной трубный ключ*
chain riveting *цепной заклепочный шов*
chain saw *цепная пила*
chain tracks *гусеницы*
chair *стул, фиксатор арматуры;* [rail] *рельсовая подкладка*
chair back *спинка стула*
chair rail *двухголовый рельс, рейка для защиты стен от повреждения спинками стульев*
chair saw *выкружная пила*
chalet *сельский домик*
chalk *мел*
chalking *чистка мелом*
chalk line *меленый шнур*
chalky *известковый, меловой*
chalky sandstone *известковый песчаник*
chamber *камера, отсек*
chamber of a lock *шлюзовая камера*
chamber of a sluice *шлюзовая камера*
chamfer *галтель, скос, фаска*
chamfer (vb.) *скашивать кромку, снимать фаску*
chamfer angle *угол скоса*
chamfered corner *скошенный угол*
chamfered end *скошенный торец*
chamfered kerbstone *скошенный бордюрный камень*
chamfered nose *скошенный выступ*
chamfering *закругление кромок, зенкование, снятие фасок*
chamfering tool *станок для снятия фасок*
chamfer nut *гайка с фланцем*
chamotte *шамот, шамотная глина*
chamotte brick *шамотный кирпич*
change *замена, изменение, модификация, перемена, переход*
change (vb.) *заменять, изменять, модифицировать*
change in direction *изменение направления*
change in shape *изменение формы*
change of form *изменение формы*
change of gradient [road] *изменение профиля пути*
change of pressure *перепад давления*
changeover *замена, смена*

change over (vb.) *заменять, переводить, переключать, переходить*
changeover switch [electr.] *переключатель*
change point (CP) [geod.] *точка перехода*
change position *измененная позиция*
change position (vb.) *менять местоположение*
changing *изменение, перемена, переход*
changing (adj.) *меняющийся, переменный*
channel *борозда, выемка, дорожка, канал, паз, проток, русло, сток, фарватер, швеллер;* [arch.] *каннелюра*
channel (vb.) *делать выемки, проводить канал, рыть канаву, устраивать желоб*
channel bar *швеллер*
channel black *канальная газовая сажа*
channel brick *кирпич с желобком*
channel girder *швеллерная балка*
channeling *канализация русла, русловыпрямительные работы, система каналов*
channel iron *швеллерный профиль*
channelization *канализирование*
channelizing island [road] *островок безопасности*
channel section *профиль коробчатого сечения, швеллер*
channel section steel *стальной швеллерный профиль*
channel-shaped *швеллерный*
channel steel *стальной швеллер*
chantlate [woodw.] *фартук*
chap (vb.) *раскалывать, трескаться*
chapiter [arch.] *капитель*
char (vb.) *обжигать, обугливать*
character *буква, знак, литера, отличительный признак, символ, характерная особенность*
character of surface *характер поверхности*
charcoal *древесный уголь*
charcoal filter *угольный фильтр*
charcoal iron *древесноугольный чугун*
charge *загрузка, заправка;* [concr.] *замес;* [electr.] *зарядка*
charge (vb.) *заваливать, загружать;* [electr.] *заряжать*
charged [electr.] *заряженный*
charge pump *питательный насос*
charger *зарядное устройство*
charging *загрузка, засыпка, нагнетание;* [electr.] *зарядка*
charging apparatus *зарядное устройство*
charging bin *приемный бункер*
charging funnel *загрузочная воронка*
charging hopper *загрузочная воронка*
Charpy impact test *испытания на удар по Шарпи*
chart *график, диаграмма, карта, схема, таблица, чертеж*
chart (vb.) *наносить на карту, составлять схему*
chartered surveyor *топограф*
chase *желоб, канавка;* [met.] *паз*
chase (vb.) *вынимать паз, гравировать, прорезать канавку, чеканить*
chase for pipes *желоб для труб*

chase threads (vb.) *нарезать резьбу*

chasing *гравировка;* [met.] *чеканка*

chasing tool *гравировальный инструмент, резьбовой резец*

chassis *монтажная панель, шасси*

cheap *дешевый, недорогой*

check *затвор, контроль, останов, проверка, резкая остановка, резкое замедление, сличение, стопор, трещина, фартук молотилки, шлюз-регулятор;* [agr.] *контрольная делянка*

check (vb.) *задерживать, контролировать, останавливать, проверять, стопорить, трескаться*

check apparatus *контрольная аппаратура*

checkblock [rail] *тормозная колодка*

checker plate *рифленый лист*

checking *контроль, поверхностное трещинообразование, проверка, растрескивание*

check levelling *контрольная нивелировка*

check list *контрольный список*

check measurement *контрольный замер*

check method *метод проверки*

check nut *контргайка*

checkout *отладка*

check out (vb.) *налаживать, проверять*

checkpoint *контрольная точка, ориентир*

check rail *направляющий рельс;* [rail] *контррельс*

check sample *контрольная выборка, контрольная проба*

check screw *стопорный винт*

check throat *слезник*

checkup *проверка состояния, технический осмотр*

check valve *запорный клапан, контрольный клапан, стопорный клапан*

cheek *боковая сторона, боковина, диск бобины, щека*

Chem-Crete bitumen [road] *искусственный битум*

chemical *химикат, химический продукт*

chemical (adj.) *химический*

chemical accelerator *химический катализатор*

chemical closet *уборная с химической стерилизацией фекалий без промывки водой*

chemical composition *химический состав*

chemical compound *химическое соединение*

chemical corrosion *химическая коррозия*

chemical durability *химическая стойкость*

chemical etching *химическое травление*

chemical hardening-type compound *химический отвердитель*

chemically toughened glass *химически упрочненное стекло*

chemical name *химическое название*

chemical protection clothing *защитный противохимический костюм*

chemical reaction *химическая реакция*

chemical residue *химический остаток*

chemical resistance *химическая стойкость*

chemical-resistant *химически стойкий*

chemical safety clothing *защитный противохимический костюм*

chemical symbol *химический знак*

chemical treatment *химическая обработка*

chemical wood preservation *химическая консервация древесины*

cherry picker *кран-балка в железнодорожном тоннеле*

chessboard parquetry *рисунок паркета в клетку*

chessboard pattern *рисунок в клетку*

chest saw *лобзик*

chevron *нашивка углом, соединение 'елочкой', шеврон*

chicken fence *ограждение из проволочной сетки*

chicken wire *мелкая проволочная сетка*

chief *глава, заведующий, руководитель*

chief architect *главный архитектор*

chief dimensions *габаритные размеры*

chief engineer *главный инженер*

chief resident engineer *производитель работ*

chief superintendent engineer *производитель работ*

child proof *защищенный от неразумно действующего оператора*

child proofing *защита от неразумно действующего оператора*

chill (vb.) *замораживать, охлаждять*

chillproof *холодостойкий*

chimney *вытяжная труба, дымовая труба, дымоход*

chimney base *цоколь дымовой трубы*

chimney bond *ложковая перевязка во внутренней кладке дымовых труб*

chimney brick *радиальный кирпич*

chimney cap *карниз дымовой трубы*

chimney cope *зонт дымовой трубы*

chimney cowl *дефлектор дымовой трубы*

chimney damper *задвижка дымовой трубы*

chimney draft *тяга в дымовой трубе*

chimney effect *образование тяги, самотяга*

chimney element *деталь дымовой трубы*

chimney fire *факел сжигания*

chimney flue *дымоход*

chimney head *зонт дымовой трубы*

chimney height *высота дымовой трубы*

chimney neck *дымоход*

chimney piece *полка над камином*

chimney pipe *дымоход*

chimney register *задвижка дымовой трубы*

chimney shaft *стержень дымовой трубы, тело дымовой трубы*

chimney top *верхняя часть дымовой трубы*

china *фарфор*

china clay *каолин*

chink *трещина*

chin of a larmier [arch.] *выступ слезника*

chip *интегральная схема, кристалл, микрокадр, обломок, переплетный картон, стружка, щепка;* [el.] *микросхема*

chip (vb.) *рубить зубилом, строгать, тесать*

chipboard *древесностружечная плита*

chip off (vb.) *обрубать зубилом*

chipped *зазубренный, щербатый*
chipping *дробление, измельчение, колка, рубка*
chipping chisel *зубило для снятия окалины*
chipping hammer *отбойный молоток*
chipping mark *зарубка*
chippings *щебенка*
chips *стружка, щебень*
chipwood *щепа*
chisel *долото, зубило, стамеска*
chisel (vb.) *долбить долотом, рубить зубилом, строгать стамеской*
chisel bit *долотчатый бур*
chisel fang *острая часть долота*
chisel hammer *отбойный молоток*
chiseling *рубка зубилом*
chisel jumber *долотчатый бур*
chisel off (vb.) *рубить зубилом*
chisel out (vb.) *долбить долотом, строгать стамеской*
chisel shank *хвостовик бура*
chlorinated rubber paint *хлоркаучуковая краска*
chlorine (Cl) *хлор*
chock *колодка, сухарь*
chocking-up *заклинивание*
chock up *заклинивать*
choice *выбор*
choke *дроссель, заслонка, шибер*
choke (vb.) *дросселировать, закупоривать, засорять*
choke up (vb.) *загромождать, засорять*
choking *запирание потока, засорение, чокеровка;*
[pipe] *закупоривание, затор*
choose (vb.) *выбирать*
chord *обвязочный брус, пояс фермы, хорда*
chord length *длина пояса фермы*
chord member *элемент пояса фермы*
chord point *точка пояса фермы*
chroma *сигнал цветности, цветность*
chromate (vb.) *хромировать*
chromate treatment *хроматирование*
chrome (vb.) *хромировать*
chrome-nickel steel *хромо-никелевая сталь*
chrome plating *хромирование*
chroming *хромирование*
chromium (Cr) *хром*
chromium plate *хромированный фотошаблон*
chromium plate (vb.) *хромировать*
chromium plating *хромирование*
chromium steel *хромистая сталь*
chute *желоб, лоток, парашют, покатый настил*
chute (vb.) *спускать по лотку*
chuted concrete *бетонная смесь, подаваемая по желобу*
ciment fondu *глиноземистый цемент*
cinder *зола, пепел, шлак*

cinder (vb.) *превращать в золу, сжигать*
cinder (adj.) *шлаковый*
cinder concrete *шлакобетон*
cinder track *шлаковое покрытие*
cindery *зольный, шлаковый*
cinnabar *киноварь*
cinnabar red *красная киноварь*
cipher *шифр*
cipher (vb.) *зашифровывать, кодировать*
circle *круг, окружность*
circle of curvature *круг кривизны*
circle of rupture *круг разрыва*
circle of stress *круг Мора, круг напряжения*
circlip *стопорное кольцо*
circuit *контур, сеть, схема;* [electr.] *цепь*
circuit breaker *автоматический выключатель, реле обратного тока;* [electr.] *рубильник*
circuit diagram [electr.] *принципиальная схема*
circuit engineer [electr.] *инженер-схемотехник*
circuit installer *электромонтажник, электротехник*
circuitry *схемотехника;* [electr.] *компоновка схемы*
circular *кольцевой, круговой*
circular arc *дуга окружности*
circular boulevard *бульварное кольцо*
circular bubble *круглый пузырь*
circular column *круглая колонна*
circular conveyor *кольцевой конвейер*
circular cross-cut saw *круглопильный торцовочный станок*
circular cross-section *круглое поперечное сечение*
circular cutter *цилиндрическая фреза*
circular footing *кольцевой фундамент*
circular glass-cutter *круглый стеклорез*
circular grinding *круглое шлифование*
circularity *кругообразность*
circularity tolerance *допуск на отклонение от окружности*
circular level *круглый уровень*
circular railway *окружная железная дорога*
circular rupture arc *дуга кольцевого разрушения*
circular saw *циркулярная пила*
circular saw blade *полотно циркулярной пилы*
circular seam [weld] *кольцевой шов*
circular section *круглое сечение*
circular segment *сегмент круга*
circular shed [rail] *кольцевое депо*
circular spirit level *круглый спиртовой уровень*
circular stairs *винтовая лестница*
circulate (vb.) *циркулировать*
circulated air *циркулирующий воздух*
circulating pump *циркуляционный насос*
circulation *круговорот, обращение, циркуляция*
circulation fan *вентилятор*

circulation pipe *циркуляционная труба*
circulation pump *циркуляционный насос*
circulation rate *скорость циркуляции*
circulatory *циркуляционный*
circumcircle *описанная окружность*
circumference *длина окружности, окружность*
circumferential *кольцевой, круговой, периферический*
circumferential force *круговое усилие*
circumferential highway *кольцевая дорога*
circumferential measure *мера окружности*
circumferential reinforcement *кольцевое армирование*
circumferential road *окружная дорога*
circumferential seam [weld] *кольцевой шов*
circumferential steel [concr.] *спиральная арматура*
circumferential stress *касательное напряжение на окружности*
circumferentor *измеритель окружности*
circumscribed circle *описанная окружность*
circumurban road *окружная дорога*
cistern *бак, резервуар, цистерна*
city *город*
city architect *городской архитектор*
city boundary *граница города*
city centre *центральный городской район, центр города*
city core *центральный городской район, центр города*
city dump *городская свалка*
city engineer *инженер-градостроитель*
city mains *городские магистрали*
city plan *план города*
city planner *планировщик города*
city planning *городское планирование*
city railway *городская железная дорога*
city water *водопроводная вода*
city water works *городская водопроводная станция*
civil engineer *инженер-строитель*
civil engineering *гражданское строительство*
civil engineering constructive works *строительные работы*
civil engineering sector *сектор гражданского строительства*
civil engineering work *строительные работы, строительство*
clack *запорный клапан, заслонка*
clack valve *запорный клапан, заслонка*
clad (vb.) *облицовывать;* [met.] *футеровать*
cladding *наружная обшивка стен, облицовка, плакирование, футеровка*
cladding glass *накладное стекло*
cladding material *облицовочный материал*
cladding panel *панель облицовки*
claim *рекламация*
clam *грейферный ковш*
clammy *клейкий, липкий*
clamp *зажим, захват, скоба, струбцина, схема фиксации уровня, тиски, фиксатор, фиксатор уровня, хомут, штабель кирпича*

clamp (vb.) *зажимать, фиксировать*
clamp bolt *зажимной болт*
clamp connection [electr.] *клеммное соединение*
clamp cover *прижимная крышка*
clamped connection [electr.] *клеммное соединение*
clamping *зажим, зажимание, закрепление, фиксация уровня*
clamping bolt *зажимной болт*
clamping flange *захватный фланец*
clamping iron *крепежная скоба*
clamping joint [electr.] *клеммное соединение*
clamping moment *фиксирующий момент*
clamping nut *фиксирующая гайка*
clamping plate *фиксирующая пластина*
clamping ring *стяжное кольцо*
clamping screw *зажимной винт*
clamping surface [mech.eng.] *установочная поверхность*
clamping time *время зажимания*
clamp in place (vb.) *зажимать в нужном положении*
clamp plate *прижимная пластинка*
clamp strap *ленточный прихват*
clamp together (vb.) *прижимать, сжимать*
clamshell *двухчелюстный грейферный ковш*
clamshell bucket *грейферный ковш*
clamshell crane *грейферный кран*
clam-type bucket *грейферный ковш*
clank (vb.) *звенеть, лязгать*
clapboard cladding *обшивка досками внакрой*
clapboard house *дощатый дом*
clapper *заслонка;* [cin.] *нумератор с хлопушкой, нумератор-хлопушка*
clarity *прозрачность*
clasp *замок, пряжка*
clasp (vb.) *застегивать пряжкой*
clasp lock *замок с пружиной, пружинная защелка*
clasp nut *гайка с прорезью, маточная гайка, разъемная гайка*
class *категория, класс, разряд*
class (vb.) *классифицировать*
classification *классификация*
classification track [rail] *сортировочный путь*
classification yard [rail] *сортировочная станция*
classifier *сортировочный грохот*
classify (vb.) *классифицировать*
classifying screen *сортировочное сито*
clatter *грохот, стук*
clatter (vb.) *греметь, грохотать, стучать*
claw hammer *молоток-гвоздодер*
claw nut *натяжная гайка*
clay *глина*
clay conduit *керамическая труба*
clay-containing concrete *глинобетон*
clayey *глинистый*

clayey ground *глинистый грунт*
clayey soil [geol.] *глинистая почва*
clay grog mortar *шамотный раствор*
clay ironstone *глинистый железняк*
clay marl *глинистый мергель*
clay mortar *глиняный раствор*
clay pipe *керамическая труба*
clay pugging *разминание глины*
clay slate *глинистый сланец*
clay slurry *глиняный шликер*
clay soil *глинистая почва*
clay tile roofing *керамический кровельный материал*
clay till *валунная глина*
clay tube *керамическая труба*
clean *без примесей, чистый*
clean (vb.) *очищать, протирать, чистить*
clean air *чистый воздух*
clean cut *ровный разрез*
cleaner *моющее средство, очиститель, скребок, фильтр*
cleaning *очистка, чистка*
cleaning agent *детергент, моющее средство, смывочный раствор*
cleaning cloth *протирочная тряпка*
cleaning fluid *моющая жидкость*
cleaning plant *очистительная установка*
cleaning rag *ветошь для протирки*
cleaning sponge *губка для очистки*
cleaningup *прочистка, уборка*
cleanliness *чистота*
cleanness *точность пригонки, чистота*
cleanout *очистка, очистное отверстие, прочистной люк*
clean out (vb.) *отчищать*
cleanout door *дверца лаза для чистки, очистное отверстие, прочистной люк*
cleanout hole *очистное отверстие*
cleanout trap *грязеуловитель*
cleanse (vb.) *очищать, прочищать*
cleanser *очищающее средство, скребок, чистящее средство*
cleansing agent *детергент, моющее средство, промывная жидкость*
cleanup *зачистка забоя, очистка, уборка*
clean up (vb.) *убирать, чистить*
clean water *чистая вода*
clean water container *бак для чистой воды*
clear *бездефектный пиломатериал, очистка, свободное пространство, установка в исходное состояние*
clear (vb.) *гасить, обесцвечивать, осветлять, очищать, устанавливать в исходное состояние*
clear (adj.) *прозрачный, светлый, ясный*
clearance *габарит, зазор, клиренс, очистка, просвет, расстояние в свету, установка в исходное состояние*
clearance area *жилой район, подлежащий сносу*
clearance compensation *компенсация зазора*

clearance distance *безопасное расстояние*

clearance gauge *калибр для измерения зазоров, щуп для измерения зазоров*

clearance of a site *очистка строительной площадки*

clearance space *зазор*

clear away (vb.) *разбирать набор*

clear coating *прозрачное покрытие*

clear glass *прозрачное стекло*

clear headroom *подмостовой габарит*

clear height *высота в свету, междупалубное пространство*

clearing *осветление, отключение цепи, очистка, разъединение, установка в исходное состояние*

clearing basin *отстойник, отстойный бассейн*

clearing cistern *отстойник, отстойный бассейн*

clearing hole *проходное отверстие*

clearing of rubble and debris *уборка строительного мусора*

clearing pool *отстойный бассейн*

clearing sump *отстойный бассейн*

clear lacquer *бесцветный лак*

clear opening *полное открытие отверстия, ширина в свету*

clear opening height *высота в свету, подмостовой габарит*

clear polish (vb.) [glass] *чисто полировать*

clear span *подмостовой габарит, пролет в свету*

clear span roof truss *однопролетная стропильная ферма*

clear stuff *бездефектный лесоматериал*

clear varnish *бесцветный лак*

clearway *магистраль непрерывного движения*

clear width *габаритная ширина, ширина в свету*

cleat *деревянная подкладка, деревянная подушка, клица, планка, рейка, скоба*

cleavage *раскалывание, расщепление*

cleavage fracture *разрушение отрывом, разрушение сколом, расщепление по плоскостям спайности*

cleave (vb.) *расщепляться, трескаться*

cleaving *растрескивание, расщепление*

cleaving saw *пила для продольной резки*

cleft *кливаж, трещина*

clench (vb.) *загибать конец, закреплять скобами, крепить загибанием концов гвоздей*

clevis pin *штифт с головкой и отверстием под шплинт*

click *собачка;* [lock] *стопорная защелка*

click (vb.) *щелкать;* [lock] *защелкивать*

client *заказчик, пользователь*

climate system *климатическая установка, установка кондиционирования воздуха*

climax *высшая точка*

climb (vb.) *набирать высоту, подниматься*

climbing crane *самоподъемный кран*

climbing form [concr.] *подвижная опалубка*

climbing iron *монтерские когти*

climbing lane [road] *полоса замедленного движения на подъеме*

clinch (vb.) *загибать конец, закреплять скобами, крепить загибанием концов гвоздей*
clinching *загнутый конец гвоздя*
cling *липкость, слипание*
clink (vb.) *рубить зубилом*
clinker *клинкер, клинкерный кирпич, спекшийся материал*
clinker brick *клинкерный кирпич*
clinker concrete *бетон на заполнителе из дробленого клинкера*
clinking *образование трещин*
clinometer *клинометр*
clip *зажим, серьга, скоба, фиксатор, хомут*
clip (vb.) *зажимать, фиксировать*
clip bolt *зажимной болт*
clip bushing [electr.] *клеммная втулка*
clip lock *рычажный затвор*
clkw (clockwise) *по часовой стрелке*
cloakroom *гардероб*
clock *генератор тактовых импульсов, схема синхронизации, часы*
clock relay *реле времени*
clockwise *по часовой стрелке*
clockwise rotation *вращение по часовой стрелке*
clog (vb.) *засорять*
clogging *закупоривание, засорение*
clog up (vb.) *закупоривать*
cloister [arch.] *крытая галерея*
cloister vault [arch.] *монастырский свод*
close (vb.) *завершать, закрывать, замыкать контакт, навивать пружину, прекращать работу*
close (adj.) *закрытый, замкнутый, ограниченный, тайный*
closed assembly time *время полной сборки*
closed-cell moulding *формование пенопласта с закрытыми порами*
closed current [electr.] *ток покоя*
closed cycle *замкнутый цикл*
close fitting *плотно пригнанный*
close grained [met.] *мелкозернистый*
closely fitting *плотно прилегающий*
closely set [mat.] *близко расположенный*
closely spaced *на близком расстоянии друг от друга, с узким интервалом*
close meshed *с мелкими отверстиями*
closer *неполный кирпич*
closet *стенной шкаф, чулан*
close tolerance *жесткий допуск*
closing *замыкание, запирание, перекрытие*
closing clasp *защелкивающийся замок*
closing hasp *защелкивающийся замок*
closing run [weld] *подварочный шов*
closure *герметизация, закрытие, замыкание, неполный кирпич*
closure device *запирающий механизм*
closure mechanism *запирающий механизм*
closure strip *пограничная накладка*

clot (vb.) *коагулировать, свертываться, сгущаться*
cloth *полотно, ситовая ткань, ткань*
clothes locker *платяной шкаф*
clothing *одежда*
clothoid *клотоида, спираль Корню*
cloth strainer *тканевый фильтр*
clotting *свертывание, сгущение*
cloudy *мутный, непрозрачный;* [meteo.] *облачный*
clout nail *штукатурный гвоздь*
clover leaf *транспортная развязка типа клеверный лист*
clover leaf interchange *транспортная развязка типа клеверный лист*
clover leaf intersection *транспортная развязка типа клеверный лист*
clover leaf junction *транспортная развязка типа клеверный лист*
clover leaf ramp *пандус типа клеверный лист*
club *деревянный молоток, задерживающее устройство*
clump *агрегат, скопление*
clumping *скопление*
clumsy *громоздкий*
clustered pillar *группа свай*
cluster of houses *группа строений*
CMU (concrete masonry unit) *бетонный строительный блок*
C/N (carbon/nitrogen) ratio [chem.] *соотношение содержания углерода и азота*
coach screw *шуруп с квадратной головкой*
coagulation *коагуляция, свертывание*
coal *каменный уголь*
coal-fired heating plant *отопительная установка на угле*
coal-fired power plant *электростанция на угле*
coal firing *сжигание угля*
coal furnace *угольная топка*
coal tar *каменноугольный деготь*
coal tar creosote *каменноугольный креозот*
coal tar emulsion *каменноугольный деготь*
coal tar pitch *каменноугольная смола, каменноугольный пек*
coarse *грубый, необработанный*
coarse adjustment *грубая регулировка*
coarse aggregate *крупный заполнитель бетонной смеси*
coarse aggregate content *содержание крупного заполнителя*
coarse bituminous concrete *крупнозернистый асфальтобетон*
coarse concrete *крупнозернистый бетон*
coarse cut file *драчевый напильник*
coarse file *драчевый напильник*
coarse finish *шероховатая отделка*
coarse fit *грубая пригонка*
coarse grain *крупное зерно*
coarse-grained *грубозернистый, крупнозернистый;* [woodw.] *широкослойный*
coarse-grained soil *крупнокомковатая почва*
coarse gravel *крупный гравий*
coarse limestone *крупнозернистый известняк*
coarseness *шероховатость*

coarse pebbles *крупная галька*
coarse pitch *крупный шаг резьбы*
coarse sand *крупный песок*
coarse soil *крупнокомковатая почва*
coarse-textured *с крупнозернистой структурой*
coastal engineering *гидротехнические средства и методы береговых изысканий*
coastal protection *укрепление берегов*
coast reclamation *укрепление берегов*
coat *грунт, налет, облицовка, покрытие, слой*
coat (vb.) *грунтовать, наносить покрытие, облицовывать, обшивать, одевать, покрывать*
coat a mould (vb.) [concr.] *обмазывать форму*
coated electrode [weld] *покрытый электрод*
coated glass *стекло с покрытием*
coated macadam *дегтебетон;* [road] *щебеночное покрытие с пропиткой дегтем*
coated roofing felt *рулонный кровельный материал с посыпкой*
coated wallpaper *влагостойкие обои*
coated wire [weld] *проволока с покрытием*
coated wire metal-arc welding *дуговая сварка электродной проволокой с покрытием*
coated wood *древесина с защитным покрытием*
coating *грунтовка, нанесение покрытия, плакирование, покровный материал, покрытие, слой, шпатлевка*
coating pistol *краскопульт*
coating surface *поверхностный слой*
coating thickness *толщина слоя*
coat of paint *слой краски*
coat rack *вешалка*
coat with paint (vb.) *покрывать краской*
coax *коаксиальный кабель*
coaxial *коаксиальная линия, коаксиальный, коаксиальный кабель*
coaxial cable [electr.] *коаксиальный кабель*
cob *глинобитная постройка, обмазка из глины с соломой, саман, сырец*
cobble *булыжник*
cobble (vb.) *мостить булыжником*
cobblestone *булыжник, крупногалечный конгломерат*
cob wall *глинобитная стена*
cock *вентиль, копна, кран, стог*
cockling *вздутие (дефект стекла), колпак калильной печи*
cockroach *таракан*
code *код, кодекс, программа, система кодирования*
code (vb.) *кодировать, программировать*
code of practice *строительные нормы и правила*
coefficient *коэффициент*
coefficient of absorption *коэффициент поглощения*
coefficient of correlation [stat.] *коэффициент корреляции*
coefficient of diffusion *коэффициент диффузии*
coefficient of earth pressure at rest *коэффициент грунтового давления в состоянии покоя*

coefficient of elasticity *модуль упругости*
coefficient of friction *коэффициент трения*
coefficient of heat conductivity *коэффициент теплопроводности*
coefficient of heat transfer *коэффициент теплопередачи*
coefficient of permeability *коэффициент проницаемости*
coefficient of stretch *коэффициент растяжения*
coefficient of subgrade reaction [rail] *коэффициент реакции земляного полотна*
coefficient of thermal conductivity *коэффициент теплопроводности*
coefficient of thermal expansion (CTE) *коэффициент теплового расширения*
coefficient of utilization *коэффициент использования*
coffer [arch.] *кессон*
cofferdam *кессон, перемычка*
coffered ceiling [arch.] *кессонный потолок*
cofferwork [arch.] *кладка набивных стен*
cog *гребень, деревянный зубец, зуб, зубец, кулак, палец*
cog (vb.) [woodw.] *сращивать бревна зарубкой*
cogeneration plant *теплоэлектростанция*
cogged joint [mason] *врубка гребнем*
cogging *врубка гребнем;* [woodw.] *врубка зубом*
cog railway *зубчатая железная дорога*
cogwheel railway *зубчатая железная дорога*
cohere (vb.) *сцепляться*
coherence *когерентность, связность*
coherent *когерентный, связный*
coherent unit *когерентная единица*
cohesion *когезия, связность, сцепление*
cohesionless soil *несвязный грунт*
cohesive attraction *сила сцепления*
cohesive energy *энергия сцепления*
cohesive force *сила сцепления*
cohesive soil *связный грунт*
coil *виток, змеевик, катушка, намотка, обмотка, рулон, спираль;* [el.] *катушка индуктивности*
coil (vb.) *наматывать, свертывать*
coiled *намотанный, свернутый в спираль*
coil heating in the floor *обогревательный змеевик, заделанный под полом*
coiling *намотка, скручивание, смотка*
coincident *совмещенный, совпадающий*
coir fibre *кокосовое волокно*
coke *кокс*
coke ballast *коксовый балласт*
coke breeze *коксик, коксовая мелочь*
coke breeze board *коксоплита*
coke breeze slab *коксоплита*
coke brick *коксовый брикет*
coke dross *коксовая изгарь, окалина*
coke fired furnace *коксовая печь*
coke furnace *коксовая печь*

coke oven *коксовая печь*
cokes *стандартные марки горячелуженой жести*
cold *холод*
cold (adj.) *холодный*
cold aggregate [concr.] *холодный заполнитель*
cold and hot short *хладноломкий и горячеломкий*
cold and humid *холодный и влажный*
cold applied *применяемый в холодном состоянии*
cold asphalt *холодная асфальтная смесь*
cold asphalt macadam *дорожное щебеночное покрытие, обработанное битумом холодным способом*
cold bending *холодная гибка*
cold bridge *слесарная скоба*
cold brittle *хладноломкий*
cold brittleness *хладноломкость*
cold chisel *слесарное зубило*
cold crack [weld] *холодная трещина*
cold cracking [weld] *холодное растрескивание*
cold drawn steel *холоднотянутая сталь*
cold drawn wire *холоднотянутая проволока*
cold forging *холодная штамповка*
cold form (vb.) *формовать холодным методом*
cold formed joint *соединение холодной штамповкой*
cold forming *холодная штамповка*
cold glue *клей, схватывающийся в холодном состоянии*
cold hammering *холодная ковка*
cold headed wire *холодновысаженная проволока*
cold lap *морщина, вызванная холодной разливкой*
cold massive forming *холодная объемная штамповка*
cold mix [road] *холодная смесь*
cold mixing water [concr.] *вода для холодного замеса*
cold pressure welding *холодная сварка давлением*
cold resistance *холодостойкость*
cold resistant *холодостойкий*
cold resisting property *холодостойкость*
cold riveting *клепка в холодном состоянии*
cold rolled *холоднокатанный*
cold rolled steel *холоднокатанная сталь*
cold saw *пила для резки металла в холодном состоянии*
cold setting adhesive *клей холодного отверждения*
cold shaping *холодное формование*
cold short *хладноломкий*
cold shortness *хладноломкость*
cold short steel *хладноломкая сталь*
cold shut [weld] *непровар*
cold soldering *холодная пайка*
cold tap *кран холодной воды*
cold tar *холодный гудрон*
cold water tap *кран холодной воды*
cold water test *испытания погружением в холодную воду*
cold weather concreting *зимнее бетонирование*

cold welding *холодная сварка*
cold work (vb.) *производить холодную обработку*
cold working *холодная обработка*
collaborate (vb.) *сотрудничать*
collaboration *сотрудничество*
collapse *коллапс, обвал, обрушение, поломка, потеря устойчивости, разрушение, смятие, сплющивание*
collapse (vb.) *разрушаться, терять устойчивость*
collapsed *разрушившийся*
collapse pressure *разрушающее давление*
collapsible *раздвижной, складной, убирающийся*
collapsible container *складной контейнер*
collapsing *раздвижной, складной, убирающийся*
collar *буртик, венчик бутылки, затяжка, кольцо, манжета, ригель, узкая втулка, хомут;* [arch.] *астрагал, шейка колонны;* [build.] *стропильная затяжка*
collar (vb.) *закреплять кольцом*
collar band *стойка воротника;* [concr.] *преднапряженный арматурный пояс*
collar beam *ригель, стропильная затяжка*
collar nut *гайка с буртиком, гайка с фланцем*
collar roof *висячие стропила*
collar step *линия среза угла воротника*
collar tie *бугель сваи, стропильная затяжка*
collect (vb.) *подбирать листы в фальцаппарате, собирать, улавливать*
collecting ditch *дренажный коллектор*
collecting flue *сборный боров*
collecting of waste *сбор отходов, уборка мусора*
collecting pipe *канализационный коллектор, трубопровод-коллектор*
collecting vessel *сборный чан*
collecting well *сборный колодец*
collection *коллекция, сбор, собирание, совокупность, улавливание*
collection line *сточный трубопровод*
collection of waste *сбор отходов, уборка мусора*
collection system *система сбора отходов*
collection tank *сборный резервуар*
collective antenna *коллективная антенна*
collector *коллектор, сборник, токосниматель*
collector array *коллекторная система*
collector road *трасса коллектора*
collide (vb.) *соударяться, сталкиваться*
collimation axis *коллимационная ось*
collimation error *коллимационная ошибка*
colloid *коллоид*
colloidal *коллоидный*
colloidal clay *коллоидная глина*
colonnade *колоннада*
colorant *краситель, красящее вещество, пигмент*
coloration *окраска, окрашивание*
colour anodizing *цветное анодирование*

colour card *цветная испытательная таблица, цветовая диаграмма*
colour change *изменение цвета*
colour chart *таблица подбора красителей, цветовая диаграмма*
colour comparator *атлас цветов*
colour deviation *изменение цвета*
coloured enamel *цветная эмаль*
coloured glass *цветное стекло*
coloured lake *цветной лак*
coloured pigment *красящий пигмент*
colour fading *выцветание, обесцвечивание*
colourfast *невыцветающий*
colour fastness *цветостойкость*
colouring *легкая полировка, окраска, окрашивание*
colouring agent *краситель, красящее вещество, пигмент*
colouring matter *краситель, красящее вещество, пигмент*
colouring of metal by anodic oxidation *окрашивание металла анодированием*
colouring pigment *красящий пигмент*
colouring power *окрашиваемость*
colouring value *окрашиваемость*
colourless *бесцветный, неокрашенный*
colourless glass *бесцветное стекло*
colourless lacquer *бесцветный лак*
colour match *цветовое согласование, цветовое уравнивание*
colour matching *сравнение качества первых и последних оттисков тиража, сравнение красок на оттиске с эталонными красками, цветовое согласование, цветовое уравнивание*
colour resistance *цветостойкость*
colour resistant *цветостойкий*
colour scale *колориметрическая шкала, цветовая шкала, шкала цветности*
colour standard card *цветная испытательная таблица*
colour tone *оттенок*
colour wedge *цветовая шкала*
column *графа, колонка, колонна, столбец*
columnar *колоннообразный, напечатанный столбцами, поддерживаемый на столбах*
columnated *колоннообразный, напечатанный столбцами, поддерживаемый на столбах*
column base *основание колонны*
column box [concr.] *форма для изготовления колонн*
column cap *капитель колонны*
column casing [concr.] *форма для изготовления колонн*
columned *колоннообразный, поддерживаемый на столбах*
column form *форма для изготовления колонн*
column head *капитель колонны*
column height *высота колонны*
column load *нагрузка на колонну*
column moment *момент колонны*
column of air *столб воздуха*
column of water *водяной столб*

column pedestal *база колонны, основание колонны*

column reinforcement *арматура колонны*

column section *сечение колонны*

column socket *гнездо для колонны*

column spacing *расстояние между колоннами*

combination *комбинация, набор, объединение, сочетание*

combination flue *сборный канал*

combination ladder *складная лестница*

combination lock *замок с секретом, кодовый замок*

combination pliers *универсальные клещи*

combination tool *комбинированный инструмент*

combination truss *составная ферма*

combine (vb.) *комбинировать, объединять, совмещать, соединять, сочетать*

combined antenna *коллективная антенна, приемно-передающая антенна*

combined footing *комбинированный фундамент*

combined network *комбинированная сеть*

combined sewerage system *общесплавная канализация*

combined sewer system *общесплавная канализация*

combined system *общесплавная канализация*

combined welding and cutting blowpipe *комбинированная газосварочная горелка с резаком*

combining flue *коллектор*

comb joint [woodw.] *шиповая вязка*

comb of a roof *конек крыши*

combust (vb.) *сгорать*

combustibility *горючесть, способность гореть*

combustible *горючее вещество*

combustible (adj.) *горючий*

combustible material *горючее вещество*

combustion *сгорание*

combustion agent *горючее вещество*

combustion air *воздух, поступающий в зону горения*

combustion furnace *пламенная печь*

combustion plant *мусоросжигательный завод*

come in (vb.) *входить*

come off (vb.) *отделяться, отрываться*

come to a stop (vb.) *останавливаться*

come undone (vb.) *открывать, портить, разбирать, развязывать, расстегивать*

comfort *комфорт*

comfortable *комфортабельный, удобный*

comfort temperature *комфортная температура*

coming up to requested dimensions *соответствовать требуемым размерам*

command *директива, команда, оператор командного языка, предписание, сигнал управления*

command (vb.) *командовать, подавать команду, управлять*

commence (vb.) *начинать*

commencement *начало*

commencement meeting *церемония открытия*
commencement of operations *начало работ*
commencement of works *начало работ*
commercial (adj.) *коммерческий, промышленный, рентабельный, торговый*
commercial centre *торговый центр*
commercial description *торговая марка, торговое обозначение*
commercial ferrous materials *товарный черный металл*
commercial grade *товарный сорт*
commercial iron *товарный черный металл*
commercially available (adj.) *имеющийся в продаже*
commercial premises *торговые помещения*
commercial quality *товарный сорт*
commercial stone *кондиционный штучный камень*
commercial vehicle *грузовое транспортное средство, грузовой автомобиль*
comminute (vb.) *дробить, измельчать, толочь*
comminution *дробление, измельчение*
commission (vb.) *вводить в эксплуатацию*
commissioning *ввод в эксплуатацию*
commix (vb.) *смешивать*
commodity *товар*
common *широко распространенный*
common (adj.) *общий*
common air *атмосферный воздух*
common antenna *коллективная антенна*
common brick *камень для забутки*
common brickwork *неоштукатуренная кирпичная кладка*
common denominator [mat.] *общий знаменатель*
common excavation *земляные работы*
common flue *боров-коллектор, сборный боров*
common halving [woodw.] *врубка вполдерева*
common iron *товарный черный металл*
common joist *перекрытие из досок, уложенных на ребро*
common rafter *промежуточная стропильная нога*
common room *общая комната*
common service riser *стояк общесплавной канализации*
common spruce *ель европейская, ель обыкновенная*
communal *коммунальный*
commune *коммуна*
communicate (vb.) *передавать, сообщать*
communicating door *дверь между внутренними помещениями*
communicating pipes *сочленения трубопровода*
communication *коммуникация, передача, связь*
communication network *сеть передачи данных, сеть связи;* [road] *сеть путей сообщения*
communication pipe *соединительная труба*
community antenna television system *система кабельного телевидения с коллективным приемом*
community facilities *коммунально-бытовые сооружения, коммунальные службы*

community services *коммунально-бытовые сооружения, коммунальные службы*
compact (vb.) *прессовать, трамбовать, укатывать, уплотнять*
compact (adj.) *компактный, плотный, уплотненный*
compacted layer [road] *уплотненный слой*
compacted rockfill [road] *утрамбованная каменная засыпка*
compacting *прессование, трамбование, уплотнение*
compacting equipment *оборудование для уплотнения грунта*
compaction *прессование, трамбование, уплотнение*
compaction plant [road] *установка для уплотнения грунта*
compaction roller *дорожный каток*
compaction testing [road] *проверка уплотнения грунта*
compactness *компактность, плотность, уплотненность*
compare (vb.) *сопоставлять, сравнивать*
comparison dimension *эталонный размер*
comparison test *сравнительные испытания*
compartitioning *разделение на отсеки*
compartment *кабина, камера, купе, отсек*
compartmentation *разделение на отсеки*
compass *буссоль, компас*
compass (vb.) *окружать, охватывать*
compass brick *лекальный кирпич*
compass plane *горбач;* [woodw.] *горбатик*
compass rafter *криволинейная стропильная нога*
compass saw *лобзик, лобзиковая пила*
compatibility *взаимное соответствие, взаимозаменяемость, совместимость;* [paintw.] *взаимная смешиваемость*
compatible *совместимый*
compensate (vb.) *компенсировать, уравнивать*
compensation *выравнивание, компенсация, коррекция, уравнивание*
compensation bow *эркер*
compensation dredging *выравнивающие дноуглубительные работы*
competence *компетенция, крепость породы, способность устройства выполнять свои функции*
competent *компетентный, удовлетворяющий требованиям*
competent authority *компетентный орган*
competitive tendering *конкурентные торги*
compile (vb.) *компилировать, составлять*
complain (vb.) *жаловаться, представлять рекламацию*
complaint *жалоба, рекламация*
complementary *дополнительный, дополняющий, комплементарный*
complementary angle *дополнительный угол*
complete (vb.) *завершать, заканчивать, комплектовать*
complete (adj.) *завершенный, законченный, укомплектованный*
complete drop *незатопленный перепад, совершенный перепад*
complete fall *незатопленный перепад, совершенный перепад*
complete hiding [paintw.] *полное закрашивание*
complete turnkey furnishing *поставка под ключ*
completion *завершение, окончание, оснащенная скважина*
completion form *акт об окончании работ*
completion of works *окончание работ*

completion phase *завершающая фаза, завершающий этап*
complex *комплекс*
complex (adj.) *комплексный, сложный*
compliance *коэффициент податливости, податливость, согласование, упругая деформация;* [phys.] *согласованность*
complicated *трудный, усложненный*
comply with (vb.) *соответствовать требованиям*
component *деталь, комплектующее изделие, компонент, слагающая, составляющая, составная часть, узел, элемент*
component (adj.) *составляющий*
component of force *составляющая силы*
component part *деталь, комплектующая деталь, компонент*
compose (vb.) *составлять*
composed *скомпонованный, составленный*
composed fraction [mat.] *неправильная дробь*
composite (adj.) *составной*
composite beam *составная балка*
composite board *композиционный древесный пластик*
composite bridge *мост смешанной конструкции*
composite column *железобетонная колонна с жесткой несущей арматурой*
composite material *композит, композиционный материал*
composite metal *сплав*
composite panel *комбинированая плита*
composite section *сложное сечение*
composite structure *составная конструкция*
composite surface of sliding *сложная поверхность трения*
composite window *составное окно*
composition *композиция, рецептура, состав, строение*
composition by percentage *процентный состав*
composition flooring *составной пол*
composition metal *сплав*
composition of forces *векторное сложение силы*
composition of the ground *состав грунта*
compound *компаунд, композиция, смесь, соединение, состав*
compound (vb.) *смешивать, составлять*
compound (adj.) *сложный, составной*
compound curve *сложная кривая*
compound gland *фигурный сальник*
compound glass *многокомпонентное стекло*
compounding *приготовление смеси*
compounding ingredient *компонент соединения*
compounding material *добавка, примесь, присадка*
compound load *комбинированная нагрузка*
compound product [mat.] *смешанное произведение*
compound stress *сложное напряженное состояние*
compreg (compregnated laminated wood) *древесный слоистый пластик из пропитанных листов шпона*
compregnated laminated wood *древесный слоистый пластик из пропитанных листов шпона*
comprehensive *всеобъемлющий, издательский макет, исчерпывающий, оригинал-макет*

comprehensive development area map *подробная карта района застройки*
comprehensive plan *исчерпывающий план, комплексный план*
comprehensive planning *комплексное планирование*
comprehensive survey [cart.] *детальная съемка*
compress (vb.) *подвергать сжатию, сдавливать, сжимать, трамбовать, уплотнять*
compressed air *сжатый воздух*
compressed-air (adj.) *пневматический*
compressed air bottle *баллон со сжатым воздухом*
compressed air cylinder *пневматический цилиндр*
compressed air drill *пневматическое сверло*
compressed air gun *пневматический молот*
compressed air hammer *пневматический молот*
compressed air injection *компрессорный впрыск*
compressed air line breathing apparatus (CALBA) *дыхательный аппарат с подачей сжатого воздуха*
compressed air pipe *шланг для подачи сжатого воздуха*
compressed air piping *шланг для подачи сжатого воздуха*
compressed air plant *компрессор, компрессорная станция*
compressed air reservoir *бак для сжатого воздуха*
compressed air riveting *пневматическая клепка*
compressed air riveting hammer *пневматический клепальный молот*
compressed air spray pistol *пневматический краскопульт*
compressed air tool *пневматический инструмент*
compressed air unit *компрессорный блок*
compressed air valve *клапан с пневматическим приводом*
compressed asphalt *трамбованный асфальт*
compressed concrete *трамбованный бетон*
compressed gas *сжатый газ*
compressed natural gas (CNG) *сжатый природный газ*
compressed steel *холоднокатаная сталь*
compressed water *вода под давлением*
compressed wood *древесный слоистый пластик, прессованная древесина*
compressibility *сжимаемость;* [met.] *прессуемость*
compressible *сжимаемый*
compression *компрессия, прессование, сжатие, степень сжатия, уплотнение*
compressional bar [concr.] *сжатый арматурный стержень*
compressional wave *волна сжатия*
compression curve *кривая сжатия*
compression face *сжатая грань элемента*
compression fitting [pipe] *фитинг, уплотняемый вручную*
compression gland *сальник*
compression in bending *сжатие при изгибе*
compression index *степень сжатия*
compression member *сжатый элемент, элемент, работающий на сжатие*
compression nut *стяжная гайка*
compression of subsoil *уплотнение подстилающего слоя*

compression packing *сальник*
compression pump *компрессор*
compression reinforcement *сжатая арматура*
compression resistance *предел прочности при сжатии, прочность на сжатие, сопротивление сжатию*
compression roll *отжимной вал*
compression set *усадка при сжатии*
compression settlement *осадка при уплотнении*
compression steel *сжатая арматура*
compression strain *деформация сжатия, относительное сжатие*
compression strength *предел прочности при сжатии, прочность на сжатие, сопротивление сжатию*
compression stress *сжимающее напряжение*
compression test *испытания на сжатие*
compression trial *испытания на сжатие*
compression wave *волна сжатия*
compression wood *креневая древесина, крень (порок древесины)*
compressive failure *разрушение при сжатии*
compressive force *сжимающая сила, сжимающее усилие*
compressive load *сжимающая нагрузка*
compressive strain *деформация сжатия, относительное сжатие*
compressive strength *предел прочности при сжатии, прочность на сжатие, сопротивление сжатию*
compressive strength in bending *прочность на сжатие при изгибе*
compressive stress *сжимающее напряжение*
compressive stress in bending *сжимающее усилие при изгибе*
compressive test *испытания на сжатие*
compressive thrust *осевое давление*
compressor *компрессор*
comprise (vb.) *включать в себя, охватывать, составлять*
compulsory *обязательный, принудительный*
compulsory acquisition of land *принудительное приобретение земельного участка*
compulsory mixer [concr.] *принудительный бетоносмеситель*
compulsory sign [traf.] *запрещающий знак*
computation *вычисление, расчет, счет*
compute (vb.) *вычислять, подсчитывать, рассчитывать*
computer-aided *автоматизированный, выполняемый с помощью вычислительной машины*
computer-assisted *автоматизированный, выполняемый с помощью вычислительной машины*
computer controlled *с управлением от вычислительной машины*
computerized *оснащенный вычислительной техникой, с использованием вычислительной машины*
computing *вычисление, расчет*
concave (adj.) *вогнутый*
concave brick *радиальный кирпич*
concave fillet weld *ослабленный угловой сварочный шов;* [weld] *вогнутый угловой сварочный шов*
concave moulding *выкружка, желобок, каннелюра;* [build.] *паз*
concave plane *рубанок с закругленной подошвой*

concave tile *желобчатая черепица выпуклостью вверх*

concave weld *ослабленный сварной шов;* [weld] *вогнутый сварной шов*

concavity *вогнутая поверхность, вогнутость*

conceal (vb.) *маскировать, прятать*

concealed *замаскированный, скрытый, утопленный*

concealed door *потайная дверь*

concealed fixing *скрытое крепление*

concealed heating in floor *отопление посредством змеевиков, заделанных под полом*

concealed joint [concr.] *потайной шов*

concealed lighting *освещение от скрытых источников света*

concealed masonry *потайная каменная кладка*

concealed switch *утопленный выключатель*

concealed wiring *скрытая проводка*

concentrate *концентрат*

concentrate (vb.) *концентрировать, обогащать*

concentrated load *сосредоточенная нагрузка*

concentration *выпаривание, концентрация, концентрирование, сгущение*

concentration of stress *концентрация напряжений*

concentric *концентрический*

conception *концепция*

conceptual design *эскизный проект*

concertina door *складывающаяся дверь*

concession *концессия, скидка в цене, уступка*

conclude (vb.) *делать вывод, заканчивать, заключать*

conclusion *вывод, заключение*

concord *договор, конвенция, соглашение*

concordance *конкорданс, конкорданция, соответствие*

concourse *главный вестибюль вокзала, общий зал, площадь, к которой сходятся несколько улиц*

concrete *бетон*

concrete (vb.) *бетонировать*

concrete admixture [concr.] *добавка к бетону*

concrete aggregate [concr.] *заполнитель бетона*

concrete arch *бетонная арка*

concrete article *бетонное изделие*

concrete barrow *тачка для транспортировки бетонной смеси*

concrete base course *бетонный подстилающий слой*

concrete bed *бетонное основание*

concrete bin *приемный бункер для бетонной смеси*

concrete block *бетонный блок*

concrete block machine *агрегат для отливки бетонных блоков*

concrete boarding [concr.] *бетонная опалубка*

concrete breaker *бетонолом*

concrete brick *бетонный блок*

concrete bridge *железобетонный мост*

concrete building *здание из железобетона*

concrete caisson *железобетонный опускной колодец*

concrete cast under water *подводное бетонирование*

concrete cement finish [concr.] *затирка бетона цементом*

concrete chute *бетонолитный лоток, желоб для подачи бетонной смеси*

concrete clinker *бетонный клинкер*

concrete-coated iron piping *чугунные трубы, замоноличенные в бетон*

concrete component *железобетонная конструкция, железобетонный элемент*

concrete composition *состав бетонной смеси*

concrete conduit *железобетонная труба*

concrete construction *возведение сооружений из железобетона, железобетонное сооружение*

concrete control *контроль качества бетонной смеси*

concrete core *железобетонный каркас, цилиндрический образец, вырезаемый из толщи бетонной конструкции*

concrete cover *защитный слой бетона*

concreted *забетонированный*

concrete distributor *бетоноукладчик*

concrete element *железобетонная конструкция, железобетонный элемент*

concrete elevator *подъемник для бетонной смеси*

concrete exposed to temperature variations *зоны бетона, подверженные воздействию перепада температур*

concrete fabric [concr.] *арматурная сетка железобетона*

concrete flag *бетонная плита*

concrete floor *бетонированный пол, бетонное покрытие*

concrete for casting *литой бетон*

concrete formwork *железобетонный каркас*

concrete foundation *бетонное основание, бетонный фундамент*

concrete funnel *приемная воронка для бетонной смеси*

concrete goods *железобетонные изделия*

concrete guard rail [road] *бетонное ограждение*

concrete gun *цемент-пушка*

concrete hoist *подъемник для подачи бетонной смеси*

concrete hopper *приемный бункер для бетонной смеси*

concrete injection *нагнетание бетонной смеси*

concrete insert [concr.] *дюбель*

concrete iron [concr.] *стальная арматура железобетона*

concrete kerb *бетонный бордюрный камень*

concrete layer *слой бетона*

concrete lift *подъемник для подачи бетонной смеси*

concrete lorry *бетоновоз*

concrete making *производство бетона*

concrete masonry unit (CMU) *бетонный стеновой блок*

concrete material per batch *расход составляющих бетонной смеси на один замес*

concrete mix *бетонная смесь*

concrete mixer *бетоносмеситель*

concrete-mixer truck *грузовой автомобиль для перевозки бетонной смеси*

concrete mixing machine *бетоносмеситель*

concrete mixing plant *бетонный завод, бетоносмесительная установка*

concrete mould *форма для изготовления сборного железобетона*
concrete of high specific weight *тяжелый бетон*
concrete of wet consistency *бетонная смесь пластичной консистенции, текучая бетонная смесь*
concrete paint *цветной цемент, цементная краска*
concrete panel *железобетонная панель*
concrete panel construction *крупнопанельное строительство*
concrete pavement *бетонное дорожное покрытие, мостовая из бетонных плит*
concrete paver [road] *бетоноукладчик*
concrete paving *бетонное дорожное покрытие*
concrete paving slab *бетонная плита дорожного покрытия*
concrete pile *железобетонная свая*
concrete pipe *железобетонная труба*
concrete pipe with tight joints *герметизированная железобетонная труба*
concrete placement *укладка бетонной смеси*
concrete placer *бетоноукладчик*
concrete plinth *железобетонный цоколь*
concrete pole *железобетонный столб*
concrete post *железобетонный столб*
concrete product *железобетонное изделие*
concrete proportioning *дозирование бетонной смеси*
concrete pump *бетононасос*
concrete quality *качество бетона*
concrete reinforcement *арматура железобетона*
concrete-reinforcing rods [concr.] *арматурные стержни железобетона*
concrete-reinforcing steel mat [concr.] *стальная арматурная сетка железобетона*
concrete repair work *ремонт железобетона*
concrete road *бетонированная дорога, дорога с бетонным покрытием*
concrete roof *железобетонная крыша, железобетонное покрытие*
concrete roofing tile *бетонная черепица*
concrete sand *песок для приготовления бетонной смеси*
concrete silo *бетонный бункер*
concrete skid *железобетонные салазки*
concrete slab *бетонная плита*
concrete spreader *бетоноукладчик*
concrete steel [concr.] *стальная арматура железобетона*
concrete strength *прочность бетона*
concrete stress *напряжение в бетоне*
concrete structure *железобетонная конструкция, железобетонный элемент*
concrete surface finisher *бетоноотделочная машина*
concrete surface finishing *отделка бетонной поверхности*
concrete surfacing *бетонное покрытие*
concrete temperature *температура бетонной смеси*
concrete test cube *бетонный образец в форме куба для испытаний*
concrete testing *испытания бетона*
concrete tile *бетонная черепица*

concrete tile machine *машина для изготовления бетонных плиток*
concrete topping *верхний слой бетона*
concrete trim *затирка бетона*
concrete vibration machine *вибратор для уплотнения бетонной смеси*
concrete vibrator *вибратор для уплотнения бетонной смеси*
concrete wall *бетонная стена*
concrete washing *выступание цементного молока на бетонной поверхности*
concrete with crushed aggregate *бетон со щебеночным заполнителем*
concrete work *бетонные работы*
concrete worker *бетонщик*
concrete yield *выход бетонной смеси*
concreting *бетонирование, бетонные работы*
concreting funnel *приемная воронка для бетонной смеси*
concreting pause *перерыв в бетонировании*
concretion *сращение, сращивание;* [geol.] *конкреция*
concurrent *одновременный, параллельный, совместный, совпадающий во времени*
concussion *сотрясение*
condemn (vb.) *браковать*
condemned dwelling *жилой дом, предназначенный к сносу*
condemned house *дом, не соответствующий санитарным нормам*
condemned property *строения, предназначенные к сносу*
condensation *конденсация, отверждение синтетической смолы*
condensation drainage *отвод конденсата*
condensation sinking *отвод конденсата*
condensation water *водоконденсат, конденсационная вода*
condense (vb.) *конденсировать, сгущать, уплотнять*
condensed water *водоконденсат*
condensing *конденсирование*
condition *режим, состояние, условие*
condition (vb.) *обусловливать*
conditioning time *продолжительность студки стекломассы*
condition of equilibrium *состояние равновесия*
condition of road *состояние дороги*
condition of surface *состояние поверхности*
conditions of tender *условия торгов*
conditions of the subsoil *состояние подстилающего слоя*
condition survey *обследование состояния*
conduct (vb.) *вести, проводить*
conductance *активная проводимость, теплопроводность*
conductibility *проводимость*
conducting *проводящий*
conducting capacity *проводимость*
conducting connection [electr.] *электропроводное соединение*
conducting flux [weld] *электропроводный флюс*
conducting power *проводимость*
conducting property *проводимость*
conduction *теплопроводность, электропроводность*
conduction flux [weld] *электропроводный флюс*
conduction of heat *теплопроводность*

conductive *проводящий*
conductive connection [electr.] *токопроводное соединение*
conductivity *проводимость*
conductor *водосточная труба, кабель, проводник;* [electr.] *провод;* [rail.] *кондуктор*
conductor break *обрыв проводника*
conductor of a cable *жила кабеля*
conductor of heat *проводник тепла*
conductor rail *токопроводящий рельс*
conduit *водовод, желоб, кабелепровод, кабельный канал, канал, лоток, труба, трубопровод, ход*
conduit adapter *переходная деталь кабелепровода*
conduit box [electr.] *распределительная коробка*
conduit coupling *трубная муфта*
conduit for electrical wiring *кабелепровод*
conduit of pipes *трубопровод*
conduit pipe *трубчатый водовыпуск*
cone *воронка, конус, ступенчатый шкив*
cone angle *угол раствора конуса*
coned point *коническая насадка*
cone head rivet *заклепка с конической головкой*
cone of revolution *конус вращения*
cone point *вершина конуса*
cone-shaped *конический, конусообразный*
conference *конференция*
conference room *конференц-зал*
configuration *контур, конфигурация, очертание, состав оборудования, форма*
configuration of the ground *конфигурация основания*
confine (vb.) *ограничивать*
confined compression test *испытания на трехосное сжатие*
confined room *изолированная комната*
conflict *конфликт, конфликтная ситуация*
conform (vb.) *согласовывать*
conformable *согласующийся, соответствующий*
conformance *согласное залегание, согласование, соответствие*
conformance to requirements *соответствие требованиям*
conformity *конформность, согласованность, соответствие*
congeal (vb.) *замораживать, застывать*
congealing point *точка застывания*
congelation *замерзание, замораживание, застывание, затвердевание*
congelation point *температура застывания*
congestion *перегрузка, потеря вызова;* [chem.] *перенасыщение;* [traf.] *дорожная пробка, затор движения, скопление*
conglomerate *конгломерат*
conglutinate (vb.) *склеиваться, слипаться*
congruent *конгруэнтный*
conic *конический, конусный*
conical *конический, конусный*
conical form *коническая форма*
conical screw wedge *зажимной конус*

conical surface [geom.] *коническая поверхность*

conic frustum [geom.] *усеченный конус*

conicity *коническая форма*

conic section [mat.] *коническое сечение*

conifer [bot.] *хвойное дерево*

coniferous tree [bot.] *хвойное дерево*

coning (adj.) *конусообразный*

conjugate (adj.) *соединенный, сопряженный*

conjugate axis [mat.] *сопряженная ось*

conjugate beam *сопряженная балка*

conjugate planes *сопряженные плоскости*

connect (vb.) *подключать, связывать, соединять;* [electr.] *включать*

connected *связанный, соединенный*

connected cracks *включенные трещины*

connecting *связующий*

connecting (adj.) *соединительный*

connecting block [electr.] *соединительный блок*

connecting bolt *соединительный болт*

connecting box *соединительная коробка*

connecting branch *соединительный патрубок, штуцер*

connecting face *поверхность контакта*

connecting flue *соединительный канал*

connecting iron *анкерный болт*

connecting part *соединительная деталь*

connecting passage *проходная галерея*

connecting piece *соединительная деталь, соединительное звено*

connecting pipe *соединительный патрубок, штуцер*

connecting sleeve *соединительная муфта*

connecting terminal *клемма;* [electr.] *зажим*

connecting tube *соединительный патрубок, штуцер*

connect in parallel (vb.) [electr.] *соединять параллельно*

connect in series (vb.) [electr.] *соединять последовательно*

connection *включение, подключение, связь, соединение, соединительная деталь, соединительный патрубок, сочленение, штуцер*

connection cord *соединительный шнур*

connection element *соединительная деталь*

connection link *соединительное звено*

connection piece *соединительная деталь*

connection point *точка соединения*

connection sleeve *соединительная муфта*

connection terminal *клемма;* [electr.] *зажим*

connection to frame [electr.] *замыкание на корпус*

connector *кабельная муфта, кабельный сжим, разъем, соединитель, соединительная вставка, соединительное устройство, соединительный кабель, соединительный провод;* [electr.] *электрический соединитель*

connexion *включение, подключение, связь, соединение, соединительная деталь, соединительный патрубок, сочленение, штуцер*

conoidal shell *конический свод-оболочка*

consecutive (adj.) *последовательный*

consecutive sequence *последовательность, чередование*

consent *разрешение, согласие*

conservability *сохраняемость*

conservation of buildings *консервация зданий*

conservative *заниженный, осторожный (об оценке), с запасом прочности*

conservatory *оранжерея, теплица*

considerable *значительный*

consignment *консигнация, партия груза*

consistence *консистенция*

consistency *консистенция, непротиворечивость, плотность, последовательность, согласованность, целостность;* [stat.] *состоятельность*

consistency meter *консистометр*

consistency of the soil *плотность грунта*

consistency value [concr.] *показатель плотности*

consistent *консистентный, непротиворечивый, совместимый, согласованный, состоятельный*

consist of (vb.) *состоять из*

consistometer *консистометр*

console *клавиатура, консоль, пульт оператора, пульт управления, стойка*

consolidate (vb.) *затвердевать, твердеть, уплотняться*

consolidation *затвердевание, отверждение, укрепление, уплотнение*

consolidation of soil *уплотнение грунта*

consolidation of subsoil *уплотнение подстилающего слоя*

consolidation pile *опорная свая, свая, забиваемая для уплотнения грунта*

consolidation test *испытания на затвердевание*

consolidometer *плотномер*

conspicuity *видимость*

constant *константа, коэффициент, постоянная величина*

constant (adj.) *неизменный, постоянный*

constant compressive stress *постоянное сжимающее напряжение*

constant flow mixer *смеситель непрерывного действия*

constant load *постоянная нагрузка, статическая нагрузка*

constituent *компонент, компонента, составляющая, составная часть, структурная составляющая*

constituent part *составная часть*

constrain (vb.) *закреплять, ограничивать, связывать*

constrained *защемленный, принудительный*

constraint *ограничение, ограничивающее условие, связь, сдерживающий фактор*

constrict (vb.) *сокращать, стягивать, сужать*

constricted arc cutting *плазменная резка, резка сжатой дугой*

constricted arc welding *плазменная сварка, сварка сжатой дугой*

constriction *сжатие, стягивание, сужение*

construct (vb.) *вести строительные работы, конструировать, создавать, сооружать, строить*

constructible surface *участок под застройку*

constructing engineer *инженер-строитель*
construct in wood (vb.) *строить из дерева*
construction *возведение, здание, конструирование, конструкция, построение, сооружение, составление, строение, строительство, стройка, структура, трикотажное переплетение*
construction accuracy *точность строительных работ*
constructional (adj.) *конструкционный, строительный*
constructional defect *конструктивный дефект, строительный дефект*
constructional drawing *строительный чертеж*
constructional element *строительная деталь, элемент конструкции*
constructional engineering *гражданское строительства, строительство*
constructional form *опалубка*
constructional member *строительная деталь, элемент конструкции*
constructional risk *риск при проведении строительных работ*
constructional steel *конструкционная сталь*
constructional steel work *стальная конструкция*
constructional timber *строительный лесоматериал*
construction cost index *индекс стоимости строительных работ*
construction costs *себестоимость строительства*
construction credit *кредит на строительство*
construction document *строительно-техническая документация*
construction drawing *строительный чертеж*
construction engineer *инженер-строитель*
construction equipment *строительное оборудование*
construction height *высота строительного объекта*
construction industry *строительная промышленность*
construction iron *конструкционная сталь*
construction job *строительные работы*
construction joint *рабочий шов, технологический шов, шов бетонирования*
construction licence *разрешение на строительство*
construction load *нагрузка на строительный объект*
construction loan *кредит на строительство*
construction management *управление строительством*
construction manager *руководитель строительных работ*
construction member *строительная деталь, элемент конструкции*
construction method *технология строительства*
construction noise *шум при проведении строительных работ*
construction of public housing *государственное жилищное строительство*
construction of public utility housing *строительство коммунальных сооружений*
construction of roads *строительство дорог*
construction of single-family housing *строительство одноквартирных домов*
construction permit *разрешение на строительство*
construction personnel *строительные рабочие*
construction pit *строительный котлован*

construction plant *строительное оборудование*
construction plant and equipment *строительные машины и оборудование*
construction programme [road] *график строительства*
construction project *строительный объект*
construction regulations *строительные нормы и правила*
construction report *отчет о ходе строительства*
construction schedule *график строительства*
construction sector *сектор строительства*
construction sequence *порядок выполнения строительных работ*
construction site *строительная площадка*
construction site engines *строительные машины*
construction site equipment *строительное оборудование*
construction site hoist *строительный подъемник*
construction site lift *строительный подъемник*
construction steel *конструкционная сталь*
construction subsidized by public funds *строительство, финансируемое из общественных фондов*
construction supervision *надзор за ведением строительных работ*
construction time *продолжительность строительства*
construction trestle *строительные леса*
construction waste *строительный мусор*
construction weld *монтажный сварной шов*
construction work *строительные работы*
construction worker *рабочий-строитель*
constructive *конструктивный, конструкционный, строительный, творческий*
constructive activities *строительные работы*
constructive part *строительная деталь, элемент конструкции*
constructor *монтажник, строитель*
consultancy *консультирование*
consultancy agreement *договор о консультировании*
consultant *консультант*
consultant engineer *инженер-консультант*
consultative *консультативный, совещательный*
consulting engineer *инженер-консультант*
consumable electrode [weld] *плавящийся электрод*
consume (vb.) *потреблять, расходовать*
consumer supply line *линия электроснабжения потребителей*
consumer's cable *линия электроснабжения потребителей*
consumer's main *питающая электрическая сеть*
consumption *потребление, расход*
consumption of energy *расход энергии*
consumption of materials *расход материалов*
consumption of power *потребление энергии*
consutrode [weld] *плавящийся электрод*
contact *контакт, соприкосновение;* [mat.] *касание*
contact, in *в контакте*
contact adhesive *контактный клей*
contact angle *краевой угол, угол охвата шкива ремнем*
contact area *площадь контакта*

contact box *соединительная коробка*
contact corrosion *контактная коррозия*
contact face *поверхность контакта*
contact flash welding *контактная стыковая сварка оплавлением*
contacting members *соприкасающиеся детали*
contacting surfaces *соприкасающиеся поверхности*
contact line [rail] *контактный провод*
contact line mast [rail] *опора для контактного провода*
contact moisture [woodw.] *выступающая влага*
contact plug *контактный штепсель;* [electr.] *соединительный штепсель*
contact point *контакт-деталь, точка касания, точка контакта*
contact point electrode *контактный точечный электрод*
contact pressure *контактное давление*
contact roller [weld] *контактный ролик*
contact system gauge [rail] *габаритная ширина контактной сети*
contact wedge [electr.] *контактный клин*
contact wire [rail] *контактный провод*
contain (vb.) *вмещать, содержать в себе*
container *контейнер, резервуар, тара*
containing iron *содержащий железо*
containing wall *ограждающая стена*
containment *локализация, сдерживание распространения*
contaminant *загрязнитель искусственного происхождения, загрязняющая примесь, загрязняющее вещество;* [en.] *загрязнение*
contaminate (vb.) *загрязнять, заражать*
contemporaneous *одновременный, современный*
contemporary *одновременный, современный*
content of solid matter *содержание сухого вещества*
contents list *оглавление*
contiguous *прилегающий, смежный, соприкасающийся*
contiguous angle *смежный угол*
continous mixer *смеситель непрерывного действия*
continually moving shuttering [concr.] *скользящая опалубка*
continually reinforced concrete *железобетон с непрерывным армированием*
continue (vb.) *продолжать*
continued *непрерывный, продолжительный*
continued operation *круглосуточная работа, непрерывная работы*
continued stress *постоянное напряжение*
continuity *непрерывность, неразрывность*
continuity equation [mat.] *уравнение непрерывности*
continuous *длительный, непрерывный, неразрезной, постоянный, сплошной*
continuous adjustment *плавная регулировка*
continuous beam *неразрезная балка*
continuous concreting *непрерывное бетонирование*
continuous current [electr.] *постоянный ток*
continuous duty *непрерывный режим*
continuous electrode [weld] *возобновляемый электрод*

continuous fillet weld [weld] *непрерывный угловой шов*
continuous footing *ленточный фундамент*
continuous girder *неразрезная балка*
continuous grading *непрерывная сортировка*
continuous lift *подъемник непрерывного действия*
continuous line *непрерывная линия*
continuous load *постоянная нагрузка*
continuously adjustable *плавно регулируемый, с бесступенчатым регулированием*
continuously cast *непрерывной разливки*
continuously reinforced concrete *железобетон с непрерывным армированием*
continuously variable *непрерывная переменная, с бесступенчатым регулированием*
continuously working *непрерывного действия*
continuous mixer [concr.] *смеситель непрерывного действия*
continuous mixing plant *бетонный завод с непрерывным рабочим циклом*
continuous multiple-cage passenger lift *пассажирский лифт непрерывного действия с несколькими кабинами*
continuous operation *непрерывная операция, непрерывная работа*
continuous pedestal *ленточный цоколь, фундаментная стена*
continuous running *непрерывный режим работы*
continuous sheeting *сплошная обшивка*
continuous shift work *круглосуточная сменная работа*
continuous stress *постоянное напряжение*
continuous transport *непрерывная транспортировка*
continuous weld *непрерывный сварной шов*
continuous welding *сварка непрерывным швом*
continuous working *непрерывный режим работы*
contort (vb.) *деформировать, искажать, искривлять*
contortion *искажение, искривление*
contour *изолиния, контур, контурный станок*
contour hardening [met.] *контурная закалка*
contouring *оконтуривание, профилирование*
contour sawing *профильная распиловка*
contract *договор, контракт, подряд*
contract (vb.) *давать усадку, заключать контракт, подрядиться, сжиматься, стягиваться*
contract awarded on a trade-by-trade basis *контракт, полученный на основе торгов*
contract basis *договорная основа*
contract date *срок исполнения контракта*
contract drawings *чертежи, прилагаемые к контракту*
contractibility *сжимаемость*
contractility *сжимаемость*
contracting *выполнение подрядных работ*
contraction *заключение контракта, относительное сужение, сжатие, стягивание, усадка*
contraction allowance *припуск на усадку*
contraction cavity [met.] *усадочная раковина*

contraction crack *усадочная трещина*
contraction joint *температурно-усадочный шов*
contraction of diameter *уменьшение диаметра при усадке*
contraction of volume *сжатие динамического диапазона громкости, уменьшение объема*
contraction stress *напряжение при сжатии*
contractor *подрядчик*
contractor's equipment *оборудование подрядчика*
contractor's work *подрядные работы*
contract price *договорная цена*
contract rate *сдельная ставка*
contract requirements *требования контракта*
contract time schedule *график работ, оговоренный контрактом*
contractual *договорный*
contract work *договорная работа, подрядная работа*
contraflow mixer [concr.] *противоточный смеситель*
contrary *обратный, противоположный*
contrivance *изобретение, приспособление*
control *контроль, орган управления, проверка, регулирование, регулировка, управление*
control (vb.) *контролировать, регулировать, управлять*
control apparatus *аппаратура управления, устройство управления*
control board *панель управления, приборная доска, пульт управления, щит управления*
control button *кнопка управления*
control by pressure *управление давлением*
control cable *трос управления;* [electr.] *контрольный кабель*
control console *пульт управления*
control desk *панель управления, пульт управления*
control engineering *техника автоматического управления*
control equipment *аппаратура автоматического контроля, аппаратура автоматического управления, контрольно-измерительная аппаратура*
control gear *механизм управления, распределительный механизм, эталонное зубчатое колесо*
control installation *аппаратура управления*
control joint *деформационный шов*
control knob *ручка управления*
controllable *поддающийся управлению, регулируемый, управляемый*
controlled *регулируемый, управляемый*
controller *блок управления, командоаппарат, контроллер, регулятор, устройство управления*
control lever *рычаг управления*
controlling apparatus *аппаратура управления, устройство управления*
controlling equipment *аппаратура автоматического контроля, аппаратура автоматического управления*
controlling implement *контрольный инструмент*
controlling instrument *контрольно-измерительный прибор*
control measurement *контрольное измерение*
control panel *панель управления, приборная панель, пульт управления*

control point *репер, реперная точка;* [geod.] *опорная точка*
control system *система регулирования, система управления*
control unit *блок управления, устройство управления*
control valve *распределительный клапан*
control wire rope *переводной проволочный канат*
conurbation *большой город с пригородами, конурбация*
convection *конвекция*
convection heat *тепловая конвекция*
convective *конвективный*
convector *конвектор*
convector heater *конвектор*
convenience *удобство*
conveniences *удобства*
convenient *подходящий, удобный*
conventional *обусловленный, общепринятый, стандартный, традиционный, удовлетворяющий техническим условиям*
conventional design *стандартная конструкция, традиционное конструктивное решение*
conventional execution *стандартное исполнение*
converge (vb.) *сходиться, сходиться в одной точке*
conversion *конверсия, модернизация, перекодировка, переоборудование, превращение, преобразование, реконструкция насаждений, химическое превращение;* [electr.] *перезапись;* [mat.] *освобождение от дробей;* [woodw.] *смена пород*
conversion chart *переводная таблица, переводной график*
conversion factor *коэффициент преобразования*
conversion scale *таблица перевода единиц*
conversion table *переводная таблица, таблица преобразования*
convert (vb.) *переводить, переоборудовать, перерабатывать, превращать, преобразовывать*
converted timber *пиломатериал, распиленный лесоматериал*
converter socket *розетка преобразователя*
converter steel *конверторная сталь*
convex *выпуклый*
convex and concave tiles *выпукло-вогнутая черепица*
convex fillet weld *усиленный угловой сварной шов*
convexity *выпуклость*
convexity of roadway *выпуклость дорожного полотна*
convex plane *горбатик, горбач*
convex surface *выпуклая поверхность*
convex tile *желобчатая черепица выпуклостью вниз*
convey (vb.) *перевозить, передавать, проводить, транспортировать*
conveyance *перемещение, транспортирование, транспортировка, транспортное средство*
conveyance deed *документ на перевозку*
conveyer *конвейер, транспортер*
conveying belt *лента транспортера*
conveying capacity *пропускная способность*
conveying equipment *средства транспортировки*
conveying plant *конвейерная установка*
conveyor *конвейер, транспортер*

conveyor band *лента транспортера*
conveyor belt *лента транспортера*
conveyor chain *конвейерная цепь*
conveyor chute *подающий желоб*
conveyor spiral *винтовой конвейер*
conveyor worm *винтовой конвейер*
convolution *свертка*
cooker *варочный аппарат, печь, плита*
cooker hood *вытяжка над плитой*
cooking hood *вытяжка над плитой*
cooking range *кухонная плита*
cooking recess *ниша для плиты*
cool (vb.) *остывать, охлаждать*
cool (adj.) *прохладный, холодный*
cool down (vb.) *остывать, охлаждать*
cooled *охлажденный*
cooled aggregate [concr.] *охлажденный заполнитель*
cooled concrete *охлажденный бетон*
cooled mixing water *охлажденная вода затворения*
cool grinding *шлифование с охлаждением*
cooling *охлаждение*
cooling down *остывание, охлаждение*
cooling duct *вентиляционный канал*
cooling period *время охлаждения*
cooling rate *скорость охлаждения*
cooling water *охлаждающая вода*
cooperate (vb.) *взаимодействовать, сотрудничать*
cooperating *взаимодействующий, сотрудничающий*
cooperation *взаимодействие, сотрудничество*
cooperative building society *строительный кооператив*
cooperative housing *жилищный кооператив*
cooperative housing estate *собственность жилищного кооператива*
coordinate [mat.] *координата*
coordinate (vb.) *координировать, согласовывать*
coordinate axis [mat.] *ось координат*
coordinated traffic signalization *система светофоров 'зеленая волна'*
coordinate system [mat.] *система координат*
coordinating dimension *базовый размер*
coordinating plane *базовая плоскость*
coordination *координация, согласование*
copal *копал*
copal varnish *копаловый лак*
cope *верхняя опока, карниз, купол, навес, свод*
coping *гребень плотины, карниз, навес, парапетная стена, перекрывающая плита*
coping saw *лучковая пила*
coping stone *карниз, перекрывающий ряд каменной кладки*
copper (vb.) *омеднять, покрывать медью*
copper (Cu) *медь*
copper bit *медное жало паяльника*
copper braid *медная оплетка кабеля*

copper cable *медный кабель*

copper conductor *медный провод*

copper covering *медное покрытие*

copper mesh *медная сетка*

copper mounting *медное крепление*

copper pipe *медная труба*

copper plate *толстая листовая медь*

copper roof *медная кровля*

copper roof covering *медная кровля*

copper roofer *кровельщик по меди*

copper roofing *кровельная медь*

copper sheet *листовая медь*

copper slag *медный шлак*

copper strand *жила медного кабеля*

copper strip *полосовая медь*

copper tack *медный гвоздь*

copper-tin alloy *медно-оловянный сплав*

copper tubing *медная труба*

copper wire *медная проволока, медный провод*

copper wire rod *медный пруток*

copper wool *медная вата*

copper-zinc alloy *медно-цинковый сплав*

corbel *карниз, кронштейн, ступенчатый выступ;* [arch.] *поясок детали кладки*

corbel (vb.) *поддерживать кронштейном*

corbelling *поясок детали кладки, ступенчатый выступ*

corbie gable *ступенчатый фронтон*

cord *веревка, жгут, провод, шнур, шпагат*

cording *шнур*

cordon [arch.] *поясок (деталь кладки)*

cord reel *катушка шнура*

cord solder *проволочный припой*

corduroy road *бревенчатая дорога*

core *запоминающее устройство на магнитных сердечниках, литейный стержень, сердечник, сердцевина, серединка фанеры, ядро;* [electr.] *жила кабеля;* [geol.] *керн*

core (vb.) *отбирать керн*

core area *площадь сечения керна*

core board *картон для изготовления патронов*

cored hole *скважина, пробуренная для отбора керна*

core diameter *диаметр сердечника, диаметр сердцевины*

core drill *колонковый бур, пустотелое сверло, станок для колонкового бурения, трубчатое сверло;* [tool] *полое сверло*

core drilling *зенкерование, колонковое бурение;* [tool] *керновое бурение*

core grid [concr.] *арматура стержня*

core iron [concr.] *арматурное железо*

core material [woodw.] *материал сердцевины*

core of an electrode *фитиль угольного электрода*

core out (vb.) *выбуривать керн*

corer *бур, керноотборник*

core rod [concr.] *каркас литейного стержня*

core wire *провод с сердечником;* [concr.] *электродная проволока*

core wood *сердцевина ствола дерева, ядровая древесина*

cork *пробка*

cork board *пробковая плита*

cork carpeted *с пробковым покрытием*

cork dust *пробковые опилки*

cork filler *прокладка из пробки*

cork parquet *пробковый паркет*

cork plate *пробковая плита*

corkscrew road *извилистая дорога*

corkscrew staircase *винтовая лестница*

cork sheathing *пробковый футляр*

cork sheet *пробковая плита*

cork slab *пробковая плита*

cork tile *плитка из прессованной пробки*

corned *гранулированный*

corner *землемерный знак, землемерный центр, поворот дороги, угол, уголок*

corner (vb.) *делать поворот, соединять под углом*

corner angle *угол раствора*

corner bead *угловая защитная прокладка*

corner brace *угловая связь*

corner bracket *кронштейн дверного механизма*

corner brick *клиновой кирпич*

corner chisel *уголковое долото*

corner cogging [woodw.] *врубка зубом*

corner column *угловая колонна*

corner connection *угловое соединение*

corner cramp *угловой хомут*

cornered *с обработанными углами*

corner elbow joint *угловой шарнир трубы*

corner fillet *угловой валик*

corner iron *стальной наугольник, уголок для скрепления углов*

corner joint *угловое сварное соединение, угловой сварной шов*

corner moment *угловой момент*

corner panel *угловая секция*

corner piece *колено трубы, угловое скрепление*

corner pillar *угловая колонна*

corner plate *косынка, угловая накладка, фасонка*

corner post *угловая стойка, угловой столб*

corner reinforcement [concr.] *угловое армирование*

corner roof *двускатная крыша*

corner screwdriver *угловая отвертка*

corner site *угловая площадка*

corner staff *рейка уголком*

corner stiffening *придание жесткости углам*

corner stone *угловой камень здания*

corner tenon jointing [woodw.] *замок с угловым шипом*

corner window *эркер*

cornerwise *наискось, по диагонали*

cornice *карниз, свес, штукатурная тяга*
cornice lighting *контурное освещение отраженным светом*
cornice of a wood moulding *калевка*
corpuscle *корпускула, частица*
correct (vb.) *вводить поправки, вносить поправки, исправлять, корректировать, устранять неисправности*
correct (adj.) *верный, правильный*
correction *введение поправок, исправление ошибок, коррекция, поправка*
corrective maintenance *корректирующее обслуживание, профилактический ремонт*
correlation *корреляция, соотношение, сопоставление*
correlation coefficient *коэффициент корреляции*
correspond (vb.) *переписываться, соответствовать*
corresponding *соответствующий*
corridor *коридор, проход*
corrode (vb.) *корродировать, подвергаться действию коррозии, разрушать, разъедать*
corroded through *насквозь проржавевший*
corrodent *корродирующее вещество*
corrodibility *корродируемость*
corrodible *корродирующий, подверженный коррозии*
corroding (adj.) *корродирующий*
corroding agent *корродирующий агент*
corrosion *коррозия, разрушение*
corrosion due to welding *коррозия при сварке*
corrosion inhibitive pigment *антикоррозийная краска*
corrosion inhibitor *ингибитор коррозии*
corrosionless *нержавеющий*
corrosion mark *пятно ржавчины*
corrosion preventing *антикоррозийный, предохраняющий от коррозии*
corrosion preventing agent *антикоррозийное средство*
corrosion preventing grease *антикоррозийная смазка*
corrosion preventing oil *антикоррозийное масло*
corrosion preventing paint *антикоррозийная краска*
corrosion prevention *предотвращение коррозии*
corrosion-proof *коррозионностойкий*
corrosion proofing *защита от коррозии*
corrosion protection *защита от коррозии*
corrosion rate *скорость коррозии*
corrosion resistance *коррозионная стойкость, сопротивление коррозии*
corrosion-resistant *коррозионностойкий*
corrosion-resistant cement *коррозионностойкий цемент*
corrosion-resistant stainless steel *коррозионностойкая нержавеющая сталь*
corrosion-resistant steel *коррозионностойкая сталь*
corrosion-resisting *коррозионностойкий*
corrosion-resisting cast steel *коррозионностойкое стальное литье*
corrosion-resisting steel *коррозионностойкая сталь*

corrosion spot *пятно коррозии*

corrosion stability *коррозионная стойкость, устойчивость к коррозии*

corrosion susceptibility *восприимчивость к коррозии*

corrosion tubercle *бугристая коррозия труб*

corrosive *корродирующее вещество*

corrosive (adj.) *агрессивный, коррозионный*

corrosive action *коррозионное действие*

corrosive attack *коррозионное разрушение*

corrosive effect *коррозионное воздействие*

corrosive medium *агрессивная среда, коррозионная среда*

corrosivity *коррозионная активность*

corrugate (vb.) *гофрировать, сморщивать*

corrugated *волнистый, гофрированный, рифленый*

corrugated board *гофрированный картон*

corrugated cardboard *гофрированный картон*

corrugated fibreboard *гофрированный картон*

corrugated flooring *рифленый настил*

corrugated glass *рифленое стекло*

corrugated hose *гофрированный шланг, рифленый рукав*

corrugated paperboard *гофрированный картон*

corrugated pasteboard *гофрированный картон*

corrugated pipe *гофрированная трубка, сильфон*

corrugated plastic sheet *волнистый листовой пластик*

corrugated plate *гофрированный лист*

corrugated sheet *волнистый лист*

corrugated steel sheet *волнистая листовая сталь*

corrugated tube *гофрированная трубка, сильфон*

corrugation *волнистость, выбоина дорожного покрытия, гофрировка, рифление*

cos *косинус*

cosec [mat.] *косеканс*

cosecant [mat.] *косеканс*

cosine [mat.] *косинус*

cost of materials *стоимость материалов*

costs *затраты, издержки*

cot [mat.] *котангенс*

cotangent [mat.] *котангенс*

cottage *загородный дом, коттедж*

cotter *клин, чека, шплинт*

cotter (vb.) *заклинивать, зашплинтовывать*

cotter bolt *болт с головкой под чеку*

cotter key *клин, чека*

cotter pin *разводная чека, шплинт*

cotton *хлопок*

cotton waste *ветошь*

cottonwood [bot.] *американский тополь*

couch *гауч-вал, гауч-пресс, грунт;* [paintw.] *предварительный слой краски*

count *отсчет, подсчет, счет*

count (vb.) *подсчитывать, считать*

counter *пересчетная схема, пересчетное устройство, прилавок, счетная схема, счетчик, счетчик излучения*
counter (vb.) *противодействовать, противостоять*
counter (adj.) *противоположный*
counteract (vb.) *противодействовать*
counteracting *противодействие*
counterbalance *противовес*
counterbalance (vb.) *уравновешивать*
counterbalance weight *противовес*
counterbalancing *уравновешивание*
counterbore *отверстие, обработанное цекованием, расточенное отверстие, расточка, цековка;* [mech.eng.] *цилиндрическая зенковка*
counterboring *подрезка торца, рассверливание, растачивание, цекование;* [mech.eng.] *цилиндрическое зенкованеие*
counterbraced Pratt truss *раскосная ферма с дополнительными разгружающими раскосами*
counterclockwise *против часовой стрелки*
countercurrent *противотечение, противоток, ток обратного направления*
countercurrent aeration *вентилирование противотоком*
counterdiagonal *встречный раскос*
counter effect *обратное действие*
counter flange *контрфланец*
counterfloor *черный пол*
counterflow *противотечение, противоток*
counterflow principle *принцип противотока*
counterfort *внутренний контрфорс*
countering tool *фасонный резец*
counter nut *контргайка*
counter pilaster *контрфорс с внутренней стороны подпорной стенки*
counterpoise *противовес, равновесие, уравновешивающая сила*
counterpressure *противодавление*
counter reset *возврат счетчика в исходное положение, сброс счетчика*
counterrotating *левое вращение*
countersink *коническая зенковка, центровочная зенковка*
countersink (vb.) *зенковать коническое отверстие*
countersink angle *угол зенкования, угол конуса потайной головки винта*
countersinking *коническое зенкование*
countersunk *раззенкованный, с утопленной головкой, утопленный*
countersunk bolt *болт с потайной головкой*
countersunk bolt for woodwork *потайной плотницкий болт*
countersunk dovetail [woodw.] *соединение глухим ласточкиным хвостом*
countersunk head *потайная головка*
countersunk head cap screw *винт с потайной головкой*
countersunk head rivet *заклепка с потайной головкой, потайная заклепка*

countersunk rivet *заклепка с потайной головкой, потайная заклепка*
countersunk screw *потайной винт*
countervail (vb.) *компенсировать, противодействовать*
counterveneer (vb.) *облицовывать фанерой с двух сторон*
counterweight *противовес*
counterweight pit *приямок разводного моста*
country of origin *страна-изготовитель, страна происхождения*
country road *проселочная дорога*
county *округ*
couple *гальваническая пара, термопара;* [build.] *перекладина, распорка, стропильная ферма;* [el.] *гальванический элемент;* [phys.] *пара сил*
couple (vb.) *связывать, соединять, спаривать;* [rail.] *сцеплять*
coupled *связанный, соединенный, спаренный, сцепленный*
couple of forces [phys.] *пара сил*
couple rafter *сдвоенная стропильная нога;* [build.] *парное стропило, стропило двухскатной крыши*
coupling *винтовая стяжка, защелка, межвагонное соединение, муфта сцепления, связывание, смычка, соединительная втулка, соединительное звено цепи, соединительный фланец, сцепка, сцепление, увязка, цепной замок;* [chem.] *взаимодействие;* [comp.] *связность модулей системы, сопряжение;* [el.] *азосочетание, соединение, сочленение;* [pipe] *соединительная муфта, штуцер*
coupling bolt *винтовая стяжка, соединительный болт, стяжной болт*
coupling box *соединительная коробка, соединительная муфта*
coupling flange *соединительный фланец*
coupling in parallel *параллельное соединение*
coupling link *кулиса, соединительная тяга, соединительное звено, сцепная скоба*
coupling nut *стяжная гайка*
coupling piece *соединительная деталь*
coupling sleeve *соединительная втулка, соединительная муфта*
coupling with female ends *соединительная деталь с внутренней резьбой*
coupling with male ends *соединительная деталь с наружной резьбой*
course *движение по определенной линии, курс, маршрут, направление, простирание пласта, течение, ход*
coursed rockfill *каменная наброска рядами*
course of binders *тычковый ряд кирпичной кладки*
course of blocks *перевязочный тычковый ряд кирпичной кладки*
course of bonders *перевязочный тычковый ряд кирпичной кладки*
course of bricks *ряд кирпичной кладки*
course of diagonal bricks *кладка кирпича в елку*
course of headers *тычковый ряд кирпичной кладки*
course of raking bricks *забутка из кирпича, уложенного наискось*
course of stretchers *ложковый ряд кирпичной кладки*
court *двор*
courtyard *двор*
courtyard house *сторожка, флигель*

cove *выкружка, падуга, свод*

cover *кожух, колпак, крышка, оболочка, покрытие, футляр, чехол*

cover (vb.) *закрывать крышкой, наносить покрытие, покрывать, укрывать*

coverage *зона действия, зона обзора, зона обслуживания, зона уверенного приема, обзор, охват, перекрытие, рабочая зона системы, сектор обзора*

cover boarding *дощатая обшивка*

cover coat, give a (vb.) *лакировать, покрывать лаком*

covered *крытый, покрытый*

covered arcade *крытая галерея*

covered area *застроенный участок*

covered dovetail *соединение глухим ласточкиным хвостом*

covered electrode *электрод с покрытием;* [weld] *покрытый электрод*

covering *кровля, настил, обкладка, облицовка, оболочка, обшивка, перекрытие, перекрытие диапазона частот, покрытие*

covering boards *дощатая обшивка, опалубка*

covering capacity *укрывистость;* [paintw.] *кроющая способность*

covering coat *покрывающий слой*

covering layer *защитное покрытие, защитный слой*

covering material *облицовочный материал, покровный переплетный материал, футеровочный материал*

covering of a roof *кровельный материал, кровля*

covering of the ceiling *покрытие потолка*

covering power *укрывистость;* [paintw.] *кроющая способность*

cover plate *вращающийся дефлектор диска турбины, крышка, поясной лист металлической балки, стыковая накладка*

cover slab *облицовочный камень*

cover stone *облицовочный камень*

cover strip *нащельная рейка, нащельник*

cover tile *кровельная черепица*

cover up (vb.) *тщательно скрывать, укутывать*

cover with buildings (vb.) *застраивать*

covibrate (vb.) *синхронно колебаться*

coving *выкружка, падуга, свод*

cowl *дефлектор дымовой трубы, зонт дымовой трубы, капот двигателя, колпак дымовой трубы, обтекатель*

CP (calorific power) *теплотворная способность*

CP (centre of pressure) *центр давления*

CP (change point) [geod.] *точка перехода*

cp-application *заявка на проведение строительных работ*

crab *ворот, лебедка*

crack *разлом, расщелина, трещина, щель*

crack (vb.) *разрываться, растрескиваться, трескаться*

crack control reinforcement [concr.] *армирование для предотвращения образования трещин*

cracked [woodw.] *растрескавшийся*

cracked edge *кромка с поперечными трещинами*

crack formation *образование трещин, трещинообразование*

crack from shrinkage *усадочная трещина*

crack growth *распространение трещины, рост трещины*

cracking *дробление, крекинг, образование трещин, растрескивание*
crackle *декоративная сетка трещин, кракле*
crackle lacquer *потрескавшийся слой лака*
crackle varnish *потрескавшийся слой лака*
crack producing corrosion *коррозионное растрескивание*
crack propagation *распространение трещины*
crack spacing *расстояние между трещинами*
cradle *лотковая опора, лоток, люлька, подушка, рама*
cradle elevator *подъемник люльки*
cradle scaffold *люлька, подвесные строительные леса*
cradle vault [arch.] *цилиндрический свод*
craft *катер, летательный аппарат, профессия, ремесло, специальность, судно*
craftsman *квалифицированный рабочий, оператор-станочник*
craftsmanship *мастерство, тонкая работа*
cram (vb.) *втискивать, наполнять*
cramp *анкер для скрепления каменных блоков, зажим, захват, резцедержатель, скоба, струбцина, хомут, целик*
cramping frame *струбцинка*
cramp iron *анкер для скрепления каменных блоков, стальная скоба, стальной крюк, стальной штырь*
crampon *подъемные клещи*
cranage *крановое оборудование*
crane *подъемный кран*
crane (vb.) *поднимать краном*
crane arm *стрела крана*
crane boom *стрела крана*
crane bridge *мостовой кран*
crane cabin *кабина крана*
crane chain *цепь крана*
crane crab *тележка крана*
crane foot *опора крана*
crane girder *подкрановая балка*
crane grab *крановый захват*
crane hook *крюк крана*
crane jib *укосина*
crane motor *крановый электродвигатель*
crane operator *крановщик, оператор крана*
crane pillar *поворотная стрела крана*
crane post *опора крана*
crane rail *подкрановый рельс*
crane runway *подкрановый путь*
crane track *подкрановый путь*
crane trolley *крановая тележка*
crane way *подкрановый путь*
crane way girder *подкрановая балка*
crank *пусковая рукоятка*
crank (vb.) *проворачивать коленчатый вал*
crank brace *коловорот*
crash *аварийная ситуация, авария, поломка*
crash (vb.) *ломаться, терпеть аварию*

crash barrier [road] *аварийное заграждение*
crater *воронка, кратер*
crater crack [weld] *трещина в кратере*
crater formation [weld] *образование кратеров*
cratering [paintw.] *рябизна (дефект лакокрасочного покрытия)*
crater pipe [weld] *раковина в кратере*
crater wear *точечная коррозия*
crawl (vb.) *ползти;* [paintw.] *подтекать (о краске)*
crawler *гусеничный трактор, гусеничный ход*
crawler belt *гусеничная лента*
crawler crane *гусеничный кран*
crawler lane [road] *полоса замедленного движения*
crawler tractor *гусеничный трактор*
crawling *сползание;* [paintw.] *неравномерное распределение краски*
crawl lane [road] *полоса замедленного движения*
crawl space *погреб*
crawl way *мостки*
craze *волосная трещина*
craze (vb.) *покрываться волосными трещинами*
crazing *образование сетки волосных трещин*
crazy pavement *растрескавшаяся мостовая*
creak (vb.) *скрипеть*
cream coloured *кремового цвета*
crease *сгиб, складка, фальц*
crease (vb.) *загибать, мять, фальцевать*
creased bend [pipe] *складчатое колено*
crease mark *круг на воде*
create (vb.) *создавать, творить*
creation *образование, создание, формирование*
creep *медленное изменение характеристики, оползание, просачивание влаги, сползание, текучесть льда, трал;* [electr.] *магнитная вязкость, магнитное последействие;* [met.] *ползучесть*
creepage *скользящий разряд;* [electr.] *магнитная вязкость, магнитное последействие*
creep curve *кривая ползучести*
creeper *лента конвейера, ленточный конвейер, цепной конвейер*
creeper lane [road] *полоса замедленного движения*
creeper tractor *гусеничный трактор, гусеничный тягач*
creep fracture *разрушение при ползучести*
creeping *ползучесть, сползание*
creeping soil *ползучий грунт*
creep limit *предел ползучести*
creep modulus *модуль ползучести*
creep of rail [rail] *угон рельса*
creep-resisting steel *жаропрочная сталь*
creep rupture *разрушение при ползучести*
creep rupture limit *предел ползучести*
creep rupture strength *сопротивление ползучести*
creep rupture stress *разрушающее напряжение при ползучести*
creep stress *напряжение при ползучести*

cremone bolt *поворотный шпингалет с крючком*
creosote *креозот*
creosote (vb.) *пропитывать креозотом*
creosote oil *креозотовое масло*
creosoting *пропитка креозотом*
crescent (adj.) *серповидный*
crescent wrench *трубный ключ*
crest *вершина, гребень, конек крыши, пик*
crest load *нагрузка на вершину*
crevice *трещина, щель*
crew *бригада, команда, экипаж*
crew basket *клеть подъемника*
crew plan *бригадный план*
crib *костровая крепь, ряж, сруб, срубовая крепь, шпальная клетка*
crib work *костровая крепь, ряж, сруб, срубовая крепь, шпальная клетка*
crimp *борт, буртик, гофр, сгиб*
crimped wire *гнутая проволока*
crimple (vb.) *делать складки*
crinkle (vb.) *изгибать, морщить*
cripple timber *кривоствольный лесоматериал*
crisp *ломкий, хрупкий*
critical *критический*
critical angle *критический угол*
critical depth *критическая глубина*
critical humidity *критическая влажность*
critical length *критическая длина*
critical length of grade *критическая длина уклона*
critical load *критическая нагрузка*
critical pressure *критическое давление*
critical section *критическое сечение*
critical stress *критическое напряжение*
critical temperature *критическая температура*
crocodiling [paintw.] *растрескивание лакокрасочного покрытия*
crocus polishing *полирование крокусом*
crook *изгиб, крюк, поворот*
crook (vb.) *искривлять, сгибать*
crooked *кривой, перекошенный*
crookedness *искривленность*
crooked timber *кривоствольный лесоматериал*
crop (vb.) *собирать урожай*
cross *крест, крестовина, перекресток, пересечение*
cross (vb.) *кроссировать, пересекаться*
cross (adj.) *перекрещивающийся*
cross aisle *поперечный проход;* [arch.] *поперечный неф*
cross arch *арка с перемычкой*
cross area *площадь поперечного сечения*
cross arm *опорная нога, подкос, поперечина, раскос, распорка, траверса, укосина*
cross arm brace *крестообразная поперечина*
crossband veneer *строганый шпон*

crossbar *перекладина, поперечина, поперечная балка, раскос, траверса;* [concr.] *поперечная арматура*
crossbarrel roof *цилиндрическая крыша*
crossbars *оконный переплет*
crossbeam *поперечная балка*
crossbending strength *прочность при поперечном изгибе*
cross bond *английская перевязка;* [mason] *перевязка по цепной системе*
cross brace *крестовая связь, перемычка стрелы крана*
cross bracing *крестообразные раскосы*
cross check *перекрестная проверка*
cross check (vb.) *осуществлять перекрестный контроль*
cross cogging [woodw.] *врубка прямым гребнем*
cross-country road *проселочная дорога*
cross crack *поперечная трещина*
cross current *поперечное течение*
cross current ventilator *вентилятор с поперечным потоком*
crosscut (vb.) *делать поперечный разрез*
crosscut chisel *крейцмейсель*
crosscut saw *пила для поперечной резки*
crosscutting *поперечная резка*
cross direction *поперечное направление*
cross direction, in *в поперечном направлении*
cross direction profile *поперечный профиль*
cross draining [road] *поперечный дренаж*
crossfall [road] *поперечный уклон*
cross fibre *поперечное волокно*
cross fissure *поперечная трещина*
crossflow *поперечный поток*
crossflow blower *вентилятор с поперечным потоком*
cross frame *траверса*
cross frog [rail] *крестовина глухого пересечения*
cross garnet *накладная петля для ворот*
cross girder [build.] *поперечная балка*
crossgrained wood *древесина с наклоном волокон*
crossgraining [woodw.] *свилеватый (о древесине)*
crosshead *крестовина, поперечина, траверса*
crosshead screw *винт с крестообразным шлицем*
crosshead screwdriver *фасонная отвертка*
crossing *переезд, перекресток, пересечение*
crossing angle [road] *угол пересечения*
crossing at grade [rail] *пересечение в одном уровне*
crossing of lines [rail] *пересечение рельсовых путей*
crossing of tracks [rail] *пересечение рельсовых путей*
crossing piece *стрелочный перевод;* [rail] *стрелка*
cross joint *вертикальный шов, тычковый шов;* [pipe] *крестовина;* [woodw.] *крестовое соединение*
crossknurled *с поперечной насечкой*
crosslap joint [woodw.] *врубка вполдерева*
cross member *поперечина, поперечная балка, траверса*
cross motion *поперечное перемещение*

cross off (vb.) *вычеркивать, ответвляться*
cross out (vb.) *выходить на дневную поверхность, обнажаться*
crossover [met.] *гибка с компенсацией упругих деформаций;* [road] *путепровод*
cross piece *поперечина оконной рамы, поперечная балка, ригель, траверса;* [pipe] *крестовина*
crossply (adj.) *с перекрестными слоями*
cross rafter *поперечное стропило*
cross rail *поперечина оконной рамы*
cross recess *крестообразная выточка, крестообразный вырез*
cross recessed screw *винт с крестообразным шлицем*
crossroad *дорога, пересекающая главную, дорожный перекресток, переезд*
crossrunner *поперечное сечение*
cross-section *поперечное сечение, поперечный разрез, профиль*
cross-sectional area *площадь поперечного сечения*
cross-sectional dimension *размер в поперечном сечении*
cross-sectional study [steel] *исследование по сечению*
cross-sectional thickness *толщина поперечного среза*
cross-section of arch *поперечное сечение арки*
cross-section of road *профиль дороги*
cross shake *поперечная трещина*
cross stay *поперечная связь, раскос*
cross street *пересекающая улица*
cross strut *крестообразная распорка*
cross tee *тройник*
crosstie *поперечина, поперечная связь;* [rail] *шпала*
cross timber *импост оконной рамы, косяк*
crosstip screwdriver *крестообразная отвертка*
crosstop *несущая балка, прогон, пята свода, ферма;* [arch.] *импост*
crosstown road *центральная городская магистраль*
crossunder *путепровод под дорогой*
cross vault [arch.] *крестовый свод*
cross veneer *слой шпона с поперечным расположением волокон*
cross wall *поперечная стенка*
cross wedge *поперечный клин*
crosswise *поперек*
crosswise direction *поперечное направление*
crosswise knurled *с поперечной насечкой*
crosswise reinforced concrete *железобетон с поперечным армированием*
crosswork *оконный переплет*
crowbar *вага, закорачивающая перемычка, лом, перемычка на землю*
crow brace *подкос, укосина*
crown *верхний ряд каменной кладки, гребень плотины, замок арки, ключевой камень, наивысшая точка, перекрывающая плита;* [arch.] *стрела подъема*
crown edge *обапол, обзол;* [woodw.] *горбыль*
crowned pulley *ступенчатый шкив*
crown gate *затвор на гребне плотины*

crown hinge *замковый шарнир*
crowning *гребень стены*
crown of roadway *гребень поперечного профиля дороги*
crown post *верхушка кроны*
crow step gable *ступенчатый фронтон*
crozzle *некондиционный камень*
crucible cast steel *литая тигельная сталь*
crucible steel *тигельная сталь*
crucible test *испытания в тигеле*
crucible tongs *клещевой захват*
crude [chem.] *дистиллят нефти, непереработанная нефть, сырая нефть, сырье*
crude (adj.) *грубый, необработанный, неочищенный, сырой*
crude asbestos *сырой асбест*
crude asphalt *асфальтовый камень*
crude compost *грубый компост*
crude emulsion *нефтяная эмульсия*
crude iron *термически необработанное железо*
crude product *заготовка, необработанное изделие*
crude steel *термически необработанная сталь*
crude tar *необезвоженный деготь*
crude waste water *неочищенные сточные воды*
crude water *неочищенная вода*
crude water pipeline *трубопровод для неочищенной воды*
crumble (vb.) *крошить, раздроблять, растирать, толочь*
crumbled *толченый*
crumbling (adj.) *комковатый, крошащийся*
crumbly *комковатый, крошащийся*
crush (vb.) *дробить, измельчать, раздрабливать*
crushed aggregate *фракционированный заполнитель, щебеночный заполнитель*
crushed aggregate for concrete *щебеночный заполнитель бетона*
crushed brick *кирпичная крошка, кирпичный бой, кирпичный щебень*
crushed gravel *дробленый гравий*
crushed marl *измельченный мергель*
crushed rock *щебень*
crushed rock fines *мелкая фракция щебня*
crushed rock road *щебеночная дорога*
crushed stone *дробленый камень, щебень*
crushed stone base [road] *подстилающий щебеночный слой*
crushed stone fines *мелкая фракция щебня, мелкий щебеночный заполнитель*
crusher *дробилка, дробильная установка*
crushing *дробление, измельчение*
crushing mill *дробилка, мельница грубого измельчения*
crushing plant *дробилка, дробильная установка*
crushing strength *прочность на раздавливание, сопротивление раздавливанию*
crushing stress *напряжение при раздавливании*
crushing test *испытания на раздавливание*
crush out (vb.) *дробить*

crust *кора, корка, твердая поверхность*

crust formation *образование корки*

cryogenic steel *криогенная сталь, сталь для криогенных температур*

crypt [arch.] *свод*

crystal *кристалл*

crystal clear *совершенно прозрачный*

crystalline *кристаллический*

crystallinity *кристаллическое состояние, кристалличность*

crystal structure *кристаллическая структура*

CTE (coefficient of thermal expansion) *коэффициент теплового расширения*

C to C (centre to centre) *межцентровое расстояние*

cubage *кубатура*

cubature *кубатура*

cube *куб;* [mat.] *третья степень;* [road] *брусок для мощения*

cube (vb.) *измерять кубатуру, мостить брусчаткой;* [mat.] *возводить в куб, возводить в третью степень*

cubed [mat.] *в кубе, возведенный в третью степень*

cube root [mat.] *кубический корень*

cube strength [concr.] *кубиковая прочность*

cubic *кубический*

cubical content *кубатура*

cubic capacity *объем*

cubic equation [mat.] *кубическое уравнение, уравнение третьей степени*

cubic expansion *объемное расширение*

cubic foot *кубический фут*

cubicle *кабина, панель распределительного щита, шкаф, ячейка распределительного устройства*

cubicle division *перегородка*

cubic measure *мера объема*

cubic metre *кубический метр*

cubic metre of piled wood *кубометр пиломатериалов*

cubic metres of interior space *кубатура внутреннего пространства*

cubic number [mat.] *число в кубе*

cubic root [mat.] *кубический корень*

cubic unit *единица объема*

cul-de-sac *глухой забой, тупик, тупиковая выработка*

cull *некондиционные лесоматериалы, отбраковка*

cull (vb.) *отбирать, отбраковывать, отсортировывать*

culvert *водовод, водопроводная галерея шлюза, дренажная галерея*

culvert (vb.) *водопропускная труба*

cumulation *аккумуляция, накопление*

cumulative *интегральный, итоговый, кумулятивный, накопленный*

cuneiform *клиновидный*

cunette *дрена, спускной желоб, сточный канал*

cup *колпачок, чаша, чашка;* [woodw.] *поперечное коробление*

cup-and-ball joint *шарнирное соединение*

cupboard *шкаф*

cup conveyor *ковшовый элеватор*

cup grease *солидол*

cup head bolt *болт с круглой головкой*

cup insulator *чашечный изолятор*

cup nut *колпачковая гайка*

cupola *вагранка, купол*

cupola roof *куполообразная крыша*

cup point *закругленный конец, засверленный конец, цапфа со сферическим углублением*

cup shake *отлупная трещина;* [woodw.] *отлуп*

curb roof [arch.] *мансардная крыша*

curdle (vb.) *коагулировать, свертываться, створаживаться*

cure *вулканизация, отверждение*

cure (vb.) *вулканизировать, затвердевать, консервировать, отверждаться*

cure time *продолжительность выдерживания*

curing *вулканизация, выдержка, отверждение, созревание, твердение*

curing agent *состав, улучшающий условия выдерживания бетона, состав для ухода за бетоном*

curing compound *отвердитель*

curing conditions *условия вулканизации*

curing cycle *цикл вулканизации*

curing hood [concr.] *утеплитель бетона*

curing membrane *пленка для выдерживания бетона*

curing of concrete *выдерживание бетона*

curing period *время выдерживания бетона, время созревания бетона*

curing pit [concr.] *пропарочная камера*

curing shrinkage *усадка бетона при выдерживании*

curing temperature *температура выдерживания бетона*

curing tent [concr.] *тепляк*

curing time *продолжительность выдерживания бетона*

curl *спираль;* [el.] *виток;* [mat.] *вихрь, ротор векторного поля*

curl (vb.) *закручиваться, свертываться, скручиваться*

curled wood *свилеватая древесина*

curling *завальцовка, закручивание, курлатирование, свертывание, скручивание*

curly (adj.) *завитой, извилистый;* [woodw.] *свилеватый*

current *поток, скорость потока, скорость течения, течение, ток*

current (adj.) *находящийся в обращении, современный, текущий*

current, without [electr.] *обесточенный*

current-carrying [electr.] *токонесущий*

current-carrying capacity [electr.] *допустимая токовая нагрузка*

current direction [electr.] *направление тока*

current distribution [electr.] *распределение тока*

current feed *возбуждение в пучности тока, подача тока*

currentless [electr.] *обесточенный*

current maintenance *текущий ремонт и техническое обслуживание*

current network *электрическая сеть*

current of air *воздушный поток*

current supply *подвод электрической энергии, электропитание*

current supply line *линия электропитания*

curtail (vb.) *сокращать*

curtail tread *закругленная ступень лестницы*

curtain *завеса, отражатель, отражающий экран, штора, шторка*

curtain holder *карниз для шторы*

curtain of sheet piling *шторка шпунтовой стенки*

curtain peg *крючок для шторы*

curtain ring *колечко для шторы*

curtain rod *палка для шторы*

curtain runway *роликовый карниз для шторы*

curtain wall *забральная стенка, навесная стена наполнения каркаса, ненесущая стена*

curvature *искривление, кривая, кривизна*

curve *график, диаграмма, закругление, изгиб, кривая, кривизна, лекало, эпюра;* [mat.] *характеристика;* [road] *вираж*

curve (vb.) *закруглять, изгибать, образовывать кривую*

curved *закругленный, изогнутый, кривой, криволинейный*

curved beam *криволинейная балка*

curved chord truss *криволинейная ферма*

curved line *кривая*

curved rail *рельс с угоном*

curving *изгиб, изгибание, искривление*

cushion *амортизатор, буфер, подкладка, подушка, прокладка*

cushion (vb.) *амортизировать*

cushion course [road] *подстилающий слой дорожной одежды*

cushion edge *край с валиком*

cushion gum *прокладочная резина*

customary *обычный, привычный, традиционный*

custom built *выполненный по заказу, заказной, изготовленный по заказу*

custom fabricated *выполненный по заказу, изготовленный по заказу*

customize (vb.) *изготавливать на заказ, обеспечивать соответствие требованиям заказчика*

custom made *выполненный по заказу, заказной, изготовленный по заказу*

cut *валка, высечка, канава, канал, кювет, надрез, насечка напильника, погон, разрез, раскрой, резание, рубка, сечение, срез, фракция;* [paper] *обрез, отрез, отруб*

cut (vb.) *валить лес, высекать, делать надрез, пилить, разделять на фракции, резать, рубить, тесать*

cut-and-cover *открытый способ строительства подземных сооружений*

cut at right angles [woodw.] *опиленный под прямыми углами*

cut autogenously (vb.) *резать автогеном*

cut away (vb.) *отрезать*

cutaway drawing *чертеж с вырезом, чертеж с частным вырезом*

cutaway view *изображение с вырезом, изображение с частным вырезом*

cutback *жидкий битум, разбавленный нефтепродукт*

cutback asphalt *асфальт, разбавленный нефтяным дистиллятом, дистиллятный раствор асфальта, жидкий асфальтовый битум*

cutback asphaltic bitumen *жидкий асфальтовый битум*

cutback bitumen *жидкий битум*

cut curvely (vb.) [woodw.] *распиливать по кривой*

cut edge *обрезанная кромка*

cut in (vb.) [electr.] *включать*

cut in two (vb.) *разрезать на две части*

cutlery paper *антикоррозионная бумага, игольная бумага*

cutoff *обводной канал, обход, отрезной станок*

cut off (vb.) *выключать, запирать, отрезать, отрубать, перекрывать;* [electr.] *отключать*

cutoff ditch *траншея для зуба в основании земляной плотины*

cutoff drain *отсекающая дрена*

cut off the current (vb.) [electr.] *отключать ток*

cut off the water (vb.) *отключать воду*

cutoff valve *отсечной клапан*

cutoff wall *диафрагма земляной плотины, шпунтовая стенка*

cutout *абрис, вырез, контур, очертание, плавкий предохранитель, прерыватель, профиль, электрический выключатель;* [electr.] *рубильник*

cut out (vb.) *выключать, вырубать*

cutout box [electr.] *распределительная коробка*

cut pliers *кусачки*

cut slope *срезанный склон*

cut staircase *ступени, врубленные в тетиву*

cut stone *тесаный камень*

cutter *кусачки, ножницы, плашка, режущий инструмент, резак, резец, фреза*

cutter bar *внутренняя протяжка, выдвижной шпиндель, расточная оправка, режущий аппарат, фрезерная оправка*

cutter blade *ленточная пила, ножовочное полотно, режущая пластина*

cutter head *резцовая головка, фрезерная головка*

cutting *выемка грунта, выключение, вырубание, обработка резанием, перерезание, распиливание, резание, рубка, тесание*

cutting (adj.) *режущий*

cutting ability *режущая способность*

cutting and bending [concr.] *резка и гибка арматуры*

cutting-away *отпиливание*

cutting blade *ленточная пила, ножовочное полотно, режущая пластина*

cutting blowpipe *газовый резак*

cutting burner *газовый резак*

cutting by blowtorch *резка паяльной лампой*

cutting diamond *алмазный стеклорез*

cutting down *заточка*

cutting edge *режущая кромка*

cutting edge of a knife *режущая кромка ножа*

cutting efficiency *производительность процесса резания*

cutting equipment *металлорежущее оборудование*

cutting flame *подогревающее пламя при кислородной резке*

cutting length *длина резания*

cutting line *линия раскроя, линия резки полосы, маркировочная линия для продольного разрезания круглого трикотажного полотна*

cutting machine *вырубной пресс, газорезательная машина, металлорежущий станок, отрезной станок*

cutting-off *выключение, отключение, отрезание*

cutting-out of rivets *вырезание заклепок*

cutting pliers *кусачки*

cuttings *стружка*

cutting speed *скорость резания*

cutting-through of a tunnel *прокладка туннеля*

cutting tip *лезвие режущей кромки;* [weld] *мундштук резака*

cutting tool *режущий инструмент*

cutting torch *газовый резак*

cut to fit well *вырезанный точно по размеру*

cut to length *отрезанный по длине*

cut to pieces *разрезанный на части*

cut up (vb.) *вырезать, кроить, нарезать*

cutwater [bridge] *водорез*

cycle *периодический процесс, такт, цикл;* [electr.] *период*

cycle path *велосипедная дорожка*

cycle track *велосипедная дорожка*

cyclic *циклический*

cyclist *велосипедист*

cyclist strip *полоса движения для велосипедов*

cycloid [mat.] *циклоида*

cylinder *баллон, барабан, валик, валик пишущей машины, обсадная труба, резервуар, цилиндр, цилиндрический опускной колодец*

cylinder caisson *цилиндрический опускной колодец*

cylinder sanding machine *установка для пескоструйной очистки цилиндрических поверхностей*

cylinder strength [concr.] *прочность по цилиндрическим образцам*

cylinder type crusher *валковая дробилка*

cylinder vault [arch.] *крестовый свод*

cylindrical *цилиндрический*

cylindrical grinding *круглое шлифование*

cylindrical limit gauge *предельный цилиндрический калибр*

cylindrical shank *цилиндрический хвостовик*

cylindrical tank *цистерна*

cylindrical vault [arch.] *цилиндрический свод*

cylindricity *цилиндрическая форма*

cylindriform *имеющий форму цилиндра*

cyma [arch.] *архитектурный облом двоякой кривизны*

D

dab (vb.) *намазывать, наносить легкие мазки, обмазывать, отделывать поверхность камня, покрывать краской*

dado *грань колонны, грань пьедестала, облицованная нижняя часть стены, облицовка нижней части стены, цоколь*

dado plane *станок для выборки пазов*

daily *ежедневный, суточный*

daily penalty *суточный штраф*

daily working hours *продолжительность рабочего дня в часах*

dam *дамба, запруда, перемычка, плотина, подпор, подпорная стена, порог, противопожарная перемычка*

dam (vb.) *перегораживать плотиной, подпирать плотиной, создавать подпор*

damage *дефект, повреждение, порча, разрушение, ущерб*

damage (vb.) *наносить ущерб, повреждать, портить, разрушать*

damage (caused) by water *порча водой*

damage by damp *порча сыростью*

damage by dry rot *порча сухой гнилью*

damage by fire *порча огнем*

damages *возмещение ущерба, компенсация*

dammed lake *искусственное озеро*

damming *запруживание*

damp *влажность, рудничный газ, сырость, удушающий газ, ядовитый газ*

damp (vb.) *амортизировать, затухать, смачивать, увлажнять, успокаиваться*

dampening *демпфирование, затухание, ослабление, смачивание, увлажнение*

damper *амортизатор, вентиляционная решетка, гаситель колебаний, демпфер, демпферная обмотка, демпферный диод, задвижка, заслонка, регулятор тяги, увлажнитель, успокоитель весов, шибер*

damp heat *влажное тепло*

damping *амортизация, гашение колебаний, демпфирование, затухание, ослабление, смачивание, увлажнение, успокоение*

damping characteristic *характеристика демпфирования*

damping pad *демпфирующая подушка*

dampness *влажность, сырость*

damp-proof *влагозащищенный, влагонепроницаемый*

damp-proof (vb.) *гидроизолировать, делать влагонепроницаемым, изолировать от сырости*

damp-proof felt *влагонепроницаемый картон*

damp-proofing *гидроизоляция, обработка для повышения влагонепроницаемости*

damp under foot *сырость под ногами*

dam up (vb.) *запруживать, ограждать дамбой*

danger *опасность*

danger class *категория опасности*

danger of fire *опасность пожара*

dangerous *опасный*

dangerous substance *опасное вещество*
danger sign *знак опасности*
danger zone *опасный участок*
Danish Normal Zero *исходный уровень для Дании, нулевой уровень для Дании*
Danish Standard *датский стандарт, стандарт Дании*
darby *мастерок, терка штукатура*
dark *темнота, темный участок изображения*
dark oak *красильный дуб*
dash-dot line *штрихпунктирная линия*
dash of the brush *мазок кистью*
dashpot *амортизатор, воздушный буфер, гаситель гидроудара, гидравлический амортизатор, дроссель, катаракт, масляный буфер, пневматический амортизатор, успокоитель*
data sheet *перечень технических характеристик, проспект изделия, справочный листок технических данных изделия, таблица данных, форма для записи данныхцифровая сводка*
datum *база, базовая линия, единица данных, заданная величина, исходная величина, исходное положение, начало отсчета, репер, точка отсчета, уровенная поверхность, уровень приведения, элемент данных*
datum level *базовый уровень, исходный уровень, начальный уровень, нуль графика водомерного поста, опорный уровень, уровень условного ноля высоты, условный горизонт;* [geod.] *реперная отметка*
datum line *исходный горизонт, линия начала отсчета, условный горизонт;* [geod.] *базовая линия*
datum origin [geod.] *начало координат*
datum plan *базовая горизонтальная проекция*
datum point *точка отсчета*
daub *масса для набивки пода печи, обмазочный материал;* [paintw.] *материал для обмазки*
daub (vb.) *набивать под печи, обмазывать штукатурным раствором, штукатурить*
daylight *дневной свет*
daylight environment *условия дневного освещения*
daylight factor *коэффициент дневного освещения, коэффициент естественной освещенности*
daylight hours *световой день*
daylight lamp *лампа дневного света*
day shift *дневная рабочаясмена*
days lost *время простоя*
daytime, in *в дневное время*
day-to-day *повседневный*
DC (direct current) [el.] *постоянный ток*
DC voltage *напряжение постоянного тока*
dead *глухой, негодный, неподвижный, пассивный, тусклый;* [electr.] *отключенный*
dead angle *мертвый угол*
dead black *черная краска, чернь*
dead-burned fireclay *шамот высокой огнеупорности*

dead-burnt *огнеупорный*

deaden (vb.) *заглушать, матировать стекло, ослаблять, отключать*

dead end *глухой забой, дорожный тупик, обесточенный конец обмотки, оконечная заделка провода, тупиковое ответвление трубопровода, тупиковый забой, тупиковый конец, упор тупикового пути*

dead-end road *дорога, заканчивающаяся тупиком*

dead-end station [rail] *конечная станция*

dead-end street *тупик*

deadening *звукоизолирующий материал, звукоизоляция, матирование*

deadening of vibrations *снятие вибраций*

dead fingers [wk.env.] *симптом мертвых пальцев*

dead floor *черный пол*

dead hole *глухое отверстие*

deadline *неисправная линия, обесточенная линия, отключенная линия, предельный срок*

dead load *масса конструкции, постоянная нагрузка, статическая нагрузка*

deadlock *блокировка, взаимная блокировка, тупиковая ситуация*

dead lock *врезной замок без ручки*

deadman *анкерная свая, анкерная стенка, анкерный блок, анкерный столб*

dead short *глухое металлическое короткое замыкание;* [electr.] *непосредственное короткое замыкание*

dead-smooth file *бархатный напильник*

dead time *бестоковая пауза, время задержки, время запаздывания, время нечувствительности, время простоя, мертвое время, нерабочее время, простой*

dead wall *глухая стена*

dead water *мертвый объем водохранилища, стоячая вода*

deadweight *дедвейт, масса конструкции, полная грузоподъемность, собственная масса*

deaerate (vb.) *удалять воздух*

deaeration *деаэрация, создание вакуума, удаление воздуха*

deafen (vb.) *заглушать, звукоизолировать*

deafening *звукоизоляция*

deal *доска, хвойная древесина, штакетник*

deal board *вагонка*

deal casing *дощатая обшивка*

deal floor *дощатый пол*

deal plank *обшивная доска*

Dearne's bond *фигурная перевязка кирпичной кладки*

debris *лом, мусор, обломки, обломочный материал, отходы, печные выломки, скрап*

debur (vb.) *снимать заусенцы*

deburring *снятие облоя, удаление заусенцев*

decalcification *декальцинация*

decalcify *декальцинировать*

decantation *декантация, обезвоживание, оседание, отмучивание, отстаивание, сцеживание, фильтрование*

decanter *отстойник, фильтр-декантатор*
decauville *узкоколейка, узкоколейная железная дорога*
decay *затухание, ослабление, порча, разложение, распад, снижение, спад*
decay (vb.) *выветриваться, разлагаться, разрушаться, распадаться*
decayed wood *сгнившее дерево*
decaying *затухание, спад, уменьшение уровня радиации*
decay-resistant *устойчивый к гниению*
decelerate (vb.) *замедлять, снижать скорость, тормозить*
deceleration lane *полоса замедленного движения*
dechlorination *дехлорирование, удаление хлора*
decide (vb.) *решать*
deciduous tree [bot.] *лиственное дерево*
decimal *десятичный;* [mat.] *десятичная дробь, десятичное число*
decimal fraction *десятичная дробь*
decimal notation *десятичная система счисления, представление чисел в десятичной системе счисления*
decimal number *десятичное число*
decimal numeral *десятичная цифра*
decimal point *десятичная точка, запятая в десятичной дроби*
decision *решение*
deck beam *палубный бимс*
deck form *опалубка перекрытия*
decking *настил, палубное покрытие, палубный настил, платформа*
declination *отклонение, падение, склонение, снижение, спад*
decline *отклонение, падение, снижение*
decline (vb.) *наклонять, отклонять, снижать, уменьшать*
declivity *косогор, откос, покатость, скат, склон, уклон пути*
declutch (vb.) *выключать, разъединять муфту или сцепление, расцеплять*
decolorization *обесцвечивание*
decomposable *разлагаемый, разрушаемый, распадающийся, расщепляемый*
decompose (vb.) *разлагаться, разрушаться, распадаться, расщепляться*
decomposed *разложившийся, расщепленный*
decomposed organic matter *гумус*
decomposition *разложение, распад, расщепление*
decompression curve *кривая декомпрессии*
deconcentration *уменьшение плотности застройки*
decongestion *уменьшение плотности застройки*
decontraction *разжатие*
decorate (vb.) *отделывать, украшать*
decoration *отделка, убранство, украшение*
decorative *декоративный, отделочный*
decorative bed *куртина*
decorative border *бордюр*
decorative coat *декоративное покрытие*
decorative fitting *отделочная деталь одежды*
decorative lamp *декоративная лампа*
decorative lighting set *декоративные светильники*

decorator (US) *обойщик*
decouple (vb.) [el.] *развязывать*
decoupling *нарушение связи, развязка, разъединение*
decrease *падение, снижение, убывание, уменьшение*
decrease (vb.) *понижать, снижать, убывать, уменьшать*
decrease in hearing *ухудшение слуха*
decrease of temperature *понижение температуры*
decrement *декремент, отрицательное приращение*
decrement (vb.) *уменьшать*
deduct (vb.) *вычитать*
deduster *пылеудалитель, пылеулавливатель*
dedusting *пылеудаление, пылеулавливание*
de-energize (vb.) *выключать питание, обесточивать, отключать напряжение, отключать питание, снимать возбуждение*
de-energized *выключенный, обесточенный, отключенный*
deep *глубокий*
deep action *глубокое действие*
deepen (vb.) *делать глубже, углублять*
deepening *углубление*
deep penetration welding *сварка с глубоким проплавлением*
deep-seated rust *въевшаяся ржавчина, коррозионная язва*
deep well *глубокая скважина*
deep well pump *штанговый скважинный насос*
deface (vb.) *портить поверхность при обработке*
defect *дефект, неисправность, порок*
defect in manufacture *производственный дефект*
defect in material *дефектный материал*
defective *дефектный, неисправный, поврежденный*
defective in casting *дефектная отливка*
defective insulation *поврежденная изоляция*
defenders [wk.env.] *средства защиты органов слуха*
defer (vb.) *отложить, отсрочить*
deferment *отсрочка*
deficiency *дефицит, недостаток, некомплект, нехватка, отсутствие*
define (vb.) *давать определение, определять, характеризовать*
definite integral [mat.] *определенный интеграл*
deflagration *мгновенное сгорание*
deflect (vb.) *выгибать, отклонять, преломлять*
deflection *отклонение, преломление, провес, провисание, прогиб, склонение магнитной стрелки, стрела прогиба, упругая деформация*
deflection angle *горизонтальный угол теодолитного хода, угол отклонения*
deflection curve *изогнутая ось, кривая прогиба, упругая линия*
deflection line *линия прогиба*
deflection of the plumb bob line *отклонение от отвеса*
deflexion *отклонение, преломление, провес, провисание, прогиб, склонение магнитной стрелки, стрела прогиба, упругая деформация*
deform (vb.) *деформироваться, коробиться*

deformable *деформируемый*
deformation *деформация, искажение, коробление*
deformation at rupture *деформация при разрыве*
deformation condition *состояние деформации*
deformation property *деформативность*
deformation risk *опасность деформации*
deformation test *испытания на деформацию*
deformed *деформированный*
deformed bar *арматурный стержень периодического профиля, фасонный арматурный стержень*
deformed wire *арматурная проволока периодического профиля*
deformity *изъян, недостаток*
defrost (vb.) *разморозить*
defrosting *размораживание*
degradable *понижаемый, разлагаемый;* [nuc.] *распадающийся*
degradation *деградация, уменьшение масштаба, упадок;* [chem.] *распад*
degrease (vb.) *обезжиривать, удалять смазку*
degreaser *обезжиривающее вещество*
degreasing *обезжиривание, удаление смазки*
degreasing agent *обезжиривающее вещество*
degree *градус*
degree Celsius *градус по Цельсию*
degree centigrade *градус по Цельсию*
degree day *градусо-день*
degree of accuracy *степень точности*
degree of compaction *степень уплотнения*
degree of fineness *тонкость помола*
degree of fixity *степень жесткости*
degree of hardness *степень твердости*
degree of inspection *интенсивность контроля, объем контроля*
degree of restraint *степень сжатия*
degree of safety *запас прочности, коэффициент безопасности*
degree of utilization *коэффициент использования*
dehumidification *обезвоживание, осушение, сушка*
dehumidifier *осушитель*
dehumidify (vb.) *обезвоживать, осушать, сушить*
dehydrate (vb.) *обезвоживать*
dehydration *дегидратация, обезвоживание*
de-icing *борьба за обледенение, размораживание*
de-icing salt *антиобледенительная соль*
delaminate (vb.) *расслаиваться, расщепляться*
delamination *расслаивание, расслоение*
delay *задержка, запаздывание, перерыв в работе*
delay (vb.) *задерживать, запаздывать*
delayed *замедленный, запаздывающий*
delay time *время задержки, время запаздывания, время упредления, выдержка времени*
delete (vb.) *вымаривать, вычеркивать, стирать, удалять*
deliming *обеззоливание, удаление извести*
delimit (vb.) *разграничивать, размежевывать, ставить границы*

delimitation *определение границ, разграничение, размежевание, установка межевых знаков*

delineate (vb.) *давать контур, очерчивать, точно воспроизводить детали местности*

delineation *оконтуривание, очерчивание*

deliver (vb.) *доставлять, нагнетать (о насосе), питать, подавать сигнал, снабжать*

delivery *выдача, доставка, питание, подача насоса, снабжение*

delivery conduit *напорный трубопровод*

delivery head [pump] *гидравлический напор*

delivery line *линия подачи*

delivery pipe *трубопровод*

delivery side [pump] *напорная сторона*

delivery time *срок доставки, срок поставки*

deluge *наводнение, потоп*

demand *потребление, потребность, расход, спрос, требование*

demarcation *разграничение, установление границ*

demixing *расслоение смеси*

demolish (vb.) *разбирать, сносить*

demolishing *снос*

demolition *разборка, разрушение, слом, снос*

demolition waste *строительный лом*

demolition work *работы по сносу и разборке зданий*

demonstrate (vb.) *демонстрировать*

demount (vb.) *демонтировать, разбирать*

demountable *разборный, съемный*

denominator [mat.] *знаменатель*

denote (vb.) *обозначать*

dense *густой, компактный, непроницаемый, плотный*

dense aggreate concrete *плотный бетон*

dense graded mix *твердый асфальтобетон*

densely built-over *плотно застроенный*

densely built-up *плотно застроенный*

densely built-up area *район плотной застройки*

densification *загущение, уплотнение*

densify (vb.) *повышать плотность, уплотнять*

density *интенсивность, концентрация, оптическая плотность, плотность*

dent *вмятина, впадина, выбоина, зарубка, зубец, насечка*

dentils *зубчатый орнамент*

deodar cedar [bot.] *гималайский кедр*

department *отдел, отрасль, управление, цех*

dependability *надежность*

dependable *надежный*

dependent variable [mat.] *зависимая переменная*

deplete (vb.) *истощать, уменьшать*

depolish [met.] *матировать*

depolish (vb.) [met.] *снимать полировку*

deposit *месторождение, нагар, накипь, отложение, покрытие, получаемое методами осаждения, промышленная залежь*

deposit (vb.) *наносить покрытие, наплавлять, напылять слой, осаждаться, отлагаться*

deposit a run (vb.) [weld] *тянуть шов*

depositing *напыление, осаждение, отложение, термовакуумное испарение*

deposition *напыление, осаждение, отложение, термовакуумное испарение*

depository *склад, хранилище*

deposit tip *свалка*

depot *автобусная станция, вокзал, депо, склад, складское помещение;* [rail] *железнодорожная станция*

depreciation *амортизация, изнашивание*

depress (vb.) *нажимать на педаль, ослаблять, подавлять, понижать, понижать порядок уравнения, снижать*

depressed *нажатый, опущенный*

depression *вакуум, впадина, выбоина на дороге, депрессия, область пониженного давления, ослабление, подавление, понижение, разрежение*

depth *высота, глубина, горизонт измерения в океане, мощность пласта, толщина пласта*

depth gauge *водомерная рейка, глубиномер, футшток*

depth of beam *высота балки*

depth of building *глубина заложения фундамента*

depth of fusion [weld] *глубина проплавления*

depth of girder *высота сечения балки*

depth of hardening *глубина твердения бетона*

depth of immersion *глубина погружения, осадка*

depth of insertion *глубина запрессовки*

depth of penetration *глубина заглубления, глубина проникновения*

depth of tread *ширина ступени*

depth of truss *высота фермы*

depth of water *глубина воды*

depth of water penetration *глубина проникновения воды*

depth of web *толщина стенки балки*

derelict land *лишенная плодородия земля, суша, образовавшаяся вследствие отступания моря или реки*

derivate *дериват;* [mat.] *производное число*

derivation *вывод, деривация, операция взятия производной, ответвление, отклонение;* [mat.] *дифференцирование*

derivative *производное соединение;* [mat.] *производная*

derivative action coefficient [mat.] *коэффициент воздействия по производной*

derive (vb.) *выводить, ответвлять, отводить, шунтовать;* [mat.] *брать производную*

derrick crane *деррик-кран, мачтовый кран*

derrick man *оператор деррик-крана*

derrick tower gantry *портальный кран*

derusting *удаление ржавчины*

descaling [met.] *удаление окалины*

de-scaling *удаление накипи, удаление окалины*

de-scaling hammer *молоток для удаления окалины*

descend (vb.) *опускаться, отклоняться, снижаться, спускаться*

descending gradient *уклон дороги*

descent *опускание, потеря высоты, спуск;* [aero] *снижение*

description *обозначение, описание, характеристика*

description of operation *описание операции, описание работы*

deseaming *зачистка поверхностных дефектов, зачистка слитков*

desiccate (vb.) *обезвоживать, сушить*

desiccated *высушенный, обезвоженный*

desiccation *высушивание, высыхание, истощение водных ресурсов, обезвоживание, осушение*

design *дизайн, компоновка, конструирование, конструктивное исполнение, конструктивное оформление, конструктивное решение, конструкция, модель одежды или обуви, план, подбор состава смеси, проект, проектирование, промышленный образец, разработка, расчет, рисунок шрифта, схема, устройство, чертеж, эскиз;* [pat.] *разрабатывать промышленный образец;* [text.] *рисунок ткани*

design (vb.) *делать расчет, конструировать, проектировать, разрабатывать, составлять смесь, чертить;* [text.] *создавать узор*

design agreement *соглашение о проведении опытно-конструкторских работ*

designate (vb.) *маркировать, называть, обозначать, определять, присваивать значение, указывать, устанавливать*

designation *маркировка, назначение, наименование, обозначение, целеуказание*

designation of fits *маркировка допусков, обозначение посадок на чертежах*

design basis *основы проектирования*

design deficiency *конструктивная недоработка, конструктивный недостаток*

designed by an architect *спроектированный архитектором*

design engineer *инженер-конструктор, разработчик*

design engineering *инженерное проектирование, техническое конструирование*

designer *дизайнер, конструктор, конструктор одежды, модельер, проектировщик, разработчик, художник-модельер, чертежник*

design fault *ошибка в конструкции, ошибка в проекте*

design height *расчетная высота*

design load *номинальная нагрузка, проектная нагрузка, расчетная нагрузка*

design project *опытно-конструкторская работа*

design size *номинальный размер, проектный размер, расчетный размер*

design speed *проектная скорость, расчетная скорость*

design stress *расчетное напряжение*

design temperature *расчетная температура*

design value *расчетное значение*

design volume *расчетный объем;* [traf.] *расчетная напряженность движения (число автомобилей, проходящих за единицу времени)*

desk *конторка, панель, парта, письменный стол, приборная доска, пульт управления, рабочий стол, щит, ящик для письменных принадлежностей*

desorbed water *десорбированная вода*

desorption *десорбция*

destination *заданная координата, запрограммированная координата, конечная остановка, назначение, пункт назначения;* [comp.] *адресат*

destroy (vb.) *истреблять, ломать, разбивать, разрушать, уничтожать*

destroyed by fire *поврежденный пожаром, уничтоженный пожаром*

destruct (vb.) *подрывать, разрушать*

destruction *деструкция, разрушение, уничтожение*

destructive test *разрушающие испытания, разрушающий контроль*

desurfacing *удаление поверхностного слоя*

detach (vb.) *отделять, отрывать, отслаивать, отсоединять, отцеплять, разделять, разъединять*

detachable *отделяемый, отрезной, отрывной, отсоединяемый, разъемный, сменный, съемный*

detached *обособленный, отдельно стоящий, отдельный*

detached house *особняк, отдельный дом*

detachment *отделение, отрыв, отслоение, отсоединение, отщепление, разъединение*

detail *детализированный чертеж, деталь, детальный чертеж, узел на чертеже, часть конструкции, элемент*

detail drawing *выносной элемент чертежа, детализированный чертеж, детальный чертеж*

detailed drawing *детализированный чертеж, детальный чертеж*

detailing [build.] *детальная съемка;* [geod.] *точная съемка*

detain (vb.) *задерживать, замедлять, присваивать, удерживать*

detect (vb.) *выпрямлять, демодулировать, детектировать, замечать, находить, обнаруживать, открывать*

detecting device *датчик, демодулятор, детектор, индикатор, индикаторный прибор, устройство обнаружения*

detecting element *датчик, демодулятор, детектор, индикатор, устройство обнаружения*

detection *выпрямление, выявление, демодуляция, детектирование, обнаружение*

detection device *датчик, демодулятор, детектор, индикатор, индикаторный прибор, устройство обнаружения*

detector *датчик, детектор, индикатор*

detensioning *передача усилий натяжения арматуры с упоров на бетон, уменьшение напряжений;* [concr.] *снятие нагрузки*

detent *арретир, защелка, зуб, кулачок, останов, собачка, стопор, упор, упорный рычаг, фиксатор*

detent pin *стопор, стопорный палец, фиксирующий штифт*

detergent *дезинфицирующее средство, детергент, моющая присадка к моторному маслу, моющее средство, очищающее средство, присадка, предотвращающая образование осадка, стиральный порошок*

deteriorate (vb.) *изнашиваться, портить, портиться, ухудшать, ухудшаться*

deterioration *изнашивание, износ, окисление крекинг-бензина, повреждение, порча, старение, ухудшение качества*

determinant [mat.] *детерминант, определитель*

determination *выбор режима, вычисление, измерение, определение, установление;* [chem.] *анализ, выбор параметров*

determine (vb.) *вычислять, измерять, определять, устанавливать*

detersion *очищение, промывание*

detersive *моющее вещество, очищающее средство*

detonate (vb.) *взрывать, взрываться, детонировать*

detonation *взрыв, гром, грохот, стук при детонации в двигателе;* [auto] *детонация*

detonator *взрыватель, детонатор, запал, капсюль-детонатор, петарда*

detour *обходной путь, окружной путь;* [road] *объезд*

detour road *обходной путь, объездная дорога*

detriment *вред, ущерб*

detrimental *вредный, причиняющий вред, причиняющий ущерб*

detrimental to health *вредный для здоровья*

detritus *детрит, обломочный материал, осколки, развалины, россыпь горных пород, щебень;* [geol.] *обломки*

develop (vb.) *выводить породу, выводить формулу, застраивать, обнаруживать, показывать, развивать, разлагать в ряд, разрабатывать, совершенствовать, создавать;* [build.] *развертывать проекцию;* [photo] *проявлять пленку*

developed *разработанный, усовершенствованный;* [build.] *застроенный, построенный;* [photo] *проявленный (о пленке)*

developed area *благоустроенная территория, застроенный район*

developed land *застроенный участок, мелиорированный район, район строительства*

developed profile length *длина развернутого профиля*

developed site *застроенный участок*

developer *застройщик, разработчик, ферромагнитный порошок;* [photo] *проявитель, проявляющий раствор*

development *вскрытие месторождения, вывод формулы, доводка, окультуривание почвы, опытно-конструкторские работы, пристройка к дому, проектирование, проектно-конструкторские работы, проявление пленки, развертывание проекции, развитие, разложение в ряд, разработка, расширение строительных работ, совершенствование;* [agr.] *строительство;* [build.] *застройка, подготовка месторождения, разработка месторождения, строительный объект;* [photo] *отладка*

development area *развивающийся район, район застройки*

development engineer *инженер-разработчик*

development length [concr.] *стык внахлестку*

development of strength *набор прочности бетона;* [concr.] *упрочнение*

development plan *карта застройки, план застройки, план опытно-конструкторских работ, план разработки*

development planning *планирование опытно-конструкторских работ, проектирование застройки*

deviate (vb.) *менять направление, отклонять, отклоняться, отходить, уклоняться*

deviate from (vb.) *отклоняться от*

deviation *девиация, изменение величины, отклонение, отступление от технических условий, сдвиг, уклонение функции, уход регулируемой величины;* [nav.] *угол девиации*

deviation from squareness *отклонение от перпендикулярности, отклонение от прямоугольности*

deviation scope *диапазон отклонения, степень отклонения*

device *агрегат, алгоритм, аппарат, компонент, метод, механизм, приспособление, проект, способ, установка, устройство, элемент;* [comp.] *план, прибор, схема*

device under test *испытываемое устройство, проверяемое устройство, тестируемое устройство*

dew *отпотевание, роса*

dewater (vb.) *обезвоживать, осушать, откачивать воду, удалять воду*

dewatering *обезвоживание, осушение, удаление воды*

dew point *точка росы*

dewpoint temperature *температура конденсации, точка росы*

diagonal *диагональ, раскос*

diagonal (adj.) *диагональный, идущий враскос, идущий наискось, косой*

diagonal brace *диагональная растяжка, диагональная расчалка, диагональная связь, диагональная схватка, раскос, раскос решетки фермы;* [graph.] *диагональная стяжка, косая скобка*

diagonal cut *косой разрез, косой срез*

diagonal cutter *косой резак, косые острогубцы*

diagonally braced girder *балочная ферма с диагональными связями жесткости*

diagonal plane *диагональная плоскость, косая грань*

diagonal tension *диагональное растяжение, косое растяжение*

diagonal tension strength *прочность на диагональное растяжение, прочность на косое растяжение*

diagonal tension stress *диагональное косое напряжение, диагональное растягивающее напряжение*

diagram *график, диаграмма, схема, чертеж, электрическая схема, эпюра*

diagrammatic *схематическое изображение, схематичный*

diagram of connections *коммутационная схема, монтажная схема, электрическая схема;* [el.] *схема соединений*

diagram of forces *диаграмма Максвелла - Кремоны, диаграмма усилий, силовой многоугольник, эпюра разложения силы*

diagram to scale *диаграмма в масштабе, размерная шкала*

diameter *диаметр, поперечный размер*

diameter of bore *диаметр в свету, диаметр отверстия, диаметр расточенного отверстия, посадочный диаметр*

diametral *диаметральный, поперечный*

diametral line *диаметральная линия, поперечная линия*

diametral plane *диаметральная плоскость, поперечная плоскость*

diametrical *диаметральный, относящийся к диаметру*

diamond *алмаз, ромб, ромбовидный узор;* [graph.] *диамант (мелкий шрифт кегля 4);* [traf.] *ромбовидная развязка дороги*

diamond bit *алмазная буровая коронка, алмазное буровое долото;* [instr.] *алмазная режущая кромка инструмента*

diamond cutter *алмазный резец;* [instr.] *алмазный режущий инструмент*

diamond drill [instr.] *алмазное сверло*

diamond interchange [traf.] *ромбовидная развязка автомобильной дороги*

diamond pencil *алмазный резец стекольщика*

diamond wheel *шлифовальное колесо с алмазной крошкой;* [instr.] *алмазный режущий диск, диск с алмазной режущей кромкой*

diaphragm *диафрагма, мембрана, перегородка, перемычка, перепонка, пластинчатый диск, экран плотины, ядро*

diaphragm (vb.) *диафрагмировать*

diaphragm valve *мембранный вентиль, мембранный клапан*

diaphragm wall *переборка;* [build.] *диафрагма земляной плотины, ядро земляной плотины, 'стена в грунте' (тип фундамента)*

dictate (vb.) *диктовать, предписывать*

die *волока, волочильная доска, кубическая часть пьедестала, кубический камень, матрица, пуансон, фильера, штамп пресса;* [forg.] *боек молота;* [instr.] *винторезная головка, грань пьедестала, мундштук;* [met.w.] *винторезная головка, головка экструдера, лерка, обжимка для кузнечной сварки, плашка, форм-блок гибочного пресса;* [plast.] *пресс-форма*

die (vb.) *замирать, исчезать, пропадать;* [auto] *штамповать;* [rad.] *глохнуть (о двигателе)*

dielectric *диэлектрик, изолятор, изоляционный материал*

dielectric (adj.) *диэлектрический*

dielectric breakdown [electr.] *пробой диэлектрика*

dielectric heating *диэлектрический нагрев, нагрев диэлектрика*

dielectric strength [el.] *электрическая прочность диэлектрика*

diesel-driven *дизельный, с приводом от дизельного двигателя*

diesel fuel *дизельное топливо*

diesel oil *дизельное топливо, солярка*

diesel-powered *дизельный, с приводом от дизельного двигателя*

die stock [tool] *клупп*

die trimming *зачистка кромок вырубным штампом, обрезка облоя*

difference *несходство, отличие, перепад, приращение, различие, разница;* [mat.] *разность*

difference in grades [road] *разность отметок*

difference of level *разность высот, разность уровней*

different *другой, иной, несходный, особый, отличный, различный, разный*

differential *дифференциал, перепад, порог срабатывания фотоэлектрической системы, разность;* [auto] *дифференциал автомобиля, дифференциальный механизм*

differential (adj.) *дифференциальный*

differential calculus [mat.] *дифференциальное исчисление*

differential coefficient [mat.] *производная*

differential equation [mat.] *дифференциальное уравнение*

differential function [mat.] *дифференциальная функция*

differential pressure *перепад давления, разность давлений*

differential pulley block *дифференциальный блок, дифференциальный полиспаст*

differ from (vb.) *отличаться от*

difficult *затруднительный, трудный, тяжелый*

diffuse (vb.) *диспергировать, диффундировать, распространять, распространяться, рассеивать, рассеиваться*

diffuse (adj.) *диспергированный, диффузный, разбросанный, разлитой, рассеянный*

diffuser *вентиляционная решетка, диффузант, диффузор, диффундирующая примесь, распылитель;* [light.] *рассеиватель света, рассеивающая линза;* [paper] *диффузионный аппарат, диффузор*

diffusion *диффузия, размывание, расплывание, рассеяние света*

diffusion brazing *диффузионная пайка твердым припоем*

diffusion soldering *диффузионная пайка мягким припоем*

diffusion welding *диффузионная сварка*

dig *выкапывание, грунт, подлежащий выемке, рытье котлована*

dig (vb.) *выкапывать, копать, рыть, толкать;* [mining] *заедать (о режущем инструменте), разрывать, раскапывать*

digestible *усвояемый;* [food] *перевариваемый*

digger *землеройная машина, копатель, культурный плужный корпус, экскаватор*

digging *выемка грунта, земляные работы, проходка, черпание, экскаваторная выемка*

digging depth *глубина копания, глубина черпания экскаватора, глубина экскаваторной выемки*

digit *одноразрядное число, разряд, символ;* [comp.] *знак, цифра*

dig off (vb.) *вынимать, отсекать канавой*

dig out (vb.) *выкапывать, вырывать*

dihedral angle *двугранный угол*

dike (US) *буна, вал, гать, дайка, дамба, запруда, перемычка, плотина, полузапруда, ров, шпора*

dike (US) (vb.) *запруживать, защищать дамбой, защищать насыпью, обваловывать, окапывать рвом*

dilapidated *ветхий, полуразвалившийся, полуразрушенный*

dilapidation *ветхость, ветшание, обветшание*

dilatable *растяжимый, способный расширяться*

dilatation *относительное объемное расширение, растяжение, расширение, расширенная часть*

dilate (vb.) *растягивать, растягиваться, расширять, расширяться, увеличивать, увеличиваться*

dilation *относительное объемное расширение, растяжение, расширение, расширенная часть*

diluent *бензин для разжижения масла, наполнитель ядохимикатов, разбавитель, разжижитель, растворитель*

diluent (adj.) *разбавляющий, разжижающий*

dilute (vb.) *ослаблять, разбавлять, разводить, разжижать, растворять*

dilute (adj.) *разбавленный, разведенный*

diluted sulphuric acid *разбавленная серная кислота*

dilution *разбавление, разведение, разжижение, разубоживание, раствор, растворение*

dim *матовый, мутный, плохо освещенный, трудноразличимый, туманный, тусклый*

dim (vb.) *делать тусклым, затемнять, затенять, переключать фары автомобиля на ближний свет, уменьшать освещенность;* [met.] *затуманивать*

dimension *габарит, измерение, координата положения, линейный размер, мерный пиломатериал, протяженность во времени или пространстве, размерность, угловой размер*

dimension (vb.) *задавать размеры, измерять, наносить размеры на чертеж, определять габариты, определять размеры, устанавливать размеры*

dimensional *имеющий измерения, имеющий размерность, пространственный, размерный*

dimensional accuracy *погрешность линейных размеров, точность измерения*

dimensional deviation *отклонение размера от номинала*

dimensionally stable *безусадочный, не изменяющий размеры, стабильный по размерам*

dimensional stability *безусадочность, постоянство размеров, способность сохранять размеры, стабильность размеров*

dimensional tolerance *допуск на размер, допустимое отклонение размера*

dimensioned *имеющий размеры, пространственный, размерный*

dimensioned drawing *объемный чертеж, чертеж в масштабе, чертеж с размерами*

dimensioned sketch *объемный эскиз, эскиз в масштабе, эскиз с размерами*

dimensioning *доведение до нужных размеров, задание размеров, масштаб фотосъемки, определение размеров*

dimensioning machine *концеравнитель, торцовочная пила, форматно-обрезной станок*

dimensioning specifications *габаритные данные, размерные характеристики, технические требования к простановке размеров на чертежах*

dimension line *размерная линия на чертеже*

dimension on a drawing *размер на чертеже, чертежный размер*

dimensions unmachined *размеры до механической обработки, размеры заготовки*

diminish (vb.) *ослаблять, ослабляться, сокращать, сокращаться, убавлять, убавляться, уменьшать, уменьшаться*

diminishing pipe *переходная труба, соединительный патрубок*

diminishing socket *переходная втулка, переходная соединительная муфта, редукционная муфта*

diminution *сокращение, сужение кверху конструктивного элемента здания, убавление, уменьшение*

dimmed light *приглушенное освещение, тусклый свет*

dimmer *регулятор освещенности, регулятор света, реостат для регулирования света лампы*

dimple *вмятина (дефект поверхности), впадина (дефект поверхности), кратер (дефект эмали), лунка (дефект поверхности), накол (дефект эмали), углубление (дефект поверхности), язвина на листовой стали, ямка (дефект поверхности)*

dinette (US) *обеденный уголок кухни, отгороженная столовая*

dining alcove *ниша для столовой, обеденный уголок кухни*

dining corner *ниша для столовой, обеденный уголок кухни*

dining room *столовая*

dip *магнитное наклонение, макание, минимум характеристики, наклон, обработка погружением, окунание, откос, погружение, провал кривой, пропиточный состав, раствор для крашения, раствор для нанесения покрытия, стрела провеса провода, травильный раствор, угол наклона, уклон*

dip (vb.) *зарываться кормой, наклонять, наклоняться, окунать, погружать, резко терять высоту в полете;* [micro.] *зарываться носом*

dip angle *угол магнитного склонения, угол падения пласта*

dip brazing *пайка погружением в расплавленный припой*

dip coating *глазурование окунанием, покрытие окунанием, покрытие погружением, эмалирование окунанием*

diphase [electr.] *двухфазный*

dip moulding *формование маканием, формование окунанием*

dipper *грейфер землеройной или породопогрузочной машины, ковш, ковш-пробоотборник, сосуд для обработки погружением, черпак*

dipper shovel *грейфер, одноковшовый экскаватор*

dipping *вертикальная качка, замер уровня погружением щупа, зарывание кормой, зарывание носом, макание, погружение, пропитка, раствор для обработки погружением*

dipping bath *ванна для обработки погружением, ванна для травления, травильная ванна*

dip-slope *наклон глиссады, откос, угол наклона глиссады*

dip soldering *пайка погружением*

direct *прямой*

direct (vb.) *контролировать, направлять, ориентировать, предписывать, руководить*

direct current (DC) *постоянный ток*

direct-current generator *генератор постоянного тока*

directed *направленный, ориентированный*

direct-hung *непосредственно подвешенный, с непосредственной навеской*

direction *инструкция, направление, предписание, распоряжение, руководство, указание, управление*

directional *зависящий от направления, задающий направление, направленный, указывающий направление*

directional lighting *направленное освещение*

direction change *изменение направления*

direction measurement *измерение направления, определение направления*

direction observation *измерение направления, определение направления*

direction of current *направление течения, направление тока*

direction of dip *направление наклона, направление падения пласта*

direction of rotation *направление вращательного движения, направление вращения, направление поворота*

direction of work *руководство работами*

directions *директивы, инструкция*

directions for use *инструкция по пользованию, инструкция по эксплуатации, руководство по эксплуатации*

directive *директива, указание*

directive (adj.) *направляющий, указывающий направление*

directives *директивы*

direct lighting *прямое освещение*

directly proportional *прямо пропорциональный*

direct material *исходный материал*

directory *каталог, руководство, справочник, телефонный справочник, указатель;* [comp.] *адресная книга, библиографический указатель*

directory (adj.) [comp.] *директивный, содержащий рекомендации*

directrix *средняя линия сектора обстрела орудия;* [mat.] *директриса*

direct solar radiation *прямая солнечная радиация, прямое солнечное излучение, прямой солнечный свет*

direct stress [phys.] *знакопостоянное напряжение, нормальное напряжение*

direct voltage *напряжение постоянного тока, постоянное напряжение*

dirt *грунт, грязь, загрязнение, земля, мусор, наносы, отходы, породный прослоек, почва, примесь, руда, требующая обогащения, шлам;* [mining] *пустая порода*

dirt accumulation *загрязнение, накопление отходов, сбор отходов*

dirt fill *грунтовая насыпь, земляная засыпка, породная закладка*

dirt removal *выемка породы, снятие грунта, чистка*

dirt-repellant *грязеотталкивающий, пылеотталкивающий*

dirt road *грунтовая дорога, дорога с грунтовым покрытием, проселочная дорога*

dirt trap *грязеуловитель, пылеуловитель*

dirty *грязный, загрязненный, нечистый*

dirty (vb.) *загрязнять, пачкать*

dirty work allowance *доплата за работу в антисанитарных условиях*

disability *инвалидность, неработоспособность, потеря трудоспособности*

disable *запрет, запрещающий сигнал*

disable (vb.) *блокировать, выводить из строя, повреждать;* [comp.] *запирать, запрещать, отключать, приводить в негодность*

disabled *вышедший из строя, нетрудоспособный, пришедший в негодность;* [comp.] *блокированный*

disaggregation *дезагрегация, разделение на составные части, разъединение*

disassemble (vb.) *демонтировать, производить обратное ассемблирование, разбирать, разделять*

disc *грампластинка, диск, дисковое орудие, дисковый нож, дисковый обтюратор, круг, магнитный диск, тарелка, шайба;* [agr.] *колесо;* [rec.] *накопитель на магнитных дисках*

disc (vb.) *обрабатывать почву дисковыми орудиями;* [agr.] *дисковать почву*

discard *брак, бракованная деталь, обрезь слитка, отсортированная пустая порода, отходы, прибыль слитка*

discard (vb.) *браковать, выбрасывать, отбраковывать, отбрасывать, отвергать, сдавать в утиль, списывать*

discards *брак, забракованная продукция, отходы*

discharge *высадка пассажиров, нагнетание, нагнетательная труба, напуск массы на сетку, объемный расход, опорожнение, подача, попуск водохранилища, производительность насосной станции, разгрузка, сброс, слив, спускная труба, спускное отверстие, сток, электрический разряд;* [mil.] *выстрел;* [wat.] *выпуск, дебит водяной скважины, отвод газа, расход воды*

discharge (vb.) *выгружать, выгрузка, выпускать, высаживать пассажиров, исполнять, опорожнять водохранилище, отводить газ, отправлять обязанности, разгружать, разряжать аккумулятор, разряжать оружие, сбрасывать, сливать, снимать нагрузку с системы, стрелять;* [arch.] *подпирать;* [el.] *выполнять;* [nav.] *расснащивать судно*

discharge branch *выпускной патрубок*

discharged water *отработавшая вода, отработанная вода*

discharge head *высота подачи жидкости, гидравлический напор, напор водовыпуска, напор жидкости, напор насосной станции, разгрузочный конец печи*

discharge line *дренажный трубопровод, нагнетательный трубопровод, напорный трубопровод, сточный трубопровод*

discharge of sewage *сброс сточных вод, слив сточных вод*

discharge of water *водослив*

discharge outlet *выпускное отверстие, выпускной патрубок на стороне высокого давления, выходное отверстие*

discharge pipe *водоотводная труба канализационной системы, водосточная труба, выпускная труба, нагнетательный патрубок, нагнетательный трубопровод, напорный патрубок, сливная труба, сточный трубопровод*

discharger *разгружатель, разгрузочная машина, разгрузочное устройство, разгрузчик, спускная труба;* [el.] *разгрузитель (в производстве муки);* [electr.] *искровой промежуток, разрядник*

discharge rate *мощность, производительность насоса, расход воды;* [pump] *ток разряда аккумуляторной батареи*

discharge water *отработавшая вода, отработанная вода, сливаемая вода*

discharging *выгрузка, выпуск, опорожнение, разгрузка, разрядка аккумулятора, сброс, слив, спуск*

disc of a circular saw *диск циркулярной пилы*

discolour (vb.) *выцветать, изменять цвет, обесцвечивать, обесцвечиваться, пачкать*

discolouration *выцветание, выцветшее место, выцветшее пятно, изменение цвета, обесцвечивание, образование цветов побежалости*

discoloured *выцветший, изменивший цвет, обесцвеченный*

disconnect (vb.) *выключать, отключать, отсоединять, размыкать, разрывать цепь, разъединять, расстыковывать, расцеплять;* [el.] *разобщать*

disconnected *изолированный, отдельный, отцепленный*

disconnected cracks *разрозненные трещины;* [weld.] *несвязанные между собой трещины*

disconnecting *отключение, размыкание, разъединение*
disconnecting knife-switch [el.] *рубильник;* [electr.] *размыкающий рубильник*
disconnecting piece *разъединитель;* [electr.] *прерыватель*
disconnecting sleeve *разъединительная муфта, разъемная соединительная муфта*
disconnection *выключение, отключение, размыкание, разъединение;* [el.] *обрыв цепи, разрыв цепи*
discontinuation *перерыв, прекращение, прерывание, прерывание обслуживания в сети, расстыковка, расцепление*
discontinue (vb.) *нарушать непрерывность, останавливать, останавливаться, прекращать, прекращаться, прерывать, приостанавливаться*
discontinuity *нарушение непрерывности, нарушение сплошности, неоднородность, обрыв цепи, отсутствие непрерывности, перегиб кривой, разрыв, разрывность функции, разрыв цепи*
discontinuous *дискретный, лишенный непрерывности, перемежающийся, прерывающийся, прерывистый;* [mat.] *разрывный*
discount *дисконт;* [comm.] *скидка*
discover (vb.) *делать открытие, находить, обнаруживать, открывать*
discovery *обнаружение, открытие, раскрытие*
discrepancy *несоответствие, неточность, противоречие, различие, разногласие, рассогласование, расхождение;* [build.] *невязка, отклонение от точного размера*
discrepancy list *дефектная ведомость, перечень разногласий*
discriminate (vb.) *выделять, отличать, различать*
disengage (vb.) *выводить из зацепления, выключать сцепление, освобождаться, отделять, разобщать, разъединять, расцеплять*
disengagement *вывод из зацепления, выключение сцепления, освобождение, отделение, разъединение, расцепление*
disengaging lever *выключающий рычаг, расцепляющий рычаг, рычаг выключения*
dish *ванна, впадина, котлован, кювета, ложбина, параболическое зеркало, параболоидный гелиоконцентратор, сферическое зеркало, тарелка клапана, чаша, чашка;* [ant.] *параболическая антенна*
dish (vb.) *придавать чашеобразную форму*
dished *вогнутый, полусферический, тарельчатый, чашевидный, чашеобразный*
dish washer *посудомоечная машина*
dish washing machine *посудомоечная машина*
disinfect (vb.) *дезинфицировать, обеззараживать, стерилизовать*
disinfection *дезинфекция, обеззараживание, протравливание семян*
disintegrate (vb.) *выветриваться, дробить, измельчать, разделять на составные части, раздроблять, раздробляться, разлагаться, размельчать, расщеплять;* [nuc.] *дезинтегрировать*
disintegration *дезинтеграция, дробление, измельчение, разделение на составные части, раздробление, разложение, разрушение, распад, расслаивание, расслоение, растирание ксантогената, расщепление;* [nuc.] *атомный распад*

dislocate (vb.) *вносить беспорядок, вызывать отклонение от заданного курса, нарушать, нарушать обычное положение, расстраивать, сдвигать, смещать*

dislocation *беспорядок, дислокация, нарушение, путаница, смещение*

dislodge (vb.) *перемещать, сдвигать с места, смещать*

dismantle (vb.) *демонтировать, разбирать, расснащивать судно, снимать, убирать*

dismantling *демонтаж, разборка, расснащивание судна*

dismember (vb.) *разделять, разнимать, разрывать на части, расчленять*

dismount (vb.) *высаживаться из автомобиля, демонтировать, разбирать, снимать*

dismountable *разборный, разъемный, съемный*

dismountable scaling ladder *разборная лестница, складная стремянка*

dismounting *демонтаж, разборка*

disorder *беспорядок, неупорядоченность*

disorder (vb.) *нарушать порядок, разупорядочивать*

disparate *в корне отличный, несовместимый, несоизмеримый, несравнимый*

dispel (vb.) *разгонять, рассеивать*

dispense (vb.) *раздавать, распределять*

dispersal *разброс семян, рассеивание облаков, рассеяние загрязнений*

disperse (vb.) *диспергировать, разбрасывать, рассеивать, рассредотачивать*

dispersed (adj.) *рассеянный, рассредоточенный*

dispersed settlement *рассредоточенная застройка, редкая застройка*

dispersion *дизъюнкция отрицания, диспергирование, дисперсия, разброс значений, распыление, рассеивание, рассеяние, эмульсионная краска;* [stat.] *дисперсия случайной величины*

dispersion of strength [concr.] *разброс значений прочности, рассеяние прочности*

displace (vb.) *вытеснять, замещать, перемещать, смещать*

displaceable *передвижной, переносной*

displaced floor *выступающий этаж, смещенный горизонт*

displacement *водоизмещение, вытеснение жидкости, деформация, замещение, отклонение регулируемой величины, подача насоса, рассогласование, сдвиг, сейсмический снос;* [el.] *смещение;* [motor] *рабочий объем цилиндра;* [nav.] *перемещение*

displacement of joint *сдвиг соединения, смещение места соединения*

displacer *перколятор, уравновешивающий поплавок, фильтроперколятор;* [concr.] *вытеснитель*

display *акцидентная продукция, видеотерминал, выделение особым шрифтом, демонстрация, дисплей, индикатор, индикация, отображение данных, показ, рекламная стойка, устройство индикации, устройство отображения, электронное табло;* [comp.] *визуальное воспроизведение, витрина, воспроизводящее устройство, транспарант*

display (vb.) *воспроизводить, выводить данные на экран, индицировать, отображать, отображать данные;* [comp.] *выставлять;* [graph.] *показывать*

disposable *одноразовый, разовая тара, тара одноразового использования*

disposable (adj.) *доступный, имеющийся в распоряжении, наличный, одежда одноразового использования*

disposal *захоронение отходов, отвал грунта при дноуглубительных работах, отведение сточных вод, размещение, сброс сточных вод, удаление, удаление отходов, устранение*

disposal dump *помойка, свалка*

disposal plant *завод по переработке отходов, мусоросжигательная установка, утилизационная установка, утилизационный завод, цех удаления и переработки радиоакивных отходов*

disposal site *место захоронения радиоактивных отходов, место сброса отходов, место свалки, площадка для отвала грунта*

disposal tip *отвал грунта, свалка мусора, свалка отходов*

dispose (vb.) *приводить в порядок, размещать, располагать, распоряжаться*

dispose of (vb.) *завершать, избавляться, убирать, удалять, уничтожать*

disposer *дробилка отходов, мельница для кухонных отбросов, установка для переработки отходов*

disposition *размещение, расположение, расстановка, склонность, тенденция*

disproportion *диспропорция, непропорциональность, несоразмерность*

dispute *дебаты, дискуссия, диспут, спор*

disrepair *ветхость, неисправность, обветшалость*

disrupt (vb.) *нарушать, разрушать, разрывать, срывать*

disrupted *нарушенный, разорванный, разрушенный*

disruption *разрушение, разрыв, распад;* [el.] *пробой диэлектрика*

disruption voltage *разрядное напряжение;* [el.] *напряжение пробоя;* [electr.] *пробивное напряжение*

disruptive breakdown [el.] *разрушающий пробой*

disruptive discharge [electr.] *пробивной разряд*

disruptive voltage *напряжение пробоя;* [el.] *разрядное напряжение;* [electr.] *пробивное напряжение*

dissimilar *несходный, различный, разнородный*

dissimilarity *несходство, различие*

dissimilar metal corrosion *коррозия разнородных металлов*

dissimilar metal welding *сварка разнородных металлов*

dissipate (vb.) *рассеивать*

dissipation *рассеивание, рассеяние;* [el.] *диссипация, мощность рассеяния, рассеиваемая мощность*

dissociate (vb.) *диссоциировать, отделять, разобщать, разъединять*

dissociation *диссоциация, разложение, разъединение, распад*

dissolution *разжижение, разложение на составные части, расплавление, растворение*

dissolve (vb.) *разжижать, растворять;* [cin.] *разлагать на составные части*

dissymetric *ассиметричный, несимметричный*

dissymmetry *ассиметрия, несимметричность*

distance *дальний, дальность, дистанция, интервал, отрезок, пролет, промежуток, расстояние*

distance (vb.) *помещать на определенном расстоянии*

distance between running lines [rail] *ширина междупутья;* [rail.] *расстояние между ходовыми путями*

distance control *дистанционное управление, телеуправление*

distance mark [road] *дорожный указатель расстояния, километровый знак*

distance measurement *измерение дальности, измерение расстояния*

distance piece *дистанционная втулка, распорка, распорная деталь*

distance pipe *дистанционная трубка, распорная трубка*

distance ring *дистанционное кольцо, ограничительное кольцо, прокладочное кольцо, разделяющее кольцо, распорное кольцо*

distance washer *прокладочная шайба, промежуточное кольцо*

distant *дальний, отдаленный, удаленный*

distant control *дистанционное управление, телеуправление*

distant heating *дистанционный нагрев, централизованное теплоснабжение*

distemper *клеевая краска*

distempering *окрашивание клеевой краской*

distend (vb.) *надувать, раздувать, растягивать, расширять*

distension *надувание, раздувание, растяжение, расширение*

distinct *индивидуальный, отличающийся, отчетливый, различный, четкий, явный, ясный*

distinction *отличительный признак, разграничение, различие, разница, распознавание, характерная черта*

distinguish (vb.) *выделять, отличать, проводить различие, различать, распознавать, характеризовать*

distort (vb.) *деформировать, искажать, искривлять, коробить*

distortion *деформация, искажение, искривление, коробление, кручение, перекашивание, перекручивание, растяжение, смещение крепи от бокового стресса;* [opt.] *дисторсия*

distortion test *испытания на деформацию*

distribute (vb.) *размещать, распределять, распространять*

distributed load *распределенная нагрузка*

distributed moment *распределенный момент*

distributing *распределение*

distributing pipe *распределительный трубопровод*

distribution *оптовая продажа, разбор шрифта, разводка магистралей, размещение, распределение, распространение, рассредоточение;* [graph.] *раскат печатной краски*

distribution bar *распределительный арматурный стержень;* [concr.] *распределительная рейка*

distribution board [electr.] *распределительный щит*

distribution box [el.] *распределительная коробка;* [electr.] *распределительный шкаф*

distribution conduit *разводка отопительной сети, распределительный трубопровод*

distribution duct *распределительный трубопровод*

distribution main *распределительная магистральная линия, распределительная электрическая сеть*

distribution network *распределительная сеть*

distribution of power *распределение мощности, распределение плотности энерговыделения в ядерном реакторе, распределение энергии, энергетический спектр*

distribution of pressure *распределение давления*

distribution piece *распределительная деталь, распределительная прокладка*

distribution pillar *распределительная стойка;* [el.] *распределительная колонка*

distribution pipe *распределительная водопроводная труба, распределительный трубопровод*

distribution pipework *сеть распределительных трубопроводов, система распределительных трубопроводов*

distributor *высеивающий аппарат, гудронатор, разбрызгиватель, раскатной валик для печатной краски, распределитель, распределительная линия, распределительное устройство, распределительный клапан, рассекатель (машина для литья под давлением);* [auto] *распределитель зажигания;* [electr.] *распределительная коробка;* [graph.] *разборочный аппарат линотипа;* [motor] *направляющий аппарат турбинного двигателя*

distributor box *распределительный шкаф;* [el.] *распределительная коробка*

district *зона, местность, область, округ, район, участок, участок горных работ*

district heat and power station *районная теплоэлектроцентраль*

district heating *централизованное теплоснабжение*

district heating installation *районная теплоцентраль*

district heating main *районная магистраль теплоснабжения*

district heating network *районная отопительная сеть, сеть централизованного теплоснабжения*

district heating plant *районная теплоцентраль*

district heating supply system *районная система теплоснабжения, система централизованного теплоснабжения*

district heating system *районная система теплоснабжения, система централизованного теплоснабжения*

district plan *карта района, план участка*

disturbance *возмущение, местное искажение, нарушение, неисправность, повреждение, помеха, разрушение магнитного состояния;* [geol.] *дислокация*

disused *вышедший из употребления, неприменяемый*

ditch *дренажная канава, желоб для бурового раствора, канава, кювет, малый распределительный канал, открытая дрена, ров;* [rad.] *траншея*

ditch (vb.) *окапывать, осушать почву с помощью канав, осушать с помощью открытого дренажа, устраивать канаву, устраивать траншею*

ditchbank *край канавы, насыпь траншеи, отвал канавы*

ditch-digger *канавокопатель, траншейный экскаватор*

ditch drainage *осушение с помощью открытого дренажа, траншейное осушение*

ditcher *канавокопатель, плуг-бороздообразователь, траншеекопатель, траншейный экскаватор*

ditching *вынужденная посадка воздушного судна на воду, устройство траншей;* [aero] *устройство канав*

ditch water *дренажные воды, дренажный сток*

dither *возмущающий сигнал, возмущение, искусственная флуктуация, размывание контура изображения*

dither (vb.) *возмущать, размывать контур изображения, создавать искусственные флуктуации*

diverge (vb.) *отклоняться, отходить, расходиться*

divergence *дивергенция, отклонение, разветвление, расходимость, расхождение*

divergent *вызываемый отклонением, дивергентный, уклоняющийся;* [mat.] *отступающий;* [opt.] *расходящийся*

divergent (adj.) *отклоняющийся*

divergent series [mat.] *расходимость ряда, расходящийся ряд*

diverging *транспортное ответвление;* [traf.] *направление транспорта в объезд*

diverging (adj.) *отклоняющийся, расходящийся*

diverse *несходный, различный, разнообразный, разнотипный*

diversification *диверсификация производства, многообразие, разнообразие, расширение асортимента, расширение области деятельности фирмы*

diversify (vb.) *варьировать, диверсифицировать область деятельности, диверсифицировать производство, разнообразить, расширять ассортимент*

diversion *водозабор, водозаборное сооружение, ответвление, отвод, отклонение от курса;* [traf.] *направление транспорта в объезд, объезд, объездная дорога, устройство объезда;* [wat.] *забор воды*

diversion route *маршрут объезда, объездная дорога, объездной путь*

diversion tunnel *деривационный туннель;* [wat.] *водозаборный туннель, деривационный туннель гидроэлектростанции*

diversity *разнесение, разнообразие, разнородность*

diversity of load *разновременность максимумов нагрузки энергетических систем, разнос нагрузки*

divert (vb.) *изменять маршрут, отводить, отклонять*

diverted route *объездной путь;* [traf.] *измененный маршрут движения*

divert traffic (vb.) *менять направление движения транспорта, направлять транспорт в объезд*

divide *водораздел*

divide (vb.) *градуировать, делить, классифицировать, наносить деления, подразделять, разветвляться, разделять*

divide by (vb.) *делить на*

divided scale *градуированная шкала, шкала с делениями, штриховая мера длины*

dividend *дивиденд;* [mat.] *делимое*

divide out (vb.) *сокращать*

dividers *делительный циркуль, разметочный циркуль, циркуль-измеритель*

dividing plate *делительный диск, делительный круг*

dividing wall *перегородка, разделительный устой плотины;* [hydr.] *разделительная стенка водослива*

division *деление, деление шкалы, линия раздела, отдел учреждения, подразделение предприятия, участок трубопровода;* [graph.] *перенос слов, разделение;* [meas.instr.] *распределение*

divisional island *островок безопасности*

division bar *горбыль оконного переплета, поперечина оконного переплета, распорка*

division of land *разметка участка*

division plate *делительный диск, делительный круг*

division wall *перегородка*

divisor *автотрансформатор в качестве делителя напряжения, делитель напряжения;* [mat.] *делитель*

divorce (vb.) *отделять, разрывать, разъединять*

DIY (do-it-yourself) *'Сделай сам' (газетно-журнальная рубрика)*

do (vb.) *делать*

dock *док, железнодорожный тупик, пирс, погрузочная платформа, пристань, причал, судоремонтный завод*

dock (vb.) *вводить судно в док, производить стыковку космических кораблей*

documents of the contract *контрактная документация*

dodge *прием, уловка*

dog *гвоздодер, зажим, зажимные клещи, замыкающий зуб, захват, зацеп, зуб муфты, костыль, костыльный гвоздь, останов, палец, плотничная скоба, поводок, скоба, упор, упорный кулачок, хомутик, щипцы;* [met.w.] *собачка*

dog headed spike [rail.] *заершенный рельсовый костыль*

dog iron *плотничная скоба, соединительная скоба*

dog spike [rail.] *заершенный рельсовый костыль*

do-it-yourself (DIY) *'Сделай сам' (газетно-журнальная рубрика)*

dolly *клепальная поддержка, низкорамный прицеп, опорная трубная тележка, подбабок, подбойка, подушка, тележка;* [build.] *упор полуприцепа;* [graph.] *наборное железко;* [instr.] *матрица клепальной машины;* [riv.] *вспомогательная тележка для вагонеток, платформа на колесах;* [tv] *операторская тележка*

domain *домен, интервал, область, сфера*

dome *абажур, колпак, кранец стекловаренного горшка, купол, обзорный фонарь двухэтажного транспортного средства, обтекатель, свод;* [rail.] *купол для обозрения местности, сухопарник котла*

domed *бочкообразный, выпуклый, куполообразный*

dome light *верхний свет, обзорный фонарь, потолочный плафон*

dome nut *глухая гайка, колпачковая гайка*

dome shaped *бочкообразный, куполообразный, сводчатый*

dome-shaped roof *купол, купольное покрытие*

domestic building *жилой дом*

domestic detergent *бытовое моющее средство, бытовой детергент, хозяйственное мыло*

domestic electric room heater *бытовой комнатный электронагревательный прибор*

domestic heating *отопление жилых помещений*

domestic purposes, for *бытового назначения, для домашнего пользования*

domestic refrigerator *домашний холодильник*

domestic space heating *отопление жилых помещений*

domical *куполообразный, купольный, сводчатый*

domicile *домицилий, постоянное место жительства, юридический адрес*

dominoing [build.] *разрушение по принципу домино*

door *дверка, дверца, дверь, завалочное окно, загрузочное окно, заслонка, крышка мартеновской печи, люк, проем*

door assembly *дверная конструкция, дверь в сборе*

doorbell *дверной звонок*

door bolt *дверная задвижка, дверной засов*

door case *дверная коробка, дверная рама, дверной косяк*

door check *дверная пружина, дверной механизм*

door closer *дверная пружина, дверной механизм*

door control device *устройство управления дверью*

door cylinder *доводчик двери, пневмоцилиндр механизма автоматического закрывания двери*

door fittings *арматура двери*

door frame *дверная коробка, дверная рама*

door frame head *верхний брус дверной рамы, верхняя обвязка дверной коробки*

door handle *дверная ручка*

door hardware *арматура двери*

door hinge *дверная петля*

door holder *держатель двери*

door intercommunication system *домофон*

door jamb *дверной косяк*

door knob *круглая дверная ручка*

door knocker *дверной молоток*

door leaf *створка двери*

door lintel *дверная перемычка*

door lock *дверной замок*

door mat *коврик перед дверью*

door opening *дверной проем*

door operator *дверной привод*

door panel *филенка двери*

door post *вертикальная обвязка дверной коробки, притолока двери*

door rabbet [build.] *дверной притвор*

doorset *дверь с дверной коробкой*

door sill *дверной порог, нижняя обвязка дверной коробки*

door spring *дверная пружина*

doorstep *ступенька крыльца*

door stop *ограничитель двери, упор двери*

door switch *дверной выключатель*

doorway *дверной проем*

door width *ширина двери, ширина дверного проема*

dope *густая смазка, диффузант, добавка, легирующая примесь, присадка, прядильный раствор, уплотняющая замазка;* [paintw.] *лак;* [photo] *паста для ретуши*

dope (vb.) [sc.] *легировать*

dormer cheek *боковая сторона оконной рамы*

dormitory *общежитие, помещение для отдыха, спальная комната*

dosage *доза, дозировка*

dose *доза, порция*

dose (vb.) *дозировать*

dosing apparatus *дозирующее устройство*

dot *знак умножения, капля, марка (в штукатурных работах), мушка (дефект эмали), отметка, партия изделий, точка (дефект эмали);* [chem.] *точка, элемент разложения изображения;* [comp.] *элемент матрицы;* [graph.] *точка растра*

dot (vb.) *наносить пунктирную линию, отмечать пунктиром, проводить пунктирную линию, ставить точку*

dot-and-dash line *штрихпунктирная линия*

dote [woodw.] *гниль древесины*

dotted line *пунктирная линия*

dotting *изображение пунктиром*

double *двойное количество, дублет, дубликат*

double (vb.) *дублировать фильм, сдваивать, складывать вдвое, удваивать*

double (adj.) *двойной*

double-acting pump *насос двукратного действия*

double action *двойное действие*

double action door *дверь, открывающаяся в обе стороны*

double bend *двойное колено, двойной изгиб, S-образный;* [road] *зигзагообразный участок дороги*

double bend (adj.) *двухколенчатый*

double-bevel groove *K-образная канавка*

double-bevel joint *соединение с двумя скосами кромки*

double butt plate *двойная накладка заклепочного соединения, двойная стыковая накладка*

double cantilever girder *двухконсольная балка, двухконсольная безраскосная ферма, сдвоенная консольная ферма*

double casement *двойной оконный переплет;* [build.] *переплет окна со складывающимися створками*

double-chain (adj.) *двухрядный*

double-chamfered *с двойной фаской, с двумя скосами*

double circuit line *двухконтурная линия*

double coat *двухслойное покрытие, двухслойный полив эмульсии*

double coating *двухслойное покрытие, двухслойный полив эмульсии*

double curvature shell *оболочка двойной кривизны*

double dimple *двусторонняя вмятина*

double door *двупольная дверь*

double-ended spanner *двусторонний гаечный ключ*

double faced *двусторонний, облицованный с двух сторон, обработанный с обоих торцов*

double faced sledge hammer *двусторонний кузнечный молот, двусторонняя кувалда*

double flange *двойной фланец*

double-flanged butt weld [weld.] *стыковой сварной шов с отбортовкой двух кромок*

double Flemish bond *двойная крестовая кладка, двойная фламандская перевязка*

double-flight stairs *двухпролетная лестница, лестница с двумя маршами*

double girder *сдвоенная арочная ферма*

double-glazed *с двойной рамой, с двойным остеклением*

double-glazed window *окно с двойным остеклением, стеклопакет*

double glazing *двойное остекление, двухслойное глазурование*

double-hung window *подъемное окно с двумя подвижными переплетами*

double inlet fan *вентилятор с двумя воздухозаборниками, двухлопастный приточный вентилятор*

double-iron plane *двойной рубанок*

double J-groove weld [weld.] *К-образный стыковой шов с двумя криволинейными скосами одной кромки*

double joint *соединение с двумя швами, соединение с двусторонним швом*

double ladder *стремянка*

double-layer *двухслойный*

double-layer wall *двойная стенка, двуслойная перегородка*

double leaf door *двустворчатая дверь*

double offset screwdriver *двусторонняя коленчатая отвертка*

double pane unit *двойное остекление, стеклопакет*

double pantile [build.] *двухжелобчатая черепица*

double-pitch roof *двускатная крыша*

double-ply *двойной, двухклеточный, двухслойный*

double rabbet *двойной фальц*

double reinforced section *сечение балки с двойным армированием*

double reinforcement *двойное армирование*

double ridge roof *шедовая крыша*

double riveting *двойной ряд заклепок, двухрядная клепка, двухрядное заклепочное соединение*

double-row *двухрядный*

double sapwood [woodw.] *внутренняя заболонь древесины, двойная заболонь древесины*

double seam *двойной шов*

double sided *двусторонний*

double-sliding socket *двойная подвижная соединительная муфта;* [mining] *надвижная муфта*

double socket taper *двойная подвижная соединительная муфта*

double thread *двухзаходная резьба*

double-threaded *с двухзаходной резьбой*

double-T iron *двутавровый стальной профиль*

double track *двухколейный, двухпутный;* [rail.] *двухколейный путь*

double-track line *двухколейная дорога, двухпутная железнодорожная линия*

double U-groove weld [weld.] *Х-образный стыковой шов с двумя криволинейными скосами двух кромок*

double V-butt weld [weld.] *Х-образный стыковой шов с двумя симметричными скосами двух кромок*

double V-groove weld [weld.] *Х-образный стыковой шов с двумя симметричными скосами двух кромок*

double walled *двухстеночный, с двойными стенками*

double welt *двойной фальц*

double window *окно с двумя коробками, окно со спаренным переплетом*

double-wing *двукрылый, двустворчатый*

double-wing door *двустворчатая дверь*

doubling *дублирование, повторная операция, повторная перегонка, сдваивание, сдваивание петель перед надеванием ластика на иглы котонной машины, удвоение;* [yarn.] *трощение*

douche *душ, спринцовка, шприц*

doughy *тестообразный*

Douglas fir [bot.] *лжетсуга тиссолистная (Pseudotsuga taxifolia)*

dovetail *деталь в виде ласточкина хвоста, деталь в соединении ласточкиным хвостом, шип в виде ласточкина хвоста*

dovetail (vb.) [build.] *соединять ласточкиным хвостом;* [carp.] *вязать в лапу, ласточкин хвост (тип соединения)*

dovetailed *имеющий форму ласточкина хвоста, с соединением типа ласточкина хвоста*

dovetail halving *врубка вполдерева полусковороднем;* [carp.] *поперечный замок в простой сковородень*

dovetailing *соединение на шип типа ласточкина хвоста;* [carp.] *соединение типа ласточкина хвоста*

dovetail joint *соединение ласточкиным хвостом*

dovetail key *двойная шпонка, шип типа ласточкина хвоста*

dovetail mitre [carp.] *соединение глухим ласточкиным хвостом*

dovetail plane *строгальный станок для выборки скошенных пазов, шипорезный рубанок для выборки пазов в ласточкин хвост*

dovetail saw *шипорезная пила*

dovetail tenon *шип типа ласточкина хвоста*

dowel *деревянная пробка в отверстие под гвоздь или шуруп, дюбель, нагель, установочный палец, шип, шпонка, штифт, штырь*

dowel (vb.) *скреплять шпонками, соединять нагелями, соединять шипами, соединять штифтами, соединять штырями*

dowel bush *направляющая втулка*

dowelled joint *соединение шипами, соединение шпонками*

dowel pin *контрольный штифт, нагель, установочный шип*

down *неисправный, нефункционирующий, отказ, спуск, ухудшающийся;* [mech.] *нарушение работоспособности, простой оборудования*

downcomer *вертикальная труба, водосточная труба, наклонный газоотвод доменной печи, опускная камера ядерного реактора, переточная трубка, сливная труба, сливной стакан в тарелке ректификационной колонны, спускная труба, стояк, циркуляционная труба котла*

downdraught *воздушная яма, нисходящее течение холодного воздуха, нисходящий поток, обратная тяга*

downgrade *спуск, уклон*

downhand welding *сварка в нижнем положении*

downhill *наклонный, покатый, спуск по склону*

downpipe *водосточная труба, отводящий стояк, переточная трубка, сливная труба, сливной стакан, спускная труба*

downspout *водосточная труба, отводящий стояк, переточная трубка, сливная труба, сливной стакан, спускная труба*

downstream *вниз по течению, ниже по течению;* [hydr.] *нижний бьеф*

downstream face *низовая грань плотины, низовой откос земляной плотины*

downstream wing wall *низовое откосное крыло берегового устоя*

downtake *вертикальный канал для отвода газов вниз, наклонный газоотвод доменной печи, наклонный канал, спуск, транспортер*

downtake pipe *водосточная труба, сливная труба, спускная труба, спускной патрубок*

downtake tube *водосточная труба, сливная труба, спускной патрубок;* [build.] *спускная труба*

downtime *время вынужденного простоя, вынужденный простой, непроизводительная потеря времени, перерыв в работе, потерянное время, простой, простой под погрузкой;* [comp.] *время работы вхолостую*

downtime costs *издержки вследствие простоя, потери от простоя, стоимость простоя*

downtown (US) *деловая часть города*

downward *направленный книзу, нисходящий, опускающийся, понижающийся, спускающийся, ухудшающийся*

downward seepage *отток фильтрационных вод через плотину, просачивание вниз*

downwash angle *угол отклонения потока вниз, угол скоса потока вниз, угол сноса потока вниз*

dozer *бульдозер*

draft *водозабор, волочение, вытяжное устройство, вытяжной шкаф, дутье, лекало, набросок, натяжение, обжатие, осадка судна, понижение уровня, попуск из водохранилища, проект, снижение давления, тяга, тяговая сила, уменьшение поперечного сечения, черновик, чертеж, эскиз*

draft (vb.) *делать чертеж, делать эскиз, составлять план, составлять проект*

draft design *эскизный проект*

drafting *дутье, изготовление чертежей, обжатие, разработка рабочих чертежей, создание тяги, черчение*

drag *волокуша, гидравлическое сопротивление, дорожный утюг, драга, задержка, запаздывание, землечерпальный снаряд, нижняя часть опоки, плавучий якорь, скребок, скрепер-волокуша, тачка, торможение среды, цикля, шлеппер;* [fish.] *гидродинамическое сопротивление;* [geol.] *сопротивление среды;* [weld.] *лобовое сопротивление*

drag (vb.) *насекать, подтаскивать, скрести, тащить, тормозить, утюжить дорожное покрытие, циклевать*

dragging *волочение, выглаживание дорожного полотна, драгирование, медленное движение вследствии неполного расцепления фрикциона, медленное сцепление, обследование дна тралом, сдвиг изображения на экране, трение резца об изделие, тяга, утюжка дорожного полотна*

dragging bucket *ковш драглайна, ковш землечерпалки*

dragline *драглайн, канатный скребковый экскаватор*

dragline excavator *драглайн, канатный скребковый экскаватор*

drag pan *ковш землечерпалки*

drag scraper *скрепер-волокуша*

drag shovel *одноковшовый землечерпательный снаряд, штанговый землечерпательный снаряд, экскаватор типа обратная лопата*

drain *водосток, дрена, дренаж, дренажная канава, дренажная труба, канализационная труба, отводной канал, потребление тока, слив, сливное отверстие, спуск, спускное отверстие, сток, сток полевого транзистора, утечка*

drain (vb.) *дренировать, обезвоживать, осушать, отводить воду, сливать, спускать, стекать*

drainability *дренируемость, осушаемость*

drainage *водосбор, водосборный бассейн, гидрографическая смесь, дренаж, дренирование, дренирование пласта, канализация, обезвоживание массы, осушение, осушительная сеть, осушительная система, отбор пластового флюида, речная сеть*

drainage area *водосборная площадь, дренируемая площадь, осушаемая площадь, площадь водосбора*

drainage asphalt [hydr.] *дренажный асфальт*

drainage basin *бассейн стока, водосбор, водосборная площадь, водосборный бассейн, площадь водосбора*

drainage canal *дренажный канал*

drainage course [road] *дренажный слой, фильтрующий слой*

drainage ditch *водоотводная канава, водосточная канава, дренажная канава, дренажный ров, кювет, открытая дрена, спускная канава*

drainage fill *дренажная насыпь, фильтрующая отсыпка плотины*

drainage filter *горизонтальное дренирующее покрытие, дренажный фильтр*

drainage inlet *устье дрены;* [sew.] *дренажный водовыпуск в водоприемнике*

drainage layer *дренажный слой*

drainage pipe *водоотводная труба канализационной сети, водосточная труба, дренажная труба, сливная труба, спускная труба, трубчатая дрена*

drainage pump *дренажный насос;* [nav.] *водоотливной насос*

drainage region *водосборный участок, зона дренирования, зона осушения, осушаемый участок*

drainage run *дренажный трубопровод*

drainage system *водоотливная система, дренажная система, осушительная система*

drainage trench *дренажная канава, дренажная траншея*

drainage water *дренажные воды, дренажный сток*

drainage works *дренажные работы, осушительные работы*

drain cock *водовыпускной кран, сливной кран*

draining *водоотвод, дренаж, осушение, слив*

draining conditions *режим дренирования, условия осушения*

draining hose *сливной шланг, спускной шланг*

drain into (vb.) *сбрасывать воды, сливать, спускать, стекать*

drain line *дренажный трубопровод, сливная линия*

drain off (vb.) *выпускать, осушать, отсасывать, сливать*

drainpipe *водоотводная труба, водосточная труба, дренажная труба, сливная труба, спускная труба*

drainpipe laying *укладка дренажных труб*

drain plug *пробка сливного отверстия*

drain shaft *водосборный колодец, водосточный колодец, дренажный колодец, канализационный колодец*

drain tile *керамическая дренажная труба*

drain trap *дренажный бачок, отстойник*

drain valve *дренажная задвижка, клапан осушительной системы, сливной клапан, сливной кран, спускной клапан*

drain water *дренажные воды, дренажный сток, конденсат греющего пара*

drain well *отстойник, поглощающий колодец, скважина вертикального дренажа*

draught *водозабор, волочение, дутье, забор попуск из водохранилища, лекало, набросок, натяжение, обжатие, осадка судна, понижение уровня, поток, проект, сквозняк, снижение давления, тяга, тяговая сила, уменьшение поперечного сечения, черновик, эскиз;* [cast.] *чертеж*

draught (vb.) *делать чертеж, делать эскиз, составлять план, составлять проект*

draught door *дверца поддувала, заслонка, регулирующая тягу*

draught excluder *заслонка дымохода, устройство отсечки тяги*

draughting machine *графопостроитель, координатограф, чертежный прибор*

draught preventer *заслонка дымохода, устройство отсечки тяги*

draughtsman *конструктор, лекальщик, рисовальщик, чертежник*

draughtsman's office *чертежное бюро*

draught tube *вытяжная труба, отводящая труба водовыпуска, отсасывающая труба гидротурбины, тяговая труба скрепера*

draw *волочение, всасывание, втягивание, вытягивание, вытяжка, подвижное пролетное строение разводного моста, протяжка, раскатка, тяга*

draw (vb.) *волочить, втягивать, выдавать уголь из лавы, выдергивать, выпускать руду, вытаскивать, вытягивать, делать эскизы, извлекать, отбирать, разводить мост, создавать тягу, чертить;* [pump] *всасывать*

drawability *растяжимость, способность к волочению, способность к вытяжке, эластичность*

draw a line (vb.) *проводить линию, чертить линию*

drawbolt *дверная задвижка круглого сечения, затяжной болт, сцепной болт, шомпол*

drawbridge *подъемный мост, разводной мост*

drawdown *допустимый дефицит жидкости без ущерба для работоспособности двигателя, опорожнение водохранилища, понижение уровня вод, снижение уровня вод, фильерная вытяжка*

drawer *волочильщик, выдвижной ящик, приспособление для выталкивания, устройство для выдергивания, устройство для вытаскивания, чертежник*

draw in (vb.) *всасывать, втягивать, засасывать*

drawing *волочение, вытягивание, вытяжка, вычерчивание, отпуск стали, план, раскатка, рисунок, схема, чертеж, черчение;* [met.] *выпуск руды, протяжка*

drawing (adj.) *вытяжной*
drawing ability *растяжимость, способность к вытяжке, эластичность*
drawing board *чертежная доска*
drawing compasses *чертежный циркуль*
drawing desk *чертежный стол*
drawing down *удлинение, уменьшение поперечного сечения*
drawing instrument *чертежный инструмент*
drawing knife *окорочный нож, струг;* [instr.] *скобель*
drawing machine *волочильная машина, волочильный стан, кульман, машина для вытягивания стекла, чертежный прибор*
drawing-off *выпуск металла, извлечение крепи, отвод воды*
drawing office *чертежное бюро*
drawing out *волочение, вытягивание, растягивание, удлинение*
drawing pen *рейсфедер*
drawing pin *чертежная кнопка*
drawing room *гостиная*
drawing set *готовальня*
draw knife *окорочный нож, скобель, струг*
drawn pipe *тянутая труба*
drawn steel *тянутая сталь*
drawn to scale *вычерченный в масштабе*
drawn wire *холоднотянутая проволока*
draw-off point *выпускная дучка для руды, пункт выпуска руды, точка подключения*
draw-off tap *сливной кран, спускной кран*
draw out (vb.) *выдергивать, вытаскивать, вытягивать, извлекать, растягивать, удлинять*
draw tight (vb.) *натягивать*
draw to full scale (vb.) *вычерчивать в масштабе 1:1, вычерчивать в натуральную величину, вычерчивать в полном масштабе*
draw up (vb.) *затягивать болт, останавливать, поднимать шторы, разрабатывать*
draw well *колодец с воротом, колодец с подъемной бадьей*
dray *грузовая платформа*
dredge *землесосный снаряд, судно с землечерпальным снарядом;* [agr.] *дноуглубительный снаряд;* [fish.] *драга, землечерпальный снаряд*
dredge (vb.) *вычерпывать, драгировать, производить дноуглубительные работы, производить землечерпальные работы*
dredged soil *грунт выемки при дноуглубительных работах, грунт выемки при землечерпальных работах*
dredger *дноуглубительный снаряд, землесос, землесосный снаряд, землечерпалка, землечерпальный снаряд*
dredger excavator *землечерпалка, многоковшовый экскаватор*
dredging *выемка грунта, дноуглубительные работы, драгирование, землечерпательные работы, копание грунта*
dredging roll *драгирующий барабан*
dredging soil *грунт выемки при дноуглубительных работах, грунт выемки при землечерпальных работах*
drench *мягчитель, отрубный кисель*

drench (vb.) *киселевать, мягчить, пропитывать, смачивать*

dress *заделка кабеля*

dress (vb.) *апретировать ткань, дубить кожу, заправлять инструмент, зачищать, обтесывать камень, отделывать, ошкуривать, подвергать финишной обработке, подвергать чистовой обработке, править шлифовальный инструмент, строгать, циклевать пол, шлифовать камень;* [agr.] *заправлять электрод, насекать дефибрерный камень;* [text.] *выделывать мех, заделывать кабель, просеивать зерно, свежевать тушу, устанавливать печатную матрицу, шлихтовать*

dressed *отесанный, строганый*

dressed boards *строганые доски*

dressed timber *строганые пиломатериалы*

dresser *инструмент для заточки, обогатительный аппарат, правящее устройство, просеивающая машина, стальная колодка (в ковке), шлифовальный станок для камня;* [instr.] *устройство для правки шлифовального инструмента*

dressing *выделка кожи, декель, заделка кабеля, заправка электрода, насечка дефибрерного камня, обмазка литейной формы, обогащение, обрубка литья, обтеска камня, окрашивание литейной формы, отделка литья, правка шлифовального инструмента, противопригарная краска, профилирование листового материала, чеканка;* [agr.] *протравливание семян, унавоживание почвы;* [med.] *перевязочный материал, перевязывание раны;* [met.w.] *заправка инструмента;* [text.] *аппретирование ткани, шлихтование*

dressing tool *инструмент для заточки, правило*

dribble *подтекание, утечка*

dribble (vb.) *выпускать по капле, капать, сочиться*

dried *высушенный, сухой*

dried-up *высушенный*

drier *влагоотделитель кондиционера, драйер, сиккатив, сушилка, сушильная камера, сушильная печь, сушильный цилиндр, сушильный шкаф*

drift *бородок, выколотка, дорн, кверлаг, нанос, направление проходки туннеля, остаточная деформация, скорость течения потока, слабонаклонная горная выработка, смещение показаний прибора, шлямбур, штольня, штрек;* [met.w.] *пробивной пуансон, пробойник;* [mining] *скольжение магнитной ленты;* [nav.] *горизонтальная горная выработка*

drift (vb.) *плыть по течению, подвергаться сносу;* [met.w.] *выколачивать хвост сверла из шпинделя, прогонять через матрицу, прошивать отверстие вручную;* [nav.] *дрейфовать*

drift clay [geol.] *валунная глина, моренный суглинок*

drift sand *зыбучий песок, наносимый ветром, наносный песок*

drift snow *поземка*

drill *бур, бурав, бурильная машина, бурильный молоток, буровой станок, дрель, забойный двигатель, инструктаж, перфоратор, рядовая сеялка, рядовой посев, сверлильная головка, сверлильный станок, тик, тренировка;* [agr.] *сверло;* [text.] *прочный хлопчатобумажный материал*

drill (vb.) *бурить, бурить нефтяную скважину, просверливать, сверлить*

drill a pilot hole (vb.) *сверлить базовое отверстие*

drill bit *буровое долото, сверло;* [oil ind.] *буровая головка, буровая коронка*

drilled hole *буровая скважина, высверленное отверстие*

drilled-in *высверленный, пройденный бурением*

drill hole *буровая скважина, высверленное отверстие*

drill in (vb.) *вскрывать продуктивный пласт*

drilling *бурение, маневровая работа, сверление;* [agr.] *рядовой посев*

drilling machine *бурильная машина, рядовая сеялка, сверлильный станок*

drinking water *питьевая вода*

drip *водосток, капля, карниз, конденсатная ловушка, конденсатопровод, наружный подоконник, слезник, фартук;* [arch.] *отлив*

drip-free *бескапельный, брызгозащищенный, неподтекающий*

drip mould *слезник;* [arch.] *отлив*

drip nose *слезник, утолщение;* [build.] *отлив*

drip-proof lighting fitting *брызгозащищенная осветительная арматура*

dripstone *слезник;* [geol.] *натечное образование*

drip stone *замковый камень арки, пористый камень;* [build.] *слезник*

drive *горизонтальная горная выработка, дисковод, лентопротяжный механизм, органы управления автомобиля, передача, приведение в движение, привод, сплав леса, туннель, улица;* [road] *подъездная дорога*

drive (vb.) *запрессовывать, приводить в движение, управлять автомобилем или поездом*

drive down (vb.) *забивать, уменьшать число оборотов*

drive fit *тугая посадка*

drive home (vb.) *забивать до отказа, забивать до упора*

drive in (vb.) *вбивать, вгонять*

drive-in *разгонка примеси после ионной имплантации*

drive into the ground (vb.) *вколачивать в грунт*

drive mechanism *лентопротяжный механизм, привод, приводной механизм*

driven by compressed air *пневматический, приводимый в движение сжатым воздухом*

driven-in nail *вбитый гвоздь*

driven well *скважина;* [wat.] *забивной колодец*

drive out (vb.) *выколачивать, вытаскивать, расклепывать;* [graph.] *выделять путем нагрева расворенный газ, подавлять генерацию*

drive piles (vb.) *забивать сваи*

drive sleeve *ведущая муфта, приводная муфта*

driveway *подъездная дорога, подъездной путь, проезд, проезжая часть дороги*

driving *вождение автомобиля, возбуждение, вытеснение нефти из пластов, забивка свай, запуск, погружение свай, приведение в действие, проходка горных выработок, сплав леса, управление автомобилем;* [agr.] *прогон скота*

driving (adj.) *ведущий*

driving depth *глубина забивки, глубина погружения*

driving-in of piles *забивка свай*

driving moment [build.] *опрокидывающий момент*

driving of sheet piles *забивка шпунтовых свай*

driving rain [meteo.] *обложной дождь*

driving wedge *клиновая выколотка*

drizzle *изморось, мелкий дождь, морось*

droop *провисание;* [electr.] *относительный спад вершины импульса*

drop *капля, падение, перепад, снижение, спуск;* [comp.] *просмотр массива данных;* [food] *леденцовое монпансье;* [geol.] *понижение*

drop (vb.) *бросать, капать, падать, понижаться, ронять, снижаться, спадать*

drop a perpendicular (vb.) *опускать перпендикуляр*

drop ball *падающий шарик для определения твердости динамическим методом, шаровая пята*

drop corrosion *капельная коррозия, коррозия под каплями*

drop door *крышка разгрузочного люка (хоппера), откидная дверь*

drop hammer *копровая баба, падающий молот, подвесной свайный молот*

drop of pressure *падение давления, перепад давления*

drop of stress *снижение внутренних напряжений, снижение напряжений*

drop of water *водослив, капля воды*

dropper *капельница (в производстве спирта), сбрасыватель;* [rail.] *подвеска контактного провода, струна контактного провода*

dropping *понижение, сброс нагрузки, снижение*

drop test *испытания на падение, испытания на удар, капельная проба*

dross *дросс, изгарь, окалина, ржавчина, шлак, шлаковая пленка*

dross (vb.) *образовывать дросс, ошлаковывать*

drove *грунтовая дорога, гурт, долото для грубой отески камня, ирригационный канал, проезжая часть дороги, скотопрогон, стадо;* [agr.] *скотопрогонная дорога;* [zool.] *стая*

drum *барабан, барабанный инструментальный магазин, металлическая бочка емкостью 0,2082 куб.м, стандартный бак для нефтепродуктов, цилиндр, цилиндрический контейнер;* [comp.] *магнитный барабан*

drum drier *барабанная сушилка, сушильный барабан*

drum for cables *кабельный барабан*

drum head *барабан, голова шпиля, дромгед, коллектор котла*

drum mixer *барабанный смеситель, смесительный барабан*

drum of a column *барабан колонны*

drum of winch *барабан лебедки*

drum-type drier *барабанная сушилка, сушилка барабанного типа, сушильный барабан*

drunken saw *качающаяся пила, пила с косой осью*

dry *высыхание, засуха, засушливый, сухой*

dry (vb.) *высушивать, сушить;* [paintw.] *закреплять печатную краску высушиванием*

dry aggregate *сухой заполнитель бетона*

dry-bound macadam *щебеночное основание сухой укатки, щебеночное покрытие сухой укатки*

dry closet *уборная с химической стерилизацией фекалий без промывки водой*

dry concrete *жесткая бетонная смесь*

dry corrosion *сухая коррозия*

dry crushing *сухое измельчение*

dry density *объемная масса в сухом состоянии*

dryer *влагоотделитель кондиционера, драйер, сиккатив, сушилка, сушильная камера, сушильная печь, сушильный цилиндр, сушильный шкаф*

dry grinding *сухое измельчение, шлифование без охлаждения*

dry heat *сухое тепло*

drying *высушивание, просушивание, сушка*

drying agent *сиккатив, сушильный агент*

drying installation *сушильная установка*

drying kiln *сушилка, сушильная печь*

drying machine *сушилка, сушильная машина*

drying oil *олифа, сиккатив;* [paints] *быстровысыхающее масло*

drying-out *высыхание, осушение*

drying-out of wetlands *осушение заболоченных земель, осушение сильно увлажненных земель*

drying oven *сушильная печь, сушильный шкаф*

drying plant *сушильная установка*

drying room *сушильная камера*

drying shrinkage [concr.] *усадка при высыхании*

drying time *время высыхания, время сушки*

drying up *высушивание, высыхание, пересыхание, подсыхание*

dry insulation *сухая изоляция*

dryland dipper dredge *одноковшовый землечерпательный снаряд для засушливых земель*

dry milling *измельчение всухую, сухой помол*

dry mix process *процесс образования жесткой смеси, процесс сухого смешения*

dry mortarless construction *полносборное строительство, строительство с использованием элементов полной заводской готовности*

dryness *степень сушки, сухость*

dry polishing *сухое полирование, шлифовка всухую*

dry powder extinguisher *порошковый огнетушитель*

dry pressing *полусухое прессование, сухое брикетирование, сушка под давлением*

dry-pressing technique *технология сушки под давлением*

dry rot *сухая гниль*

dry screening *сухое грохочение, сухое просеивание*

dry separation *сухое обогащение*

dry-set mortar *строительный раствор, схватывающийся на воздухе*

dry slaking *гашение извести всухую*

dry solid matter *сухая масса*

dry solids content *содержание твердых веществ в растворе*

dry spraying *сухое напыление*

dry strength [concr.] *механическая прочность в сухом состоянии*
dry substance *сухое вещество*
dry-through *высушенный, просушенный*
dry to stiff concrete (vb.) [concr.] *высушивать бетон до схватывания*
dry unit weight *объемная масса по сухому веществу*
dry weight *масса в сухом состоянии;* [auto] *сухая масса незаправленного двигателя*
dual *двойной, сдвоенный;* [mat.] *двойственный, дуальный*
dual carriageway *проезжая часть дороги с двусторонним движением, проезжая часть дороги с разделительной полосой*
dual-component lacquer *двухкомпонентный лак*
dual system heating *комбинированная система отопления*
dual-track railway *двухколейная железная дорога*
dub *дублирование, дубляж, копия фонограммы или видеограммы, монтаж звукозаписи, перезапись*
dub (vb.) *выравнивать, дублировать, обтесывать, перезаписывать, пригонять, сводить фонограмму, строгать, тесать;* [cin.] *копировать*
duck bill *конвейер с качающейся головкой, механическая лопата с качающейся головкой;* [zool.] *утконос*
duckboard *деревянный тротуар, стремянка, трап для работы на наклонной плоскости*
duckfoot bend *лапчатый изгиб, фланцевое колено с лапой*
duckrun *дощатый настил, мостки, помост, сходни*
duco finish [build.] *покрытие лаком дуко*
duct *вентиляционный канал, волновод, кабельный канал, кабельный трубопровод, кабельный туннель, канал, короб, проток, резервуар красочного аппарата, тракт, труба, трубопровод*
ductile *вязкий, гибкий, ковкий, пластически деформируемый, пластичный, податливый, поддающийся обработке, тягучий, эластичный*
ductility *вязкость, ковкость, пластичность, податливость, способность к пластической деформации, тягучесть, эластичность*
duct-mounted pump *насос, установленный на трубопроводной линии*
duct shaft [build.] *вентиляционная шахта*
duct spacer *проставка трубопровода*
dug earth *вынутый грунт, грунт выемки*
dull *блеклый, затупившийся, неяркий;* [ac.] *глухой (о звуке);* [instr.] *затупившийся*
dull (vb.) *делать матовым, затуплять, ослаблять*
dull (adj.) *бледный, засаленный (о шлифовальном круге), матовый, плохо проветриваемый, тупой, тусклый*
dull-edged *с тупым краем*
dull finish *матовая отделка*
dulling *затупление, матирование, потускнение глазури, притупление*
dumbwaiter *кухонный лифт*
dummy groove joint *руст с канавкой*
dummy joint *руст*
dummy load *искусственная нагрузка, эквивалент нагрузки*

dummy plug *пробка-заглушка*

dump *вывод на печать, выгрузка, лесосклад, наброска, насыпь, отвал грунта, отвал породы, отсыпка, разгрузка памяти, распечатка содержимого памяти, свалка, склад;* [comp.] *опрокидыватель, разгрузка*

dump (vb.) *отсыпать, разгружать память, распечатывать, сбрасывать содержимое памяти, сливать жидкость из водосборника;* [el.] *разряжать конденсатор*

dump car *вагон-самосвал, думпкар, тележка-самосвал*

dumper *опрокидыватель, самосвал*

dumping *аварийный слив, выгрузка, затопление отходов в море, опорожнение, опрокидывание, разгузка, сброс отходов*

dumping body *опрокидывающийся кузов самосвала*

dumping ground *место захоронения отходов, место сброса отходов, место свалки*

dumping height *высота опрокидывания ковша погрузчика, высота разгузки*

dumping site *место захоронения отходов, место сброса отходов, место свалки*

dumping truck *самосвал*

dumping waggon *вагон-самосвал, опрокидывающаяся вагонетка*

dump truck *самосвал*

dune *дюна*

dune sand *дюнный песок*

duplex *двухквартирный дом, дуплекс, дуплексная связь, дуплексный, дуплексный метод, дуплексный режим, квартира в двух уровнях, одновременная двусторонний связь, одновременный двусторонний, одновременный двусторонний режим, сдвоенный, спаренный*

duplex coating *двухслойное покрытие*

duplex glass *двухслойное стекло*

duplicate part *дублированная часть, запасная деталь, запасная часть*

duplicate production *изготовление копий, массовое производство, серийное производство*

durability *выносливость, длительная прочность, долговеченость, срок службы, стойкость*

durable *длительного пользования, долговечный, износостойкий, износоустойчивый, крепкий, надежный, прочный*

duramen *сердцевина дерева;* [woodw.] *ядровая древесина*

duration *длительность, продолжительность*

dust *дуст, мука, опилки, порошок, пудра, пыль, пыльца, сахарная пудра*

dust (vb.) *обсыпать, очищать от пыли, посыпать, превращать в порошок, удалять пыль*

dust (UK) *мусор, отходы*

dust abatement *снижение запыленности*

dust accumulation *накопление пыли*

dust arrester *золоуловитель, пылеуловитель*

dustbin *бункер для уловленной пыли, мусорное ведро, мусорный контейнер, мусорный ящик*

dust cap *внутренняя крышка часов, колпачок вентиля пневматической шины, пылезащитный колпачок сапуна, пыленепроницаемая крышка*
dust catcher *золоуловитель, пылеосадитель, пылеуловитель*
dust collection *пылеулавливание*
dust collector *пылесборник, пылесос, пылеуловитель*
dust control *борьба с пылью, пылеулавливание*
dust cover *пылезащитный чехол;* [book b.] *суперобложка*
dust dry *высушенный в порошок;* [paintw.] *сухая порошковая краска*
dust explosion *взрыв пыли*
dust extraction *пылеулавливание*
dust extractor *пылеотделитель, пылесос, пылеуловитель*
dustfall *выброс пыли, выпадение пыли*
dust filter *пылеулавливающий фильтр*
dust-free *очищенный от пыли, пылезащищенный, свободный от пыли*
dust generation *образование пыли*
dust hole (UK) *мусорная яма*
dusting *истирание бетонной поверхности, образование пыли, образование цементной пыли на поверхности бетона, опыление, опыливание, отпыловка тряпья, припудривание, припыливание, пыление бумаги, пылеобразование, удаление пыли*
dust-laden *насыщенный пылью*
dust-laden air *насыщенный пылью воздух*
dustless *беспыльный, свободный от пыли*
dust-like *порошкообразный, пылевидный, пылеобразный*
dust loss *унос пыли*
dust-loss test *испытания на унос пыли;* [build.] *испытания на истирание бетона*
dust mask *противопылевой респиратор*
dust nuisance *вредное воздействие пыли*
dust pan *совок для мусора*
dust particle *пылевая частица, пылинка*
dustproof *пылезащищенный, пыленепроницаемый*
dustproof room *пылезащищенная камера, пыленепроницаемая камера*
dust reduction *снижение уровня запыленности, уменьшение пылеобразования*
dust removal *пылеудаление*
dust respirator *противопылевой респиратор*
dust respirator filter *фильтр противопылевого респиратора*
dust retaining agent *пылеулавливающее вещество*
dust seal *пылезащитное уплотнение*
dust separator *пылеотделитель, пылеуловитель*
dust-tight *пылезащищенный, пыленепроницаемый*
dust trap *пылеотделитель, пылеуловитель*
dusty *запыленный, пылевидный, пыльный*
Dutch bond *декоративная перевязка кирпичной кладки;* [build.] *английская крестовая перевязка*
Dutch brick *клинкерный кирпич*
Dutch door *голландская дверь, дверь, разделенная на верхнюю и нижнюю половины*

dutchman *вкладной клин, двуногий деррик, дополнительный рез в подпиле при валке дерева в сторону от естественного наклона, заглушка, затычка, метод срезания дерева при валке в сторону от естественного наклона, накладка, обломок ниппеля резьбового соединения, оставшийся в муфте, подкладка, соединительная трубка, укороченная труба;* [woodw.] *прокладка для предотвращения скатывания наружных бревен при транспортировке*

Dutch tile *изразец, кафель*

duty *выполняемые функции, дежурство, мощность, нагрузка, производительность, работа, рабочий цикл, режим работы;* [comm.] *таможенная пошлина*

duty cycle *коэффициент заполнения, коэффициент последовательности импульсов, рабочий цикл, циклический график нагрузки*

duty to notify *обязанность направлять уведомления*

duty to report *обязанность предоставлять отчеты*

dwarf wall *низкая перегородка, низкая стена*

dwell *выдержка времени, выстой в конце хода рабочего органа, концентрическая часть кривой кулачка, остановка с выдержкой времени, перерыв в работе оборудования, период облучения цели*

dwell (vb.) *пребывать, проживать*

dwelling *жилой дом, задержка сигнала, задержка срабатывания*

dwelling house *жилой дом*

dwelling unit *квартира*

dwelling zone *жилая зона, жилой район*

dwell time *время пребывания в системе, время простоя, выдержка времени*

dye *краситель, краска, красящее вещество, окраска, цвет*

dye (vb.) *красить, окрашивать*

dyeing *крашение, окраска, окрашивание*

dyestuff *краситель, красящее вещество*

dying shift *выклинивание*

dyke *буна, вал, гать, дамба, запруда, перемычка, плотина, полузапруда, ров, шпора;* [geol.] *дайка*

dyke (vb.) *запруживать, защищать насыпью, обваловывать, окапывать рвом*

dyke breach *прорыв дамбы, прорыв плотины*

dyke construction *строительство плотины*

dyke drain *дрена плотины*

dyke lock *шлюз*

dyking *обвалование, окапывание*

dyking project *проект обвалования, проект окапывания*

dynamic load *динамическая загрузка, динамическая нагрузка*

dynamic movement *динамическое перемещение*

dynamic pressure *динамическое давление, скоростной напор*

dynamics *динамика*

dynamic strength *динамическая прочность*

dynamic stress *динамическое напряжение, напряжение при динамической нагрузке*

dynamic structural loading *динамическое нагружение конструкции*

dynamic weight deposition [road] *динамическое распределение массы*

dynamite *динамит*

dynamite (vb.) *подрывать динамитом*

dynamo *генератор постоянного тока*

ear *держатель, небольшая консоль декоративного или конструктивного элемента, петля, подвеска, ушко*
ear defender(s) *средства защиты органов слуха*
early strength *быстрое схватывание бетона или цемента, быстрое твердение*
early wood *весенний слой древесины*
earmuff(s) *наушник(и)*
earplug *антифоны, беруши, противошумные вкладыши*
ear protectors *средства защиты органов слуха*
earth *грунт, замыкание на землю, земля, нескальный грунт, почва;* [electr.] *заземление*
earth (vb.) *насыпать грунт;* [electr.] *заземлять*
earth borer *земляной бур, земляной щуп*
earth cable *подземный кабель*
earth capacity [electr.] *емкость относительно земли*
earth clamp [electr.] *зажим заземления*
earth conductor *жила подземного кабеля, провод заземления;* [electr.] *подземный провод*
earth conduit [electr.] *подземный кабель*
earth connection *замыкание на землю, замыкание на корпус;* [electr.] *заземление*
earth connector *земля, клемма заземления;* [electr.] *заземляющий зажим*
earth cross section *геологический профиль*
earth current [electr.] *ток утечки*
earth cut *выемка, вынутый из котлована грунт, канал*
earth dam *земляная плотина*
earth drill *земляной бур, земляной щуп*
earthed [electr.] *заземленный*
earthed circuit [electr.] *заземленная цепь*
earthenware *гончарные изделия, керамика, фаянс*
earthenware pipe *керамическая трубка*
earth fault [electr.] *нежелательное замыкание на землю*
earth foundation *грунтовое основание, грунтовый фундамент*
earthing *замыкание на землю, земля;* [electr.] *заземление*
earthing conductor [electr.] *провод заземления*
earthing point [electr.] *точка заземления*
earthing rod [electr.] *громоотвод*
earthing switch *переключатель заземления;* [electr.] *заземляющий выключатель*
earthing system [electr.] *заземление*
earthing terminal [electr.] *зажим заземления, клемма заземления*
earth lead *заземлитель;* [electr.] *заземляющий провод*
earth leakage [electr.] *утечка на землю*
earth leak circuit breaker [electr.] *прерыватель в цепи утечки на землю*
earth-moist concrete *землевлажнистая бетонная смесь*
earth-moist consistency *землевлажнистая консистенция бетонной смеси*

earth mound *земляной вал*
earthmoving *земляные работы*
earthmoving equipment *землеройные и транспортировочные машины*
earth pressure [build.] *давление грунта*
earth pressure at rest [build.] *статическое давление грунта*
earth pressure calculation [build.] *расчет давления грунта*
earthquake *землетрясение*
earthquake design *проектирование сейсмических конструкций*
earthquake load *сейсмическая нагрузка*
earth rammer *трамбовка для уплотнения грунта*
earth road *грунтовая дорога, немощеная дорога*
earth scoop *ковш землеройной машины, черпак землеройной машины*
earth stabilization *мелиорация грунта, мелиорация пород, улучшение грунта*
earth stratum *земляной слой, толща земли*
earth strip *заземление, подземный кабель*
earth surface *земная поверхность*
earth terminal [electr.] *зажим заземления, клемма заземления*
earth thrust [build.] *давление грунта*
earth trench *земляная траншея, канава, ров*
earth wire *земляной провод;* [electr.] *заземляющий провод*
earthwork(s) *земляное полотно дороги, земляное сооружение, земляные работы*
earthwork operations *земляные работы*
earthwork structure *земляное сооружение*
earthy *земляной*
ease (vb.) *освобождать, отпускать гайку, разгружать, смягчать, уменьшать скорость*
ease of assembly *простота сборки*
ease of ignition *легковоспламеняемость*
easily accessible *легкодоступный*
easily soluble *легко растворимый*
easy fit *посадка от руки, свободная посадка*
easy-flowing *легкотекучий*
easy operating *простой в обращении*
easy running fit *подвижная посадка от руки*
easy-to-clean *легкий для уборки*
easy-to-clean property *здание, легкое для уборки, сооружение, легкое для уборки*
easy-to-operate *простой в обращении*
easy-to-work *простой в эксплуатации*
eaves *венчающий карниз, навес крыши*
eaves board *обрезная доска*
eaves gutter *водосточный желоб*
eaves lath *упорный брусок на конце стропил под нижний ряд черепицы*
ebb *отлив*
ebonite *эбонит*
ebony [woodw.] *черное дерево*
eccentric *внецентренный, эксцентрический*
eccentricity *эксцентриситет*

eccentric load *внецентренная нагрузка*

echo *отраженный сигнал, эхо*

economizer *экономайзер*

economizer pipe *труба-экономайзер*

economizing basin *резервуар-экономайзер*

economy in use *экономичность в эксплуатации*

eddy *вихревое движение, вихрь, завихрение*

eddy current *вихревые токи, токи Фуко*

eddy flow *вихревой поток*

edge *бордюр, борт, бровка, край, кромка, лезвие, острие, ребро, фронт импульса*

edge (vb.) *выдаваться вперед, отделывать кромку, снимать фаску*

edge beam *рандбалка*

edge bond *кладка ребра кирпичных стен*

edge condition *краевое условие, условие закрепления кромок*

edged *окаймленный, отточенный*

edge delamination *расслаивание края*

edge distance *расстояние до края элемента*

edged timber *отрезной пиломатериал*

edge form *контурная опалубка*

edge joint *боковое соединение, торцевое соединение*

edge line *бордюрная линия, законцовка*

edge moulding [arch.] *лепная кромка*

edge of carriageway [road] *бровка проезжей части*

edge of ditch *бровка канавы*

edge of roadway [road] *бровка проезжей части*

edge of slab *контур плиты, край плиты*

edge of traffic lane *бровка полосы движения*

edge of travelled way (US) *бровка проезжей части*

edge plane *двуручный струг, скобель*

edge pressure *давление на край, давление на ребро*

edger *кромкозагибочный станок, кромкострогальный станок, лопатка для обработки кромки бетона или штукатурки, рейсмусовый станок, шлифовальная машина для работы в местах примыкания к стенам*

edge rising *вспучивание кромки*

edge straightness *прямолинейность кантов*

edge stress *напряжение на контуре, напряжение у кромки*

edge trimming *подрезка кантов, подрезка кромок*

edgewise *поставленный на ребро*

edging *боковое обжатие, бордюр, кайма, край, лобовая отделка фанеры, накладка, окантовка, шлифовка края;* [met.] *обжатие кромок;* [road] *бордюр*

edging board *необрезная доска*

edging machine *кантовальная пила, кромкозагибочный станок*

edifice *здание, сооружение*

Edison screw cap *резьбовой цоколь лампы с резьбой Эдисона*

eduction *выпуск, извлечение, сток, удаление*

effect *воздействие, результат, эффект*

effective *действительный, рабочий (о площади, поверхности), расчетный, эффективный*

effective area *полезная площадь сечения*
effective chimney height *рабочая высота трубы*
effective depth *рабочая глубина, расчетная глубина*
effective length *рабочая длина, свободная длина, эффективная длина*
effective life *действительная долговечность, срок годности, эффективная долговечность*
effectiveness *эффективность*
effective penetration *проникающая способность*
effective pressure *среднее индикаторное давление, эффективное давление*
effective prestress *эффективное предварительное напряжение*
effective range *рабочая часть шкалы;* [instr.] *рабочий диапазон*
effective span *длина пролета между центрами опор, расчетный пролет*
effective throat thickness *расчетная толщина сварного шва*
effective thrust *эффективная тяга*
effective unit weight *расчетная обьемная масса*
effective width *рабочая ширина, свободная ширина, эффективная ширина*
efficiency *коэффициент полезного действия, отдача, производительность, рентабельность, экономичность*
efficient *продуктивный, экономичный, эффективный*
efflorescence *высолы на поверхности бетона, выступание слоев на кирпичной или оштукатуренной поверхности, выцветание, эфлорусценция;* [chem.] *налет;* [geol.] *выветривание кристаллов*
effluent *выпуск, сток, сточные воды, фильтрат*
effluent pipeline *выпускная труба, отводная труба, сточный трубопровод*
effluent purification plant *водоочистная станция, станция аэрации*
efflux *вытекание, утечка*
effort *трудозатраты, усилие*
egg-shaped pipe *горловина, конический патрубок*
eight-bend *изгиб в виде восьмерки*
eject (vb.) *выбрасывать, выпускать, выталкивать, извергать*
elastic *пружинящий, упругий, эластичный*
elastically restrained *упруго защемленный*
elastic curve [mater.] *упругая линия*
elastic deflection curve *кривая прогиба;* [mater.] *упругая линия*
elastic deformation *упругая деформация*
elastic footing *гибкий фундамент*
elastic force *сила упругости*
elastic impact *упругий удар*
elasticity *упругость, эластичность*
elasticity of compression *упругость при сжатии*
elasticity of extension *упругость при растяжении*
elasticity of flexure *упругость при изгибе*
elastic limit *предел упругости*
elastic line [mater.] *упругая линия*
elastic modulus *модуль упругости*
elastic reaction *упругая реакция*
elastic strain *упругая деформация*

elastic support *упругая опора*

elastic washer *пружинящая шайба, упругая шайба*

elastomeric (sealant) *эластомерный (герметик)*

elbow *колено трубы, коленчатая труба, патрубок, угольник;* [arch.] *прямоугольный выступ в верхней части архитрава*

elbow bend *изгиб под прямым углом, прямое колено, прямой отвод, угольник*

elbow board *внутренний подоконник, подоконная доска*

elbow fitting *коленчатый патрубок*

elbow pipe *коленчатая труба*

elbow place *оконный парапет*

elbow shock *фланцевое колено с лапой (переход от горизонтального участка трубы к вертикальному)*

elbow union *коленчатое соединение*

elbow with foot *фланцевое колено с лапой*

electric *электрический*

electrical *электрический*

electrical box [electr.] *распределительный шкаф, распределительный ящик*

electrical brazing *пайка с применением электронагрева*

electrical contractor *подрядчик на установку электрооборудования*

electrical curing *электропрогрев бетона*

electrical drawing *схема электрооборудования, чертеж электрооборудования*

electrical earthing *заземление, электрическое заземление*

electrical energy consumption *потребление электроэнергии*

electrical engineer *инженер-электрик*

electrical engineering *электротехника*

electrical fitter *слесарь-электрик, электрик*

electrically driven *с электроприводом, электрический*

electrically operated *с электроприводом, электрический*

electrically operated hand tool *электрический инструмент*

electrical services *внутренняя электропроводка, электропроводка*

electrical supply network *электросеть, энергосистема*

electrical technician *электротехник*

electrical wiring *электропроводка*

electrical work *электротехнические работы*

electric arc *электрическая дуга*

electric arc steel *электросталь*

electric arc welding *дуговая электросварка*

electric bell *электрический звонок*

electric bell system *электросигнализация*

electric conduit *электропровод*

electric convector *отопительная электропечь*

electric current *электрический ток*

electric drying machine *электросушилка*

electric fire *электрокамин*

electric furnace steel *электросталь*

electric heating *электрическое отопление*

electric heating element *нагревательный элемент электроприбора*

electrician *электрик, электромонтер, электротехник*

electrician's tape *изоляционная лента*
electrician's work *электротехнические работы*
electric impulse welding *импульсная контактная электросварка*
electric installation *электрооборудование, электропроводка*
electricity *электричество, электроэнергия*
electricity consumption *потребление электроэнергии*
electricity generating plant *электростанция*
electricity generating station *электростанция*
electricity meter *электросчетчик*
electricity supply *электрический источник, электроснабжение*
electricity supply meter *счетчик электроэнергии, электросчетчик*
electricity supply system *система энергоснабжения*
electric line *электрический шнур, электропровод*
electric main [el.] *магистральная линия, питающая линия, сборная шина*
electric main(s) *электросеть*
electric mains [el.] *электрическая сеть*
electric mains operated *работающий от сети, работающий от электросети*
electric motor *электродвигатель*
electric outlet *штепсельная розетка, электрический выход*
electric panel *электрорадиатор*
electric plug *вилка электроприбора*
electric power station *электростанция*
electric power supply *источник электропитания, подача электроэнергии, электроснабжение*
electric radiator *электрообогреватель*
electric sign *светящаяся вывеска*
electric steel *электросталь*
electric terminal *клемма*
electric tool *электроинструмент*
electric transformer *трансформатор, электрический трансформатор*
electric vault *измерительная лаборатория*
electric water heater *электрический водонагреватель, электрокипятильник*
electric welding *электросварка*
electric welding equipment *электросварочное оборудование*
electric wiring material *материал для электропроводки*
electrode *электрод*
electrode wheel *роликовый электрод, сварочный ролик*
electrode wire *сварочная проволока, электродная проволока*
electro-gas welding *электрогазосварка*
electrolytic *электролитический*
electrolytic action *электролитическое воздействие*
electromagnetic *электромагнитный*
electromagnetic percussion welding *ударная сварка с накоплением энергии в магнитном поле*
electromotor *электродвигатель*
electronic *электронный*
electronics *электроника*

electroplate (vb.) *наносить гальваническое покрытие, осаждать покрытие электрохимическим методом*
electroplating *гальваностегия, нанесение гальванического покрытия, нанесение покрытия методом электроосаждения*
electrostatic *электростатический*
electrostatic charging *электростатическая зарядка*
electrostatic percussion welding *конденсаторная ударная сварка*
electrotechnical *электротехнический*
element *деталь, звено, секция, часть, элемент*
elementary (adj.) *первоначальный*
element building *здание из сборных элементов*
element of building construction *элемент строительной конструкции*
element ready for erection *элемент готовый к монтажу*
elevate (vb.) *повышать(ся), поднимать(ся)*
elevated *наземный, находящийся на возвышении, приподнятый*
elevated bridge *эстакадный мост*
elevated crossing [road] *пересечение дорог в разных уровнях*
elevated railway *эстакадная железная дорога*
elevated road *эстакадная дорога*
elevated storage tank *водонапорный резервуар*
elevated track *эстакадный железнодорожный путь*
elevating screw *установочный винт, юстировочный винт*
elevating with wedges *подклинивание*
elevation *вертикальная проекция, вертикальный разрез на чертеже, вид, возвышение, высота над уровнем моря, отметка высоты, подъем, профиль, угол возвышения, фасад на чертеже*
elevational view *вертикальная проекция, вид в вертикальном разрезе*
elevation head *гидростатический напор;* [geod.] *горизонт визирования*
elevation number *отметка высоты*
elevator *подъемник, элеватор*
elevator (US) *лифт*
elevator guide *направляющее устройство лифта*
elevator pit *колодец лифта*
elevator shaft *шахта лифта*
eliminate (vb.) *исключать, удалять, устранять;* [mat.] *исключать*
elimination *выключение, исключение, удаление, устранение*
ell *колено трубопровода, флигель, расположенный под прямым углом к основному зданию*
ellipse *эллипс*
elliptical arch *эллиптическая арка*
elliptic paraboloid *эллиптический параболоид, эллиптический параболоид антенны*
elm *ильм;* [bot.] *вяз*
elongate (vb.) *растягивать(ся), удлинять(ся)*
elongated cavity [weld] *удлиненная раковина*
elongated hole *отверстие удлиненной формы*
elongation *коэффициент удлинения, овализация (вид разрушения круглых отверстий), относительное удлинение, удлинение*
elongation at break *относительное удлинение при разрыве*
elongation at fracture *относительное удлинение при разрыве*
elongation at rupture *относительное удлинение при разрыве*

elongation at yield point *соответствующее пределу текучести, удлинение*

elongation set *остаточное удлинение*

elutriate (vb.) *декантировать, отмучивать, сливать жидкость с осадка*

elutriation *декантация, классификация при обогащении, отмучивание*

embank (vb.) *возводить насыпь, защищать валом или дамбой, обносить валом, ограждать насыпью*

embankment *вал, дамба, защита валом или дамбой, набережная, насыпь, плотина*

embankment area *место возведения насыпи*

embankment crest *гребень водослива, гребень плотины*

embankment height *высота насыпи, высота плотины*

embankment material *материал для строительства насыпи*

embed (vb.) *вмазывать, внедрять, вставлять, встраивать, заглублять, заделывать, замоноличивать в бетон;* [geol.] *залегать*

embedded *встроенный, заделанный, замоноличенный*

embedded pipe *замоноличенная в бетон труба*

embedded reinforcement *замоноличенная в бетон арматура*

embedment *замоноличивание в бетон*

embellishment *украшение*

embodiment *вариант конструкции, конструктивное исполнение, конструктивное оформление*

emboss (vb.) *выбивать тиснение, выдавливать рельеф*

embossed wallpaper *тисненые обои*

embossing *выдавливание, тиснение, тисненый рисунок или орнамент, художественное травление стекла*

embrasure *амбразура, дверной проем, оконный проем*

embrittlement *охрупчивание, придание хрупкости;* [met.] *хрупкость*

emergency *авария, выход из строя, непредвиденный случай*

emergency (adj.) *аварийный, вспомогательный, запасный, экстренный*

emergency call system *система аварийной сигнализации*

emergency door *запасная дверь*

emergency exit *запасный выход*

emergency generator *аварийный генератор, резервный генератор*

emergency lane [road] *аварийная полоса*

emergency lighting *аварийное освещение*

emergency phone *аварийный телефон*

emergency power plant *аварийная энергетическая установка, резервная энергетическая установка, резервный блок питания*

emergency repair *аварийный ремонт, экстренный ремонт*

emergency situation *аварийная ситуация, аварийное положение, аварийное состояние*

emergency stairs *пожарная лестница*

emergency stop device *стоп-кран*

emergency stop push button *кнопка аварийной остановки*

emergency switch *аварийный выключатель*

emery *наждак*

emery (vb.) *зачищать наждаком, наносить наждак на бумагу, шлифовать наждачной бумагой*

emery cloth *шкурка*
emery dust *наждачный порошок*
emery grinding *шлифовка наждаком*
emery paper *наждачная бумага*
emery powder *наждачный порошок*
emery wheel *наждачный точильный круг, точило*
emission *выделение, эмиссия*
emission of heat *тепловыделение*
emit (vb.) *излучать, испускать*
emitted heat *выделенное тепло*
emollient *мягчитель, мягчительное средство*
emollient (adj.) *смягчающий*
emplacement *установка на место;* [build.] *планировка*
employ (vb.) *нанимать на работу, применять*
employee *работник, сотрудник*
employer *работодатель*
employer's representative *представитель работодателя*
employment *занятость, применение*
employment injury *производственная травма*
empty *незаполненный, порожний, пустой*
empty (vb.) *выгружать, опорожнять, освобождать, очищать*
emptying *опорожнение, сброс жидких отходов из резервуара*
emulsification *приготовление эмульсии, эмульгирование*
emulsifier *эмульгатор (вещество, способствующее эмульгированию), эмульсификатор (аппарат для эмульгирования)*
emulsify (vb.) *эмульгировать*
emulsifying agent *эмульгатор*
emulsifying degreasing agent *обезжиривающий эмульгатор*
emulsion *эмульсия*
emulsion adhesive *эмульсионный клей*
emulsion paint *эмульсионная краска*
enable (vb.) *давать возможность, делать возможным, запускать, отпирать, подключать, разблокировать, разрешать, снимать запрет*
enamel *глазурь, эмалевая краска, эмаль*
enamel-insulated *с эмалевой изоляцией*
enamelled wire *эмалированная проволока*
enamelling *эмалирование*
enamel paint *эмалевая краска*
encapsulate (vb.) *герметизировать, заключать в камеру, заключать в капсулу*
encapsulation *герметизация, инкапсуляция, корпус, оболочка*
encase (vb.) *заделывать, монтировать в корпусе, надевать кожух, облицовывать, обшивать, опалубливать, упаковывать в ящик*
encased *заключенный в оболочку, помещенный в кожух*
encased column *железобетонная колонна с жесткой несущей арматурой*
encased in concrete *заделанный в бетон*
encasing *облицовка, обшивка*
encastré *врезка*
encircling highway *кольцевая автодорога*

enclose (vb.) *защищать, ограждать, помещать в корпус, содержать в себе*
enclosed against weather *защищенный от осадков*
enclosed court *внутренний дворик*
enclosed volume *рабочий объем*
enclosure *корпус, оболочка, огороженное место, ограждение, тепляк*
encompass (vb.) *обводить рвом, обносить стеной, окружать*
encrust *корка, котельный камень, накипь*
encrust (vb.) *покрываться коркой, покрываться накипью*
encrustation *кора, накипь, налет, покров*
end *конец, оконечность, рабочее ребро, торец*
end (vb.) *кончать, прекращать*
end abutment *береговой устой моста*
end anchorage *концевая анкеровка, концевое крепление преднапряженной арматуры железобетона*
end arch brick *концевой клиновой кирпич, концевой лекальный кирпич*
end bearing length *длина зоны опирания (напр. балки)*
end cap *торцевая заглушка, торцевая крышка, торцевая пробка*
end crater [weld] *кратер в конце шва*
end door *дверь в задней стенке вагона или машины*
end elevation *фасад с фронтоном*
end face *торцевая поверхность*
end fillet weld [weld] *поперечный угловой шов*
end fixing *концевое крепление*
end grain *поперечное сечение доски, торцевое волокно;* [woodw.] *текстура на торце*
end-grain cutting *поперечный распил*
end-grained wood *древесина с торцевым волокном*
end hook [concr.] *концевой крюк арматуры*
end joint *вертикальный шов кладки, торцевое соединение, тычковый шов кладки*
endless belt *бесконечная лента конвейера, бесконечный приводной ремень*
endless belt conveyor *ленточный конвейер, ленточный транспортер*
endless belt elevator *ленточный подъемник, элеватор*
endless chain conveyor *патерностер, подъемник непрерывного действия*
endless saw *ленточная пила*
endless screw *бесконечный винт, червяк*
end moment *концевой момент, опорный момент*
end-nail *костыль*
end piece *концевая деталь*
end plate *днище, концевая крышка, концевой опорный щит, стойка полного дверного оклада, торцевая крышка*
end plug *торцевая заглушка*
end product *готовая продукция, конечный продукт*
end rotation *угол поворота узла, узловой поворот*
end seal *торцевое уплотнение*
end span *концевой пролет, крайний пролет*

end support *концевая опора, крайняя опора*
end tap *концевое соединение внахлестку*
end thrust *осевое давление, осевое усилие*
end to end joint [carp.] *соединение впритык по всей длине, соединение встык по всей длине*
endurance *выносливость, износостойкость, стойкость, усталостная прочность*
endurance limit *предел выносливости, предел усталости*
endurance strength *предел выносливости, предел усталости*
endurance test *испытание на выносливость*
endure (vb.) *выдерживать, переносить, противостоять*
enduring *долговечный, износостойкий*
end view *вид сбоку*
end wall *торцевая стена*
endways *отвесно, прямо, стоймя*
energize (vb.) *включать напряжение, возбуждать, подавать питание, подключать к источнику питания*
energized *активизированный, включенный, подсоединенный к источнику питания*
energy *энергия*
energy certificate *выпускное свидетельство источника питания*
energy conservation *сохранение энергии, экономия энергии*
energy conserving *сохраняющий энергию, экономичный*
energy consuming *потребление энергии*
energy consumption *потребление энергии, расход энергии*
energy efficient *с низким энергопотреблением*
energy equation *уравнение энергии*
energy grade line *линия полной удельной энергии потока*
energy gradient *линия полной удельной энергии потока*
energy intensive *энергоемкий*
energy loss *потери энергии*
energy management *борьба с потерями энергии*
energy resource *источник энергии*
energy-saving *экономящий энергию, энергосберегающий*
energy savings *экономия энергии, энергосбережение*
energy source *источник питания, источник энергии*
energy supply *подача энергии, энергообеспечение, энергоснабжение*
energy transfer *передача энергии*
engage (vb.) *вводить в зацепление, включать, заказывать, зацеплять(ся)*
engagement *включение, зацепление, защелкивание, контакт*
engage with (vb.) *вводить в контакт с, зацеплять(ся)*
engine *двигатель, машина*
engine driven *с механическим приводом*
engineer *инженер, механик, монтер*
engineering *конструирование, машиностроение, техника*
engineering brick *высокопрочный кирпич, кирпич повышенной прочности*
engineering design shop drawing *рабочий чертеж*
engineering drawing *технологический чертеж*
engineering follow up *доводка, доработка в процессе эксплуатации, технический надзор*

engineering material *конструкционный материал, машиностроительный материал*

engineering plastics *конструкционная пластмасса*

engineering strain *относительная продольная деформация, продольная деформация, техническая деформация (отношение общей деформации к исходной длине)*

engineer's wrench *гаечный ключ*

engine failure *дефект двигателя*

engine powered *с механическим приводом*

engine room *машинный отсек*

engine shed [rail] *депо*

engine trouble *дефект двигателя*

English bond *английская перевязка;* [mason] *перевязка по цепной системе*

English cross bond *голландская перевязка;* [mason] *английская крестовая перевязка*

English garden wall bond *американская перевязка;* [mason] *перевязка по многорядной системе*

English truss *английская ферма с нисходящими раскосами, стропильная треугольная ферма с нисходящими раскосами*

enhance (vb.) *повышать, увеличивать, усиливать*

enhancement *модернизация, повышение, расширение, совершенствование, усиление*

enlarge (vb.) *пристраивать, расширять, увеличивать*

enlargement *пристройка, увеличение*

enrich (vb.) *обогащать*

enrockment *каменная наброска, отсыпка камня в воду*

ensure (vb.) *гарантировать, обеспечивать*

entablature *антаблемент*

entangled *перепутанный*

entanglement *заграждение (напр. проволочное)*

entering of water *просачивание воды*

entire *весь, полный, целый*

entrainment *вовлечение воздуха в бетонную смесь, увлечение, унос жидкости*

entrance *вестибюль, вход, доступ, устье штольни, холл*

entrance point *вход, въезд*

entrance ramp *наклонный въезд, пандус*

entrance slip road *пандус*

entrap (vb.) *задерживать (напр. воду), защемлять, улавливать*

entrapped air *защемленный воздух в бетонной смеси*

entrapped gas *увлеченный газ*

entry point *вход, подход, точка входа;* [road] *подъезд*

entry slip road *пандус*

envelop (vb.) *обволакивать, огибать, окружать*

envelopment *оболочка, ограждающая конструкция*

environment *внешние условия, окружающая среда, окружение, операционная среда, условия работы*

environmental *экологический*

environmentally acceptable *приемлемый с экологической точки зрения*

environmentally sound *приемлемый с экологической точки зрения*
environmental prerequisites *экологические предварительные условия, экологические предпосылки*
environmental requirements *экологические требования*
eolian sand *наносный песок*
epoxide *эпоксид, эпоксисоединение*
epoxy *эпоксидная смола*
equal *одинаковый, равный*
equality *равенство*
equalize (vb.) *выравнивать, компенсировать, корректировать, стабилизировать, уравнивать*
equalizing *компенсация, коррекция*
equal leg angle *равнобокий уголок*
equal-sided angle iron *равнобокий уголок*
equation *уравнение;* [mat.] *равенство, уравнение*
equation of equilibrium *уравнение статического равновесия*
equiangular *равноугольный*
equiangular spiral *логарифмическая спираль*
equidistant *равноотстоящий, равноудаленный*
equidistant planes *равноотстоящие плоскости*
equilateral *равносторонний*
equilibrate (vb.) *уравновешивать*
equilibrium *положение равновесия, равновесие, состояние равновесия*
equilibrium condition *состояние равновесия*
equilibrium equation *уравнение статического равновесия*
equilibrium moisture content *равновесная влажность*
equilibrium of statics *статическое равновесие*
equilibrium state *состояние равновесия*
equip (vb.) *оборудовать, оснащать, снабжать, снаряжать, экипировать*
equipment *аппаратные средства, аппаратура, оборудование, оснащение*
equipment depot *склад оборудования*
equip with (vb.) *оснащать чем-либо*
equivalent *эквивалент*
equivalent (adj.) *равнозначный, равноценный, эквивалентный*
erase (vb.) *соскабливать, стирать, счищать*
erect (vb.) *возводить, монтировать, собирать, соружать, устанавливать*
erect (adj.) *вертикальный, прямой*
erecting *монтаж, сборка, установка*
erecting crane *грузоподъемный кран, монтажный кран*
erecting scaffolding *строительные леса*
erection *возведение здания, возведение сооружения, монтаж, строительство*
erection drawing *монтажная схема, монтажный чертеж*
erection in situ *сборка на месте*
erection on the job *сборка на месте*
erection size *монтажные размеры*
erection tolerance *допуск на монтаж*

erection truss *строительная ферма*

erection weld *монтажный шов, сварной шов*

erection welding *сварка при монтаже*

erector *монтажник, сборщик*

erode (vb.) *корродировать, разрушать, разъедать*

erosion *размыв, разрушение, эрозия*

erosive *разъедающий, эрозионный*

erroneous *неверный, ошибочный*

error *ошибка, погрешность*

error-free *безошибочный*

error of closure *зазор, просвет, щель*

error of construction *ошибка в конструкции*

error of design *ошибка в конструкции*

error of measurement *погрешность измерения*

error range *масштаб погрешности*

escalator *эскалатор*

escape *водосброс, выпуск, выпускное отверстие, просачивание, течь, улетучивание, утечка*

escape (vb.) *вытекать, выходить, просачиваться, терять, улетучиваться*

escape balcony *запасной балкон*

escape door *запасная дверь*

escape hatch *аварийный люк*

escape route *запасной путь*

escape valve *перепускной клапан*

escape way *запасной выход*

escarpment *крутой откос насыпи или вала, откос земляной плотины*

escutcheon *маскирующий фланец трубы (для маскировки отверстия в полу или стене), накладка дверного замка*

espagnolette *шпингалет, приводимый в действие рукояткой в центре переплета*

essay *проба*

essence of turpentine [chem.] *скипидарное масло*

essential *главный, основной*

establish (vb.) *основывать, создавать, устанавливать*

establishment *образование, создание*

establishment charges *организационные расходы*

estate *земельный участок, территория строительства*

estimate *оценка, предварительный расчет, смета*

estimate (vb.) *оценивать, подсчитывать, рассчитывать, составлять смету*

estimate drawing *расчетный чертеж*

estimation *оценка, подсчет, расчет*

etch (vb.) *гравировать, обнажать заполнитель в бетоне, травить кислотой*

etching *гравирование, травление*

ethine [chem.] *ацетилен*

evacuate (vb.) *откачивать, разрежать воздух*

evacuation *опорожнение водохранилища, откачка, разрежение, создание вакуума, удаление чего-л. из сосуда или аппарата*

evaluate (vb.) *находить значение величины, оценивать*
evaluation *оценка*
evaporate (vb.) *выпаривать(ся), испарять(ся), улетучивать(ся)*
evaporation *выпаривание, испарение, парообразование, превращение в пар*
evaporation residue *осадок после выпаривания*
evaporation testing *испытание испарительной способности котла*
even (vb.) *выравнивать, ровнять*
even (adj.) *равномерный, ровный, четный*
evenly distributed *равномерно распределенный*
evenness *гладкость, равномерность, ровность*
event *мероприятие, событие*
eventuality *возможность, возможный случай, случайность*
evident *очевидный*
evolute [geom.] *эволюта*
evolution *выделение (напр. газов), извлечение корня, эволюция*
evolution of heat *выделение теплоты;* [concr.] *экзотермия*
evolve (vb.) *выделять(ся) (о газах), издавать запах*
exact *верный, точный*
examination *испытание, исследование, осмотр, экспертиза*
examine (vb.) *исследовать, осматривать, производить экспертизу*
excavate (vb.) *вынимать грунт, копать, производить земляные работы, рыть котлован*
excavated earth *вынутый грунт*
excavated soil *вынутый грунт*
excavating *земляные работы*
excavating depth *глубина котлована*
excavating machine *землеройная машина*
excavating plan *график землеройных работ*
excavation *выемка грунта, грунт из выемки, земляные работы, разработка карьером, рытье котлована*
excavation equipment *землеройная техника, экскаваторное оборудование*
excavation level *уровень копания*
excavation residues *остаток грунта в котловане*
excavation soil *вынутый грунт*
excavation works *землеройные работы*
excavator *экскаватор*
exceed (vb.) *превосходить, превышать, преувеличивать*
excelsior (US) *древесная стружка*
excess *избыток;* [mat.] *остаток*
excess (adj.) *избыточный, чрезмерный*
excess heat *избыточное тепло*
excess height *избыточная высота*
excessive asymmetry of fillet weld *чрезмерный перекос углового сварочного шва*
excessive convexity *излишняя выпуклость*
excessive length *излишняя длина*
excessive penetration [weld] *излишняя глубина проникания*
excessive strain *чрезмерная деформация*
excessive stress *чрезмерное напряжение*

excess length *излишняя длина*

excess load *чрезмерная нагрузка*

excess pressure *избыточное давление, чрезмерное давление*

excess weld metal [weld] *избыток наплавленного металла*

exchange *обмен*

exchange (vb.) *заменять, обменивать*

exchangeable *взаимозаменяемый, сменный*

exchange piece *заменяемая деталь, порция информации при обмене данных*

exclusive bus lane *дорожная полоса только для автобусного движения*

exclusive lane *дорожная полоса только для движения спецтранспорта*

excrete (vb.) *выделять(ся), извергать(ся)*

excretion *выделение, извержение*

execute (vb.) *выполнять, исполнять*

execution *выполнение, исполнение*

exempt (vb.) *изымать из юрисдикции), освобождать от налога*

exemption *освобождение от налога, предоставлять льготы*

exfoliation *отслоение, расслоение, слет (дефект глазури, эмали), шелушение*

exhaust *выпуск, выпускная труба, выхлоп, выхлопная труба*

exhaust (vb.) *выпускать, откачивать, разрежать, создавать вакуум*

exhaust air *отработавший воздух, отсосанный воздух*

exhausted *вытяжной, изношенный, разреженный (воздух)*

exhauster *вытяжной вентилятор, эксгаустер*

exhaust fan *вытяжной вентилятор, эксгаустер*

exhaust gas *выхлопной газ, отработавший газ*

exhaustion *выпуск, выхлоп, отсос*

exhaust system *вытяжная система, исчерпывающая система*

exhaust ventilation *вытяжная вентиляция*

exhaust water *отработавшая вода*

existing grade *уровень поверхности земли*

exit *выход*

exit (vb.) *выходить*

exit point *место выхода*

exit road *выезд*

expand (vb.) *развальцовывать, раскатывать, растягивать, расширять, расширять(ся), увеличиваться в объеме;* [mat.] *раскрывать формулу*

expandable *растяжимый, расширяемый*

expanded *вспученный, растянутый, расширенный*

expanded aggregate [concr.] *пористый заполнитель*

expanded clay *вспученная глина, керамзит*

expanded joint *раструбный стык*

expanded metal *тянутый металл*

expanded plastic *пенопласт, пластмасса, расширяющаяся при застывании*

expanded polystyrene *пенополистерол*

expanded rubber *губчатая резина, пенистая резина, пенорезина, ячеистая резина*

expanding *расширяющийся*
expanding cement *расширяющийся цемент, самонапрягающийся цемент*
expanding dowel *анкерный штырь*
expansibility *коэффициент расширения, растяжимость*
expansible *растяжимый, эластичный*
expansion *вальцовка, вспенивание пенопласта, разбухание, раскатка, растяжение, расширение*
expansion bend *трубопроводный компенсатор*
expansion bolt *анкерный податливый болт;* [mining] *анкер с разрезной распорной гильзой*
expansion by heat *расширение при нагревании*
expansion curve *кривая расширения*
expansion gap *температурный зазор*
expansion joint *компенсатор теплового расширения, компенсационный шов, компенсирующий стык для трубопровода, соединение с промежуточным сильфоном, температурный шов*
expansion pipe *компенсационная труба, уравнительная труба*
expansion ratio *коэффициент расширения, относительное расширение*
expansion screw *установочный винт, юстировочный винт*
expansion seam *температурный шов*
expansion-shell anchor bolt *анкерный болт*
expansion tank *расширительный бак*
expansion vessel *расширительный бак*
expansive force *усилие расширения*
expansiveness *коэффициент объемного расширения, расширяемость*
expansive properties *компенсационные свойства, способность к расширению*
expect (vb.) *ожидать, предполагать*
expected life *предполагаемая долговечность*
expected value *предполагаемая стоимость*
expedient *целесообразный*
expel (vb.) *вытеснять*
expendable *одноразовый, разового применения*
expenditure *затрата, издержки, расход*
expense of, at the *за счет*
expenses *затраты, издержки, расходы*
experience *опыт*
experience base *основа опыта*
experiment *опыт, эксперимент*
experimental *экспериментальный*
experimental road *экспериментальная дорога*
experimental stretch of road *экспериментальный участок дороги*
experimental weld *пробный сварной шов*
expert *консультант, специалист, эксперт*
expertise *квалификация, специальные знания, экспертиза*
experts *эксперты*
expert's report *отчет эксперта*
explode (vb.) *взрывать(ся)*

exploration *изыскательские работы, исследование*
explosion *взрыв*
explosion-proof *взрывобезопасный*
explosive(s) *взрывчатые вещества*
explosive charge *заряд взрывчатого вещества*
explosive gelatin(e) *пластиковая взрывчатка*
explosive material *взрывчатое вещество*
explosive power *сила взрыва*
explosive rivet *взрывная заклепка, пирозаклепка, разрывная заклепка*
exponent *экспонента;* [mat.] *показатель степени, порядок числа*
exponential function *показательная функция, экспоненциальная функция*
expose (vb.) *оставлять незащищенным, оставлять открытым, подвергать воздействию (напр. лучей)*
exposed *незащищенный, обнаженный, открытый*
exposed aggregate [concr.] *обнаженный заполнитель*
exposed aggregate concrete *бетонная смесь с обнаженным заполнителем*
exposed brickwork *наружная зона кирпичной кладки*
exposed surface *открытая поверхность*
exposed-to-view *открытый для обзора*
exposed wire *наружный провод, открытый провод*
expose to (vb.) *подвергать воздействию чего-либо*
exposure *воздействие, незащищенность от воздействия, облучение, обнажение пород;* [mining] *выход пласта на поверхность*
exposure of aggregate [concr.] *открытое хранение заполнителя*
exposure to heat *тепловое воздействие*
express (vb.) *выжимать*
expressroad *скоростная автодорога*
expressway *скоростная автодорога*
expressway (US) *автострада*
expropriation *экспроприация*
expulse (vb.) *выбрасывать, выталкивать*
extend (vb.) *выдаваться, вытягивать(ся), пристраивать, простираться, растягивать(ся), расширять, смешивать, удлинять;* [paintw.] *разбавлять*
extended *вытянутый, протянутый, расширенный, увеличенный, удлиненный, широкий*
extender *наполнитель (в производстве пластмассы), удлинитель;* [chem.] *разбавитель, сухой разбавитель*
extender pigment *наполнитель*
extensibility *растяжимость*
extensible *растяжимый*
extension *выступ, вытягивание, добавление, консольная часть вала, крыло здания, пристройка, растяжение, расширение, ствольная коробка, ствольная рама, удлинение, удлиненный конец, удлинитель, флигель;* [telecom.] *распространение*
extension at fracture *удлинение при изломе*
extension cord (US) [electr.] *удлинительный шнур*
extension flex (UK) [electr.] *удлинительный шнур*
extension ladder *выдвижная лестница*

extensive *обширный, протяженный*

extent *диапазон, мера, непрерывная область памяти, протяженность, степень*

extent of inspection *степень контроля*

extent of tolerances *шкала допусков*

exterior *внешний вид*

exterior (adj.) *внешний, наружный*

exterior column *наружная колонна*

exterior concrete *наружные зоны бетона в сооружении*

exterior paint *краска для наружных работ, фасадная краска*

exterior panel *наружная панель*

exterior screw thread *наружная резьба*

exterior span *наружный пролет*

exterior support *наружная опора*

exterior thread *наружная резьба*

exterior wall *наружная стена*

external *внешний, наружная сторона*

external (adj.) *внешний, наружный*

external basement wall *наружная стена подвала*

external broach *развертка для наружной обработки*

external calliper gauge *измерительная вилка, калиберная скоба*

external cavity wall *наружная пустотелая стена*

external cladding *наружная обшивка стен здания, наружное плакирование*

external dimensions *наружные габариты, наружные размеры*

external face *наружная поверхность*

external force *внешнее усилие, внешняя сила*

external heating element *наружная отопительная батарея, наружный отопительный элемент*

external measurements *наружные размеры*

external screw thread *наружная резьба*

external screw thread cutting *нарезание наружной резьбы*

external sill [build.] *наружный силл*

external staircase *наружная лестница*

external stretching *выкружка, криволинейная поверхность*

external surface *наружная поверхность*

external thread *наружная резьба*

external vibrator [concr.] *навесной вибратор, поверхностный вибратор*

external wall *наружная стена*

external wall panel *наружная стеновая панель*

extinguish (vb.) *гасить, тушить*

extinguisher *гаситель, огнетушитель*

extinguishing installation *противопожарная установка*

extra *дополнительный, запасной*

extract (vb.) *извлекать, экстрагировать*

extract air *отработавший воздух*

extraction system *вытяжная система, система выделения*

extraction ventilation *вытяжная вентиляция*

extractive industry *добывающая промышленность*

extractor *вытяжной вентилятор, клещи, корчевальная машина, щипцы, экстрактор*

extractor plant *вытяжная установка, вытяжной агрегат*

extrados *верхнее очертание арки, верхняя выпуклая поверхность между пятами арки или свода, наружная выпуклая поверхность между пятами арки или свода*

extraneous matter *примесь*

extras *дополнительное оборудование, дополнительные расходы, принадлежности*

extreme *край, крайнее значение, предел, экстремальное значение, экстремум*

extreme (adj.) *крайний, предельный*

extreme end *оконечность*

extreme fibre stress *напряжение в крайнем волокне*

extreme point *крайняя точка, предельная точка*

extreme position *крайнее положение*

extreme value *крайнее значение, экстремальное значение*

extremity *конец, крайняя точка*

extrinsic *внешний, наружный, несобственный*

extrude (vb.) *выдавливать, выталкивать, вытеснять, штамповать с вытяжкой, экструдировать*

extruded electrode [weld] *прессованный электрод*

extruded profile *прессованный профиль*

exudation *выделение, выделяемое вещество, просачивание, проступание, экссудат*

eye *отверстие, петля, проушина, ушко*

eye bar *стержень или тяга с серьгой или проушиной на одном или двух концах*

eye bolt *болт с проушиной, рым-болт*

eyelet *глазок, маленькое ушко, монтажный пистон, петелька*

eyelet bolt *болт с проушиной*

eyelet pliers *дыропробивные клещи*

eye protection *средство защиты глаз*

eye protectors *защитные очки*

eye screw *винт с петлей или ушком, рым*

F

fabric *здание без отделочных работ, остов, текстиль;* [text.] *материя*
fabricate (vb.) *выделывать, изготовлять, производить*
fabricated metal products *металлические изделия, метизы*
fabrication *изготовление, производство*
fabricator *изготовитель, производитель*
fabric-reinforced [concr.] *армированный сеткой*
facade *фасад*
facade column *колонна фасада*
facade component *деталь фасада*
facade paint *краска для отделки фасада*
facade panel *деталь фасада*
facade restoration *реставрация фасада*
facade unit *деталь фасада*
facade wall *фасадная стена*
face *грань, лицевая сторона, наружная поверхность, облицовка, отделка, торец, фасад*
face (vb.) *облицовывать, отделывать, торцевать*
face brick *облицовочный кирпич*
face broaching *наружная протяжка*
faced nut *отторцованная гайка*
faced plywood *фанерованный шпон*
face guard *защитная маска, защитный щиток сварщика, шлем-щиток для защиты лица, щиток сварщика*
face imperfection *дефект поверхности*
face joint *фасадный шов*
face mask *защитная маска, шлем-щиток для защиты лица*
face of a plank *пласт доски*
face of a wall *наружная поверхность стены*
face of contact *поверхность контакта*
face of joint *поверхность шва*
face of wall *лицевая сторона стены*
face screen *защитный щиток сварщика, щиток сварщика*
face shield *защитный щиток сварщика, щиток сварщика*
face shovel *экскаватор прямая лопата*
face side *лицевая сторона*
face slab *облицовочная плита*
facet *грань, фаска, фацет*
facet(t)ed *граненый, многогранный*
facet(t)ing *огранка*
face veneer *облицовочный шпон*
face wall *фасадная лицевая стена*
face wrench *торцовый ключ*
facilities *аппаратура, оборудование, приспособления, производственные помещения, средства, устройства*
facility *линия связи, средство, устройство*
facing *бетонирование поверхности, внешний слой, защитная облицовка, защитный слой, лицевой, наружное покрытие, обкладка, облицовка, облицовочная формовочная смесь, облицовочный, облицовочный песок, обшивка, одежда откоса, покрытие, припыл, съемный наконечник электрода*

facing bond *ложковая перевязка кирпичной кладки*
facing brick *лицевой кирпич, облицовочный кирпич*
facing materials *облицовочные материалы*
facing plaster *штукатурка*
facing sheet *облицовочный лист*
facing stone *облицовочный камень, фасадный камень*
facing wall *фасадная стена*
factor *коэффициент, фактор;* [mat.] *множитель, показатель*
factor by (vb.) [mat.] *умножать*
factorial n [mat.] *факториал n-ого порядка, факториал N чисел*
factor of safety *запас прочности, коэффициент безопасности*
factory *завод, предприятие, фабрика*
factory building *заводской корпус*
factory-built *заводского изготовления, промышленный*
factory lacquering *заводская лакировка*
factory made *заводского изготовления, промышленный*
factory preset *заводская регулировка, заводская установка, отрегулированный на заводе*
factory setting *заводская регулировка, заводская установка*
fact sheet *рекламный проспект, таблица данных*
fade *постепенно изменяться*
fade (vb.) *блекнуть, выцветать, обесцвечиваться, увядать*
faded (adj.) *выцветший, поблекший, увядший*
fadeless *невыцветающий*
fading *выцветание, обесцвечивание, потеря окраски, просветление наведенной окраски*
faggot [hydr.] *фашина*
Fahrenheit scale *шкала Фаренгейта*
faience *фаянс*
fail (vb.) *выходить из строя, давать перебои, ломаться, отказывать, разрушаться*
failing of a dyke *прорыв плотины*
fail safe *отказоустойчивость*
fail-safe *безотказный, бесперебойный, надежный*
failure *авария, неисправность, отказ, повреждение, поломка, разрушение конструкции, сбой*
failure cause *причина неисправности*
failure circle *круг разрушения*
failure condition *стадия разрушения, условие разрушения*
failure load *разрушающая нагрузка*
failure moment *разрушающий момент*
failure pattern *структура излома*
failure plane *плоскость разрушения*
failure surface *поверхность разрушения*
faint *бледный, неотчетливый, тусклый*
fair and traditional practices *установившаяся практика*
fair faced brickwork *гладкая лицевая кладка, гладкая стена*
fair faced formwork *гладкая опалубка, гладкая форма;* [concr.] *форма для декоративного бетона*
fairway arch *пролет арочного моста в судоходной части*
faithful reproduction *точная копия, точное воспроизведение*

fake *поддельный*

fake (vb.) *подделывать*

fall *падение, понижение, скат, склон, снижение, спуск, уклон;* [hydr.] *падение реки*

fall (vb.) *ослабевать, падать*

falling board *опускная дверь*

falling in *обвал, разрушение*

falling pawl *падающая защелка, падающая собачка*

fall in ground water level *падение горизонта грунтовых вод, падение уровня грунтовых вод*

falling weight *свободно падающая баба копра*

fall of temperature *падение температуры*

fall-pipe *водосточная труба, спускная труба*

fall test *испытания на удар*

false [log.] *ложный*

false annual (growth) ring *ложное годичное кольцо дерева*

false bottom *временный настил, двойное дно, съемный пол*

false ceiling *подвесной потолок, фальш-потолок*

false floor *временный пол, съемный пол, черный пол*

false heartwood [woodw.] *ложная сердцевина*

false hip roof [arch.] *двускатная шатровая крыша*

false panel *сплошная обшивка*

false roof *верхняя половина мансардной крыши*

false set [concr.] *ложное схватывание*

falsework *кружало, опалубка, подмостки, строительные леса*

falsework for ceilings *опалубка для потолка*

falsework timber [concr.] *опалубочный пиломатериал*

falsification *подделка*

fan *воздуходувка*

fan blower *крыльчатый вентилятор*

fancy batten *багет, декоративная планка*

fan heater *вентиляторный отопительный агрегат, воздушный отопительный агрегат, калорифер, тепловентилятор*

fanlight (UK) *окно над дверью*

fanning *вентиляция*

fan shaft *вал вентилятора*

farm road *проселочная дорога*

fascia *поясок;* [arch.] *сандрик*

fascia board *полка, фаска;* [arch.] *валик*

fascia line *бордюрная линия*

fascine [hydr.] *фашина*

fascine mattress [hydr.] *фашинный тюфяк*

fascine work [hydr.] *укрепление фашинами откоса или берега*

fashion (vb.) *придавать форму, формовать*

fashioning *придание формы, формование*

fast *быстродействующий, быстрый, жестко закрепленный, закрепленный, крепежный элемент, крепкий, прочный, стойкий (о цвете), твердый*

fasten (vb.) *зажимать, заколачивать ящик, закреплять, затвердевать (о строительном растворе), свинчивать, скреплять, схватываться (о строительном растворе), укреплять*

fasten by anchor bolt (vb.) *крепить анкерным болтом*

fasten by glueing (vb.) *приклеивать, склеивать*

fasten by rivets (vb.) *заклепывать, скреплять заклепками*

fasten by tenon and mortise (vb.) *зашиповывать;* [woodw.] *соединять шипами*

fasten by wedges (vb.) *заклинивать*

fastener *зажим, крепеж, крепежная деталь, крепежное средство, оконная задвижка, скрепа, соединительная деталь, фиксатор*

fastening *зажим, закрепление, крепежная деталь, крепление, скрепление, фиксация*

fastening bolt *крепежный болт*

fastening bow *крепежная скоба*

fastening bracket *крепежная скоба*

fastening by wedges *заклинивание окна*

fastening device *крепежная деталь, крепежное приспособление*

fastening element *крепежный элемент*

fastening iron *монтажная арматура*

fastening screw *крепежный винт*

fasten with rivets (vb.) *заклепывать, скреплять заклепками*

fasten with screws (vb.) *скреплять винтами*

fastness *стойкость, устойчивость*

fastness to sea water *стойкость к воздействию морской воды*

fastness to staining *коррозионная стойкость*

fastness to water *водонепроницаемость, водостойкость, водоупорность*

fast setting *быстро схватывающийся*

fast to acids *кислотоустойчивый*

fast to exposure *устойчивый к воздействию окружающей среды*

fast to light *светостойкий*

fast to water *водостойкий*

fat *жир*

fat clay *жирная глина*

fat collector *жироуловитель*

fatigue *усталость*

fatigue crack *усталостная трещина*

fatigue damage *усталостное разрушение*

fatigue failure *усталостное разрушение*

fatigue fracture *усталостная трещина*

fatigue life *наработка до усталостного разрушения, усталостная долговечность*

fatigue limit *предел выносливости*

fatigue point *усталостная точка*

fatigue resistance *усталостная прочность*

fatigue strength *предел усталости, сопротивление усталости, усталостная прочность*

fatigue stress *напряжение выше предела усталости, напряжение от усталости*

fatigue test *испытания на выносливость, испытания на усталость*

fat separator *жироотделитель*

fat trap *жироуловитель*

faucet *вентиль, водопроводный кран*

fault *дефект, неисправность, повреждение*

fault clearance *устранение повреждений или неисправностей*

fault-finding vehicle *автомобиль с измерительной аппаратурой, измерительный вагон, контрольный вагон*

faultless *безупречный*

fault location *обнаружение неисправностей или повреждений*

faulty *аварийный, дефектный, неисправный, ошибочный, поврежденный*

faulty design *ошибка в конструкции*

faulty material *дефектный материал*

faulty operation *сбой в работе*

faulty performance *работа со сбоями*

faying surface *прилегающая поверхность*

feasibility *возможность, выполнимость, осуществимость*

feasible *вероятный, возможный, выполнимый, осуществимый*

feather *шип, шпонка;* [woodw.] *гребень*

feather (vb.) [woodw.] *соединять гребнем, шипом, шпонками, шпунтом*

feather-edged brick *клинчатый кирпич, лекальный кирпич, фасонный кирпич*

feathering [woodw.] *соединение в шпунт и гребень*

feather key *призматическая шпонка*

feature *особенность, признак, свойство, характеристика;* [el.] *топографический элемент*

federal road (US) *скоростная магистраль*

fee *гонорар, плата за услуги*

feed *питание, подача*

feed (vb.) *загружать, питать, подавать, подводить*

feed conduit *питательная линия, питательный трубопровод*

feeder *воронка, железнодорожная ветка, загрузочное устройство, питатель, питающий механизм, подающий механизм, транспортер, фидер;* [hydr.] *дозатор, приточный канал*

feeder cable *питающий кабель, подводящий кабель;* [electr.] *фидер*

feeder line *фидер*

feeder mains [electr.] *магистральный кабель*

feeder road *подъездная дорога, транспортная артерия*

feed hopper *загрузочная воронка, загрузочный бункер, подающий карман для перфокарт*

feeding *загрузка, питание, подача, подводка*

feeding conduct *питающий кабелепровод, фидер*

feeding conveyor *питатель, питающий конвейер или транспортер*

feeding funnel *загрузочная воронка*

feeding machine *загрузочный агрегат*

feeding pump *питательный насос*

feeding worm *шнековый питатель*

feed pipe *подающая труба*

feed pump *питательный насос, подающий насос*

feed screw *шнековый питатель*

feedstock *исходный материал*

feeler *зонд, щуп*

felt *войлок, кровельный картон, рубероид*

felting *свойлачивание*

felt joint *войлочная муфта*
felt roofing *кровельный картон, рубероид*
felt washer *войлочная прокладка, войлочная шайба*
female *с внутренней резьбой*
female connector *гнездовая контакт-деталь с внутренней резьбой*
female end *гнездовая контакт-деталь с внутренней резьбой*
female mould *матрица*
female thread *внутренняя резьба*
fence *дорожное ограждение, забор, ограда, щит*
fence in (vb.) *обносить забором*
fence lath *штакетник*
fence post *столб забора или ограждения*
fence wire *проволочное ограждение*
fencing *ограда, ограждение*
fenestra *небольшое окно, проем в стене*
fenestration *распределение оконных проемов по фасаду здания*
ferriferous *железистый, железосодержащий*
ferroconcrete *железобетон*
ferrous metal *черный металл*
ferruginous *железистый, железосодержащий*
ferrule *бугель сваи, зажим, скоба*
ferrule (vb.) *обжимать*
ferry berth *паромный причал*
ferry quay *паромная пристань*
festoon *гирлянда;* [arch.] *фестон*
fetch (vb.) *всасывать, выбирать, вызывать, доставать, забирать воду, захватывать*
fetid *зловонный*
fettle (vb.) *зачищать, обтесывать*
fiber (US) *волокно*
fibre (UK) *волокно*
fibreboard *ДВП, древесноволокнистая плита, фибровый картон, ящичный картон*
fibreboard gasket *картонная прокладка*
fibreboard sheathing *строительный изоляционный картон*
fibre building board *ДВП, древесноволокнистая плита*
fibre concrete *дисперсно-армированный бетон, фибробетон*
fibre glass *стекловолокно, фибергласс*
fibre glass coat *стекловолокнистое покрытие*
fibre glass reinforced *армированный стекловолокном*
fibre-optical light guide *волоконный волновод, волоконный световод*
fibre-optical waveguide *волоконный волновод, волоконный световод*
fibre-optic cable *волоконно-оптический кабель, оптоволоконный кабель, световодный кабель*
fibre-reinforced concrete *дисперсно-армированный бетон, фибробетон*
fibre structure *волокнистая структура, волокнистое строение*
fibrous absorbing material *волокнистый поглощающий материал*
fibrous concrete *дисперсно-армированный бетон, фибробетон*
fibrous gypsum *фиброгипс*
fibrous iron *железо волокнистого строения*

fibrous plaster *штукатурка с волокном*

field *область, поле, пространство;* [tv] *область*

field, in the *в области*

field connection *монтажное соединение*

field experience *практический опыт*

field experiment *испытания на практике, эксперимент в условиях эксплуатации*

field of application *область применения*

field of competence *сфера компетенции*

field of utilization *область применения*

field rivet *временная заклепка, монтажная заклепка*

field test *испытания в эксплуатационных условиях, полевые испытания*

field trial *испытания в эксплуатационных условиях, полевые испытания*

field weld [weld] *монтажный шов*

field welding *сварка в полевых условиях, сварка при монтаже*

field wiring *временная электропроводка*

field work *монтаж на месте, установка на месте*

figure *показатель, рисунок, фигура, цифра, чертеж, численное значение*

figured dimension *размер на чертеже или на рисунке, цифровая размерность*

figured glass *орнаментное стекло, узорчатое стекло*

figured wired glass *армированное проволокой узорчатое стекло*

figure out (vb.) *вычислять, калькулировать, рассчитывать*

filament *волосок, нить*

filament bulb *лампа накаливания*

filament lamp *лампа накаливания*

file *картотека, напильник, файл*

file (vb.) *заносить в файл, обрабатывать напильником, формировать файл*

filigree corrosion *нитевидная коррозия*

fill *загрузка, заполнение, заправка, засыпка, наброска, наполнение, насыпь*

fill (vb.) *заполнять, заправлять, наливать, наполнять(ся), насыпать, отсыпать, шпаклевать, шпатлевать*

fill area *площадь отсыпки дорожного полотна*

filled joint *замоноличенный шов*

filler *герметик, горловина, наливное отверстие, наполнитель, прокладка, шпаклевка, шпатлевка*

filler material *наполнитель;* [concr.] *добавка;* [weld] *присадочный металл*

filler metal [weld] *присадочный металл*

filler plate *вставка, прокладка*

filler plug *пробка*

filler rod [weld] *присадочный пруток*

filler wire [weld] *присадочная проволока*

fillet *брусок, валик, вставная рейка, планка, шпунт;* [arch.] *горизонтальный поясок;* [woodw.] *галтель*

filleted joint [woodw.] *соединение в шпунт*

fillet plane *калевка, фигурный рубанок*
fillet weld *угловой сварной шов*
fill in (vb.) *заливать, заполнять, засыпать, наполнять*
filling *вкладывание, загрузка, заделка, заливка, заполнение, заправка, засыпка, наполнение, наполнитель, пломба, пломбирование, шпатлевка;* [paintw.] *шпаклевка*
filling chest *бак, контейнер*
filling compound *наполнитель*
filling earth *земляная засыпка (материал)*
filling funnel *наливная воронка*
filling hole *наливное отверстие*
filling-in *догрузка, досыпка, загрузка, заделка, заливка, заполнение каменной кладкой, заправка, засыпка, наполнение*
filling knife *шпатель*
filling level *уровень заполнения*
filling machine *загрузочная машина*
filling material *засыпка (материал), наполнитель, шпатлевка;* [paintw.] *шпаклевка*
filling opening *наливное отверстие*
filling orifice *наливное отверстие*
filling piece *вставка*
filling up *заделка, заливка, заполнение, заправка, засыпка, наполнение*
filling valve *наполнительный клапан*
filling volume *объем наполнения*
filling wall *глухая стена*
fillister *калевка, фальцовка*
fillister head screw *винт со сфероцилиндрической головкой*
fill material *наполнитель, наполняющее вещество*
fill out (vb.) *заполнять, засыпать, наполнять*
fill slope *откос насыпи*
fill up (vb.) *догружать, досыпать, заделывать, заполнять, наполнять*
film *пленка, тонкий слой, фольга*
film thickness *толщина пленки*
filter *фильтр*
filter (vb.) *фильтровать*
filter cake *кек, корж, лепешка, осадок, остаток на фильтре*
filter capacity *пропускная способность фильтра*
filter gravel *фильтрующий гравий*
filtering *фильтрование*
filter layer *фильтрующий слой*
filter material *фильтрующий материал*
filter respirator *респиратор с фильтром*
filter sand *фильтрующий песок*
filter surface *фильтрующая поверхность*
filter well *поглощающий колодец, фильтровальный колодец*
filth *грязь, отбросы*
filthy *грязный*
filtration *фильтрация, фильтрование*
filtration gravel *фильтрующий гравий*

fin *грат, облой, пластинка, ребро;* [met.] *заусенец*
final (adj.) *заключительный, конечный, окончательный*
final check *последняя проверка*
final compression pressure *конечное давление сжатия*
final fracture *окончательное разрушение, статическое разрушение*
final grinding *чистовое шлифование*
final inspection *контроль готовой продукции*
finalized drawing *окончательный чертеж*
final mix *товарная бетонная смесь*
final planing *чистовое строгание*
final polishing *чистовая полировка*
final pressure *конечное давление*
final run [weld] *последний проход*
final settling tank *вторичный отстойник*
final stress [phys.] *конечное напряжение, установившееся напряжение*
final test *заключительные испытания*
final total [mat.] *конечный итог, окончательный итог*
final treatment *чистовая обработка*
final value *конечная величина, окончательная стоимость*
final volume of concrete *объем товарной бетонной смеси*
find (vb.) *искать, находить, обнаруживать, устанавливать*
fine *тонкий*
fine (vb.) *очищать, рафинировать*
fine (adj.) *высокопробный, мелкий (о резьбе), мелкозернистый, очищенный, рафинированный, тонкий, чистый*
fine adjustment *тонкая настройка, точная регулировка*
fine aggregate *мелкий заполнитель*
fine bituminous concrete *мелкозернистый асфальтобетон*
fine cold asphalt *мелкозернистая асфальтобетонная смесь в холодном состоянии*
fine crushing *мелкий помол*
fine dust *тонкий порошок*
fine file *бархатный напильник*
fine finish *чистовая отделка*
fine-grained *мелкозернистый;* [woodw.] *мелкослойный*
fine-grained soil *мелкокомковая почва*
fine gravel *мелкий гравий*
fine grinding *высокая степень измельчения, тонкий помол, тонкое шлифование*
fine-hair broom *щетка из тонкого волоса*
fine material *мелкозернистый материал;* [road] *наполнитель*
fine-meshed *мелкоячеистый*
fineness *крупность измельчения, тонкость измельчения*
fineness modulus *модуль крупности*
fineness of grain *крупность зерен*
fineness of grind *тонина помола*
fine pitch thread *мелкая резьба*
fine plaster *мелкозернистая штукатурка*
fine polishing *тонкое шлифование*
fines *мелкодисперсный материал, мелкозернистая фракция*

fine sand *мелкий песок*

fine screen *сито с мелкими отверстиями*

fine sieving *просеивание через сито с мелкими отверстиями*

fine-textured *с максимальной тонкостью помола, с мелкозернистой структурой*

fine thread *мелкая резьба*

finger *палец, стрелка прибора*

finger joint *шиповое соединение*

finger screw *винт крепления пальца*

fining coat *накрывочный слой штукатурки;* [build.] *накрывка*

finish *верхний слой штукатурки, доводка, отделка, фактура, чистовая обработка*

finish (vb.) *завершать, накладывать накрывочный слой штукатурки, обрабатывать начисто, оканчивать, отделывать, снимать острые углы, шлифовать*

finish coat *накрывка, накрывочный слой, отделочное покрытие*

finished *законченный, обработанный начисто, отделанный начисто*

finished grade *уровень земли после окончания работ по благоустройству территории*

finished iron *сортовая сталь*

finished product *готовое изделие, конечный продукт*

finisher *финишер;* [road] *бетоноукладчик*

finish-grind (vb.) *доводить шлифовкой, производить чистовую шлифовку*

finish grinding *доводочное шлифование, чистовое шлифование*

finishing *доводка, доделка, отделка, отделочные работы, чистовая затирка штукатурки, чистовая обработка*

finishing coat *верхний покров, кроющая краска, накрывочный слой штукатурки, окончательная окраска, отделочный слой, отделочный слой штукатурки, покрытие*

finishing component *декоративный элемент сооружения, отделочный элемент сооружения*

finishing mortar *штукатурный раствор*

finishing paint *кроющая краска*

finishing process *чистовая обработка*

finishing varnish *кроющий лак*

finishing work *отделочные работы*

finish nail *обойный гвоздь*

finish paint *кроющая краска*

finish planing *чистовое строгание*

finish polishing *доводочное шлифование, чистовое шлифование*

finish sanding [woodw.] *окончательная зачистка шлифовальной шкуркой*

finned tube *ребристая труба*

fire *огонь, пожар*

fire (vb.) *разводить огонь, разжигать, топить печь*

fire alarm *пожарная сигнализация*

fire alarm installation *система пожарной сигнализации*

fire barrier *противопожарная перемычка, противопожарный заслон*

fire behaviour *характер распространения пожара*
fire brick *огнеупорный кирпич, шамотный кирпич*
fire cement *огнеупорный цемент*
fireclay *огнеупорная глина*
fireclay brick *огнеупорный кирпич, шамотный кирпич*
firecracker welding *сварка лежачим электродом*
fire damage *ущерб от пожара*
fire danger *опасность пожара*
fire detector *датчик пожарной сигнализации, сигнализатор пожара, термоизвещатель*
fire door *противопожарная дверь*
fire escape *пожарная лестница, пожарный выход*
fire exit *пожарный выход*
fire extinction *пожаротушение, тушение огня*
fire extinguishant *средство пожаротушения*
fire extinguisher *огнетушитель, противопожарное устройство, средство пожаротушения*
fire extinguishing *пожаротушение, тушение огня*
fire extinguishing equipment *противопожарный инвентарь*
fire extinguishing installation *противопожарная установка*
fire extinguishing plant *противопожарная установка*
fire fighting *пожаротушение, тушение огня*
fire fighting appliance *средство пожаротушения*
fire fighting equipment *противопожарный инвентарь*
fire hazard *пожароопасность*
fire hazard classification *классификация пожароопасности*
fire hose *пожарный шланг*
fire hydrant *пожарный кран*
fire insurance *страхование от пожара*
fireplace *камин, очаг, топка*
fire plug *стендер*
fire point *температура воспламенения*
fire precaution *противопожарное мероприятие*
fire prevention *противопожарные мероприятия, профилактика от пожара*
fireproof *жароупорный, несгораемый, огнеупорный*
fireproof brick *огнеупорный кирпич, шамотный кирпич*
fireproof door *противопожарная дверь*
fireproofing *ведение противопожарных мероприятий, придание огнестойкости, пропитка огнестойким составом*
fireproof material *огнеупорный материал*
fireproof mortar [build.] *огнеупорный раствор, шамотный раствор*
fire protection *пожарная охрана, противопожарная защита, противопожарные мероприятия*
fire-protective ability *степень обеспечения противопожарной безопасности*
fire-protective door *противопожарная дверь*
fire rating *степень пожарной опасности*
fire resistance *жароупорность, несгораемость, огнестойкость, огнеупорность*
fire resistance test *испытания на огнестойкость*

fire resistant *жароупорный, несгораемый, огнестойкий, огнеупорный*
fire resistant construction *огнестойкое сооружение*
fire resistant paint *огнестойкая краска*
fire resisting *жароупорный, несгораемый, огнестойкий, огнеупорный*
fire resisting construction *огнестойкое сооружение*
fire resisting property *огнестойкость, характеристика по огнестойкости*
fire retardant *огнезадерживающий, огнезащитный*
fire retardant paint *краска для огнезащитных покрытий*
fire retarding *огнезадерживающий, огнезащитный*
fire risk *пожароопасность, риск возникновения пожара*
fire safety *противопожарная безопасность*
fire sand *жаростойкий песок, огнеупорный песок*
fire shutter *заслонка топки*
fire spread *распространение пожара*
fire stability *огнестойкость*
fire test *испытания на огнестойкость*
fire tube *жаровая труба*
fire wall *брандмауэр*
firing *горение, запуск, обжиг, сжигание*
firm *крепкий, плотный, стойкий, твердый*
firm bottom *твердое дно*
firmness *твердость*
firm of building contractors *подрядная строительная фирма*
firring *обшивка досками*
first aid box *аптечка*
first aid kit *аптечка*
first angle projection method [geod.] *метод проекции первого квадранта*
first coat *грунтовое покрытие;* [paintw.] *грунтовка*
first cost *первоначальная стоимость*
first floor (UK) *второй этаж*
first floor (US) *первый этаж*
first member of equation [mat.] *первый член уравнения*
first staining [woodw.] *предварительное морение*
firwood *хвойная древесина*
fish (vb.) *перекрывать стык накладкой*
fish-bar [rail] *рельсовая накладка, стыковая накладка*
fish bolt [rail] *стыковой болт*
fished joint *соединение со стыковой накладкой*
fishing [rail] *перекрывание рельсового стыка накладкой*
fish joint [rail] *рельсовый стык с накладкой*
fishplate *стыковая накладка*
fishplate screw *винт стыковой накладки*
fissure *разрыв, трещина*
fissuring *растрескивание, сетка мелких трещин*
fit *посадка, посадочный размер*
fit (vb.) *входить без зазора, монтировать, пригонять, присаживать, собирать, точно соответствовать, устанавливать*
fit (adj.) *подходящий, пригнанный, пригодный, совместимый, соответствующий, соразмерный*

fit bolt *призонный болт*
fit in (vb.) *пригонять*
fitment *пригонка*
fitness *годность*
fitness for use *годность к употреблению*
fit out (vb.) *оборудовать, оснащать*
fitted carpet *ковер, уходящий под плинтус*
fitted cupboard *встроенный шкаф*
fitter *сборщик, слесарь-монтажник*
fitting *арматура, монтаж, ниппель, патрубок, пригонка, сборка, фитинг, штуцер*
fitting allowance *припуск на пригонку*
fitting block *пригоночная деталь*
fitting-out *монтаж, монтажные работы, оборудование, оснащение*
fitting piece *пригоночная деталь*
fittings *арматура, крепеж, фитинги*
fitting surface *пригоночная поверхность*
fit together (vb.) *монтировать, пригонять*
fit with (vb.) *оборудовать, оснащать*
fix (vb.) *закреплять, затвердевать, сгущать(ся), стопорить, укреплять, устанавливать, фиксировать*
fixed *закрепленный, неподвижный, стационарный, фиксированный*
fixed anchor *анкерный столб, мертвяк*
fixed arch *бесшарнирная арка*
fixed beam *балка с защемленными концами, защемленная балка*
fixed datum *закрепленная геодезическая точка;* [geod.] *репер*
fixed end *защемленный конец конструкции*
fixed-end arch *бесшарнирная арка*
fixed-ended beam *балка с защемленными концами, защемленная балка*
fixed-ended column *жесткая колонна*
fixed-end moment *изгибающий момент, вызванный защемлением, момент защемления*
fixed frame *стационарный корпус*
fixed installation *стационарная установка*
fixed light *постоянное освещение*
fixed limit *установленный предел*
fixed link *неподвижное звено*
fixed point *репер;* [geod.] *опорная точка;* [mat.] *фиксированная запятая*
fixed pulley *направляющий блок лифта*
fixed sash window *окно с глухими створками*
fixed sheet wall *жесткая шпунтовая стенка*
fixed socket-outlet *штепсельная розетка*
fixed stop *ограничитель, упор*
fixed weir [hydr.] *глухая плотина*
fixed window *глухое окно*
fixing *закрепление, застопоривание, затвердевание, прикрепление, сгущение, фиксация*
fixing bolt *крепежный болт*
fixing device *зажимное приспособление, стопорное устройство*

fixing flange *глухой фланец, заглушка*

fixing in a wall *маяки штукатурки в стене, пробки*

fixing iron *крепежная скоба*

fixing lug *стопорный выступ, фиксатор*

fixing of quantities *определение количества, фиксирование величин*

fixing part *крепежная деталь*

fixing point *точка крепления*

fixing screw *крепежный винт*

fixing slot *прорезь для крепления*

fixture *зажим, зажимное приспособление, неподвижно закрепленная деталь, обойма, осветительная арматура, хомут*

flag *плита для мощения, плитняк, признак, флаг*

flag (vb.) *мостить плитами*

flagging *мостовая из плит или плитняка, мощение плитами, плитняк для мощения, плиты для мощения*

flag station [rail] *полустанок*

flagstone *плита для мощения, плитняк, тротуарная плита*

flagstone paving *мостовая из плит или плитняка*

flake *пластинка, чешуйка*

flake (vb.) *отслаиваться, шелушиться*

flake board *древесностружечная плита*

flaking *отслаивание, шелушение*

flame arrester *пламегаситель*

flame brazing *пайка с применением нагрева пламенем*

flame cleaning *огневая очистка*

flame control *регулирование длины факела, стабилизация пламени*

flame cutter *газопламенный резак*

flame cutting *газопламенная резка*

flamed brick *обожженный кирпич*

flame grooving *газопламенная строжка*

flame-proof *негорючий, огнестойкий, пожаробезопасный*

flame-proof glass *огнестойкое стекло*

flame resistance *огнестойкость*

flame resistant *огнезащитный, огнестойкий*

flame resistant finish *огнезащитное покрытие*

flame resistant glass *огнестойкое стекло*

flame retardant *огнезащитный состав*

flame retardant (adj.) *огнезащитный, пламегасящий*

flame retardant treatment *обработка огнезащитным составом*

flame retarded *огнезащищенный*

flame soldering *пайка с применением нагрева пламенем*

flame spraying *газовая металлизация, газопламенное напыление*

flame spread *газовая металлизация, газопламенное напыление*

flame spreading property *способность к газопламенному напылению*

flame spreading speed *скорость газопламенного напыления, скорость распространения огня*

flame spreading time *продолжительность газопламенного напыления*

flame test *испытания на воспламеняемость*

flame trap *пламеуловитель*

flaming *воспламенение*

flammability *воспламеняемость, горючесть*

flammable *воспламеняемый, воспламеняющийся, горючий, огнеопасный*

flammable liquid *легковоспламеняющаяся жидкость, огнеопасная жидкость*

flammable substance *горючее вещество, огнеопасное вещество*

flange *буртик, выступ, заплечик, отбортованный край, полка, пояс балки, фланец;* [rail] *подошва рельса*

flange (vb.) *загибать кромку, окаймлять, отбортовывать*

flange angle *угол балки, угол полки*

flange bend *колено с фланцами*

flange bush *втулка с заплечиком*

flange connection *фланцевое соединение*

flange coupling *фланцевая муфта, фланцевое соединение*

flanged joint *соединение с отбортовкой кромок*

flanged pipe *фланцевая труба*

flanged socket *фланцевая соединительная муфта*

flange plate *фланжированный лист*

flange screw *винт с буртиком*

flange splice *фланцевый стык*

flange width *ширина полки*

flanging *загибание кромок, отбортовка*

flank of hill *склон горы*

flap *заслонка, откидная дверца, откидная крышка, откидное приспособление, подъемное крыло моста, створка*

flap bridge *разводной мост*

flap door *заслонка, откидная дверца*

flap gate [hydr.] *клапанный затвор*

flap hinge *двустворчатая накладная петля, шарнир*

flap lid *откидная крышка*

flap valve *откидной клапан, створчатый клапан, шарнирный клапан;* [rail] *хлопушечный клапан*

flare *блеск, вспышка*

flare (vb.) *вспыхивать, выдаваться наружу, выступать, гореть ярким пламенем, мерцать*

flared *идущий раструбом, расширяющийся*

flaring nut *гайка с буртиком или фланцем*

flash *блеск, вспышка, грат, заусенец, обжиг стекла, облой, фартук кровли*

flash (vb.) *блестеть, воспламеняться, крыть листовым железом*

flashback *обратный удар пламени в шланг сварочной горелки;* [weld] *проскок пламени*

flash-butt welding *стыковая сварка оплавлением*

flashed glass *накладное стекло*

flashed opal glass *накладное опаловое стекло*

flashing *блеск, вспыхивание, дуговой разряд, обжиг стекла, покрытие из листового железа, фартук*

flashing and trim *покрытие из листового железа и выравнивание кромки крыши*

flashing material *материал фартука кровли*

flashing point *температура воспламенения, точка вспышки*

flashing sheet *кровельный лист*

flashlight *карманный фонарь*

flash-off time [paintw.] *время удаления воздуха*

flashover *искрение;* [electr.] *поверхностный пробой*

flash point *температура воспламенения, точка вспышки*

flash removal *удаление заусенцев или грата*

flash set [concr.] *ложное схватывание, мгновенное схватывание*

flash temperature *температура воспламенения, точка вспышки*

flash welding *стыковая сварка оплавлением*

flask *колба, фляга*

flat *настил, платформа, полосовая сталь*

flat (adj.) *горизонтальный, плоский, пологий, ровный*

flat (UK) *квартира*

flat arch [arch.] *коробковая арка, пологая арка, сегментная арка*

flat area *плоскость, площадь*

flat bar *полосовой металл*

flat-belt conveyor *ленточный транспортер*

flat-bottom rail [rail] *рельс с плоским основанием*

flat brush [paintw.] *плоская кисть*

flat building sheet *облицовочный лист*

flat butt weld [weld] *стыковой шов*

flat cable *ленточный кабель, плоский кабель*

flat-chase (vb.) *нарезать резьбу плоской гребенкой*

flat chisel *плоская стамеска, плоское долото*

flat clamp *струбцина*

flat cold chisel *плоская стамеска, плоское долото*

flat countersunk bolt *болт с плоской потайной головкой*

flat down-hand weld *шов, накладываемый в нижнем положении;* [weld] *нижний шов*

flat drill *перка, перовое сверло*

flat file *плоский напильник*

flat fillet weld [weld] *нормальный угловой шов*

flat film *плоская фотопленка, форматная фотопленка*

flat glass *листовое стекло, плоское стекло*

flat grate *колосниковая решетка*

flat head *плоская головка винта*

flat-head rivet *заклепка с плоской головкой*

flat joint *шов в подрезку каменной кладки*

flat jumber *долотчатый бур*

flat key *шпонка на лыске*

flat lead *листовой свинец*

flatness *плоскостность, пологость, прямолинейность*

flatness fault *отклонение от плоскостности стекла*

flatness tolerance *допуск на плоскостность*

flat-nosed and cutting nippers *кусачки, острогубцы*

flat nose pliers *плоскогубцы*

flat pin [electr.] *плоский штырь штепселя*

flat plate floor *безбалочное перекрытие, железобетонное перекрытие*

flat pointing [mason] *плоская расшивка швов*

flat rail *плоский рельс*

flat rate *единообразная ставка налога, фиксированная цена*

flat rolled steel *плоский стальной прокат*

flat roof *плоская крыша, плоское покрытие*
flats *полосовая сталь*
flat scraper *плоская цикля*
flat slab floor *безбалочное перекрытие, железобетонное перекрытие*
flat spring *плоская пружина*
flat steel *полосовая сталь*
flat surface [paintw.] *матовая поверхность*
flat suspended floor slab *подвесная плита перекрытия*
flatten (vb.) *выпрямлять, выравнивать, плющить, править, раскатывать, рихтовать, сглаживать*
flattened *сплющенный*
flattening *выравнивание, правка, рихтовка, сплющивание*
flattening hammer *плющильный молоток, рихтовальный молоток, чеканочный молоток*
flat thread *квадратная резьба, прямоугольная резьба*
flat tile *плоская черепица*
flatting agent *матирующая добавка к лакам и краскам*
flatting varnish *приготовительный лак, шлифовальный лак*
flat varnish *матовый лак*
flat welding *сварка в нижнем положении*
flaw *брак, дефект, изъян, порок, разрыв, трещина*
flaw (vb.) *трескаться*
flaw detection *дефектоскопия*
flawless *без дефектов*
fleck *крапинка, пятно, червоточина*
flection *изгибание, сгибание*
Flemish bond *фламандская перевязка кирпичной кладки*
Flemish brick *обожженный кирпич*
Flemish garden-wall bond *фламандская перевязка кирпичной кладки по многорядной системе*
flex (UK) [electr.] *шнур*
flex cracking *растрескивание под действием изгиба*
flexibility *гибкость, упругость*
flexible *гибкий, ковкий, податливый, упругий, эластичный*
flexible conduit *гибкий трубопровод*
flexible construction *гибкая конструкция*
flexible cord [electr.] *гибкий шнур*
flexible disc joint *подвижное дисковое соединение*
flexible hose *гибкий шланг*
flexible pressure pipe *напорный шланг*
flexible suction pipe *гибкий всасывающий шланг*
flexible wire *гибкая проволока, гибкий провод*
flexing *изгибание, сгибание*
flex slab *нежесткая плита*
flexurally rigid *жесткий к изгибу*
flexural member *изгибаемый элемент конструкции, элемент, работающий на изгиб*
flexural resistance *сопротивление изгибу*
flexural rigidity *жесткость к изгибу*
flexural strength *прочность на изгиб, сопротивление изгибу*
flexural strength at break *предел прочности на изгиб*

flexural stress *изгибающее усилие, напряжение при изгибе*
flexure *выгиб, изгиб, изгибание, прогиб*
flexure test piece *образец для испытания на изгиб*
flier *ступень прямой лестницы*
fliers *лестничный марш*
flight *виток резьбы, лестничный пролет*
flight of locks *каскад шлюзов, многоступенчатый шлюз*
flight of outside steps *марш наружной лестницы*
flight of stairs *лестничный марш, пролет лестницы*
flight of steps *лестничный пролет*
flimsy (adj.) *непрочный, слабый*
flint *кремень, кремневая галька*
flint cloth *шкурка*
flint glass *бесцветное стекло, оптическое стекло, флинтглас*
flint mill *шаровая мельница*
flint paper *наждачная шкурка*
flitch *брус неквадратного сечения, горбыль*
float *волочильная доска, гладилка, мастерок штукатура, поплавок, терка;* [mason] *кельма*
float (vb.) *держаться на поверхности, плыть*
float actuator *поплавковая камера*
float-controlled valve *поплавковый распределительный клапан*
floated concrete *подаваемый по желобу бетон, текучий бетон*
floated surface *заглаженная бетонная поверхность, заглаженная поверхность*
floater *поплавок*
floating *затирка поверхности*
floating (adj.) *свободнолежащий, свободнонесущий, свободно опертый;* [electr.] *незаземленный*
floating bridge *мостовой паром, наплавной мост, понтонный мост*
floating crane *плавучий кран*
floating dam *батопорт, кессон, плавучий затвор*
floating floor *плавающий пол, пол на упругом основании*
floating plaster *второй намет штукатурки*
floating regulating valve *поплавковый распределительный клапан*
float switch *поплавковое реле*
flocculate (vb.) *выпадать хлопьями, осаждаться хлопьями, флоккулировать*
flocculation *флоккуляция, хлопьеобразование*
flocculent *хлопьеобразующий*
flock wallpaper *тисненые обои*
flood *наводнение, паводок, половодье, разлив*
flood (vb.) *заполнять, наводнять, наполнять водой, орошать*
flood barrier *дамба, перемычка для защиты от наводнения*
flood control *борьба с наводнениями, регулирование паводков*
flood gate *шлюзовые ворота*
flooding *затопление*
flood protection *защита от наводнения, противопаводочные мероприятия*
flood water *паводковая вода*
floor *днище, дно, междуэтажное перекрытие, настил, пол, помост, проезжая часть моста, этаж, ярус*

floor (vb.) *настилать пол, укладывать настил*
floorage *площадь пола, площадь этажа*
floor area *общая площадь помещений, площадь пода печи*
floor beam *балка лестничной площадки, балка перекрытия, поперечная балка мостового настила*
floor board *половица*
floor boards *доски настила, половицы*
floor component *элемент конструкции перекрытия*
floor concrete *раствор для устройства стяжки*
floor covering *верхний слой покрытия пола, отделочный слой покрытия пола*
floor drain *сток в полу*
floor felt *лайнер, облицовочный картон для пола*
floor finish *отделочный слой пола*
floor framework *каркас пола*
floor girder *балка пола*
floor grinder *циклевочная машина*
floor gypsum *гипс для выравнивания пола, гипсовый раствор для выравнивания пола*
floor hatch *люк в полу*
floor heating *подогрев пола*
floor height *высота этажа*
flooring *настил, настилка полов, настилочный материал, покрытие пола, пол, проезжая часть моста, строганые доски для пола, флоринги*
flooring boards *половицы*
flooring joist *ригель перекрытия*
flooring nail *фасонный гвоздь для деревянных полов*
flooring plank *доска для настилки полов*
flooring tile *плитка для полов*
floor joist *балка пола, ригель пола*
floor lamp *торшер*
floor level *высота этажа, уровень пола*
floor line *отметка уровня чистого пола*
floor loading capability *несущая способность перекрытия*
floor mat *коврик, циновка*
floor mortar *строительный раствор для стяжки*
floor oil *грунтовка;* [paintw.] *грунт*
floor opening *отверстие в полу*
floor plan *поэтажный план*
floor polish *мастика для натирки полов*
floor sealer [paintw.] *грунтовка для полов, лак для полов*
floor shuttering *опалубка плиты перекрытия*
floor slab *плита перекрытия*
floor slab panel *плита перекрытия*
floor socket outlet *напольная штепсельная розетка*
floor space *общая площадь помещений, площадь пола*
floor-space ratio *коэффициент использования площади*
floor structure *конструкция междуэтажного перекрытия*
floor surface *поверхность пола*
floor tile *плитка для полов*

floor tiler *рабочий-плиточник*

floor-to-ceiling height *высота помещения*

floor unit *элемент конструкции перекрытия*

floor varnish *лак для пола, олифа для пола*

floor wax *мастика для натирки пола*

floor wearing surface *верхний слой пола, поверхность износа пола*

flour of emery *мелкий наждачный порошок*

flour of gipsum *гипсовый порошок*

flow *поток, расплывание, растекание, расход воды, сток, текучесть, течение, циркуляция в замкнутой системе*

flow (vb.) *вытекать, растекаться, течь*

flow area *площадь сечения потока*

flow behaviour [met.] *режим потока*

flow channel *проток*

flowchart *блок-схема*

flow chart *диаграмма потока*

flow coating *покрытие, наносимое поливом, эмалирование поливом*

flow diagram *диаграмма потока, схема последовательности операций, схема работы, схема технологического процесса, технологическая карта*

flow earth [geol.] *плывун*

flower bed *клумба*

flowers of sulphur [chem.] *серный цвет*

flow gauge *водомер, расходомер*

flow in (vb.) *впадать, втекать*

flowing *истечение, течение*

flowing (adj.) *разливающийся, текущий*

flowing water *проточная вода*

flowline *линия связи по блок-схеме*

flow line *линия потока, линия тока*

flow meter *водомер, гидромер, расходомер, стокомер*

flow mixer *прямоточный смеситель*

flow of air *воздушный поток*

flow out (vb.) *вытекать*

flow path *проток*

flow pipe *подающий трубопровод*

flow plan [electr.] *блок-схема*

flow pressure *давление потока*

flow rate *расход, скорость потока, скорость течения*

flow resistance *гидравлическое сопротивление, сопротивление потока*

flow sensing element *индикатор потока*

flow string *подъемный трубопровод, стояк водопровода*

flow table [concr.] *виброплощадка, технический вискозиметр*

flow-table test *испытания на виброплощадке для определения удобоукладываемости бетонной смеси*

flow temperature *температура потока*

flow-through time *время прохождения потока*

flow velocity *скорость потока*

fluate *флюат*

fluctuate (vb.) *изменяться, колебаться*

fluctuating *изменчивый, изменяющийся, колеблющийся*

fluctuating compressive stress *переменное напряжение при сжатии*

fluctuation *изменения, колебания, неустойчивость*

flue *воздухопровод, вытяжная труба, газоход, дымоход*

flue ash *зола-унос*

flue duct *газоход, дымоход*

flue dust *колошниковая пыль, котельный унос*

flue funnel *дымовая труба, дымоход*

flue gas *топочный газ*

flue gas analysis *анализ топочных газов*

fluent *текучий*

fluid *жидкость*

fluid (adj.) *жидкий, текучий*

fluid concrete *литой бетон*

fluid dynamics *гидродинамика*

fluidity *жидкое состояние, подвижность, текучесть*

fluid power *гидравлика*

fluid pressure *гидростатическое давление, давление жидкости*

flume *желоб, лотковый акведук, лоток для подачи бетонной смеси, открытый водовод*

fluorescence *флуоресценция*

fluorescent *флуоресцентный, флуоресцирующий*

fluorescent glass *светящееся стекло*

fluorescent lamp *лампа дневного света*

fluorescent lamp fitting *арматура ламп дневного света*

fluorescent lighting *освещение лампами дневного света*

fluorescent tube *флуоресцентная трубка*

flush *продувка, промывка сильной струей, сильная струя*

flush (vb.) *обильно течь, продувать, промывать сильной струей, смывать сильной струей*

flush (adj.) *врезной, гладкий, находящийся вровень, установленный заподлицо, утопленный*

flush basin *промывной бассейн*

flush bolt *дверной шпингалет*

flush bushing *ниппель, соединительная втулка*

flush-faced door *дверь заподлицо со стеной, дверь с гладким полотном*

flush fitting [electr.] *внутренняя проводка*

flushing *продувка, промывка, расшивка шва кирпичной кладки, смывание*

flushing box *смывной бачок*

flushing cistern *смывной бачок*

flushing tank *смывной бачок*

flushing-up line *гидроизоляция стыка, фартук*

flushing water *промывочная вода*

flush joint *гладкий шов, заполненный шов, затертый шов;* [mason] *расшивка в подрезку;* [woodw.] *соединение впотай*

flush kerb *утопленный бордюрный камень*

flush-mounted *заделанный впотай*

flush mounting *заделка заподлицо, установка заподлицо*

flush pipe *промывная труба, смывная труба*

flush-riveted *закрепленный заклепкой с плоской головкой*
flush socket [electr.] *утопленная штепсельная розетка*
flush switch [electr.] *утопленный выключатель*
flush-type socket outlet [electr.] *утопленная штепсельная розетка*
flush valve *промывочный клапан*
flush water *промывочная вода*
flush weld [weld] *шов без усиления, шов с плоской лицевой поверхностью*
flush with *вровень, заподлицо*
flush with (vb.) *заделывать заподлицо*
flute *бороздка, канавка, паз;* [arch.] *каннелюра*
flute (vb.) *вытягивать каннелюры при штукатурных работах, гофрировать, делать выемки*
fluted *гофрированный, желобчатый, рифленый, с пазами*
fluted capital *рифленая капитель*
fluted glass *волнистое стекло, рифленое стекло*
fluting *выемка, канавка, нарезка, рифление;* [arch.] *каннелюры колонны*
fluting plane *галтель*
flux *поток, флюс для пайки*
fluxed *флюсованный*
fluxed bitumen *разжиженный нефтяной битум на нелетучем разбавителе*
fluxing agent *флюс*
fluxing material *флюс*
flux material *флюс*
fly ash *зола-унос*
fly ash cement *цемент с добавкой золы-уноса*
fly dust *котельный унос*
flyer *ступень прямой лестницы*
fly grit *зола-унос*
flying bond [mason] *ложковая перевязка*
flying bridge *висячий мост*
flying buttress *аркбутан;* [arch.] *контрфорсная арка*
flying scaffold *подвесные подмости*
fly nut *барашковая гайка, крыльчатая гайка*
fly-over [road] *мост-путепровод*
fly-over crossing *перекресток в разных уровнях*
fly-over intersection *дорожная развязка в разных уровнях*
fly-over junction *дорожная развязка в разных уровнях*
foam *пена*
foam (vb.) *вспенивать, пениться*
foam-backed *с покрытием из пеноматериала*
foamed concrete *пенобетон, ячеистый бетон*
foamed glass *пеностекло*
foamed plastic *пенопласт*
foamed polystyrene *пенополистирол*
foam extinguisher *пенный огнетушитель*
foam fire extinguisher *пенный огнетушитель*
foaming *вспенивание, пенообразование*
foam-in-place *вспенивание в изделии*

foam-in-situ *вспенивание в изделии*
foam mat *пенопластовый мат*
foam mortar *ячеистый бетон*
foam moulding *переработка пенопластов, формование пенопластов*
foam plaster *ячеистый гипс*
foam polystyrene *пенополистирол*
foam rubber *пенорезина*
fog *пелена, туман*
fog curing *уход за бетоном методом распыления воды*
foil *пленка, фольга*
foil-backed *с подложкой из фольги*
fold *сгиб, складка, створ двери, фальц*
fold (vb.) *загибать, перегибать, сгибать, складывать, фальцевать*
folded joint *фальц, фальцевое соединение*
folded plate *складчатая конструкция*
folded-plate roof *складчатое покрытие*
folding *отбортовка кромок, сгибание, фальцовка*
folding container *складной контейнер*
folding door *створчатая дверь*
folding machine *универсально-гибочная машина*
folding press *универсально-гибочная машина*
folding wall *раздвижная стенка*
foliferous tree *лиственное дерево*
foliferous wood *лиственная древесина*
follow-up *гарантийное обслуживание, контроль сроков исполнения*
food waste disposal unit *мельница для кухонных отбросов*
foolproof (adj.) *безопасный при неумелом или неосторожном обращении, защита от случайных ошибок оператора или персонала, защищенный от неосторожного или неумелого обращения, рассчитанный на пользование необученным персоналом, с защитой от неправильного включения*
foot *ножка, опора, цоколь*
foot (ft) *фут (мера длины)*
footage *длина в футах*
foot bath *таз*
footboard *подножка, ступенька*
foot bridge *пешеходный мост*
footfall sound *звук шагов*
footing *нижний слой, опора, основание, подошва фундамента, подстилающий слой, фундамент, цоколь;* [graph.] *внесение дополнительной информации в виде вертикальных полей в системе обработки текста*
footing foundation *фундаментная плита в виде сплошной подушки*
footing stone *камень для кладки цоколя*
foot irons *монтерские когти, скобы для подъема*
foot of a rafter *стропильная нога*
foot of rail *подошва рельса*
footpace *промежуточная площадка трапа*
footpath *мостки, пешеходная дорожка, помост, тротуар*
foot piece *лежень, подставка*
foot pipe *всасывающий патрубок насоса*

foot rule *дюймовая масштабная линейка*

foot screw *упорный винт*

foot traffic *пешеходный поток*

footway *мостки, пешеходная дорожка, рабочий мостик, тротуар*

force *сила, усилие*

force (vb.) *вгонять, нагнетать, насаживать, принуждать, форсировать*

forced air circulation *принудительная циркуляция воздуха*

forced draft *принудительная тяга воздуха, принудительная циркуляция воздуха*

force diagram *диаграмма усилий*

forced ventilation *принудительная вентиляция*

forced vibration *вынужденные колебания*

force fit *прессовая посадка, тугая посадка*

force line [phys.] *силовая линия*

force majeure *непреодолимая сила, форс-мажор*

force of friction *сила трения*

force of inertia *сила инерции*

force polygon [phys.] *силовой многоугольник*

force pump *нагнетательный насос*

force triangle *треугольник сил*

force value *величина усилия, значение силы*

forcing pipe *нагнетательная труба*

forcing pump *нагнетательный насос*

forecast *прогноз*

forecourt *палисадник*

foreground *передний план, приоритетный*

forehand welding *левая сварка, сварка левым способом*

foreign matter *инородное тело*

foreign substance *инородное тело*

forelock bolt *шплинт*

foreman *бригадир, мастер, прораб*

forest road *лесная дорога*

forest track *лесная дорога*

forge *горн, кузница*

forge (vb.) *ковать, штамповать*

forgeable *ковкий*

forge cold (vb.) *ковать вхолодную*

forged *кованый*

forged piece *поковка*

forge steel *кованая сталь*

forge welding *кузнечная сварка*

forging *горячая штамповка, ковка, объемная штамповка, поковка*

forging die *ковочный штамп*

forging hammer *кузнечный молот*

forgings *поковка*

for industrial use *для промышленного потребления*

fork *ветвление процесса, вилка, вилочный захват, разветвление, развилка*

forked *вилкообразный, вильчатый*

fork pin *цапфа в вилкообразной части детали*

fork spanner *вильчатый гаечный ключ*
fork wrench *вильчатый гаечный ключ*
form *бланк, вид, форма;* [concr.] *опалубка;* [met.] *изложница*
form (vb.) *придавать форму, формировать;* [concr.] *формовать;* [met.] *заливать в изложницу*
form a knee (vb.) *сгибаться под углом*
form an angle with (vb.) *образовывать угол*
format *оформление, форма, формат*
format (vb.) *форматировать*
formation *земляное полотно, образование;* [road] *основание*
formation of cracks *растрескивание, трещинообразование*
formation of dew *отпотевание*
form beam *фасонная балка*
form buckling [concr.] *коробление формы*
form change *изменение формы*
form clamp *фасонный зажим*
form coating *смазка для форм*
form-coating compound *смазка для форм*
form construction *конструкция формы или опалубки*
formed piece *фасонная деталь*
form element [concr.] *деталь опалубки*
form erection [concr.] *установка форм*
form face [concr.] *рабочая поверхность формы*
form factor *коэффициент формы*
forming *профилирование, формование, формовка, штамповка*
forming oil *смазка для форм*
forming without stock removal *пластическое формование*
Form of Tender *форма предложения о заключении контракта*
form oil *смазка для форм или опалубки*
form panel *щит опалубки*
form plywood *клееная фанера для опалубки*
form release agent [concr.] *средство для распалубки*
form removal [concr.] *распалубка*
form stripping [concr.] *распалубка*
form tie *обвязка формы или опалубки*
form tool *фасонный резец*
formula *формула*
formulation *формулирование*
form up (vb.) [concr.] *укладывать в опалубку*
form vibrator [concr.] *наружный вибратор*
formwiper [concr.] *формосъемщик*
formwork *опалубочные формы, устройство опалубки;* [concr.] *опалубка*
formwork drawing [concr.] *чертеж опалубки*
formwork drying shrinkage [concr.] *усыхание опалубки*
formwork for column *опалубка для колонны*
formwork for floor slab *форма для плиты перекрытия*
formwork vibration *вибрирование формы*
for reasons of design *из конструктивных соображений*
fortification *повышение прочности, укрепление, усиление*
fortify (vb.) *усиливать конструкцию*

fortuitous *случайный*

forward (vb.) *отгружать, отправлять*

forward(s) *вперед, поставки*

forward-bent *отогнутый*

forward welding *левая сварка, сварка левым способом*

foul (vb.) *загрязнять(ся), засорять(ся)*

foul (adj.) *грязный, загрязненный*

foul clay *пластичная глина*

fouling *загрязнение, засорение, неверное показание прибора, неполадка*

foul-smelling (adj.) *зловонный*

foul water *сточная вода*

found (vb.) *закладывать сооружение, основывать, отливать;* [met.] *лить*

foundation *база, земляное полотно, опора, основание, постель, укрепление грунта основания, устройство фундамента, фундамент*

foundation block *фундаментный блок*

foundation bolt *анкерный болт, фундаментный болт*

foundation brickwork *фундаментная кирпичная кладка*

foundation column *фундаментный столб*

foundation cylinder *опускной колодец*

foundation depth *глубина заложения фундамента*

foundation engineering *расчет и проектирование искусственных оснований, фундаментостроение*

foundation excavation *рытье котлована под фундамент*

foundation frame *ростверк, фундаментная рама*

foundation insulation *изоляция фундамента*

foundation nut *опорная гайка*

foundation on caissons *кессонное основание, кессонный фундамент*

foundation pile *фундаментная свая*

foundation piling *ростверк*

foundation plan *планировка фундамента*

foundation plate *анкерная плита, плитка анкерного болта, плитка фундаментного болта, фундаментная плита*

foundation pressure *давление на подошве фундамента*

foundation soil *естественное основание;* [road] *подстилающий слой*

foundation stone *фундаментный камень*

foundation wall *фундаментная стена*

foundation wall plate *плита фундаментной стены*

foundation work *строительные работы нулевого цикла*

founder (vb.) *оседать (о здании)*

founding *литье;* [met.] *отливка*

foundry *литейное производство;* [met.] *литейный цех*

foundry goods *отливки*

fountain *фонтан*

four-edged *четырехсторонний*

four-lane highway *шоссе с четырехполосным движением*

four-leg crossroads *транспортная развязка с движением в четырех направлениях*

four-legged intersection *транспортная развязка с движением в четырех направлениях*

four-leg junction *транспортная развязка с движением в четырех направлениях*
foursided *четырехсторонний*
foursquare *квадрат, квадратный*
fourth rail [rail] *заземляющий рельс, токоотводящий рельс*
fraction *дробь, обломок, осколок, разрыв, трещина, фракция*
fractional number *дробная часть, дробное число, дробь*
fracture *излом, поверхность излома, разрыв, трещина*
fracture (vb.) *ломать(ся), образовывать трещины, разрушаться*
fracture stress *разрушающее напряжение*
fracture surface *поверхность излома*
fracture test *испытания на излом*
fragile *ломкий, хрупкий*
fragility *ломкость, хрупкость*
fragment *кусок, обломок, осколок, фрагмент, часть*
fragmentation *дробление, измельчение, фрагментация*
fragments *обломки*
frame *группа данных, дверная коробка, кадр, каркас, каркасная система, корпус, оконный переплет, остов, рама, рамка, решетка, сруб, станина, фрейм*
frame (vb.) *заключать в раму, сооружать каркас*
frame beam *решетчатая балка, сквозная балка*
frame connection *связь фреймов в искусственном интеллекте;* [electr.] *замыкание на корпус*
frame construction *каркасная конструкция*
frame crane *козловый кран, кран-балка*
framed construction *решетчатая конструкция, фахверк*
framed design *рамная конструкция*
framed plate girder *решетчатая балка, сквозная балка, составная двутавровая балка со сплошной стенкой*
framed structure *решетчатая конструкция*
framed superstructure *каркасное надземное сооружение, решетчатое надземное сооружение*
frame form *форма для боковой или бортовой опалубки*
frame girder *решетчатая балка, сквозная балка*
frame level *ватерпас*
frame member *деталь каркаса, стойка каркаса*
frame of door *дверная обвязка*
frame of joists *балочный каркас*
frame of window *оконная рама*
frame opening *проем рамы*
frame saw *рамная пила*
frame structure *каркасная конструкция, рамная конструкция, фахверк*
frame timber *дверной оклад*
framework *каркас, каркасная конструкция, остов, рамная конструкция, решетчатая система*
framework of a roof *каркас крыши*
framework structure *каркасная конструкция, рамная конструкция, фахверк*
framework timber [concr.] *опалубочный лесоматериал*

framing *дверная обвязка, каркас, козлы, обделка, остов, подмости, рамная конструкция, решетчатая конструкция, связь*
framing timber *элементы деревянной рамной конструкции*
frayed *изношенный, истершийся*
free *бесплатный, независимый, незакрепленный, свободный*
free (vb.) *отцеплять*
free access *свободный доступ*
free air *атмосферный воздух*
free-cutting quality *качество, соответствующее марке автоматной стали*
free-cutting steel *автоматная сталь*
free-fall mixer [concr.] *гравитационный смеситель*
free-flowing *свободнотекущий*
free from defects *бездефектный*
free from poison *нетоксичный*
free from water *обезвоженный*
free-hand drawing *набросок, чертеж от руки*
free-hand grinding *притирка, ручное шлифование*
free-hand sketch *набросок, чертеж от руки*
freehold flat (UK) *частная квартира*
free jet *свободная струя*
freely soluble *легкорастворимый*
free motion *люфт*
free of charge *бесплатно*
free of rack *без каркаса*
free of the load (vb.) *снимать нагрузку*
free outlet *свободный сток*
free span *пролет в свету*
free-standing *свободно опертый, свободно располагающийся*
freestone *квадерный песчаник, плитняковый песчаник*
free torsion *свободное кручение*
freeway (US) *автострада*
freeze (vb.) *замораживать*
freeze-proof *морозостойкий*
freeze-thaw resistance *морозостойкость*
freezing *замораживание*
freezing and thawing test *испытания на морозостойкость*
freezing of the electrode [weld] *примерзание электрода*
freezing point *точка замерзания*
freezing weather *морозная погода*
freight *груз*
freight area *место погрузки*
freight container *грузовой контейнер*
freight depot *грузовой склад*
freight elevator *грузовой лифт*
freight lift *грузовой лифт*
freight terminal *грузовой терминал*
French door *остекленная дверь*
French nail *проволочный гвоздь*
French roof [arch.] *мансардная крыша*
French scarf (joint) [woodw.] *косой накладной замок*

French truss *французская ферма (разновидность шпренгельной фермы)*
French window *остекленная дверь*
frequency *частота*
fresh *новый, пресный, свежий, сырой (о краске)*
fresh air conduit *воздуховод*
fresh air duct *воздуховод*
fresh air hose breathing apparatus *шланговый дыхательный прибор*
fresh air ventilator *приточный вентилятор*
fresh cement mortar *свежеприготовленный цементный раствор*
fresh concrete *свежеуложенная бетонная смесь*
freshen up (vb.) *освежать, подновлять*
freshly-mixed concrete *свежеприготовленная бетонная смесь, свежеуложенный бетон*
freshly painted *свежеокрашенный*
fresh sludge *сырой осадок сточных вод*
fresh water *пресная вода*
fresh wood *сырое дерево*
fret (vb.) *вырезать, обрабатывать шабером, разъедать, соскабливать*
fret-saw *лобзик, ножовка, прорезная пила*
fretting *истирание, трение*
fretting corrosion *коррозионное истирание, фреттинг-коррозия*
fretting oxidation *коррозионное истирание, фреттинг-коррозия*
friable *ломкий, рыхлый*
friction *истирание, трение*
frictional corrosion *фрикционная коррозия*
frictional drag *сопротивление трения*
frictional electricity *статическое электричество, трибоэлектричество*
frictional force *сила трения*
frictional heat *теплота трения*
frictional resistance *сопротивление истиранию или трению, фрикционная стойкость*
frictional soil *грунт с большим коэффициентом внутреннего трения*
friction angle *угол трения*
friction brazing *фрикционная пайка*
frictionless *без трения, свободный от трения*
friction loss *потери на трение*
friction pile *висячая свая*
friction plate *фрикционный диск*
friction-reducing material *вещество, уменьшающее трение*
friction resistance *фрикционная стойкость*
friction soldering *фрикционная пайка*
friction spring *скользящая пружина*
friction welding *сварка трением*
fridge *холодильник*
frieze [arch.] *фриз*
frigid *холодный*
fringe *кайма, край*
frisket screw *декельный винт*

frog *стрелка контактного провода;* [rail] *крестовина рельсового пути*
frog rammer [road] *пневматическая трамбовка*
front *лицевая сторона, передняя часть, фасад*
front access door *парадный вход*
front acting shovel *экскаватор прямая лопата*
frontage *фасад*
frontage length *протяженность по фасаду*
front building *переднее здание*
front cover *плита перекрытия*
front door *парадная дверь, парадный вход, передняя дверь*
front edge *передняя кромка*
front elevation *вид спереди, главный фасад*
front-end loader *фронтальный погрузчик*
front gate *парадные ворота, парадный въезд*
frontispice *фронтон;* [arch.] *фронтиспис*
front panel *передняя панель*
front part *передняя часть*
front putty *замазка, шпаклевка*
front spar *передний лонжерон*
front staircase *парадная лестница*
front stairs *парадное крыльцо*
front view *вид спереди*
front wall *лобовая стена, торцевая стена, фронтальная стена*
frost *мороз*
frost (vb.) *матировать стекло*
frost action *воздействие мороза*
frost action damage *разрушение от мороза*
frost blanket course [road] *слой основания*
frost boil [road] *вспучивание от мороза*
frost burst *разрыв трубы от мороза*
frost coating *матовое покрытие*
frost crack [woodw.] *морозобоина*
frost damage *разрушение от мороза*
frost depth *глубина промерзания, горизонт промерзания*
frosted glass *матированное стекло*
frost-free depth *глубина ниже горизонта промерзания*
frost-free season *теплое время года*
frost heart [woodw.] *водослой*
frost heave [road] *пучина*
frost heaving *вспучивание грунта от мороза*
frost index *точка замерзания*
frosting *матирование стекла*
frost lift [road] *пучина*
frost penetration *горизонт промерзания грунта*
frost-proof *морозостойкий*
frost protection *защита от замерзания, теплоизоляция*
frost protection layer *теплоизоляционный слой*
frost protection material *теплоизоляционный материал*
frost resistance *морозостойкость*
frost-resistant *морозостойкий*

frost shake [woodw.] *морозобоина*

frost susceptible soil *легко промерзающий грунт*

frosty weather *морозная погода*

fruitless *бесплодный, бесполезный, недействующий*

frustum of a cone *усеченный конус*

frustum of a pyramid *усеченная пирамида*

ft (foot) *фут*

fuel *горючее, топливо*

fuel oil *мазут, печное топливо*

fugitive *летучий, нестойкий*

fulcrum *ось шарнира, точка опоры рычага, точка приложения силы, центр вращения*

fulfil (vb.) *выполнять, осуществлять*

fulfil a requirement (vb.) *выполнять требование*

fulfilment *выполнение*

full *обильный, полный*

full brick wall *цельнокирпичная стена*

full depth asphalt construction [road] *полностью асфальтобетонное покрытие*

full-edged [woodw.] *обработанный по всем краям*

full gantry crane *козловый кран*

full gloss *полный глянец*

full load *полная нагрузка*

full load-carrying capacity *полная несущая способность*

full of sand *заполненный песком*

full scale *полномасштабный*

full size *в натуральную величину*

full-size *полноразмерный, полноразрядный*

full-squared *квадратный*

fully enclosed [electr.] *полностью закрытый*

fully impregnated *насквозь пропитанный*

fully synthetic *чистосинтетический*

fulminate (vb.) *взрываться*

fume *дым, испарения, пар*

fume (vb.) *дымить, испаряться*

fumed wood *мореная древесина*

fume extraction *отсос отработавших газов*

fume hood *газоуловитель, пароуловитель*

fumigant *фумигант*

fumigation *окуривание, фумигация*

function *действие, функция*

function (vb.) *действовать, функционировать*

functional *функциональный*

functional description *техническое описание*

functional error *функциональная ошибка*

functional performance *эксплуатационные качества*

fundamental *основной, фундаментальный*

fundamental tolerance *основной допуск*

fungicidal *фунгицидный*

fungicidal paint *краска-фунгицид*

fungicide *фунгицид*

fungistatic paint *краска-фунгистат*

fungus *гриб*

funicular haulage *перевозки по канатной дороге*

funicular polygon *веревочный многоугольник*

funicular railway *канатная дорога, фуникулер*

funnel *воронка, литниковый ход*

funnel-shaped *воронкообразный*

fur *котельный камень, накипь, отложения*

furbish (vb.) *полировать*

furbish up (vb.) *наводить блеск*

furnace *горн, печь*

furnace black *печная сажа*

furnace plant *топочное устройство*

furnace room *котельная*

furnish (vb.) *загружать, заполнять, мебелировать, снабжать*

furnishing *загрузка, мебелировка, снабжение*

furnish with sewers (vb.) *прокладывать канализацию*

furniture *инвентарь, мебель*

furniture fittings *мебельная фурнитура*

furniture mountings *мебельная фурнитура*

furniture polish *мебельная политура*

furniture varnish *мебельный лак*

furring *котельный камень, несущая металлоконструкция, обрешетка под кровлю или штукатурку;* [woodw.] *обшивка досками*

furrow *борозда, желоб, канавка, паз, фальц*

furrow (vb.) *нарезать борозды*

fusable *плавкий*

fuse *плавкий предохранитель*

fuse (vb.) *плавить, плавить(ся), расплавлять(ся)*

fuse base [electr.] *цоколь плавкого предохранителя*

fuse board *панель для предохранителей;* [electr.] *панель с плавкими предохранителями*

fuse box [electr.] *коробка с плавкими предохранителями*

fuse carrier [electr.] *держатель предохранителя*

fuse holder [electr.] *патрон предохранителя*

fuse link [electr.] *плавкая вставка*

fuse retainer [electr.] *патрон плавкого предохранителя*

fuse together (vb.) *сплавлять*

fusibility *плавкость*

fusible arc-welding electrode *плавкий электрод для дуговой сварки*

fusible cut-out *плавкий предохранитель*

fusing *плавка, плавление*

fusing point *точка плавления*

fusion *плавка, плавление*

fusion penetration *глубина плавления*

fusion welded butt joint *стыковой шов при сварке плавлением*

fusion welding *сварка плавлением*

G

gabion *ряж;* [hydr.] *тяжелая спускная фашина*
gable *фронтон, фронтонный треугольник, щипец крыши*
gable board *обрамляющая фронтон фризовая доска*
gable bottom *седловидное дно вагона или вагонетки*
gable elevation *отметка фронтона, фасад с фронтоном*
gable end *фронтонная сторона*
gable frame *каркас двускатной крыши, рама со скошенными краями*
gable roof *двускатная крыша, щипцовая крыша*
gable wall *торцовая стена*
gable window *фронтонное окно*
gadget *механизм, приспособление*
gage (US) *калибр*
gaggers [concr.] *стальная арматура*
gain *вырез, гнездо, коэффициент усиления, паз, усиление*
gain (vb.) *усилить*
gallery *веранда;* [arch.] *галерея*
galling *износ от трения, стирание*
gallon (gal.) *галлон (мера жидких и сыпучих тел)*
galvanization *горячее цинкование*
galvanize (vb.) *оцинковывать*
galvanized *оцинкованный*
galvanized sheet metal *оцинкованный листовой металл*
galvanized steel *оцинкованная сталь*
galvanizing *горячее цинкование*
gambrel roof [arch.] *мансардная крыша*
gang *бригада*
ganger *бригадир*
gang foreman *бригадир*
gang saw *пильная рама*
gangway *коридор, мостки, переходной мостик, проход, сходни*
gantry *козлы, опорная рама, помост, портал крана*
gantry crane *козловой кран*
gantry girder *пролетное строение козлового крана*
gantry rail *крановый путь*
gap *брешь, зазор, пауза, пролом, промежуток, разрыв, щель*
garage *гараж*
garbage *мусор, ненужные данные, отбросы*
garbage bag *мусорный мешок*
garbage can (US) *мусорный бак, мусорный ящик*
garbage chute *мусоропровод*
garbage disposal *уборка мусора*
garbage disposal bag *мусорный мешок*
garbage grinder *машина для измельчения мусора*
garden *парк, сад*
gardener *садовник*
garden lamp *садовый светильник, садовый фонарь*
garden slab *строительная плита для садовых дорожек*
garnish moulding *багет, декоративная планка, оконный переплет*

garniture *арматура, отделка*
garret *чердак, чердачное помещение*
gas *газ*
gas (US) *бензин*
gas black *сажа*
gas boiler *газовый котел*
gas bottle *газовый баллон*
gas braze welding *газовая сварка с применением твердого припоя*
gas burner *газовая горелка*
gas cock *газовый кран*
gas concrete *газобетон*
gas content *содержание газа*
gas cutter *газовый резак*
gas cutting *газовая резка*
gas cylinder *газовый баллон*
gas distribution *газораспределение*
gas distribution system *газораспределительная система*
gaseous *газовый, газообразный*
gas-filling works *газозаправочная станция*
gas filtering device *респиратор с фильтром*
gas-fire (vb.) *нагревать с помощью газа, обогревать с помощью газа*
gas-fired plant *газовая установка*
gas-firing *нагревание с помощью газа, обогревание с помощью газа*
gas fitter *мастер по газовым установкам*
gas fitting *наладка газового оборудования, установка газового оборудования*
gas fittings *газопроводная арматура*
gas furnace *газовая печь*
gas grid *сеть газоснабжения*
gas heating *газовое отопление*
gas holder *газгольдер*
gas hose *газовый шланг*
gasket *уплотнение, уплотняющая прокладка, уплотняющее кольцо, уплотняющий шнур*
gasket (vb.) *уплотнять с помощью прокладки*
gasketed *герметизированный, уплотненный*
gas line *линия газоснабжения*
gas main *магистральный газопровод*
gas mantle *калильная сетка газового фонаря*
gas mask *противогаз*
gas meter *газовый счетчик, газомер*
gas network *сеть газоснабжения*
gasoline (US) *бензин*
gasometer *газовый счетчик, газомер*
gas-operated welding appliance *газосварочный аппарат*
gas pipe *газовая труба*
gas pipeline *газопровод*
gas pipe pliers *клещи для газовых труб*
gas pipe thread *газотрубная резьба*
gas pipe wrench *газовый ключ*
gas pore *газовая пора*

gas powder welding *газопорошковая сварка*
gas-powered (US) *работающий на бензине*
gas pressure cable *газонаполненный кабель*
gas pressure welding *газопрессовая сварка*
gas proof *газонепроницаемый, газостойкий*
gas protection *защитный газ;* [weld] *газовая защита*
gas radiator *газовый радиатор*
gas regulator *регулятор давления газа*
gas seal *газовый затвор*
gas services *объекты системы газоснабжения*
gas-shielded metal-arc welding *газоэлектрическая сварка, дуговая сварка в среде защитного газа*
gas supply *газоснабжение*
gas supply pipe *газоподающая труба*
gas tank *газгольдер*
gas thread *газовая резьба, трубная резьба*
gas tight *газонепроницаемый, газостойкий*
gas torch *газовая горелка*
gas transmission network *сеть газоснабжения*
gas transmission pipeline *газопровод*
gas transmission system *система газоснабжения*
gas tube *газовая труба*
gas water heater *газовый водонагреватель*
gas weld (vb.) *сваривать газовой сваркой*
gas welding *газовая сварка*
gas works *предприятия газоснабжения, сооружения газоснабжения*
gas wrench *газовый гаечный ключ*
gate *дверца, затвор;* [el.] *вентиль, логический элемент, стробирующий импульс;* [hydr.] *ворота шлюза;* [road] *шлагбаум*
gate chamber *камера затворов, шкафная камера в голове шлюза*
gate latch *пружинная защелка, собачка*
gate leaf *полотнище ворот, щит гидротехнического затвора*
gatepost *стойка ворот*
gate recess [hydr.] *шкаф шлюза*
gate saw *пильная рама*
gate telephone with door opener *домофон, наружный телефон с электромеханическим открывателем двери*
gate valve *плоская задвижка, шибер*
gateway *межсетевой интерфейс, полушлюз, проход*
gather (vb.) *комплектовать, собирать*
gathering *комплектование, собирание*
gathering (adj.) *собирающий*
gauge *габарит, диаметр отверстия, измеритель, измерительный инструмент, измерительный прибор, лекало, шаблон, эталонный размер;* [rail] *ширина колеи;* [tool] *калибр*
gauge (vb.) *выверять, градуировать, измерять, калибровать, оценивать*
gauge block *измерительный блок, мерный блок*
gauged mortar *известково-цементный раствор*
gauge glass *водомерная трубка, водомерное стекло*
gauge hole *замерное отверстие*

gauge length *измерительный метр*

gauge line *ряд заклепок, параллельный оси приклепываемого элемента*

gauge number *калибр листовой стали, толщина листовой стали*

gauge of railway [rail] *ширина колеи*

gauger *измеритель*

gauges *калибры, средства измерений*

gauging board *боек, платформа для приготовления бетонной смеси*

gauging rod *измерительный стержень, мерная рейка, стержневой указатель уровня жидкости*

G-clamp *струбцина*

gear *механизм, прибор, приспособление, шестерня*

gearing *зацепление, зубчатая передача, привод*

gear transmission *зубчатая передача*

gelatin(e) *желатин, желатиновое взрывчатое вещество*

gelation *гелеобразование, желатинирование, загущение, застывание*

general *генеральный, головной, общий, обычный, основной, универсальный*

general conditions *общие условия*

general conditions for works and supplies *общие условия производства работ и снабжения*

general contract *генеральный подрядный договор*

general contractor *генеральный подрядчик*

general corrosion *общая коррозия*

general drawing *чертеж общего вида сооружения*

general foreman *начальник стройплощадки, старший прораб*

general hand *разнорабочий*

general illumination *общее освещение*

general labourer *разнорабочий*

general lay-out *схема расположения*

general lighting *общее освещение*

general location plan *план общего расположения*

general overhaul *капитальный ремонт*

general plan of location *общий план местоположения*

general plan of site *общий план строительной площадки*

general purpose *общего назначения*

general purpose (adj.) *универсальный*

general purpose bolt *болт общего назначения*

general purpose constructional steels *конструкционные стали общего назначения*

general purpose excavator *универсальный экскаватор*

general requirements *общие требования*

general rules *общие правила, общие технические нормативы*

general supervision *общий контроль, общий надзор*

general town planning scheme *генеральный план города*

general ventilation *общая вентиляция*

general view *общий вид*

general worker *разнорабочий*

generate (vb.) *генерировать, производить, создавать*

generating plant *электростанция*

generating station *электростанция*

generation *выработка, генерация, генерирование, производство, создание*

generation of heat *тепловыделение*

generator *генератор, датчик;* [mat.] *порождающая функция*

gentle *легкий, слабый*

genuine *настоящий, оригинальный*

genuine spare part *запчасть от фирмы-изготовителя*

geodesy *геодезия*

geodetic surveying *геодезическая съемка*

geographical map *географическая карта*

geohydrology *гидрогеология*

geological map *геологическая карта*

geological specimen *геологический образец*

geological survey *геологическая съемка*

geologist *геолог*

geology *геология*

geometrical drawing *геометрический чертеж, проекционный чертеж*

geometrical progression *геометрическая прогрессия*

geometrician *геометр*

geometric stairs *винтовая лестница*

geometry *геометрия, конфигурация*

geophysics *геофизика*

geotechnical *геотехнический*

geotechnics *геотехника*

geotechnology *геотехника*

geotextile roll *рулон геотекстильного материала*

geotextiles *геотекстильный материал*

geothermal *геотермальный*

geothermics *геотермика*

Gerber beam *консольная балка*

get stuck (vb.) *застревать, приклеиваться, прилипнуть*

GG (glazing glass) *строительное стекло*

ghost island [road] *островок безопасности*

gib *клиновая шпонка с головкой*

gib-head key *клиновая шпонка с головкой*

gild (vb.) *золотить*

gilding *золочение, позолота*

gill *ребро жесткости*

gilled pipe *ребристая труба*

gilsonite *гильсонит*

gilt *позолота*

gimlet *бурав*

gin *ворот, подъемная лебедка*

gin block *подъемный блок*

girder *балка, крупная составная балка, прогон, ригель, ферма с параллельными поясами*

girder bridge *балочный мост*

girder form *форма для изготовления балок*

girder iron *балочный металл*

girder section *профиль балки, сечение балки*

girt *горизонтальный пояс здания, горизонтальный элемент ветровых связей, ригель фахверка*

girth *верхняя обвязка деревянного каркаса, ригель фахверка*
give a cover coat (vb.) *наносить последний слой лакокрасочного покрытия*
give anodic treatment (vb.) *анодировать, подвергать анодной обработке, покрывать оксидной пленкой*
give mirror finish (vb.) *зеркально полировать*
glacial clay [geol.] *ледниковая глина*
glance off (vb.) *скользнуть, слегка задеть*
gland *сальник*
gland flange *фланец с уплотнением*
gland nut *поджимная гайка набивного сальника*
gland seal *сальник*
glass *стекло*
glass (vb.) *вставлять стекла, остеклять*
glass area *площадь застекления*
glass bead *бусы*
glass-bead insulation *изоляция стеклянными шайбами*
glass block *стеклоблок, стеклянный блок*
glass brick *стеклоблок, стеклянный блок*
glass cloth *стеклоткань*
glass concrete *стеклобетон*
glass cutter *алмаз, стеклорез*
glass dome *стеклянный купол*
glass door *остекленная дверь*
glass drill *сверло для стекла*
glassed marble *полированный мрамор*
glass fibre *стекловолокно*
glass fibre blanket *стекломат*
glass fibre board *стекловолокнистая плита*
glass fibre cloth *стеклоткань*
glass fibre fabric *стеклоткань*
glass fibre laminate *стеклотекстолит*
glass fibre mat *стекломат, стеклоткань*
glass-fibre reinforced *армированный стекловолокном*
glass-fibre reinforced plastic *стеклопластик*
glass hardness *твердость стекла*
glass-optical light guide *стекловолоконный световод*
glass-optical waveguide *стекловолоконный волновод*
glass pane *оконное стекло*
glass panel *стекло в проеме здания, стеклянная панель*
glass paper *тонкая наждачная бумага*
glass partition *стеклянная перегородка*
glass plate *листовое стекло*
glass pliers *клещи для стекла, щипцы для стекла*
glass roof *остекленная крыша, стеклянная крыша*
glass roofing tile *стеклочерепица*
glass sand *кварцевый песок*
glass smooth *полированный до зеркального блеска*
glass tile *стеклочерепица*
glass wool *стекловата*
glassy *гладкий, стекловидный, стеклянный*

glaze *глазурь, глянец, лессирующий пигмент, лоск, политура*
glaze (vb.) *глазуровать, остеклять;* [paintw.] *глянцевать*
glaze coat *глазурное покрытие, глянец, слой глазури*
glazed *глазурованный, застекленный*
glazed brick *глазурованный кирпич*
glazed door *остекленная дверь*
glazed stone pipe *глазурованная керамическая труба*
glazed tile *глазурованная плитка, кафель*
glaze plaster *заглаженная штукатурка*
glazer *полировальная плита, шлифовальный круг*
glazier *стекольщик*
glazier's diamond *алмаз, стеклорез*
glazier's hammer *молоток стекольщика*
glazier's lead *свинцовый карандаш*
glazier's putty *замазка для остекления*
glazing *глазурование, остекление;* [paintw.] *глянцевание*
glazing bar *горбылек оконного переплета*
glazing bead *штапик для крепления стекла*
glazing channel *оконный фальц*
glazing compound *оконная замазка*
glazing gasket *оконная уплотняющая прокладка*
glazing glass (GG) *строительное стекло*
glazing knife *нож стекольщика*
glazing putty *замазка для остекления*
glazing rebate *оконный фальц*
glazing sprig *оконный штифт*
glide (vb.) *скользить*
gliding *скольжение*
gliding channel *ходовой рельс монорельсовой дороги*
glim lamp *лампа тлеющего разряда*
globe *шар*
globe joint *сферическое сочленение, шаровой шарнир*
globe valve *шаровой вентиль, шаровой клапан*
globose *глобулярный, сферический, шаровидный, шаровой*
globular *глобулярный, сферический, шаровидный, шаровой*
globule *глобула, шарик*
gloss *блеск, глянец*
gloss agent *глянцеватель*
gloss paint *глянцевая краска, отделочная краска*
glossy *блестящий, глянцевитый*
glove *перчатка*
glow *накал, разряд*
glow (vb.) *накаляться, светиться*
glow discharge lamp *лампа тлеющего разряда*
glow lamp *лампа тлеющего разряда*
glue *клей*
glue (vb.) *клеить, приклеивать, склеивать*
glue brush *кисть для клея*
glue colour *клеевая краска*
glued assembly *клеевая сборка*
glued joint *клеевое соединение*

glued laminated framework *слоистый клееный деревянный каркас*
glued laminated girder *слоистая клееная деревянная балка*
glue gun *пистолет для склеивания*
glue heater *устройство для разогрева клея*
glueing *склеивание*
glue joint *клеевой шов*
glue line *клеевой шов*
glue press *пресс для склеивания*
glue putty *герметик, клеевая замазка*
glue together (vb.) *склеивать*
glue-water colour *клеевая краска*
glulam *клееная древесина*
glulam arch *слоистая клееная деревянная арка*
glulam beam *слоистая клееная деревянная балка*
glulam girder *слоистая клееная деревянная балка*
glulam member *элемент конструкции из клееной древесины*
glulam structure *слоистая клееная деревянная конструкция*
gnarl [woodw.] *сучок*
gnarled [woodw.] *сучковатый*
gnomonic projection [geod.] *гномоническая проекция*
goal *задача, цель*
gobo *звукоизоляционный материал*
go-devil *скребок для чистки трубопроводов*
goggles *защитные очки*
gold bronze *бронзовая краска*
gold paint *бронзовая краска*
goliath crane *козловой кран большой грузоподъемности типа Голиаф*
goniometer *гониометр, угломерный прибор*
goods *товар*
goods depot *товарный склад*
goods depot (UK) *товарная станция*
goods elevator (US) *грузовой лифт*
goods lift (UK) *грузовой лифт*
goods station *товарная пристань, товарная станция, товарный склад*
goods station (UK) *товарная станция*
good workmanship *высокое качество работ*
gooseneck *вертлюжный штырь стрелы крана*
gorge *выточка, желобок, канавка;* [build.] *слезник*
Gothic arch *готическая арка*
Gothic window [arch.] *готическое окно*
gouge *полукруглая желобчатая стамеска, полукруглое желобчатое долото*
gouge (vb.) *выдалбливать*
govern (vb.) *регулировать, управлять*
governor *регулятор, управляющее слово*
governor flange *фланцевый регулятор*
governor gear *регулирующий механизм*
G-press *струбцина*
grab *грейферный ковш*

grabbed stones *вынутая порода, вынутый грунт*
grabbing crane *грейферный кран*
grab bucket *грейферный ковш*
grab crane *грейферный кран*
grab dredger *грейферный экскаватор*
grab sample *выборка, выборочная проба*
gradation *градация, гранулометрический состав*
grade *гранулометрический состав, категория материала, качество, крутизна, отметка оверхности грунта, подъем, сорт, степень, уклон, уровень*
grade (vb.) *классифицировать, нивелировать, профилировать, сортировать*
grade, at [road] *на одном уровне*
grade (US) *градус наклона*
grade crossing *пересечение путей на одном уровне;* [rail] *переезд*
graded *градуированный, дифференцированный, калиброванный, классифицированный, подобранный по гранулометрическому составу, профилированный, расположенный по степеням или рангам, фракционированный*
graded aggregate *заполнитель бетонной смеси, подобранный по гранулометрическому составу*
grade elevation *высотная отметка, высотный репер*
grade level *земляное полотно, нулевая отметка, уровень стоянки экскаватора*
grade line *вынесенный на местность участок трассы, нивелирный ход, проектная линия*
grade mark *знак качества*
grade of manufacture *стадия обработки, степень заводской готовности*
grade of material *марка материала, сорт материала*
grade profile *продольный профиль, стингер*
grader *грейдер, машина для сортировки по размеру, планировщик, сортировальная машина, сортировка*
grade rod *мира;* [geod.] *нивелирная рейка*
grade scale *гранулометрическая шкала*
grade-separated connection *горизонтальный участок дороги, разделяющий смежные уклоны*
grade-separated intersection *дорожная развязка в двух уровнях*
grade separation *развязка линий;* [road] *пересечение в разных уровнях*
gradient *градиент, крутизна ската или подъема, наклон, отношение высоты к заложению, уклон*
gradient of slope *крутизна склона или уклона*
gradient plane *наклонная плоскость*
gradient post *уклоноуказатель*
grading *градуирование, классификация, планировка грунта, профилирование, сортировка;* [concr.] *определение гранулометрического состава*
grading curve *кривая гранулометрического состава*
grading gap [concr.] *пропуск фракций в гранулометрическом составе*
grading machine *сортировочная машина*
grading screen *грохот, решето, сито*

grading width [rail] *ширина земляного полотна*

gradual *постепенный*

gradual increase *постепенное повышение, постепенное увеличение, постепенный рост*

gradual rise *постепенное повышение, постепенное увеличение, постепенный рост*

graduate (vb.) *градуировать, калибровать, классифицировать, размечать, сортировать*

graduated cylinder *мензурка*

graduated jar *мензурка*

graduated scale *градуированная шкала, мерная линейка*

graduation *градуирование, классификация, сортировка*

graduation accuracy *точность градуирования*

grain *древесное волокно, зернистость, зерно*

grain (vb.) *зернить, раскрашивать под древесину;* [paintw.] *отделывать под мрамор*

grain crusher *зернодробилка*

grain direction [woodw.] *направление волокон*

grained *гранулированный, зернистый*

graining *гранулирование, заточка, зернение, раскрашивание под древесину;* [paintw.] *отделка под мрамор*

graining (US) *шлифовка*

graining brush [paintw.] *кисть для отделки под мрамор*

grain separation *разрушение зернистой структуры металла*

grain shape *форма зерен*

grain size *крупность частиц*

grain size curve *кривая гранулометрического состава*

grain size distribution *гранулометрический состав*

grain size distribution curve *кривая гранулометрического состава*

grain sizing *разделение по величине зерна, сортировка по крупности, сухая классификация*

grainy *зернистый*

gram (g) *грамм*

gramme *грамм*

granite *гранит*

granite boulder *гранитный валун, крупный булыжник*

granite gravel *гранитный гравий*

granite paper *мраморная бумага*

granite polishing *полировка гранита*

grant *дотация, субсидия*

granular *гранулированный, зернистый*

granular insulation *гранулированный теплоизоляционный материал, теплоизоляция из гранулированного материала*

granular structure *зернистая структура*

granular subbase materials *мелкий каменный материал для основания дорожного покрытия*

granulate *гранулированный материал, гранулят, крошка*

granulate (vb.) *гранулировать, дробить, измельчать*

granulated cork *пробковая крошка*

granulated material *гранулированный материал, гранулят, крошка*

granulated slag *гранулированный шлак*

granulating *гранулирование, дробление, измельчение*

granulation *грануляция*

granule *гранула, зерно, область блокирования в базах данных*

granule gravel *мелкий гравий*

granules *гранулы, зерна*

granulometer *гранулометр*

graph *граф, график, диаграмма, номограмма*

graphical method *графический метод*

graphical representation *графическое представление, наглядное представление*

graphical solution *графическое решение*

graphical symbol *условное обозначение*

graphic representation *графическое представление, наглядное представление*

graphic scale *графическая шкала*

graphite *графит*

graphite paint *графитовая краска*

graphitic *графитовый*

grapple (vb.) *закреплять, захватывать, зацеплять*

grapple dredger *землеройная машина, экскаватор*

grasp *захват, рукоятка, сжатие, ширина захвата экскаватора*

grass *дерн, трава*

grass border *травяное ограждение*

grass cover *травяной покров*

grass mower *газонокосилка*

grass sods *травяной покров*

grass verge *травяное ограждение*

grassy area *травяная площадка*

grate *колосниковая решетка*

grate (vb.) *растирать, тереть*

grater *рашпиль, терка*

grating *каркас, колосниковая решетка, обрешетка, сетка*

gravel *гравий*

gravel (vb.) *покрывать гравием, посыпать гравием*

gravel aggregate *гравийный заполнитель бетонной смеси, скелетный материал дорожного покрытия*

gravel bed *гравийное основание, гравийное полотно, гравийный подстилающий слой*

gravel chippings *щебень*

gravel concrete *гравийный бетон*

gravel for concrete *гравий для бетонной смеси*

gravel heap *насыпной конус*

gravelled *покрытый гравием*

gravelling *гравийное покрытие, покрытие гравием*

gravel material *гравийный материал*

gravel pit *гравийный карьер*

gravel road *гравийная дорога*

gravel screen *грохот для сортировки гравия*

gravel surfacing *гравийное покрытие*

gravitate (vb.) *оседать на дно, притягиваться, тяготеть*

gravitation *гравитация, сила тяжести*

gravitational *гравитационный*

gravitational force *гравитация, сила тяжести*

gravitational groundwater *грунтовая вода*

gravity *сила тяжести, тяготение, тяжесть*

gravity axis *ось тяготения*

gravity batch mixer [concr.] *гравитационный смеситель*

gravity conveyor *гравитационный транспортер*

gravity dam *гравитационная плотина*

gravity drop hammer *копровая баба, молот для забивки свай, падающий молот*

gravity pouring *гравитационная укладка бетонной смеси*

gravity retaining wall *гравитационная подпорная стенка*

gravity wall *гравитационная подпорная стенка*

graze *царапина*

graze (vb.) *царапать*

grease *жир, консистентная смазка*

grease (vb.) *смазывать консистентной смазкой*

grease collector *жиросборник*

grease hole *смазочное отверстие*

grease lubricant *консистентная смазка, солидол*

grease nipple *ниппель смазочного шприца, патрубок солидолонагнетателя*

grease removal tank *жироотделитель, жироуловитель*

grease remover *жироотделитель, жироуловитель*

grease separator *жироотделитель, жироуловитель*

grease skimming tank *жироотделитель, жироуловитель*

grease trap *жироловка, жироловушка, жироуловитель*

greasing *жировка, смазка*

greasy *жирный, покрытый консистентной смазкой, сальный*

great *большой, крупный*

greaten (vb.) *увеличивать*

green *зеленый*

green area *озелененная территория*

green concrete *свежеуложенный бетон*

green open space *озелененная территория*

green space *озелененная территория*

grey oxide primer *серая оксидная грунтовая краска*

grid *колосник, металлоконструкция, решетка, сетка, управляющий провод в криотроне;* [build.] *каркас*

grid framing member *деталь структуры решетки*

grid iron *колосниковая решетка*

grid line *модульная линия*

grid lines and levels *магистральные линии и уровни*

grid roller *каток с сетчатыми вальцами;* [road] *сетчатый каток*

gridwork *колосниковая решетка*

grill(e) *решетка, сетка*

grillage *решетка*

grille *оконная решетка, ростверк*

grille floor *решетчатый пол*

grind (vb.) *дробить, измельчать, полировать, размалывать, растирать краску, шлифовать*

grinder *дробилка, жернов, мельница, точильный круг, шлифовальный станок, шлифовщик*

grind in (vb.) *притирать, пришлифовывать*

grinding *притирка, растирание краски, шлифование, шлифовка*

grinding agent *шлифовальный состав*

grinding disc *шлифовальный круг*

grinding fineness *тонкость помола*

grinding machine *точильный станок, шлифовальный станок*

grinding mark *шлифовальная метка, шлифовальная отметка, шлифовальная риска*

grinding mill *дробилка, мельница*

grinding of bits *заточка буровых долот*

grinding powder *абразивный порошок, шлифовальный порошок*

grinding stone *точильный камень, шлифовальный камень*

grinding test *испытания на шлифуемость*

grinding tool *абразивный инструмент*

grinding wheel *шлифовальный круг*

grindstone *шлифовальный камень*

grind with emery (vb.) *обрабатывать наждаком*

grip *адгезия, зажим, зажимной патрон, захват, тиски, цанга;* [phys.] *сила сцепления*

grip (vb.) *зажимать, сжимать*

grip length [concr.] *длина зоны анкеровки арматуры*

gripping *адгезия, сила сцепления*

gripping power *адгезия, сила сцепления*

grit *гравий, каменная мелочь, крупный песок, стальная крошка, шлифовальное зерно, щебень*

grit (vb.) *крупный песок, разбрасывать щебень*

grit blasting *дробеструйная обработка, обдувка металлический крошкой, пескоструйная обработка*

grit bucket *отстойник для песка, пескоуловитель*

grit chamber *отстойник для песка, пескоуловитель*

grit stone [geol.] *крупнозернистый песчаник*

gritting *засыпка гравием, разбрасывание гравия*

grit trap *отстойник для песка, пескоуловитель*

gritty *гранулированный, зернистый*

grit walling *кладка из крупнозернистого песчаника*

grizzle (brick) *недожженный кирпич*

groin *антрвольт;* [arch.] *ребро крестового свода*

groin (US) [hydr.] *полузапруда*

groined arch [arch.] *ребро крестового свода*

groined vault [arch.] *крестовый свод*

grommet *коуш, кренгельс, люверс*

groove *бороздка, желобок, канавка, паз, ручей блока, фальц, шлиц*

groove (vb.) *желобить, нарезать пазы*

groove and tongue *шпунтовое соединение*

groove cracking *растрескивание пазов*

groove-cutting chisel *крейцмейсель, пазник*

grooved and tongued *шпунтовое соединение*

grooved and tongued boards *шпунтовые доски*

grooved bit *спиральное сверло для дерева*

grooved flush *крестообразная связь*
grooved tile *пазовая черепица*
grooved timber *пазовая древесина*
groove milling *прорезание канавок, прорезание пазов, проточка канавок, проточка пазов*
groove milling machine *фрезерный фальцовочный станок*
groove weld *сварной шов с разделкой кромок*
grooving *выборка пазов, фальцевание, фрезерование, шпунтование*
grooving machine *фрезерный фальцовочный станок*
grooving plane *зензубель, калевочник, пазник, шпунтубель*
grooving saw *награтка, пазовая пила, пила для выборки пазов*
gross *брутто, валовой*
gross area *общая площадь*
gross floor area *общая площадь этажа здания*
gross grain *крупнозернистость*
gross-grained *крупнозернистый*
gross load *полная нагрузка*
gross product *исходный материал, сырье*
gross weight *масса брутто*
ground *грунт, местность, площадка, почва*
ground (vb.) [paintw.] *грунтовать*
ground (US) *заземление, земля;* [electr.] *заземление*
ground (US) (vb.) [electr.] *заземлять*
ground area *земельная площадь*
ground auger *земляной бур*
ground cable (US) *заземляющий кабель*
ground clamp (US) [electr.] *зажим для присоединения к заземлителю*
ground coat *грунтовочный слой;* [paintw.] *грунт*
ground conditions *грунтовые условия*
ground dowel pin *установочный штифт*
grounded (US) [electr.] *заземленный*
ground excavation *выемка грунта под фундамент*
ground floor *первый этаж, цокольный этаж*
grounding *грунтовка;* [paintw.] *грунтование*
grounding (US) [electr.] *заземление*
grounding switch (US) *прибор для определения места заземления*
grounding terminal (US) *заземляющий зажим*
ground joist *ригель, фундаментная балка*
ground landlord *землевладелец*
ground level *уровень земли*
ground level, at *на уровне поверхности земли*
ground mounted *установленный на земле*
ground plan *горизонтальная проекция, план здания на нулевой отметке, план первого этажа здания*
ground plane *противовес антенны*
ground plate *заземляющая пластина*
ground sill *донная запруда*
ground surface *земная поверхность, поверхность земли*
ground surface preparation *подготовка грунтовой поверхности*
ground surface profile *профиль местности*
ground terminal (US) [electr.] *заземляющий зажим*

groundwater *грунтовые воды*
groundwater hydrology *гидрогеология*
groundwater intake *водозабор грунтовых вод*
groundwater level *уровень грунтовых вод*
groundwater lowering *истощение грунтовых вод, общее понижение уровня грунтовых вод*
groundwater occurrence *залегание грунтовых вод, распространение грунтовых вод*
groundwater recession *понижение уровня грунтовых вод*
groundwater table *зеркало грунтовых вод, свободная поверхность грунтовых вод, уровень грунтовых вод*
groundwater training *регулирование режима грунтовых вод*
groundwater well *колодец грунтовых вод*
ground wire (US) *заземляющий провод, земляной провод*
ground work *земляные работы, основание, фундамент;* [paintw.] *грунтовка*
group *группа*
group (vb.) *классифицировать, сортировать*
group of buildings *комплекс зданий*
grout *жидкий строительный раствор, жидкий цементный раствор*
grout (vb.) *заливать жидким строительным раствором, заливать жидким цементным раствором, инъецировать цементный раствор*
grout anchor *анкер, замоноличенный цементным раствором*
grouted ground *площадь инъецирования цементного раствора*
grouted macadam *гравийное покрытие, пропитанное битумом*
grout hole *отверстие для инъецирования раствора, цементационная скважина*
grouting *заливка раствором, инъецирование цементного раствора, цементация*
grouting method *цементация;* [road] *метод заливки цементным раствором*
grout line *шов заливки раствора*
grout pipe [concr.] *труба для подачи раствора*
grout premixing [road] *предварительное приготовление цементного раствора*
grout pressure [concr.] *давление при инъецировании*
grout pump [concr.] *растворонасос для инъецирования*
grout washing *отстаивание раствора*
grout with cement (vb.) *инъецировать цементный раствор*
grow (vb.) *повышаться, расти, увеличиваться*
growth *повышение, рост, увеличение*
growth ring [woodw.] *годичное кольцо*
groyne (UK) [hydr.] *полузапруда*
grub *скважина, шпур*
grub (vb.) *расчищать*
grubber *груббер, культиватор-скарификатор*
grubbing *культивация, расчистка*
grubbing up *культивация, расчистка*
grub screw *винт без головки*
grummet *коуш, кренгельс, люверс*

guaiac(um) *бакаутовое дерево, гваяковое дерево*

guarantee *гарантия*

guarantee (vb.) *гарантировать*

guard *защита, защитное устройство, ограждение, предохранитель*

guard (vb.) *защищать, предохранять*

guard board *борт ограждения, защитная бортовая доска у настила строительных лесов*

guarded level crossing *железнодорожный переезд с защитным ограждением*

guarding *защита, предохранение*

guard net *защитная сетка*

guard plate *предохранительный щит, щитовое ограждение*

guard post *предупреждающий дорожный сигнальный знак*

guard rail *балюстрада, контррельс, ограждение, парапет, перила*

guard space *допуск на ползучесть*

gudgeon *шарнирная цапфа*

guidance *руководство, управление*

guidance system *система наведения, система управления*

guide *направляющая, направляющее приспособление, передаточный рычаг, путеводитель, руководство*

guide (vb.) *направлять, управлять*

guide bar *направляющая шина цепного пильного аппарата*

guide beam *направляющая балка*

guide blade *направляющая шина цепного пильного аппарата*

guide island [road] *островок безопасности*

guidelines *руководящие принципы программирования*

guide pile *маячная свая, направляющая свая*

guide pin *направляющий штифт, палец поворотной цапфы*

guide plate *направляющая шина цепного пильного аппарата*

guide post *рулевая колонка*

guide rail *контррельс, направляющая, рольганг*

guide ring *направляющее кольцо*

guide rod *направляющий стержень*

guide to operations *руководство к действию, руководство по эксплуатации*

guide track *роликовая направляющая*

guide wall [hydr.] *струенаправляющая дамба, струенаправляющая стенка*

guiding *управление*

guiding rail *направляющая*

guillotine shears *гильотинные ножницы*

gulley *водоприемный колодец, дождеприемник, дренажный колодец, ливневый водосток, ливнеспуск*

gully *водоприемный колодец, дождеприемник, дренажный колодец, ливневой водосток, ливнеспуск*

gully grating *канализационная решетка*

gully trap *водяной затвор*

gum *гумми, клей, смола*

gum (vb.) *приклеивать, прорезинивать*

gum dynamite *желатинированный динамит, желатиновое взрывчатое вещество*

gummed tape *клейкая лента*

gumming *прорезинивание*

gun glaze *пульверизационное лакирование*

gunite *торкрет-бетон*

guniting *торкретирование*

gun nail *нагель, пистолетный гвоздь*

gunny *мешковина*

guss asphalt [road] *литой асфальт*

gusset *угловая арматура, угловая планка, угловое крепление*

gusset plate *косынка, угловой лист, угольник жесткости*

gust *порыв ветра*

gutter *водосточная труба, водосточный желоб, кювет, ливневый лоток, направляющий желоб, сточная канава*

gutter (vb.) *делать желоба, делать канавки*

gutter board *снегозащитный щит*

gutter bracket *кронштейн желоба*

guttering unit *элемент конструкций сточного желоба*

gutter inlet *дренажный колодец*

gutter tile *пазовая черепица*

guy *ванта, оттяжка, расчалка*

guy derrick *вантовый мачтовый деррик-кран*

guyed bridge *мост на расчалках*

guy wire *натяжная проволока, проволочная растяжка*

guy-wire anchor plate *анкерная фундаментная плита*

gym *спортзал*

gymnasium *спортзал*

gypsum *гипс, природный гипс*

gypsum board *гипсовая плита, гипсолитовая плита, сухая штукатурка*

gypsum plaster *гипсовый штукатурный раствор, гипсолитовая плита, сухая штукатурка*

gypsum wallboard *гипсовая стеновая плита*

gypsum wallboard system *система гипсовых стеновых плит*

gyrate (vb.) *вращаться, вращаться по кругу*

h (hour) *час*
habitable *жилой, обитаемый*
habitation *жилище, жилье, проживание*
hack *зарубка, надрез, насечка, штабель отформованного кирпича*
hacksaw *лучковая пила, ножовка*
hacksaw blade *ножовочное полотно*
haft (vb.) *оснащать рукояткой*
ha-ha *низкая изгородь вокруг сада*
hail *град*
hail-stone *градина*
hair check *волосная трещина*
hair crack *волосная трещина, волосовина (дефект металла), микротрещина*
hairline *визирная линия, волосная линия, волосовина (дефект металла), тонкая линия*
hairline crack *волосная трещина*
hairline joint *стык, узкий шов*
hairpin bend *дорожная извилина, крутой поворот*
hair screen *тонкое сито*
hair sieve *тонкое сито*
hair spring *волосковая пружина, волосок*
hair stone [min.] *волосатик*
half *половина*
half-bat *полкирпича;* [mason] *половняк (кирпич)*
half-beam *горбыль, полубалка*
half-brick *полкирпича;* [mason] *половняк (кирпич)*
half-brick wall *кирпичная стена толщиной в полкирпича*
half-circle *полукруг*
half clover-leaf intersection [road] *пересечение типа половина клеверного листа*
half-countersunk *полупотайной*
half-door *полудверь, створка двери*
half-finished products *полуфабрикаты*
half-hard *средней твердости*
half hip roof [arch.] *двускатная крыша, полувальмовая крыша*
half-landing *промежуточная лестничная площадка*
half-lap joint [woodw.] *соединение в полдерева*
half-lattice girder *прямоугольная ферма с треугольной решеткой, ферма с параллельными поясами и треугольной решеткой*
half-matt [paintw.] *полуматовый*
half-moon stake *кромкозагибочный инструмент, штамп для отбортовки*
halfpace *промежуточная площадка трапа*
half-pace *промежуточная лестничная площадка*
half-round drill *ложечная перка*
half-round file *полукруглый напильник*
half-round iron *полукруглая сталь*
half-section timber *плаха, полукруглое бревно*
half tide level *уровень полных и малых вод*

half-timber *плаха, полукруглое бревно*

half-timbered house *каркасное сооружение, фахверковое сооружение*

half-timbering *каркас, решетчатая конструкция, фахверк*

hall *вестибюль, зал, приемная, холл*

halt *останов, остановка, платформа, полустанок*

halve *делить на два*

halve (vb.) *делить пополам, уменьшать наполовину;* [woodw.] *соединять вполдерева*

halved joint [woodw.] *соединение вполдерева*

halving *соединение вполдерева;* [woodw.] *врубка в лапу*

hammer *молот, молоток*

hammer (vb.) *вбивать, вколачивать, ковать, ударять, чеканить*

hammer beam *балка междуэтажных перекрытий, прогон, укороченная деревянная балка у проема в перекрытии*

hammer-blow [san.eng.] *гидравлический удар*

hammer brace *балка, брус, перекладина, прогон*

hammer break [electr.] *вибрационный прерыватель, молоточковый прерыватель*

hammer finish *лаковая отделка под молоток*

hammer harden (vb.) *ковать в холодном состоянии*

hammerhead *головка молотка*

hammer-head crane *молотовидный башенный кран, стреловой кран с гуськом, оснащенным противовесом*

hammering test *испытания звукоизоляции с помощью тональной машины, испытания звукоизоляции с помощью ударной машины, испытания на ковкость*

hammer interrupter *вибрационный прерыватель, молоточковый прерыватель*

hammer riveting *клепка*

hammer scale *кузнечная окалина, молотобоина*

hammer slag *кузнечная окалина, молотобоина*

hammer tamper finisher [concr.] *финишер с трамбующими плитами*

hammertone finish *лаковая отделка под молоток*

hammer welding *кузнечная сварка*

hand *рука, стрелка прибора*

hand axe *плотничный топор, тесак, топорик*

hand barrow *тачка, тележка*

hand cart *тачка, тележка*

hand chisel *слесарное ручное зубило*

hand drill *ручная дрель*

hand file *плоский напильник*

hand grinder *ручное точило, ручной заточный станок*

hand grip *рукоятка, ручка*

hand hammer *ручник, ручной легкий молот*

hand-held tool *ручной инструмент*

hand hoist *таль*

hand-hold *опора для рук, рукоятка*

handicraft *ремесло, ручная работа*

handicraft (adj.) *кустарный, ремесленный, ручной работы*

hand impact screwdriver *отвертка ударного типа*

handing-over of the works *сдача работ*

handing-over procedure *процедура передачи*
hand jack *ручной домкрат*
hand lamp *ручная лампа*
hand lantern *ручной фонарь*
handle *основа, поручень, рукоятка, ручка*
handle (vb.) *манипулировать, обрабатывать, обращаться, оперировать, производить погрузочно-разгрузочные работы, управлять*
handlebar *рычаг управления*
handle-bar *тяга;* [cycle] *руль велосипеда*
handle of a window *оконная ручка*
hand lever *рычаг управления*
handling *манипулирование, обработка, обработка грузов, оперирование, погрузочно-разгрузочные работы, подъемно-транспортные работы*
handling strength [concr.] *отпускная прочность*
handmade *выполненный вручную, ручной работы*
hand-mixed concrete *бетонная смесь, приготовленная вручную*
hand mixing *замес вручную*
hand-moulded brick *кирпич ручного формования*
hand moulding *ручное формование*
hand-operated *с ручным приводом, с ручным управлением*
hand operation *ручное управление*
hand over (vb.) *передавать, сдавать*
hand-over test *приемо-сдаточные испытания*
hand-packed stone *каменное основание;* [road] *пакеляж*
hand piledriver *ручной копер*
hand-pitched stone *каменное основание;* [road] *пакеляж*
hand-pitched stone subbase *щебеночное основание, щебеночный слой;* [road] *пакеляж*
hand power *ручной привод*
hand pump *ручной насос*
handrail *перила, поручни*
hand riveting *ручная клепка*
hand saw *ножовка*
hand-shaping *ручное формование*
handshower [san.eng.] *ручной душ*
hand sledge *кувалда, кузнечный молот*
hands-on experience *практический опыт*
handspray [san.eng.] *ручной душ*
hand strap *ремень, строп*
hand tamped *утрамбованный вручную*
hand tool *ручной инструмент*
hand tools *ручные инструменты*
hand-warm *с температурой человеческого тела*
hand welding *ручная сварка*
hand winch *ручная лебедка*
handy *доступный, практичный, удобный*
hand's width *на ширину ладони, ширина ладони*
hang (vb.) *вешать, висеть, разъединять*
hang down (vb.) *повисать, свисать*

hanger *опорный хомут, подвесная тяга, подвесной кронштейн;* [rail] *подвеска контактной сети*
hanger anchorage *анкерное крепление на стропах*
hanger bracket *подвеска, подвесной кронштейн*
hanging *навеска, подвеска, подвешивание*
hanging (adj.) *висячий, подвесной*
hanging bridge *висячий мост*
hanging lamp *подвесная лампа*
hanging platform *подвесная платформа, подвесная площадка, подвесная помост*
hanging roof *висячая крыша*
hanging stage *висячие леса, висячие подмости*
hanging step *бескосоурная ступень*
hank *карабин, карабинный крюк*
harbour *гавань, порт*
harbour crane *портовый кран*
harbour entrance *вход в гавань, вход в порт*
harbour installations *портовые сооружения*
hard *жесткий, твердый*
hard-baked brick *кирпич высокого обжига*
hardboard *древесноволокнистая плита*
hardboard panelling *обшивка древесноволокнистыми плитами*
hard-burnt brick *клинкер*
hard core *каменная наброска, основание из круглого колотого камня, подготовка под бетонной одеждой пола из трамбованного щебня*
hard covering *верхний слой дорожного покрытия*
harden (vb.) *делать твердым, жестким, закалять, застывать, затвердевать, укреплять*
hardened caoutchouc *эбонит*
hardened concrete *затвердевший бетон*
hardened rubber *эбонит*
hardened steel *закаленная сталь*
hardener *закалочное средство, отвердитель*
hardening *застывание, твердение*
hardening (process) *затвердевание*
hardening agent *отвердитель*
hardening and tempering *улучшение стали (закалка с высоким отпуском)*
hardening compound *отвердитель*
hardening crack *закалочная трещина*
hardening degree *градус жесткости воды, степень твердости*
hardening medium *закалочная среда*
hardening strain *деформация при закалке, деформация при твердении*
hardening strain crack *закалочная трещина*
hard-facing *наплавка твердого сплава, поверхностная закалка*
hard flooring *твердое покрытие пола*
hard glass *твердое тугоплавкое стекло*
hard-grained wood *твердая древесина*
hard hat *каска*

hardness *жесткость воды, твердость*
hardness degree *степень жесткости воды, степень закалки*
hardness number *число жесткости воды, число твердости*
hardness test *определение твердости*
hardness testing *определение твердости*
hard rubber *эбонит*
hard shoulder *полоса стоянки;* [road] *твердая обочина*
hard solder *твердый припой*
hard-solder (vb.) *паять твердым припоем*
hard soldering *пайка твердым припоем*
hard strip *обочина с одеждой, твердая полоса*
hard surface [road] *твердое покрытие*
hard-surface (vb.) *покрывать твердым покрытием*
hardware *аппаратные средства, скобяные изделия, строительные металлические детали, строительные металлические изделия*
hard water *жесткая вода*
hardwearing *износостойкий*
hard winter *морозная зима*
hardwood *твердая древесина*
hardwood top *покрытие из твердой древесины*
hardwood tree *лиственное дерево*
harm *вред*
harm (vb.) *быть вредным, вредить, наносить вред*
harmful *вредный, ядовитый*
harmfulness *вредность*
harmless *безвредный, безопасный*
harmonic (component) *гармоничный (компонент)*
harmonic oscillation *гармонические колебания*
harness *оснащение, снаряжение, сцепное устройство, такелаж*
harp *решето, сетка, сито, фильтр*
harsh concrete *жесткая бетонная смесь*
harsh consistency [concr.] *жесткая консистенция*
harsh flame [weld] *жесткое пламя*
harsh mix [concr.] *жесткая смесь*
hasp *ветровой крючок окна, накладка с пробоем для висячего замка, шпингалет*
hatch *дверь с фрамугой, крышка люка, люк, проем*
hatch (vb.) *заштриховывать, штриховать*
hatched area [road] *огороженный участок*
hatchet *резак, топорик*
hatching *штриховка*
haul *буксировка, перевозка, расстояние перевозки, транспортировка*
haul (vb.) *буксировать, транспортировать*
haulage *буксировка, перевозка, транспортировка*
haulage contractor *автотранспортная организация, перевозчик*
haulage line *тяговый канат, тяговый трос*
haul and mass diagram *диаграмма массы, кубатурная диаграмма*
haul distance *расстояние перевозки*
haulier *автотранспортная организация, перевозчик*
hauling *доставка, перемещение, транспортировка, тяга*

hauling winch *лебедка*

haunch *нижняя часть балки, выступающая из-под плиты перекрытия, опорный кронштейн;* [road] *обочина*

haven *гавань*

hawk [mason] *сокол*

hazard *опасность, риск, фактор риска, шанс;* [el.] *короткий паразитный импульс*

hazardous *вредный, опасный, рисковый*

hazardous (to health) *опасный (для здоровья)*

hazardous substance *вредное вещество*

haze *дымка, завеса, матовость, налет, туман*

head *верхний брус, высота нагнетания, высота падения, головка рельса, головная часть сооружения, заголовок, капитель, концевая черепица, напор, обвязочный брус, оголовок крана, перепад, шляпка гвоздя*

head (adj.) *ведущий, верхний, главный, головной, передний*

head (jamb) *верхний брус дверной коробки*

head (of a column) *капитель (колонны)*

header *балка-перемычка, гребенка, заголовок, коллектор, магистраль, магистральный трубопровод, насадка свайного ряда, подстропильная балка, распределительная балка, ригель фахверка, рубрика, собиратель, тычковый кирпич, тычок кирпичной кладки, шапочный брус*

header bond *тычковая перевязка кирпичной кладки*

header course *тычковый ряд кирпичной кладки*

header joist *несущая балка пола*

head foreman *прораб*

heading bond *тычковая перевязка кирпичной кладки*

heading course *кладка тычком, тычковый ряд кирпичной кладки*

heading joint *вертикальный шов каменной кладки, стыковое соединение деревянных элементов*

heading stone [mason] *замковый камень, ключевой камень*

headless screw *винт без головки, потайной винт*

head loss [hydr.] *потеря напора*

head moulding *дверной карниз*

head of pile *оголовок сваи*

head of rail *головка рельса*

head of the discharge *геометрическая высота нагнетания*

head of water *высота давления воды, высота нагнетания, высота напора, напор*

head pipe *магистральная труба*

head protector *защитный головной убор, каска*

headrace [hydr.] *подводящий канал ГЭС*

head rail *верхний рельс, косяк дверной рамы*

headroom *высота в свету, габаритная высота, холостой ход*

headstone [arch.] *угловой камень*

headwall *лобовая стена, подпорная стена, торцовая стена*

headwater [hydr.] *верхний бьеф*

headwater level *подпорный уровень*

headway *высота в свету, габаритная высота, просвет*

heal(ing) over [woodw.] *заживление*

health *здоровье*
health at work *гигиена труда, охрана здоровья работающих*
health hazard *вред для здоровья, опасность для здоровья, фактор риска*
health risk *риск для здоровья, фактор риска*
heap *груда, куча, штабель*
hearing damage *травма слухового аппарата*
hearing impairment *травма слухового аппарата*
hearing injury *поражение слуха*
hearing loss *потеря слуха*
hearing protection *средства защиты органов слуха*
hearing protection device *средство защиты органов слуха*
hearing-protective device *средство защиты органов слуха*
hearing protector *средство защиты органов слуха*
heart *сердцевина дерева, ядровая древесина*
hearth *камин, лещадь, под печи, топка*
hearth brick *огнеупорный блок для кладки лещади доменной печи*
hearting concrete *крупнозернистый бетон*
heart shake *начинающаяся от сердцевины дерева, радиальная трещина*
heartwood *ядровая древесина, ядро древесины*
heat *жар, накал, степень нагрева, тепло, теплота*
heat (vb.) *нагревать, накаливать, подогревать*
heat absorption *теплопоглощение*
heat bridge *тепловой мостик*
heat build-up *тепловыделение*
heat capacity *теплоемкость*
heat-conducting *теплопроводный*
heat conduction *теплопередача*
heat conductivity *коэффициент теплопроводности, теплопроводность*
heat consumption *потребление тепла*
heat control *регулирование подачи тепла*
heat convector *конвектор, отопительный радиатор с приспособлением для улучшения конвекции воздуха*
heat corrosion *тепловая коррозия*
heat development *тепловыделение*
heat dissipating *тепловыделяющий, экзотермический*
heat dissipation *рассеяние тепла, тепловыделение, теплоотдача, теплопередача*
heat distortion *тепловая деформация*
heated *нагретый, подогретый, с подогревом*
heated plate welding *сварка листовой стали с подогревом*
heat emission *тепловыделение, экзотермия*
heat energy *тепловая энергия*
heat engine generating station *теплоэлектростанция*
heater *калорифер, нагреватель, нагревательный прибор, обогреватель, отопительный прибор*
heater blower *вентилятор подачи теплого воздуха, калорифер*
heater cable *греющий электрокабель*
heater mat *греющий мат*

heater strip *ленточный нагреватель*
heater tape *ленточный нагреватель*
heat exchange *теплообмен*
heat exchanger *теплообменник*
heat expansion *тепловое расширение*
heat gain *приток теплоты, теплоприток*
heat generation *тепловыделение*
heat hardening *тепловое упрочнение*
heat impact *тепловая нагрузка, тепловое воздействие*
heating *нагрев, нагревание, обогрев, обогревание, отопление*
heating and power station *теплоэлектростанция*
heating and refrigerating technique *теплохолодильная техника, теплохолодильная технология, техника искусственного климата, технология кондиционирования воздуха*
heating appliance *отопительная установка, отопительный агрегат, отопительный прибор*
heating battery *отопительная батарея*
heating boiler *отопительный котел*
heating cable *греющий электрокабель*
heating capacity *теплоемкость*
heating coil *нагревательная спираль, нагревательный элемент*
heating duct *канал теплотрассы*
heating element *нагревательный элемент, термопара, термоэлемент*
heating facilities *отопительная установка, система отопления*
heating flue *дымоход печи, канал отопления*
heating furnace *нагревательная печь*
heating installation *нагревательная установка, отопительная установка*
heating pipe *труба отопления*
heating plant *отопительная установка, теплоцентраль, теплоэлектростанция*
heating power *тепловой эквивалент, теплота сгорания топлива*
heating resistance mat *греющий мат*
heating resistance pad *греющий мат*
heating season *отопительный период, отопительный сезон*
heating services *отопительные установки, система отопления*
heating stove *печь*
heating surface *поверхность нагрева*
heating system *система отопления*
heating tape *ленточный электронагревательный элемент*
heating time *время разогрева*
heating unit *калорифер, отопительный агрегат, отопительный элемент, радиатор*
heating up *разогрев*
heating-up period *время разогрева бетонной смеси*
heating value *тепловой эквивалент, теплота сгорания*
heat inspection *теплонадзор*
heat inspection report *отчет теплонадзора*
heat-insulated *с теплоизоляцией, утепленный*
heat-insulating *теплоизоляционный*

heat insulation *теплоизоляция*
heat interchanger *теплообменник*
heat leakage *утечка тепла*
heat loss *потеря тепла, теплопотери*
heat of hydration *теплота гидратации*
heat pipe *тепловая труба*
heat-proof *теплонепроницаемый, теплостойкий*
heat pump *тепловой насос*
heat radiation *тепловая радиация, теплоизлучение*
heat recovery *регенерация тепла*
heat recuperator *тепловой рекуператор*
heat-reflecting glass *теплоотражающее стекло*
heat reflection *теплоотражение*
heat regulator *терморегулятор, термостат*
heat release *выделение тепла, теплоотдача*
heat resistance *жаростойкость*
heat resistant *жаростойкий*
heat-resisting *жаростойкий*
heat-sensitive *термочувствительный*
heat stability *жаропрочность, теплостойкость, термоустойчивость*
heat station *теплоцентраль, ТЭЦ*
heat stress *тепловая нагрузка, термическое напряжение*
heat transfer *теплопередача*
heat transfer coefficient *коэффициент теплопередачи*
heat transfer rate *интенсивность теплопередачи, тепловой поток*
heat transmission *теплопередача*
heat transmission coefficient *коэффициент теплопередачи*
heat transmission rate *интенсивность теплопередачи, тепловой поток*
heat-treated *термообработанный;* [met.] *закаленный*
heat-treated glass *термообработанное стекло*
heat treating *термообработка*
heat treatment *термообработка;* [met.] *закалка*
heat treatment crack *закалочная трещина*
heat unit *единица количества тепла*
heat up (vb.) *нагревать, подогревать, разогревать*
heat-up time *время разогрева*
heat utilization *регенерация тепла*
heat value *тепловой эквивалент, теплота сгорания топлива*
heat valve *термостат*
heave (vb.) *поднимать*
heavily armoured *сильно армированный*
heavily trafficked [road] *с интенсивным движением*
heavy *крупный, массивный, мощный, плотный, тяжелый*
heavy aggregate [concr.] *тяжелый заполнитель*
heavy-aggregate concrete *особо тяжелый бетон*
heavy-bodied oil *высоковязкое масло, тяжелое масло*
heavy concrete *особо тяжелый бетон*
heavy construction *тяжелая конструкция*
heavy current *ток большой величины;* [el.] *сильный ток*

heavy-duty *предназначенный для работы в неблагоприятных условиях, предназначенный для работы в тяжелом режиме, прочный, тяжелый*
heavy-duty vehicle *автомобиль большой грузоподъемности*
heavy-gauge pipe *толстостенная труба*
heavy series screw *винт для гаечного ключа с широким зевом*
heavy spar *барит, тяжелый шпат*
heavy traffic lane [road] *ряд с интенсивным движением*
heavy vehicle *автомобиль большой грузоподъемности*
heavy-weight *тяжелый*
hectoliter *гектолитр*
hedge *зеленая изгородь*
hedgerow *зеленое ограждение*
heel *задняя кромка, пята*
heel mark *подошвенная отметка*
height *высота*
height above sea level *высота над уровнем моря*
heighten (vb.) *надстраивать, наращивать, повышать*
heightening *надстраивание, наращивание, повышение*
height indication *указание высоты*
height measurement *измерение высоты*
height of arch *стрела арки*
height of building *высота здания*
height of delivery [hydr.] *высота давления, высота нагнетания, высота напора*
height of embankment *высота насыпи*
height of fall *высота падения*
height of lift *высота подъема*
height of step *высота ступени лестницы*
height of water *высота подъема воды, уровень воды*
helical *винтовой, спиральный*
helical binder [concr.] *спиральная поперечная арматура*
helical conveyor *винтовой конвейер, шнек*
helical reinforcement *спиральная арматура;* [concr.] *спиральное армирование*
helical spring *волосок, спиральная пружина*
helicoid(al) *винтообразный*
helix *спираль*
helmet *каска, шлем*
help *помощь, система подсказок, содействие*
help (vb.) *помогать*
helve *молотовище, рукоятка*
helve (vb.) *снабжать рукояткой*
hem *кант, край, кромка*
hemicycle *полукруг*
hemisphere *полусфера, полушарие*
hemispherical *полусферический*
heptagon *семиугольник*
hermetic(al) *герметичный*
hermetically sealed *герметизированный*
hessian *джутовая мешочная ткань*

hessian fabric *джутовая мешочная ткань*
heterogeneity *гетерогенность, неоднородность*
heterogeneous *гетерогенный, неоднородный, разнородный*
hew (vb.) *вырубать, высекать, вытесывать, отесывать, рубить, тесать*
hewing *рубка леса*
hewn stone *квадер, тесаный камень*
hewn timber *тесаные лесоматериалы*
hew out (vb.) [woodw.] *вырубать*
hew smooth (vb.) *гладко обтесывать*
hexagon *шестиугольник*
hexagonal *шестиугольный*
hexagonal bar *пруток шестиугольного сечения*
hexagonal wire *проволока шестиугольного сечения*
hexagon bar *пруток шестиугольного сечения*
hexagon bolt *болт с шестигранной головкой*
hexagon castle nut *шестигранная корончатая гайка*
hexagon die nut *шестигранная калибровочная плашка*
hexagon fit bolt *болт под развертку с шестигранной головкой, конусный болт, призонный болт*
hexagon head *шестигранная головка*
hexagon-headed bolt *болт с шестигранной головкой*
hexagon-headed screw *винт с шестигранной головкой*
hexagon head screw *винт с шестигранной головкой*
hexagon head wood screw *шуруп с шестигранной головкой*
hexagon nut *шестигранная гайка*
hexagon slotted nut *шестигранная корончатая гайка, шестигранная прорезная гайка*
hexagon socket head cap screw *винт с шестигранным отверстием в головке*
hexagon socket screw *винт с шестигранным отверстием в головке*
hexagon socket wrench *шестигранный торцовый ключ*
hex nut *шестигранная гайка*
hickie *станок для гибки труб*
hickory [woodw.] *гикори*
hidden *потайной, скрытый*
hide (vb.) *прятать, скрывать*
hiding power [paintw.] *кроющая способность*
high (adj.) *высокий, интенсивный, мощный, сильный*
high-accuracy weighing machine *аналитические весы*
high alumina cement *высокоглиноземистый цемент*
high block *высотный дом*
high build coating [paintw.] *покрытие толстым слоем*
high carbon steel *высокоуглеродистая сталь*
high-class workmanship *высокое профессиональное мастерство*
high-creep steel *сталь с высоким сопротивлением ползучести*
high-density *высокой плотности*
high-density concrete *особо тяжелый бетон*
high-early-strength cement *быстротвердеющий цемент*
high-early-strength Portland cement *быстротвердеющий портландцемент*

highest *максимально высокий, наибольший*
highest high-water level *наивысший уровень полой воды*
highest load *максимальная нагрузка*
high-expansion cement *быстрорасширяющийся цемент, напрягающий цемент*
high finish *зеркальный блеск*
high-frequency glueing technique *техника высокочастотного склеивания*
high-frequency heating *высокочастотный нагрев*
high-frequency welding *высокочастотная сварка*
high-grade article *высококачественное изделие*
high-head plant *установка высокого давления*
high-level bridge *высоководный мост*
high-level tank *напорный бак, напорный резервуар*
high-lift lock *высоконапорный шлюз, высокоподнятый шлюз*
high-lime cement *цемент с повышенным содержанием извести*
high limits *высокий допуск*
high lustre *зеркальный блеск*
highly-developed *высокоразвитый*
highly inflammable *легковоспламеняемый, легковоспламеняющийся*
highly polished *отполированный до зеркального блеска*
high-polished *отполированный до зеркального блеска*
high-porous *высокопористый*
high-precision mechanics *точная механика*
high pressure *высокое давление*
high-pressure *высокого давления, высоконапорный*
high-pressure blowpipe *горелка высокого давления*
high-pressure cleaner *очиститель высокого давления, фильтр высокого давления*
high-pressure fan *вентилятор высокого давления*
high-pressure gas *сжатый газ*
high-pressure gun *нагнетатель высокого давления, пистолет-распылитель высокого давления*
high-pressure hose *шланг высокого давления*
high-pressure plant *установка высокого давления*
high-pressure sprayer *высоконапорный опрыскиватель*
high-pressure washer *высоконапорный промыватель*
high-quality work *высококачественная работа*
high relief *горельеф*
high-rise apartment building (US) *высотное жилое здание*
high-rise block of flats *высотное жилое здание*
high-rise building *высотное здание*
high-speed circuit-breaker [electr.] *скоростной выключатель, скоростной прерыватель*
high-speed drill *скоростная дрель, скоростной бур*
high-speed steel *быстрорежущая сталь*
high-strength *высокопрочный*
high-strength steel *высокопрочная сталь*
high sulphate resistant cement *сульфатостойкий цемент*
high-temperature *высокотемпературный*
high-temperature stability *жаропрочность, теплостойкость, термическая стойкость*

high-temperature strength *жаропрочность, теплостойкость, термическая стойкость*
high-temperature thermoplastic *высокотемпературный термопласт*
high-tensile *высокопрочный*
high-tensile steel *высокопрочная сталь*
high-tension (adj.) *высокого напряжения*
high tension (HT) [electr.] *высокое напряжение*
high-tension (transmission) line *высоковольтная линия электропередачи*
high-tension current *ток высокого напряжения*
high-tension-line tower *мачта высоковольтной линии электропередачи*
high-test cast iron *высокопрочный чугун*
high viscosity, of *высоковязкий*
high voltage [electr.] *высокое напряжение*
high-voltage (adj.) *высокого напряжения*
high-voltage (transmission) line *высоковольтная линия электропередачи*
high-voltage cable *высоковольтный кабель*
high-voltage circuit breaker *высоковольтный выключатель, высоковольтный прерыватель*
high-voltage current *высоковольтный ток, ток высокого напряжения*
high-voltage network *высоковольтная сеть*
highway *автомобильная дорога, канал информации, магистраль, магистральная шина, шоссе*
highway area *зона автомагистрали, поверхность дороги*
highway bridge *автодорожный мост*
highway design *проектирование дорог*
highway engineer *инженер-дорожник*
highway engineering *дорожное строительство, проектирование автодорог, строительство автодорог*
highway salt *дорожная противообледенительная соль*
highway striping *разметка дороги*
high-yield-point steel *высокопрочная сталь*
high-yield-stress steel *высокопрочная сталь*
hillside *обрыв, откос, скат, склон*
hinge *дверная петля, навеска, шарнир*
hinge (vb.) *закреплять на шарнирах, навешивать на петлях*
hinge at the support *опорный шарнир*
hinge bolt *шарнирный болт*
hinge bridge *шарнирный мост*
hinged *навесной, на петлях, на шарнирах, шарнирный*
hinged beam *шарнирная балка*
hinged cover *навесная крышка*
hinged door *навесная дверь*
hinged gate *навесные ворота*
hinged girder system Gerber *система шарнирных балок Гербера*
hinged lid *навесная крышка*
hinged pier *качающаяся опора*
hinged pillar *качающаяся опора*

hinged plate *навесная панель*

hinged window *окно со створками на петлях, окно со створными переплетами*

hinge flange *шарнирный фланец*

hinge joint *шарнирное соединение, шарнирный узел*

hinge mounting [woodw.] *навесная фурнитура*

hinge spring *шарнирно закрепленная рессора*

hip *вальмовые стропила, уклонная стропильная нога;* [arch.] *ребро вальмовой крыши*

hipped roof *вальмовая четырехскатная крыша*

hip rafter *накосная стропильная нога*

hip roof *вальмовая четырехскатная крыша*

hip tile *коньковая черепица для покрытия ребер кровли*

historic buildings and monuments *исторические здания и памятники*

historic centre *исторический центр города*

historic monument *исторический памятник*

historic part of a town *историческая часть города*

hit *ответ, совпадение*

hit (vb.) *сталкиваться, ударять (ся)*

hitch hook *грузовой крюк, подъемный крюк*

hl (hectolitre) *гл (гектолитр)*

hoarding *временное ограждение, забор, изгородь, ограда*

hoarfrost *изморозь, иней*

hobbing *холодная ковка*

hod *корыто для раствора, лоток для подноса кирпичей или извести, творило*

hodman *подручный каменщика, подсобный рабочий*

hog-back girder *ферма с параболическим поясом*

hoggin *природная гравийно-глинистая смесь*

hogging *природная гравийно-глинистая смесь*

hogging bending moment *отрицательный изгибающий момент*

hogging girder *ферма с параболическим поясом*

hogging moment *отрицательный изгибающий момент*

hoist *лебедка, подъемник*

hoist (vb.) *поднимать груз*

hoist block *крюковая блочная обойма крана*

hoisting *подъем груза*

hoisting appliance *грузоподъемное устройство*

hoisting gear *подъемный механизм*

hoisting speed *скорость подъема*

hoisting tackle *подъемное канатно-блочное устройство, полиспаст*

hoisting tower *башенный подъемник*

hoisting velocity *скорость подъема*

hoisting winch *подъемная лебедка*

hoist travelling trolley *крановая тележка, самоходная тележка кабельного крана*

hold *захват, опора, ушко, фиксация*

hold (vb.) *вмещать, держать, сдерживать, содержать, удерживать*

holder *держатель, обойма, оправка, патрон, резервуар*

holderbat *захват для труб, трубчатый держатель, трубчатый захват*

holder-up *поддержка при клепке*
holdfast *струбцина*
holding alley *коридор, переход, проход*
holding device *зажимное приспособление*
holding-down bolt *анкерный болт*
holding power *сила захвата*
holding-up hammer *поддержка при клепке*
holdout [paintw.] *кроющая способность*
hole *дыра, отверстие, ошибка в системе, перфорация, скважина;* [met.] *раковина*
hole (vb.) *бурить, продырявливать, сверлить*
hole gauge *контрольная оправка*
hole pitch *расстояние между осями отверстий*
holiday [paintw.] *недостаточная толщина слоя краски*
holiday cottage *дача, дом отдыха*
holiday detector [paintw.] *детектор толщины слоя краски*
holiday house *дача, дом отдыха*
holiday village *дачный поселок, загородная база отдыха*
holing *перфорация*
hollow *впадина, выемка, полость, пустота, расточка, углубление*
hollow (vb.) *выдалбливать, вырезать паз, вырезать углубление*
hollow (adj.) *полый, пустой, пустотелый*
hollow block *пустотелый блок*
hollow block floor *балочное перекрытие с заполнением межбалочного пространства пустотелыми керамическими блоками*
hollow brick *дырчатый кирпич, пустотелый кирпич*
hollow chamfer *полый желоб, скос, фаска*
hollow concrete block *пустотелый бетонный блок*
hollow construction *пустотелая конструкция*
hollowing *вырез, гнездо, паз, углубление*
hollowing plane *калевочник, рубанок с полукруглым железком*
hollow metal work *пустотелая металлическая конструкция*
hollow moulding *полая погонажная деталь*
hollowness *полость, пустота, пустотелость*
hollow newel *полая колонна винтовой лестницы*
hollow profile *полый профиль, пустотелый профиль*
hollow punch *бородок, пуансон дыропробивного штампа, ручной пробойник*
hollow rivet *полая заклепка*
hollow section *полый профиль*
hollow space *незаполненное пространство, пустоты*
hollow tile *керамический камень, пустотелый кирпич*
hollow wall *пустотелая стена*
home *дом, жилое здание*
home (adj.) [comp.] *собственный*
home decor *внутренняя обстановка дома*
home unit *жилище, квартира*
homogeneity *однородность*
homogeneous *однородный*
homogenization *гомогенизация*
homogenize (vb.) *гомогенизировать*

homogenizing *гомогенизирование*
homology *гомология*
hone *оселок*
hone (vb.) *править оселком, хонинговать*
hone stone *оселок*
honeycomb *пористая структура, раковина, соты;* [met.] *грат*
honeycomb (adj.) *многослойный, пористый, с раковинами на поверхности*
honeycomb door *дверь с пористой поверхностью, многослойная дверь*
honeycombed *сотовый, ячеистый*
honeycombed area *щербатый участок;* [concr.] *участок поверхности с раковинами*
honeycombing *щербатость;* [concr.] *пористая поверхность*
honeycomb panel *многослойная панель, ячеистая панель*
honeycomb structure *многослойный материал, сотовая структура, ячеистая структура*
hood *вытяжной шкаф, зонт над дымовой трубой, капот, капот двигателя, кожух, колпак, крышка, чехол*
hooded *покрытый, экранированный*
hood mould *карнизная планка*
hook *добавочный блок, добавочный микропроцессор, крюк, крючок, ловушка (устройство для отладки компьютеров), скоба*
hook (vb.) *привязывать программные средства*
hook-and-butt joint [woodw.] *прямая врубка зубом*
hook-and-butt scarf [woodw.] *прямая врубка зубом*
hooked *крючковатый, на крюке, с крюком*
hooked fish plate *стыковая накладка с ребордой*
Hooke's law [phys.] *закон Гука*
hook-headed spike [rail] *путевой костыль*
hooklike corner halving *крючковое угловое соединение, угловое соединение накладкой;* [woodw.] *крючковой угловой замок*
hook lock *крюковой стрелочный замыкатель*
hook nail *гвоздь с бородкой, заершенный гвоздь*
hook screw *болт с Г-образной головкой*
hook steel *крючковой резец*
hook-up *монтаж, сборка, установка*
hoop *кольцо, обод, обруч, полосовая сталь;* [concr.] *спиральная арматура*
hoop (vb.) *кольцо, надевать обруч, обод*
hoop ladder *трап крана с круглыми предохранительными скобами*
hoop steel *ленточная сталь, полосовая сталь*
hoover *пылесос*
hoover (vb.) *пылесосить*
hopper *бункер, вагонетка с опрокидным кузовом, подающий карман для перфолент, приемная воронка, хоппер;* [san.eng.] *смывной бачок*
hopper feed *подача из приемного бункера, подача из приемной воронки*
horizon *горизонт*
horizontal *горизонталь*

horizontal (adj.) *горизонтальный*
horizontal alignment *трасса дороги*
horizontal angle *азимут;* [geod.] *горизонтальный угол*
horizontal axis *горизонтальная ось*
horizontal collimation error [geod.] *ошибка коллиматора*
horizontal control point *опорная точка;* [geod.] *репер*
horizontal direction *горизонтальное направление*
horizontal fillet weld [weld] *горизонтальный угловой шов*
horizontal force *горизонтальная сила, горизонтальное усилие*
horizontal grasp *радиус действия, ширина захвата экскаватора*
horizontal grate *горизонтальная колосниковая решетка*
horizontality *горизонтальность, плоскость*
horizontal joint *опорный шов арки;* [mason] *горизонтальный шов, продольный шов*
horizontal load *горизонтальная нагрузка*
horizontally perforated brick *кирпич с продольными отверстиями*
horizontal plan *чертеж в плане*
horizontal plane *горизонтальная плоскость*
horizontal position *горизонтальное положение*
horizontal projection *вид сверху, горизонтальная проекция*
horizontal reaction *горизонтальная реакция*
horizontal reinforcement *горизонтальное армирование*
horizontal sand drain [road] *горизонтальная песчаная дрена*
horizontal section *горизонтальная проекция, изображение в плане*
horizontal setting *горизонтальная сборка, горизонтальный монтаж*
horizontal thrust *горизонтальное давление*
horizontal vertical butt weld [weld] *стыковой шов между горизонтальной и вертикальной поверхностями*
horizontal welding *сварка в горизонтальном положении*
horizontal weld on vertical *сварка горизонтальной и вертикальной поверхностей*
horn *колодка рубанка, хобот машины для точечной сварки*
horntail *пилильщик (насекомое-древоточец)*
horse *козлы, подмости*
horsepower (hp) *лошадиная сила (л.с.)*
horsepower hour *лошадиная сила/час (л.с./ч)*
horticulturist *садовод*
hose *пожарный рукав, шланг*
hose (vb.) *продувать, промывать*
hose assembly *шланговое соединение, шланг с соединительным приспособлением*
hose clamp *шланговой зажим, шланговой хомут*
hose clip *шланговый зажим, шланговый хомут*
hose coil *спиральный рукав, спиральный шланг*
hose connection *шланговый разъем, шланговый штуцер*
hose coupling *шланговая соединительная муфта*
hose fitting *шланговая арматура*
hose-proof *защищенный от напора воды, шлангозащитный*
hose reel *шланговая бухта, шланговый рулон*
hose union *шланговая соединительная муфта, шланговый штуцер*
hospital *больница, госпиталь*

hot *горячий, теплый;* [electr.] *под напряжением*

hot air *горячий воздух*

hot-air conduit *воздухопровод, канал подачи теплого воздуха*

hot-air curtain *воздушная завеса*

hot-air drier *воздушная сушильная установка, сушилка*

hot-air drying *сушка нагретым воздухом*

hot-air duct *воздухопровод, канал подачи теплого воздуха*

hot-air gun *пистолет-распылитель теплого воздуха для удаления лакокрасочного покрытия*

hot-air heating plant *установка воздушного отопления, установка калориферного отопления*

hot-air seasoning [woodw.] *сушка нагретым воздухом*

hot bar *стержень накала*

hot bending [met.] *горячая гибка*

hot-brittle [met.] *красноломкий*

hot brittleness [met.] *красноломкость*

hot contact test *испытания нагревом, испытания на нагрев*

hot-dip galvanized *оцинкованный горячим способом*

hot-dip galvanizing *горячее цинкование*

hot forging *горячая ковка*

hot-galvanize (vb.) *оцинковывать горячим способом*

hot-galvanized *оцинкованный горячим способом*

hot galvanizing *горячее цинкование*

hot-melt adhesive *плавкий адгезив, плавкий клей*

hot mix [road] *горячая асфальтобетонная смесь*

hot-mix gravel [road] *гравийный заполнитель асфальтобетонной смеси*

hot riveting *горячая клепка*

hot-rolled asphalt *асфальтобетон, уложенный в горячем состоянии*

hot-sealing (adj.) *отверждающийся при нагревании*

hot service water *горячая техническая вода*

hot-setting adhesive *термореактивный клей*

hot-short [met.] *красноломкий*

hot shortness [met.] *красноломкость*

hot tap *кран горячей воды*

hot water *горячая вода*

hot-water (supply) tank *бак-аккумулятор горячей воды*

hot-water boiler *водогрейный котел*

hot-water cistern *резервуар горячей воды*

hot-water furnace *топка водогрейного котла*

hot-water heating *водяное отопление*

hot-water supply *горячее водоснабжение*

hour (h) *час*

hourly capacity *часовая производительность*

hourly runoff *объем стока в час, часовой сток*

hourly traffic *грузооборот в час, интенсивность движения транспорта в час*

hours of labour *рабочее время, трудоемкость*

hours on duty *рабочее время*

house *дом, жилище, здание*

house (vb.) *вмещать, вставлять в корпус, заключать во что-л., заселять, сажать в гнездо (о деталях машин)*

house area *жилой район, площадь застройки*
housebreaker *организация, занимающаяся сносом домов*
house building *жилищное строительство*
house construction *жилищное строительство*
house footing *фундамент здания*
house for permanent residence *жилой дом для постоянного проживания*
household grinder *дробилка бытового мусора*
household refrigerator *бытовой холодильник*
house longhorn beetle *длинноусый жучок, домашний жучок*
house longicorn beetle *длинноусый жучок, домашний жучок*
house-owner *домовладелец*
house paint *малярная краска*
house-painter *маляр*
house telephone *квартирный телефон*
house telephone system *телефонная станция*
housetop *кровля, крыша*
house trap *конденсационный водоотделитель*
house wiring cable *арматурный провод, установочный провод*
house-wrecker *организация, занимающаяся сносом домов*
housing *жилищное строительство, кожух, корпус, паз, углубление, футляр;* [woodw.] *гнездо*
housing (adj.) *жилищно-строительный, жилищный*
housing area *жилая зона, жилой район*
housing authority *управление жилищного строительства*
housing conditions *жилищные условия*
housing construction *жилищное строительство*
housing density *плотность застройки*
housing development *жилая застройка, жилищное строительство*
housing estate *домовладение, жилой комплекс, жилой микрорайон*
housing improvement *улучшение жилищных условий*
housing legislation *жилищное законодательство*
housing programme *программа жилищного строительства*
housing shortage *дефицит жилого фонда*
housing stock *жилой фонд*
housing zone *жилая зона, жилой район*
hovel *дома, предназначенные на снос, лачуга, навес, хибарка*
Howe truss *ферма Гау, ферма со сжатыми раскосами и растянутыми стойками*
Hoyer effect [concr.] *эффект Хойера*
H-section *широкополочный двутавровый профиль*
H-steel *двутавровая сталь*
HT (high tension) *высокое напряжение*
hub *раструб, трубная муфта, центр (чего-либо)*
hue *оттенок, преобладающий цвет, цвет, шум*
Huey test *испытания по Хьюи*
humid *влажный*
humidifier *увлажнитель*
humidify (vb.) *увлажнять*
humidity *влажность*
humidity cabinet *камера влажности*

humidity chamber *камера влажности*

humidity content *влагосодержание*

humidity of the air *влажность воздуха*

humidity sensing element *датчик влажности*

hummock *возвышенность, небольшой холм*

hump *вздутие, выступ, горб, ухаб;* [rail] *сортировочная горка;* [road] *подъем*

humus *гумус*

humus content *содержание гумуса*

humus soil *гумусная почва*

hungry wood *тонкомерное дерево*

hut *барак, лачуга, хижина*

hutch *лачуга, хижина*

HV (high voltage) [electr.] *высокое напряжение*

hybrid cable *гибридный кабель, комбинированный кабель, составной кабель*

hybrid network *гибридная сеть, комбинированная сеть*

hydrant *пожарный гидрант*

hydrargyrum (Hg) *ртуть (Hg)*

hydrated cement *гидратированный цемент, цементный камень*

hydrated lime *гашеная известь, гидратированная известь*

hydrate of lime *гидроксид кальция*

hydration *гидратация*

hydration heat *теплота гидратации*

hydraulic *гидравлический*

hydraulic binding agent *гидравлическое вяжущее вещество*

hydraulic binding material *гидравлический вяжущий материал*

hydraulic cement *гидравлический цемент*

hydraulic construction *строительство гидросооружений*

hydraulic control *гидравлическое управление, гидропривод*

hydraulic engineering *гидротехника, гидротехническое строительство*

hydraulic excavation *гидравлическая экскавация, гидромеханизированная разработка грунта*

hydraulic fill *гидрозакладка, гидроотвал, намывная насыпь*

hydraulic fill dam *намывная плотина*

hydraulic glue *водоупорный клей*

hydraulic gradient *гидравлический градиент, уклон свободной поверхности в открытом русле*

hydraulic head *гидростатический напор, давление водяного столба*

hydraulic hose *шланг гидросистемы*

hydraulicity *гидравлическая активность, способность к затвердеванию под воздействием воды*

hydraulic jump *скачок давления в гидросистеме*

hydraulic lift *гидравлический лифт, гидравлический подъемник*

hydraulic lime *гидравлическая известь*

hydraulic mortar *гидравлический раствор*

hydraulic power station *гидроэлектростанция*

hydraulic pressure *гидравлическое давление*

hydraulic ram *гидроцилиндр*

hydraulic riveting machine *гидравлическая клепальная машина*

hydraulics *гидравлика*
hydraulic shock *гидравлический удар*
hydraulics of soil *гидравлика почвы, почвогидравлика*
hydraulic tube *трубка гидросистемы*
hydraulic work *гидросооружение, гидротехника, гидротехническое сооружение*
hydrochloric acid *соляная кислота, хлористоводородная кислота*
hydrodynamic *гидродинамический*
hydrodynamics *гидродинамика*
hydroelectric dam *плотина ГЭС*
hydroelectric plant *гидроэлектростанция*
hydroelectric power plant *гидроэлектростанция*
hydroelectric power station *гидроэлектростанция*
hydrogeology *гидрогеология*
hydrophil(e) *гидрофильный*
hydrophilic *гидрофильный*
hydrophobic *гидрофобный*
hydropower plant *гидроэлектростанция*
hydrostatic *гидростатический*
hydrostatic levelling [geod.] *гидростатическая планировка*
hydrostatic pressure *гидростатическое давление*
hydrostatics *гидростатика*
hydrostation *гидроэлектростанция*
hydrous *водный*
hygiene *гигиена*
hygienic *гигиенический, гигиеничный*
hygienics *гигиена*
hygrometer *гигрометр*
hygroscopic *гигроскопический*
hygroscopicity *гигроскопичность*
hygroscopic moisture *гигроскопическая влага*
hygroscopic water *гигроскопическая влага*
hygrothermograph *гигротермограф*
Hylotrupes bajulus *древесный (длинноусый) жучок*
hyperbola [mat.] *гипербола*
hyperbolic function [mat.] *гиперболическая функция*
hyperbolic paraboloid [mat.] *гиперболический параболоид*
hyperbolic sine [mat.] *гиперболический синус*
hyperboloid [mat.] *гиперболоид*
hypotenuse [mat.] *гипотенуза*

I-beam *двутавровая балка*

I-beam section *двутавровый профиль*

ice *лед*

ice control salt *противообледенительная соль*

ice detection and warning system *система ледовой разведки и оповещения*

ice-free *свободный ото льда*

ice-free conditions *режим отсутствия льда*

ice layer *слой льда*

ice lens *ледяная линза*

ice load *нагрузка от обледенения*

ice point *точка замерзания*

ice water *талая вода*

icing *обледенение*

icing up *обледенение*

idea *идея, мысль, понятие, представление*

ideal (adj.) *идеальный*

ideal conditions *идеальные условия*

identical *идентичный, тождественный*

if need be *в случае необходимости, если потребуется*

ignitability *воспламеняемость*

ignitable *воспламеняемый, воспламеняющийся, горючий*

ignite (vb.) *возгораться, воспламеняться, зажигаться*

igniter *воспламенитель, зажигатель*

ignitibility *воспламеняемость*

ignitible *воспламеняемый, воспламеняющийся, горючий*

ignition *возгорание, воспламенение, зажигание, прокаливание*

ignition point *точка воспламенения*

ignition temperature *температура воспламенения*

ill *вредный, нездоровый, плохой*

illuminant *источник света, осветительный прибор*

illuminate (vb.) *иллюминировать, освещать*

illuminated bollard *освещенная дорожная тумба*

illuminating equipment *осветительные приборы*

illumination *освещение, освещенность*

imaginary axis *мнимая ось*

imbalance *дисбаланс, диспропорция, нарушение баланса*

imbed (vb.) *внедрять, вставлять, встраивать, заделывать, закладывать, погружать;* [geol.] *заглублять*

imitate (vb.) *имитировать, копировать, подделывать, подражать*

imitation *имитация, имитирование, подделка, подражание*

immerge (vb.) *затоплять, окунать, погружать*

immerse (vb.) *затоплять, окунать, погружать*

immersed body *тело, погруженное в жидкость*

immersed concrete tunnel *бетонный туннель, построенный методом открытой проходки*

immersed tunnel *туннель, построенный методом открытой проходки*

immersion *иммерсия, оседание, погружение*

immersion-paint (vb.) *красить методом погружения*
immersion vibrator [concr.] *глубинный вибратор*
immiscible *не поддающийся смешению, несмешивающийся*
immovable *наглухо закрепленный, неподвижный, стационарный, фиксированный*
immovable frame *неподвижная рама, неподвижный каркас*
impact *динамическая нагрузка, соударение, столкновение, удар, ударная нагрузка, ударная сила*
impact (vb.) *оказывать влияние, оказывать воздействие, ударяться*
impact bending strength *прочность на ударный изгиб, сопротивление ударному изгибу*
impact bending test *испытания на ударный изгиб*
impact drilling machine *бурильная машина ударного действия*
impact effect *эффект динамического воздействия*
impact factor *динамический коэффициент, коэффициент динамического воздействия*
impaction *сгущение, сжатие, уплотнение*
impact load *ударная нагрузка*
impactproof *ударопрочный*
impact resistance *ударная вязкость, ударопрочность*
impact screw driver *ударная червячно-реечная передача*
impact sound *звук удара*
impact spanner *гаечный ключ ударного действия*
impact strength *сила удара*
impact surface *поверхность динамического воздействия*
impact tensile strength *прочность на ударный разрыв*
impact test *испытания на соударение, испытания на удар*
impact value *сила удара*
impact wrench *гаечный ключ ударного действия*
impair (vb.) *искажать, ослаблять, повреждать, ухудшать*
impairment *ослабление, повреждение, порча, ухудшение*
impeller *вертушка, колесо с лопатками, лопасть крыльчатки, насосное колесо;* [pump] *крыльчатка, центробежный насос;* [turb.] *рабочее колесо насоса*
impenetrability *непробиваемость, непроницаемость, непроходимость*
impenetrable *непробиваемый, непроницаемый, непроходимый*
imperative *крайне необходимый, настоятельный*
imperfect *дефектный, недостаточный, несовершенный*
imperfection *дефект, недостаток, неполнота, несовершенство*
imperishable *непортящийся, неразрушающийся, стойкий*
impermeability *герметичность, магнитная непроницаемость, непроницаемость*
impermeable *герметический, непроницаемый, плотный (о шве)*
impermeable finish *герметичное покрытие*
impermeable finishing *нанесение герметичного покрытия*
impermeable to air *воздухонепроницаемый*
impermeable to water *водонепроницаемый*
impervious *непроницаемый*
impervious layer *водонепроницаемый слой*
impervious material *водонепроницаемый материал*

imperviousness *непроницаемость*

impervious to weather *погодостойкий, стойкий к атмосферным воздействиям*

impetus *движущая сила, импульс, толчок*

impinge on (vb.) *соударяться, сталкиваться*

implement *инвентарь, инструмент, оборудование, орудие труда, принадлежность, приспособление*

implement (vb.) *вводить в эксплуатацию, внедрять, осуществлять, реализовывать*

implementation *внедрение, выполнение, осуществление, реализация*

important *важный, значительный*

impose (vb.) *прикладывать нагрузку, сообщать скорость, спускать печатную форму*

impost *импост, пята арки*

impound (vb.) *затоплять;* [hydr.] *подтоплять*

impounded water [hydr.] *аккумулированная вода*

impounded water level *зеркало водохранилища*

impoundment *затопление, наполнение водохранилища*

imprecise *неточный*

impregnate (vb.) *пропитывать*

impregnated *пропитанный*

impregnate under pressure (vb.) *пропитывать под давлением*

impregnating compound *пропиточный состав*

impregnating preparation *пропиточный препарат*

impregnating product *пропиточное средство*

impregnating varnish *пропиточный лак*

impregnation *пропитка*

impregnation of wood *пропитка древесины*

impress (vb.) *делать оттиск, отпечатывать, чеканить, штамповать;* [text.] *выдавливать*

impression *вдавливание, выдавливание, чеканка, штампование;* [graph.] *отпечатывание, печатание, тиснение*

improper fraction [mat.] *неправильная дробь*

improper integral [mat.] *несобственный интеграл*

improve (vb.) *благоустраивать, совершенствовать, улучшать*

improved subgrade *улучшенная поверхность грунта, улучшенное дорожное основание*

improvement *благоустройство, совершенствование, улучшение*

impulse *импульс, побуждение, толчок*

impure *засоренный, нечистый, с примесями*

impurity *включение, загрязнение, засорение, примесь*

in. (inch) *дюйм*

inability *невозможность, неспособность*

inaccessible *недоступный*

in accordance with *в соответствии с*

inaccuracy *неточность, погрешность*

inaccurate *неточный*

inactive *инертный, неактивный*

inactivity *инертность, пассивность*

inadequate *неадекватный, недостаточный, неподходящий, непропорциональный, несоответственный, несоразмерный*

inapplicable *непригодный, неприменимый*
in a workmanlike manner *искусно*
in bad repair *неисправный*
inbark *вросшая кора*
inbuilt *встроенный*
in bulk *навалом, насыпью*
incandescent bulb [electr.] *лампа накаливания*
incandescent lamp [electr.] *лампа накаливания*
incapacitated *нетрудоспособный*
incapacity for work *нетрудоспособность*
incapsulate (vb.) *инкапсулировать, помещать в кожух*
incase (vb.) *заделывать, облицовывать, обшивать, опалубливать, помещать в кожух, упаковывать*
incentive pay *поощрительная оплата, поощрительный платеж*
incentive pay scheme *система поощрительных платежей*
inch [unit] *дюйм*
inch thread *дюймовая резьба*
incidence *наклон, падение, угол атаки, угол падения, угол установки крыла*
incident *аварийная ситуация, непредвиденный отказ*
incident light *падающий свет*
incinerate (vb.) *прокаливать, сжигать*
incineration *прокаливание, сжигание*
incineration ash *зола*
incineration plant *установка для сжигания отходов*
incineration residue *зола*
incinerator *мусоросжигательная установка, печь для прокаливания, печь для сжигания отходов*
incinerator plant *мусоросжигательная установка*
incipient *зарождающийся, зачаточный, начинающийся*
incipient fracture *зарождающаяся трещина, разлом на начальной стадии*
incise (vb.) *гравировать, делать разрез, надрезать, насекать*
incision *надрез, насечка, разрез*
inclement weather *ненастная погода*
inclinable *имеющий тенденцию, расположенный, склонный*
inclination *магнитное наклонение, наклон, наклонение, угол наклона, уклон*
incline *бремсберг, наклон, наклонная поверхность, наклонный шахтный ствол, уклон*
incline (vb.) *наклонять*
inclined *наклонный, оклоняющийся*
inclined (adj.) *склоненный*
inclined brace *диагональная связь жесткости, подкос, раскос*
inclined elevator *наклонный подъемник*
inclined grate *наклонная решетка*
inclined lift *наклонный подъемник*
inclined plane *наклонная плоскость*
inclined position *наклонное положение*
inclined to *склонный*
inclining *наклонный*

inclinometer *инклинометр, уклонометр*
include (vb.) *включать, заключать, содержать в себе*
included sapwood [woodw.] *внутренняя заболонь*
inclusive *включающий в себя*
incombustible *невоспламеняемый, негорючий*
incombustible material *невоспламеняемый материал, негорючий материал*
incombustible waste *негорючие отходы*
incoming electrical supply *электропитание, электроснабжение*
incompatibility *несовместимость*
incompetent *некомпетентный*
incomplete *незавершенный, незаконченный, неполный*
incomplete filling *дефектное заполнение*
incomplete fusion *неполное проплавление, непровар*
incompletely filled groove [weld] *неполностью заделанная канавка*
incomplete penetration *непровар;* [weld] *неполное проплавление*
incomplete root penetration *непровар в корне шва;* [weld] *неполное проплавление в корне шва*
in compliance with *в соответствии с*
inconspicuous *незаметный, неприметный*
inconsumable *не предназначенный для потребления*
in contact *в контакте*
incorporate (vb.) *включать, объединять, присоединять*
incorporation *включение, объединение, присоединение*
incorrect *неверный, неправильный, неточный*
incorrect operation *неправильное срабатывание*
increase *возрастание, повышение, прирост, увеличение*
increase (vb.) *возрастать, увеличивать, увеличить*
increase in weight *увеличение массы*
increase of pressure *увеличение давления*
increment *приращение, прирост, шаг приращения;* [mat.] *инкремент;* [weld] *участок прерывистого шва*
incremental *дифференциальный, разностный*
incremental moment *дифференциальный момент*
in cross direction *в поперечном направлении*
incrustation *инкрустация, образование корки, образование настыли, плотное отложение*
incurved *вогнутый, загнутый внутрь*
indefinite integral [mat.] *неопределенный интеграл*
indemnify (vb.) *возмещать ущерб, компенсировать*
indent *вмятина, зазубрина, зубец, лунка, углубление*
indent (vb.) *вырезать, высекать, делать отступ, зазубривать, образовывать вмятину;* [woodw.] *соединять на шип*
indentation *абзац, вдавливание, вмятина, зазубрина, зуб, зубец, лунка, отпечаток, отступ, паз, соединение на шип, углубление, шип*
indentation test *определение твердости вдавливанием*
indented bar [concr.] *арматурный стержень периодического профиля*
indented wire *арматурная проволока периодического профиля*
indenting *зубчатый венец, штраба;* [woodw.] *соединение на шип*
indent scarf [woodw.] *соединение в косой замок, соединение в косой стык*

independent *независимый, самостоятельный*

independent variable *независимая переменная*

indestructible *неразрушимый*

indeterminate equation [mat.] *неопределенное уравнение*

index *индекс, показатель, предметный указатель, стрелка прибора;* [mat.] *коэффициент*

index (vb.) *индексировать*

indexing *деление окружности на части, индексация, индексирование, периодическая круговая подача*

index level [geod.] *уровень вертикального круга*

index map *сборная таблица листов карты, сборный лист карты*

India rubber *натуральный каучук*

indicate (vb.) *измерять индикатором, обозначать, показывать, снимать индикаторную диаграмму, указывать*

indicating fuse [electr.] *плавкий предохранитель с указателем срабатывания*

indication of elevation *высотная отметка, высотный репер*

indication of tolerance *показатель допуска*

indicator *измерительный прибор, индикатор, индикаторный регистр, стрелка, указатель, устройство отображения*

indicator lamp *индикаторная лампа, контрольная лампа, сигнальная лампа*

indicator light *индикаторная лампа, указательный огонь*

indifferent *безразличный*

indirect *косвенный, непрямой*

indirect costs *косвенные издержки*

indirect levelling [geod.] *тригонометрическое нивелирование*

indirect lighting *косвенное освещение*

indirect observation of distances [geod.] *косвенное измерение расстояний*

indissoluble *нерастворимый*

individual (adj.) *единичный, индивидуальный, личный, отдельный*

individual footing *отдельный фундамент*

individual lighting *индивидуальное освещение*

individual trade contract *индивидуальное трудовое соглашение*

indoor air *воздух в помещении*

indoor climate *микроклимат помещения*

indoor lighting for offices *внутреннее освещение служебных помещений*

indoors *в помещении*

indoor temperature *комнатная температура*

induce (vb.) *возбуждать, вызывать, индуцировать, наводить, порождать*

induced air *приточный воздух*

induced draught fan *эксгаустер*

indurate (vb.) *делаться твердым, отвердевать*

induration *затвердевание, отвердение*

industrial *индустриальный, промышленный*

industrial accident *авария на промышленном предприятии*

industrial area *промышленная зона, промышленный район*

industrial building *промышленное здание*

industrial contractor *промышленный подрядчик*

industrial disease *профессиональное заболевание*

industrial district *промышленная зона, промышленный район*

industrial drawing *технический чертеж*

industrial hygiene *гигиена труда*

industrial injury *производственная травма*

industrialized building *полносборное строительство, строительство индустриальным методом*

industrial premises *производственные помещения*

industrial quarter *промышленная зона, промышленный район*

industrial safety helmet *защитный шлем рабочего промышленного предприятия*

industrial use *промышленное использование*

industry *отрасль промышленности, промышленность*

ineffective *безрезультатный, неэффективный*

inefficient *непроизводительный, неэффективный*

inelastic *неупругий, неэластичный*

inert *инертный, нейтральный*

inert aggregate *инертный наполнитель*

inert gas *инертный газ*

inert gas arc welding *дуговая сварка в инертном газе*

inert-gas metal-arc hand welding *ручная дуговая сварка металлическим электродом в среде инертного газа*

inert-gas tungsten arc welding *дуговая сварка вольфрамовым электродом в среде инертного газа*

inertia *инерция*

inertia force *сила инерции*

inertia product *произведение инерции, центробежный момент инерции*

inertia stress *инерционное напряжение*

inexact *неточный*

infeed *механизм подачи*

inferior *нижний, худшего качества*

inferior purlin [arch.] *мауэрлат*

inferior quality *низкое качество*

infestation *заражение паразитами*

infill *заполнение, засыпка*

infilling panel *панель заполнения каркаса*

infill wall *каркасная стена с заполнением*

infiltration *инфильтрация, просачивание, фильтрат, фильтрация*

infiltration water *инфильтрационная вода*

infinite *бесконечный*

infinite series [mat.] *бесконечный ряд*

infinity [mat.] *бесконечность*

inflame (vb.) *воспламеняться, загораться*

inflammability *воспламеняемость*

inflammability limit *точка воспламенения*

inflammable *воспламеняющийся, горючий*

inflammable liquid *воспламеняющаяся жидкость*

inflammable material *воспламеняющийся материал*

inflammables *воспламеняющиеся вещества*

inflammable substance *воспламеняющееся вещество*
inflatable *надувной*
inflate (vb.) *надувать, накачивать, наполнять газом*
inflation *надувание, накачивание, наполнение газом*
inflection point *точка перегиба*
inflexibility *жесткость, несгибаемость*
inflexible *жесткий, несгибаемый*
inflow *впуск, подача, приток*
inflow of water *приток воды*
influence *влияние, воздействие*
influence (vb.) *влиять, воздействовать*
information, for your *для вашего сведения*
informative sign *указатель, указательный дорожный знак*
infrared *инфракрасный*
infrasound *инфразвук*
in good repair *в исправном состоянии*
ingredient *ингредиент, составная часть*
ingress *доступ, приток*
ingrown bark [woodw.] *вросшая кора*
inhalable dust *вдыхаемая пыль*
inhalation *вдыхание*
inhalational toxicity *токсичность вдыхаемого воздуха*
inhalation toxicity *токсичность вдыхаемого воздуха*
inhale (vb.) *вдыхать*
inhaled air *вдыхаемый воздух*
inherent *присущий, свойственный*
inhibit *запрет, запрещение*
inhibit (vb.) *замедлять, подавлять, тормозить*
inhomogeneous material *неоднородный материал*
initial (adj.) *исходный, начальный, первоначальный*
initial adjustment *первоначальная установка параметров*
initial compaction *первоначальное уплотнение*
initial condition *начальное условие*
initial cost *первоначальная стоимость, стоимость приобретения*
initial inspection *исходная проверка, первоначальный осмотр*
initial load *первоначальная нагрузка*
initial machining *обдирка, черновая обработка*
initial material *исходный материал*
initial operation *исходная операция*
initial point *начальная точка*
initial position *исходное положение*
initial pressure *начальное давление*
initial prestress *начальное контролируемое напряжение*
initial resistance *начальное сопротивление*
initial state *исходное состояние, начальное состояние*
initial stiffness *начальная жесткость*
initial strength *ранняя прочность бетона*
initial stress *начальное напряжение*
initial tension *начальное растяжение*
initial wet strength *начальная прочность во влажном состоянии*
initiate (vb.) *включать, запускать, инициировать, начинать*

initiation *возникновение, зарождение, инициирование*

initiator *детонатор, инициатор, инициирующий заряд*

inject (vb.) *вдувать, впрыскивать, инжектировать*

injection *введение, вдувание, впрыскивание, инжекция, нагнетание, накачка*

injection mortar *впрыскиваемый строительный раствор*

injection pump *впрыскивающий насос, топливный насос*

injection water *впрыскиваемая вода*

injection well *нагнетательная скважина*

injure (vb.) *испортить, нанести травму, повредить*

injurious *вредный, опасный*

injury *вред, повреждение, ранение, травма*

inlaid *инкрустированный, мозаичный*

inlaid floor *паркетный пол*

inlaid linoleum *мозаичный линолеум*

inlaid work *инкрустация, мозаика*

inlay *мозаика, мозаичная работа*

inlay (vb.) *выполнять мозаику, инкрустировать*

inlaying *инкрустирование, мозаичная работа, настилание паркета*

inlaying saw *лобзик*

inlet *ввод, впуск, впускное отверстие, впускной клапан, входное отверстие, входной канал*

inlet flange *впускной фланец*

inlet grate *водоприемная решетка*

inlet insulator [electr.] *вводный изолятор*

inlet nipple *впускной ниппель*

inlet pipe *впускная труба*

inlet pressure *давление на входе*

inlet valve *впускной клапан*

inner *внутренний*

inner city *центральная часть города*

inner conductor [el.] *внутренний проводник*

inner curve *внутренняя кривая*

inner edge *внутренняя грань*

inner harbour *внутренняя гавань*

inner liner *внутренняя облицовка, внутренняя обшивка, футеровка*

inner ring road *внутренняя кольцевая дорога*

inner ring way *внутренняя кольцевая дорога*

inner slope *внутренний откос дамбы*

innocuous *безвредный*

innovation *новаторство, нововведение, новшество*

inodourous *не имеющий запаха*

inoffensive *безвредный*

inoffensive smelling *без неприятного запаха*

inoperative *бездействующий, недействующий*

inorganic soil *минеральная почва*

in pairs *попарно*

in parallel [el.] *параллельно*

in plane *в одной плоскости*

in plumb *по отвесу*

in position *в позиции*

inprocess inspection *контроль технологического процесса*
inprocess testing *производственные испытания*
input *ввод, вход, входная функция, входной сигнал, подача, подводимая мощность*
input (vb.) *вводить, входить*
input terminal [el.] *входная клемма, входной контактный зажим*
input wire [electr.] *провод ввода*
inrush *приток, прорыв*
insanitary *антисанитарный*
inscribed circle *вписанная окружность*
inscription *надпись*
insect *насекомое*
insect hole *червоточина*
in section *в сечении*
insecure *небезопасный, ненадежный, непрочный*
insecurity *небезопасность, ненадежность, непрочность*
insert *вкладыш, вставка, втулка, закладная деталь*
insert (vb.) *вкладывать, вставлять*
insert bit [instr.] *вставная режущая пластина*
inserted floor *междуэтажное перекрытие*
inserted saw tooth *вставной зуб пилы*
inserted tooth *вставной зуб*
insertion *введение, ввод, вставка, прокладка*
insertion joint *вставное соединение*
insert liner *вставная гильза, обкладка, облицовка, футеровка*
in service *в работе, в эксплуатации*
inset *вкладка, вставка, прокладка*
inset (vb.) *вкладывать, вставлять*
inside *внутренность, внутренняя сторона, изнанка*
inside (adj.) *внутренний*
inside bracing *внутреннее крепление*
inside chaser *гребенка для нарезания внутренней резьбы*
inside diameter *внутренний диаметр*
inside dimension *внутренний размер*
inside face *внутренняя поверхность*
inside frosting *матовое травление внутренней поверхности стекла*
inside lining *внутренняя облицовка*
inside measure *внутренний размер*
insides *внутренности*
inside thread *внутренняя резьба*
inside wall *внутренняя стена*
insignificant *незначащий, незначительный, несущественный*
in situ *на месте работ*
in situ concrete *монолитный бетон*
in situ measurement *измерение на месте*
in situ pile *набивная свая*
in situ wall *монолитная стена*
insolation *инсоляция*
insoluble *нерастворимый*
insoluble in water *нерастворимый в воде*
inspect (vb.) *инспектировать, контролировать, проверять*

inspection *инспекция, контроль, надзор, осмотр, проверка*
inspection and testing *контроль и испытания*
inspection area *зона контроля*
inspection authority *контрольный орган*
inspection certificate *акт технического осмотра*
inspection chamber *смотровой колодец*
inspection cover *ревизионная крыша колодца*
inspection equipment *контрольное оборудование*
inspection facility *контрольное оборудование*
inspection gallery *смотровая галерея*
inspection method *метод контроля*
inspection of materials *контроль качества материалов*
inspection opening *смотровое окно*
inspection pipe *индикаторная трубка*
inspection port *смотровое окно*
inspection record *ведомость приемочного контроля, протокол осмотра*
inspection responsibility *ответственность за обеспечение контроля*
inspection window *смотровое окно*
inspector *браковщик, инспектор, контролер, приемщик*
instability *нестабильность, неустойчивость*
instable *нестабильный, неустойчивый*
instable equilibrium *неустойчивое равновесие*
install (vb.) *возводить, монтировыать, размещать, располагать, устанавливать*
installation *агрегат, оборудование, размещение, установка*
installation dimensions *монтажные размеры*
installation directions *инструкция по монтажу*
installation drawing *монтажный чертеж*
installation guide *руководство по монтажу*
installation pipe *установочная труба*
installation site *монтажная площадка*
installation specification *технические требования к монтажу*
install electricity (vb.) *проводить электричество*
instantaneous *мгновенного действия, мгновенный, моментальный*
instantaneous load *мгновенная нагрузка*
instantaneous water heater *проточный водонагреватель*
instruction *директива, инструктаж, инструкция, команда, обучение*
instruction manual *инструкция, руководство*
instructive *поучительный*
instrument *измерительный прибор, инструмент, средство измерений*
instrumentation *измерительная аппаратура, измерительные приборы, приборное оснащение, средства измерения*
instrument range *диапазон измерений*
insufficient *недостаточный, неполный*
insulant *изоляционный материал, изоляция*
insulate (vb.) *изолировать*
insulated *изолированный*
insulated conductor [electr.] *изолированный проводник*

insulated pliers *монтерские пассатижи*
insulating *изолирующий, изоляционный*
insulating board *теплоизоляционная плита*
insulating brick *теплоизоляционный кирпич*
insulating compound *электроизоляционный компаунд*
insulating course *изоляционный слой*
insulating covering *изоляционное покрытие*
insulating glass *изоляционное стекло*
insulating layer *изолирующая пленка, изолирующий слой, слой изоляции*
insulating ledge *изоляционная планка*
insulating mat *изолирующий коврик*
insulating material *изоляционный материал*
insulating piece *изолирующая деталь*
insulating power *изолирующая способность*
insulating property *изолирующая способность*
insulating sheath *изоляционное покрытие*
insulating tape *изоляционная лента*
insulating test *проверка изоляции*
insulating tongs *монтерские пассатижи*
insulating wall *изоляционная стенка*
insulation *изоляционный материал, изоляция*
insulation blanket *изолирующий коврик*
insulation board *термоизоляционная плита*
insulation course *изоляционный слой*
insulation defect *нарушение изоляции*
insulation failure *нарушение изоляции*
insulation fault *нарушение изоляции*
insulation material *изоляционный материал*
insulation norm *норма изоляции*
insulation property *изолирующая способность*
insulation standard *норма изоляции*
insulation strength *электрическая прочность изоляции*
insulator *изолятор, изоляционный материал*
insulator bell *юбочный изолятор*
insulator bracket *кронштейн изолятора*
insusceptible *невосприимчивый, нечувствительный*
intact *неповрежденный, целый*
intake *впуск, всасывание, входное отверстие, подвод, поступление, приток*
intake conduit [hydr.] *водоприемник*
intake pipe [hydr.] *впускная труба*
intake screen *сороудерживающая решетка водосбора*
intake strainer *сетчатый фильтр водоприемника*
intake unit *водоприемное сооружение*
integral [mat.] *интеграл*
integral (adj.) *встроенный, неразъемный*
integral anchor *встроенный анкер*
integral calculus [mat.] *интегральное исчисление*
integral equation [mat.] *интегральное уравнение*
integrally cast *цельнолитой*

integral with *как единое целое*
integrate (vb.) *интегрировать, объединять, составлять единое целое*
integrated *интегральный, комплексный, объединенный, составляющий единое целое*
intended *предназначенный, предполагаемый*
intended application *предполагаемое применение, применение по назначению*
intense mixture *активная смесь*
intensify (vb.) *интенсифицировать, усиливать*
intensity *интенсивность, напряженность*
intensity of current [electr.] *сила тока*
intensity of light *интенсивность светового потока, сила света*
intensive *интенсивный, напряженный*
intentional *преднамеренный, умышленный*
interact (vb.) *взаимодействовать*
intercalated *вкладной, включенный, вставной*
intercept (vb.) *выключать, перехватывать, прерывать*
intercepting channel *открытая дрена;* [hydr.] *нагорная канава*
intercepting ditch *открытая дрена;* [hydr.] *нагорная канава*
intercepting sewer *коллектор ливневой канализации*
interception drain *нагорный канал;* [hydr.] *открытая дрена*
interceptor *дрена, нагорная канава, отводной коллектор, сифон канализационной сети*
interchange *обмен, транспортная развязка*
interchangeable *взаимозаменяемый, сменный*
intercolumniation *расстояние в свету между колоннами, система разбивки колонн*
intercommunication door *проходная дверь*
intercommunication system *переговорное устройство, система внутренней связи*
interconnected *взаимосвязанный*
interconnecting cable [electr.] *соединительный кабель*
interconnection *взаимосвязь, линия электропередачи для межсистемной связи, межсистемная связь, межсоединение, объединение энергосистем*
interface *граница раздела, интерфейс, межфазная граница, поверхность раздела, сопряжение, устройство сопряжения*
interface (vb.) *сопрягать*
interfenestration *расстояние между окнами по фасаду здания*
interference fit *неподвижная посадка, посадка с натягом*
interior *внутренность, внутренняя сторона, интерьер*
interior (adj.) *внутренний*
interior architect *архитектор интерьеров*
interior column *внутренняя колонна*
interior decoration *оформление интерьера*
interior decorator *художник - оформитель интерьера*
interior diameter *внутренний диаметр*
interior finish *внутренняя отделка*
interior flange *внутренний фланец*
interior load bearing wall *внутренняя несущая стена*
interior panel *внутренняя панель*

interior plain of a wall *внутренняя поверхность стены*
interior span *промежуточный пролет*
interior support *внутренняя опора*
interior surface *внутренняя поверхность*
interior wall *внутренняя стена*
interlaminar layer *промежуточный слой, прослойка*
interlap (vb.) *перекрывать*
interlayer *подслой, промежуточный слой*
interleaved *прослоенный*
interlink *связующее звено*
interlink (vb.) *связывать, соединять*
interlinking *взаимосвязанный, межзвеньевое сцепление, промежуточное сцепление*
interlock (vb.) *блокировать, взаимно соединять, смыкать, сращивать*
interlocking *блокировка*
interlocking board *плита с замковым соединением*
interlocking tile *пазовая черепица*
intermediate (adj.) *вспомогательный, промежуточный*
intermediate bottom *балочный настил, междуэтажное перекрытие*
intermediate brace *промежуточная связь, промежуточный подкос*
intermediate coat *промежуточный слой*
intermediate course *промежуточный слой*
intermediate fibreboard *древесноволокнистая плита средней твердости*
intermediate landing *промежуточная посадка*
intermediate layer *промежуточный слой*
intermediate loan *среднесрочная ссуда*
intermediate member *промежуточный элемент*
intermediate paint layer *промежуточный слой краски*
intermediate piece *прокладка, промежуточная деталь*
intermediate pier *промежуточный бычок*
intermediate plate *лист рамного шпангоута, стенка составной балки*
intermediate ring *прокладочное кольцо*
intermediate span *внутренний пролет*
intermediate storey *полуэтаж*
intermediate support *промежуточная опора*
intermediate supports, without *без промежуточных опор*
intermission *остановка, пауза, перерыв*
intermittent *перемежающийся, прерывающийся, прерывистый, пульсирующий*
intermittent fillet weld *прерывистый угловой сварной шов*
intermittent line *пунктирная линия*
intermittent warning light *мигающий световой сигнал*
intermittent weld *прерывистый сварной шов*
intermittent welding *прерывистая сварка, сварка прерывистым швом*
internal *внутренний*
internal angle [mat.] *внутренний угол*
internal bracing *внутреннее крепление*
internal broach *внутренняя протяжка*

internal chaser *гребенка для нарезания внутренней резьбы*
internal diameter *внутренний диаметр*
internal door *внутренняя дверь*
internal face *внутренняя поверхность*
internal force *внутренняя сила*
internal friction *внутреннее трение*
internal inspection *внутренний контроль*
internal lining *внутренняя облицовка, футеровка*
internally prestressed [concr.] *предварительно напряженный изнутри*
internal partition *внутренняя перегородка*
internal screw thread *внутренняя резьба*
internal stress *внутреннее напряжение*
internal thread *внутренняя резьба*
internal vibration *глубинное вибрирование*
internal vibrator [concr.] *глубинный вибратор*
internal volume *внутренний объем*
internal wall *внутренняя стена*
international *интернациональный, международный*
international thread *нормальная метрическая резьба*
interpile sheeting *замковый шпунтовой ряд, шпунтовая стенка*
interrelated *взаимосвязанный*
interrelation *взаимозависимость, взаимосвязь*
interrelationship *взаимозависимость, взаимосвязь*
interrupter *выключатель;* [electr.] *прерыватель*
interruption *прерывание, размыкание, разрыв*
interruption of the mains supply [el.] *перерыв в подаче электроснабжения*
interseasonal storage *межсезонное хранение*
intersect (vb.) *перекрещиваться, пересекаться*
intersecting *перекрещивающийся, пересекающийся*
intersecting angle *угол пересечения*
intersecting leg *узловая опора*
intersecting line *линия пересечения*
intersecting planes *пересекающиеся плоскости*
intersecting vault [arch.] *крестовый свод*
intersection *линия пересечения, перекресток, точка пересечения;* [mat.] *пересечение*
intersectional curve *кривая пересечения*
intersection line *линия пересечения*
intersection point *точка пересечения*
interspace *интервал, пробел, промежуток, пространство*
interstice *промежуток между элементами отображения*
interstitial pressure *поровое давление*
interstitial water *поровая вода*
intertie *распорка*
interval *интервал, промежуток, расстояние*
interweaving lane [road] *полоса дороги для разгона*
in the field *в поле*
in the open air *на открытом воздухе*
in the raw state *в сыром виде*
in the subsurface *в подпахотном слое*

in the white *в виде полуфабриката, неготовый, неотделанный*
intimate mixture *тщательно перемешанная смесь*
intown open land *свободное пространство в черте города*
intrados [arch.] *внутренняя поверхность арки*
intrinsic value *внутренняя стоимость товара, действительная стоимость*
intruder alarm *охранная сигнализация*
intruder alarm installation *установка охранной сигнализации*
intrusion *вторжение*
intrusion alarm system *система охранной сигнализации*
intumescence *вздутие, вспучивание, разбухание*
intumescent coating *вздувшееся покрытие*
inundate (vb.) *затоплять*
inundation *затопление, наводнение*
invariable *неизменяющийся;* [mat.] *постоянный*
invention *изобретение*
inverse *обратный, перевернутый, противоположный*
inverse (adj.) *инверсный*
inverse function *обратная функция*
inversely proportional (adj.) *обратно пропорциональный*
inverse ratio *обратное отношение*
inverted *обратный, перевернутый*
inverted (adj.) *инвертированный*
inverted arch *обратная арка*
inverted roof *обратная крыша*
inverted siphon *дюкер*
inverted T-shaped track girder *тавровая балка обратного профиля*
inverted well *поглощающий колодец*
investigate (vb.) *исследовать*
investigation *исследование*
investigation of soil *исследование почвы*
invisible *невидимый*
invitation to selected contractors *объявление о закрытых торгах*
invitation to submit tender *предложение фирмам выдвигать условия поставок*
invitation to tender *предложение фирмам выдвигать условия поставок*
invoice *накладная, счет-фактура*
involute *развертка;* [mat.] *эвольвента*
inward *внутренний, направленный внутрь*
inward projecting *проекция внутрь*
in working order *в рабочем порядке*
I/O [comp.] *ввод-вывод*
I/O (input/output) *ввод-вывод*
iron armouring *арматура из конструкционной стали*
iron band *полосовая сталь, стальная лента*
iron bar *стальной пруток*
iron brick *кирпич из охристой глины*
iron-cased *в стальном корпусе*
iron cement *железная замазка*
iron-clad *плакированный железом*

iron clay brick *кирпич из охристой глины*
iron concrete *железобетон*
iron content *содержание железа*
iron cramp *стальная скоба*
iron fittings *стальная арматура*
iron frame *стальная рама, стальной каркас*
iron framework *стальной каркас*
iron furniture *стальная фурнитура*
iron furniture of windows *металлический оконный прибор*
iron girder *стальная балка*
iron grate *стальная решетка*
iron grating *стальная решетка*
iron lattice *стальная решетка*
ironmongery *скобяные изделия*
iron mould *изложница, кокиль*
iron mountings *стальная арматура*
iron plate *листовая сталь, толстый стальной лист*
iron putty *железная замазка*
iron rod *стальной пруток*
iron rust cement *железная замазка*
iron scale *кузнечная окалина*
iron sheathing *стальная обшивка*
iron sheet *листовая сталь, тонкий стальной лист*
iron stain *пятно ржавчины*
iron strap *стальная лента*
iron-strip armoured *армированный стальной лентой*
iron structure *стальная конструкция*
iron tie *стальная анкерная связь*
iron wire *стальная проволока, стальной провод*
irradiation *излучение, испускание*
irregular *неравномерный, неровный*
irregular bonding *неровная перевязка*
irregularity *неоднородность, несовершенство, неупорядочность*
irregular surface *неровная поверхность*
irreversible damage *непоправимый ущерб*
I-section *двутавровый профиль*
island [road] *островок безопасности*
isocyanate lacquer *лак на основе изоцианата*
isolate (vb.) *изолировать*
isolated *изолированный*
isolated house *отдельно стоящий дом*
isolating jacket [electr.] *изолирующая рубашка*
isolating valve *стопорный клапан*
isolation *изоляция*
isolation joint *изоляционный шов*
isolation valve *стопорный клапан*
isosceles [geom.] *равнобедренный*
isosceles triangle *равнобедренный треугольник*
isostatic *изостатический*
isotherm *изотерма*
isotherm image *изотермическое изображение*

Italian roof *вальмовая крыша, четырехскатная крыша*

item *изделие, отдельная операция, параграф, предмет, продукт, пункт, статья, элемент данных*

item list *спецификация*

jacaranda *палисандр*

jacaranda (wood) [woodw.] *джакаранда (древесина)*

jack *гнездо, домкрат, козлы для распиливания дров, контактное гнездо*

jack arch *плоская арка, пологий свод между балками перекрытия*

jacket *кожух, конверт для гибкого диска, рубашка, чехол*

jacket (vb.) *заключать в кожух, заключать в корпус*

jacketed *заключенный в кожух, заключенный в рубашку, обшитый снаружи*

jacket remover [electr.] *клещи для удаления изоляции*

jackknife bridge *мост со складной подъемной частью*

jack ladder *ковшовый элеватор, нория, цепной конвейер, цепной транспортер*

jack leg *переливная труба, сливная труба*

jack panel [electr.] *распределительный щит*

jack plane *ручной рубанок, шерхебель*

jack rafter *нарожник;* [woodw.] *короткая стропильная нога*

jack screw *винтовой домкрат*

jack stay *ванта, оттяжка*

jack up (vb.) *поднимать домкратом*

jack works *цепной конвейер, цепной транспортер*

jacob's ladder *цепной конвейер, цепной транспортер*

jag *зарубка, зубец пилы, надпил, надрез, насечка, прорезь*

jag (vb.) *зазубривать, надпиливать, надрезать, насекать зубцы, расчеканивать*

jagged *зазубренный, с зубцами*

jalousie *жалюзи*

jam *заедание, заклинивание*

jam (vb.) *заедать, зажимать, заклинивать, закреплять, застревать, защемлять, стягивать*

jamb *вертикальный брус дверной коробки, дверной откос, косяк оконной коробки, оконный откос*

jamb of flue *откос дымовой трубы*

jamb stud *стойка рамы*

jamb wall [build.] *стена чердачного полуэтажа*

jam nut *контргайка*

japan [paintw.] *черный лак, японский лак*

japan (vb.) *лакировать, покрывать черным лаком*

japanning *лакировка, покрытие черным лаком*

Japan wax *растительный воск*

jar *дрожание, кувшин, сосуд, сотрясение, толчок*

jar (vb.) *вибрировать, встряхивать, трясти*

jaw *губка тисков, колодка тормоза, кулачок патрона, щека дробилки*

jerk *рывок, сотрясение, толчок*

jerk (vb.) *двигаться резкими толчками, дергать, толкать*

jerry-builder *производитель строительных работ низкого качества (со спекулятивными целями)*

jerry building *возведение непрочных построек из плохого материала (со спекулятивными целями)*

jet *гидромонитор, жиклер, насадок, патрубок, сопло, струя, форсунка*

jetcrete *пневмобетон, торкрет-бетон, шприц-бетон*

jet nozzle *жиклер, реактивное сопло, форсунка*

jet pump *струйный насос*

jetting drilling *гидравлическое бурение*

jetty *волнолом, мол, пирс, пристань, причал, причальное сооружение*

jetty head *головка мола*

jib *гусек стрелы крана, стрела крана, укосина стрелы крана*

jib crane *стреловой кран*

jib door *дверь заподлицо со стеной, скрытая дверь*

jig *зажимное приспособление, тиски;* [tool] *кондуктор*

jig (vb.) *двигать толчками, трясти*

jigger screen *вибрационное сито, виброгрохот, вибросито, качающийся грохот*

jigging conveyor *вибрационный транспортер, качающийся конвейер*

jig saw *ажурная пила, лобзик, прорезная пила*

jim crow (UK) *лом*

jimmy (UK) *лом*

jitter *вибрация, дрожание, неустойчивая синхронизация*

job *задание, объект строительства, работа, рабочее место*

job compressor *используемый на стройплощадке компрессор*

job conditions *производственные условия, условия труда*

job description *описание задания*

job inspector *инспектор строительных работ*

jobman *работающий сдельно, рабочий*

job-mixed concrete *бетон, монолитный бетон, приготовляемый на стройплощадке*

job mixer *бетоносмеситель на стройплощадке*

job production *изготовление продукции по особому заказу*

job site *место производства работ, монтажная площадка, стройплощадка*

job slip *бланк сменного плана-отчета, сменный план-отчет*

job specification *наряд, рабочее задание*

job worker *работающий сдельно, рабочий*

jog *толчок, удар*

joggle [woodw.] *сплачивание зубом*

joggle (vb.) *выравнивать встряхиванием колоду перфокарт, толкать, трясти;* [woodw.] *сплачивать зубом*

joggled joint *соединение с ответными выступами и пазами*

joggle tenon *замок с шипами;* [woodw.] *шип*

join (vb.) *наращивать, объединять, примыкать, связывать, соединять, сращивать*

join end-to-end (vb.) *соединять впритык*

joiner *плотник, столяр*

joinery *столярная мастерская, столярные работы*

joiner's bench *столярный верстак*

joiner's cramp *струбцина*

joiner's glue *столярный клей*

joiner's hammer *столярный молоток*

joining *монтаж, присоединение, сборка, соединение*
joining (adj.) *связующий, соединительный*
joining cement *столярный клей*
joining element *соединительный элемент, элемент соединения*
joining flange *соединительный фланец*
joining of wood *вязка деревянных деталей*
joining piece *соединительная деталь*
joining pipe *патрубок, штуцер*
joint *соединение, спай, стык, узел рамы, узел фермы, шов*
joint (vb.) *соединять, сочленять, стыковать*
joint (adj.) *комбинированный, связываемый, совместный, соединенный*
joint bar [rail] *стыковая накладка*
joint between precast elements *стык сборных элементов*
joint bolt *соединительный болт, стягивающий болт*
joint box *кабельная муфта;* [electr.] *распределительная коробка*
joint caulking *законопачивание швов*
joint cleaner *средство для очистки швов*
joint clearance *стыковой зазор, ширина шва*
joint cutting *нарезка швов*
jointer [mason] *расшивка (инструмент)*
jointer plane *фуганок*
joint face *плоскость разъема, поверхность раздела, поверхность разъема*
joint file *напильник для обработки швов, рашпиль*
joint filler *герметизирующая паста, герметик, материал для заполнения швов*
joint filling material *герметизирующая паста, герметик, материал для заполнения швов*
joint flange *соединительный фланец, фланец полумуфты*
joint gap *стыковой зазор*
joint gap width *ширина шва*
joint groove *стыковой паз*
joint grouting *замоноличивание швов, цементация швов*
joint hinge *навеска, петля*
jointing *соединение, сплачивание, стыкование;* [mason] *расшивка швов;* [woodw.] *сращивание*
jointing component *герметизирующая масса, герметик, материал для заполнения швов, прокладка в шве, соединительная деталь*
jointing material *герметизирующая масса, герметик, материал для заполнения швов*
jointing mortar *раствор для заделки швов, раствор для замоноличивания швов, раствор для заполнения швов*
jointing plane *фуганок*
jointing surfaces *соединяющиеся поверхности*
jointing tool [mason] *расшивка (инструмент)*
joint installation *находящийся в совместном владении, объект*
jointless *бесшовный*
jointless surfacing *бесшовное покрытие*
joint link *магистральная линия, соединительная линия, соединительное звено*

joint margin *припуск на швов*

joint member *соединительная деталь*

joint moment *узловой момент*

join together (vb.) *объединять(ся), связывать(ся), соединять(ся)*

joint packing *уплотнение швов*

joint pipe *соедиительная труба*

joint primer *грунтовка швов*

joint profile *профиль соединения, профиль шва*

joint reference plane *базовая плоскость соединения*

joint ring *кольцевая уплотняющая прокладка*

joint sawing *нарезка швов в дорожном покрытии*

joint sealant *герметизирующая паста, герметик*

joint sealer *герметизирующая паста, герметик*

joint sealing compound *герметизирующая паста, герметик*

joint sealing insert *герметизирующая прокладка*

joint sealing strip *герметизирующая прокладка*

joint sleeper (UK) [rail] *стыковая шпала*

joint spacing *расстояние между швами*

joint step *смещение швов*

joint surface *поверхность соединения*

joint tape *лента для заклейки швов*

joint tie (US) *стыковая шпала*

joint tongue *вставная рейка;* [woodw.] *гребень шпунтового соединения*

joint venture *совместное предприятие*

joint welding *соединительная сварка*

joist *опорная балка, поперечная перекладина, ригель*

joist ceiling *балочное перекрытие*

joist floor *балки перекрытия, венец сруба, пол, укладываемый по балкам, укладываемый по лагам*

joisting *балки перекрытия, венец сруба, система балок, система ригелей*

jolt *сотрясение, толчок, тряска, удар*

jolt (vb.) *давать толчки, трясти*

journal *журнал*

judgement *оценка, экспертиза*

jump *операция перехода, переход*

jump (vb.) *обжимать, осаживать, переходить, расклепывать, расковывать, расплющивать*

jumping *высадка, обжатие, обжим, осадка*

jumping up *высадка, осаживание, расковка*

jump welding *стыковая сварка*

junction *ответвление трубопровода, переход, соединение, узел, шов;* [mason] *стык;* [micro.] *соединение, сочленение;* [road] *транспортная развязка*

junction box *коробка выводов;* [electr.] *клеммная коробка, соединительная коробка*

junction curve [road] *переходная кривая, соединительная кривая*

junction lay-out [road] *схема транспортной развязки*

junction of highway and motorway *развязка автомагистралей*

junction of wood *вязка деревянных деталей*

junction piece *соединительная деталь, элемент соединения*

junction point *точка соединения, точка сопряжения, транспортный узел*

juncture *соединение, спай, шов*

junk *мусор, отходы, утиль*

just *правильный, точный*

justification *выравнивание, регулировка, юстировка*

justify (vb.) *выравнивать, настраивать, регулировать*

jut *выступ здания, консоль*

jut out (vb.) *выдаваться, выступать*

K

k (kilo) *к (кило)*

kaolin *каолин*

KD (knock-down) [furn.] *в разобранном виде*

Keene's cement *белый ангидритовый цемент, цемент Кина, эстрихгипс*

keep (vb.) *держать, обладать, поддерживать, сохранять, хранить*

keep back (vb.) *задерживать, удерживать*

keeping quality *качество хранения продукции*

keep in repair (vb.) *содержать в исправном состоянии*

kennel (US) *сток*

kentledge *контргруз, противовес*

kerb(stone) (UK) *бордюрный камень, край тротуара*

kerf *врубовая щель, зарубная щель, надрез, пропил*

kerf (vb.) *вырубать, пропиливать*

kerf width *ширина вруба, ширина пропила*

kerosine (US) *керосин*

kettle *котел, котелок, чугунок*

key *гаечный ключ, клавиша, ключ, кнопка, код, обрызг штукатурного намета, переключатель, шпонка*

key (vb.) *заклинивать, коммутировать, переключать, сажать на шпонку*

key and slot [met.] *шпонка и паз*

key barrel *ключ-жезл, лампа с ключевым цоколем*

key bolt *нагель, шплинт, шпонка*

key dam *главная дамба, главная плотина*

key drop *накладка дверного замка, пластинка замочной скважины*

keyed joint *шпоночное соединение*

keyed pointing [mason] *вогнутая расшивка швов*

key for hexagon socket screws *ключ для винтов с шестигранным отверстием в головке*

key for socket screws *ключ для винтов с граненым отверстием в головке*

key groove *шпоночный паз*

keyhole *замочная скважина, шпоночная канавка, шпоночный паз*

keyhole notch *зарубка шпоночного паза, метка шпоночного паза*

keyhole plate *накладка дверного замка, пластинка замочной скважины*

keyhole saw *ножовка с узким полотном*

keying *ввод данных с помощью клавиатуры, закрепление с помощью шпонки, посадка на шпонку, работа на клавиатуре*

keying schedule *план ввода данных в системе ЧПУ*

key lock *клиновой замок, клиновой стопор*

key map *сборная таблица листов карт;* [cart.] *сборный лист*

key pipe *лампа с ключевым цоколем*

key plan *план застройки, план общего расположения, схематический чертеж*

key plate *накладка дверного замка, пластинка замочной скважины*

key shank *ключ-жезл, лампа с ключевым цоколем*

key slot *шпоночный паз*

key steel *крепежная сталь*
keystone [mason] *замковый камень*
keystone arch *арка из клинчатого камня*
key together (vb.) *скреплять на шпонке*
keyway *шпоночная канавка, шпоночный паз*
kg (kilogram(me)) *кг (килограмм)*
kick (vb.) *отбрасывать, толкать, ударять*
kicking plate *пластинка, защищающая дверную обвязку от загрязнения*
kick plate *предохранительная пластинка для дверей*
kick strip *предохранительная пластинка для дверей*
killed steel *раскисленная сталь*
kill the suction (vb.) *увлажнить стену для герметизации*
kiln brick *огнеупорный кирпич*
kiln desiccation *горячая печная сушка*
kiln-dried *высушенный в печи*
kiln-dried wood *высушенная в печи древесина*
kiln drying *горячая печная сушка*
kiln seasoning *горячая печная сушка*
kilogram(me) (kg) *килограмм (кг)*
kilometer (km) (US) *километр (км)*
kilometre (km) (UK) *километр (км)*
kilowatt hour (kWh) *киловатт-час (кВт.ч)*
kilowatt-hour rate *тариф за киловатт-час*
kind *род, сорт, тип*
kindle (vb.) *зажигать(ся), шуровать (топку)*
kinetic *кинетический*
kinetic energy *кинетическая энергия*
kinetics *кинетика*
king pivot *вращающаяся цапфа, шкворень тележки вагона*
king post *бабка висячих стропил, центральная жесткая подвеска стропильной фермы*
king-post truss *висячие стропила с одной подвеской*
kink [rail] *петля*
kink (vb.) *загибать(ся), изгиб, перегиб, перекручивать(ся)*
kit *комплект, набор*
kitchen *кухня*
kitchen appliances *кухонное оборудование*
kitchen cabinet *элемент кухонного гарнитура*
kitchen cupboard *буфет, кухонный шкаф для посуды*
kitchen dining room *кухня-столовая*
kitchen equipment *кухонное оборудование*
kitchenette *кухня в квартире гостиничного типа*
kitchen grinder *мельница для кухонных отбросов*
kitchen range *кухонная плита*
kitchen sink *кухонная раковина*
kitchen stove *кухонная плита*
kitchen unit *элемент кухонного гарнитура*
klinker brick *клинкерный кирпич*
km (kilometre) *км (километр)*
knee *колено трубы*

kneebend *коленчатая труба*

kneeboard *подколенный опорный щит для работы при отделке незатвердевших бетонных полов*

knee bolt *коленчатый болт*

knee brace *угловая связь, угловой подкос, угловой раскос*

knee pad *защитный наколенник*

knee piece *коленчатая труба*

knee pipe *коленчатая труба*

knee protector *защитный наколенник*

knee roof [arch.] *мансардная крыша*

knife *нож, резец, скребок, струг, шпатель*

knife blade *лезвие ножа, лезвие режущего инструмента*

knife-edge *ножевая опора, режущая кромка*

knife-edge switch [electr.] *рубильник*

knife handle *рукоятка ножа*

knife switch [electr.] *рубильник*

knife test [paintw.] *испытания на порез*

knifing filler *шпаклевка, шпатлевка*

knob *бугор, выпуклость, кнопка, круглая ручка, шарообразная ручка*

knob of a tile *соединительный выступ черепицы*

knock *толчок, удар*

knock (vb.) *бить, стучать, ударять(ся)*

knock-down (KD) [furn.] *в разобранном виде*

knocker *дверной молоток*

knock out (vb.) *выбивать*

knockout key *клин для выбивания*

knot *сучок, узел;* [woodw.] *сук*

knot hole *сучковое отверстие;* [woodw.] *свищ*

knotless *без сучков;* [woodw.] *не имеющий сучков*

knot sealer [paintw.] *лак для закраски сучков*

knotted *узловатый;* [woodw.] *сучковатый*

knotting *грунтовка дерева, заделка сучков*

knotting varnish *лак для закраски сучков*

knotty *узловатый;* [woodw.] *сучковатый*

knot varnish *лак для закраски сучков*

knuckle *кулак, цапфа, шарнир*

knuckle thread *круглая резьба*

knuckle-threaded *с круглой резьбой*

knurl (vb.) *гофрировать, накатывать, рифлевать*

knurled *гофрированный, накатанный, рифленый*

knurled nut *гайка с накаткой*

knurled screw *винт с накатанной головкой*

knurling *накатка, насечка*

knurling tool *накатка, ролик для накатывания*

kraft *крафт-бумага*

kraft paper *крафт-бумага*

K-truss *ферма с полураскосной решеткой*

kWh (kilowatt hour) *кВт.ч (киловатт-час)*

l (length) *дл. (длина)*

l (litre) *л (литр)*

label *бирка, маркировочный знак, метка, обозначение, отметка, этикетка, ярлык*

label (vb.) *маркировать, помечать, прикреплять этикетку*

labelling *маркирование*

labile *лабильный, неустойчивый, подвижный*

labile emulsion *лабильная эмульсия*

labor (US) *работа, рабочая сила, рабочие кадры, труд*

laboratory test *лабораторные испытания*

labour *работа, рабочая сила, рабочие кадры, труд*

labour-consuming *трудоемкий*

labour content, with a high *трудоемкий*

labourer *рабочий*

labour force *рабочая сила*

labour-intensive *трудоемкий*

labour protection *охрана труда*

labour regulations *трудовое законодательство*

labour-saving *рационализаторский (о методах), трудосберегающий, экономящий труд*

lac *красная смола, лак из красной смолы, неочищенный шеллак, шеллак-смола*

lace *веревка, пробивать отверстия во всех рядах перфокарты, шнур, шпагат*

lacing bar *диагональная кронштейн, диагональная опора, диагональная стойка*

lacing course *связующий ряд блоков в бутовой кладке, связующий ряд кирпичей в бутовой кладке*

lack *недостаток, отсутствие*

lack (vb.) *испытывать недостаток, не иметь*

lacking *испытывающий недостаток, не имеющий*

lacklustre *матовый, тусклый*

lack of balance *неуравновешенность*

lack of fusion *непровар (дефект сварки)*

lack of penetration [weld] *неполное проплавление*

lack of perpendicularity *отклонение от вертикальной оси*

lacquer *лак, политура*

lacquer (vb.) *лакировать, покрывать политурой*

lacquered surface *лакированная поверхность*

lacquering *лакировка*

lacunar *кессонный потолок;* [arch.] *кессонное перекрытие*

ladder *лестница, стремянка, сходни, трап, цепная схема*

ladder rung *перекладина трапа, поперечина*

ladder scaffold *лестничные леса*

ladder scaffolding *лестничные леса*

ladder spoke *перекладина трапа, поперечина*

ladder step *перекладина трапа, поперечина*

ladderstool *стремянка с сиденьем*

lade (vb.) *грузить, нагружать, черпать*

lag *запаздывание, отставание*

lag (vb.) *запаздывать, отставать, покрывать изоляцией*

lagging *запаздывание, изоляция, отставание, термическая обмазка*

lag pipes (vb.) *покрывать трубы изоляцией*

laitance [concr.] *цементное молоко*

lake *лаковая краска, эмалевая краска, эмаль*

lamella *косяк кружально-сетчатого свода (стандартный элемент), ламель, паркетная дощечка, пластинка, чешуйка*

lamina *жесть, лист, листовая пластинка растения, пластинка, плоскость отслоения при пластинчатом изломе, тонкая пластинка, тонколистовой металл;* [geol.] *ламина, тонкий слой*

laminar *ламинарный, пластинчатый, слоистый*

laminate *клееное изделие, ламинат, многослойный материал, расслоенный, расщепленный, слоистое изделие, слоистый материал, слоистый пластик*

laminate (vb.) *ламинировать, покрывать пластинками, раскатывать, расслаивать, расслаивать(ся), расщеплять(ся) на тонкие слои, шихтовать;* [paper] *кашировать*

laminate (adj.) *клееный, многослойный, пластинчатый;* [geol.] *напластованный;* [met.] *раскатанный;* [plast.] *слоистый*

laminated *клееный, многослойный, пластинчатый, слоистый, стратифицированный, шихтованный*

laminated (adj.) *пластинчатый;* [geol.] *наслоенный;* [plast.] *слоистый*

laminated glass *безосколочное стекло, многослойное стекло, триплекс*

laminated plastic *ламинат, слоистая пластмасса, слоистый пластик*

laminated plywood *мебельная плита с пластиковым покрытием, мебельная фанера с пластиковым покрытием, мебельная фанерная плита, мебельная фурнитурная пластинка*

laminated safety glass *многослойное безопасное стекло, многослойное защитное стекло*

laminated sheet *ламинатный лист, лист слоистого пластика, лист со слоистым покрытием, слоистый лист;* [plast.] *ламинированный лист, слоистая пластиковая плита, слоистая плита*

laminated wood *клееная древесина, слоистая древесина, столярная плита*

laminated wood arch *клееная деревянная арка, слоистый деревянный свод*

laminated wood beam *клееная деревянная балка, слоистая деревянная балка*

laminated wood structure *клееная деревянная конструкция, слоистая деревянная конструкция*

laminating *изготовление слоистых пластиков, ламинирование, покрытие тонким слоем;* [met.] *раскатывание;* [paper] *каширование*

lamination *изготовление ламинатов, изготовление слоистого материала, ламинация, ламинирование, наслоение, покрытие тонким слоем, припрессовка пленки к оттиску, расплющивание, расслоение, слоистость;* [el.] *пластина сердечника, пластина якоря;* [forest] *пластинчатое строение;* [geol.] *расслоение;* [met.] *раскатывание;* [paper] *каширование*

laminboard *ламинированная плита, реечный щит, слоистая клееная древесина, столярная плита, столярный щит, фанера, фанерная плита*

laminose *пластинчатый, слоистый*

laminwood *ламинированная плита, слоистая клееная древесина, фанера, фанерная плита;* [forest] *древесный слоистый пластик*

lamp *лампа, прожектор, светильник, фара, фонарь;* [el.] *электролампа;* [electr.] *электронная лампа*

lamp base *цоколь лампы*

lamp black *ламповая сажа, пламенная сажа, черная краска из ламповой сажи*

lamp bulb *лампа накаливания;* [el.] *колба лампы*

lamp cap *цоколь лампы*

lampholder *ламповый патрон;* [el.] *патрон лампы*

lampholder plug *ламповый патрон;* [el.] *вилка патрона лампы, штекер патрона лампы*

lamp oil *керосин, ламповое масло, осветительное масло*

lamp pole *осветительная мачта, фонарный столб*

lamp post *опора уличного светильника, столб освещения, фонарный столб*

lamp socket *ламповый патрон;* [el.] *патрон лампы*

lamp standard *опора уличного светильника, столб освещения*

lancet arch *стрельчатая арка*

land *земля, контактная площадка, суша, участок земли*

land chain [geod.] *мерная цепь*

land development *мелиорация*

land development plan *план мелиорации, проект мелиорации*

landed proprietor *землевладелец*

land erosion *эрозия почвы*

landfilling *отсыпка грунта*

land grader and leveller *автогрейдер, дорожный струг*

landing *лестничная площадка, пристань, причал*

landing door *дверь лестничной площадки этажа*

landing slab *плита лестничной площадки*

landing stage *пристань, причал*

landing switch *многопозиционный переключатель*

land leveller *грейдер, дорожный струг*

land measuring *геодезические работы, землемерные работы, землеустроительная съемка, топографическая съемка*

landowner *землевладелец*

land reclamation *мелиорация, расширение и освоение прибрежной полосы*

land register *кадастр, регистрационная книга земельных участков*

land registry *журнал учета земельных участков*

land ripe for development *земля, подготовленная для мелиорации*

landscape management *охрана ландшафтов, проектирование ландшафтов*

landscape preservation *охрана природных ландшафтов*

landscape protection *охрана ландшафтов*

landscape protection area *заповедник, охраняемая природная зона*

landscape restoration *восстановление ландшафта, реставрация ландшафта*

landscaping *озеленение, проектирование ландшафта, создание искусственного ландшафта*

landslide *оползень*

landslide deposits *оползневые отложения*

landslip *оползень*

land surveying *землеустроение*

land surveyor *землеустроитель*

land tax *налог на землю*

land tie *анкер, анкерная тяга*

land-use plan *план застройки*

land-use ratio *процент застройки*

land value *стоимость земли*

land value taxation *налогообложение земельных участков*

lane *проезд, ряд, узкая аллея;* [road] *полоса движения*

lane-control signal *дорожный сигнал*

lane line [road] *разделительная полоса*

lantern *светильник уличного освещения, фонарь крыши*

lantern roof *фонарная крыша*

lantern tower *светильник уличного освещения*

lap *загиб, напуск, нахлестка, перекрытие, сгиб*

lap (vb.) *загибать, перекрывать, сгибать, складывать, соединять внахлестку*

lap dovetail *соединение типа ласточкин хвост*

lap joint *соединение внахлестку*

lap-jointed *соединенный внахлестку*

lapless *без нахлестки*

lapped dovetail *соединение типа ласточкин хвост*

lapping *нахлестка, перекрытие, соединение внахлестку*

lap seam *сварной шов внахлестку*

lap seam welding *сварка внахлестку*

lap weld *сварной шов внахлестку*

lap-weld (vb.) *сваривать внахлестку*

lap welding *сваривание внахлестку*

larch [bot.] *лиственница*

larch (wood) *лиственница (древесина)*

larder *кладовая*

large *большой, крупный, многочисленный, обширный*

large-capacity cable *кабель большой вместимости (по числу жил)*

large-grained *крупнозернистый*

large-meshed *с крупными отверстиями*

large quantity manufacture *массовое производство*

large quantity production *массовое производство*

large-scale *высокая степень*

large-scale manufacturing *массовое производство*

large-scale production *массовое производство*

large sett paving *брусчатое покрытие, мощение брусчаткой*

larmier *слезник;* [arch.] *свес карниза*

larry *полужидкий известковый раствор, штукатурные грабли*

Larssen sheet pile *шпунтовая свая системы Ларсена*

Larssen's sheet piling *шпунтовый ряд системы Ларсена, шпунтовый стенка системы Ларсена*

lash (vb.) *привязывать*
last (vb.) *длиться, продолжаться, сохраняться*
last (adj.) *последний*
lasting *долговечность, стойкость*
lasting (adj.) *долговечный, прочный, стойкий*
lasting properties *стойкость окраски*
lasting quality *долговечность, стойкость*
latch *американский замок, дверная пружинная защелка, задвижка, запор, защелка, фиксатор, щеколда*
latching mechanism *запорный механизм, фиксирующее устройство*
latch key *ключ от американского замка*
latch lock *замок с защелкой*
later *более поздний, позже*
lateral *боковой канал, отвод трубы*
lateral (adj.) *боковой, горизонтальный, поперечный*
lateral alley *боковой галерея, боковой коридор, боковой проход*
lateral bracing *боковое крепление, поперечная связь жесткости*
lateral clearance *боковой зазор, боковой просвет*
lateral contraction *поперечное сжатие*
lateral deflection *поперечный изгиб, поперечный прогиб*
lateral edge *боковая кромка, боковой край*
lateral face *боковая поверхность*
lateral force *боковое усилие, горизонтальное усилие*
lateral load *боковая нагрузка, поперечная нагрузка*
laterally reversed *горизонтально реверсированный, перевернутый на бок*
laterally transposed *горизонтально обращенный*
lateral movement *поперечное смещение, рыскание, скольжение*
lateral passage *боковой галерея, боковой коридор, боковой проход*
lateral pressure *боковое давление*
lateral pull *поперечная тяга*
lateral rigidity *поперечная жесткость*
lateral section *поперечное сечение, поперечный разрез*
lateral stability *поперечная устойчивость*
lateral stress *боковое напряжение, поперечное напряжение*
lateral thrust *боковое давление*
lateral wall *боковая стена*
lateral Y-piece *косой тройник, тройник с отводом*
latex *латекс*
latex adhesive *латексный клей*
latex cement *латексный клей*
latex paint *латексная краска*
lath *доска обшивки, дранка, дрань, планка, рейка, штукатурная сетка*
lath (vb.) *прибивать планки, шпалерить*
lathe *токарный станок*
lathe check [woodw.] *образование трещин на фанере*
lath fence *штакетник*
lathing *дощатая обшивка, дранка, дрань, обшивка досками, опалубка, основание под штукатурку*
lathwork *дрань, опалубка, основание под штукатурку*

latitude *широта*

lattice *решетка, решетка фермы, решетчатая рама, решетчатый каркас, структура*

lattice (vb.) *обрешетить*

lattice bar *прут решетки, стержень решетки*

lattice beam *балочная ферма, сквозная решетчатая балка*

lattice bridge *мост с решетчатыми фермами, ферменный мост*

latticed column *решетчатая мачта, решетчатая опора*

lattice door *решетчатая дверь*

lattice fence *штакетник*

lattice gate *решетчатые ворота*

lattice girder *балочная ферма, сквозная решетчатая балка*

lattice grate *колосниковая решетка, колосниковый грохот*

lattice mast *решетчатая мачта, решетчатая опора*

lattice pole *решетчатая мачта, решетчатая опора*

lattice rod *прут решетки*

lattice tower *решетчатая мачта, решетчатая опора*

lattice truss *решетчатая ферма*

lattice window *окно со свинцовым переплетом*

latticework *решетчатая конструкция*

launching girder *аванбек, ферма для надвижки пролетных строений моста*

laundry *прачечная*

lavatory *туалет, туалетная комната, умывальная комната*

lavatory basin *раковина умывальника*

lavatory bowl *унитаз*

lavatory cistern *смывной бачок*

law *закон, право*

lawn *газон, лужайка*

lawn mower *газонокосилка*

law of gravitation *закон тяготения*

lay (vb.) *класть, прокладывать трубопровод, укладывать*

lay bare (vb.) *вскрывать, обнажать*

lay bricks (vb.) *класть кирпичи*

lay-by *полоса стоянки транспорта;* [rail] *запасной путь;* [road] *площадка отдыха*

lay down (vb.) *закладывать сооружение, устанавливать*

layer *наслоение, настилка, пласт, ряд, слой, уровень*

layered *слоистый, уложенный рядами*

layer of broken stones [road] *щебеночный слой*

layer of earth *слой грунта, слой почвы*

layer of fill *слой засыпки*

layer of ice *ледяная корка, слой льда*

layer of reinforcement *слой арматуры*

layer of sand *слой песка*

layer of weld metal [weld] *слой наплавленного металла*

layer thickness *толщина слоя*

lay-flat tube *горизонтально уложенная труба*

laying *первый слой штукатурки, прокладка, укладка*

laying bare *обнажение*

laying of masonry *возведение каменной кладки, возведение кирпичной кладки*

laying of pipes *прокладка труб, укладка трубопровода*
laying of plaster *обмазка, первый слой штукатурки*
laying of setts *мощение брусчаткой*
laying of the foundation stone *закладка здания*
lay-in type panel *закладная панель, прокладочная плита*
lay on (vb.) *накладывать слой (краски, штукатурки)*
lay on electricity (vb.) *проводить электричество*
lay on the setting coat (vb.) *укладывать накрывочный слой штукатурки*
layout *генеральный план, компоновка, макет, планировка, разбивка, разметка, размещение, расположение, трассирование, эскиз;* [rail] *трасса линии;* [road] *дорожная схема*
lay out (vb.) *компоновать, конструировать, планировать, разбивать, размечать, трассировать*
lay out a cable (vb.) *прокладывать кабель*
layout design *проект*
layout of the line *трасса линии, трассировка линии*
layout plan *общий план территории, план застройки*
lay the foundation (vb.) *закладывать фундамент*
lb (pound) *фунт (453,6 г)*
L-bar *стальной угольник, угловая сталь*
L-beam *балка Г-образного сечения*
L.C.-cable (lead-covered cable) *кабель со свинцовой оболочкой, освинцованный кабель*
leach (vb.) *выщелачивать*
leachate *сточные воды*
leachate connection to sewer *канализационный трубопровод*
leaching *выщелачивание*
leaching cesspool *отстойник, сточный колодец*
lead *ввод, вывод, грузило, опережение, отвес, пломба, подводящий кабель, провод, проводник, свинцовый оконный переплет, упреждение, ход резьбы;* [electr.] *питающий провод;* [hydr.] *приточный канал*
lead (vb.) *вводить, вести, выводить, освинцовывать, пломбировать, проводить*
lead (Pb) *свинец*
lead angle *угол подъема резьбы*
lead burning *обжиг свинца*
lead cable *кабель со свинцовой оболочкой, освинцованный кабель*
lead casting *отливка свинца, свинцовое литье*
lead coating *свинцовая облицовка, свинцовое покрытие*
lead-covered armoured cable *армированный освинцованный кабель*
lead-covered cable *кабель со свинцовой оболочкой, освинцованный кабель*
lead-covered roof *крыша со свинцовым покрытием, свинцовая кровля*
lead covering *свинцовая кровля, свинцовая облицовка*
leaded lights *свинцовый переплет окна*
leaded pane *окно в свинцовом переплете, свинцовый переплет*
leaden *свинцовый*
leaden came *свинцовая перекладина, свинцовая поперечина, свинцовый горбыль оконного переплета*

leaden case *свинцовая обкладка кабеля, свинцовая оболочка кабеля*

leaden covering *свинцовая обкладка кабеля, свинцовая оболочка кабеля*

leaden jacket *свинцовая обкладка кабеля, свинцовая оболочка кабеля*

leaden pipe *свинцовая труба*

leaden sheath(ing) *свинцовая обкладка кабеля, свинцовая оболочка кабеля*

leaden tube *свинцовая труба*

leader *водосточная труба, воздуховод теплого воздуха, данные в начале массива, заголовок, заправочный конец ленты, провод, проводник;* [graph.] *заголовок, зарядный участок ленты, отточие, пунктир, ракорд, ходовой винт;* [meteo.] *лодер грозового разряда, лодер искрового разряда*

leader pin *направляющий палец, направляющий штифт, направляющий штырь, палец поворотной цапфы, шкворень поворотной цапфы*

lead foil *свинцовая фольга*

lead gasket *свинцовое уплотнение*

lead glass *свинцовое стекло*

lead-in *ввод, вводной провод*

leading *освинцевание, свинцовая облицовка*

leading (adj.) *ведущий, направляющий*

leading-in *подводящий кабель;* [electr.] *ввод*

leading-in cable [electr.] *подводящий кабель*

leading-in connection [electr.] *линейный ввод*

leading-in insulator [electr.] *вводный изолятор, проходной изолятор*

leading-in socket *колодка подключения;* [electr.] *розетка ввода*

leading-in tube *впускная труба, входная трубка*

leading-in wire [electr.] *вводной провод*

lead-in insulator [electr.] *вводный изолятор, проходной изолятор*

lead-in wire [electr.] *вводной провод*

lead joint *свинцовое уплотнение труб*

lead lining *свинцовая обкладка*

lead mounting *свинцовая оправка, свинцовая рама*

lead of a cable *токопроводящая жила кабеля*

lead oxide red *сурик*

lead pipe *свинцовая труба*

lead plate *листовой свинец, рольный свинец*

lead roofing *крыша со свинцовым покрытием, свинцовая кровля*

lead sealing *свинцовая пломба*

lead-sheathed cable *кабель со свинцовой оболочкой, освинцованный кабель*

lead solder *свинцовый припой*

lead-through *проходная втулка;* [electr.] *ввод*

lead trap *свинцовый водяной затвор, свинцовый гидравлический затвор*

lead tube *свинцовая труба*

leaf *клапан гидротехнического затвора, крыло подъемного моста, лепесток воздушного клапана, лист, лист металла, параллельная стенка колодцевой кладки, перо, полотнище ворот, полотно двери, створка, страница, щит*

leaf aluminium *алюминиевая фольга*

leafing [paintw.] *листовая окраска*

leaf of a gate *полотнище ворот*

leaf valve *обратный клапан, створчатый клапан*

leak *неплотное соединение, просачивание, рассеивание, течь;* [electr.] *утечка*

leak (vb.) *просачиваться, протекать, стекать*

leakage *натекание (в лампах), просачивание, протекание, течь, убыль, утечка, утруска;* [electr.] *поверхностная утечка*

leakage current *ток скользящего разряда;* [electr.] *ток поверхностной утечки*

leakage detection *определение утечки*

leakage finding *определение утечки*

leakage measurement *измерение утечки*

leakage test *испытание на герметичность, испытание на непроницаемость*

leakage to ground [electr.] *утечка в землю*

leakage water *просачивающаяся вода, фильтрационная вода*

leak current *ток скользящего разряда;* [electr.] *ток поверхностной утечки*

leak detection *определение утечки*

leaking (adj.) *негерметичный, неплотный*

leaking joint *негерметичное соединение, неплотное соединение*

leak out (vb.) *просачиваться, протекать*

leakproof *герметичный, непротекающий*

leak test *испытание на герметичность, испытание на непроницаемость*

leaky (adj.) *негерметичный, неплотный*

lean *наклон, тощий*

lean (vb.) *опирать(ся), прислонять(ся)*

lean concrete *тощая бетонная смесь*

leaning *наклонный, опирающийся, прислоненный*

lean mortar *тощий раствор*

lean-to *навес, пристройка с односкатной крышей*

lean-to roof *наклонная односкатная крыша*

leaping weir [hydr.] *ливнеспуск*

lease *аренда*

lease (vb.) *брать в аренду, сдавать в аренду*

leat *выемка, желобок, полость*

leather *кожа*

leave a trace (vb.) *оставлять след*

leavings *остатки, отбросы*

Leca (light expanded clay aggregate) *керамзит, легкий заполнитель из вспученной глины*

ledge *берма, выступ, поясок, средний горизонтальный брус обвязки дверного полотна, схватка*

ledged door *дощатая дверь на планках*

ledger *горизонтальное ребро, обвязка деревянного каркаса, пажилина, ригель, схватка щитовой опалубки*

ledger board *продольная балка*

left *левая сторона, левосторонний, левый*

left-hand *левый, с левой резьбой, с левым ходом*
left-hand door *дверь под левую руку, левая дверь*
left-handed *левый, с левой резьбой, с левым ходом*
left-handed rotation *вращение против часовой стрелки, левое вращение*
left-handed thread *левая резьба*
left-hand motion *левое движение, левый ход*
left-hand rotation *вращение против часовой стрелки, левое вращение*
left-hand screw *винт с левой резьбой*
left-hand switch [rail] *левая стрелка*
left-hand tap *кран с левой резьбой*
left-hand thread *левая резьба*
left-hand turn [road] *левый поворот*
left-hand turnout [rail.] *левая стрелка*
left-hand welding *левая сварка*
left side *левая сторона*
left turn [road] *левый поворот*
left-turn lane [road] *полоса движения с левым поворотом, ряд с левым поворотом*
leftward welding *левая сварка*
leg *ветвь программы, лапа, нога, ножка, стойка, сторона угла, участок дороги;* [mat.] *катет*
length *длина, отрезок, продолжительность, протяжение, расстояние*
lengthen (vb.) *удлинять(ся)*
lengthening *удлинение*
lengthening piece *удлинитель*
length measurement *измерение длины*
length of arc(h) *длина дуги*
length of pile *высота сваи*
length of pipe *длина трубы, отрезок трубы*
length of steps *ширина ступенек*
lengthwise *в длину, вдоль, в продольном направлении*
lengthwise beam *продольная балка, стрингер*
lengthwise direction *продольное направление*
lens of ice *ледяная линза в грунте*
lenticular *двояковыпуклый, линзообразный, чечевицеобразный*
lentiform *двояковыпуклый, линзообразный, чечевицеобразный*
lentoid *двояковыпуклый, линзообразный, чечевицеобразный*
less *менее, меньше*
lessen (vb.) *уменьшать(ся)*
let (out) (vb.) *выпускать*
let down (vb.) *опускать;* [met.] *отпускать*
let in (vb.) *впускать*
letter opening *отверстие для почты, щель для почты*
letter plate *отверстие для почты, щель для почты*
letter slit *отверстие для почты, щель для почты*
letting down *разбавление, разжижение, разрежение;* [met.] *отпуск*
levee *берегозащитная дамба, естественный береговой вал, направляющая дамба, обвалование, ограждающая дамба*
level *ватерпас, горизонт, земляное полотно, отметка высоты, уровень*

level (vb.) *выравнивать, направлять, нивелировать, оглаживать, уравнивать*

level (adj.) *плоский, расположенный на одном уровне, ровный*

level, be (vb.) *быть на одном уровне, быть ровным*

level canal *горизонтальный канал*

level control *измерение уровня, регулятор уровня*

level controller *регулятор уровня*

level crossing *железнодорожный переезд, перекресток, пересечение дорог в одном уровне, переход с уровня на уровень, транспортная развязка в одном уровне*

level crossing gate *шлагбаум железнодорожного переезда*

level difference *перепад высот, разность уровней*

level indicator *индикатор уровня, указатель уровня, уровнемер*

leveling (US) *нивелирные работы, планировка, правка, разглаживание, разравнивание, рихтовка, сглаживание;* [geod.] *нивелирование;* [mason] *выравнивание;* [paintw.] *разлив*

levelled *выровненный, нивелированный*

leveller *правильная машина, профилировщик, рихтовочная машина;* [road] *планировщик*

levelling *нивелирные работы, планировка, правка, разглаживание, разравнивание, рихтовка, сглаживание;* [geod.] *нивелирование;* [mason] *выравнивание;* [paintw.] *разлив*

levelling capacity *выравнивающая способность*

levelling course *выравнивающий слой*

levelling fix point *опорная точка*

levelling instrument [geod.] *нивелир*

levelling off *разравнивание;* [geod.] *нивелировка*

levelling pole [geod.] *нивелировочная рейка*

levelling procedure [geod.] *нивелирование*

levelling rod [geod.] *нивелировочная рейка*

levelling screw *регулировочный винт, установочный винт, юстировочный винт*

levelling staff [geod.] *нивелировочная рейка*

level-luffing crane *кран с подъемной стрелой*

level-luffing slewing crane *поворотный кран с подъемной стрелой*

level measuring *измерение уровня*

level meter *индикатор уровня, указатель уровня, уровнемер*

level of the water table *уровень грунтовых вод*

level of underground water *уровень грунтовых вод*

level of water *уровень воды*

level regulator *регулятор уровня*

level rod [geod.] *нивелировочная рейка*

level sensor *датчик уровня*

level to the ground (vb.) *сравнивать с землей*

level up (vb.) *поднять до определенного уровня*

lever *балансир, коромысло весов, рукоятка, рычаг, тяга*

lever arm *плечо рычага*

lever jack *рычажный домкрат с зубчатой рейкой*

lever key *перекладной выключатель, тумблер*

lever latch *защелка замка, собачка замка*

lever lock *рычажная пробка, рычажный замок, фалевый замок*

lever stopper *рычажная пробка*

lever switch *рубильник, рычажный переключатель*

levigate (vb.) *измельчать, растирать в порошок*

lewis *волчья лапа подъемного захвата, захват для подъема строительных блоков*

liability *долг, обязанность, ответственность*

liable to *обязанный, подлежащий*

liable to heave/swell *вспучивающийся*

liberate (vb.) *выделять, высвобождать*

liberation *выделение, высвобождение*

licence *лицензия, разрешение*

license (US) *удостоверение водителя автомобиля*

licensed party *лицензиат, лицо, имеющее лицензию, лицо, имеющее разрешение*

licensee *лицензиат*

licenser *лицензиар, лицо, выдающее лицензию, лицо, выдающее разрешение*

licensor *лицензиар, лицо, выдающее лицензию, лицо, выдающее разрешение*

lid *колпак, крышка*

lierne vault [arch.] *звездчатый свод*

life *долговечность, продолжительность работы, ресурс, срок службы*

life cycle *долговечность, срок службы*

life expectancy *ожидаемый срок службы, прогнозируемая долговечность*

life-size(d) *в натуральную величину*

lifetime *долговечность, срок службы*

life utility *ресурс, эксплуатационная долговечность*

lift *высота подъема, груз поднимаемый за один цикл, лифт, подъемная машина, подъемник, рабочая платформа*

lift (vb.) *выкапывать, поднимать, пускать вверх*

lift (UK) *лифт*

lift and force pump *всасывающий нагнетательный насос, насос двукратного действия*

lift bridge *подъемный мост*

lift cage *кабина лифта*

lift car *кабина лифта*

lifter *подъемный ковш, рукоятка ковша*

lift gate *подъемный щитовой затвор;* [hydr.] *подъемные шлюзовые ворота*

lifting *поднимание, подъем*

lifting and forcing pump *всасывающий нагнетательный насос, насос двукратного действия*

lifting apparatus *подъемный механизм*

lifting belt *пояс для подъема котлов*

lifting block *таль*

lifting bridge *подъемный мост*

lifting capacity *грузоподъемность*

lifting eye bolt *рым-болт*

lifting eye nut *рым*

lifting gate [rail.] *шлагбаум*

lifting gear *подъемная машина, подъемное оборудование, подъемное устройство, подъемный механизм*

lifting girdle *пояс для подъема котлов*

lifting height *высота подъема*

lifting hook *грузовой крюк*

lifting jack *рычажный домкрат с зубчатой рейкой*

lifting motor *подъемный двигатель*

lifting nut *соединительная муфта*

lifting pipe *насосно-компрессорная труба, подъемная труба, подъемная труба в котлах, стояк водопровода*

lifting platform *подъемная платформа, рабочая платформа*

lifting power *грузоподъемность, подъемная сила*

lifting pump *высасывающий насос*

lifting screw *винтовой домкрат, винтовой конвейер, подъемный винт, рым-болт, шнековый транспортер*

lifting sling *подъемный канат, подъемный строп, подъемный трос*

lifting tackle *подъемный механизм*

lift lock [hydr.] *камерный шлюз*

lift pump *высасывающий насос*

lift rope *подъемный кабель лифта*

lift shaft *шахта лифта*

lift-slab construction *строительство методом подъема этажей*

lift-up lid *откидная крышка*

light *лампа, окно, оконный проем, освещение, свет, светильник*

light (vb.) *загораться, зажигать(ся), освещать, светить*

light (adj.) *легкий, облегченный, рыхлый, светлый, слабый*

light (up) (vb.) *загораться, зажигать(ся), светиться*

light alloy *легкий сплав*

light beam welding *лазерная сварка*

light bulb *электролампа*

light clinker material *легкий клинкерный материал*

light-coloured aggregate [concr.] *светлый заполнитель*

light concrete *легкий бетон*

light dimmer *затемнитель, реостат для регулирования силы света лампы*

light dimming circuitry [electr.] *схема затемнения*

light-duty belt conveyor *легкий ленточный конвейер, легкий ленточный транспортер*

lighten (vb.) *облегчать, освещать, разгружать, уменьшать (массу, нагрузку)*

light exposure of aggregates [concr.] *легкое обнажение зерен заполнителя (вид отделки бетонных поверхностей)*

light-fast *светопрочный, светостойкий*

light fastness *светопрочность, светостойкость*

light filter *светофильтр*

light fittings *осветительная арматура*

light fixture *осветительная арматура*

light-gauge construction *легкая металлоконструкция*

light-gauge sheet *жесть, тонколистовой металл*

lighting *воспламенение, зажигание, освещение*

lighting column *фонарный столб*
lighting fitting *осветительная арматура*
lighting installation *осветительная установка*
lighting mains *осветительная проводка*
lighting mast *фонарный столб*
lighting on roads *дорожное освещение*
lighting pole *фонарный столб*
lighting pylon *фонарный столб*
lighting switch [electr.] *выключатель освещения*
lighting system *осветительная установка*
light knot [woodw.] *выпадающий сучок*
light line *выделенная строка, легкий штрих, тонкая линия*
light load *легкая нагрузка, низкая нагрузка*
light mast *фонарный столб*
light metal *легкий металл*
lightning *молния*
lightning arrester *грозовой разрядник, грозозащита, громоотвод, молниезащита, молниеотвод*
lightning conductor *громоотвод, молниеотвод*
lightning discharger *грозовой разрядник*
lightning protection earth *молниезащитное заземление*
lightning protector *громоотвод, молниеотвод*
lightning rod *громоотвод, молниеотвод*
lightning stroke *поражение молнией, удар молнии*
light oak *легкий дуб*
light partition *легкая перегородка*
light-proof *светостойкий*
light railway *узкоколейная железная дорога*
light reflection *отражение света, световое отражение*
light regulator *регулятор света, реостат*
light resistance *светопрочность, светостойкость*
light-resistant *светостойкий*
light-resisting *светостойкий*
light-sealed *светостойкий*
light-sensitive cell *светочувствительный элемент, фотоэлемент*
light shaft [arch.] *световая шахта*
light sign *светящаяся вывеска*
light signal *световой сигнал*
light solvent *летучий растворитель*
light source *источник света*
light-stable *светостойкий*
light standard *фонарный столб*
light-tight *светостойкий*
light transmission *передача света, прохождение света*
light transmitting capacity *прозрачность*
light up (vb.) *зажигать(ся)*
light vibrating screed *вибробрус;* [concr.] *вибрационный брус*
light wave guide cable *световод, световодный кабель*
lightweight (adj.) *легкий, легковесный*
lightweight aggregate *легкий заполнитель*
lightweight-aggregate concrete *легкий бетон*

lightweight concrete *легкий бетон*
lightweight concrete plate *плита из легкого бетона*
lightweight concrete wall *стена из легкого бетона*
light-weight construction *легкая конструкция, легкое сооружение*
lightweight metal *легкий металл*
lightweight roof structure *легкая кровельная конструкция, легкое покрытие*
lightwell [arch.] *световая шахта*
light wood *древесина светлых пород*
ligneous *древесный*
ligneous fibre *древесное волокно*
lignum vitae [woodw.] *древесные породы с твердой древесиной*
limb *ветка, крыло здания, пристройка, сук, флигель*
lime *известь;* [geol.] *известняк*
lime (vb.) *белить известью, известковать*
lime cast *известково-цементная штукатурка*
lime-cement mortar *известково-цементный раствор*
lime concrete *известковый бетон*
lime content *расход извести, содержание извести*
limed *известкованный*
lime diluted cement concrete *бетон на цементно-известковом растворе*
lime dust *тонкая известь*
lime marl *известковый мергель*
lime milk *известковое молоко*
lime mortar *известковый раствор*
lime paint *белая известь*
lime paste *известковое тесто*
lime pit *известковая яма, творильная яма, яма для гашения извести*
lime plastering *известково-гипсовый раствор, известково-цементное оштукатуривание*
lime powder *известковая мука, мука для известкования почв*
lime-proof *устойчивый против воздействия извести*
lime rake *гребок для извести*
lime red [paintw.] *красная охра*
lime sand brick *силикатный кирпич*
lime slaking *гашение извести*
lime slurry *известковое молоко, известковый раствор, известковый шлам*
lime-soda glass *натриево-известковое стекло*
limestone *известняк*
lime tub *бадья для извести, чан для извести*
limewash *белая известь*
limewash (vb.) *белить, известковать*
limewashing *известкование, известковая побелка*
lime-white (vb.) *известковать*
lime yellow [paintw.] *известковая желтая*
limit *граница, допуск, предел;* [mat.] *граничное значение, предел, предельное значение*
limit (vb.) *лимитировать, ограничивать, ставить предел*

limitation *лимитирование, ограничение, предел*
limitation in space *недостаток жилой площади, недостаток производственной площади*
limitation of noise *ограничение уровня шума, ограничение шума*
limited access road *автодорога с ограниченным движением, автодорога с ограниченным числом въездов*
limiting value *граничное значение, предельная величина, предельное значение*
limit load *предельная нагрузка*
limit measurement *предельный размер*
limit of consistency [geol.] *предел консистенции*
limit of elasticity *предел упругости*
limit of inflammability *температура вспышки, точка воспламенения*
limit of proportionality *предел пропорциональности*
limit of stretching strain *предел текучести при растяжении*
limit size *предельный размер*
limits of size *предельный размер*
limit value *граничное значение, предельная величина, предельное значение*
limp *нежесткий, слабый*
limpet *опускной колодец*
limpid *прозрачный, просвечивающий, ясный*
limpidity *прозрачность*
limy *известковый*
line *веревка, канат, линия, проводка, прямая, строка, трос, трубопровод, черта, шина, шнур;* [electr.] *провод;* [geod.] *трасса;* [glass] *полоса от вытягивания порок;* [rail] *путь;* [road] *разделительная линия*
line (vb.) *обкладывать, облицовывать, футеровать;* [woodw.] *обшивать*
linear *линейный*
linear distance *линейное расстояние*
linear elastic deformation *линейная деформация*
linear equation [mat.] *линейное уравнение*
linear expansion *линейное расширение*
linear expansion coefficient *коэффициент линейного расширения*
linearity *линейность*
linear measure *мера длины*
linear misalignment *линейное смещение*
linear momentum *импульс, количество движения*
linear strain *линейная деформация, линейное растяжение*
linear system *линейная система*
lineation *абрис, очертание, очерчивание*
line breaker *главный выключатель, силовой выключатель;* [electr.] *линейный выключатель*
line circuit-breaker *главный выключатель, силовой выключатель;* [electr.] *линейный выключатель*
line contactor *главный выключатель, силовой выключатель;* [electr.] *линейный выключатель*
line current *сетевой ток;* [electr.] *ток сети*
lined excavation *закрепленный котлован*

line drawing *штриховой рисунок*
line entrance [electr.] *линейный ввод*
line gauge *рейсмас, столярная чертилка;* [tool] *рейсмус*
line of action *силовая линия*
line of dip [geol.] *направление угла падения*
line of direction [geod.] *визирная линия*
line of flow *линия обтекания, линия тока*
line of force *силовая линия*
line of fracture *линия излома, линия обрушения, линия разрушения*
line of intersection *линия пересечения*
line of resultant pressure *линия высокого давления*
line of rivets *ряд заклепок*
line of sight [geod.] *визирная линия*
line of thrust *линия высокого давления*
lineout *сбой в линии связи*
line out (vb.) [woodw.] *обвязывать пиломатериал*
line pipe *водопроводная труба, телефонный трубопровод*
line pressure *давление в трубопроводе*
line production *серийное производство*
liner *вкладыш, втулка, облицовка, обсадная труба, обшивка, подкладка, прокладка, прослойка, футеровка*
line section [rail] *участок пути*
line up (vb.) *выравнивать, выстраивать(ся) в линию*
line voltage *линейное напряжение, напряжение в сети*
lining *крепление котлована, крепление траншеи, облицовка, обмуровка, обшивка, футеровка*
lining brick *облицовочный кирпич, футеровочный кирпич*
link *звено, передаточный рычаг, промежуточная деталь, связь, соединение, соединение в сети, соединительная серьга;* [concr.] *арматурный хомут*
link (vb.) *связывать, соединять, сцеплять*
linkage *связь, согласующее устройство, соединение, сцепление*
linkage dimension *присоединительный размер, установочный размер*
link box *кабельный шкаф;* [electr.] *кабельная муфта*
link building *здание-вставка*
linked house *дом рядовой застройки*
linked lights [road] *система светофоров зеленая волна*
linked traffic signal control [road] *автоматизированная система управления светофорами*
link grate *цепная колосниковая решетка, цепной грохот*
linking *связывание, связь, соединение, сопряжение, сочленение, сцепление*
link polygon *веревочный многоугольник*
link up (vb.) *привязывать, связывать, соединять*
lino *линолеум*
linoleum *линолеум*
linoleum composite covering *линолеумное покрытие*
linoleum flooring *линолеумное покрытие*
linoleum knife *нож для резки линолеума*
linoleum varnish *линолеумный лак*
linseed oil *льняное масло, олифа*

lintel *дверная перемычка, кирпичная перемычка, оконная перемычка;* [arch.] *прогон*

lip *выступ, край, мундштук, насадок, режущая кромка, фланец*

liquation *зейгерование;* [met.] *ликвация*

liquefied petroleum gas (LPG) *сжиженный нефтяной газ*

liquefy (vb.) *сжижать*

liquid *жидкость*

liquid (adj.) *жидкий, текучий*

liquid bitumen *разжиженный битум*

liquid caustic soda *натровый щелок*

liquid column *столб(ик) жидкости*

liquid flux *водный раствор паяльного флюса*

liquidity *жидкое состояние, текучесть*

liquid jet pump *струйный насос*

liquid latex *жидкий латекс, несгущенный латекс*

liquid limit [phys.] *предел текучести*

liquid pressure *гидростатическое давление, давление жидкости*

liquid spray diffuser *диффузор, жиклер, распылитель*

liquid wood *пластичная древесина*

liquor *жидкость, раствор, суспензия*

list *бордюр, каталог-прейскурант лесоматериалов, кромка, перечень, поясок, реестр, смета, список;* [arch.] *листель*

list (vb.) *вносить в список, перечислять, составлять список*

listed *каталогизированный, перечисленный*

list of contents *оглавление, регистр, список содержимого, указатель*

list of deficiencies *дефектная ведомость*

list of parts *спецификация*

liter (US) *литр*

litre (UK) *литр*

litter *мусор, отходы*

litter bin *мусорный бачок, мусоросборник*

little *малогабаритный, небольшой, незначительный, слабый*

live *жизнь;* [electr.] *находящийся под напряжением*

live-line [electr.] *находящийся под напряжением*

live load *временная полезная нагрузка;* [phys.] *динамическая нагрузка, подвижная нагрузка*

live rail [rail] *контактный рельс*

livering *желатинирование;* [paintw.] *загустевание*

live room *звуконепроницаемая комната*

live wire *провод под напряжением*

live wood *сырая древесина*

live working *работа с проводкой, находящейся под напряжением*

living floor space *жилая площадь*

living room *жилая комната*

living space *жилая площадь*

load *груз, загрузка, заправка ленты, нагружение, нагрузка, напряжение, усилие*

load (vb.) *грузить, загружать, заправлять, нагружать, насыщать*

load alleviation *разгрузка*

load application point *точка приложения нагрузки*

load at rupture *разрушающая нагрузка*

load balance *выравнивание нагрузки, симметрирование нагрузки*
load-bearing capacity *грузоподъемность, несущая способность*
load-bearing element *несущая конструкция*
load-bearing framework *несущий каркас*
load-bearing wall *несущая стена*
load capacity *грузоподъемность, несущая способность*
load-carrying capacity *грузоподъемность, несущая способность*
load-carrying structure *несущая конструкция*
load compensation *выравнивание нагрузки, симметрирование нагрузки*
load distribution *распределение нагрузки*
loader-digger *экскаватор-погрузчик*
load from wind pressure *ветровая нагрузка*
load hook *грузовой крюк*
loading *загрузка, нагружение, нагрузка, погрузка*
loading capacity *грузоподъемность, несущая способность*
loading crane *перегружатель, погрузочный кран*
loading dock *аппарель, погрузочная платформа*
loading hopper [concr.] *загрузочная воронка*
loading platform *аппарель, погрузочная платформа*
loading point *точка приложения нагрузки*
loading ramp *аппарель, погрузочная платформа*
loading shovel *ковшовый погрузчик на пневмоколесном ходу*
loading sidings [rail] *погрузочные пути*
loading stage *аппарель, погрузочная платформа*
loading test *испытания нагружением, испытания под нагрузкой*
loading track [rail] *погрузочные пути*
load limit *предельная нагрузка*
load-limiting device [crane] *ограничитель подъема*
load on prop *нагрузка на колонну*
load per area unit *удельная нагрузка*
load per axle *нагрузка на ось*
load per surface unit *удельная нагрузка*
load reduction *снижение нагрузки*
load stress *напряжение от нагрузки*
load test *испытания нагружением, испытания под нагрузкой*
load transmission *передача нагрузки, распределение нагрузки*
load-transmitting weld *сварной шов, воспринимающий нагрузку*
loam *суглинок*
loamy (adj.) *мергельный, суглинистый*
loamy sand *суглинистый песок*
lobby *вестибюль, передняя, прихожая, фойе*
lobe *бобышка, выступ, котловина, кулачок, углубление*
local *локальный, местный*
local action *местная коррозия*
local area development plan *план застройки микрорайона*
local authority *местные органы власти, местные органы управления*
local building board *управление местного строительства*
local corrosion *местная коррозия*
local exhaust ventilation *местная вытяжная вентиляция*
local extraction *местная вытяжная вентиляция*

local government housing *жилищное строительство, финансируемое местными органами власти*

locality *населенный пункт, район, участок*

localization *локализация, определение местонахождения*

localization of faults *выявление дефектов, локализация повреждений, нахождение повреждений*

localize (vb.) *локализовать, определять местонахождение*

localized attack *местная коррозия*

localized contact *точечный контакт*

localized corrosion *местная коррозия*

localized lighting *направленное освещение*

local lighting *местное освещение, освещение рабочего места*

local road *местная дорога, проселочная дорога*

local ventilation *местная вентиляция*

locate (vb.) *находить, определять местонахождение, размещать, располагать, трассировать, устанавливать*

locating face *площадь контакта, поверхность контакта*

locating pin *установочный штифт*

locating ring *стопорное кольцо*

location *локализация, местоположение, пункт, размещение, расположение, участок*

location deviation *отклонение при монтаже*

location of line *провешивание линии, разбивка линии, трассировка линии;* [rail] *трасса линии*

location plan *план местности*

location tolerance *допуск на расположение элементов схемы;* [build.] *монтажный допуск*

lock *блокировка, замок, запор;* [hydr.] *шлюз*

lock (vb.) *блокировать, запирать, стопорить*

lockable *запираемый*

lockage *шлюзовые сооружения;* [hydr.] *шлюзование*

lock bolt *крепежный болт*

lock chamber [hydr.] *камера шлюза*

locker *индивидуальный шкафчик для рабочей одежды*

locker room *раздевалка*

lock fittings *замочная фурнитура*

lock gate [hydr.] *ворота шлюза*

lock in [hydr.] *шлюзоваться*

locking *блокировка, запирание*

locking (adj.) *запирающий, запорный, стопорный*

locking bar *задвижка, засов, фиксатор замка, щеколда*

locking device *блокирующий механизм, запирающий механизм, запорный механизм, стопорный механизм, устройство блокирования*

locking nut *стопорная гайка*

locking pawl *защелка, предохранительная собачка*

locking pin *стопорный штифт, фиксатор*

locking plate *замочная коробка, замочная плита*

locking ring *стопорное кольцо*

locking screw *крепежный болт, стопорный винт*

locking washer *контршайба, контрящая шайба*

locking wire *пломбировочная проволока*
lock nut *контргайка, стопорная гайка*
lock rail *засов*
lock ring *стопорное кольцо*
lock saw *лобзик*
lock-seam (vb.) *фальцевать*
lock seaming *фальцевание*
lock side (wall) [hydr.] *боковая стена шлюза*
lock sill [hydr.] *порог шлюза*
locksmith *слесарь*
lockup *тупик*
lock-up *гараж*
lock washer *контргайка, контршайба, пружинное стопорное кольцо*
locus *геометрическое место точек, местоположение;*
[mat.] *геометрическое место точек*
lode *сточный канал*
lodge *охотничий домик*
lodge (vb.) *квартировать, подвешивать, селить, снимать квартиру*
loft *мансарда, перекрытие, чердак*
loft stairs *лестница на чердак*
lofty *высокий*
log *журнал регистрации, колода, короткомерный кряж,*
регистрация, ствол, хлыст; [woodw.] *бревно*
log (vb.) *регистрировать*
log (logarithm) [mat.] *логарифм*
logarithm *логарифм*
logarithmic [mat.] *логарифмический*
logarithmic function *логарифмическая функция*
logarithmic spiral *логарифмическая спираль*
log cabin *бревенчатая постройка, рубленый дом*
loggia *лоджия*
logging *запись, запись информации, регистрация*
log house *бревенчатая постройка, рубленый дом*
long *длинномерный, длинный, продолжительный*
long-cut timber *древесный хлыст;* [woodw.] *длинномерный сортимент*
long-distance heating *центральное отопление*
long-duration test *испытания на выносливость, испытания на*
продолжительность работы, продолжительные испытания
long-edge profile *продольный профиль*
longevity *долговечность, продолжительный срок службы*
long-fibre asbestos *длинноволокнистый асбест*
long float *гладилка, терка;* [mason] *стальная щетка*
long-handled *на длинной рукоятке*
long hole *глубокая скважина, глубокий шпур*
long-hole drilling *глубокое бурение*
longish *удлиненный*
longitudinal (adj.) *продольный*
longitudinal axis *продольная ось*
longitudinal bar [concr.] *продольная стержневая арматура*
longitudinal beam *продольная балка*
longitudinal boring machine *установка для бурения глубоких скважин*

longitudinal bracing *продольная связь*
longitudinal clearance *осевой зазор, продольный зазор*
longitudinal crack *продольная трещина*
longitudinal direction *продольное направление*
longitudinal displacement *продольное смещение*
longitudinal elongation *линейное расширение*
longitudinal expansion *линейное расширение*
longitudinal expansion coefficient *коэффициент линейного расширения*
longitudinal extension *линейное расширение*
longitudinal force *продольная сила, продольное усилие*
longitudinal fracture *продольный разрыв*
longitudinal girder *продольная балка, пролетная балка моста*
longitudinal joint *продольный шов*
longitudinally *в длину, продольно*
longitudinal marking *осевая разметка дороги, продольная разметка дороги*
longitudinal motion *продольное движение, продольное смещение*
longitudinal pitch *расстояние между заклепками, шаг заклепок*
longitudinal play *осевое биение, осевой люфт*
longitudinal profile *продольный профиль*
longitudinal reinforcement [concr.] *продольная арматура*
longitudinal seam *продольный шов*
longitudinal section *продольное сечение, продольный профиль*
longitudinal shrinkage *продольная усадка*
longitudinal sleeper [rail] *продольный лежень*
longitudinal sleeper track [rail] *путь с опорой на продольные лежни*
longitudinal strength *прочность в продольном направлении*
longitudinal swelling *линейное расширение*
longitudinal wall *продольная стена*
longitudinal weld [weld] *продольный шов*
longitudinal welding *продольная сварка*
long-lasting *долговечный, с длительным сроком службы*
long-life *долговечный, с длительным сроком службы*
long-lived *долговечный, с длительным сроком службы*
long measure *мера длины*
long plane *ручной рубанок, фуганок*
long-range planning *перспективное планирование*
long-run production *массовое производство*
long saw *двуручная пила для валки крупного леса, продольная пила*
longspan member *большепролетная конструкция*
long-stave parquet *паркет из клепки*
longsweep pitcher T *проходной тройник*
long tab *выступ, лапка, шпонка, язычок*
long-term (adj.) *долговременный, долгосрочный, перспективный*
long-term behaviour *долговременные качества, долговременные свойства, долговременные характеристики*
long-term test(ing) *длительные испытания, долговременные испытания*
long-time test *длительные испытания, долговременные испытания*
long-welded rails *путь из сварных рельсовых плетей;* [rail] *бесстыковой путь*

longwood [woodw.] *длинномерный сортимент*
look (at) (vb.) *смотреть*
looking-glass *зеркало*
look-over *периодический осмотр*
loom *оплетка кабеля*
loop *бугель, контур, петля, проушина, скоба, хомут, цикл;* [electr.] *контур;* [rail] *боковой станционный путь;* [road] *кольцевая дорога*
loop anchorage [concr.] *петлевая анкеровка*
looping *обводка, организация цикла*
loop line [rail] *боковой станционный путь*
loop road *обходной путь, объезд*
loose (vb.) *освобождать, ослаблять, отпускать*
loose (adj.) *незатянутый, неплотно соединенный, разболтанный, свободный*
loose connection [electr.] *слабый контакт*
loose fit *скользящая подгонка, скользящая посадка*
loose-fitting *неплотно пригнанный*
loose-joint butt *разъемная дверная петля с невынимаемой осью*
loose knot [woodw.] *твердый выпадающий сучок*
loosely deposited sediments [geol.] *неплотные наносы, неплотные отложения*
loosen (vb.) *ослаблять, отпускать, разрыхлять*
loosen by vibration (vb.) *разрыхлять путем вибрации*
looseness *зазор, люфт, слабина*
loosening *освобождение, ослабление, разрыхление*
loose piece *неплотно пригнанная деталь*
loose rust *отслаивающаяся ржавчина*
lopsided *несимметричный, перекосившийся*
lorry (UK) *грузовик*
Los Angeles test [road] *испытания на износ по методу Лос-Анджелеса*
lose (vb.) *проигрывать, терять, тратить, утрачивать*
lose colour (vb.) *выгорать, выцветать, обесцвечиваться, терять цвет*
loss *потеря, проигрыш, убыток, урон*
loss by friction *потери на трение*
loss due to friction *потери на трение*
loss in weight *потери массы, убыль массы*
loss of current [el.] *токовые потери;* [electr.] *потери по току*
loss of energy *потери энергии*
loss of head [hydr.] *потеря гидравлического давления, потеря гидравлического напора*
loss of heat *потери тепла*
loss of power *затухание по мощности, энергетические потери;* [electr.] *потери мощности, снижение мощности*
loss of pressure [hydr.] *потеря гидравлического давления, потеря гидравлического напора*
loss of prestress [concr.] *потеря предварительного напряжения*
lost head [hydr.] *потеря гидравлического давления, потеря гидравлического напора*

lost heat *неиспользованное тепло, отходящее тепло*

lot *земельный участок, партия товара, строительная площадка, участок застройки*

lot lines *границы земельного участка*

loud *громкий, звучный*

loudspeaker *громкоговоритель*

loudspeaker equipment *звукоусилительное оборудование, система местного оповещения, система местного радиовещания*

loudspeaker installation *звукоусилительное оборудование, система местного оповещения, система местного радиовещания*

lounge *салон-вестибюль, холл*

louver *жалюзи, жалюзийное вытяжное отверстие, жалюзийное окно, направляющий аппарат вентиллятора, прорезь, решетка, ставень окна, шиберный затвор;* [arch.] *фонарь;* [illum.] *экранирующая решетка*

louverall ceiling *решетчатый потолок*

louvered ceiling *решетчатый потолок*

louvre *жалюзи, жалюзийное вытяжное отверстие, жалюзийное окно, направляющий аппарат вентилятора, прорезь, решетка, ставень окна, шиберный затвор;* [arch.] *фонарь*

louvre boards *жалюзийные шторки*

louvre gate *шиберный затвор*

louvre shutter *ламельный затвор*

louvre window *жалюзийное окно*

low (adj.) *недостаточный, незначительный, низкий*

low-alloy *низколегированный*

low-alloy steel *низколегированная сталь*

low bridge *низкий мост*

low-ceilinged *с низким потолком*

low-cost *дешевый, недорогой*

low-cost housing *жилищное строительство для малоимущих*

low current drain (adj.) *экономичный;* [electr.] *энергосберегающий*

low cycle fatigue *малоцикловая усталость, пластическая усталость*

low-density *обладающий малой плотностью, рыхлый*

low-energy (adj.) *экономичный, энергосберегающий*

low-energy bulb *экономичная лампа*

low-energy house *энергосберегающий дом*

lower (vb.) *опускать(ся), понижать(ся), снижать(ся), спускать*

lower (adj.) *нижний*

lower border *нижний предел, нижняя граница*

lower chord (US) *нижний пояс балки*

lower coating *подстилающий грунт;* [road] *основание*

lower course *подстилающий грунт;* [road] *основание*

lower edge *нижний край, нижняя кромка*

lower face *нижняя поверхность, нижняя сторона*

lower flange of rail [rail.] *подошва рельса*

lowering *опускание, снижение*

lowering of temperature *понижение температуры*

lowering of the groundwater level *понижение уровня грунтовых вод*

lowering of the water table *понижение уровня грунтовых вод*

lowering speed *скорость опускания стрелы крана*
lowering wedges *двойные клинья*
lower layer *подстилающий грунт;* [road] *основание*
lower limit *нижний предел, нижняя граница*
lower-limit dimension *минимальный размер*
lower part *нижняя поверхность, нижняя сторона*
lower side *нижняя поверхность, нижняя сторона*
lower storey *нижний этаж, подвальный этаж*
lower stratum *подстилающий грунт;* [road] *основание*
lower surface *нижняя поверхность, нижняя сторона*
lower yield stress *нижний предел текучести*
lowest *минимальный, самый низкий*
low-grade *низкого качества*
low-head plant *низконапорная установка*
low-heat cement *низкотермичный цемент*
low-level bridge *низкий мост*
low-lime cement *цемент с низким содержанием извести*
low limit *минимальный размер*
low-loaded *малонагруженный, с низкой нагрузкой*
low-noise *малошумный, малошумящий, с низким уровнем шума*
low-pitched *низкого тона*
low potential [electr.] *низкий потенциал*
low pressure *низкое давление*
low-pressure blowpipe *инжекторная горелка;* [weld] *горелка низкого давления*
low-pressure burner *инжекторная горелка;* [weld] *горелка низкого давления*
low-pressure fan *вентилятор низкого давления*
low-pressure plant *низконапорная установка*
low relief *барельеф*
low-rise building *малоэтажное здание*
low-temperature fluorescent lamp *морозоустойчивая лампа дневного света*
low-temperature resistance *устойчивость против воздействия низких температур, холодостойкость*
low-temperature stability *устойчивость против воздействия низких температур, холодостойкость*
low tension [electr.] *низкое напряжение*
low-tension cable [electr.] *кабель низкого напряжения*
low-tension current [electr.] *ток низкого напряжения*
low-tension line [electr.] *низковольтная линия*
low-tension wire [electr.] *низковольтная линия*
low tide *малая вода, меженная вода, морской отлив, низкая вода*
low-viscosity *жидкий, маловязкий*
low-viscosity oil *маловязкое масло*
low voltage [electr.] *низкое напряжение*
low-voltage cable [electr.] *кабель низкого напряжения*
low-voltage current [electr.] *ток низкого напряжения*
low-voltage distribution network [electr.] *низковольтная сеть*
low-voltage mains network [electr.] *низковольтная сеть*
low water *малая вода, меженная вода, морской отлив, низкая вода*

lozenge [geom.] *ромб*

LPG (liquefied petroleum gas) *сжиженный нефтяной газ*

LPG container *баллон для сжиженного газа, резервуар для сжиженного газа*

L-shaped house *здание Г-образной формы*

L-shaped panel *угловая панель, угловой элемент*

L-shaped wall *угловая стена*

L-steel *угловая сталь, уголок*

lube (oil) (US) *смазочное масло*

lubricant *смазочный материал*

lubricate (vb.) *смазывать*

lubricating can *бидон для масла, ручная масленка*

lubricating directions *инструкция по смазке*

lubricating grease *консистентная смазка*

lubricating groove *смазочная канавка*

lubricating nipple *пресс-масленка*

lubricating oil *смазочное масло*

lubricating power *маслянистость смазочного материала, смазывающая способность*

lubricating stuff *смазочный материал*

lubrication *смазка*

lubrication hole *отверстие для смазки*

lubrication instructions *инструкция по смазке*

lubricator *пресс-масленка*

lubricator nipple *пресс-масленка*

lubricity *маслянистость смазочного материала, смазывающая способность*

lubrify (vb.) *смазывать*

lucarne *слуховое окно*

lucid (adj.) *прозрачной, ясный*

luffing crane *грузоподъемный кран*

luffing jib *подъемная стрела крана*

lug *бородка, выступ, зубец, прилив, проушина, ребро, утолщение, шип*

lukewarm *умеренно теплый*

lumber (US) *пиломатериал(ы)*

lumber-core board *мебельная плита, фанерная плита*

lumber-cored plywood *мебельная плита, фанерная плита*

lumber mill *лесопилка*

lumber room *пульт управления*

lumberwork construction *деревянная конструкция*

lumber yard (US) *склад лесоматериалов*

luminaire *осветительная арматура*

luminary *осветительный прибор, светильник*

luminescent (adj.) *люминисцентный*

luminescent pigment *люминисцентный пигмент*

luminosity *освещенность*

luminous *светящийся*

luminous ceiling *светящийся потолок*

luminous paint *люминисцентная светящаяся краска*

luminous reflectance *отражение света*

luminous source *источник света*
luminous tube (lamp) *люминисцентная лампа*
lump *ком, комок, крупный кусок, кусок*
lump (vb.) *сваливать, смешивать, сосредоточивать*
lumped load *сосредоточенная нагрузка*
lumping *комкообразование*
lump lime *комовая известь*
lump of rock *глыба, обломок породы*
lump size *крупность зерен*
lumpy *комковатый, кусковой, состоящий из глыб*
lunate *в форме полумесяца*
lunette [arch.] *люнет*
lunular *в форме полумесяца*
lunulate *в форме полумесяца*
lustre *блеск, глянец, люстра*
lustre (vb.) *придавать блеск*
lustreless *матовый, тусклый*
lustrous *блестящий, глянцевитый*
lustrous finish *глянец*
lute *замазка, правило каменщика, шпаклевка, шпатлевка*
lute (vb.) *замазывать, шпаклевать, шпатлевать*
lutescent *лютесценс (разновидность мягкой пшеницы)*
luting *замазка, шпаклевка, шпатлевка*
lye *щелок*

m (metre) (UK) *м (метр)*

macadam [road] *щебеночное дорожное покрытие*

macadamization [road] *устройство щебеночного покрытия*

macadamize (vb.) [road] *укладывать щебеночное покрытие*

macadamizing [road] *устройство щебеночного покрытия*

macadam pavement *щебеночное дорожное покрытие, щебеночный настил*

macadam road *дорога со щебеночным покрытием*

macerate (vb.) *вымачивать, размачивать*

maceration *вымачивание, размачивание*

machinability *обрабатываемость*

machinable *обрабатываемый, поддающийся механической обработке*

machine *машина, механизм, станок, устройство*

machine (vb.) *обрабатывать на станке, подвергать механической обработке*

machined *обработанный на станке, подвергнутый механической обработке*

machined nut *чистая гайка*

machined on the lathe *обработанный на токарном станке*

machine for forming sheet metal *машина для обработки листового металла давлением, пресс для листовой штамповки*

machine hall *машинный зал*

machine-made *машинной выработки*

machine-made brick *блок машинного изготовления, кирпич машинного прессования, кирпич машинного формования*

machine-mixed concrete *механически приготовленная бетонная смесь*

machine-moulded brick *кирпич машинного формования*

machine operated *с механическим приводом*

machine riveting *механическая клепка*

machine room *машинный зал*

machinery *машинное оборудование, машины, механизм*

machinery equipment *станочный парк*

machinery hall *машинный зал*

machinery space *машинное отделение*

machinery store [agr.] *склад для машин и механизмов*

machine screw *мелкий крепежный винт*

machine train *станочный парк*

machine-trowelled surface *поверхность, затертая механическим способом;* [concr.] *поверхность, обработанная затирочной машиной*

machine trowelling *механическая затирка бетонных поверхностей*

machining *механическая обработка*

made *изготовленный, произведенный*

made fit *пригнанный*

made ground *насыпной грунт*

magazine *магазин, накопитель, накопительное устройство, приемник, приемный карман*

magnesia cement *магнезиальное вяжущее, цемент Сореля*
magnesite *магнезит*
magnesite brick *магнезитовый кирпич*
magnesite flooring *ксилолитовое покрытие пола*
magnesium (Mg) *магний*
magnesium oxychloride cement *магнезиальное вяжущее, цемент Сореля*
magnetic iron *магнитное железо*
magnitude *абсолютное значение, величина, громкость звука, длина, значение величины, магнитуда землетрясения, модуль вектора, модуль числа, порядок величины, размер, размерная характеристика*
MAG welding (metal active gas welding) *сварка металлическим электродом в среде газа*
mahogany *красное дерево*
main *выключатель сети, главный, магистраль, магистральный, магистральный водовод, магистральный трубопровод, основной, питающая линия, сборная шина;* [electr.] *магистральная линия*
main approach *главный въезд*
main artery *автомагистраль, магистральная дорога*
main beam *главная балка*
main brace *главная связь*
main building *главное здание*
main cable [electr.] *магистральный кабель*
main carrier cable *ванта, несущий трос, оттяжка, растяжка*
main circuit *токовая цепь;* [electr.] *главная цепь*
main cock [san.eng.] *главный кран*
main component *главная составляющая;* [comp.] *основной компонент*
main contact *главный контакт*
main couple *главная стропильная ферма, несущая стропильная ферма*
main dimension *основной габаритный размер*
main drain *главный сток, магистральный коллектор*
main entrance *главный въезд*
main feed pipe *главная питающая труба, магистральная питающая труба*
main flue *главный газоход, общий боров*
mainframe *универсальная вычислительная машина, центральный процессор*
main frame *мидель-шпангоут, основная рама, основная станина, рама-шасси трактора*
main fuse [electr.] *главный предохранитель*
main girder *главная балка*
main hoist *главный подъемник*
main lead [electr.] *силовой провод*
main line *магистральный путь;* [rail.] *главный путь*
main partition wall *главная перегородка*
main path *главное направление*
main pipe *магистральный трубопровод*
main plan *сборочный чертеж, чертеж общего вида*

main point network [geod.] *сеть основных опорных точек*
main power supply cable [electr.] *магистральный силовой кабель*
main reinforcement [concr.] *рабочая арматура*
main road *автомагистраль, главная дорога*
mains *водопроводная сеть, магистральная линия, сеть электроснабжения, силовая цепь*
mains current [electr.] *ток сети*
mains frequency [electr.] *промышленная частота*
mains interruption *нарушение электроснабжения*
mains lead *силовой провод*
mains plug *основной соединитель, сетевой штепсель*
mains pressure *гидростатическое давление*
mains supply *электропитание от сети, электропитание от сети переменного тока*
mains supply plug *сетевой штепсель*
mains system *водопроводная сеть, сеть электропитания*
main stairs *парадная лестница*
main street *главная улица*
main supplier *главный поставщик*
main supply meter *счетчик расхода электроэнергии*
mains voltage [electr.] *напряжение сети*
mains water *водопроводная вода*
main switch *главный выключатель*
maintain (vb.) *обслуживать, поддерживать, ремонтировать, содержать, эксплуатировать*
maintainability *ремонтопригодность*
maintenance *сопровождение, текущий ремонт, техническое обслуживание, эксплуатация*
maintenance charges *эксплуатационные затраты*
maintenance contract *договор на техническое обслуживание*
maintenance costs *стоимость технического обслуживания, эксплуатационные затраты*
maintenance engineering *инженерное обеспечение технического обслуживания*
maintenance-free *необслуживаемый, не требующий технического обслуживания*
maintenance instructions *инструкция по техническому обслуживанию*
maintenance of roads *содержание дорог*
main thoroughfare *автомагистраль, магистральная дорога*
main track *магистральный путь;* [rail.] *главный путь*
main truss *главная стропильная ферма*
main wall *несущая стена*
main walls *здание без отделочных работ, остов*
major *главный, основной*
major arch *главная арка*
major axis *большая ось, главная ось*
major characteristic *главная характеристика, основная характеристика*
major constituent *главная составляющая часть, главный компонент*
major failure *катастрофический отказ, отказ с катастрофическими последствиями*

major road *автомагистраль, главная улица*
make *изделие, марка, модель*
make (vb.) *делать, изготавливать, производить*
make a connection (vb.) *скреплять, соединять*
make close (vb.) *допрессовывать, уплотнять*
make fast (vb.) *закреплять*
make good (vb.) *исправлять, ремонтировать*
make land ready for building (vb.) *готовить строительную площадку*
make plans (vb.) *планировать*
make possible (vb.) *делать возможным*
maker *изготовитель, производитель, создатель*
make ready (vb.) *готовить, подготавливать*
make-up *подпитка, состав, строение, структура*
make use of (vb.) *использовать*
make wider (vb.) *расширять*
making *изготовление, приготовление, производство*
making-good period *период ремонта*
making-good procedure *метод ремонта, технология ремонта*
making-ready *наладка, настройка, подготовка, установка*
making up *монтаж, составление, формирование*
maladjustment *неверная регулировка, несогласованность, разрегулированность, расстройка*
male plug *штекер, штепсель*
male thread *наружная резьба*
malformed *деформированный*
malfunction *аварийный режим, временный отказ, ложное срабатывание, неправильное срабатывание, ошибка, сбой*
malfunction (vb.) *неправильно срабатывать, работать в аварийном режиме*
mall *большая киянка, деревянная ручная трамбовка, тяжелый молот*
mall (vb.) *колоть, раскалывать, расщеплять*
malleable *ковкий*
malleable cast iron *ковкий чугун*
malleable iron *ковкое железо*
mallet *деревянный молоток, киянка, резиновый молоток*
malm *известковый песок, мальм, мергель, смесь глины и песка*
malmbrick *известково-песчаный кирпич, силикатный кирпич*
malodorous *зловонный, с неприятным запахом*
maloperation *неправильная работа*
man *рабочий*
man (vb.) *укомплектовывать рабочей силой*
manacle ring *обечайка*
manage (vb.) *руководить, управлять*
management *администрация, дирекция, руководство, управление*
managing (adj.) *ведущий, руководящий*
mandatory *мандатный, обязательный*
mandatory sign [road] *предписывающий знак*
man day *человеко-день*
mandrel plug *бородок, пробойник*
manganese (Mn) *марганец*

manganese black [paintw.] *марганцевый черный краситель*
manganese steel *марганцовистая сталь*
manhole *люк-лаз, смотровой колодец*
manhole cover *крышка смотрового колодца*
manhole door *дверца люка*
manhole ring *бетонное кольцо крепи опускного колодца*
manhole steps *скобы для спуска в смотровой колодец*
man hour *человеко-час*
manifold *коллектор, отвод, отводная труба*
manipulate (vb.) *манипулировать, обрабатывать, обращаться, управлять*
manipulation *манипулирование, обработка, обращение, управление*
man-made fibre *искусственное волокно*
man-made lake *водохранилище, искусственное море*
manner *метод, способ*
manner of fastening *способ крепления*
manner of installation *техника монтажа*
manner of production *способ производства*
manning *укомплектование рабочей силой*
manoeuvrability *маневренность, подвижность*
manoeuvrable *легкоуправляемый, подвижный*
manoeuvre (vb.) *маневрировать*
manometer *манометр*
manometric head *напор*
manometric switch *манометрический выключатель*
manpower *рабочая сила*
manpower requirement *потребность в рабочей силе*
mansard *мансарда*
mansard roof *мансардная крыша*
mantelpiece *каминная полочка*
mantissa [mat.] *мантисса*
mantle *газокалильная сетка, кожух, мантия Земли, облицовка стены, оболочка, покров, рубашка*
mantle (vb.) *накрывать, покрывать, укутывать*
manual *инструкция, наставление, руководство, справочник, устав*
manual (adj.) *ручной, с ручным управлением*
manual control *ручное управление, ручной контроль*
manual labour *ручной труд, физический труд*
manually controlled *с ручным управлением*
manually manoeuvred *перемещаемый вручную*
manual machine *ручной инструмент*
manual operation *работа вручную, ручная операция*
manual power *физическая сила*
manual tool *ручной инструмент*
manual welding *ручная сварка*
manual work *ручной труд, физический труд*
manufacture *изготовление, обработка, производство*
manufacture (vb.) *изготавливать, обрабатывать, производить*
manufactured *изготовленный, искусственный, произведенный, синтетический*
manufactured abrasive agent *синтетический абразив, синтетическое шлифовальное средство*

manufactured article *промышленное изделие*
manufactured sand *искусственный песок, получаемый дроблением камня, гравия или шлака*
manufacturer *предприятие-изготовитель, производитель, фирма-изготовитель*
manufacturer's mark *фирменный знак*
manufacturing (adj.) *обрабатывающий, производственный*
manufacturing capacity *производственная мощность*
manufacturing costs *производственные затраты, стоимость производства*
manufacturing equipment *производственное оборудование*
manufacturing machine *машина, станок*
manufacturing measurement *замер в процессе производства, проверка размеров обработанного изделия*
manufacturing process *технологический процесс, технология*
manufacturing tolerance *допуск на обработку*
map *географическая карта, план местности, схема*
map (vb.) *наносить на карту, составлять карту*
map-cracking [concr.] *сеть усадочных трещин*
maple [bot.] *клен*
map material *картографический материал*
map out (vb.) *исключать из рассмотрения, планировать*
mapping *отображение, составление карты, съемка местности*
mapping camera *измерительная камера*
map projection *картографическая проекция*
mar (vb.) *испортить, поцарапать*
marble *мрамор*
marble (vb.) *отделывать под мрамор*
marble column *мраморная колонна*
marble flag *мраморная плитка*
marble lining *мраморная облицовка*
marble slab *мраморная плита*
marbling *окраска под мрамор*
march of temperature *динамика изменения температуры, температурная кривая*
margin *граница, допустимый предел, запас прочности, запас регулирования, кайма, край, мера различия, обочина дороги, предел рабочего режима, припуск на шов, резерв времени, степень различия, ширина шва*
marginal (adj.) *краевой, крайний, находящийся на краю, предельный*
marginal area *пограничный участок*
marginal beam *крайняя балка*
marginal development *пригородная застройка*
marginal strip *обочина;* [road] *кромка проезжей части*
marginal value *маржинальная стоимость, маржинальный показатель, предельная стоимость, предельное возможное значение, предельное значение показателя*
margin for finishing *допуск на чистовую обработку*
margin of error *предел погрешности*
margin of safety *запас прочности, коэффициент безопасности*
marina *шлюпочная гавань*

marine cement *цемент для морских сооружений*

marine grade plywood *фанера для судостроения*

marine rubble *морская галька*

mark *веха, знак, клеймо, марка, маркер, маркировка, метка, ориентир, отметка, указатель, штамп, штемпель, штрих шкалы*

mark (vb.) *клеймить, маркировать, метить, обозначать, отмечать, размечать*

marked *заметный, маркированный, обозначенный, отмеченный*

marker *дорожный знак, дорожный указатель, клеймо, маркировальный карандаш, маркировочная машина, маркировочный аппарат, метка, ориентир, отметка, предупредительный знак, признак, разметочное устройство, разметочный инструмент, разметчик, указатель, этикетка, ярлык*

marking *клеймение, маркирование, маркировка, маркировочная надпись, метка, нанесение маркировочных знаков, обозначение, отметка, разметка, штемпелирование*

marking gauge [tool] *рейсмус*

marking-off *обозначение, отметка*

marking-out *разбивка, разметка, трассирование*

marking-out instrument *разметочный инструмент*

marking out of the track *трассировка;* [rail.] *разбивка линии*

marking tolerance *допуск на разметку*

marking tool *разметочная чертилка, разметочный инструмент*

mark off (vb.) *разбивать, размечать, трассировать*

mark out (vb.) *размечать*

mark the number (vb.) *нумеровать*

marl *мергель*

marl brick *плотный мергель*

marl clay *мергелистая глина*

marl lime *известковый мергель*

marl slate *мергелистый сланец*

marl stone *плотный мергель*

marly *мергелистый*

marly clay *мергелистая глина*

marly limestone *мергелистый известняк*

marly sand *мергелистый песок*

marquetry *инкрустация по дереву*

marquise *маркиза, навес*

marshalling yard [rail.] *сортировочная станция*

mash welding *точечная сварка с раздавливанием кромок*

mask *маска, маскировочное покрытие, маскирующий слой, трафарет, шаблон*

mask (vb.) *облицовывать, покрывать*

masking *маскирование, наложение маски, нанесение маскировочного покрытия, нанесение маскирующего слоя*

mason *каменщик*

mason bee *пчела-каменщица*

masonite *мазонит*

masonry *каменная кладка*

masonry anchor *анкер в каменной кладке*
masonry bolt *расширительный болт*
masonry cement *кладочный цемент*
masonry drill *шлямбур*
masonry fill insulation *изоляционный наполнитель пустотелой стены*
masonry mortar *кладочный раствор*
masonry paint *фасадная краска*
masonry structure *каменная конструкция*
masonry support *опора каменной кладки*
masonry wall *каменная стена, кирпичная стена*
mason's hammer *молоток-кирочка каменщика*
mason's labourer *подручный каменщика*
mason's level *ватерпас каменщика*
mason's mallet *молоток-кирочка каменщика*
mason's scaffold *леса для каменной кладки, подмости для каменной кладки*
mason's work *каменные работы*
mass *гиря, масса*
mass (vb.) *собирать, сосредоточивать*
mass attraction *гравитация*
mass balance *баланс массы*
mass concrete *монолитный бетон*
mass diagram *интегральная кривая стока, суммарная кривая стока*
mass haul calculation *расчет перемещения земляной массы*
mass haul diagram *диаграмма перемещения земляной массы, кривая объемов земляных работ*
massive *крупный, массивный, объемный*
massive tread *монолитная ступень*
mass manufacturing *массовое производство*
mass production *массовое производство*
mast *мачта, опора, столб*
master *ведущий, мастер*
master (adj.) *главный, основной*
master bricklayer *бригадир каменщиков*
master builder *бригадир строителей, прораб*
master carpenter *бригадир плотников, старший плотник*
master control *аппаратно-программный блок, задающее воздействие, центральная аппаратная, центральный пульт управления, эталонное управляющее воздействие*
master fuse [electr.] *главный предохранитель*
master key *главный ключ*
master link *основное звено*
master mason *бригадир каменщиков*
master plan *генеральный план, основной план*
master profile *основной набор параметров формовки*
master switch *главное коммутационное устройство*
mastic *вязкий клей, герметик, замазка, мастика*
mastic asphalt *асфальтовая мастика*
mastic cement *цементная мастика*
mastic compound *мастика*

mastic grouted surface *обработанное битумом покрытие*
mastix *мастика*
mat *арматурная сетка, матрица, плита сплошного фундамента, плоский арматурный каркас, сплошной фундамент*
mat (vb.) *делать матовым, матировать*
mat (adj.) *матовый, неполированный, тусклый*
match *выравнивание, отождествление, подбор, пригонка, совпадение, соответствие, сопоставление, спичка, сравнение, шпунт*
match (vb.) *выравнивать, подбирать, пригонять, согласовывать, сопоставлять, сплачивать, сравнивать;* [woodw.] *шпунтовать*
matched *шпунтованный;* [woodw.] *сплоченный*
matching *выравнивание, подбор, пригонка, согласование, сопоставление, сравнение, уравнивание, шпунтованные доски*
match planes *фальцгебель*
mate *парная деталь, сопряженная деталь*
mate (vb.) *сопрягать*
material *вещество, материал*
material (adj.) *вещественный, материальный, существенный*
material class *категория материалов*
material consumption *расход материалов*
material properties *свойства материала*
material recovery *утилизация отходов*
material research *испытания материалов*
material saving *экономия материалов*
materials handling *погрузочно-разгрузочные работы, подъемно-транспортные работы*
materials recovery *утилизация отходов*
materials recycling *утилизация отходов*
material standard *стандарт на материалы*
materials testing *испытания материалов*
material testing *испытания материалов*
material thickness *толщина материала*
material utilization *использование материалов*
mathematical *математический*
mathematics *математика*
mating flange *контрфланец*
mat lacquer *матовый лак*
matrix *материнская порода, маточный твердый раствор, матрица, модель, трубный пучок, форма, шаблон*
mat surface [paintw.] *матовая поверхность*
matt *арматурная сетка, матовый, матрица, неполированный, плита сплошного фундамента, сплошной фундамент, тусклый*
matted *матовый, опутанный*
matter *вещество, материал*
matting *каширование, матирование, образование штейна*
matting agent *матирующее вещество*
mattress [concr.] *тюфяк;* [road] *мат*
mattress of expanded metal [road] *щебеночная постель*
mature strength *прочность бетона после выдерживания*
maturing *дозревание;* [woodw.] *созревание*

maturity *зрелость, степень зрелости*
maturity factor *температурно-временной коэффициент твердения бетона*
maturity interval *период твердения бетона*
maul *киянка*
maximal *максимальный, наибольший*
maximum *максимум*
maximum (adj.) *максимальное значение, максимальный*
maximum capacity *максимальная мощность, максимальная производительность*
maximum flow control valve *аварийный клапан трубопровода*
maximum grain size [concr.] *максимальная крупность частиц*
maximum limit of size *наибольший размер, предельная крупность*
maximum load *максимальная нагрузка, пиковая нагрузка, предельная нагрузка*
maximum moisture ratio *предельно допустимая влажность*
maximum particle size [concr.] *максимальная крупность частиц*
maximum pressure *максимальное давление*
maximum size *максимальная крупность, максимальный размер*
maximum size of aggregate [concr.] *максимальная крупность частиц*
maximum stress *максимальное напряжение*
maximum tensile stress *предел прочности при растяжении*
maximum value *предельная стоимость, предельное значение*
maximum work output *максимальная производительность труда*
meagre (UK) *тощий*
meagre lime *тощая известь*
mean *среднее значение, средний член пропорции, средняя величина*
mean (adj.) *средний*
mean camber line *контурная линия*
mean diameter *средний диаметр*
mean error *средняя ошибка, средняя погрешность*
mean high water *средний уровень высокой воды*
mean life *средний ресурс, средний срок службы, средняя долговечность, средняя наработка*
mean low water *средний уровень низких вод*
mean particle size *средняя крупность частиц*
mean precipitation *средний уровень осадков*
means *метод, приспособление, способ, средство, устройство*
mean sea level *средний уровень моря*
means of access *средства доступа*
means of transport *транспортные средства*
mean speed *средняя скорость*
mean square deviation [stat.] *среднеквадратическое отклонение*
mean stress *среднее напряжение*
mean temperature *средняя температура*
mean tensile strain *средняя деформация при растяжении*
meant for *предназначенный для, приспособленный для, рассчитанный на*
mean tide level *средний приливно-отливный уровень*
mean value *среднее значение*
mean velocity *средняя скорость*

measurability *измеримость*
measurable *измеримый*
measurable value *измеряемая величина*
measure *критерий, мера, мерило, метод измерения, показатель, средство измерения;* [mat.] *делитель*
measure (vb.) *измерять*
measured quantity *измеренное количество*
measured value *измеренная величина*
measurement *замер, измерение, контроль, обмер, размер*
measurement in the clear *размер в свету*
measurement of length *измерение длины*
measurement of noise *измерение уровня шума*
measurement point *место измерения, точка измерения*
measurement time interval *период измерений*
measurement uncertainty *погрешность измерения*
measure of contraction *степень усадки*
measure of length *мера длины*
measure of precaution *мера предосторожности*
measure out (vb.) *дозировать, отмерять*
measurer *дозатор, измерительный прибор*
measuring *замер, измерение, контроль, обмер*
measuring (adj.) *измерительный, мерный*
measuring accuracy *погрешность измерения, точность измерения*
measuring apparatus *дозатор, измерительная установка, измерительный прибор*
measuring area *диапазон измерений, область измерений*
measuring beaker *мензурка*
measuring chain [geod.] *мерная цепь*
measuring cursor *курсор измерительного прибора, стрелка измерительного прибора, указатель измерительного прибора*
measuring equipment *дозатор, измерительное устройство, измерительный прибор*
measuring error *ошибка измерения, погрешность измерения*
measuring fault *ошибка измерения, погрешность измерения*
measuring frequency *частота измерения*
measuring glass *мензурка*
measuring-in *измерение, определение*
measuring inacurracy *погрешность измерения*
measuring instrument *дозатор, измерительный прибор*
measuring method *метод измерения, способ измерения*
measuring point *место измерений, точка измерений*
measuring probe *измерительный электрод, контактная измерительная головка, приемный электрод*
measuring range *диапазон измерений, область измерений*
measuring result *результат измерений*
measuring span *интервал измерения*
measuring stick *измерительный стержень, мерная рейка*
measuring system *измерительная система, система измерений*
measuring tape *мерная лента, рулетка*
measuring technique *техника измерений*
measuring tool *дозатор, измерительный прибор*

measuring uncertainty *погрешность измерения*
measuring unit *единица измерения, измерительное устройство*
measuring wedge *измерительный клин*
measuring weir [hydr.] *измерительный водослив*
measuring wheel [geod.] *курвиметр*
mechanical balance *балансировка*
mechanical blower *воздуходувка, нагнетательный вентилятор*
mechanical bond *механическое сцепление арматуры с бетоном*
mechanical drawing *сборочный чертеж*
mechanical equipment *механическое оборудование*
mechanical force *механическая сила*
mechanical hysteresis *механический гистерезис*
mechanically *механически*
mechanically made *изготовленный машинным способом*
mechanically-moulded brick *кирпич машинной формовки*
mechanically raked bar screen *грохот с механическим скребком*
mechanical mixing *механическое перемешивание*
mechanical power *механическая энергия*
mechanical properties *прочностные свойства*
mechanical purification plant *механическая очистная установка*
mechanical services *техническое обслуживание*
mechanical stability *стойкость к механическим воздействиям*
mechanical strength *механическая прочность*
mechanical stress *механическое напряжение*
mechanical sweeper *механическая щетка, механический скребок*
mechanical system *механическая система*
mechanical trowelling [concr.] *механическая затирка*
mechanical ventilation *принудительная вентиляция*
mechanical vibration *механическая вибрация*
mechanical working *машинная обработка*
mechanism *аппарат, механизм, прибор, устройство*
mechanization *механизация*
mechanize (vb.) *механизировать*
medial *средний*
median *медиана*
median (adj.) *медианный, срединный*
median line *медиана*
median plane *центральная плоскость*
medium *атмосфера, вещество, материал, окружающая среда, промежуточное значение, связующее вещество, способ, среда, среднее значение, среднее число, средство*
medium (adj.) *промежуточный, средний*
mediumboard *плита средней твердости*
medium-curing cutback bitumen *разжижительный битум средней вязкости*
medium-force fit *легкая прессовая посадка*
medium-hard *средней твердости*
medium quality *среднее качество*
medium sand *песок средней крупности*
medium-sized *среднего размера*
medium voltage [electr.] *среднее напряжение*

medium-voltage cable *кабель промежуточного напряжения*
medullary ray [woodw.] *сердцевидный луч*
meet (vb.) *пересекаться, соответствовать требованиям, удовлетворять*
meeting *заседание, собрание, совещание*
meeting faces *контактирующие поверхности, сопряженные поверхности*
meeting for handing over of work *совещание по передаче выполненных работ*
meeting post [hydr.] *деревянное уплотнение ворот судоходного шлюза*
melamine-resin adhesive *клей на основе меламиновой смолы*
meliorate (vb.) *мелиорировать, улучшать*
melt (vb.) *плавить, расплавлять, таять*
meltable *плавкий*
melted ice *талая вода*
melted snow *талая вода*
melting *плавка, расплавление, таяние*
melting point *температура плавления, точка плавления*
melting temperature *температура плавления, точка плавления*
melting together *сплавление*
melt through (vb.) *проплавлять на всю толщину*
melt together (vb.) *сплавлять*
melt water *талая вода*
member *деталь, звено, рабочий орган, функциональная единица, элемент*
membrane *диафрагма, мембрана*
membrane curing *выдерживание бетона путем нанесения пленкообразующих составов*
membrane-forming *пленкообразование*
membrane waterproofing *мембранная гидроизоляция*
mend *починка, ремонт*
mend (vb.) *исправлять, ремонтировать, чинить*
mending *починка, ремонт*
meniscal *менисковый*
mensurable *измеримый*
mensuration *измерение*
mental arithmetic *счет в уме*
mental calculation *счет в уме*
merchantable wood *деловая древесина*
merchant bar *торговый сортовой прокат*
merchant iron *сортовая торговая сталь*
merchant steel *сортовая торговая сталь*
mercurial *ртутный*
mercuric *ртутный*
mercury (Hg) *ртуть*
merge *объединение, слияние*
merge (vb.) *поглощать, сливать, соедининять*
mesh *арматурная сетка, зацепление, металлическая сетка, меш (число отверстий на дюйм), объединение, сетка, сетка элементов, сеть, сито, слияние, сцепление, ячейка сетки*
mesh (vb.) *входить в зацепление, зацепляться, объединять, сливать*

mesh aperture *ячейка сита*

meshing *запутывание, зацепление, объединение, слияние, сцепление, усложнение*

mesh minus *подрешетный продукт*

mesh plus *надрешетный продукт, остаток на сите*

mesh reinforcement [concr.] *арматурная сетка*

mesh screen *сито*

mesh sieve *сито*

mesh size *размер отверстий сита*

mesh width *размер отверстий сита*

metage *единица измерения, замер зерна, замер каменного угля*

metal *балласт, металл, рудоносная порода;* [road] *дорожный щебень*

metal (vb.) *балластировать, мостить щебнем, покрывать металлом*

metal active gas welding (MAG welding) *сварка металлическим электродом в среде газа*

metal alloy *металлический сплав*

metal arc welding *дуговая сварка металлическим электродом*

metal banding *образование полосчатой структуры металла, полосчатость металла*

metal bar *металлический пруток*

metal casement of window *металлический оконный переплет*

metal-clad *плакированный*

metal-clad cable *кабель в металлической оболочке*

metal cladding *металлическая облицовка, плакирование металлов*

metal coat *металлическое покрытие*

metal-coat (vb.) *металлизировать, покрывать металлом*

metal coating *металлизация, металлическое покрытие, покрытие металлом*

metal colour *окраска металла*

metal conduit [electr.] *металлический трубопровод*

metal core *металлический сердечник*

metal covering *металлическое покрытие, обшивка листовым металлом*

metal-cutting saw *пила для резки металла*

metal deposit *гальваническое покрытие*

metal drill *сверло по металлу*

metal electrode [weld] *металлический электрод*

metal electrode inert gas welding (MIG welding) *сварка металлическим электродом в инертном газе*

metal-enclosed *в металлическом корпусе, покрытый металлом*

metal fabric *металлическое изделие*

metal fatigue *усталость металла*

metal filament *металлическая нить лампы накаливания*

metal filings *металлические опилки*

metal finishing treatment *чистовая обработка металлической поверхности*

metal finishing waste *отходы чистовой обработки металлической поверхности*

metal fittings *металлическая арматура*

metal-framed *в металлической раме*

metal furnishings *металлическая арматура, фитинги*

metal gauze *металлическая сетка*
metal hose *металлический шланг*
metal laquer *металлический лак*
metalled road *дорога с щебеночным покрытием*
metallic *металлический*
metallic coating *металлическая обшивка, металлическое покрытие*
metallic lustre *металлический блеск*
metallic pigment [paintw.] *металлический краситель*
metalliferous *металлоносный, содержащий металл*
metalline *металлический, содержащий металл*
metalling *балласт, металлизация, щебеночное покрытие*
metallization *металлизация*
metallize (vb.) *металлизировать*
metallized emulsion *металлизированная эмульсия*
metallizing *металлизация, покрытие металлом*
metalloid *металлоид*
metal mountings *металлическая арматура*
metal pipe *металлическая труба*
metal plate *металлическая пластина, металлический лист*
metal plating *гальваническое покрытие*
metal powder spraying *металлизация распылением*
metal powder spray process *металлизация распылением*
metal protection *металлическая облицовка, обшивка листовым металлом, плакирование*
metal rod *металлический пруток*
metal ruler *стальная линейка*
metals [rail.] *колея*
metal scrap *металлолом*
metal screen *металлический грохот, металлическое сито*
metal section *металлический профиль*
metal semimanufacture *металлический полуфабрикат*
metal shavings *металлические опилки*
metal sheath *металлический кожух*
metal sheathing *металлическая обшивка;* [electr.] *металлическая оболочка*
metal sheet *металлическая пластина, металлический лист*
metal sieve *металлический грохот, металлическое сито*
metal skin *металлическая обшивка, металлическое покрытие*
metal spraying *металлизация напылением*
metal spray process *металлизация распылением*
metal strapping *обвязка металлической лентой*
metal structure *металлическая конструкция*
metal support system *система металлических креплений*
metal tag *металлическая бирка*
metal toe box [wk.env.] *металлическое защитное ограждение на уровне ступни*
metal trim *металлическая обшивка, металлическое покрытие*
metal tube *металлическая труба*
metal tubing *металлическая труба*
metal wire *металлическая проволока, металлический провод*
metalwork *металлоконструкция*

metal woven fabric *металлическая сетка*
meter *дозатор, измеритель, измерительный прибор, счетчик*
meter (vb.) *замерять, измерять, мерить*
meter base *основание измерительного прибора*
meter case *корпус измерительного прибора*
meter change-over clock *тактовый генератор переключения счетчика*
meter cover *крышка измерительного прибора*
meter drop [hydr.] *измеренный перепад*
meter fall [hydr.] *измеренный перепад*
metering *дозировка, измерение*
metering apparatus *дозировочная установка, контрольно-измерительный прибор*
metering device *дозатор, дозирующее устройство*
metering equipment *контрольно-измерительный прибор*
metering machine *измерительная машина*
metering of heat *калориметрия, тепловое измерение*
metering point *место измерения, точка измерения*
metering pump *дозировочный насос, насос-дозатор*
meter man *дозиметрист, измеритель*
meter reading *показания измерительного прибора, показания счетчика*
method *метод, порядок, прием, система, способ, технология*
method of dissection *метод послойной разрезки образцов*
method of manufacture *метод изготовления, способ производства*
method of measurement *метод измерения*
method of production *метод изготовления, способ производства*
method of taking sections *метод послойной разрезки образцов*
meticulous *основательный, тщательный*
metric *метрический*
metric screw-thread *метрическая резьба*
metric system *метрическая система*
metric thread *метрическая резьба*
metric ton *метрическая тонна*
metropolitan area *большой город с пригородами, столичный район*
metropolitan region *большой город с пригородами, столичный район*
mezzanine *мезонин*
mezzanine floor *антресоль, полуэтаж, промежуточный этаж*
mg (milligramme) *миллиграмм*
mica *слюда*
microfinish [mech.eng.] *зеркальная отделка поверхности*
micro measuring apparatus *миниатюрный измерительный прибор*
micrometer *микрометр*
micrometer calliper [tool] *микрометр*
micrometer gauge [tool] *микрометр*
micrometer screw [tool] *микрометрический винт*
microstructure *микроструктура*
middle *середина*
middle (adj.) *средний*
middle line *линия центров, осевая линия*
middle of the road *середина дороги*

middle strip *разделительная полоса*
midpoint *средняя точка*
midpoint conductor *нейтраль;* [electr.] *нейтральный провод*
midpoint wire *нейтраль;* [el.] *нейтральный провод*
mid-size *среднего размера*
midspan [build.] *середина пролета*
midway between tracks [rail.] *ширина междупутья*
MIG arc welding *сварка металлическим электродом в инертном газе*
migration *миграция, перемещение, перенос*
migration of water [road] *приток воды*
mil *мил (единица длины), тысяча*
mild *мягкий, умеренный*
mildew *ложно-мучнистая роса (болезнь растений), милдью, плесень*
mildewed *заплесневелый, покрытый плесенью*
mildew-proof *защищенный от плесени*
mildew-resistant *защищенный от плесени*
mildewy *пораженный милдью*
mild steel *мягкая низкоуглеродистая сталь*
mile *миля*
mileage *расстояние в милях*
milestone *камень с указанием расстояния в милях, километровый столб*
milk glass *молочное стекло*
milkiness *дымчатость*
milk of lime *известковое молоко*
milky *молочный*
mill *двигатель, дробилка, завод, измельчитель, мельница, мукомольный завод, обогатительная фабрика, прокатный стан, прокатный цех, фабрика, фреза;* [met.] *фрезерный станок;* [woodw.] *лесопильная установка*
mill (vb.) *дробить, растирать, фрезеровать*
mill bar *сортовой прокат*
millboard *картон машинной выработки*
milled edge *необрезная кромка полосы*
milled-head screw *винт с рифленой головкой*
milled lead *листовой свинец*
milled nut *рифленая гайка*
milligram(me) *миллиграмм*
millilitre *миллилитр*
millimeter (US) *миллиметр*
millimetre (UK) *миллиметр*
milling *мелкое дробление, прокатка;* [met.] *фрезерование*
milling cutter *фреза;* [met.] *фрезерная головка*
milling machine [met.] *фрезерный станок*
mill product *прокат*
mind (vb.) *ухаживать;* [mech.eng.] *обслуживать*
mineral *минерал, сырье*
mineral (adj.) *минеральный*
mineral aggregate [concr.] *минеральный заполнитель*

mineral blue [paintw.] *парижская лазурь*
mineral carbon *графит*
mineral cotton *минеральная вата*
mineral fibre *минеральное волокно*
mineral filler *минеральный наполнитель*
mineral oil *минеральное масло, нефть*
mineral soil *минеральная почва*
mineral white [paintw.] *гипс*
mineral wool *минеральная вата*
mineral wool board *минераловатная плита*
minimal (adj.) *минимальный, наименьший*
minimization *минимизация*
minimize (vb.) *минимизировать*
minimum *минимальное значение, минимум*
minimum (adj.) *минимальный*
minimum blowing current *минимальный ток плавления предохранителя*
minimum breaking strength *минимальная прочность на разрыв, минимальное сопротивление разрыву*
minimum circuit breaker [electr.] *минимальный выключатель*
minimum clearance *минимальный зазор*
minimum dimension *минимальный размер*
minimum fusing-current *минимальный ток плавления предохранителя*
minimum headwater elevation [hydr.] *минимальная отметка уровня верхнего бьефа*
minimum load *минимальная нагрузка*
minimum measure *наименьший делитель*
minimum size *наименьший размер*
minimum stress *минимальное напряжение*
minimum vertical clearance *наименьший вертикальный габарит*
minium *сурик*
minor *минор*
minor (adj.) *второстепенный, малый, незначительный*
minor axis [mat.] *малая ось эллипса*
minor diameter *внутренний диаметр резьбы*
minor parts *мелкие частицы*
minor repair *мелкий ремонт*
minor road *боковая дорога, второстепенная дорога*
minus terminal [electr.] *отрицательная клемма*
minute (adj.) *детальный, мелкий, подробный*
minute survey [geod.] *детальная съемка*
mire *болото, мокрая губчатая почва, мягкий ил, топь, трясина*
mirror *зеркало*
mirror (vb.) *отражать*
mirror-bright *зеркально отполированный, с зеркальным блеском*
mirror finish *зеркальная полировка*
mirror finish, give (vb.) *полировать до зеркального блеска*
mirror glass *зеркальное стекло*
mirroring *зеркальное отражение*
mirror-inverted *с перевернутым изображением*

mirror plate *зеркальное стекло*
mirror-polish (vb.) *полировать до зеркального блеска*
mirror wood *полированная древесина*
miry *загрязненный, илистый*
misadjust (vb.) *неправильно устанавливать, неточно регулировать*
misadjustment *неправильная регулировка, неправильная установка, несогласованность, неточная настройка*
misalignment *несовпадение, несоосность, неточное совмещение, отклонение от оси, разориентация, разрегулировка, рассогласование, расстройка, смещение*
misapplication *неправильное использование, неправильное применение*
miscalculation *неверный расчет, ошибка в вычислении*
miscellaneous *разнообразный, смешанный*
miscibility *смешиваемость*
miscible *смешиваемый*
misfit *несовмещение, несовпадение, несоответствие, плохая пригонка*
misfit (vb.) *не соответствовать*
mishap *авария, несчастный случай, неудача*
mismatch *неправильная подгонка, несовпадение, несогласованность, несоответствие, неточное сопряжение, рассогласование*
misoperation *неправильная работа*
misplace (vb.) *неправильно устанавливать*
misplacement *неправильная установка*
misplug *неправильно присоединять*
misplug (vb.) *неправильно подключать*
miss (vb.) *давать перебои, пропускать*
missing (adj.) *недостающий, отсутствующий*
mist *мгла, туман;* [met.] *дымка*
mist (vb.) *затуманивать, напылять, распылять*
mistake *ошибка, погрешность, просчет*
mist coat [paintw.] *тонкий слой эмульсионной краски*
misting *разбрызгивание;* [paintw.] *распыление*
mist sprayer *распылитель*
misuse *неправильная эксплуатация, неправильное применение*
mitered herringbone flooring *паркетное покрытие елочкой*
mitre *скос под углом 45 градусов, соединение в ус, соединение под углом 45 градусов, срез под углом 45 градусов, фацет*
mitre (vb.) *скашивать под углом 45 градусов, соединять под углом 45 градусов;* [woodw.] *соединять в ус*
mitre angle *угол скоса*
mitre block *усорез*
mitre board [woodw.] *цулага для зарезки на ус*
mitre box *длинный треугольный ящик, соединение в ус*
mitre-box saw *усовочная пила, шипорезная пила*
mitre cut *распил под углом*
mitred *соединенный в ус, срезанный под углом*
mitre dovetail [woodw.] *соединение глухим ласточкиным хвостом*
mitre gate [hydr.] *двустворчатые ворота*
mitre joint *соединение в ус*

mitre plane *торцовый рубанок*

mitre post [hydr.] *деревянное уплотнение ворот судоходного шлюза*

mitre rule [tool] *малка*

mitre saw *зуборезная пила, станок для резки под углом, усовочная пила*

mitre shoot [woodw.] *цулага для зарезки на ус*

mitre shooting block [woodw.] *упорный брус*

mitre sill [hydr.] *король судоходного шлюза*

mitre square [tool] *малка*

mitring *косая распиловка, косая резка, соединение в ус*

mix *агломерат, смесь, состав смеси, шихта*

mix (vb.) *перемешивать, приготавливать смесь, смешивать*

mixable *смешиваемый*

mixed adhesive *комбинированный клей*

mixed with sand *смешанный с песком*

mixer *мешалка, миксер, перемешивающее устройство, смеситель*

mixer plant *смесительная установка*

mixer tap *кран-смеситель*

mixing *перемешивание, смешивание*

mixing drum *барабан мешалки, смесительный барабан*

mixing of mortar *приготовление раствора*

mixing plant *смеситель, смесительная установка*

mixing ratio *состав смеси*

mixing time *продолжительность смешивания*

mixing valve *смесительный вентиль*

mix-in-place *смешанный на месте*

mix-in-situ concrete *монолитный бетон*

mix proportion *состав смеси*

mixture *смесь, состав смеси*

mixture of tar and bitumen *смесь смолы и битума*

mixture ratio *состав смеси*

ml (millilitre) *миллилитр*

mm (millimetre) *миллиметр*

mobile *мобильный, передвижной, подвижный*

mobile crane *самоходный кран*

mobile machinery *транспортные средства*

mobile mixing plant *передвижная смесительная установка*

mobility *мобильность, подвижность*

mock *имитация, подделка*

mock (adj.) *поддельный, фальшивый*

mock window *глухое окно, декоративное окно*

model *макет, модель, образец, форма, шаблон*

model (vb.) *моделировать, создавать по образцу, формовать*

model engineering *моделирование*

model experiment *испытания на модели*

model house *экспериментальный дом*

modelling *исполнение по модели, лепные работы, моделирование, формование*

model test *испытания на модели*

mode of solidification *режим твердения*

moderate *сдержанный, средний*

moderate (vb.) *смягчать, умерять*
moderate (adj.) *умеренный*
moderately hard *средней твердости*
moderation *замедление нейтронов*
modern *современный*
modern conveniences *современные удобства*
modernization *модернизация, реконструкция*
modernize (vb.) *модернизировать*
modification *вариант, видоизменение, модификация, разновидность*
modification of shape *изменение формы*
modify (vb.) *видоизменять, изменять, модифицировать*
modilion [arch.] *модильон*
modular *блочный, модульный*
modular component *модульный компонент*
modular construction *модульная конструкция*
modular co-ordination *модульная координация*
modular design *модульная конструкция*
modular dimension *размер модуля*
modular grid *модульная сетка*
modular line *модульная линия*
modular plane *модульная плоскость*
modular section *модульная секция*
modular size *модульный размер*
modular space grid *модульная пространственная сетка*
modular unit *модульное устройство, устройство в модульном исполнении*
modulate (vb.) *модулировать*
module *блок, модуль, узел, унифицированный элемент*
modulus *показатель степень;* [mat.] *модуль, основание системы счисления, показатель степени*
modulus in tension *модуль напряжения при растяжении*
modulus in torsion *модуль упругости при кручении*
modulus of elasticity *модуль упругости, модуль Юнга*
modulus of elasticity in shear *модуль сдвига*
modulus of rigidity *модуль сдвига*
modulus of rupture *предел прочности при разрыве*
modulus of shearing *модуль сдвига*
m. of i. (moment of inertia) *момент инерции*
Mohr's circle *круг Мора, круг напряжений*
Mohr's circle of stress *круг Мора, круг напряжений*
Mohr's diagram *круг Мора, круг напряжений*
Mohr's theory of fracture *теория излома Мора*
Mohs' hardness test *определение твердости по Мосу*
Mohs' scale *шкала твердости Моса*
Mohs' test *определение твердости по Мосу*
moist *влажный, сырой*
moist curing [concr.] *влажностная обработка*
moisten (vb.) *смачивать, увлажнять*
moistening *смачивание, увлажнение*
moisture *влага, влажность, сырость*
moisture barrier *гидроизолирующая прокладка, гидроизолирующий слой*

moisture condensation *конденсация влаги*
moisture content *влагосодержание, содержание влаги*
moisture control *контроль уровня влажности*
moisture determination *определение влажности*
moisture elimination *удаление влаги*
moisture of condensation *конденсат*
moisture penetration *проникновение влаги*
moisture pick-up *впитывание влаги, поглощение влаги*
moisture-proof [electr.] *влагозащищенный*
moisture-proof lampholder *влагозащищенный патрон лампы*
moisture protection *влагозащита*
moisture-repellent *водоотталкивающий*
moisture-resistant *влагостойкий*
moisture-retaining *сохраняющий влагу*
moisture sensor *датчик влажности*
mole *волнолом, мол, пирс*
moler *диатомит, кизельгур;* [geol.] *диатомовая земля*
moler brick *диатомовый кирпич*
moler earth *диатомит, кизельгур;* [geol.] *диатомовая земля*
mollify (vb.) *мягчить*
molybdenum steel *молибденовая сталь*
moly-steel *молибденовая сталь*
moment *мгновение, момент*
moment area [mach.] *площадь эпюры моментов*
momentary *мгновенный, моментальный*
momentary load *мгновенная нагрузка*
momentary switch [electr.] *быстродействующий выключатель*
moment at midspan *момент в середине пролета*
moment at point of fixation *опорный момент*
moment at support *опорный момент*
moment carried over *переданный момент*
moment curve *эпюра моментов*
moment distribution *распределение изгибающих моментов*
moment line *эпюра моментов*
moment of area *статический момент площади сечения*
moment of flection *изгибающий момент*
moment of force *момент силы*
moment of inertia *момент инерции*
moment of resistance *изгибающий момент в сечении*
moment of rotation *вращающий момент*
moment of rupture *разрушающий момент*
moment of torsion *вращающий момент, крутящий момент*
momentum *импульс;* [phys.] *количество движения*
monial *средник двери, средник окна*
monitor *видеоконтрольное устройство, видеомонитор, контрольное устройство, контрольно-измерительное устройство, управляющая программа;* [arch.] *фонарь верхнего света*
monitor (vb.) *контролировать, наблюдать, осуществлять мониторинг, осуществлять текущий контроль*
monitoring *мониторинг, наблюдение, текущий контроль*

monitoring system *система мониторинга*

monitor roof *покрытие со световым фонарем*

monk brick *желобчатая черепица, средник оконного переплета*

monkey *клещевой захват, подвесной молот для забивки свай*

monkey spanner *разводной ключ*

monkey wrench *разводной ключ*

monocoque construction *монококовая конструкция*

monolithic construction *монолитная конструкция*

monolithic with *выполненный как единое целое*

monopitch roof *односкатная крыша, односкатное покрытие*

monorail *монорельс, монорельсовая дорога*

monorail railway *монорельсовая дорога*

montejus [pump] *монтежю*

month *месяц*

monument *геодезический знак, памятник*

moon-shaped *в форме полумесяца*

mop *наборный полировальный круг, швабра*

mop (vb.) *полировать наборным кругом, чистить шваброй*

mopboard *плинтус*

moraine [geol.] *морена*

moraine clay [geol.] *моренная глина*

moraine soil [geol.] *моренная почва*

mordant *морилка, состав для травления, травитель*

mordant (vb.) *морить дерево, травить металл*

mortar *строительный раствор*

mortar bed *растворная постель*

mortar board *помост для приготовления смесей*

mortar for plastering *штукатурный раствор*

mortar joint *шов, заполненный раствором*

mortar mixer *растворосмеситель*

mortar of cement *цементный раствор*

mortar slurry *глинистая суспензия*

mortar trough *творило для извести*

mortgage (vb.) [econ.] *закладывать*

mortise [woodw.] *гнездо, паз под шип*

mortise (vb.) *вырезать гнездо, вырезать паз, соединять шиповой вязкой*

mortise and tenon joint [woodw.] *соединение шипом в гнездо*

mortise chisel *долото, стамеска*

mortise dowel joint [woodw.] *соединение на шипах*

mortise gauge *рейсмус*

mortise joint [woodw.] *соединение шипом в гнездо*

mortise lock *врезной замок*

mortise tenon [woodw.] *соединительный шип*

mortising *выборка пазов, шиповая вязка;* [woodw.] *долбление гнезда*

mortising machine *долбежный станок*

mosaic *мозаика*

mosaic floor *мозаичный пол*

mosaic parquet *мозаичный паркет*

mote *пылинка, частица пыли*

moth *моль*

mothproof *молестойкий, пропитанный противомольным составом*
mothproofed *подвергнутый противомольной обработке*
mothproofing *противомольная обработка*
moth-repellent *молестойкий*
motion *движение, перемещение*
motionless *неподвижный*
motor *двигатель, мотор*
motorbus *автобус*
motor chain saw *механическая цепная пила*
motor-driven *с механическим приводом*
motor-generator for welding *сварочный двигатель-генератор*
motor grader [road] *автогрейдер*
motor hoist *механический подъемник*
motorization *механизация*
motorize (vb.) *механизировать*
motorized *механизированный*
motor-operated *с механическим приводом*
motor roller *самоходный каток*
motor saw *моторная пила*
motor winch *механическая лебедка*
mottled cast iron *половинчатый чугун*
mottled marble *крапчатый мрамор, пятнистый мрамор*
mould *валик, изложница, калевка, кокиль, кристаллизатор, литейная форма, лоток, мульда, облом, опалубка, отливка, плесневый гриб, пресс-форма, форма, шаблон;* [arch.] *поясок;* [concr.] *лекало;* [woodw.] *плесень*
mould (vb.) *отливать в изложницу, отливать в кокиль, отливать в форму, отливать под давлением, покрываться плесенью, прессовать, формовать*
mouldability *прессуемость, формуемость*
mouldable *прессуемый, формуемый*
mould crack *трещина в форме*
moulded *заплесневелый, отформованный*
moulded brick *фасонный кирпич*
moulded laminate *рельефный слоистый пластик*
moulded laminated material *рельефный слоистый пластик*
moulded strip [build.] *погонажная деталь*
moulder *литейщик, стол для формовки, строгально-калевочный станок, фасонно-фрезерный станок, формовочный станок, формовщик*
mouldering *мягкий, размягченный*
mould formation *образование плесени*
mould growth *образование плесени*
moulding *галтель, калевка, литье, нащельник, облом, отливка, отлитая деталь, прессование, прессованное изделие, раскладка, фасоная планка, формованное изделие, формовка, штукатурная тяга;* [build.] *формование*
moulding box [concr.] *ящичная форма*
moulding brad *проволочный штифт*
moulding iron [tool] *полукруглая гладилка*
moulding machine *строгально-калевочный станок*

moulding plane *калевочник, фасонный рубанок*
moulding rammer *пневматический молоток*
moulding seam *след стыка пресс-формы*
mould stain *пятно плесени*
mouldy *заплесневелый, покрытый плесенью*
mound of earth *земляная насыпь, земляной вал*
mount *держатель, штатив*
mount (vb.) *монтировать, насаживать, собирать, устанавливать*
mounted rigidly *жестко установленный*
mounting *держатель, крепление, монтаж, монтажная арматура, сборка, стойка, установка, штатив*
mounting base *основание, цоколь, цокольная плита*
mounting height *монтажная высота*
mounting kit *набор монтажных инструментов*
mounting main *нагнетательный трубопровод, стояк электропроводки*
mounting part *крепежная деталь, монтажная деталь*
mounting pillar *стояк электропроводки*
mounting plate *монтажная плита*
mounting shop *сборочная мастерская, сборочный цех*
mount with (vb.) *оборудовать, оснащать*
mouth *входное отверстие, горловина, раскрыв антенны, раструб, устье*
mouth of a harbour *вход в гавань*
mouth of a plane *нижняя прорезь в колодке рубанка*
mouthpiece *мундштук, наконечник, раструб, сопло;* [telecom.] *мегафонный рупор*
movability *маневренность, подвижность*
movable *маневренный, передвижной, перемещаемый, переносный, подвижный, разборный, съемный*
movable anchor [concr.] *подвижное анкерное крепление*
movable bearing *подвижная опора*
movable bridge *разводной мост*
movable crane *передвижной кран*
movable dam [hydr.] *разборная плотина*
movable grate *незакрепленная решетка*
movable parts *движущиеся детали*
movable span *разводной пролет моста*
movable support *разборная опора*
move *перемещение, ход*
move (vb.) *двигать, перевозить, передвигать, перемещать, транспортировать*
move away (vb.) *отодвигать, убирать, удалять*
movement *движение, перемещение, смещение, ход*
movement joint *деформационный шов*
movement of translation *параллельное смещение, поступательное движение*
moving (adj.) *движущийся, подвижный*
moving band *ленточный транспортер*
moving direction *направление движения*
moving form [concr.] *скользящая опалубка*

moving load [bridge] *подвижная нагрузка*
moving staircase *эскалатор*
moving stairway *эскалатор*
moving traffic *дорожное движение*
mowing machine *косилка*
mud *грязь, ил, иловая глина, осадок, отстой, тина, шлам*
mud box *грязевик*
mud bucket *ковш землечерпательного снаряда*
mud collector *грязевик, шламосборник*
muddy *глинистый, грязный, илистый, мутный*
muddy bottom *илистое дно*
mud filter *грязевой фильтр*
mud pump *грязевой насос, шламовый насос*
mud separator *грязевой сепаратор, шламовый сепаратор*
mud trap *грязевик, грязеуловитель*
muff *гильза, муфта, цилиндр*
muff coupling *втулочная муфта*
muffle (vb.) *глушить, заглушать*
muffling of noise *глушение шума*
mullion *средник окна*
multiaxial stress [phys.] *многоосное напряжение*
multibucket excavator *многоковшовый экскаватор*
multicoloured *многоцветный, разноцветный*
multicolour finish [paintw.] *многокрасочное покрытие*
multicomponent (adj.) *многокомпонентный*
multiconductor cable [electr.] *многожильный кабель*
multiconductor plug *многополюсная вилка*
multicore cable [electr.] *многожильный кабель*
multifamily house *многоквартирный дом*
multigrip pliers *многозахватные клещи*
multilane [road] *многорядный*
multilayer *многослойный*
multilayer glass *многослойное стекло*
multilayer insulation *многослойная изоляция*
multileaf door *створчатая дверь*
multileafed door *створчатая дверь*
multimodule *многомодульный*
multinational *международный, многонациональный*
multiple *кратное;* [mat.] *многожильный*
multiple (adj.) *многократный, многочисленный, множественный, сложный, составной*
multiple cable [electr.] *многожильный кабель*
multiple conductor [el.] *составной проводник*
multiple impact strength *сопротивление многократным ударным нагрузкам, ударная вязкость*
multiple-lane [road] *многорядный*
multiple plug *многополюсная вилка*
multiple-purpose *комбинированный, многоцелевой, универсальный*
multiple slip-joint gripping pliers *многозахватные клещи*
multiple-start thread *многозаходная резьба*
multiple thread *многозаходная резьба*

multiple-track [rail.] *многоколейный*
multiplex thread *многозаходная резьба*
multiplicity *многообразие, множественность, сложность*
multiply (vb.) [mat.] *умножать*
multipurpose *комбинированный, многоцелевой, универсальный*
multispan *многопролетный мост*
multistart thread *многозаходная резьба*
multistorey apartment house *многоэтажный жилой дом*
multistorey block of flats *многоэтажный жилой дом*
multistorey building *многоэтажное здание*
multistorey housing *многоэтажное строительство*
multithread screw *многозаходный винт*
multitude *множество*
multiwheel roller *пневмоколесный дорожный каток*
municipal *городской, коммунальный, муниципальный*
municipal building licence *разрешение городских властей на строительство*
municipality *муниципалитет*
municipal network *сеть городских коммуникаций*
municipal purification plant *городская станция очистки*
municipal road *городская дорога*
municipal sewage *городские сточные воды*
municipal sewage system *городская канализационная сеть*
municipal town planning scheme *план городского строительства*
municipal waste water *городские сточные воды*
municipal water works *система городского водоснабжения*
munnion *средник окна*
mushroom construction *безбалочное перекрытие*
mushroom floor *безбалочное перекрытие*
mushroom head *грибовидная головка*
mushroom head bolt *болт с грибовидной головкой*
must *плесень*
musty *заплесневелый, покрытый плесенью*
mutual *взаимный*
mutual interaction *взаимодействие*
mutual reaction *взаимодействие*

nail *гвоздь, нагель;* [el.] *пружинный контакт для проверки плат*
nail (vb.) *забивать гвозди, приколачивать, соединять на гвоздях*
nailable *приколачивающийся гвоздями*
nail down (vb.) *заколачивать, прибивать*
nail drawer *гвоздодер*
nailed fast *заколоченный, прибитый гвоздями*
nail firing tool *пневматический молоток*
nail gun *пневматический молоток*
nail head *шляпка гвоздя*
nailhead rusting *ржавление шляпки гвоздя*
nailhole *отверстие от гвоздя*
nailing *крепление гвоздями, сколачивание гвоздями*
nail joint *соединение на гвоздях*
nailless *безгвоздевой*
nail on (vb.) *прибивать гвоздями*
nail puller *гвоздодер*
nail punch *бородок для выбивания шплинтов, пробойник для выбивания шплинтов*
nail set *бородок, пробойник*
nail together (vb.) *сколачивать*
nail up (vb.) *заколачивать*
naked *голый, незащищенный*
naked flame *открытое пламя*
naked flooring *балочный каркас перекрытия, не обшитый досками*
naked wall *гладкая поверхность стены*
naked wire [electr.] *голый провод, неизолированный провод*
naphta *бензин-растворитель, лигроин нафта*
Napierian logarithm *натуральный логарифм*
narrow (vb.) *суживать(ся), уменьшать(ся)*
narrow (adj.) *тесный, узкий*
narrow angle lighting fitting *осветительная арматура с малым углом рассеивания света*
narrow-gauge line [rail] *узкоколейная линия*
narrow-gauge railway *узкоколейка, узкоколейная железная дорога*
narrowing *сужение*
narrowly spaced *на небольшом расстоянии друг от друга, тесно сидящие, узкополосный*
narrowness *узкость*
narrow passage *переулок, узкий проход*
narrow side *узкая сторона*
national *государственный, национальный*
national co-ordinate system *национальная система координации*
national legislation *внутреннее законодательство, национальное законодательство*
national railway *государственная железная дорога*
national relics *национальные реликвии*
native *естественный, природный*
native asphalt *битум, природный асфальт*
natural *естественный, натуральный, природный;* [mat.] *натуральный*

natural abrasive agent *естественный абразив*
natural arch *свод естественного равновесия*
natural asphalt *битум, природный асфальт*
natural cement *натуральный портландцемент, романцемент, цемент из природного мергеля*
natural clay *сырая глина*
natural cooling *естественное охлаждение, термосифонное охлаждение*
natural dewatering *естественное осушение*
natural discharge *бытовой расход воды, естественный сток*
natural drainage system *система естественного дренажа*
natural draught *естественная тяга*
natural floor *пол из природных материалов*
natural force *сила природы*
natural gas *природный газ*
natural gas boiler *газовый котел, котел, котел, работающий на природном газе*
natural gas distribution network *газораспределительная сеть*
natural gas field *месторождение природного газа*
natural gas fired *отапливаемый природным газом, работающий на природном газе*
natural gas network *газораспределительная сеть*
natural gas pipeline *газопровод*
natural gas reservoir *коллектор газа*
natural gas supply *газоснабжение*
natural logarithm [mat.] *натуральный логарифм*
naturally clay bonded sand *природный глинистый песок*
natural radioactivity *естественная радиоактивность*
natural resource *естественные ресурсы, природные ресурсы*
natural rock [geol.] *материнская порода*
natural rock asphalt *горный асфальт*
natural rubber *натуральный каучук*
natural sand *природный песок*
natural scale *масштаб 1:1, натуральная величина*
natural seasoning *выдержка в естественных условиях;* [woodw.] *воздушная сушка*
natural size *натуральная величина*
natural slate tile *шиферная плитка из природного сланца*
natural soil *природный грунт*
natural stone *естественный камень, природный камень*
natural ventilation *естественная вентиляция*
nature *природа, характер*
nave *втулка, главный зал вокзала, ступица колеса;* [arch.] *неф*
navvy *землекоп, экскаватор*
navvy pick *кирка, мотыга*
neap tide *квадратурный прилив*
near *ближайший, близкий*
near side *ближняя сторона дороги;* [road] *левая сторона по ходу движения*
near to the surface *околоповерхностный*
neat *без примесей, натуральный, неразбавленный, чистый*

neat cement *клинкерный цемент, цемент без добавок, чистый цемент*

neat cement paste *тесто из чистого цемента*

nebulization *распыление*

nebulize (vb.) *распылять*

nebulizer *распылитель*

necessary *необходимый, нужный*

necessary room *необходимая площадь, необходимое пространство*

necessity *необходимость, нужда*

neck *выточка, горловина, кольцевая канавка, цапфа, шейка, шип*

neck flange *полка крановой балки, торцевая насадка*

neck guard *подшлемник*

necking *выкружка колонны, обжатие, сужение*

need (vb.) *иметь потребность, нуждаться*

needle *игла, стрелка прибора, штырек*

needle dam *водосливная плотина со спицевыми затворами*

needled felt *иглопробивной материал, нетканый материал*

needled felt carpet *ковер из иглопробивного материала, ковер из нетканого материала*

needled pile *ворс иглопробивного материала, ворс нетканого материала, игольчатый ворс*

needle fibre *стальная фибра, стальное волокно*

needle-like *игольчатый*

needle point file *надфиль*

needle-shaped *игольчатый*

needle weir *водосливная плотина со спицевыми затворами*

negative *знак минус, отрицательная величина*

negative (adj.) *негативный, отрицательный*

negative-glow lamp *лампа тлеющего разряда*

negative moment *отрицательный момент*

negative mould *матрица*

negative pressure *давление ниже атмосферного, отрицательное давление, разрежение*

negative terminal [electr.] *отрицательная клемма*

neglected *заброшенный, забытый, запущенный*

neighbourhood unit *микрорайон*

neighbouring *прилегающий, смежный, соседний*

neighbouring commune *район, соседний округ*

neighbouring part *прилегающая часть, смежная деталь*

neon glow lamp *лампа тлеющего разряда, неоновая лампа*

neon lamp *неоновая лампа*

neon light *неоновый свет*

neon sign *неоновая вывеска, неоновая реклама*

neon tube *неоновая трубка*

neoprene *неопрен, синтетический хлоропреновый каучук*

nerve [arch.] *нервюра*

nervure [arch.] *нервюра*

nest *вложенное множество, гнездо*

nest (vb.) *вкладывать, вмонтировать, вставлять, встраивать, формировать гнездо*

net *нетто-сальдо, сетка, сеть*

net (adj.) *нетто, чистый*
net area *рабочая площадь*
net curtain *оконная сетка, тюлевая занавеска*
net head [hydr.] *чистая высота напора*
net heat consumption *чистый расход тепла*
net heat demand *чистое потребление тепла*
net length *чистая длина*
net load *масса без тары, полезный груз;* [build.] *полезная нагрузка*
net loading capacity *полезная грузоподъемность*
net output *выработка за вычетом потерь, чистая отдача*
net positive suction head *высота столба жидкости над всасывающим патрубком насоса*
net pressure head [hydr.] *чистая высота напора*
netting *арматурная проволочная сетка, сеть*
net weight *масса нетто*
network *сетка, сеть*
network layout *схема расположения сети дорог*
network of pipes *система труб, трубопроводная сеть*
network of triangles [geod.] *сеть триангуляции*
neutral *нулевая отметка, нулевой провод;* [el.] *нейтральный, средний;* [electr.] *нулевая точка*
neutral (adj.) *нейтральный, средний*
neutral axis *нейтральная ось*
neutral conductor [el.] *нейтральный проводник;* [electr.] *нулевой провод*
neutralization *нейтрализация, уравновешивание*
neutralize (vb.) *нейтрализовать, сбалансировать;* [electr.] *заземлять*
neutral line *нейтральная линия при изгибе, средняя линия при изгибе;* [electr.] *нейтральный провод*
neutral point [electr.] *нулевая точка*
neutral position *нейтральное положение*
neutral state *нейтральное состояние, среднее состояние*
neutral stress *нейтральное напряжение*
neutral tinted glass *дымчатое стекло*
new *не бывший в употреблении, новый*
new building *новое строение, новостройка*
new building work *новостройка*
new construction *новое сооружение, новое строение*
newel *балясина перил в конце лестничного марша, колонна винтовой лестницы, стержень винтовой лестницы*
newelled staircase *винтовая лестница*
newel post *нижняя стойка лестничных перил*
newly-built *вновь выстроенный, новый (о постройке)*
newly-built house *только что построенный дом*
newly furnished *заново мебелированный*
newly installed *заново смонтированный*
newly placed concrete *свежеуложенный бетон*
new technology *новая технология*
next *ближайший, следующий, соседний*
nib *выступ черепицы, шип черепицы*
niche *ниша, углубление*

niche vaulting [arch.] *свод ниши*
nick *бороздка, зарубка, пережим, прорезь, сужение, шейка, шлиц*
nick (vb.) *делать зарубку, шлицевать*
nick-bend test *испытания на изгиб образца с надрезом*
nickel-chromium steel *никелево-хромистая сталь*
nickel steel *никелевая сталь*
night *ночь*
night shift *ночная смена*
night-time illumination *ночное освещение*
nil *нуль*
nip (vb.) *захватывать, сжимать*
nippers *клещевой захват, клещи, кусачки, острогубцы*
nipple *ниппель, патрубок, соединительная втулка, штуцер*
nitrated steel *азотированная сталь*
nitrate of lime *азотнокислый кальций, кальциевая селитра*
nitration *нитрация, нитрирование*
nitrided steel *азотированая сталь*
nitriding *нитрация, нитрирование*
nitroglycerine *нитроглицерин*
no access *вход воспрещен*
no admittance *вход воспрещен*
noble gas *инертный газ*
no-break system *агрегат аварийного питания, агрегат резервного питания, система, устойчивая к отказам*
no-charge connection *бесплатное подключение*
nodal *узловой, центральный*
nodal point *узловая точка*
node *узел, узловая точка;* [mat.] *точка пересечения*
node point of tensions *узловая точка растягивающих усилий*
nodular *узловатый, шаровидный*
nodule *валун, галька, конкреция*
no-fines concrete *бетонная смесь без мелкого заполнителя*
nog *деревянный гвоздь, деревянный клин, нагель*
nog (vb.) *вбивать деревянный клин, забивать гвоздь, забивать нагель*
nogging *заполнение фахверка кирпичной кладкой*
nogging piece *ригель каркасной стены*
noise *помехи, шум, шум(ы)*
noise abatement *борьба с шумом, уменьшение шума, шумопоглощение*
noise abatement rampart *шумовой барьер, шумозаградитель;* [rail] *шумовой заслон*
noise absorbing material *шумопоглощающий материал*
noise annoyance *вредное действие шума*
noise attenuation *ослабление шума, уменьшение шума*
noise barrier *шумовой барьер*
noise control *борьба с шумом*
noise control measure *меры по борьбе с шумом*
noise damage *шумоповреждение*
noise elimination *подавление шума*
noise-free *беззвучный, бесшумный, свободный от шумов*
noise-induced loss of hearing *вызванная шумом, потеря слуха*

noiseless *бесшумный*
noise level *уровень шума*
noise level measurement *измерение уровня шума*
noise level test *проверка уровня шума*
noise measurement *измерение уровня шума*
noise meter *измеритель интенсивности шума, шумомер*
noise nuisance *шумовое воздействие*
noise pollution *зашумленность*
noise reduction *уменьшение шума*
noise source *источник шума*
noise suppression *подавление шума*
noisy *шумный*
no-load (adj.) *без нагрузки, холостой*
nominal *именной, номинальный*
nominal area *номинальная площадь*
nominal capacity *номинальная грузоподъемность, номинальная емкость, номинальная мощность*
nominal current *номинальный ток*
nominal diameter *номинальный диаметр, расчетный диаметр*
nominal dimension *размеры с установленными допусками*
nominal effect *номинальный эффект*
nominal hoisting capacity *номинальная грузоподъемность*
nominal length *номинальная длина*
nominal lifting capacity *номинальная грузоподъемность*
nominal load capacity *несущая способность, номинальная грузоподъемность*
nominal measurement *размеры до машинной обработки, черновой обмер*
nominal output *номинальная мощность*
nominal power *номинальная мощность*
nominal size *номинальный размер*
nominal stress *номинальное напряжение*
nominal value *номинальная величина, номинальное значение*
nominal voltage [electr.] *номинальное напряжение*
nominal volumetric output *номинальная объемная производительность насоса*
non-acid *некислотный, некислый*
non-acoustical panel *звуконепроницаемая панель*
non-aerated *невентилируемый*
non-ageing material *не подверженный старению материал*
non-alloy steel *нелегированная сталь*
non-aqueous *безводный*
non-bearing [build.] *не несущий*
non-bearing wall *не несущая стена, ограждающая стена*
non-carbonate hardness *некарбонатная жесткость воды, постоянная жесткость воды*
non-cohesive soil *несвязный грунт*
non-combustible *невоспламеняющийся, негорючий*
non-combustible waste *негорючие отходы*
non-compressed fibreboard *полутвердая древесноволокнистая плита*
non-conducting *изолирующий, непроводящий*

non-conductor *диэлектрик, изолятор;* [electr.] *непроводник*
non-consumable electrode [weld] *нерасходуемый электрод*
non-contacting *бесконтактный, для бесконтактного измерения*
non-continuous *прерывистый*
non-corroding *некорродирующий, нержавеющий*
non-corrosive *коррозинностойкий, нержавеющий*
non-corrosive steel *нержавеющая сталь*
non-critical dimension *второстепенный размер*
non-cutting shaping *обработка давлением*
non-degradable *неразлагающийся (об отходах)*
non-destructive inspection *неразрушающий контроль*
non-destructive testing *испытания без разрушения образца, неразрушающий контроль*
non-drip *герметичный*
nonelastic *неупругий, неэластичный*
non-evaporable residue *неиспаряемый осадок*
non-fading *невыцветающий, нелиняющий*
non-ferrous *цветной (о металле)*
non-ferrous alloy *сплав цветных металлов*
non-ferrous grout *не содержащий железо, строительный цементный раствор*
non-fire-rated *незапроектированный на случай пожара, неогнестойкий*
non-flammable (US) *невоспламеняющийся*
non-freeze *морозостойкий, незамерзающий*
non-freeze solution *антифриз, незамерзающий раствор*
non-freezing *морозостойкий, незамерзающий*
non-fusing arc welding electrode *неплавкий электрод для дуговой сварки*
non-hydraulic mortar *негидравлический известково-цементный раствор*
non-inflammable (UK) *невоспламеняющийся*
non-interchangeable *незаменяемый*
nonlinear *нелинейный*
nonlinear fracture mechanics *нелинейная механика разрушения*
non-load-bearing [build.] *не несущий, ограждающий*
non-load-bearing element *не несущий элемент*
non-load-bearing partition *не несущая перегородка*
non-load-bearing wall element *стеновой элемент*
non-magnetic *немагнитный*
non-metallic *неметаллический*
non-metallic surface *неметаллическая поверхность*
non-miscible *несмешиваемый, несмешивающийся*
non-offensive *не наносящий вреда окружающей среде;* [mil.] *ненаступательный*
non-overflow dam *глухая плотина*
non-paved [road] *немощеный*
non-paved road surface *немощеное дорожное покрытие*
non-pervious layer *непроницаемый слой*
non-poisonous *неядовитый*
non-polluting *незагрязняющий*

non-principal road *второстепенная дорога*

non-profit housing *бюджетное жилищное строительство, муниципальные жилые дома, некоммерческое жилищное строительство*

non-reflecting *неотражающий*

non-reflective *неотражающий*

non-reserved lane [road] *общая полоса движения*

non-residential premises *нежилое помещение*

non-return valve *невозвратный клапан*

non-rigid *нежесткий, податливый, эластичный*

non-rust *некорродирующий, нержавеющий*

non-sag consistency *неоседающая консистенция*

non-sagging *неоседающий, непровисающий*

non-saturation *ненасыщение*

non-shatterable glass *безосколочное стекло, небьющееся стекло*

non-shattering *безосколочный, небьющийся, неломкий*

non-shock *ударостойкий*

non-shrink [text.] *безусадочный*

non-shrinking *безусадочный*

nonskid *нескользящий, предохраняющий от скольжения*

nonskid paint *шероховатая краска*

nonskid surface *нескользкая поверхность*

non-slip floor *нескользкий пол*

non-sparking tools *взрывобезопасный инструмент, инструмент не дающий искр*

non-spherical *несферический*

non-staining *нержавеющий, устойчивый против коррозии*

nonstop *без остановки, безостановочный*

nonstop operation *безостановочная операция, непрерывный цикл работы*

non-stretch *нерастягивающийся*

nonsymmetrical *несимметричный*

non-tarnish paper *антикоррозийная бумага*

non-tensioned reinforced concrete *ненапряженный железобетон*

non-tensioned reinforcement *ненапряженная арматура*

nontoughened glass *незакаленное стекло*

non-toxic *нетоксичный, неядовитый*

non-transparent *непрозрачный*

non-treated *необработанный*

non-vented plastic *воздушная пластмасса, пластмасса с неудаленным воздухом*

non-vibrating *вибростойкий, виброустойчивый*

non-volatile liquid *нелетучая жидкость*

non-yielding *жесткий, неподатливый*

no parking *стоянка запрещена*

norm *норма, образец, стандарт*

normal *нормаль, перпендикуляр;* [mat.] *нормальный*

normal (adj.) *обычный, стандартный*

normal carrying capacity *нормальная грузоподъемность*

normal condition *нормальное состояние, обычное состояние*

normal cross-section *поперечное сечение, сечение перпендикулярное оси*

normal dimension *стандартный размер*

normal erosion *нормальная эрозия*

normal execution *стандартное исполнение*

normal exposure of aggregates [concr.] *нормальное обнажение заполнителя*

normal force *вертикально направленная сила, нормальная сила*

normal height *нормальная высота*

normalization *приведение к норме, стандарту;* [met.] *нормализация стали*

normalize *нормировать, приводить к норме, стандартизировать*

normalizing [met.] *нормализация стали*

normal line *нормаль, перпендикулярная линия;* [mat.] *нормальная линия*

normal load *нормальная нагрузка, полная нагрузка*

normally loaded clay *глина нормальной консистенции*

normal module *нормальный модуль*

normal operation *нормальный режим эксплуатации*

normal position *нормальное положение, обычная позиция*

normal profile *нормальное сечение*

normal running speed *нормальная рабочая частота вращения, нормальная ходовая скорость*

normal section *поперечное сечение, сечение перпендикулярное оси*

normal state *нормальное состояние*

normal stiffness *нормальная жесткость*

normal stress [phys.] *нормальное напряжение*

normal time *расчетное время*

normal to *под прямым углом к чему-либо*

normal type *стандартное исполнение*

normal U section *стандартный П-образный профиль*

normal value of gravity *нормальное значение силы тяжести*

normal working *нормальный режим эксплуатации*

Norman arch *арка из норманского кирпича (6,7x10x30 см), круглая арка, норманская арка*

normative *норматив, нормативный*

north *север*

Norway spruce [bot.] *обыкновенная ель*

nose *кончик, наконечник, нос, носок*

nose piece of hose *наконечник шланга*

nosing *предохранительная оковка (углов, ступеней)*

no smoking *не курить!*

notch *бороздка, гнездо для шипа, зарубка, метка, отверстие для втулки, прорезь*

notch (vb.) *делать зарубку, надрезать, надсекать, протачивать V-образную канавку*

notch bend test *испытания на изгиб с надрезом*

notch board *тетива лестницы*

notched *зазубренный, насеченный, с надрезом, с пазом*

notched bar impact test *испытания на ударную вязкость, испытания на удар образца с надрезом*

notched clip *клемма с надрезом*

notched mortar *прошгыкованный строительный раствор*

notched trowel *зазубренный скребок*

notch effect *влияние надреза на прочность детали*

notch factor *коэффициент влияния надреза*

notching *врубка, разработка котлована уступами, соединение шипом с врубкой вполдерева, шпунтование*

not fast *непрочный (о краске), нестойкий*

not harmful to the environment *безвредный для окружающей среды*

notice of public works contract *объявление о контракте на строительные работы*

notification of completion *уведомление об окончании работ, уведомление о завершении работ*

not insulated [electr.] *неизолированный*

not protected *незащищенный*

no trespassing *вход воспрещен*

nought *нуль*

novel *новаторский, новый, оригинальный*

no waiting [road] *стоянка запрещена*

noxious *вредный, ядовитый*

noxiousness *вредность*

noxious vapours *ядовитые пары*

nozzle *выпускное отверстие, мундштук, наконечник, носок, патрубок, сопло, форсунка*

nozzle aperture *отверстие форсунки*

nozzle of a hose *наконечник шланга*

nozzle pipe *инжекционная труба, труба пескоструйного аппарата*

N-type truss *N-образная ферма*

nuisance *вредное воздействие, ущерб*

null *нуль*

number *количество, номер, цифра, число*

number (vb.) *клеймить, маркировать, нумеровать, считать*

numbering *нумерация*

number of stress cycles *число циклов напряжения*

numerator *нумератор, числитель*

numerical value *цифровая величина, численное значение*

nursery *детская, детская комната, детские ясли*

nut *гайка*

nut across flats *зев гаечного ключа*

nut driver *гаечный ключ*

nut retention *замок гайки*

nut screw *винт с мелкой резьбой*

nut thread *гаечная резьба*

nut washer *гаечная шайба*

nut with one chamfer *накидная гайка с одной фаской*

nut with two chamfers *накидная найка с двумя фасками*

nutwood *ореховая древесина*

nylon *найлон*

nylon reinforced *армированный найлоном*

nylon rope *найлоновый трос*

O

oak [bot.] *дуб*

oak veneer *дубовый шпон*

OAR (occupational air requirement) *требуемое количество воздуха на рабочем месте*

obelisk *обелиск*

object *объект, предмет, цель*

objective *задание, задача, цель*

obligation *обязанность, обязательство*

obligatory *обязательный*

oblique *косой, наклонный*

oblique angle *косой угол*

oblique arrangement *наклонная конструкция*

oblique flange *косой фланец*

oblique position *наклонное положение*

oblique section *косое сечение, сечение под углом*

oblique triangle *косоугольный треугольник*

obliquity *наклон, наклонное положение, перекос, скос, угол наклона*

oblong *продолговатая фигура, продолговатый предмет*

oblong (adj.) *вытянутый, продолговатый, удлиненный*

oblong hole *овальное отверстие*

obscuration *матирование, потемнение*

obscure *темный, тусклый*

obscured glass *дымчатое стекло, матовое стекло*

obscuring *матирование*

observation *замечание, наблюдение*

observation hole *смотровое окно, смотровое отверстие*

observation tube *батиметрическая трубка механического лота, индикаторная трубка пеленгатора*

observe (vb.) *замечать, наблюдать, снимать показания прибора*

obsolete *вышедший из употребления, устаревший*

obstacle *помеха, препятствие*

obstruct (vb.) *блокировать, преграждать, препятствовать продвижению, чинить препятствия*

obstruction *заграждение, закупорка, засорение, препятствие, пробка в трубопроводе*

obstruction gauge limit [rail] *предельный габарит*

obstruct the view (vb.) *уменьшать видимость*

obtain (vb.) *достигать, получать*

obtain soil sample (vb.) *брать пробу почвы*

obturate (vb.) *закрывать, затыкать, уплотнять*

obtuse (adj.) [mat.] *тупой*

obtuse angle [mat.] *тупой угол*

obvious *очевидный, явный*

occasion *возможность, случай*

occasional *нерегулярный, редкий, случайный*

occupancy *вместимость, занятость, заполнение, населенность, размещение*

occupancy permit *разрешение на ввод дома в эксплуатацию*

occupancy rate *число жильцов на единицу площади*

occupation *профессия, ремесло, специальность*

occupational accident *несчастный случай на производстве*

occupational air requirement (OAR) *требуемое количество воздуха на рабочем месте*

occupational disease *профессиональное заболевание*

occupational hazard *профессиональный риск, фактор риска*

occupational hygiene *гигиена труда*

occupational illness *профессиональное заболевание*

occupational injury *производственная травма*

occupational risk *профессиональный риск, фактор риска*

occupational safety *охрана труда*

occupied *занимаемый, занятый, населенный*

occur (vb.) *встречаться, иметь место, попадаться, происходить, случаться*

occurrence *вхождение, местонахождение, наличие, происшествие, распространение, случай*

ochre *охра*

octagon *восьмиугольник*

octagonal head *восьмигранная головка винта*

octagon nut *восьмигранная гайка*

octagon screw *винт с восьмигранной головкой*

O.D. (outside diameter) *наружный диаметр*

odd *добавочный, избыточный, непарный, нечетный*

odd number *нечетное число*

odour-free *без запаха, непахнущий*

odourless *без запаха, непахнущий*

odour nuisance *зловоние, неприятный запах*

oedometer *курвиметр, одометр*

off *выключенный, отключенный*

offal *отбросы, побочные продукты переработки*

offal timber *древесные отходы*

off-centre *смещенный относительно центра*

offer *предложение*

offer (vb.) *предлагать*

office *ведомство, контора, управление*

office block *административное здание*

office building *административное здание*

office space *площадь служебного помещения*

off-position *положение выключения, положение 'выключено'*

offset *ответвление, отвод трубы, отступ, противовес, сдвиг, смещение*

offset (vb.) *ответвлять, отводить, сдвигать, смещать, уравновешивать*

offset (adj.) *несоосный, сдвинутый, смещенный*

offset screwdriver *изогнутая отвертка*

offtake *водозабор, водозаборное сооружение, воздухоотвод, газоотвод, отвод, отводная труба, отводной канал, отводящий канал, распределитель, распределительный канал, шлюз-регулятор*

off-white *грязнобелый, желтоватый, кремовый*

of high viscosity *высокой вязкости*

of too low capacity *с очень малой пропускной способностью*
of too low strength *очень низкой прочности*
of too small size *очень малого размера*
of uniform colour *одинаковой окраски*
of use *используемый*
ogee *килевидная арка, очертание водослива практического профиля;* [arch.] *гусек, килевидная арка*
ogee plane *галтель, пазник*
ogive *огива, оживальная кривая, стрельчатый свод*
oil *жидкая смазка, масло, нефть*
oil (vb.) *пропитывать маслом, смазывать*
oil asphalt *нефтяной битум*
oil-based *на масляной основе*
oil black *нефтяная сажа*
oil-bound paint *краска на масляной основе, масляная краска*
oil burner *нефтяная топка*
oil burner for central heating system *нефтяная горелка для системы центрального отопления*
oil burning installation *установка для сжигания жидкого топлива*
oil burning plant *установка для сжигания жидкого топлива*
oil can *бидон для масла, масленка*
oil colour *масляная краска*
oiled *промасленный, смазанный маслом*
oiler *лубрикатор, масленка, смазчик, тавотница*
oil-filled cable *маслонаполненный кабель*
oil film *масляная пленка, слой смазки*
oil filter *маслоочиститель, масляный фильтр*
oil-fired *работающий на жидком топливе*
oil-fired central heating station *теплоцентраль, работающая на жидком топливе*
oil-fired furnace *печь, работающая на жидком топливе*
oil-fired heating system *система отопления, работающая на жидком топливе*
oil firing *отопление жидким топливом*
oil fuel *жидкое котельное топливо, мазут*
oil gravel *битуминированный гравий*
oil gun *маслонагнетатель, шприц для смазки под давлением*
oil hardening *закалка в масле*
oil-hardening steel *сталь, закаливаемая в масле*
oil heating *нефтяное отопление*
oil hole *смазочное отверстие*
oiliness *маслянистость, смазочные свойства*
oiling *промывание маслом, смазка, смазывание маслом*
oil layer *масляный слой*
oil line *нефтепровод*
oil of turpentine *скипидар, терпентиновое масло*
oil paint *масляная краска*
oil pipe *нефтепровод*
oil pipeline *нефтепровод*
oil-polluted *загрязненный маслом, загрязненный нефтью*
oil pollution *загрязнение нефтью*

oilproof *маслонепроницаемый, маслостойкий*

oil putty *замазка на масле*

oil quenching and tempering *закалка в масле*

oil reservoir *нефтехранилище, резервуар для хранения масла*

oil resistance *маслостойкость*

oil-resisting *маслонепроницаемый, маслостойкий*

oil stain *масляное пятно*

oil storage tank *нефтехранилище, резервуар для хранения масла*

oil stove *нефтяная печь, печь, работающая на жидком топливе*

oil strainer *масляный фильтр*

oil supply *подача масла*

oil supply pipe *маслоподводящая трубка*

oil tank *масляный бак, нефтепродуктовый резервуар, нефтехранилище, нефтяной резервуар*

oiltight *маслонепроницаемый, маслостойкий*

oil varnish *масляный лак*

oily *жирный, маслянистый, масляный*

oily mordant *маслянистая морилка*

old *бывший в употреблении, старый*

old English bond *обыкновенная перевязка кирпичной кладки*

old-fashioned *вышедший из употребления, старомодный, устарелый*

oleo-resinous varnish *масляно-смолистый лак*

OMC (optimum moisture content) [concr.] *оптимальная влажность*

on *включенный, включено, открыто, положение включения;* [el.] *положение 'включено'*

on a large scale *в большом масштабе*

on a scale of *по различным курсам*

one-brick wall *стена в один кирпич*

one-component *однокомпонентный*

one-family dwelling *одноквартирный дом*

one-family house *одноквартирный дом*

one-legged gantry crane *полукозловой кран*

one on two slope *уклон 1 к 2*

one-pass weld *сварной шов в один проход*

one-piece *монолитный, неразъемный, цельный*

one-pipe system *однотрубная система*

one-sided *односторонний*

one-storey building *одноэтажный дом*

one-storey house *одноэтажный дом*

one-track railway *одноколейная железная дорога*

one-way *односторонний*

one-way street *улица с односторонним движением*

ongoing *ведущийся, действующий, проводящийся*

on-loading *под нагрузкой, с нагрузкой*

on-off switch *выключатель электропитания, двухпозиционный переключатель*

on pile foundations *на свайных основаниях*

on-position *положение включения, положение 'включено'*

on-receipt inspection *входной контроль*

on site *на месте;* [mil.] *на огневой позиции*

onsite foreman *бригадир, десятник, прораб*

onsite mixed concrete *бетонная смесь, приготовленная на стройплощадке*

on-the-spot check *контроль на месте*

on-the-spot inspection *контроль на месте*

on time *вовремя, в рассрочку*

ooze *дубильная жидкость, дубильный отвар, ил, липкая грязь, тина*

ooze (vb.) *просачиваться, сочиться*

oozing well *дренажный колодец*

opacification *глушение стекла*

opacity *коэффициент непрозрачности, непрозрачность*

opalescent *имеющий молочный отлив, опаловый, переливчатый (о цвете);* [chem.] *опалесцирующий*

opalescent glass *опалесцирующее стекло*

opal glass *матовое стекло, молочное стекло, опаловое стекло*

opaque (adj.) *непрозрачный, непросвечивающий*

opaque glass *глушеное стекло*

opaqueness *непрозрачность, светонепроницаемость*

open (vb.) *открывать, размыкать*

open (adj.) *выключенный, доступный, незамкнутый, открытого типа, открытый*

open air *расположенный вне помещения*

open air, in the *на открытом воздухе*

open-air installation *установка, работающая на открытом воздухе*

open cell cellular material *ячеистый материал с открытыми порами*

open cell moulding *формование с открытыми порами*

open channel *открытое русло*

open development *открытая застройка*

open drain *открытая водосточная труба;* [el.] *открытая дрена*

open dump *открытая свалка*

open-end spanner *гаечный ключ с незамкнутым зевом*

open-end wrench *трубный ключ*

open flame brazing *пайка с применением нагрева открытым пламенем*

open flame soldering *пайка с применением нагрева открытым пламенем*

open-grained wood *широкослойная древесина*

open-hearth steel *мартеновская сталь*

opening *вырубка леса, зев ключа, отверстие, размыкание;* [graph.] *вскрытие месторождения*

opening automatically *автоматически открывающийся*

opening between bars *щель между арматурными стержнями*

opening of the spanner *зев гаечного ключа*

opening span *открывающийся пролет моста*

opening system *открытая система, разомкнутая система*

open jet *свободная струя*

open joint *открытый стык, соединение с зазором между отдельными частями*

open mortise *паз открытого сквозного шипа, удлиненное гнездо с закругленными концами*

open-pan mixer *бетономешалка с вращающимися горизонтальными лопастными валами*

open position *нерабочее положение, положение выключения*

open sand *пористый песок*

open sewer *открытая сточная труба*

open shed *навес*

open space *открытое пространство, пробел в печатном тексте*

open-spandrel arch bridge *арочный мост со сквозным надсводным заполнением*

open string of stairs *не прилегающий к стене передний косоур лестницы*

open-string staircase *лестница с накладными ступенями*

open system prefabrication *открытая система заводского изготовления строительных конструкций*

open-textured *пористый*

open-textured asphaltic concrete *асфальтобетон с крупными раковинами на поверхности*

open-web girder *решетчатая балка*

open wire [electr.] *провод воздушной линии передачи*

operable *действующий, операционный, рабочий*

operate (vb.) *действовать, оперировать, приводить в движение, работать, управлять, эксплуатировать*

operate on (vb.) *делать операцию, оперировать*

operating ability *эксплуатационные свойства*

operating crew *обслуживающий персонал*

operating current [electr.] *рабочий ток*

operating curve *кривая срабатывания*

operating cycle *рабочий цикл, цикл обработки*

operating error *ошибка из-за нарушения правил эксплуатации*

operating facility *действующая установка*

operating handle *ручка управления*

operating lever *переводной рычаг, приводной рычаг, пусковой рычаг, рычаг управления*

operating line *нагрузочная линия*

operating manual *инструкция по эксплуатации, наставление по эксплуатации, руководство по эксплуатации*

operating mechanism *исполнительный механизм, приводной механизм*

operating panel *рабочая панель, щит управления*

operating position *рабочее место оператора, рабочее положение*

operating pressure *рабочее давление*

operating safety *безопасность в работе, безопасность в эксплуатации*

operating stress *напряжение при эксплуатации*

operating temperature *рабочая температура*

operating voltage [electr.] *рабочее напряжение*

operation *действие, команда, манипулирование, операция, предприятие, процесс, работа, режим работки, технологическая операция, управление, функционирование, цикл обработки, эксплуатация*

operational *в исправном состоянии, действующий, операторный, операционный, работающий, рабочий*

operational cycle *рабочий цикл*

operational dependability *надежность в эксплуатации*

operational range *рабочий интервал*

operational reliability *надежность в эксплуатации*

operational sign [mat.] *знак действия, знак операции*

operative *действующий*

operative (adj.) *действительный, действующий, оперативный, работающий, рабочий*

operative conditions *режим эксплуатации*

operator *машинист, механик, оператор, управляющее устройство*

operator control panel *пульт управления оператора*

operator's cab *кабина машиниста*

operator's guide *руководство для оператора*

operator's manual *руководство по эксплуатации, справочник оператора*

opposed *противолежащий, противоположный*

opposed angle [mat.] *противолежащий угол*

opposing *противостоящий*

opposite *противоположный*

opposite angle [mat.] *противолежащий угол*

opposite direction *противоположное направление*

opposite force *противоположно направленная сила*

opposite forces [phys.] *пара сил*

opposite surface *противолежащая поверхность*

optical angle *угол пересечения оптических осей*

optical cable *оптический кабель*

optical fibre *оптическое волокно*

optical plumbing instrument *оптический отвес*

optical plummet *оптический отвес*

optical properties *оптические свойства*

optimal *оптимальный*

optimal control *оптимальное управление*

optimization *оптимизация*

optimize (vb.) *оптимизировать*

optimized for use *оптимизированный для использования*

optimum *оптимум*

optimum (adj.) *оптимальный*

optimum curing temperature *оптимальная температура выдерживания бетона*

optimum moisture content (OMC) [concr.] *оптимальная влажность*

optional halt *полустанок*

optional stop *полустанок*

orange peel [paintw.] *апельсиновая корка (дефект лакокрасочного покрытия)*

orange skin [paintw.] *апельсиновая корка (дефект лакокрасочного покрытия)*

orbital road *кольцевая дорога*

order *заказ, порядок, последовательность, приказ, распоряжение, степень, упорядоченность;* [arch.] *ордер;* [mat.] *порядок, степень*

order (vb.) *предписывать, приказывать, распоряжаться, упорядочивать*

order, out of *неисправный, сломанный*

order of magnitude *порядок величины*
ordinary *обыкновенный, обычный, ординарный*
ordinary mortar *обыкновенный строительный раствор*
ordinary quality *стандартное качество*
ordinate [mat.] *ордината*
ordinate axis [mat.] *ось ординат*
ordinate of arch *ордината арки*
Oregon fir [bot.] *лжетсуга тисолистная*
Oregon pine [bot.] *лжетсуга тисолистная*
organic impurity test *проба на органическое загрязнение*
organic material *органический материал*
organic matter *органическое вещество*
organic soil *почва*
organization *организация, структура, устройство*
organize (vb.) *налаживать, организовывать, устраивать*
oriel *альков, закрытый балкон, углубление, эркер*
oriel window *эркер*
orient (vb.) *определять местонахождение, ориентироваться*
orientate (vb.) *определять местонахождение, ориентироваться*
orientation *ориентация, ориентирование, ориентировка*
orientation tolerance *допустимое отклонение от заданного направления*
orifice *выход, отверстие, проход, устье*
orifice flange *выпускной фланец*
origin *источник, исходный пункт, начало, начало отсчета, происхождение*
original *оригинал*
original (adj.) *начальный, оригинальный, первоначальный, подлинный*
original position *исходное положение*
origin of force *точка приложения силы*
O-ring *уплотнительное кольцо*
O-ring seal *кольцевое уплотнение*
ornament *орнамент, украшение*
ornament (vb.) *украшать*
ornamental art *декоративное искусство*
ornamental batten *декоративная планка, рейка*
ornamental strip *декоративная планка, рейка*
ornamentation *орнаментация, украшение*
orthogonal *ортогональный, прямоугольный*
orthogonal projection *ортогональная проекция*
oscillate (vb.) *вибрировать, качаться, колебаться*
oscillating *колебательный, осциллирующий*
oscillating chute *качающийся желоб*
oscillating grate *качающаяся решетка*
oscillating movement *колебательное движение*
oscillating saw *пила с возвратно-поступательным движением полотна*
oscillating screen *вибрационный грохот*
oscillation *качание, колебание, осцилляция*
oscillation absorber *амортизатор, гаситель колебаний, демпфер*
oscillation damper *амортизатор, гаситель колебаний, демпфер*

oscillation damping *демпфирование колебаний*
oscillatory movement *колебательное движение*
osmosis *осмос*
osmosis process *осмотический процесс*
osmotic impregnation *осмотическая пропитка*
ounce (oz.) *унция*
outage *бездействие, выпуск, выпускное отверстие, выход из строя, перерыв в работе, простой, утечка, утруска*
outbond brick *ложковый кирпич*
outbuilding *здание вспомогательного значения, крыло здания, пристройка, флигель*
outdated *устаревший*
outdoor (adj.) *внешний, наружный, открытого типа, устанавливаемый вне помещения*
outdoor life [paintw.] *устойчивость к атмосферному воздействию*
outdoors *на открытом воздухе*
outer *внешний, наружный*
outer casing *охватывающая деталь шарнира*
outer coating *наружное покрытие*
outer cover *кожух, покрышка, футляр, чехол*
outer curve *внешняя кривая*
outer dimensions *наружный размер*
outer door *входная дверь*
outer edge *внешняя кромка, наружный край*
outer end *наружная сторона*
outer lane [road] *крайняя полоса движения*
outer layer *наружный слой*
outer lining *внешняя облицовка*
outer ring road *кольцевая дорога, кольцевая дорога, проходящая по окраинам города*
outer sheath *внешняя оболочка, кожух*
outer shell *внешняя оболочка, кожух*
outer side *внешняя сторона*
outer string *внешний косоур лестницы, внешняя тетива лестницы*
outer surface *наружная поверхность*
outer wall *наружная стена*
outfall *водоотвод, желоб, канава, устье*
outfall sewer *выводной коллектор, устье канализации*
outfit *аппаратура, комплект, набор приборов, оборудование, оснащение, установка*
outflow *вытекание, истечение*
outflow pipe *сливная труба*
outgoing air *отработанный воздух*
outhouse *крыло здания, надворное строение, уборная во дворе, флигель*
outlet *водовыпуск, водосброс, выпускная труба, выпускное отверстие, выпускной канал, выходная труба, выходной канал, слив, сток*
outlet basin *сливной колодец*
outlet box [electr.] *выходная коробка*
outlet funnel *разгрузочная воронка*

outlet grate *решетка сливного колодца*

outlet gutter *сливной желоб*

outlet manifold *выпускной коллектор*

outlet pipe *выпускная труба*

outlet socket [electr.] *штепсельная розетка*

outlet well *выпускной колодец*

outline *абрис, контур, кроки, очертание*

outline (vb.) *делать набросок, очерчивать*

outline drawing *контурный чертеж*

outline plan *контурный план*

out of action *бездействующий*

out of balance *несбалансированный, несимметричный, неуравновешенный*

out-of-balance load *неуравновешенный груз*

out of date *устаревший*

out of level *негоризонтальный, отклоняющийся от уровня, смещенный*

out of line *смещенный*

out of operation *бездействующий, неработающий*

out of order *неисправный*

out of repair *изношенный, неисправный*

out of round *некруглый*

out of service *вышедший из строя, необслуживаемый, поврежденный*

out of shape *потерявший правильную форму*

out of upright *не отвесный, не совпадающий с вертикалью*

output *вывод, выпуск, выход, выходные данные, мощность, объем продукции, пропускная способность*

output (vb.) *выводить*

output capacity *выходная мощность, производительность*

output pressure *давление на выходе*

output quality *качество выпускаемой продукции*

outset *начало, начальный этап*

outside *наружная часть*

outside (adj.) *внешний, наружный*

outside cable *наружный кабель*

outside callipers *кронциркуль для внешних обмеров, толщиномер*

outside diameter *наружный диаметр*

outside edge *наружное ребро конька*

outside screw thread *наружная винтовая резьба*

outside string of stairs *не прилегающий к стене косоур лестницы*

outside temperature *температура наружного воздуха*

outside thread *наружная резьба*

outside wall *наружная стена*

out-to-out measure *наибольший габаритный размер, общий размер*

outwall *наружная стена*

outward *внешний, направленный наружу, наружный*

outward measure *наружный обмер*

outward opening *открывающийся наружу*

outwork *надомная работа, работа вне мастерской*

oval *овал*

oval bush *овальная втулка*

oval head screw *винт со сферической головкой, винт с полупотайной головкой*
oven *печь, сушильная печь, сушильный шкаф, термостат*
oven door *дверца печи, заслонка*
oven drying *печная сушка*
ovenproof *жаростойкий*
oven-varnishing *лакирование в печи*
over (adj.) *верхний, вышестоящий, избыточный, излишний, чрезмерный*
overall *рабочий халат*
overall (adj.) *общий, полный*
overall area *общая площадь*
overall dimensions *габаритные размеры*
overall height *габаритная высота, строительная высота*
overall length *габаритная длина*
overall plan *генеральный план*
overall size *габаритный размер*
overall view *общий вид*
overall width *габаритная ширина*
overbaking *пережог, пересушка*
overbridge *путепровод*
overbuilt *надстроенный, чрезмерно застроенный*
overburden *перегрузка*
overburden (vb.) *грузить сверх меры, перегружать*
overcharge *перегрузка, перезарядка*
overcharge (vb.) *перегружать, перезаряжать*
overcompression *чрезмерное сжатие*
overconsolidated clay *слежавшаяся глина*
overcuring *перевулканизация*
overdimension *избыточный размер*
overdimension (vb.) *превышать размеры при обработке*
overdimensioned *завышенного габарита, с избыточным размером*
overdrawing *срыв резьбы*
overdry *пересушка*
overfall *водослив*
overfall basin *водосливной колодец*
overfill (vb.) *переполнять*
overfired *пережженный*
overflow *водослив, перелив, переполнение, сливная труба*
overflow (vb.) *затоплять, переливать через край*
overflow dam *водосливная плотина*
overflow pipe *сливная труба*
overflow spillway *водоспуск, сбросный водослив*
overflow spout *водосточный рукав, выпускное отверстие*
overflow valve *перепускной клапан*
overflow water *сбросная вода*
overground *надземный*
overhang *вылет, выступ, консоль, нависание, свес*
overhang (vb.) *нависать, свешиваться*
overhaul *демонтаж, капитальный ремонт, подробный осмотр*
overhaul (vb.) *капитально ремонтировать, разбирать, тщательно осматривать*

overhauling *капитальный ремонт, переборка*
overhead butt weld *потолочный шов встык*
overhead cable *воздушный кабель;* [rail] *контактный провод*
overhead clearance *габарит контактной сети*
overhead contact [rail] *контактный провод*
overhead contact line [rail] *контактный провод*
overhead contact system [rail] *контактная сеть*
overhead contact system dropper [rail] *струна контактной сети*
overhead conveyor *подвесной конвейер*
overhead crane *мостовой кран*
overhead crossing *воздушное пересечение проводов, пересечение дорог на разных уровнях, путепровод*
overhead door *подъемная дверь*
overhead fillet weld *потолочный угловой шов*
overhead lifting tackle *подвесная подъемная таль, подвесное грузоподъемное приспособление*
overhead light *верхнее освещение, верхний свет*
overhead line *воздушная проводка;* [electr.] *воздушная линия;* [rail] *контактный провод*
overhead network [electr.] *воздушная сеть проводов*
overhead passing *путепровод, эстакада*
overhead power line *воздушная линия электропитания*
overhead railway *надземная железная дорога*
overhead reservoir *напорный резервуар*
overheads *накладные расходы*
overhead tank *напорный резервуар*
overhead traffic sign *подвесной дорожный знак*
overhead travelling crane *мостовой кран*
overhead welding *потолочная сварка*
overhead wire *воздушный провод*
overheat (vb.) *перегревать, перекаливать*
overheating *перегрев*
overlaid plywood *клееная многослойная фанера*
overlap *напуск, нахлестка, перекрытие, совмещение*
overlap (vb.) *перекрывать, соединять внахлестку*
overlap joint *соединение внапуск*
overlapped boarding *обшивка досками внакрой*
overlapping *наложение, перекрытие*
overlapping (adj.) *с нахлестом*
overlap time *время перекрытия*
overlap weld *сварное соединение внахлестку*
overlength *припуск по длине для оторцовки*
overlie (vb.) *лежать сверху*
overload *перегрузка*
overload (vb.) *перегружать*
overload capacity *способность выдерживать перегрузку, способность работать с перегрузкой*
overloading *перегрузка*
overload protection *защита от перегрузки*
overlook (vb.) *игнорировать, пренебрегать, пропускать*
overlying soil *вышележащий грунт*

overmeasure *припуск*

overpass [road] *путепровод*

overpressure *избыточное давление, перекомпрессия, сверхсжатие*

overprestressed [concr.] *чрезмерно преднапряженный*

overreinforced [concr.] *переармированный*

overrun *выход за установленный предел, движение с превышением скорости, разнос двигателя*

overrun (vb.) *выходить за установленный предел, работать с превышением нормальной скорости*

oversee (vb.) *наблюдать, осуществлять надзор*

overseer *контролер, мастер, надзиратель, надсмотрщик*

oversize *нестандартный размер, остаток на сите, припуск, увеличенный размер*

oversize (adj.) *с превышением номинального размера*

oversized *с превышением номинального размера, с припуском*

oversize product *остаток на сите*

overspray *избыток лака при распылении*

overstrain *перегрузка, перенапряжение*

overstressing *перенапряжение*

overstretch (vb.) *чрезмерно растягивать*

overtake (vb.) *догонять, наверстывать, обгонять*

overtaking lane [road] *полоса обгона*

overtax (vb.) *перенапрягать, чрезмерно обременять*

overtension *перенапряжение*

overthickness *чрезмерная толщина*

overthrow (vb.) *опрокидывать*

overturn (vb.) *опрокидываться*

overvibration *чрезмерное уплотнение вибрацией*

overview *обзор, обозрение*

overvoltage [electr.] *перенапряжение*

overvoltage protection [electr.] *защита от перенапряжения*

overweight *избыточная масса*

owner *владелец, собственник*

owner-occupied dwelling *частный дом*

ownership *владение, право собственности, собственность*

oxide scale [met.] *окалина*

oxidize (vb.) *окисляться*

oxyacetylene blowpipe *ацетилено-кислородная сварочная горелка*

oxyacetylene cutting *ацетилено-кислородная резка*

oxyacetylene torch *ацетилено-кислородная сварочная горелка*

oxyacetylene welding *ацетилено-кислородная сварка*

oxygen arc cutting *кислородно-дуговая резка*

oxygenate (vb.) *насыщать кислородом, окислять*

oxygen cutting *кислородная резка*

oxygen refined steel *высокосортная сталь, выплавленная с применением кислорода*

pace *скорость, темп работы*

pace off (vb.) *измерять шагами*

pace of work *темп работы*

pace out (vb.) *измерять шагами*

pack *блок, пакет, узел*

pack (vb.) *забивать, закладывать, набивать, накладывать в стопу, паковать, упаковывать, уплотнять;* [road] *трамбовать*

pack (a joint) (vb.) *уплотнять (шов)*

package *кипа, модуль, пакет, сверток, связка, тюк, упаковка*

package (vb.) *упаковывать*

packaged unit *сборный блок, сборочный блок*

package job contract *генеральный подряд, генподрядный договор*

package of sub-contract works *комплекс субподрядных работ, пакет субподрядных работ*

packaging *затаривание, расфасовка, упаковка;* [el.] *компоновка*

packaging materials *тара, упаковка*

pack cloth *мешковина*

packed *скомпонованный, упакованный, уплотненный*

packing *набивка, прокладка, упаковка, упаковочный материал, уплотнение*

packing box *сальник*

packing cloth *мешковина*

packing disc *набивная шайба, уплотняющее кольцо*

packing duck *мешковина*

packing flange *набивная манжета, набивочный воротник*

packing material *набивочный материал, упаковочный материал, уплотнительный материал*

packing nut *герметизирующая гайка*

packing of soil *прикатывание почвы*

packing ring *прокладочное кольцо, уплотнительное кольцо*

packing twine *бечевка, шпагат*

packing washer *уплотнительная шайба, уплотняющее кольцо*

pack thread *бечевка, шпагат*

pad *втулка, затычка, клавишная панель, контактная площадка, подушка*

pad (vb.) *заглушать, заполнять, набивать, подпружинивать*

paddle *затвор, лопасть, лопатка, мешалка*

paddle (vb.) *перемешивать*

paddle mixer [concr.] *лопастный смеситель*

paddling pool *бассейн-лягушатник для детей, мелкий декоративный бассейн*

padlock *висячий дверной замок*

pail *бадья, ведро*

pail cover *крышка ведра*

painstaking *кропотливый, тщательный*

paint *краска, окраска*

paint (vb.) *красить, окрашивать*

paint and varnish remover *растворитель краски и лака*

paint application *нанесение лакокрасочного покрытия*

paint applicator *малярный валик*

paint binder [paintw.] *связующее краски*

paint brush *малярная кисть*

paint coat *лакокрасочное покрытие, слой краски*

painter *маляр*

painter's gold *бронзовый порошок, золотой порошок*

painter's work *малярное дело*

paint film *лакокрасочная пленка, лакокрасочное покрытие, слой краски*

painting *малярное дело, нанесение лакокрасочного покрытия, окраска, окрашивание*

painting brush *малярная кисть*

paint over (vb.) *закрашивать*

paint pot *бачок для краски, бачок окрасочного аппарата, ведро с краской*

paint remover *растворитель красителя, растворитель краски*

paint roller *малярный валик*

paint scraper *шпатель*

paint spattered *забрызганный краской*

paint spray gun *краскодувка, краскопульт, пистолет-краскораспылитель*

paint spraying *аэрографическая окраска, окраска пульверизацией, распыление краски*

paint stripper *раствор для удаления краски, растворитель*

paint thinner [paintw.] *разбавитель*

paint with a roller (vb.) *окрашивать валиком*

paint work *малярное дело*

pair *пара*

pair (vb.) *спаривать*

paired *спаренный*

pair of doors *двойная дверь*

pair of scissors *ножницы*

pair of steps *сходни, трап*

pair of trammels *штанген-циркуль*

pair of tweezers *пинцет*

pair of wires *двухпроводная линия*

pale *кол, стойка ограждения, столб, фундаментный столб*

pale (adj.) *беленый, белесый;* [paintw.] *бледный*

pale fence *штакетник*

palette *палитра*

palette knife *шпатель;* [paintw.] *мастихин*

paling *забор, частокол, шпунтовая стенка*

paling fence *штакетник*

palisade *палисад*

palisander *палисандр, палисандровое дерево*

pallet *поддон*

pallet box *поддон с бортами, ящичный поддон*

pallet converter *пластинчатый транспортер*

palletization *укладка грузов на поддоны*

palletize (vb.) *перевозить на поддонах, укладывать на поддоны*

palletizing *укладка грузов на поддоны*

pallet rack *стеллаж из поддонов*

pan *корыто, лоток, поддон, чаша, чашка весов*

pan breeze [concr.] *шлаковый заполнитель*

pane *листовое стекло, оконное стекло, оконный переплет*

pane (vb.) *остеклять окно*

pane (of the roof) *площадь крыши, поверхность крыши*

panel *панель, плита, плоскость, сборный строительный элемент, филенка, щит*

panel board *деревянная панель, обивочный картон*

panel construction *панельное строительство*

panel door *филенчатая дверь*

panel framed door *филенчатая дверь*

panel heating *панельная система отопления*

panel jack *утопленное гнездо*

panelled ceiling [arch.] *кессонный потолок, панельный потолок*

panelling *обшивка филенками, панельная обшивка*

panel lining *облицовка стен, обшивка стен*

panel masonry brick wall *заполняющая каркас кирпичная стена*

panel of staircase *сборный элемент лестницы*

panel of wall *стеновая панель*

panel parquet *паркетный щит*

panel radiator *панельный электрообогреватель*

panel switch [electr.] *панельный выключатель*

panel wall *заполняющая каркас стена, ограждающая стена*

pan mixer [concr.] *барабанный смеситель*

pantile *желобчатая кровельная черепица, желобчатая черепица, коньковая черепица*

pantry *кладовая*

pan vibrator *виброплощадка;* [concr.] *вибрационная плита*

paper *бумага*

paper (vb.) *оклеивать обоями*

paper bag *бумажный пакет*

paper border *кайма обоев*

paperhanger (UK) *обойщик*

paperhanger's brush *обойная щетка*

paperhanging *оклейка обоями*

paperhangings *обои*

paper insert *бумажная прокладка*

paper-insulated [electr.] *с бумажной изоляцией*

paper-insulated lead-covered cable *освинцованный кабель с воздушно-бумажной изоляцией*

paper lapping *бумажная обмотка кабеля*

paper prints *бумажные обои*

paper wall covering *бумажные обои*

paper wallpaper *бумажные обои*

parabola *парабола*

parabolic girder *параболическая ферма*

parabolic load *параболическая нагрузка*

paraffin oil (UK) *нефть*

parallel *параллель, параллельный*

parallel, in *параллельно*

parallel (lattice) girder *балочная ферма с параллельными поясами*
parallel-chord truss *ферма с параллельными поясами*
parallel connection [el.] *параллельное соединение*
parallel cut *параллельный рез*
parallel displacement *параллельное смещение*
parallelepiped *параллелепипед*
parallel-flange(d) beam *стальная балка с параллельными поясами*
parallel forces *параллельно-направленные усилия*
parallel girder *балочная ферма с параллельными поясами*
paralleling *включение на параллельную работу энергетической системы, запараллеливание, параллельное включение, параллельное соединение*
parallelism *параллелизм, параллельность, параллельный принцип*
parallel jaw vice *параллельные тиски*
parallel line *параллельная линия*
parallel motion *параллельное движение*
parallelogram *параллелограмм;* [mat.] *параллелограм*
parallelogram of forces [phys.] *параллелограмм сил*
parallel projection *параллельная проекция, проекция на параллельную плоскость*
parallel shears *гильотинные ножницы*
parallel to the grain cut [woodw.] *продольный распил*
parallel translation *параллельное смещение*
parameter *параметр*
parameter value *величина параметра, значение параметра*
parapet *балюстарада, бруствер, парапет*
parapet gable *гребенчатый фронтон*
parapet wall *парапетная стенка*
parapet weathering *верхний ряд каменной кладки, гребень стены*
parasitic fungus *гриб-паразит*
parcel *делянка, земельный участок, пакет, партия товара, посылка, сверток, упакованный пакет сообщений*
parcel (of land) *участок земли*
parcellation *выделение земельных участков*
parcel limit *предельная цена участка*
parcelling *выделение земельных участков*
parcelling-out *выделение земельных участков, деление на участки*
parcelling out of land for development purposes *выделение земельных участков под застройку*
parcelling out of land into small holdings *выделение земельных участков под индивидуальное строительство*
parcel out (vb.) *выделять участки*
pare (vb.) *подрезать, стричь*
parent material [weld] *основной материал*
parent metal [weld] *основной металл*
parget *гипс, наружная цементная штукатурка, обмазка, рельефная декоративная штукатурка, штукатурка*
paring *обрезки*
parish road *проселочная дорога*
park *парк*
park (vb.) *парковать, ставить автомобиль на стоянку*

park area *зеленая парковая зона*
parking *автостоянка, паркование*
parking area *автостоянка*
parking bay [road] *придорожный участок для стоянки автомобилей*
parking garage *гараж, крытая автостоянка*
parking house *гараж, крытая автостоянка*
parking lane [road] *полоса для остановки автомобилей*
parking line [road] *линейная разметка стоянки автомобилей*
parking lot (US) *автостоянка*
parking space *место стоянки автомобилей, площадь паркования*
parking zone [road] *зона экстренной остановки автомобилей*
parkland *зеленая парковая зона*
parkway *автострада*
parochial road *проселочная дорога*
parquet *паркет, паркетный пол*
parquet block *паркетная клепка, паркетный щит*
parquet board *паркетная дощечка*
parquet floor *паркетный пол*
parquet layer *слой паркета*
parquetry *укладка паркета*
part *деталь, доля, часть*
part (vb.) *делить, отделяться, разбивать на части, разделять, расщеплять(ся)*
part by volume *доля по объему*
part by weight *доля по массе*
partial *неполный, отдельный, парциальный, частичная дислокация, частичный, частичный тон (в акустике)*
partial assembly *частичная сборка*
partial derivative [mat.] *частная производная*
partial earth *неполная земля;* [el.] *частичное заземление;* [electr.] *неполное замыкание на землю*
partial hip roof [arch.] *полувальмовая крыша*
partial load *частичная нагрузка*
partially restrained *частично защемленный*
partial planning *подпланирование, частичное планирование*
partial vacuum *неполный вакуум*
particle *материальная точка, фракция, частица, элементарная частица*
particle board *древесностружечная плита*
particle of dust *пылинка*
particle shape *форма частиц*
particle size *крупность частиц*
particle size analysis *анализ крупности частиц, гранулометрический анализ, ситовый анализ*
particle size distribution *гранулометрический состав*
particular (adj.) *особый, отдельный, специфический, частный*
particular integral [mat.] *определенный интеграл, частный интеграл*
particulate (adj.) *в форме частиц*
particulate filtering device *приспособление для фильтрации макрочастиц, пылепоглощающий фильтр*
parting *отделение, разделение, расщепление*

parting fluid *разделительная жидкость*

parting layer *барьер, запирающий слой*

parting liquid *разделительная жидкость*

parting-off *торцевание*

parting plane *плоскость разъема, поверхность раздела*

parting sand *припыл, разделительный песок*

parting wall *перегородка*

partition *переборка, перегородка, раздел, разделение, расчленение, часть*

partition (vb.) *перегораживать, разделять, разделять перегородкой, расчленять*

partition off (vb.) *отгораживать перегородкой, отделять*

partition panel *панель перегородки*

partition wall *ограждающая стена, переборка, перегородка*

partition wall brick *кирпич для перегородок*

parts list *спецификация на запасные части*

party wall *общая стена двух зданий, простенок*

pass *коридор, переход, прогон, проход, технологическая операция*

pass (vb.) *признавать годным, принимать, прогонять, пропускать, проходить;* [electr.] *проходить (о токе)*

passage *галерея, коридор, переход, проезд, проход, прохождение*

passage height *габаритная высота моста*

passage span *мостовой пролет для прохождения судов*

passageway *галерея, коридор, перепускной канал клапана, переходный люк, проход*

passed quantity *объем стока*

passenger conveyor *движущийся тротуар*

passenger elevator *пассажирский подъемник*

passenger elevator (US) *лифт*

passenger lift *пассажирский подъемник*

passenger lift (UK) *лифт*

passenger shelter *ветровое стекло*

passe-partout *отмычка*

pass/fail condition [el.] *условие приемки или браковки изделия*

passing *протекание, прохождение*

passing bay [road] *боковая полоса для обгона*

passing bolt *сквозной болт*

passing column *сквозная колонна, сквозная стойка*

passing place *разъезд;* [rail] *боковой станционный путь;* [road] *боковая полоса для обгона*

passing quantity *объем стока*

passive *инертный, пассивный*

passive earth pressure *пассивное давление грунта*

passive impact test *испытание пассивных средств защиты от столкновения*

passive solar heat *самонагрев за счет солнечной радиации*

passive solar heating system *устройство для самонагрева за счет солнечной радиации*

passive solar wall *стена, самонагревающаяся за счет солнечной радиации*

passkey *отмычка*

pass over (vb.) *пересекать*

pass through (vb.) *пропускать, проходить*

pass-through *сквозной проход*

paste *замазка, клей, паста, тесто*

paste (vb.) *наклеивать, склеивать;* [graph.] *клеить*

paste solder *пастообразный припой, паяльная паста*

pasting *склеивание*

pasty *тестообразный*

PA system (public address system) *система местного оповещения, система местного радиовещания*

pat *цементный образец в виде лепешки для определения сроков схватывания*

pat (vb.) *похлопывать*

patch *заплата, лоскут, небольшой участок земли, перемычка, пятно*

patch (vb.) *производить ямочный ремонт дороги, пятнать, склеивать, соединять, ставить заплаты;* [paintw.] *оставлять пятна*

patch (of land) *небольшой участок земли*

patching *заделка отверстий и раковин, замазывание, наложение заплаты, ямочный ремонт дорожного покрытия*

patent *патент*

patented *патентованный*

patented invention *запатентированное изобретение*

patent glazing *остекление путем крепления стекол без замазки на штапиках или прокладках*

patenting [met.] *патентирование*

patent lock *английский замок, замок со щеколдой*

patent pending *заявленный патент*

patent plaster *накрывка, накрывочный слой штукатурки*

paternoster *ковшовый элеватор, лифт непрерывного действия, многоковшовый землечерпательный снаряд, нория*

paternoster elevator *патерностер, подъемник непрерывного действия*

path *ветвь, дорожка, курс, маршрут, путь, траектория, тракт, цепь*

pathway *дорожка, мостки*

patina *налет в результате окисления, окраска в результате окисления, патина*

patinate (vb.) *покрываться патиной*

patio *внутренний дворик, терраса*

patio house *дом со внутренним двориком*

patten *тумба;* [arch.] *база колонны*

patten of column *база колонны*

pattern *конфигурация, макет, модель, образ, образец, рисунок, узор, шаблон, эталон*

pattern approval *утверждение макета*

patterned glass *стекло с рисунком на поверхности*

pattern sheet *листовой металл с рисунком на поверхности*

pause *пауза, перерыв*

pave (vb.) *выстилать, мостить, укладывать дорожное покрытие*

paved verge *мощеная обочина дороги*

pavement *дорожная одежда, материал для мощения, мостовая, панель, плиточный пол;* [road] *дорожное покрытие*

pavement (UK) *тротуар*

pavement (US) *проезжая часть дороги*

pavement concrete *бетон для дорожных покрытий*

pavement structure *конструкция дорожного покрытия*

pavement surfacing *дорожная одежда, дорожное покрытие*

paver *бетоноукладчик, плиточник;* [road] *укладчик асфальтобетонной смеси*

pave with cubes (vb.) [road] *мостить брусчаткой*

pavilion *павильон*

pavilion roof [arch.] *пирамидальная крыша, полигональная крыша, шатровая крыша*

paving *дорожная одежда, дорожное покрытие, мостовая;* [road] *мощение*

paving beetle *трамбовка для укладки дорожного покрытия*

paving breaker *механический лом для вскрытия дорожного покрытия;* [road] *бетонолом*

paving flag *тротуарная плитка*

paving rammer *трамбовка для укладки дорожного покрытия*

paving slab *тротуарная плитка*

paving stone *брусчатка, плитка*

paving tile *плитка*

paviour *дорожный клинкер, камень для мощения, мостильщик, трамбовка*

pawl *защелка, собачка*

pay *заработная плата*

payload *полезная нагрузка, полезный груз*

payment *оплата, плата, уплата*

pay zone *продуктивный интервал;* [mining] *продуктивная зона*

pea gravel *мелкий окатанный гравий*

pea gravel concrete *бетон с заполнителем из мелкого окатанного гравия*

peak *высшая точка, максимум, пик*

peak load *максимальная загрузка, пиковая нагрузка*

peak point *высшая точка, пиковая точка*

peak value *максимальное значение, пиковая величина*

pearl *гранула, жемчужина, зернышко, пружинка*

pearlescence *перламутровый эффект*

peat *торф*

peat dust *мох-сфагнум*

peat soil *торфяной грунт*

pebble *булыжник, валун, галька, голыш, каменная крошка, мелкий щебень, окатанный крупный гравий*

pebble concrete *бетон с мелким каменным заполнителем*

pebble dash *штукатурка с каменной крошкой*

pebble gravel *каменная крошка;* [concr.] *мелкий заполнитель*

pebble macadam *дорожное покрытие из мелкого щебня*

pebble mill *шаровая мельница*

pebbles *булыжник, валун, галька, каменная крошка, мелкий щебень*

PEC (photoelectric cell) *фотоэлемент*

pedestal *база, опорная подкладка, основание, подколонник, подставка, подушка, стойка, цоколь, цоколь колонны*

pedestal base *цоколь колонны*

pedestal wash basin [san.eng.] *раковина на стойке*

pedestrian *пешеход*

pedestrian and vehicular segregation *разделение потока пешеходов и автотранспорта*

pedestrian area *пешеходная зона*

pedestrian bridge *пешеходный мост*

pedestrian crossing *пешеходный переход*

pedestrian crossing lights *светофор на пешеходном переходе*

pedestrian deck *настил для пешеходов*

pedestrian overpass (US) *пешеходный мост*

pedestrian path *пешеходная дорожка*

pedestrian push button *кнопка включения зеленого сигнала светофора для пешеходов*

pedestrian road *улица, закрытая для автотранспорта*

pedestrian signal *светофор на пешеходном переходе*

pedestrian street *улица, закрытая для автотранспорта*

pedestrian traffic *движение пешеходов*

pedestrian underpass *подземный переход*

pedestrian zone *пешеходная зона*

pediment *педимент, предгорная равнина аридного климата, сандрик, щипец;* [arch.] *фронтон*

peel (vb.) *окоривать, снимать кожицу, снимать корку*

peeling *кожица, корка, шелуха;* [woodw.] *окорка*

peen (of a hammer) [tool] *острый боек молотка*

peen hammer *молоток с фасонным бойком;* [tool] *слесарный молоток*

peep hole *визирное отверстие, глазок*

peg *веха, деревянная пробка, деревянный гвоздь, колышек, нагель, стержень (в ЗУ на магнитных стержнях), шпилька, штифт*

peg (vb.) *делать разбивку колышками;* [geod.] *провешивать линию на местности;* [woodw.] *соединять нагелями в шип*

peg for measuring chain [geod.] *колышек для мерной цепи*

pegging of the track [rail] *разбивка пути*

pegging out [geod.] *разбивка линии*

peg hole [woodw.] *отверстие под шип для деревянной пробки*

peg-shaped *конической формы*

pellet *бисер, гранула, катышек, шарик;* [met.] *окатыш*

pelletizing *гранулирование*

pellets *гранулы, окатыши*

pellucid *прозрачный*

pelmet *ламбрекен*

pelmet lighting *освещение ламбрекена*

pen (vb.) *возводить дамбу, запруживать*

penalty *взыскание, наказание, штраф*

pendant *висячая лампа, подвеска, подвесная кнопочная станция, подвесной кнопочный выключатель, подвесной пульт управления, подвесной светильник, шкентель*

pendant bridge *подвесной мост*

pendant fitting *подвеска для лампы, подвесная светотехническая арматура, подвесной светильник*

pendant lamp *висячая лампа*

pendant luminaire *подвеска для лампы, подвесная светотехническая арматура*

pendent *висячий, подвесной, свисающий*

pendular *маятниковый, с маятниковой подвеской*

pendulous *маятниковый, с маятниковой подвеской*

pendulum *маятник*

pendulum bearing [bridge] *качающаяся опора, маятниковая опора*

pendulum circular saw *маятниковая дисковая пила*

pendulum contact *маятниковый переключатель*

pendulum hardness *маятниковая твердость, твердость по Герберту*

pendulum impact test *испытание на ударную вязкость с помощью маятникового копра, ударное испытание маятниковым копром*

pendulum movement *маятниковое движение*

pendulum pier *качающийся устой, шарнирный пилон*

pendulum saw *маятниковая пила*

pendulum stanchion *качающийся устой, шарнирный пилон*

pendulum switch *маятниковый переключатель*

penetrability *проникающая способность, проницаемость*

penetrate (vb.) *пронизывать, проникать, пропитывать*

penetrating oil *противокоррозионная битумная пропитка*

penetrating power *проникающая способность*

penetration *преодоление защиты, проникание, проникновение, пропитка;* [weld] *провар*

penetration bead [weld] *корневой валик многослойного шва со сквозным проплавлением*

penetration capability *проникающая способность*

penetration depth *глубина проникновения*

penetration macadam *щебеночное покрытие с пропиткой вяжущими материалами*

penetration power *проникающая способность*

penetration-resistant sole *кислотостойкая подошва спецобуви, маслостойкая подошва спецобуви*

penetration strength *проникающая способность, сила проникновения*

penning *каменное основание;* [road] *устройство каменного основания*

pentagon *пятиугольник*

pentagonal *пятиугольный*

penthouse *надстройка на крыше для оборудования лифтов, баков и т.п., односкатная крыша*

pent roof *односкатная крыша*

people conveyor *движущийся тротуар*

people mover *движущийся тротуар*

perambulator [geod.] *курвиметр*

per cent *процент*

percentage *процент, процентное отношение, процентное содержание*

percentage by volume *процентное содержание по объему*
percentage by weight *процентное содержание по массе*
percentage of air *процентное содержание воздуха*
percentage of reinforcement [concr.] *коэффициент армирования*
percentage of voids *относительный объем пустот, процент пустот*
percentage of water *процентное содержание воды*
per cent by volume *объемный процент, процент по объему*
perceptible *видимый, заметный*
percolate (vb.) *просачиваться, фильтровать(ся)*
percolating filter [hydr.] *перколяционный биологический фильтр*
percolating water *вода зоны свободной фильтрации*
percolation *просачивание, фильтрация*
percolation of pollution *просачивание загрязнения*
percolation well *шахтный безнапорный колодец*
percussion *сотрясение, столкновение, удар*
percussion drilling *ударное бурение*
percussion drilling machine *бурильная машина ударного действия*
percussion welding *ударная сварка*
percussive effect *ударный эффект*
perfect (vb.) *совершенствовать, улучшать*
perfect (adj.) *идеальный, совершенный, точный*
perforate (vb.) *перфорировать, пробивать отверстия*
perforated brick *дырчатый кирпич*
perforated ceiling *перфорированный потолок*
perforated plate *дырчатый лист, перфорированная панель*
perforated tile *воздухопроницаемая плитка, доводочный брусок, оселок*
perforated wall *стена из ажурной кладки*
perforation *отверстие, перфорация, пробивание отверстий*
perform (vb.) *выполнять, делать, исполнять, производить*
performance *выполнение, выполнение операции, интенсивность труда, производительность, работа машины, характеристика, характеристика работы машины, эксплуатационные качества, эффективность*
performance criteria *критерии качества функционирования, критерии эффективности функционирования*
performance property *эксплуатационная характеристика*
performance specification *рабочие технические условия, техническое задание*
pergola *аллея, украшенная колоннами, аллея, украшенная решетками;* [arch.] *пергола*
perilla oil *перилловое масло*
perimeter *длина окружности, периметр*
perimeter insulation *изоляция по периметру*
period *период, промежуток, промежуток времени, цикл*
periodic *периодический, циклический*
periodic check *периодический контроль, регулярная проверка*
periodic duty [electr.] *периодический режим работы*
periodic health examination [wk.env.] *регулярное медицинское обследование*
periodic inspection *периодический контроль, регулярная проверка*

periodic load *периодическая нагрузка*

periodic medical examination [wk.env.] *регулярное медицинское обследование*

periodic time *период, промежуток времени, цикл*

peripheral *внешнее устройство, периферийное устройство;* [telecom.] *внешнее устройство*

peripheral (adj.) *периферийный*

peripheral area *периферийная область, периферийный участок*

peripheral force *периферийное усилие*

periphery *окружность, периферия*

peristaltic pump *перистальтический насос*

per linear metre *на погонный метр*

permafrost *вечная мерзлота*

permanence *неизменность, прочность*

permanent *долговременный, неизменный, остаточный, постоянный*

permanent action *постоянное воздействие, постоянное действие*

permanent anchorage *постоянная анкеровка, постоянное крепление*

permanent coupling *глухая муфта, жесткое сцепление*

permanent deflection *остаточная деформация прогиба, остаточный прогиб*

permanent deformation *остаточная деформация, пластическая необратимая деформация*

permanent elongation *остаточное удлинение*

permanent extension *остаточное растяжение*

permanent installation *стационарная установка*

permanent lining *постоянная крепь;* [concr.] *конструкционная несъемная опалубка*

permanent link *неразъемное соединение*

permanent load *постоянная нагрузка, статическая нагрузка*

permanent point [geod.] *фиксированная точка*

permanent reinforcement *постоянное усиление*

permanent set *пластическая необратимая деформация, постоянная усадка;* [build.] *остаточный прогиб*

permanent strain after rupture *относительное удлинение при разрыве, разрывное удлинение*

permanent support *постоянная крепь*

permanent to dimension *постоянство размеров*

permanent way *земляное полотно дороги;* [rail] *верхнее строение пути*

permanent-way material [rail] *материал для верхнего строения пути*

permanent way tools [rail] *инструмент для путевых работ*

permanent worker *постоянный рабочий*

permeability *проницаемость*

permeability coefficient *коэффициент проницаемости;* [pow.met.] *коэффициент фильтрации*

permeability test *испытания на проницаемость, определение проницаемости*

permeability to water *водопроницаемость*

permeable *негерметичный, проницаемый, фильтрующий*

permeable asphalt concrete *проницаемый асфальтобетон*

permeate (vb.) *пронизывать, проникать*

permeation *проникновение, просачивание*
permissible *безопасный, допустимый, позволительный, разрешительный*
permissible deviation *допустимое отклонение*
permissible load *допустимая нагрузка*
permissible minimum dimension *минимально допустимый размер*
permissible strain *допустимое напряжение*
permissible stress *допустимая нагрузка*
permissible tolerance *допустимая погрешность*
permissible variation *допуск, допустимая погрешность, допустимое отклонение, разрешенное отклонение*
permissible wear *допустимый износ*
permission *разрешение*
permit *приемка, пропуск, разрешение*
permit (vb.) *допускать, позволять, разрешать*
permutation [mat.] *перестановка*
perpend *стыковой шов, шов стыкового соединения;* [mason] *шов тычковой кладки*
perpender *тычковый кирпич;* [mason] *тычок*
perpendicular *вертикаль, отвесная линия, перпендикуляр*
perpendicular (adj.) *вертикальный, отвесный, перпендикулярный*
perpendicular, be (vb.) *располагаться под прямым углом*
perpendicular, be out of (vb.) *располагаться невертикально, с отклонением от вертикали*
perpendicular force *нормальная сила, нормальная составляющая силы*
perpendicularity *перпендикулярность*
perpendicularity tolerance *допустимое отклонение от вертикали*
perpendicular line *перпендикулярная линия*
perpendicular planes *перпендикулярные плоскости*
perpendicular to *перпендикулярно, под прямым углом*
perron *крыльцо, наружная лестница*
persistent *постоянный, стойкий, устойчивый*
personal *личный, персональный*
personal eye-protectors *индивидуальные средства защиты глаз*
personal hoist *пассажирский подъемник*
personal injury [wk.env.] *травма*
personal protective equipment [wk.env.] *индивидуальные средства защиты*
personal safety *личная безопасность*
personnel *кадры, персонал, штат*
personnel basket *клеть подъемника*
perspective *перспектива, перспективное изображение, перспективный вид*
perspective (adj.) *перспективный*
perspective drawing *чертеж в перспективе*
perspective point [geod.] *главная точка*
perspiration *конденсация*
perspiration water *конденсат*
per thousand *на тысячу, промилле*
pervibrate (vb.) *обрабатывать вибратором*

pervious *проницаемый*

pervious coated macadam [road] *дренажное асфальтовое покрытие*

pest *вредитель, паразит*

pest infestation *заражение паразитами*

pet cock *воздуховыпускной кран*

petrol (UK) *бензин*

petroleum pitch *битумный крекинг-остаток;* [chem.] *нефтяной пек*

petroleum spirit [chem.] *уайт-спирит*

petrol-powered (UK) *работающий на бензине*

p.f.u. (prepared for use) [paintw.] *готовый к употреблению*

phase *период, стадия, фаза, этап*

phase (vb.) *фазировать*

phase of work *рабочая операция, рабочая фаза*

Phillips screw *винт с крестовым шлицем*

Phillips screwdriver *крестообразная отвертка*

phone *телефон*

phonics *акустика*

phosphorescent paint *люминесцентная краска*

phosphorescent pigment [paintw.] *люминесцентный пигмент*

photocell *фотодетектор, фотоприемник, фотоэлемент*

photocurable coating [paintw.] *светоотверждающееся лакокрасочное покрытие*

photodetector *фотодетектор, фотоприемник, фотоэлемент*

photoelectric cell (PEC) *фотоэлемент*

photoelectric detector *фотодетектор, фотоприемник, фотоэлемент*

photoelectric receptor *фотодетектор, фотоприемник, фотоэлемент*

photogrammetry [geod.] *фотограмметрия*

phreatic rise [geol.] *выход грунтовых вод на поверхность*

phreatic surface [geol.] *уровень грунтовых вод*

physical *материальный, физический*

physical agent *сила природы, стихия*

pick *кирка, пика отбойного молотка*

pick (vb.) *выбирать, кирковать, отбирать*

pickaxe *кирка, киркомотыга*

pick chisel *кузнечное зубило, пикообразное долото*

pick dressing *обработка под шубу;* [concr.] *обработка бетонной поверхности рустикой*

picket *кол, планка штакетника, стойка*

picket fence *штакетник*

pick hammer *молоток с остроконечным бойком, отбойный молоток*

picking *разборка, сортировка*

picking plant *классификатор, сортировальная установка, сортировка*

picking-up *сбор, собирание*

pickle *кислотная ванна;* [met.] *протрава*

pickle (vb.) *травить;* [met.] *протравлять*

pick up (vb.) *подбирать, поднимать, собирать, считывать*

piece *деталь, кусок, обрабатываемое изделие, часть, штука*

piece list *спецификация*

piece of furniture *мебель*

piece of information *информация, порция информации*

piece of line [rail] *участок железнодорожного пути*

piece of work *обрабатываемая деталь, рабочая операция*

piece rate *сдельная ставка*

piece together (vb.) *собирать, соединять*

piece wage *сдельная ставка*

piecework *сдельная работа, сдельщина*

piecework pay *сдельная ставка*

pier *бык моста, волнолом, мол, опора, пилон, простенок, пятовая стена свода, стойка, столб, устой*

pier bond *столбовая перевязка кирпичной кладки*

pierce (vb.) *перфорировать, пробуравливать, прокалывать, пронзать, просверливать, протыкать*

pierced work *перфорированная конструкция*

piercer *бородок, бурав, пробойник, шило*

piercing *перфорация, пробивка отверстий, прошивка*

pier foundation *столбчатое основание, столбчатый фундамент*

pierhead *голова мола, голова пирса, головная часть быка моста, головная часть бычка плотины*

pier head *голова мола, голова пирса*

pig *болванка, брусок, чугун, чушка*

pig iron *чугун*

pigment *краситель, красящее вещество, пигмент*

pigment (vb.) *окрашивать, пигментировать*

pigmentation *пигментация*

pilaster [arch.] *пилястра*

pile *груда, куча, свая, фундаментный столб, шпунт, штабель*

pile (vb.) *вбивать сваи, нагромождать, складывать в кучу, устраивать свайный фундамент, штабелировать*

pile block *баба для забивки свай, подбабок на свае*

pile bridge *мост на свайных опорах*

pile cap *наголовник сваи*

piled quay wall *больверк с разгрузочной плитой, вертикальное свайное ограждение берега*

pile drawing *выдергивание свай*

pile driver *свайный копер*

pile driving *забивка свай, сваебойные работы*

pile-driving machine *свайный копер*

pile engine *копер, копровая установка*

pile extracting *выдергивание свай*

pile-extracting machine *сваевыдергиватель*

pile extractor *сваевыдергиватель*

pile ferrule *бугель, свайный башмак*

pile footing *свайное основание*

pile formula *формула расчета несущей способности сваи*

pile foundation *свайное основание, свайный фундамент*

pile foundations, on *на свайном фундаменте*

pile group *куст свай*

pile hammer *баба копра, свайный копер*

pile head *оголовок сваи*

pile hoop [hydr.] *свайное кольцо*

pile load *нагрузка на сваю*

pile plank *шпунтина, шпунтовая свая*

pile planking *шпунтовая стена, шпунтовый ряд*

pile reinforcement *укрепление сваями*

pile ring [hydr.] *свайное кольцо*

pile shoe *бугель, свайный башмак*

pile top *оголовок сваи*

pile up (vb.) *нагромождать, штабелировать*

pilework *свайное основание, свайное сооружение, свайный ростверк*

piling *больверк, забивка свай, сваебойные работы, свайное основание, свайное сооружение, свайный фундамент, сваливание в кучу, укладка, штабелирование*

piling steel *сталь для шпунтовых свай*

pillar *колонна, мачта, опора, пилон, стойка, столб*

pillar crane *кран на колонне*

pillar file *пазовый напильник, пропиловочный напильник*

pillar section *надколонник*

pilot bushing *направляющая втулка*

pilot drill *цилиндрическое сверло с выталкивателем*

pilot flame *воспламенительный факел, запальное пламя*

pilot lamp *контрольная лампа, сигнальная лампа*

pilot model *опытная модель, опытный образец*

pilot project *пробный проект, экспериментальный проект*

pilot research *экспериментальное исследование*

pilot study *экспериментальное исследование*

pilot survey *предварительное исследование*

pilot wire [rail] *контрольный провод, сигнальный провод*

pin *капец, ось, цапфа, шкворень, шпилька, шплинт, штифт, штырек;* [el.] *вывод, контакт;* [electr.] *штырь вилки*

pin (vb.) *зашплинтовывать, заштифтовывать, прикалывать, скреплять*

pin and socket connector [el.] *разъем;* [electr.] *штепсельный разъем*

pin bolt *чека*

pincers *клещи, пинцет, щипцы*

pincette *пинцет*

pinch (vb.) *сдавливать, сжимать*

pinch bar *лом*

pinch cock *запорный кран, концевой кран*

pincher *лом, переносной расплющивающий механический пресс для труб*

pinch fit *посадка с натягом*

pinch-off *отбивка шнуром, скручивание*

pin drill *сверло для выборки гнезд под шканты, сверло с направляющей цапфой на переднем конце*

pine [bot.] *сосна;* [woodw.] *сосновая древесина*

pine tar *древесная смола*

pine wood *древесина хвойных пород, сосновая древесина*

pin hinge *петля с выжимающимся стержнем*

pinhole *болтовое отверстие, микроканал, небольшая раковина, пора, прокол*

pinhole detection *выявление газовых пор, выявление раковин*
pinhole rating *пористость*
pink out (vb.) *рассверливать, растачивать*
pinnacle *вершина, зубец стены, пик*
pin plug *банановый штепсель*
pinpoint *острие булавки*
pinpoint corrosion *точечная коррозия*
pin riveting *клепка с одновременным образованием обеих головок*
pintle *ось вращения, поворотный шкворень*
pin tumbler cylinder *цилиндр замка со штырьковым реверсивным механизмом*
pin wrench [tool] *крючковый гаечный ключ со штифтом*
pioneer heading [hydr.] *направляющая штольня*
pipe *труба, трубка, трубопровод*
pipe (vb.) *прокладывать трубопровод, пускать по трубам, транспортировать по трубопроводу*
pipe band *трубодержатель*
pipe bend *изгиб трубы, отвод трубы*
pipe bending machine *трубогибочный станок*
pipe bracket *кронштейн для подвески трубы*
pipe branch *патрубок*
pipe break *разрыв трубы*
pipe-break valve *аварийный вентиль трубопровода*
pipe bridge *виадук, эстакада для трубопроводов*
pipe burst *разрыв трубы*
pipe canal *канал для трубопровода*
pipe casing *обсадная труба*
pipe choking *закупоривание трубы*
pipe clamp *трубодержатель, хомут для труб*
pipe clay *белая гончарная глина*
pipe clip *трубодержатель, хомут для крепления труб*
pipe coating *обмазка труб*
pipe coil *змеевик*
pipe conduit *трубопровод*
pipe connection *трубное соединение, трубопровод*
pipe coupling *муфтовое соединение трубопровода, резьбовая соединительная муфта*
pipe covering *теплоизоляция трубопровода*
pipe culvert [road] *водопропускная труба под насыпью*
piped *трубный, трубчатый*
pipe defect *повреждение трубы*
piped heat system *трубная система отопления*
pipe diameter *диаметр трубы*
pipe die stock *трубный клупп*
pipe drain *трубчатая дрена*
pipe duct *канал для трубопровода*
piped water *водопроводная вода*
pipe elbow *колено трубы*
pipe end *конец трубы*
pipe filter *трубчатый фильтр*
pipe fitter *рабочий по монтажу трубопровода*

pipe fitting *монтаж трубопровода, трубная арматура, укладка трубопровода*

pipe flange *фланец трубы*

pipe fracture *разрыв трубы*

pipe guard *ограждение трубопровода*

pipe hanger *хомут для крепления труб*

pipe holder *кронштейн для подвески труб*

pipe hook *крюк для подвески труб*

pipe installation *монтаж трубопровода, прокладка трубопровода*

pipe joint *соединение труб, трубное соединение*

pipelayer *трубоукладчик*

pipe laying *прокладка трубопровода, укладка труб*

pipe layout *схема трубопроводов*

pipeline *трубопровод*

pipeline installations *оборудование трубопровода, трубопроводная арматура*

pipeline network *трубопроводная сеть*

pipeline transportation *транспортировка по трубопроводу*

pipe main *магистраль, магистральная труба*

pipe nut *трубная гайка*

pipe penetration *заглубление труб, погружение труб*

pipe plug *резьбовая соединительная муфта для труб*

pipe pushing *продавливание трубы через насыпь*

pipe railing *ограждение трубопровода*

pipe riser *пожарный кран*

pipe run *участок трубопровода*

pipe seal *заглушка трубопровода, затвор трубопровода*

pipe section *звено трубопровода, отрезок трубы*

pipe serpent *змеевик*

pipe socket *патрубок, штуцер*

pipe stock and die *трубный клупп*

pipe stoppage *закупоривание трубы*

pipe strap *трубодержатель*

pipe stub *патрубок, штуцер*

pipe surface *поверхность трубы*

pipe system *система труб, трубопроводная сеть*

pipe thread *трубная резьба*

pipe trench *рытье канав, рытье котлованов, рытье рвов*

pipe type cable *газонаполненный кабель*

pipe union *соединительная муфта*

pipe vice *тиски для труб*

pipe wall *стенка трубы*

pipe welding *сварка труб*

pipework *монтаж трубопровода*

pipe wrench *трубный ключ*

pipe yard *трубная база, участок на строительстве трубопровода*

piping *работы по монтажу трубопровода, система труб, трубопровод, трубопроводная сеть*

piping diagram *схема расположения трубопроводов*

piping elbow *колено трубопровода*

piping system *система труб*

piston *поршень*

piston pump *плунжерный насос, поршневой насос*

pisé building [build.] *глинобитная постройка*

pit *выемка, изъязвление, колодец, коррозионная язва, котлован, приямок, шурф, яма*

pitch *вар, деготь, наклон, пек, покатость, скат крыши, смола, угол наклона, угол ската крыши, уклон, шаг (число знаков на единицу длины), шаг резьбы*

pitch (vb.) *смолить*

pitch board *брусок для формирования ступеньки лестницы, раскос из доски*

pitched roof *скатная крыша*

pitched truss *стропильная ферма*

pitch-grouted macadam *обработанное пеком;* [road] *щебеночное покрытие*

pitching *каменное основание, смолокурение, укрепление откоса насыпи котлована;* [road] *устройство каменного основания*

pitching machine *осмолочная машина*

pitching stones [road] *каменное основание*

pitch line *осевая линия наклона лестницы*

pitch of rivets *шаг заклепочного шва*

pitch of roof *угол ската крыши*

pitch of staircase *угол наклона лестницы*

pitch oil *смоляное масло*

pitchpine *болотная сосна, жесткая сосна*

pitch pocket *засмолок (дефект древесины)*

pith *сердцевина древесины*

pith ray *сердцевинный луч в древесине*

Pitot tube *трубка Пито*

pit-run gravel *карьерный несортированный гравий*

pit sand *карьерный песок*

pit-saw *маховая пила, поперечная пила*

pitted *изрытый, изъязвленный*

pitting *образование изъязвлений, точечная коррозия, питтинг*

pitting corrosion *образование изъязвлений, точечная коррозия*

pivot *осевой стержень, ось вращения, точка опоры, центр вращения, шарнир, шкворень*

pivot (vb.) *вращаться, поворачиваться*

pivotal *вращающийся, поворотный*

pivotally connected *соединенный шарнирно*

pivotally mounted *установленный на оси*

pivotal pier *бык поворотного пролетного строения разводного моста, шарнирная опора моста*

pivot bridge *разводной мост*

pivoted window (horizontal) *откидное окно*

pivoted window (vertical) *поворотное окно*

pivot hinge *дверная петля*

pivot hung window *откидное окно, поворотное окно*

pivoting *вращающийся*

pivoting frame *поворотная рама окна*

pivot pin *ось шарнира, палец шарнира*

pivot point *центр вращения*

place *место, позиция, положение, разряд*

place (vb.) *помещать, размещать, ставить, укладывать*

place identification sign [road] *указатель названия населенного пункта*

placement *размещение, укладка, установка на место*

placement operations *работы по укладке*

place of employment *место работы*

place of failure *место повреждения*

place of residence *место жительства*

place of work *место работы*

placer *бетоноукладчик*

placing *положение, помещение, прокладка кабеля, прокладка трубопровода, размещение, укладка бетона*

placing of bars [concr.] *укладка арматуры*

placing of rails [rail] *укладка пути*

placing of topsoil *укладка дерна*

plain *простой, ясный*

plain (adj.) *гладкий, неармированный, одинарный, плоский, простой, ровный*

plain bar *пруток*

plain carbon steel *нелегированная углеродистая сталь*

plain concrete *неармированный бетон*

plain-end tube *труба с ненарезанным концом*

plain fit *посадка третьего класса точности*

plain glass *оконное стекло*

plain jointed floor *сплоченный дощатый пол*

plain key *шпонка на лыске*

plain moulding *простое строгание, строганая деталь без украшений*

plain of a wall *лицевая часть стены*

plain reinforcing bar [concr.] *гладкий арматурный стержень*

plain scale *масштаб 1:1, натуральная величина*

plain scarf [woodw.] *килевой замок, косой замок*

plain steel tube *гладкая стальная труба*

plain tile *плоская черепица*

plain tube *гладкая труба*

plain washer *плоская шайба*

plait *сгиб, складка*

plait (vb.) *делать складки, закладывать складки, заплетать;* [weav.] *плести*

plaiting *складка готового изделия;* [text.] *плетение*

plan *вид в плане, горизонтальная проекция, диаграмма, план, проект, схема, чертеж;* [build.] *основной план*

plan (vb.) *планировать, проектировать*

planar frame *двумерная дифракционная решетка, плоская решетка*

planarity *плоскостность*

planar structure *планарная структура*

planar system *плоская система*

plan drawing *чертеж в горизонтальной проекции*

plane *матрица, панель, плата, плоская поверхность, плоскость, рубанок*

plane (vb.) *выравнивать, скоблить, строгать*

plane analytic geometry *аналитическая планиметрия*

plane curve *плоская кривая, пологая кривая*

plane curved beam *пологая криволинейная балка*

planed board *строганая доска*

planed timber *строганый пиломатериал*

planed wood *строганый пиломатериал*

plane face glass *плоское стекло*

plane frame *плоская рама*

plane glass *плоское стекло*

plane grate *горизонтальная колосниковая решетка*

plane hole *нижняя прорезь в колодке рубанка*

plane iron *железко рубанка*

plane mouth *нижняя прорезь в колодке рубанка*

planeness *плоскостность, ровность*

plane of bending *плоскость изгиба*

plane of curvature *плоскость изгиба*

plane off (vb.) [woodw.] *состругивать*

plane of incidence *плоскость падения*

plane of mirror symmetry *плоскость симметрии*

plane of projection *плоскость проекции*

plane of section *плоскость сечения*

plane of sliding *плоскость скольжения*

plane of symmetry *плоскость симметрии*

plane of weakness *критическое сечение, плоскость наименьшего сопротивления*

plane-parallel *плоскопараллельный*

planer *листоправильный станок, продольно-строгальный станок, рубанок, фуганок*

plane section *плоское сечение*

plane sifter *горизонтальное сито, горизонтальный грохот*

plane stock *колодка рубанка*

plane strain *плоская деформация*

plane stress *плоское напряженное состояние*

plane surface *плоская поверхность, торцовая поверхность*

plane surveying [geod.] *горизонтальная съемка местности*

planetary mixer *планетарный смеситель*

planetary paddle mixer *планетарный смеситель с лопастной мешалкой*

plane view *вид в плане, вид сверху, горизонтальная проекция*

planimeter *планиметр*

planimetry [mat.] *планиметрия*

plan in detail (vb.) *составить детальный план*

planing *выглаживание, выравнивание, строгание, строжка;* [build.] *планировка*

planing and milling machine *продольно-фрезерный станок*

planing appliance *строгальный станок*

planing bench *верстак*

planing chip *стружка*

planing-dry wood *древесина, отструганная после сушки*

planing machine *листоправильный станок, продольно-строгальный станок, строгальный станок*

planish (vb.) *расплющивать;* [build.] *планировать;* [met.] *расковывать*
planishing *планировка*
planishing hammer *молоток с округленным бойком*
planishing tool *правильный инструмент, рихтовочный инструмент*
plank *обшивочная доска, планка*
plank bed *аппарель, погрузочная платформа*
plank bridge *дощатый мост*
plank covering *дощатый настил*
plank end *торец доски*
plank floor *дощатый пол с широкими половицами*
planking *дощатая обшивка, дощатый настил*
planned *запланированный, плановый, схематичный*
planned height *проектная высота*
planner *планировщик, плановик, проектировщик*
planning *планирование, планировка, планировочные работы, проектирование*
planning and building committee *комитет по проектированию и строительству*
planning area *планировочная зона*
planning module *планировочный модуль*
planning permission *разрешение на планировочные работы*
planning region *планировочная зона*
plant *завод, оборудование, предприятие, производственное оборудование, растение, фабрика;* [prof.] *самомодификация программы*
plant (vb.) *озеленять, сажать*
plant and equipment *оборудование и инвентарь*
plantation *возделывание, культивирование, насаждение, плантация, посадка*
plant building *заводской корпус*
planted moulding *накладная декоративная планка*
planting *культура, насаждение, озеленение, посадка, посев, сев;* [build.] *высадка, закладка фундамента*
plant mixing [concr.] *приготовление товарной смеси*
plan view *вид в плане, вид сверху, план, схема расположения*
plasma arc welding *плазменная сварка*
plasma cutting *плазменная резка*
plasma jet welding *сварка плазменным факелом*
plasma welding *плазменная сварка*
plaster *алебастр, гипс, штукатурка*
plaster (vb.) *штукатурить*
plaster and joint mortar binder *вяжущее штукатурки и раствора для заполнения швов*
plaster base *основание под штукатурку*
plaster blend *гипсовая смесь*
plaster block *гипсовая плита*
plasterboard *гипсовый картон, лист сухой штукатурки*
plaster board *гипсовая плита*
plaster coat [mason] *намет штукатурки*
plasterer *штукатур*
plasterer's trowel *штукатурная терка*

plaster facing *накрывка, накрывочный слой штукатурки*
plaster-free *безгипсовый, безштукатурный*
plaster guard *предохранительный слой штукатурки*
plastering *оштукатуривание, штукатурные работы;* [mason] *первый слой штукатурки*
plastering lath *штукатурная дрань*
plastering trowel *кельма, мастерок*
plasterless *безгипсовый, безштукатурный*
plasterless concrete *безгипсовый бетон*
plaster of Paris *алебастр, обожженный гипс, штукатурный гипс*
plaster powder *гипсовый порошок, обожженный гипс*
plastic *пластик, пластическая масса, пластмасса*
plastic (adj.) *пластический, пластичный*
plastic(s) welding *сварка в пластическом состоянии*
plastic bag *полиэтиленовый мешок, полиэтиленовый пакет*
plastic bending section modulus *пластический момент сопротивления изгибу*
plastic cement *пластичный цементный раствор*
plastic clay *горшечная глина, пластичная глина*
plastic-coated *плакированный пластмассой*
plastic coating *пластмассовое покрытие, покрытие пластмассой*
plastic container *пластмассовая тара*
plastic cover *пластиковый чехол, пластмассовая оболочка, пластмассовое покрытие*
plastic covering *пластиковый чехол, пластмассовая оболочка, пластмассовое покрытие*
plastic deformation *пластическая деформация*
plastic explosive *пластичное взрывчатое вещество*
plastic film *полимерная пленка*
plastic flow *пластическая деформация, пластическое течение*
plastic foam *пенопласт*
plastic foil *полимерная пленка*
plastic grating *пластмассовая решетка*
plastic hinge *пластический шарнир*
plastic hose *пластмассовый шланг*
plastic insulated *с пластмассовой изоляцией*
plasticity *пластичность*
plasticity index *показатель пластичности*
plasticity number *показатель пластичности*
plasticizer *мягчитель, пластификатор*
plasticizing *мягчение, пластификация*
plasticizing agent *мягчитель, пластификатор*
plastic limit *предел пластичности*
plastic machining *резание пластиков*
plastic material *пластик, пластическая масса, пластичный материал, пластмасса*
plastic package *пластмассовая упаковка, полиэтиленовая упаковка*
plastic paint *пластичная краска*
plastic pipe *пластмассовая труба, труба из пластмассы*
plastic plug *пластмассовая пробка*
plastic properties *пластичность*

plastic-protected *с защитным пластмассовым покрытием*

plastics *пластик, пластическая масса, пластмасса*

plastic sachet *полиэтиленовый пакет*

plastic sack *полиэтиленовый мешок*

plastic sheeting *пластмассовая оболочка, полимерная пленка*

plastic sheeting curing *уход за бетоном путем закрытия его полимерной пленкой*

plastic sheeting underlay *гидроизоляция из полимерной пленки*

plastics insulation *пластмассовая изоляция*

plastic state *пластическое состояние*

plastics technology *технология пластмасс*

plastic strain *остаточное удлинение, пластическая деформация*

plastic viscosity *пластическая вязкость*

plastic wood [woodw.] *деревопласт (стружечно-пластмассовый материал)*

plastic wood filler *шпатлевка;* [woodw.] *порозаполнитель*

plastic yield *пластическая текучесть*

plastic yield point *предел пластической текучести*

plastification *пластификация*

plastisol *полихлорвиниловая паста;* [chem.] *пластизоль*

plat *небольшой участок земли, план, принципиальная схема*

plate *лист, пластина, пластинка, плата, плита, подстропильная вязка;* [build.] *мауэрлат*

plate (vb.) *бронировать, обшивать металлическим листом;* [met.] *плакировать*

plate anchorage [concr.] *анкерная плита*

plateau *плоская горизонтальная поверхность*

plate bearing *плоская опора*

plate bending machine *листозагибочный станок*

plate chimney *стальная дымовая труба*

plated *бронированный, облицованный листовым металлом*

plate edge *кромка листа*

plate girder *плоская ферма, составная стальная балка*

plate glass *зеркальное стекло, листовое стекло, полированное стекло*

plate guard *предохранительный щиток*

plate iron *листовая сталь толщиной более 5 мм*

plate of girder *стенка мостовой фермы*

plate rough *необработанное стекло, сырое стекло*

plate shears *кровельные ножницы, ножницы для резки листового металла*

plate vibrator [concr.] *виброплита*

plate working *обработка листового металла*

platform *перрон, платформа, погрузочная площадка, помост, трибуна;* [rail] *платформа*

platform jack-up *подъемная рабочая площадка*

platform lift-truck *автопогрузчик, штабелер*

platform lorry (UK) *грузовой автомобиль с безбортовой платформой*

platform of bridge *проезжая часть моста*

platform of sluice *основание шлюза*

platform roof *крыша-терраса;* [arch.] *плоская крыша;* [rail] *навес над перроном*

platform shelter [rail] *навес над перроном*

platform subway [rail] *вокзальный тоннель*

platform truck *автопогрузчик*

platform truck (US) *грузовой автомобиль с безбортовой платформой*

platform tunnel [rail] *вокзальный тоннель*

plating *вклейка иллюстраций, гальваническое покрытие, гладкая платировка, листовая обшивка, металлизация, нанесение гальванического покрытия, нанесение покрытия, нанесение электролитического покрытия, обшивка металлического судна, плакирование, платировка, сатинирование, трикотажное переплетение, установка печатных форм, электроосаждение*

platinum plating *платинирование*

play *зазор, игра, люфт, свободный ход*

playground *детская площадка*

pleat *складка*

plentiful *изобильный, обильный*

plenum system *система приточной нагнетательной вентиляции*

plexiglass *органическое стекло, плексиглас*

pliability *гибкость, ковкость*

pliable *гибкий, ковкий*

pliancy *гибкость, ковкость*

pliant *гибкий, ковкий*

pliers *клещи, кусачки, плоскогубцы;* [concr.] *клещи для вязки арматуры*

plier-type metal cutting shear *ножницы для резки листового металла*

plinth *база, нижний пояс стены, постамент, цоколь*

plodder *экструдер*

plot *делянка, небольшой участок земли, строительная площадка*

plot (vb.) *вычерчивать график, вычерчивать диаграмму, планировать, проектировать*

plot (a graph) (vb.) *вычерчивать диаграмму, чертить график*

plot map *карта расположения участков земли*

plot of land *делянка, небольшой участок земли, строительная площадка*

plot owner *владелец участка*

plot plan *план расположения участков земли*

plot ratio *процент застройки*

plottage *площадь участка*

plotting *геодезическая съемка, деление земли на участки, нанесение данных на график или карту, парцелляция*

plough (vb.) *пахать*

plough plane *пазник*

plug *вилочный контакт, заглушка, запальная свеча, затычка, пробка, разъем, цилиндр замка, штыковой контакт;* [el.] *штеккер, штепсель;* [electr.] *штепсельная вилка*

plug (vb.) *заглушать, закупоривать, затыкать отверстие*

plug adapter [el.] *штепсельный адаптер;* [electr.] *переходник*

plug and socket connection *штепсельный разъем;* [el.] *разъем, состоящий из вилки и розетки*

plug centre bit *вставная буровая коронка, вставное центровое сверло*

plug cock *выпускной кран, запорный кран*
plug containing neutral *разъем с подключением нейтрали, трехштырьковая вилка;* [electr.] *вилка с нейтралью*
plug fuse *пробка;* [electr.] *плавкий предохранитель*
plug gauge *нутромер*
plugging *заделка, закупоривание, закупорка*
plug pin [el.] *контакт разъема;* [electr.] *штырь штепсельной вилки*
plug socket *гнездо разъема, штепсельная розетка*
plug tap [san.eng.] *конический кран;* [tool] *чистовой метчик*
plug tenon [woodw.] *потайной прямоугольный шип*
plug valve *запорный кран*
plug weld [weld] *пробочный шов*
plumb *отвес, перпендикуляр*
plumb (vb.) *проверять по отвесу, провешивать*
plumb (adj.) *вертикальный, отвесный*
plumbago *графит*
plumb bob *грузик отвеса*
plumber *медник-жестянщик, слесарь-водопроводчик*
plumber's friend [san.eng.] *вантуз*
plumber's gasket steel *стальная прокладка*
plumbic compound [chem.] *свинцовое соединение*
plumbing *слесарно-сантехнические работы*
plumbing and heating installations *инженерное оборудование зданий*
plumbing installation *инженерное оборудование зданий*
plumbing system *инженерное оборудование зданий, сантехника*
plumbing up *провешивание по отвесу*
plumb-in line *отвесная линия*
plumb line *отвес, отвесная линия, шнур отвеса*
plumb line deviation *отклонение отвеса, отклонение перпендикуляра*
plumbous compound [chem.] *свинцовое соединение*
plumb roof *свинцовая кровля*
plummet *грузик отвеса*
plummeting *выверка по отвесу*
plummet level *ватерпас, уровень с отвесом*
plumming line *отвесная линия*
plump, in *по отвесу*
plums *изюм, особо крупный заполнитель бетона*
plunge *погружение*
plunge (vb.) *окунать, погружать*
plunger *вантуз, плунжер*
plunger pump *плунжерный насос*
plus *положительный полюс;* [electr.] *плюс;* [mat.] *знак сложения, плюс, положительная величина*
plus and minus limit *допуск плюс-минус*
ply *сгиб, складка, слой*
ply (vb.) *пропускать ленту*
ply glass *накладное стекло, слоистое стекло*
plywood *фанера*
plywood board *фанерная плита*
plywood facing *фанерная облицовка*
plywood panel *фанерная плита*

plywood sheathing *фанерная облицовка*
plywood sheet *фанерная плита*
pneumatic *воздушный, пневматический*
pneumatically operated *пневматический, с пневмоприводом*
pneumatically operated hand tool *пневматический ручной инструмент*
pneumatic beetle [road] *пневматическая трамбовка*
pneumatic caisson *кессон*
pneumatic channel *воздухопровод, воздушный трубопровод*
pneumatic drill *пневматическая дрель*
pneumatic drilling hammer *пневматический бурильный молоток*
pneumatic foundation *кессонное основание*
pneumatic hammer *пневматический молот;* [road] *пневматический отбойный молоток*
pneumatic jack *пневматический домкрат*
pneumatic plant *пневматическая установка*
pneumatic pump *пневматический насос*
pneumatic rammer [road] *пневматическая трамбовка*
pneumatic riveting *пневматическая клепка*
pneumatics *пневматика*
pneumatic system *пневматическая система*
pneumatic tool *пневматический инструмент*
pneumatic-tyred roller *пневмоколесный дорожный каток*
pneumatic-tyred tractor *пневмоколесный трактор*
pneumatic valve *пневматический клапан*
pocket *воздушный мешок, выемка, гнездо, карман, паз, углубление*
pocket flashlight *карманный электрический фонарь*
pocket hole *глухое отверстие*
pocket lamp (UK) *карманный электрический фонарь*
podium *возвышение, подиум*
point *запятая в десятичных дробях, кончик, острие, острый конец, пункт, точка, щуп;* [electr.] *место горения, световая точка;* [rail] *остряк;* [tool] *буровая коронка*
point (vb.) *заострять, расшивать швы кирпичной кладки, указывать*
point-bearing pile *свая-стойка*
point block *башенный дом, односекционный дом, точечный дом*
point chisel [tool] *кузнечное зубило*
point contact *точечный контакт*
pointed (adj.) *заостренный, остроконечный*
pointed arch [arch.] *стрельчатая арка*
pointed chisel [tool] *кузнечное зубило*
pointed drill *перка;* [tool] *перовое сверло*
pointed file [tool] *остроносый напильник*
pointed gable *фронтон над дверью, фронтон над окном*
pointed pile *заостренная свая*
pointed spade *заостренная лопата*
point electrode [weld] *точечный электрод*
pointer *стрелка, указатель, указатель прибора;* [mason] *расшивка*
point flat the joints (vb.) *расшивать швы кирпичной кладки*
point frog [rail] *крестовина стрелочного перевода*
pointing *заострение, расшивка швов*
pointing composition *раствор для расшивки швов*

pointing mortar *раствор для расшивки швов*

pointing trowel *заостренная кельма, расшивка*

point load *сосредоточенная нагрузка*

point of application *точка приложения*

point of attack *точка приложения*

point of break *предел прочности, точка разрыва непрерывности*

point of congelation *точка застывания*

point of connection *точка соединения*

point of contact *точка касания, точка контакта*

point of fixation *точка затвердевания*

point of impact *точка приложения силы, точка удара*

point of inflection *точка перегиба*

point of intersection *точка пересечения*

point of junction *узловая точка*

point of measurement *точка замера, точка измерения*

point of origin *место происхождения, нулевая точка в системе отсчета, точка начала программы*

point of reference *репер, точка отсчета;* [geod.] *опорная точка*

point of rotation *точка вращения*

point of support *точка опоры*

point of suspension *точка подвески*

point of tangent *точка касания*

point resistance *лобовое сопротивление сваи*

points [rail] *стрелочный перевод*

points and crossing *переезд;* [rail] *стрелочный перевод*

points crossing [rail] *переезд со стрелочным переводом*

points for left hand turnout [rail] *стрелочный перевод с поворотом налево*

points for right hand turnout [rail] *стрелочный перевод с поворотом направо*

point source *точечный источник излучения*

point-source lamp *лампа точечного излучения, точечная лампа*

points tongue [rail] *остряк стрелочного перевода*

point thinning *заострение*

point welding *точечная сварка*

poise *равновесие, уравновешивание*

poison *отравляющая примесь, яд*

poisonous *вредный, ядовитый*

poisonous substance *ядовитое вещество*

Poisson's ratio [mach.] *коэффициент Пуассона*

poke (vb.) *записать информацию по машинному адресу, мешать кочергой, шуровать топку*

poker *вибробулава, прибор для выжигания по дереву, шуровка, шуровой лом;* [concr.] *глубинный вибратор*

poker vibration [concr.] *глубинная вибрация*

poker vibrator *вибробулава;* [concr.] *глубинный вибратор*

polar axis [phys.] *полярная ось*

polar coordinates *полярные координаты*

polar method *метод полярных координат*

polar moment of inertia *полярный момент инерции*

pole *веха, кол, мачта, опора электропередачи, рейка, столб, фонарный столб, шест;* [electr.] *полюс*

pole clamp [electr.] *полюсный наконечник*

pole-finding paper [electr.] *полюсная бумага*

pole plate *рама с ломаным ригелем, рама с треугольным ригелем*

pole terminal *полюсный вывод, полюсный зажим;* [electr.] *полюсный наконечник*

poling board *вертикальная доска ограждения котлована, горбыль, доска забивной крепи, кол забивной крепи*

polish *воск, лак, полирование, политура, шлифование*

polish (vb.) *полировать, шлифовать*

polished *блестящий, гладкий, полированный, шлифованный*

polished plate *полированное зеркальное стекло*

polished plate glass *полированное зеркальное стекло*

polished surface *полированная поверхность*

polished wired glass *полированное армированное стекло*

polisher *полировальный станок*

polish-grinding *тонкое шлифование*

polishing *полирование, шлифование*

polishing agent *полировочный состав, шлифовальная паста*

polishing belt *шлифовальная лента*

polishing block *полировальная доска, полировочный брусок*

polishing compound *полировальная паста, шлифовальная паста*

polishing file *полировочный напильник, шлифовальный напильник*

polishing iron *кузнечное лощило;* [tool] *гладило*

polishing lacquer *полировочный лак*

polishing machine *полировочный станок, шлифовальный станок*

polishing powder *полировочный порошок, шлифовальный порошок*

polishing sheet *наждачная бумага*

polishing stone *наждак*

polishing tool *полировочный инструмент*

polishing varnish *полировочный лак*

polishing wheel *полировальный круг*

polish up (vb.) *шлифовать*

poll *выборка, выборочная проба, опрос*

poll (vb.) *опрашивать*

poll of hammer *боек молотка*

pollutant *загрязняющее вещество*

pollute (vb.) *загрязнять*

pollution *загрязнение*

pollution-free *незагрязненный, незагрязняющий*

pollution resistance *стойкость к загрязнению*

pollution resistant *стойкий к загрязнению*

polyethylene film *полиэтиленовая пленка*

polygon *многоугольник, полигон;* [geom.] *многоугольник*

polygonal (adj.) *многоугольный, полигональный*

polygonal suspension [rail] *многоугольная подвеска*

polygon of forces [phys.] *многоугольник сил*

polygon station *полигональная точка, полигонометрическая точка*

polyhedron *многогранник*

polyisocyanurate [chem.] *полиизоцианурит*

polymer [chem.] *полимер*

polymer modified bitumen *полимерцементный битум*

polypropylene strip *полипропиленовая лента*

polystyrene [chem.] *полистирол*

polyurethane foam *пенополиуретан*

polyvinylchloride (PVC) *полихлорвинил*

pond *бассейн, бьеф, водоем;* [hydr.] *водохранилище*

pond (vb.) *запруживать*

pondage [hydr.] *вместимость водохранилища*

pontoon *понтон*

pontoon bridge *наплавной мост, понтонный мост*

pontoon crane *плавучий кран*

pool *водоем, накопитель, отстойник, плавательный бассейн, пул, сборник*

pool crater *кратер;* [weld] *сварочная ванна*

poor *бедный, недостаточный, слабый, тощий*

poor concrete *тощая бетонная смесь*

poor housing conditions *плохие жилищные условия*

poor lime *тощая известь*

poorly graded soil *грунт с неблагоприятным гранулометрическим составом*

poor quality *низкое качество*

poor restart [weld] *неудачная попытка возобновить сварку после обрыва дуги*

poplar [bot.] *тополь*

poplar timber *лесоматериал из тополя*

poplar wood *древесина тополя*

pop-out *выступ*

population *генеральная совокупность, население*

pop valve *пружинный клапан*

porcelain *фарфор*

porcelain clay *каолин, фарфоровая глина*

porcelain enamel *фарфоровая эмаль*

porcelain insulator *фарфоровый изолятор*

porch *балкон, веранда, крыльцо*

pore *пора, раковина*

pore filler [paintw.] *шпатлевка*

pore pressure *поровое давление*

pore size *размер пор*

pore volume *объем пор*

pore water *поровая вода*

pore water pressure *поровое давление воды*

Poria vaporaria *белый домовой гриб*

poriferous *пористый*

porosity *объем пустот, пористость, пустотность*

porous *пористый*

porous concrete *газобетон, ячеистый бетон*

porousness *пористость*

port *гавань, канал, окно, отверстие, порт, прорезь, проход*

port (vb.) *переносить*

portable *мобильный, передвижной, переносной, портативный, разборный, транспортабельный*

portable conveyor *передвижной конвейер*

portable crane *передвижной кран*
portable drill [tool] *ручная дрель*
portable fire extinguisher *переносной огнетушитель*
portable ladder *стремянка*
portal *портал, тамбур*
portal crane *портальный кран*
portal frame *портальная рама*
portal frame bridge *арочный мост, рамный мост*
portal structure *жесткая поперечина, портальная опора*
porthole *смотровое отверстие*
portico *галерея;* [arch.] *портик*
port installations *портовые сооружения*
portion *блок, доля, узел, часть*
portion (vb.) *делить на части*
Portland blast-furnace cement *шлакопортландцемент*
Portland cement *портландцемент*
Portland clinker *портландцементный клинкер*
Portland lime stone *портландский известняк*
position *место, местоположение, позиция, положение, разряд числа, расположение*
position (vb.) *определять положение, позиционировать, помещать, размещать, устанавливать*
position, in *на месте*
positional tolerance *допуск на размер*
position angle [geod.] *дирекционный угол*
position determination *определение координат точек, определение местоположения*
positioned *расположенный*
position error *ошибка в определении местоположения*
position finding *засечка координат, определение местоположения*
positioning *позиционирование, размещение, расположение, регулировка положения, установка в определенном положении, установка на место*
positioning dowel *контрольный штифт, призонный штифт, установочная шпилька*
positioning of load *размещение груза, установка груза*
position level *высотная отметка, рабочая отметка*
position of joint *место соединения*
position of rest *положение покоя*
position point *рабочая отметка*
position tolerance *допуск на сборку*
position welding *сварка прихватным швом*
positive *положительная величина*
positive (adj.) *определенный, плюс, позитивный, положительный, точный;* [electr.] *положительный*
positive charge *положительный заряд*
positive displacement pump *поршневой насос*
positive effect *позитивное воздействие, положительный эффект*
positive moment *положительный момент*
positive pressure *давление выше атмосферного*
possibility *вероятность, возможность*

possibility of later extensions *возможность последующего расширения*
possible *вероятный, возможный*
possible capacity *теоретическая вместимость, теоретическая грузоподъемность, теоретическая производительность*
possible connection *возможность подключения*
post *колонка, мачта, подпорка, регистрировать, стойка, столб*
post (vb.) *расставлять, ставить*
post cap *наголовник стойки*
post crane *кран на колонне*
posterior elevation [mech.draw.] *вид сзади*
postern *боковая дверь, задняя дверь, служебный вход*
posthole digger *бур-ямокопатель, земляной ложечный бур для отрывки ям под столбы*
post of window *оконный косяк*
post-polishing *последующее полирование*
postpone (vb.) *откладывать, отсрочивать*
postponement *отсрочка*
post-process(ing) *последующая обработка*
post-process operation *операция последующей обработки*
post-tensioned concrete *железобетонная конструкция с натяжением арматуры на бетон*
post-tensioned reinforcement *арматура натянутая на бетон*
post-tensioning steel *арматура, натягиваемая на бетон*
potable *питьевой*
potable water *питьевая вода*
potent *крепкий, сильнодействующий*
potential *напряжение, потенциал*
potential (adj.) *возможный, потенциальный, скрытый*
pot floor *пустотелая плита перекрытия*
pot head *концевая кабельная муфта*
pothole *выбоина;* [road] *рытвина*
pot life *жизнеспособность клея, жизнеспособность лака*
pottery plaster *твердый гипс*
poultry netting (US) *мелкоячеистая проволочная сетка*
pound (vb.) *молоть, толочь, трамбовать*
pound (lb.) *фунт (453,6 г)*
pounded glass *стеклянный порошок*
pounder *долбяк, пестик*
pour (vb.) *лить, отливать, укладывать бетонную смесь*
poured concrete *литой бетон*
poured-in-place insulation *засыпная теплоизоляция*
poured weight *масса отливки вместе с литниковой системой*
pour in (vb.) *поступать в большом количестве*
pouring *заливка металла, разливка, укладка бетонной смеси*
pouring area *площадь заливки*
pouring rain *ливень, проливной дождь*
pouring spout *желоб для бетонной смеси*
pouring temperature *температура разливки*
pour slabs (vb.) *заливать бетонное покрытие*
pour spout *желоб для бетонной смеси*
powder *порошок, пудра*

powder (vb.) *измельчать, превращать в порошок, толочь*
powder adhesive *порошковое связывающее вещество, порошкообразный клей*
powder coating *нанесение защитного слоя спеканием порошка*
powdered (adj.) *измельченный, молотый, порошковый, порошкообразный*
powdered flux *порошкообразный флюс*
powdered glass *стеклянный порошок*
powdered gypsum *гипс в порошке*
powdered lime *известковый порошок, известь-пушонка*
powdering *припудривание*
powder of emery *наждачный порошок*
powder spraying *распыление порошка*
powder type fire extinguisher *порошковый огнетушитель*
powdery *порошковый, порошкообразный*
powdery product *порошкообразный продукт*
power *мощность, показатель степени, производительность, сетевой ток, сила, способность, энергия, энергоснабжение;* [electr.] *питание;* [mat.] *показатель степени, степень*
power (vb.) *снабжать силовым приводом;* [electr.] *питать*
power air *сжатый воздух*
power cable *кабель питания, сетевой провод, силовой кабель;* [el.] *кабель питания;* [electr.] *силовой кабель*
power chain saw *механическая цепная пила*
power circuit *силовая цепь;* [electr.] *сеть питания, сеть электроснабжения*
power consumption *потребление электроэнергии, потребляемая мощность, расход мощности, расход электроэнергии;* [electr.] *потребление энергии*
power control switch [electr.] *главный выключатель источника питания*
power cord *сетевой провод;* [electr.] *провод питания*
power cut [electr.] *отключение подачи энергии*
power cut-out switch [electr.] *выключатель-предохранитель*
power dam [hydr.] *плотина гидроэлектростанции*
power distribution *электропитание;* [electr.] *энергоснабжение*
power drill *электрическая дрель*
power driven *с механическим приводом*
powered *механический*
power failure *перерыв в подаче энергии, сбой питания;* [electr.] *отказ источника питания*
power feeder [electr.] *силовой фидер*
powerful *мощный, сильный*
power hammer *механический молот*
powerhouse *генераторная силовая станция, электростанция*
power installation [electr.] *силовая установка*
power line [electr.] *высоковольтный кабель, силовой кабель*
power loss *потеря энергоснабжения;* [electr.] *потеря мощности*
power navvy (US) *одноковшовый экскаватор*
power network [electr.] *электросеть*
power of attraction [phys.] *сила притяжения*

power of cohesion *сила сцепления*
power of impact [electr.] *сила удара*
power of resistance *сила сопротивления*
power on *питание включено*
power on/off *питание включено/выключено, питание включить/выключить*
power-operated *приводной, с механическим приводом*
power outlet [electr.] *штепсельная розетка*
power plant *генераторная станция, силовая станция, электростанция*
power point *место подачи питания, штепсельная розетка, электрический ввод*
power rating *номинальная нагрузочная способность;* [electr.] *номинальная мощность*
power requirement [electr.] *потребляемая мощность*
power riveting *механическая клепка*
power room [electr.] *турбинный зал*
power-saving *энергосберегающий*
power shovel (US) *одноковшовый экскаватор*
power socket *разъем питания;* [electr.] *штепсельная розетка*
power source fault [electr.] *повреждение источника питания*
power station *генераторная силовая станция, электростанция*
power supply *источник питания, подвод энергии, энергоснабжение;* [electr.] *питание*
power supply line *линия электроснабжения;* [electr.] *подвод энергии*
power switch *выключатель питания, силовой выключатель;* [electr.] *выключатель питания*
power system *сеть питания;* [electr.] *система питания*
power transfer [electr.] *передача электроэнергии*
power transmission *электропередача;* [electr.] *передача электроэнергии*
power water *вода под давлением, напорная вода*
pozzolana *вулканический туф, пуццолан*
pozzolanic cement *пуццолановый цемент*
practicable *осуществимый, практичный, реальный;* [road] *проезжий*
practical *доказательство на практике, практика*
practical (adj.) *полезный, практический, целесообразный*
practice *практика, режим, технология*
Pratt truss *английская ферма, ферма Пратта, ферма с параллельными поясами и нисходящими раскосами*
pre-assemble (vb.) *предварительно собирать*
precast *заводского изготовления;* [concr.] *сборный*
precast (vb.) [concr.] *изготовлять на заводе*
precast box-unit [concr.] *сборный объемный элемент*
precast concrete slab *сборная железобетонная плита*
precast concrete unit *сборное железобетонное изделие*
precast element [concr.] *сборный элемент*
precast floor slab [concr.] *сборная плита перекрытия*
precast panel [concr.] *сборная панель*
precast structure *конструкция заводского изготовления, сборная конструкция*
precast tile *литой керамический камень*

precast unit [concr.] *сборный элемент*

precast wall block [concr.] *сборный железобетонный стеновой блок*

precast wall unit [concr.] *сборный железобетонный стеновой блок*

precaution *предосторожность, профилактическое мероприятие по технике безопасности*

precautionary measure *мера предосторожности, предупредительное сообщение*

precipitate (vb.) *выпадать в осадок, отстаиваться;* [chem.] *осаждаться*

precipitate chalk *отмученный мел*

precipitation *выпадение в осадок, осаждение;* [meteo.] *осадки*

precise *определенный, прецизионный, точный*

precise adjustment *точная регулировка*

precise levelling [geod.] *высокоточное нивелирование*

precision *прецизионность, степень точности, точность*

precision adjustment *точная регулировка*

precision-built *прецизионный*

precision file *напильник для прецизионных инструментальных работ*

precision levelling [geod.] *высокоточное нивелирование*

precision machinery *парк прецизионных станков, прецизионные станки*

precision-made *точно сделанный*

precision measuring *прецизионное измерение, точное измерение*

precision method *прецизионный метод, точный метод*

precision positioning *прецизионное позиционирование, точная установка в требуемое положение*

precision ratio *относительный показатель точности, степень точности*

precision tool *прецизионный инструмент*

precision workmanship *высокое качество выполнения, высокое профессиональное мастерство*

pre-coated chippings [road] *предварительно обработанная битумом каменная мелочь*

pre-coated material [road] *предварительно обработанные битумом материалы*

pre-coated penetration macadam [road] *щебеночное покрытие пропитанное вяжущими материалами*

precompressed clay *предварительно уплотненная глина*

precompressed concrete *предварительно напряженный железобетон*

precompression *предварительное сжатие, предварительное уплотнение*

precrush (vb.) *дробить на крупные фракции*

predrill (vb.) *сверлить начерно, сверлить предварительно*

predrilling *предварительное сверление*

prefab (US) *сборная конструкция*

prefab building *сборное строительство*

prefabricate (vb.) *изготовлять заводским способом*

prefabricated (adj.) *заводского изготовления, сборный*

prefabricated box unit *сборный объемный элемент*

prefabricated brick panel *сборный кирпичный элемент*

prefabricated building *сборное здание, сборное сооружение*

prefabricated component *сборная конструкция, сборный элемент*
prefabricated construction *блочное строительство, индустриальное строительство, сборное строительство*
prefabricated construction element *сборный элемент конструкции*
prefabricated element *сборный элемент, элемент заводского изготовления*
prefabricated house *сборный дом*
prefabricated lattice girder *сборная решетчатая балка*
prefabricated panel *панель заводского изготовления, сборная панель*
prefabricated reinforcement [concr.] *арматура заводского изготовления*
prefabricated reinforcement cage *арматурный каркас*
prefabricated unit *сборное изделие, сборный блок, сборный элемент*
prefabrication *заводское изготовление сборных изделий, индустриальное строительство*
prefabrication primer *готовая грунтовка*
preference *предпочтение, преимущество*
preferred dimensions *предпочтительные размеры*
preferred size *предпочтительные размеры*
prefill (vb.) *наполнять гидросистему*
prefilter *фильтр грубой очистки, фильтр предварительной очистки*
prefinish (vb.) *обрабатывать начерно*
prefinished *подвергнутый черновой обработке*
preformed joint filler *герметик, готовый материал для заполнения швов*
preheat (vb.) *подогревать, предварительно нагревать*
preimpregnated *предварительно пропитанный*
preinvestigation *предварительное изучение*
preliminaries [build.] *предварительные затраты*
preliminary *подготовительный, предварительный, черновой*
preliminary crushing *предварительное дробление*
preliminary drawing *черновой чертеж*
preliminary examination *предварительное изучение, предварительный осмотр*
preliminary filter *фильтр грубой очистки, фильтр предварительной очистки*
preliminary investigation *предварительное изучение*
preliminary specifications *техническое задание*
preliminary survey *подготовительные изыскания*
preliminary test *предварительное испытание*
preliminary work *подготовительные работы*
preload *предварительное нагружение, предварительно загруженный, предварительный натяг*
preload (vb.) *предварительно нагружать*
premature drying *преждевременное высыхание лакокрасочного покрытия*
premises *дом, здание, помещение*
premix *предварительно приготовленная смесь, премикс*
premix (vb.) *предварительно перемешивать*
premixed *предварительно перемешанный*
premixed dry concrete *готовая сухая бетонная смесь, товарная бетонная смесь*

premixed dry mortar *готовый сухой строительный раствор*
premixing *предварительное перемешивание, приготовление товарной бетонной смеси*
prepacked (aggregate) concrete *бетон раздельной укладки, препакт-бетон*
prepacked aggregate [concr.] *предварительно уложенный каменный заполнитель*
prepact concrete *бетон раздельной укладки, препакт-бетон*
preparation *подготовка, предварительная обработка, препарат, приготовление;* [chem.] *средство*
preparation of concrete *приготовление бетонной смеси*
preparation of form [concr.] *подготовка опалубки*
preparatory *подготовительный*
preparatory treatment *предварительная обработка*
preparatory work *подготовительные работы*
prepare (vb.) *обрабатывать, подготавливать, предварительно очищать, приготавливать*
prepared for use *готовый к использованию*
prepared roof paper *битуминированный картон, толь*
preplaced coarse aggregate [concr.] *предварительно уложенный каменный заполнитель*
prepreg *предварительно пропитанная смолами стеклоткань, препрег*
prepreg (adj.) *предварительно пропитанный*
preprocessing *предварительная обработка*
prequalification *предварительная оценка на соответствие техническим условиям*
prequalified *предварительно оцененный на соответствие техническим условиям*
present (adj.) *данный, имеющийся, присутствующий, современный*
preservation of monuments *сохранение памятников*
preservation of wood *консервирование древесины, пропитка древесины*
preservative (adj.) *антисептический, защитный, консервирующий*
preservative oil *консервант на масляной основе;* [woodw.] *консервирующее масло*
preserve (vb.) *консервировать, предохранять, сохранять*
preserve a building (vb.) *сохранить здание*
preset *заданный, заранее установленный, предварительно установленный*
preset (vb.) *задавать, заранее устанавливать*
press *пресс*
press (vb.) *давить, нажимать, прессовать, прижимать*
press-button switch [electr.] *кнопочный выключатель*
press cake *фильтр-прессная лепешка, фильтр-прессный осадок*
press down (vb.) *нажимать клавишу, придавливать, прижимать*
press-drying *сушка под прессом*
pressed glass *прессованное стекло*
pressed plate *штампованный лист*
pressed steel *штампованная сталь*
press finish (vb.) *обрабатывать начисто под давлением*

press fit *прессовая посадка*
pressing *обжатие, прессование, прессовка*
pressing power *давление сжатия, усилие прессования*
pressing time *продолжительность прессования, продолжительность сжатия*
pression *давление, прессование, сжатие*
press-on bush *нажимная втулка*
press pump *нагнетательный насос*
press together (vb.) *сжать, спрессовать*
pressure *давление, напор, сжатие, усилие сжатия*
pressure absorption *поглощение давления*
pressure air *сжатый воздух*
pressure area *площадь давления, поверхность давления*
pressure compensation *компенсация давления*
pressure-controlled *с регулируемым давлением, управляемый давлением среды*
pressure control valve *клапан регулировки давления*
pressure-creosoted [woodw.] *пропитанный креозотом под давлением*
pressure difference *перепад давления*
pressure distribution *распределение давления*
pressure drop *падение давления, перепад давления*
pressured water *вода под давлением*
pressure electric switch [electr.] *мембранный выключатель*
pressure energy *энергия давления*
pressure face *поверхность давления*
pressure forming *штамповка*
pressure gas *сжатый газ*
pressure gas cylinder *газовый пресс-цилиндр*
pressure gas welding *газопрессовая сварка*
pressure gauge *манометр*
pressure head *высота напора*
pressure hose *напорный рукав, напорный шланг*
pressure impregnation *пропитка под давлением*
pressure increment *прирост давления*
pressure indicator *указатель давления*
pressure line *нагнетательная труба, напорный трубопровод*
pressure load *сжимающая нагрузка, усилие сжатия*
pressure loss *потеря давления*
pressure measuring instrument *манометр*
pressure meter *манометр*
pressure monitor *датчик давления*
pressure on the support *давление на опору*
pressure-operated *управляемый давлением среды*
pressure per surface unit *давление на единицу поверхности*
pressure pipe *нагнетательная труба, напорный трубопровод*
pressure pipeline *напорный трубопровод*
pressure-proof *напорный, стойкий к сжатию*
pressure range *диапазон давлений*
pressure reduction *снижение давления*
pressure release valve *клапан сброса давления, предохранительный клапан*

pressure relief valve *клапан сброса давления, предохранительный клапан*
pressure resistance *предел прочности при сжатии*
pressure-resisting *стойкий к сжатию*
pressure resultant *результирующая давления*
pressure rise *прирост давления*
pressure roller *прижимной ролик*
pressure scale *шкала давления*
pressure screw *прижимной винт*
pressure seal *сальник*
pressure sealed *герметизированный*
pressure sensing element *датчик давления*
pressure sensitive *самоклеющийся, чувствительный по давлению*
pressure sensitive adhesive *контактный клей, самоклеющаяся пленка, самоклеющийся материал*
pressure sensitive detector *регулятор давления*
pressure sensitive switch *регулятор давления*
pressure sensitivity *чувствительность по давлению*
pressure sensor *датчик давления*
pressure storage tank [san.eng.] *водонапорный сосуд*
pressure tank [san.eng.] *водонапорный сосуд*
pressure tension *сжимающее напряжение*
pressure test *гидравлическое испытание, испытание давлением*
pressure thermit welding *термитная сварка под давлением*
pressure-tight *напорный*
pressure-treat (vb.) *подвергать обработке под давлением*
pressure treatment *пропитка под давлением*
pressure tube *напорная труба*
pressure tunnel *напорный туннель*
pressure valve *запорный клапан, нагнетательный клапан*
pressure ventilation *нагнетательная вентиляция*
pressure water *вода под давлением*
pressure water conduit *напорный водовод, напорный трубопровод*
pressure water pipe *водонапорная труба*
pressure-watertight *водонепроницаемый*
pressure welding *сварка под давлением*
pressurization test *гидравлическое испытание, испытание давлением*
pressurized (adj.) *герметизированный*
pressurized assembly *сборка под давлением*
pressurized natural gas *природный газ под давлением, сжатый природный газ*
press water *вода под давлением*
prestress *предварительное напряжение*
prestress (vb.) *предварительно напрягать*
prestressed [concr.] *предварительно напряженный*
prestressed beam *предварительно напряженная балка*
prestressed concrete *предварительно напряженный железобетон*
prestressed concrete construction *предварительно напряженная железобетонная конструкция*
prestressed dam *плотина из предварительно напряженного бетона*
prestressed glass *закаленное стекло*

prestressed steel [concr.] *напрягаемая арматура*

prestressed structural element *предварительно напряженный элемент конструкции*

prestressing *предварительное напряжение*

prestressing bar [concr.] *стержень напрягаемой арматуры*

prestressing bed [concr.] *стенд для натяжения арматуры*

prestressing by winding wire *предварительное напряжение методом навивки спиральной арматуры*

prestressing cable *напрягаемый пучок, напрягающая ванта*

prestressing force *усилие предварительного напряжения*

prestressing jack *домкрат для натяжения арматуры*

prestressing rod [concr.] *стержень напрягаемой арматуры*

prestressing schedule [concr.] *схема предварительного напряжения*

prestressing steel [concr.] *напрягаемая арматура*

prestressing wire [concr.] *проволока для предварительного напряжения*

prestress loss [concr.] *потери предварительного напряжения*

pretension (vb.) *натягивать арматуру на упоры, предварительно напрягать*

pretensioned [concr.] *предварительно напряженный*

pretensioned concrete *предварительно напряженный железобетон*

pretensioned concrete element *предварительно напряженный железобетонный элемент*

pretensioned reinforcement [concr.] *напрягаемая арматура*

pretensioning *предварительное напряжение*

pretest (vb.) *предварительно испытывать*

pretreat (vb.) *предварительно обрабатывать*

pretreatment *предварительная обработка*

prevailing *превалирующий, преобладающий*

prevailing torque type nut *контргайка*

prevent (vb.) *предотвращать, предохранять, предупреждать*

preventable *предотвращаемый*

prevention *предупредительная мера, предупреждение*

prevention of sand-drift *предохранение от барханов*

preventive *предохранительный, предупредительный, профилактический*

preventive maintenance *профилактический ремонт*

preventive measure *предупредительная мера, профилактическая мера*

preweld (vb.) *предварительно сваривать*

price *цена*

price list *прайс-лист, прейскурант*

pricing *калькуляция цен, стоимость*

prick *прокол, укол;* [tool] *шило*

prick (vb.) *прокалывать*

pricker [tool] *шило*

prick-up (vb.) *насекать первый намет штукатурки*

primary (adj.) *исходный, первичный*

primary air *первичный воздух*

primary crusher *дробилка крупного дробления*

primary distribution feeder *первичный распределительный фидер*

primary distributor *автомагистраль;* [road] *магистральная дорога*
primary effluent *первично очищенные сточные воды, первичный фильтрат*
primary filling *первичное наполнение гидросистемы*
primary filter *фильтр предварительной очистки*
primary light source *первичный источник света*
primary point *основная точка, первичная точка*
primary process *первичный процесс*
primary road *магистральная дорога*
primary rock [geol.] *коренная порода, материковая порода*
primary standard of light *первичный световой эталон*
primary structure *основание, фундамент*
primary treatment *первичная обработка*
primary valve *всасывающий клапан*
prime *начало, первая ступень, первый этап*
prime (vb.) [paintw.] *грунтовать;* [pump] *всасывать*
prime coat (of paint) *первый слой краски;* [paintw.] *грунт*
prime contractor *генеральный подрядчик*
prime cost *основная цена, себестоимость*
prime paint *первый покрывной слой;* [paintw.] *грунтовка*
primer *воспламенитель, грунтовка, капсюль-детонатор;* [paintw.] *первый покрывной слой*
primer coat *грунтовочная краска, слой грунтовки;* [paintw.] *грунтовка*
priming *грунтовка;* [paintw.] *грунтование*
priming cap *капсюль-детонатор*
priming coat *грунт, грунтовка, грунтовочная краска, первый покрывной слой;* [paintw.] *первый слой*
priming colour [paintw.] *подгрунтовка*
priming paint [paintw.] *первый покрывной слой*
priming pump *впрыскивающий насос, топливный насос*
primitive *базисный элемент, несложный, примитив, элементарный*
principal *администратор доступа к системе, главный лонжерон, насадка*
principal (adj.) *ведущий, главный, основной*
principal axis *главная ось*
principal axis of strain *главная ось деформации*
principal beam *главный лонжерон, насадка*
principal component *главная составляющая*
principal dimension *основной размер*
principal dimensions *основные габариты*
principal direction *главное направление*
principal plane *главная плоскость*
principal point *главная точка*
principal rafter *главная стропильная нога*
principal reinforcement *рабочая арматура*
principal strain *главная деформация*
principal street *главная улица*
principal stress *главное напряжение*
principal stress direction *направление главного напряжения*
principal tensile stress *главное растягивающее напряжение*

principle *закон, принцип*
principle of moments *принцип моментов*
priority road *дорога первостепенного значения, магистраль*
prism *призма*
prism strength [concr.] *призменная прочность*
private developer *частный застройщик, частный подрядчик*
private entrance *служебный вход*
privately owned road *дорога частного пользования*
private road *частная дорога*
private siding [rail] *частная ветка*
private tender *заявка частных фирм на подряд*
probable error *вероятная ошибка*
problem *задача, проблема*
procedure *порядок действий, процедура, технологический процесс*
proceed (vb.) *возобновлять, продолжать*
process *прием, процесс, режим, способ, технологический процесс*
process (vb.) *обрабатывать, подвергать обработке*
process building *производственное здание*
process control *управление технологическим процессом*
processing *изготовление, обработка, переработка*
processing chain *последовательность обработки, технологическая цепочка*
processing plant *перерабатывающий завод*
process inspection *технологический контроль*
process monitoring *контроль производственного процесса*
process of setting [concr.] *процесс схватывания*
process technology *технологический процесс*
Proctor density [road] *плотность по Проктору*
procure (vb.) *заготовлять, обеспечивать*
procurement *заготовки*
produce (vb.) *вырабатывать, получать, порождать, производить, синтезировать, создавать*
produced *изготовленный, произведенный*
producer *изготовитель, инициатор, продуцент, производитель*
product *изделие, продукт, произведение;* [mat.] *изделие*
product characteristic *характеристика изделия*
product design *конструкция изделия, проектирование изделия*
product development *развитие изделия, разработка нового изделия*
product hazardous to health *продукт, опасный для здоровья*
production *выработка, добыча, изготовление, продукция, производство*
production bonus *премия за высокую производительность*
production capacity *производственная мощность*
production costs *издержки производства, себестоимость, стоимость продукции*
production engineering *технология производства*
production equipment *производственное оборудование*
production manager *главный технолог*
production planning *производственное планирование*
production plant *промышленное предприятие*
production process *технологический процесс*

production table [concr.] *формовочный стол*
production technique *технология производства*
production test *заводские испытания*
production tolerance *производственный допуск*
productive *продуктивный, производительный, производящий*
productive capacity *производительность, производственная мощность*
productivity *продуктивность, производительность*
product liability *ответственность за изделие, ответственность за качество выпускаемой продукции*
product nonconformity *несоответствие изделия техническим условиям*
product quality *качество продукции*
product safety *безопасность изделия*
product sheet *технологическая карта*
product standard *стандарт на изделие*
product testing *испытания продукции, тестирование изделия*
professional (adj.) *профессиональный*
professional disease *профессиональное заболевание*
professional knowledge *профессиональные знания*
proficiency *опытность, сноровка, умение*
profile *вертикальный разрез, контур, очертания, профиль, сечение, совокупность параметров*
profile (vb.) *профилировать, фасонировать*
profile brick *фасонный кирпич*
profiled border *карнизная рейка*
profiled edge *профилированная кромка*
profile depth *глубина профиля*
profiled glass *профилированное стекло, строительные детали из стекла*
profile drill *профильное сверло*
profiled road strip *профилированная полоса дороги*
profiled steel *сортовая сталь*
profile in the normale plane *профиль в нормальной плоскости*
profile of a line *лекало*
profiles *сортовой прокат, стальной профиль*
profile tolerance of a line *допуск на лекало*
prognosis *прогноз*
programme *план, программа, проект*
programme of work *план работы, программа работы*
programme region *область планирования*
progress *прогресс, развитие, ход*
progress (vb.) *прогрессировать, развиваться*
progression *движение вперед, последовательность, продвижение;* [mat.] *прогрессия*
progressive *поступательный, прогрессивный, пропорционально увеличивающийся*
progress of work *ход работы*
progress payment *промежуточная оплата выполненного объема работ, процентовка*
progress report *доклад о ходе работы, сообщение о ходе работы*

progress schedule *график производства работ*
prohibiting sign *запрещающий дорожный знак*
prohibition on building *запрет на строительство*
prohibition sign *запрещающий дорожный знак*
prohibitory line [road] *граница зоны запрета*
prohibitory sign *запрещающий дорожный знак*
project *план, проект, схема строительства*
project (vb.) *выбрасывать, выдаваться, выступать, выталкивать, планировать, проектировать;* [mat.] *проектировать(ся)*
project control *руководство проектом, руководство строительством, управление проектом*
project coordinator *координатор проекта*
project director *начальник строительства, руководитель проекта*
project drawing *чертеж строительного объекта*
projected area *расчетная площадь строительства*
projected height *проектная высота*
projected road *проектируемая дорога*
projected scale *масштаб проекции*
project from (vb.) *выступать из*
projecting *планирование, проектирование*
projecting (adj.) *выдающийся, выступающий, консольный*
projecting beam *консоль, консольная балка*
projecting edge *буртик, выступающая кромка*
projecting joint [mason] *выпуклый шов*
projecting phase *этап проектирования*
projection *выступ, выступающая часть, план, проект, проектирование, проекция, свес*
projection line *линия проекции*
projection system *система проектирования, система проекции*
projection welding *рельефная сварка, сварка давлением*
projective drawing *чертеж в проекции*
project management *руководство проектом, руководство строительством, управление проектом*
project manager *менеджер проекта, начальник строительства, руководитель строительного объекта*
projector *проектор*
project site *строительная площадка*
project transfer *передача строительного объекта*
project work *плановая работа, проектные работы*
prolong (vb.) *продлевать, пролонгировать*
prolongate (vb.) *продлевать, пролонгировать*
prolongation *отсрочка, продление*
prolonged trial *длительные испытания*
prominence *возвышение, выступ*
promote (vb.) *промотировать, содействовать, способствовать;* [chem.] *активировать*
promoter [paintw.] *активатор*
prompt *подсказка, приглашение*
prompt (vb.) *подсказывать*
prompt (adj.) *быстрый, оперативный*
prong [tool] *вилы*

proof (vb.) *герметизировать, пропитывать*

proof (adj.) *непроницаемый, стойкий*

proofing compound *герметизирующий компаунд, герметик, пропиточный состав*

proof load *напряжение при испытании, пробная нагрузка*

proof load stress *пробная нагрузка*

proof load value *значение пробной нагрузки*

proof pressure *испытательное давление*

proof stress *напряжение при испытании*

prop *опора, подкос, раскос, стойка;* [concr.] *подпорка опалубки*

prop (vb.) *подпирать*

propeller fan *лопастной вентилятор*

proper *годный, истинный, корректный, надлежащий, правильный*

property *имущество, качество, свойство, характеристика*

property boundary *граница земельного участка, граница землевладения*

proper weight *собственная масса*

proportion *отношение, пропорция, соотношение*

proportion (vb.) *дозировать, подбирать состав смеси*

proportional *пропорциональный*

proportionality *пропорциональность*

proportional limit *предел пропорциональности*

proportional loading *пропорциональная нагрузка*

proportional weir [hydr.] *пропорциональный водослив*

proportioned *соразмерный*

proportioning *дозирование, дозировка*

proportioning apparatus *дозатор, дозирующая установка*

proportioning by volume *дозирование по объему*

proportioning by weight *дозирование по массе*

proportioning pump *дозирующий насос, насос-дозатор*

proportion of mixture *состав смеси*

proportions *размер, размеры*

proposal *предложение*

proposition *предложение, суждение;* [mat.] *теорема*

propping *подкрепление стойками*

propping up *подпирание*

proprietary article *патентованное изделие, фирменное изделие*

proprietary name *патентованное название, фирменное название*

proprietor *владелец, собственник, хозяин*

pro rata *в соответствии, пропорционально*

prospect *перспектива, проспект*

protect (vb.) *защищать, охранять, предохранять*

protect a building (vb.) *охранять здание*

protected *защищенный*

protected level crossing *огражденное пересечение;* [road] *огражденный перекресток*

protecting (adj.) *защитный*

protecting coating of paint *защитное лакокрасочное покрытие*

protecting mask *защитная маска*

protecting spectacles *защитные очки*

protecting tube *предохранительная трубка*

protecting varnish *кроющий лак*
protection *блокировка, защита, ограждение, предохранение*
protection against accidental contact *защита от случайного контакта*
protection against corrosion *защита от коррозии*
protection against fire *защита от пожаров, противопожарная защита*
protection against rust *предохранение от ржавчины*
protection of buildings *охрана зданий*
protection of monuments *охрана памятников*
protection strip *защитная планка*
protection suit *защитный костюм, спецкостюм*
protective *защитный, предохранительный*
protective atmosphere *защитная газовая среда*
protective clothing *защитная одежда, спецодежда*
protective coating *защитное покрытие, защитный лакокрасочный слой*
protective conductor [electr.] *заземление*
protective covering *зашитное покрытие*
protective device *защитное устройство, предохранительное устройство*
protective equipment *защитное снаряжение*
protective eyewear *защитные очки*
protective gas *защитная газовая среда*
protective glass *защитное стекло, предохранительное стекло*
protective glazing *защитное стекло, предохранительное стекло*
protective goggles *защитные очки*
protective grating *предохранительная решетка*
protective guard *защитное ограждение*
protective helmet *защитная каска, защитный шлем*
protective lacquering *защитное лакокрасочное покрытие*
protective layer *защитный слой*
protective measure *мера предосторожности, предохранительное мероприятие*
protective midsole *защитная подложка обуви*
protective screen *защитный экран*
protective shield *защитный экран, оградительный щиток*
protective spectacles *защитные очки*
protective suit *защитный костюм, спецкостюм*
protective treatment *профилактика, профилактическая обработка*
protective wrapping *защитная упаковка, предохранительная упаковка*
prototype *опытный образец, прообраз, прототип*
protraction *замедление, затягивание, откладывание размеров на чертеже, проволочка*
protractor *угломер;* [mat.] *транспортир*
protrude (vb.) *выдаваться, выступать*
protruding (adj.) *выступающий*
protruding dyke *насыпная дамба*
protuberance *выступ, свес*
prove (vb.) *доказывать, испытывать, пробовать, проверять*
provide (vb.) *обеспечивать, снабжать*

provide with (vb.) *оснащать, снабжать*

provide with springs (vb.) *подрессоривать*

proving *доказательство, испытания, опробование, проверка*

proving stand *испытательный стенд*

provision *обеспечение, положение (договора, закона), резерв, условие (договора, закона)*

provisional *временный, предварительный, промежуточный*

provisional bridge *временный мост*

provisions *обеспечение, оборудование, оснащение*

provoke (vb.) *возбуждать, вызывать*

prow *грузоподъемный кран*

proximity *близость*

prussian blue *берлинская лазурь*

public *общественный, публичный*

public (adj.) *общественный*

public address system (PA system) *система местного радиовещания*

public administration *государственная администрация, государственные органы, общественная администрация*

public advertising *предложение подряда, публичное объявление торгов*

public authority *государственный орган, общественные полномочия*

public building *общественное здание*

public current *общий ток;* [electr.] *сетевой ток*

public green space *парковая зеленая зона*

public housing *бюджетное жилищное строительство*

public lavatory *общественный туалет*

public lighting *уличное освещение*

public park *общественный парк*

public place of convenience *общественный туалет*

public residential construction *бюджетное жилищное строительство*

public road *дорога общего пользования*

public space *место общего пользования*

public thoroughfare *дорога общего пользования*

public utilities *коммунальные сооружения, коммунальные услуги*

public water supply *коммунальная водопроводная система*

public water supply utility *сооружение коммунального водопровода*

pudding stone [concr.] *конгломерат*

puddle (vb.) *герметизировать глиной, уплотнять глиной*

puddle clay (vb.) *глиняное тесто, трамбованная глина*

puff *продувка*

puff (vb.) *вдувать, дуть, нагнетать*

pug clay (vb.) *глиняное тесто, трамбованная глина*

pugging *мятая глина, разминание глины*

pugging board *вставная доска в междуэтажном перекрытии*

pug mill *мешалка асфальтобетоносмесителя*

pugstream machine *профильный пресс для черепицы*

pull *дверная ручка в виде скобы, натяжение, тяга*

pull (vb.) *выталкивать из стека, тянуть*

pull down (vb.) *демонтировать, разбирать, сносить*

pull-down [comp.] *опускающееся меню*

pulley *блок, ролик, шкив*

pulley block *полиспаст, таль*
pulley tackle *подъемная таль, полиспаст*
pulley wheel *приводной ременный шкив*
pulling down *демонтаж, снос*
pull off (vb.) *снимать, убирать*
pull-off test [paintw.] *испытания на прочность покрытия*
pull out (vb.) *вытаскивать, вытягивать, извлекать*
pull-out (adj.) *выдвижной, вытяжной*
pull shovel *канатный скрепер, экскаватор обратная лопата*
pull test *испытания на растяжение*
pulsate (vb.) *вибрировать, пульсировать*
pulsating (adj.) *пульсирующий*
pulsating stress *напряжение по пульсирующем циклу, пульсирующее напряжение*
pulsation welding *многоимпульсная сварка*
pulsatory *качающийся*
pulse *импульс, пульс;* [el.] *пульсация;* [electr.] *импульс*
pulse (vb.) *биться, вибрировать, пульсировать*
pulsed current arc welding *импульсно-дуговая сварка*
pultruded [plast] *однооснoориентированный*
pultrusion [plast] *получение однооснoориентированного волокнистого пластика*
pulverization *превращение в порошок, тонкое измельчение*
pulverize (vb.) *измельчать, превращать в порошок*
pulverized *пылевидный, размолотый в порошок, распыленный*
pulverized fuel ash *измельченная зола*
pulverized limestone *известковый порошок, известь-пушонка*
pulverizer *мельница для тонкого размола*
pulverulent *в виде порошка, порошковый*
pulverulent abrasive *абразивный порошок, шлифовальный порошок*
pumice *пемза, пемзобетон*
pumice (vb.) *чистить, шлифовать пемзой*
pumice concrete *легкий бетон, пемзобетон*
pumice gravel *гравий из пемзы*
pumice stone *пемза*
pump *насос*
pump (vb.) *качать, откачивать*
pumparound pump *циркуляционный насос*
pump capacity *подача насоса*
pump case *корпус насоса*
pump chamber *камера насоса*
pumped concrete *подаваемая насосом бетонная смесь*
pump filter *фильтр насоса*
pump head [pump] *высота напора*
pump house *корпус насоса*
pump housing *корпус насоса*
pump impeller *рабочее колесо насоса*
pumping *вакуумирование, водоотлив, возбуждение, нагнетание, нагнетание насосом, накачивание, накачка, насосно-трубопроводная система, откачивание, откачка, подача насосом, посол шприцеванием, разрежение, шприцевание*

pumping capacity *подача насоса*
pumping equipment *насосное оборудование*
pumping head *высота подачи*
pumping out *откачивание*
pumping plant *насосная станция, насосная установка*
pumping power *усилие подачи*
pumping station *насосная станция*
pumping works *насосная станция*
pump injection *бескомпрессорная инжекция, механическое распыление*
pump installation *насосное оборудование*
pump out (vb.) *откачивать*
pump-out *откачивание*
pump output *мощность насоса*
pump rating *номинальная мощность насоса*
pump station *насосная станция*
pump stop *остановка насоса*
pump up (vb.) *накачивать*
pump well *насосный колодец*
punch *кернер, пробойник, пуансон, штамп*
punch (vb.) *перфорировать, пробивать отверстия*
punched hole *пробитое отверстие*
puncheon *бородок, перемычка ограждения котлована, подвеска висячих стропил, пробойник, стойка каркасной перегородки;* [tool] *пуансон*
puncher *бородок, дырокол, кернер, пробойник*
punching *кернение, пробивание отверстий, прошивка*
punch mark *отметка керном*
punctiform *точечный*
punctual *аккуратный, пунктуальный, точечный*
puncture *прокол;* [electr.] *пробой*
puncture (vb.) *пробивать, прокалывать*
punner *ручная трамбовка*
punning *трамбование*
pup [mason] *продольная половинка кирпича*
purchase *ворот, подъемный механизм, тали;* [comm.] *покупка*
pure *беспримесный, чистый*
pure bending *чистый изгиб*
pure flexure *чистый изгиб*
pure water *питьевая вода*
purge (vb.) *очищать, продувать, прочищать, чистить*
purging *очищение, продувка*
purification *очищение, продувка*
purification plant *очистительная установка*
purify (vb.) *очищать*
purity *чистота*
purlin *обрешетка, перекладина, прогон*
purlin roof *обрешетина;* [arch.] *решетчатая крыша*
purpose *назначение, намерение, цель*
purpose-built *специализированный, специального назначения, специальный*

purpose-made *изготовленный по специальному заказу, специального назначения*

push *вталкивать, помещать в стек, толчок, удар*

push (vb.) *надавливать, нажимать, толкать*

push-and-pull plate *нажимная плита двери 'к себе-от себя'*

push button *нажатая кнопка, нажимная кнопка*

push-button switch [el.] *кнопочный переключатель;* [electr.] *кнопочный выключатель*

push fit *плотная посадка*

push-on contact [electr.] *нажимной контакт*

push switch [el.] *нажатый переключатель;* [electr.] *нажимной выключатель*

push-type scraper *бульдозер*

put (vb.) *класть, помещать*

put in (vb.) *вставлять*

put in electricity (vb.) *проводить электричество*

put into action *вводить в действие*

putlog *стойка коренных лесов*

put off (vb.) *откладывать, отсрочивать*

put pressure on (vb.) *нагружать*

putrid *гнилой, гнилостный*

putridity *гнилость, гниль*

putrid smell *гнилостный запах*

put together (vb.) *скреплять, соединять*

putty *замазка, шпаклевка, шпатлевка*

putty (vb.) *замазывать замазкой, шпаклевать, шпатлевать*

puttying *замазывание, шпаклевка, шпатлевка*

putty knife *лопатка для шпатлевки, нож для нанесения стекольной замазки, шпатель*

putty rabbet *канавка для замазки*

putty spattle *шпатель*

put up (vb.) *возводить, воздвигать, строить*

puzzle lock *замок с шифром*

PVA adhesive *клей ПВА*

PVA glue *клей ПВА*

PVC pipe *полихлорвиниловая трубка*

pycnometer *пикнометр*

pylon *опора, пилон*

pyramid *пирамида*

pyramidal broach roof *шатровая крыша*

pyrotechnics *пиротехника*

quadrangle *внутренний двор, расположенные четырехугольником, четырехугольник;* [build.] *здания*

quadrangular *четырехугольный*

quadrant *квадрант, четверть круга*

quadrate *квадрат, квадратный калибр;* [met.] *прокат квадратного сечения*

quadratic *квадратичный, квадратный*

quadratic equation *уравнение 2-й степени;* [mat.] *квадратное уравнение*

quadratic mean [mat.] *среднее квадратичное;* [stat.] *среднеквадратичное*

quadric equation *уравнение 2-й степени;* [mat.] *квадратное уравнение*

quadrilateral *четырехугольник*

quadrilateral (adj.) *четырехсторонний, четырехугольный*

quadrilateral beam *рамная ферма*

quadruple (adj.) *четырехзаходный винт, четырехкратный*

quake *землетрясение, подземный удар*

qualified *квалифицированный, компетентный, ограниченный, подготовленный, сделанный с оговоркой, уточненный*

qualified (adj.) *пригодный*

qualify (vb.) *видоизменять, квалифицировать, ограничивать, относить к определенной категории, оценивать, приобретать какую-либо квалификацию;* [liq.] *разбавлять*

quality *добротностьж свойство, достоинство, качество, класс точности, свойство, характеристика*

quality audit *анализ качества, проверка качества*

quality class *марка бетона*

quality control *контроль качества, проверка качества*

quality control test *контроль качества, проверка качества*

quality grade *стандарт качества, уровень качества*

quality inspection *контроль качества*

quality label *знак качества*

quality level *стандарт качества*

quality management *контроль качества, управление качеством*

quality standard *стандарт качества, уровень качества*

quality test *проверка качества*

quantifiable *измеримый, поддающийся количественному определению*

quantitative *количественный*

quantitative determination *количественное определение*

quantitative proportion *количественная пропорция*

quantity *величина, количество, параметр, размер;* [mat.] *величина, параметр*

quantity of cut [road] *объем грунта выемки*

quantity of fill [road] *объем грунта насыпи*

quantity of flow *объем стока, расход воды*

quantity surveyor *нормировщик*

quantum *квант, количество, шаг квантования*

quarried materials *карьерный каменный материал*

quarry *каменоломня, карьер, открытая выработка*
quarry dust *каменная пыль*
quarry fill *каменная наброска, наброска из бутового камня*
quarrying *карьерные работы, разработка карьера*
quarrystone *бутовый камень, рваный камень*
quarry tile *каменная плитка*
quarry waste *каменная мука, карьерные отходы*
quarter *квартал, четверть*
quarter bond [mason] *тычковая перевязка*
quarter-brick *четвертной кирпич;* [mason] *четвертка*
quarter-cut *распиленный разрезанный на четыре части*
quarter point *точка в четверти пролета*
quarter section timber *брус радиального распила*
quartz *кварц*
quartz (adj.) *кварцевый*
quartz brick *кварцевый шамотный кирпич*
quartz porphyry *кварцевый порфир*
quartz sand *кварцевый песок*
quay *набережная, пристань, причал*
quay apron *план причала, прикордонная зона между причалом и складами*
quay crane *береговой кран, портовый кран*
quayside *набережная, пристань, причал*
quay wall *причальная стенка*
queen post [build.] *бабка висячих стропил*
queen-post truss [build.] *висячие стропила с двумя бабками*
quench (vb.) *гасить, тушить;* [met.] *закаливать*
quick (adj.) *быстрый*
quick break switch [electr.] *быстродействующий выключатель, мгновенный выключатель*
quick-drying *быстросохнущий*
quick-drying varnish *быстросохнущий лак*
quicken (vb.) *ускорять*
quick lime *негашеная известь*
quickly hardening mortar *быстротвердеющий строительный раствор*
quick make-and-break [electr.] *быстродействующий выключатель, мгновенный выключатель*
quick sand *плывун;* [geol.] *зыбучий песок*
quick set concrete *быстросхватывающийся бетон*
quick-setting [concr.] *быстросхватывающийся*
quicksilver (Hg) *ртуть (Hg)*
quiet *бесшумный, неподвижный, неслышный, спокойный, тихий*
quiet (vb.) *успокаивать ванну*
quilt *теплоизоляция трубопроводов*
quiver (vb.) *вибрировать, дрожать*
quivering *вибрирование*
quoin *вершина угла, клин, ключ арки*
quoin post [hydr.] *вертикальная угловая опора в шарнирном конце ворот шлюза*
quotation *котировка, цены предлагаемые фирмой*

R

r. (radius) *радиус*

rabbet *врубка, гнездо, паз, притворный фальц, четверть, шпунт*

rabbet (vb.) *выбирать фальц, прилаживать взакрой, сплачивать в фальц;* [woodw.] *шпунтовать*

rabbeted door leaf *дверное полотно, собранное в шпунт*

rabbeted joint *сплачивание взакрой, сплачивание в четверть*

rabbeted lock *врезной замок*

rabbeting *выемка гнезда, вырезание желобка, вырезание канавки, соединение пазом, соединение шипом, шпунтование;* [woodw.] *выборка фальца*

rabbet plane *фальцгебель*

Rabitz plaster fabric wall *стена, оштукатуренная по сетке Рабица*

Rabitz wire lattice *проволочная решетка Рабица*

Rabitz wire netting *проволочная сетка Рабица*

race *гонки, состязание;* [hydr.] *подводящий водовод*

raceway *водовод, водопроводная труба;* [hydr.] *подводящий канал*

rack *колосниковая решетка, кремальера, монтажная стойка, стеллаж, стенд, стойка, штатив;* [el.] *блок, шасси;* [hydr.] *сороудерживающая решетка водоприемника;* [mech.eng.] *зубчатая рейка*

rack-and-pinion railway *зубчатая железная дорога*

rack drill *рачка, сверло с трещоткой, трещотка*

rack rail [rail] *зубчатый рельс*

rack railway *зубчатая железная дорога*

rack saw *пила с крупными зубьями*

rack screen *грохот, решетка*

rad. [mat.] *радиус*

radial (adj.) *звездообразный, звездчатый, лучевой, радиальный*

radial blower *радиальный вентилятор*

radial brick [mason] *лекальный кирпич, радиальный кирпич*

radial clearance *радиальный зазор*

radial crack *радиальная трещина*

radial cut [woodw.] *радиальный распил*

radial direction *радиальное направление*

radial displacement *радиальное смещение*

radial expansion *радиальное расширение*

radial fan *радиальный вентилятор*

radial flow *радиальный поток*

radial flow pump *центробежный насос*

radial force *радиальное усилие*

radially cut timber *радиально распиленный лесоматериал*

radially sawn timber *радиально распиленный лесоматериал*

radial play *радиальный люфт*

radial pressure *радиальное давление*

radial reinforcement *радиальная арматура*

radial road *радиальная дорога, радиальная улица*

radial sawing [woodw.] *радиальный распил*

radial triangulation [geod.] *радиальная триангуляция*

radial ventilator *радиальный вентилятор*

radiance temperature *температура излучения*
radiant (adj.) *излучающий, лучистый*
radiant, be (vb.) *излучать*
radiant ceiling heating *верхнее радиаторное отопление*
radiant element *радиатор*
radiant energy *лучистая энергия, энергия излучения*
radiant heat *лучистая теплота, теплота излучения*
radiant heater *отражательная печь, радиатор*
radiant heat flux *лучистый тепловой поток*
radiant heating *панельно-лучистое отопление*
radiant panel heating *панельно-лучистое отопление*
radiate *звездообразный, звездчатый, расходящийся лучами*
radiate (vb.) *излучать, испускать лучи*
radiated energy *лучистая энергия, энергия излучения*
radiating brick [mason] *лекальный кирпич, радиальный кирпич*
radiating cracks *лучеобразные рванины, лучеобразные трещины*
radiation *излучение, радиация*
radiation angle *угол излучения*
radiation energy *лучистая энергия, энергия излучения*
radiation heat *теплота излучения*
radiation of heat *тепловое излучение*
radiative property *излучающее свойство*
radiator *батарея отопления, нагреватель, отражающая печь, радиатор*
radiator paint brush *кисть для окраски радиаторных батарей*
radiator valve *запорный клапан радиатора, радиаторный клапан*
radio *радио, радиоприемник*
radio-frequency heating *высокочастотный нагрев, нагрев токами высокой частоты*
radio-frequency welding *высокочастотная сварка*
radio heating *высокочастотный нагрев, нагрев токами высокой частоты*
radio mast *радиоантенная мачта*
radius *дальность действия, закругление, радиус;* [crane] *вылет;* [mat.] *радиус*
radius brick *радиальный кирпич*
radius gauge *галтельный шаблон, радиусный шаблон*
radius of action *радиус действия*
radius of curvature *радиус кривизны*
radius of rounding *радиус закругления*
radius vector *радиусный вектор*
raft *плот;* [build.] *плитный фундамент*
rafter *стропило, стропильная нога*
raftered ceiling *балочное перекрытие, накатный потолок*
rafter end *головная часть стропила*
rafter roof *крыша со скатами*
raft foundation *ростверк*
rag *ветошь, обтирочные концы;* [build.] *шифер;* [geol.] *крупно-зернистый песчаник*
ragged *зазубренный, неровный, рваный, шероховатый*
rag stone *крупнозернистый песчаник*

rail *дверная перемычка, железнодорожный путь, ограда, оконная перемычка, поручни;* [arch.] *перила;* [rail] *рельс*

rail (vb.) *обносить перилами или оградой, прокладывать рельсы*

rail anchor [rail] *крюковой рельсовый болт для заземления*

rail base *основание рельса*

rail bearing plate *подушка под рельс;* [rail] *подкладка рельса*

rail bender *рельсогибочная машина, рельсогибочный пресс*

rail bending press *рельсогибочная машина, рельсогибочный пресс*

rail bond *рельсовый стыковой соединитель;* [rail] *междурельсовый соединитель*

rail bonding *приварка рельсовых электрических стыковых соединений*

rail break *излом рельса*

rail cant *подуклонка рельса*

rail chair [rail] *рельсовая подушка*

rail clamp [rail] *крюковой рельсовый болт для заземления*

rail crane *передвижной рельсовый кран*

rail creep(ing) [rail] *угон рельсов*

rail drilling machine *рельсосверлильный станок*

rail failure *излом рельса*

rail fastening *рельсовые скрепления*

rail fixing *рельсовые скрепления*

rail flange *подошва рельса*

rail foot *подошва рельса*

rail gap *стыковой зазор*

rail gauge *ширина рельсовой колеи*

rail gauge template *рельсовый шаблон*

rail head *головка рельса*

rail in (vb.) *отгораживать*

railing *ограда, ограждение, перила, поручни, рельсы;* [rail] *рельсовый путь*

railing fittings *арматура перил ограждения*

railings *изгородь, ограда, ограждение*

rail joint *рельсовый стык*

rail joint plate *рельсовая стыковая накладка*

railless *безрельсовый*

rail lifter *клещи для переноски рельсов, рельсоподъемник*

rail lifting jack *путевой домкрат, рельсовый домкрат*

railpad *подушка под рельс*

rail pinch-bar *клещи для переноски рельсов, рельсоподъемник*

rail post *балясина, стойка перил*

rail press *правильный станок для рельсов*

rail profile *профиль рельса*

rail return *обратный рельсовый провод*

railroad (US) *железная дорога*

railroad station *вокзал, железнодорожная станция*

railroad tie (US) *железнодорожная шпала*

rails [rail] *колея*

rail saw *пила для резки рельсов*

rail screw *рельсовый шуруп*

rail section *поперечное сечение рельса, профиль рельса*

rail shifter *анштуг, рельсовый лом*

rail slewer *анштуг, рельсовый лом*

rail spike *рельсовый костыль*

rail steel *рельсовая сталь*

rail straightener *правильный станок для рельсов*

rail tongs *клещи для переноски рельсов, рельсоподъемник*

rail track *железнодорожная колея, рельсовый путь*

rail tunnel *железнодорожный туннель*

railway (UK) *железная дорога*

railway area [rail] *площадь железной дороги*

railway bridge *железнодорожный мост*

railway construction *железнодорожное строительство*

railway crossing *железнодорожный переезд*

railway embankment *железнодорожная насыпь*

railway line *железнодорожная линия*

railway net *железнодорожная сеть*

railway pole [rail] *опора контактной сети*

railway section *отрезок железнодорожного пути, участок железной дороги*

railway sleeper (UK) *железнодорожная шпала*

railway station *вокзал, железнодорожная станция*

railway system *железнодорожная сеть*

railway track *железнодорожная колея*

railway tunnel *железнодорожный туннель*

railway with double way *двухпутная железная дорога*

railway with single way *однопутная железная дорога*

railway yard [rail] *сортировочная станция*

rail web *шейка рельса*

rain *дождь*

rainfall *дождевые осадки, количество атмосферных осадков*

rain pipe *водосточная труба*

rainproof (adj.) *непромокаемый*

rainproof lighting fitting [electr.] *брызгозащищенная осветительная арматура*

rainwater *дождевая вода*

rainwater basin *резервуар для сбора дождевой воды*

rainwater bead *дренажная полочка*

rainwater pipe *водосточная труба*

raise *повышение, подъем, увеличение*

raise (vb.) *поднимать, сооружать;* [build.] *возводить;* [mat.] *возводить в степень*

raised beach *намывная береговая полоса*

raised countersunk head *полупотайная головка винта*

raised work *рельеф*

raise of temperature *повышение температуры*

raise to the second power [mat.] *возвести во вторую степень*

raise to the second power (vb.) [mat.] *возводить в квадрат*

raising *повышение, подъем;* [build.] *возведение здания*

rake *грабли, наклон, угол наклона, уклон;* [hydr.] *решетка водоприемника;* [mason] *отклоняться от отвесной линии*

rake (vb.) *разгребать, сгребать, чистить скребком*

raked joint *пустошовка;* [mason] *заполнение впустошовку*
rake joints (vb.) [mason] *заполнять пустые швы*
rake out joints (vb.) [mason] *расчищать швы кладки при расшивке*
raker *гребок, подкос, подпорка, проволочная щетка, скребок;* [build.] *распорка;* [mason] *крацовка*
raker pile *подкос, подпорка, распорка*
raking bond *перевязка кладки с косым расположением тычковых рядов;* [mason] *декоративная диагональная перевязка в елку*
raking course [mason] *забутка из кирпича, уплотненного наискось*
raking pile *наклонная свая, подкосная свая*
raking shore *подкос, подпорка, распорка*
raking stretcher bond [mason] *декоративная диагональная ложковая перевязка*
ram *копровая баба, плунжер насоса;* [build.] *трамбовка*
ram (vb.) *долбить, забивать сваи, утрамбовывать*
ram block *копровая баба, трамбовка*
ram down (vb.) *вколачивать, забивать, утрамбовывать*
rammed concrete *трамбованный бетон*
rammer *копровая баба, свайный молот, трамбовка*
rammer log *копровая баба, трамбовка*
ramming *забивка свай, трамбовка, укатывание грунта*
ramming appliance *трамбовка, трамбовочное устройство*
ramming machine *трамбовочная машина*
ramp *наклонная плоскость, наклонный подъездной путь, пандус, скат, сходни, уклон;* [el.] *пилообразный сигнал;* [road] *съезд*
rampant arch [arch.] *косая арка, ползучая арка*
rampant vault [arch.] *ползучий свод*
ramshackle *ветхий, обветшалый, полуразвалившийся*
ramshorn hook [crane] *двойной крюк*
random *нерегулярный, произвольный, случайный*
random (adj.) *беспорядочный, выборочный, произвольный, случайный*
random check *выборочная проверка, произвольная проверка*
random error *случайная ошибка*
random failure *случайный отказ*
random load *случайная нагрузка*
random masonry *сухая кладка, циклопическая кладка*
random rockfill *каменная наброска без сортировки по размерам*
random rubble *каменная наброска без сортировки по размерам*
random sample *случайная выборка*
random sample check *выборочный контроль, проверка случайной выборки*
random sampling *выборочный контроль, случайная выборка*
random test *произвольное тестирование, случайная выборка*
range *амплитуда, ассортимент, гамма изделий, дальность, диапазон, динамический диапазон, дистанция, интервал, курсовой радиомаяк, кухонная плита, номенклатура, область, полигон, пределы изменения, радиомаячный азимут;* [agr.] *пастбище*
range (vb.) *выравнивать, классифицировать, колебаться в пределах, устанавливать в ряд*
range hood *вытяжка, вытяжной шкаф над плитой*

range of application *область применения*
range of capacity *диапазон производительности, рабочий диапазон*
range of columns *ряд колонн*
range of measurement *диапазон измерений*
range of tolerance *область допустимых значений, пределы допусков*
range of work *диапазон производительности, рабочий диапазон*
ranging *измерение дальности, измерение расстояния*
ranging pole *вешка, створная веха;* [geod.] *дальномерная рейка*
ranging rod *вешка, створная веха;* [geod.] *дальномерная рейка*
rank *категория, класс, разряд, ранг, ряд*
rank (vb.) *располагать в определенном порядке*
rank of piles *ростверк, свайная стенка*
rap (vb.) *обстукивать, постукивать*
rapid (adj.) *быстрый*
rapid break cutout *быстродействующий выключатель*
rapid break switch *быстродействующий выключатель*
rapid-curing cutback bitumen *быстрогустеющий жидкий дорожный битум*
rapid-hardening *быстротвердеющий*
rapid-hardening cement *быстротвердеющий цемент*
rapidity *быстрота*
rapid machining steel *быстрорежущая сталь*
rapids *быстрина;* [hydr.] *пороги*
rarefy (vb.) *разрежать*
rare gas *благородный газ, инертный газ*
rasp *теркуг;* [tool] *рашпиль*
rasp (vb.) *опиливать рашпилем, опиливать теркугом*
rasping *опиливание рашпилем, опиливание теркугом*
raspings *опилки из-под рашпиля*
ratch *трещотка;* [tool] *храповик*
ratchet *защелка, стопор, храповое колесо, храповый механизм;* [mach.] *рычаг с собачкой;* [tool] *храповик*
ratchet and pawl *храповое колесо с собачкой, храповой механизм*
ratchet brace *коловорот с трещоткой*
ratchet drill *коловорот с трещоткой*
ratchet gear *храповое колесо, храповой механизм*
ratchet handle *съемная рукоятка с храповым механизмом для торцевых ключей*
ratchet lever *храповой рычаг*
ratchet mechanism *храповой механизм*
ratchet pawl *стопорная защелка, стопорная собачка, храповая собачка*
ratchet screwing stock *клупп с трещоткой*
ratchet spanner *гаечный ключ с трещоткой*
ratchet wheel *храповик, храповое колесо*
ratchet wrench *гаечный ключ с трещоткой*
rate *коэффициент, норма, оценка, расценка, скорость, ставка, степень, тариф*
rate (vb.) *исчислять, классифицировать, оценивать, таксировать*
rated *расчетный*
rated (adj.) *номинальный, проектный, расчетный*

rate fixing *тарификация, установление сдельной ставки*

rate of application *норма расхода*

rate of concreting [concr.] *скорость бетонирования*

rate of cooling *скорость остывания, скорость охлаждения*

rate of flow *расход, скорость потока*

rate of mixture *соотношение компонентов смеси*

rate of working *интенсивность работы*

rate per hour *повременная ставка*

rate per hundred *процент, процентная ставка*

rate setting *установление сдельной ставки*

rating *квалификационная отметка пилота, классификация, класс судна, номинал, номинальная мощность, номинальная производительность, номинальое значение, номинальный режим работы, нормирование, определение, оценка, паспортное значение прибора, производительность, расчетная величина, тарификация, установление разряда, характеристика, хронометраж;* [bat.] *номинальное значение параметра;* [instr.] *допустимое значение параметра, номинальный предел;* [mech.] *параметр, расчетное значение параметра*

ratio *отношение, пропорция, соотношение;* [mat.] *коэффициент, отношение, пропорция*

rationalization *рационализация*

ratio of dimensions *соотношение размеров*

ratio of expansion *относительное расширение, степень расширения*

ratio of grade *величина уклона дороги, коэффициент откоса*

ratio of inclination *величина уклона дороги, коэффициент откоса*

ratio of mixture *соотношение компонентов смеси*

ratio of rise and tread *наклон марша лестницы*

ratio of sizes *соотношение размеров*

ratio of slenderness *гибкость*

rat poison *крысиный яд*

rat-tail (file) [tool] *тонкий напильник*

rattle *грохот, стук, треск*

rattle (vb.) *дребезжать, стучать, трещать*

rattling *грохот*

rat-trap bond *кладка в один кирпич на ребро*

raw *необработанный, неочищенный, сырой*

raw brick *кирпич-сырец*

raw compost *свежий компост*

raw glass *сырое стекло*

rawlplug *вставка с расширяющимся волокном для крепления винтов в кирпичной кладке, ролплаг*

raw material *исходный материал, сырье*

raw materials consumption *расход сырья*

raw meal [concr.] *сырьевая мука*

raw mix *сырьевая смесь*

raw product *исходный продукт*

raw sludge *необработанный канализационный ил, сырой осадок сточных вод, шлам*

raw slurry [concr.] *жидкое цементное тесто*

raw steel *нерафинированная сталь, термически необработанная сталь*

raw water *сырая вода*

raw wood *необработанный лесоматериал, неокоренный лесоматериал*

ray *луч*

ray (vb.) *излучать*

Raynaud's phenomenon *виброболезнь*

ray of sparks *сноп искр*

raze (vb.) *разрушать до основания, сносить*

raze to the ground (vb.) *сравнять с землей*

Rc *твердость по Роквеллу, шкала С*

R/C (reinforced concrete) *железобетон*

reach *вылет крана от ребра опрокидывания, дальность действия, дистанция, зона досягаемости, простираться, протяженность, радиус действия;* [prof.] *зона (АЛГОЛ)*

reach (vb.) *доставать, достигать, простираться*

reach (for) (vb.) *доставать, тянуться за чем-либо*

reach of a canal *длина участка канала;* [hydr.] *участок канала*

react (vb.) *вступать в реакцию, реагировать;* [phys.] *взаимодействовать*

reaction *реакция;* [phys.] *противодействие*

reaction at the abutment *реакция опоры*

reaction force *реактивная сила, сила реакции*

reaction of the support *реакция опоры*

reaction power *реактивная сила, сила реакции*

reaction wood *креновая древесина, крень хвойных пород, тяговая древесина лиственных пород*

reactivate (vb.) *восстанавливать, реактивировать, регенерировать*

reactivation *восстановление, реактивация, регенерация*

reactive *активированный, емкостный, индуктивный;* [chem.] *активный;* [electr.] *реактивный*

read (vb.) *производить отсчет показаний, снимать показания прибора, считывать, читать*

readily soluble *легко растворимый*

readiness *готовность, подготовленность*

reading *отсчет, отсчет показаний, показания прибора, считывание*

readjust (vb.) *переделывать, повторно регулировать, подналаживать*

readjustment *исправление, настройка, переделка, повторная регулировка, подрегулировка, установка*

ready (vb.) *готовить, подготавливать*

ready (adj.) *готовый, подготовленный, приготовленный*

ready-assembled *в сборе, готовый*

ready-built *построенный*

ready cut and bent reinforcement [concr.] *готовая арматура*

ready-fitted *в сборе, готовый*

ready for development *подготовленный для застройки*

ready for operation *годный к эксплуатации, готовность к операции, готовый для работы*

ready for service *годный к эксплуатации, готовность к обслуживанию, готовый для работы*

ready for use *готовый к употреблению, готовый к эксплуатации*
ready-lacquered *предварительно покрытый лаком*
ready-made *готовый, заранее изготовленный, заранее подготовленный, сборно-разборный, сборный*
ready-mix concrete *товарная бетонная смесь*
ready-mixed *готовый, товарный*
ready-mixed concrete *товарная бетонная смесь*
ready-mix plant *завод товарной бетонной смеси*
ready-mounted *в сборе, готовый*
real *вещественный, действительный, настоящий, натуральный, реальный*
real estate *недвижимое имущество, недвижимость*
realign (vb.) *выравнивать, рихтовать*
realignment *повторная центровка, повторное выравнивание, рихтовка*
realignment by string line and versine offset [rail] *выравнивание кривых колеи по отвесу*
realization *выполнение, осуществление, реализация*
realize (vb.) *выполнить, осуществить, превратить в деньги, продать, реализовать*
re-allocation *переразмещение, перераспределение*
real number *действительное число;* [mat.] *вещественное число*
real property *недвижимое имущество, недвижимость*
real size *натуральная величина*
real value *вещественная величина, действительное значение*
real weight *полезный груз*
ream (vb.) *зенковать, развертывать, рассверливать*
reamed hole *развернутое отверстие*
reamer *зенковка, развертка, расширитель*
reaming *зенкование, развертывание*
rear *задняя сторона, тыльная сторона*
rear (adj.) *задний, тыльный*
rear dumper *самосвал с задней разгрузкой*
rear edge *задняя кромка*
rear end *задняя сторона*
rearrange (vb.) *перекладывать, переставлять, перестраивать, реконструировать*
rearrangement *перемещение, перепланировка, перестановка, перестройка, реконструкция*
rear side *тыльная сторона*
rear tipping trailer *прицеп-самосвал с задней разгрузкой*
rear view *вид сзади*
reasonable *нормальный, разумный, умеренный*
reasons of design, for *по конструктивным соображениям*
reassemble (vb.) *перебирать машину*
re-bars [concr.] *арматурные стержни*
rebate *гнездо, паз, уступка, фальц, шпунт;* [comm.] *ценовая скидка*
rebate (vb.) *выбирать фальц, прилаживать взакрой, сплачивать в фальц;* [woodw.] *шпунтовать*
rebated door leaf *собранное в четверть дверное полотно, собранное в шпунт дверное полотно*

rebate depth *глубина фальца, глубина шпунта*
rebated pipe [concr.] *фальцованная труба*
rebated reveal *фальц в каменной кладке*
rebate joint *стык внахлестку, шов взакрой, шов вчетверть*
rebate plane *фальцгебель*
rebate size *размер паза для вставки стекла*
rebate width *ширина фальца, ширина шпунта*
rebating *фальцевание;* [woodw.] *выборка четверти*
rebating cutter *фрезерный станок для отбора фальца, фрезерный станок для отбора четвертей*
rebore (vb.) *повторно растачивать*
rebound *отдача, отражение, отскок, рикошет*
rebound (vb.) *отражаться, отскакивать, рикошетировать*
rebuild (vb.) *восстанавливать, перестраивать, реконструировать*
rebuilding *восстановление, реконструкция*
rebuilding and extension *реконструкция и расширение здания*
rebuilding operation *реконструкция*
rebuilding project *работы по реконструкции*
recast *скрепление заливкой*
recast (vb.) *отливать заново, переливать*
recast(ing) *переливание*
recede *падение, понижение*
recede (vb.) *падать, снижаться*
receipt *квитанция, получение, прием, расписка в получении*
receive (vb.) *получать, принимать*
receiver *копильник вагранки, ловушка для волокна, миксер, накопитель, передний горн, получатель, приемник, приемное устройство, приемоиндикатор в радионавигационных системах, радиоприемник, радиоприемное устройство, расширительный бачок автомобильного кондиционера, ресивер, сборник, телевизионный приемник, телевизор, телефон*
receiving inspection *входной контроль, контроль при приемке*
receptacle *резервуар, сборная емкость, сборник, штепсельная розетка;* [electr.] *патрон*
reception *прием*
receptiveness *чувствительность прибора*
receptivity *чувствительность прибора*
recess *впадина, выемка, выкружка, вырез, ниша, углубление*
recess (vb.) *врезать, делать углубление*
recessed *имеющий вырез, имеющий выточку, углубленный, уложенный заподлицо, утопленный*
recessed balcony *лоджия*
recessed head screw *винт с крестообразным шлицем*
recessed head screwdriver *крестообразная отвертка*
recessed joint [mason] *пустошовка*
recessed lighting fitting [electr.] *встроенный светильник*
recessed luminaire [electr.] *встроенный светильник*
recessed screw *винт с крестообразным шлицем*
recessed screw head *головка винта с крестообразным шлицем*
recessed switch [electr.] *утопленный выключатель*
recessive front *ступенчатый фасад*

reciprocal *обратная величина*
reciprocal (adj.) *взаимный, возвратно-поступательный, обратный*
reciprocal action *взаимное воздействие*
reciprocal effect *взаимное воздействие*
reciprocally proportional *обратно пропорциональный*
reciprocal number *обратная величина, обратное число*
reciprocating piston pump *поршневой насос*
reciprocating pump *поршневой насос*
reciprocating screw *шнек*
recirculate (vb.) *рециркулировать, циркулировать в замкнутом цикле*
recirculated air *рециркуляционный воздух*
recirculating line *обратный трубопровод, рециркуляционный трубопровод*
recirculation *круговорот, рециркуляция, циркуляция в замкнутом цикле*
reckon (vb.) *подсчитывать, считать*
reckoning *подсчет*
reclaim (vb.) *восстанавливать, мелиорировать, осваивать, осушать, регенерировать*
reclaimed area *восстановленный участок, мелиорированные земли, осушенные земли*
reclaimed asphalt *регенерированный асфальт*
reclaiming *восстановление, регенерация*
reclamation *восстановление, мелиорация, освоение земли, регенерация, утилизация отходов*
reclamation area *зона мелиорации, площадь насыпи*
recoil *отдача винтовки, откат орудия, отскакивание;* [weap.] *обратный ход пружины, отскок*
recommend (vb.) *рекомендовать*
recommendation *рекомендация*
recommended *необязательный к исполнению, рекомендованный*
recommended speed [road] *рекомендуемая скорость*
recondition (vb.) *восстанавливать, модернизировать, переделывать, переоборудовать, приводить в исправное состояние, реконструировать, ремонтировать*
reconditioning *восстановление, модернизация, переделка, переоборудование, реконструкция, ремонтные работы*
reconstitute (vb.) *воспроизводить, воссоздавать*
reconstruct (vb.) *воспроизводить, восстанавливать, перестраивать, реконструировать*
reconstruction *воспроизведение, восстановление, перестройка, реконструкция*
record *грампластинка, диаграмма самописца, дорожка записи, запись, зона записи на магнитной ленте, изображение, регистрация, результат процесса записи, сигналограмма, снимок, строчка видеозаписи, фонограмма*
record (vb.) *записывать, регистрировать*
recorder *регистрирующий прибор, самописец, самопишущий прибор*
recording (adj.) *регистрирующий, самопишущий*
recording device *записывающее устройство, регистрирующее устройство, устройство для записи*

recording instrument *записывающее устройство, регистрирующее устройство*

recording measuring instrument *самописец, самопишущий регистрирующий прибор*

recover (vb.) *возвращать, восстанавливать, регенерировать, утилизировать*

recovered heat *регенерированное тепло*

recovery *возврат, восстановление, выздоровление, регенерация, рекуперация отходов;* [wk.env.] *реабилитация*

recovery of materials *регенерация отходов, рекуперация отходов*

recovery of raw materials *регенерация сырья, рекуперация сырья*

recreational area *зона отдыха*

recreation area *зона отдыха*

rectangle [geom.] *прямоугольник*

rectangular *прямоугольный*

rectangular bar *квадратный стальной профиль*

rectangular coordinates *прямоугольные координаты*

rectangular cross section *прямоугольное сечение*

rectangular footing *прямоугольный фундамент*

rectangular key *шпонка на лыске*

rectangular timber *брусковый окантованный лесоматериал*

rectangular triangle [geom.] *прямоугольный треугольник*

rectify (vb.) *выпрямлять, детектировать, исправлять, очищать, ректифицировать;* [electr.] *выпрямлять ток*

rectilinear *прямолинейный*

rectilinear movement *прямолинейное движение*

recuperate (vb.) *регенерировать, рекуперировать*

recuperation *регенерация, рекуперация*

recurrent *периодический*

recurring *периодический*

recut (vb.) *вторично нарезать резьбу;* [mech.eng.] *резать на втором проходе*

recyclable *регенерируемый, рекуперируемый*

recycle (vb.) *вторично использовать, регенерировать, рекуперировать, утилизировать*

recycled bituminous concrete *регенерированный асфальтобетон*

recycling *восстановление, повторное использование, регенерация, рекуперация, рециркуляция, утилизация*

recycling (adj.) *повторно используемый*

recycling in plant *утилизация на предприятии*

recycling in situ *утилизация на месте проведения работ*

red brick *красный кирпич*

red clay *красная глубоководная глина*

red deal *сосновая древесина*

redecorate (vb.) *заново отделывать помещение, заново ремонтировать помещение*

redecoration *ремонт помещения*

redesign *перепроектирование*

redesign (vb.) *модернизировать, перепроектировать, перерабатывать проект*

redevelop (vb.) *сносить ветхие строения*

redevelopment *перепланировка и новая застройка старых районов, снос ветхих строений*
redevelopment plan *план новый застройки старого района*
red heart(wood) [woodw.] *красная гниль*
redirection *изменение направления, переадресация*
red iron ochre *красная железная охра, сурик*
redistribution *перераспределение*
red-lead putty *замазка на сурике, сурик*
red pine [bot.] *дугласова пихта*
redress (vb.) *восстанавливать, исправлять*
red-short [met.] *красноломкий*
red shortness [met.] *красноломкость*
reduce (vb.) *восстанавливать, измельчать, ослаблять, понижать, разводить, раскислять, редуцировать, сокращать, уменьшать;* [paintw.] *разбавлять*
reduced pressure *пониженное давление*
reducer *переходной патрубок, понизитель, редуктор;* [paintw.] *разбавитель;* [san.eng.] *переходная муфта, редукционная муфта*
reduce the speed (vb.) *снижать скорость*
reduce to powder (vb.) *измельчать в порошок*
reducing bend [san.eng.] *переходное колено*
reducing elbow [san.eng.] *прямой переходной угольник*
reducing fitting *соединительный элемент трубопровода;* [san.eng.] *переходной фитинг*
reducing nipple *переходный ниппель, редукционный ниппель*
reducing piece *соединительный элемент трубопровода;* [san.eng.] *переходной фитинг*
reducing pipe *переход, футорка;* [san.eng.] *переходная труба*
reducing pipe-joint *переходная втулка;* [san.eng.] *переходная муфта для соединения труб*
reducing sleeve *переходная втулка, переходной патрубок, редукционная муфта;* [san.eng.] *переходной штуцер*
reducing socket *переходная муфта, переходной патрубок;* [san.eng.] *переходной штуцер*
reduction *измельчение, ослабление, понижение, редукция, снижение, сокращение, уменьшение;* [paintw.] *разбавление*
reduction in area *уменьшение площади*
reduction in sound level *снижение уровня шума*
reduction of area *уменьшение площади*
reduction of noise [wk.env.] *борьба с шумом*
redundant *зарезервированный, избыточный, лишний, резервный, чрезмерный*
redundant member *лишний стержень*
redwood *красное дерево, секвойя, сосна*
reed *камыш, кровельная солома, тростник*
reed (vb.) *крыть крышу соломой, крыть крышу тростником*
reef limestone *коралловый известняк, ракушечный известняк*
reek *вонь, дурной запах, испарения, пары*
reek (vb.) *дурно пахнуть*
reel *барабан, бобина, катушка, рулон*

reel (vb.) *наматывать*

reel for cables *кабельный барабан*

re-employment *повторное использование, повторное применение*

re-entering angle *угол входа*

re-entrant angle *угол входа*

re-erect (vb.) *перестраивать*

re-examination *повторная проверка*

reface (vb.) *облицовывать новым материалом, обновлять фасад, перешлифовывать*

reference *сноска, ссылка, эталон, эталонный*

reference grid *координатная сетка*

reference guide *руководство по применению, справочное руководство*

reference line *координатная ось, линия отсчета, линия привязки, нулевая линия, ориентирная линия, ось координат*

reference mark *контрольная отметка, начало отсчета;* [geod.] *репер*

reference network *координатная сетка*

reference object [geod.] *местный ориентир*

reference plane *нулевой уровень;* [geod.] *базовая плоскость, уровенная плоскость*

reference point *репер, точка отсчета;* [geod.] *базисная точка, контрольная точка*

reference size *базисный размер, эталонный размер*

reference specifications *технические данные*

reference zero *контрольная точка, нулевая точка*

refill *заправка, пополнение*

refill (vb.) *дополнять, заправлять(ся), пополнять*

refined asphalt *очищенный асфальт*

refined steel *высокосортная сталь*

refinery bitumen *очищенный битум*

refinishing *дополнительная обработка, отделка*

refit (vb.) *исправлять, реконструировать, ремонтировать*

reflect (vb.) *отражать*

reflecting *зеркальный, отражательный, отражающий*

reflecting (road) stud *светоотражающий дорожный столбик*

reflection *отражение*

reflective *отражательный, отражающий, отраженный, рефлективный*

reflective coating *зеркальное покрытие, покрытие с высокой отражающей способностью*

reflective stud *светоотражающий дорожный столбик, столбик с катафотами*

reflectorizing coat *зеркальное покрытие, покрытие с высокой отражающей способностью*

reflector stud *светоотражающий дорожный столбик, столбик с катафотами*

reflex *отблеск, отражение, отсвет*

reflex (adj.) *отражающий, отраженный*

reflexfree *неотражающий*

reflexion *отражение*

refluent *отливающий*

reflux valve *обратный клапан*
refractability *огнеупорность*
refractoriness *огнеупорность*
refractory *огнеупор, огнеупорный материал*
refractory (adj.) *огнеупорный, тугоплавкий;* [met.] *жаростойкий*
refractory brick *огнеупорный кирпич*
refractory cement *жаростойкий цемент, огнеупорный цемент*
refractory clay *огнеупорная глина*
refractory concrete *жаростойкий бетон, огнеупорный бетон*
refractory glass *тугоплавкое стекло*
refractory jointing material *жаростойкий строительный раствор*
refractory lining *огнеупорная футеровка, шамотная футеровка*
refractory material *огнеупор, огнеупорный материал*
refractory quality *жаростойкость*
refresh (vb.) *восстанавливать, обновлять, подновлять, регенерировать*
refrigerate (vb.) *замораживать(ся), охлаждать(ся)*
refrigerating *охлаждение*
refrigerating (adj.) *охлаждающий, рефрижераторный, холодильный*
refrigerating unit *единица холода, отрицательная калория*
refrigeration *охлаждение*
refrigerator *рефрижератор, холодильник*
refuge *укрытие;* [road] *островок безопасности*
refuge hole *ниша в стенке туннеля*
refurbish (vb.) *обновлять, полировать, проводить реконструкцию*
refuse *брак, отбросы, отходы*
refuse bag *мешок для мусора*
refuse bin *мусорный бак, мусоросборник*
refuse chute *мусоропровод*
refuse collection *сбор отходов, уборка мусора*
refuse dressing plant *установка для переработки отходов*
refuse duct *мусоропровод*
refuse dump *свалка*
refuse processing plant *установка для переработки отходов*
refuse sack *мешок для мусора*
refuse tip *свалка*
refuse wood *неделовые остатки древесины*
regain *восстановление, регенерация*
regain (vb.) *восстанавливать, регенерировать*
regenerate (vb.) *восстанавливать, регенерировать*
regeneration *восстановление, регенерация*
region *область, район, регион*
regional *местный, региональный*
regional development plan *план застройки района*
regional plan *план застройки района*
regional planning *местное планирование, региональное планирование*
register *вентиляционная решетка, вентиляционная решетка с многостворчатым клапаном, вьюшка, задвижка дымохода, заслонка дымовой трубы, заслонка дымохода, приводка, регистр, регистратор, регистрирующий прибор, реестр, самописец, самопишущий прибор, совмещение, совпадение, счетчик, шибер*

register (vb.) *проходить до упора, регистрировать, снимать показания, совмещать, фиксироваться*
registered land surveyor (US) *официальный землеустроитель*
registered trademark *зарегистрированная торговая марка, зарегистрированный торговый знак*
registration *запись показаний прибора, регистрация, снятие показаний прибора*
registration of rights in land *регистрация прав на землю*
reglet [arch.] *поясок прямоугольного сечения;* [graph.] *реглет*
regular *нормальный, правильный, регулярный, систематический*
regular cross section *нормальное поперечное сечение*
regular equipment *стандартное оборудование*
regularity *правильность, регулярность, систематичность*
regular polygon [mat.] *правильный многоугольник*
regulate (vb.) *выверять, приспосабливать, регулировать*
regulate precisely (vb.) *точно регулировать*
regulate the tension (vb.) *регулировать натяжение*
regulating automatically *автоматически регулирующийся*
regulating device *регулировочное устройство, регулятор*
regulating lever *регулировочный рычаг*
regulating screw *регулировочный винт, установочный винт*
regulating valve *распределитель, регулирующий клапан*
regulating weir [hydr.] *водосливная плотина*
regulation *регулирование, стабилизация*
regulation of water course *регулирование стока*
regulations *правила, устав*
regulator *предписание, регулировочная аппаратура, регулировочное устройство, регулятор*
regulator of temperature *терморегулятор, термостат*
regulatory requirement *обязательное требование*
rehabilitation *восстановление, реконструкция*
rein *пята свода;* [arch.] *импост*
reinforce (vb.) *придавать жесткость, укреплять, усиливать;* [concr.] *армировать*
reinforced *армированный, усиленный*
reinforced brickwork *армированная кирпичная кладка, армокаменная конструкция*
reinforced concrete *железобетон*
reinforced concrete beam *железобетонная балка*
reinforced concrete caisson *железобетонный опускной колодец*
reinforced concrete construction *железобетонная конструкция*
reinforced concrete girder *железобетонная балка*
reinforced concrete rounds *пруток для армирования железобетона*
reinforced concrete sheet piling *железобетонная шпунтовая стенка*
reinforced concrete slab *железобетонная плита*
reinforced frame *усиленный каркас*
reinforced hose *армированный шланг, бронированный шланг*
reinforced masonry beam *армокаменная балка*
reinforced plastics *армированная пластмасса*
reinforced product [plast] *армированное изделие*
reinforcement *армирование, укрепление, усиление;* [concr.] *арматура*

reinforcement bar *стержневая арматура;* [concr.] *арматурный стержень*

reinforcement drawing [concr.] *чертеж армирования*

reinforcement over support *усиление опорной зоны*

reinforcement plate *усиливающая накладка*

reinforcement rod *стержневая арматура;* [concr.] *арматурный стержень*

reinforcement sheet *усиливающая накладка*

reinforcement steel [concr.] *арматурная сталь*

reinforcing bar [concr.] *арматурный стержень*

reinforcing iron [concr.] *арматурный стержень*

reinforcing lap [concr.] *арматурный нахлест*

reinforcing rib *ребро жесткости*

reinforcing rod *стержневая арматура;* [concr.] *арматурный стержень*

reinforcing steel [concr.] *арматурная сталь*

reinspection *повторная проверка, повторный контроль, повторный осмотр*

reinsulation *вторичная изоляция, повторная изоляция*

reiteration *повторение*

reject (vb.) *браковать, отвергать, отказывать*

rejection *браковка*

rejects *брак, отходы*

rejoin (vb.) *вновь соединять, присоединять*

relation *зависимость, отношение, соотношение*

relationship *зависимость, связь, соотношение*

relative *относительный*

relative accuracy *относительная погрешность*

relative air humidity *относительная влажность воздуха*

relative density *относительная плотность*

relative humidity *относительная влажность воздуха*

relative orientation [geod.] *взаимное ориентирование*

relax (vb.) *ослаблять(ся), смягчать(ся)*

relaxation *релаксация;* [concr.] *ослабление натяжения арматуры*

relay *переключатель, реле*

relay (vb.) *передавать*

re-lay (vb.) *класть обратно, перекладывать*

relay-actuated switch *релейный выключатель*

relay contact *релейный выключатель*

release *версия, освобождение, отпускание, разблокировка, размыкание, размыкающий механизм, разъединение, расцепление, расцепляющий механизм*

release (vb.) *выделять, выпускать, испускать, освобождать, ослаблять, размыкать, разъединять, расцеплять*

release a spring (vb.) *отпустить пружину*

release lever *рычаг выключения*

release of shuttering [concr.] *распалубка*

releasing *размыкание, расцепление*

releasing key [concr.] *замок опалубки, замок формы*

releasing mechanism *расцепляющий механизм*

reliability *безопасность, надежность*

reliability in service *надежность в эксплуатации*
reliability of operation *надежность в эксплуатации*
reliable *безопасный, надежный*
relief *выпуск газа, разгрузка, рельеф, сброс давления, спускное отверстие*
relief road *дорога для разгрузки транспортных потоков, обходной путь, разгрузочная дорога*
relief valve *предохранительный клапан*
relieve (vb.) *выпускать газ, освобождать, отключать, понижать, разгружать, сбрасывать давление*
relieve of the load (vb.) *разгрузить, снять нагрузку*
relieve the pressure on (vb.) *снизить давление на*
relieve the stress (vb.) *снять напряжение*
relieving *понижение, разгрузка, сброс давления*
relieving arch [arch.] *разгрузочная арка*
reline (vb.) *возобновить футеровку, сменить обшивку*
relocate (vb.) *перебазировать, перемещать, перераспределять*
relocation *передислокация, перемещение, перераспределение*
remainder *остаток, остаток от деления*
remains *остатки*
remake (vb.) *делать заново, переделывать*
remedial action *ремонт, ремонтная операция*
remedial measure *меры по устранению неисправности*
remedial work *ремонтные работы, устранение неисправности*
remedy *способ устранения неисправности*
remedy (vb.) *ремонтировать, устранять неисправность*
remnant *остаток*
remodel (vb.) *переделывать, перестраивать, реконструировать*
remodelling *модернизация, реконструкция*
remote *дистанционный, отдаленный, удаленный*
remote control *дистанционное управление, телеуправление, управление на расстоянии*
remote control system *система дистанционного управления, система телеуправления*
removable *переносной, подвижный, сменный, съемный*
removal *выемка грунта, демонтаж, разборка, снос, уборка, удаление, устранение*
removal of casings [concr.] *распалубка*
removal of earth *земляные работы, удаление земляных масс*
removal of fat *обезжиривание*
removal of formwork [concr.] *распалубка*
removal of frost accumulation *оттаивание, размораживание*
removal of load *разгрузка, снятие нагрузки*
removal of stress *снятие напряжения*
removal of the form *разборка формы;* [concr.] *распалубка*
removal of water *обезвоживание*
removal work *работы по расчистке*
remove (vb.) *вынимать грунт, демонтировать, извлекать, разбирать, снимать, сносить, убирать, удалять, устранять*
remove dust (vb.) *обеспыливать, удалять золу-унос*
remove grease (vb.) *обезжиривать*

remove insulation (vb.) *удалять изоляцию;* [electr.] *зачищать*
remove the casing (vb.) *разбирать форму;* [concr.] *распалубливать*
remove the formwork (vb.) *разбирать форму;* [concr.] *распалубливать*
remove the overburden (vb.) *производить вскрышные работы, удалять вскрышу*
removing the overburden *вскрышные работы*
remuneration *денежное вознаграждение*
rend (vb.) *раздирать, рвать*
render *обмазка;* [mason] *штукатурка*
render (vb.) *обмазывать;* [mason] *штукатурить*
render, float and set [mason] *штукатурка в три слоя*
render and set [mason] *штукатурка в два слоя*
render harmless (vb.) *нейтрализовать, обезвреживать*
rendering *нанесение первого слоя штукатурки, первый слой штукатурки, штукатурка без драни;* [graph.] *визуализация предметов;* [mason] *штукатурка*
rendering base *слой драни под штукатурку;* [mason] *обрызг*
rendering with plaster *нанесение первого слоя штукатурки, обрызг штукатуркой*
render non-inflammable (vb.) *придавать негорючесть*
render possible (vb.) *делать возможным, позволять*
renew (vb.) *возобновлять, обновлять, реконструировать*
renewable *возобновляемый, заменимый, сменный*
renewal *возобновление, восстановительный ремонт, восстановление, обновление*
renewal opening *вентиляционный канал, отдушка*
renovate (vb.) *модернизировать, перестраивать, подновлять, реконструировать*
renovation *восстановление, модернизация, обновление, переделка, реконструкция*
rent *арендная плата, разрыв, трещина, щель*
rent (vb.) *арендовать, сдавать в аренду*
rental *арендная плата, сумма арендной платы*
repack [rail] *сменять набивку букс*
repaint (vb.) *перекрашивать*
repair *исправление, починка, ремонт, устранение дефектов, устранение неисправностей*
repair (vb.) *исправлять, ремонтировать, устранять неисправности, чинить*
repair, in bad *в неисправном состоянии*
repair, in good *в исправном состоянии, исправный*
repair, out of *в неисправном состоянии*
repair costs *затраты на ремонт, ремонтные расходы, стоимость ремонта*
repair directions *инструкция по устранению неисправностей*
repairing *починка, ремонт*
repair instructions *инструкция по устранению неисправностей*
repair kit *комплект ремонтного инструмента и материалов*
repairman *ремонтник, ремонтный мастер*
repair manual *руководство по ремонту*
repair materials [road] *материалы для ремонтных работ*

repair part *запасная часть*
repair provisionally (vb.) *временно отремонтировать*
repairs *ремонт*
repair tools *ремонтный инструмент*
repair track *путь для производства ремонта подвижного состава;* [rail] *ремонтный путь*
repair work *ремонтные работы*
reparcelling *перераспределение земельных участков*
repeat *повторение*
repeat (vb.) *повторять*
repeated application *многократное применение*
repeated impact test *испытания на динамическую выносливость, испытания на повторную ударную нагрузку*
repeated stress failure *разрушение в результате повторных нагрузок*
repeated stress test *испытания на выносливость при повторных переменных нагрузках*
repeated tension test *испытания на многократное растяжение*
repeated use *многократное применение*
repeater lamp *контрольная лампа, сигнальная лампа*
repeat inspection *повторная проверка, повторный контроль*
repellent *репеллент*
repercussion *отдача, отзвук, отражение*
repetition *повторение*
repetitive *многократный, периодический, повторенный*
replace (vb.) *заменять, замещать, обменивать*
replaceable *заменимый, заменяемый, замещаемый*
replacement *замена, замещение, обмен*
replacement costs *издержки на замену деталей*
replacement frequency *частота замены деталей*
replacement part *заменяемая часть, запасная часть*
replenish (vb.) *добавлять, доливать, пополнять*
replenishment *добавление, долив, пополнение*
replotting *перераспределение земельных участков*
repointing [mason] *повторная расшивка швов*
report *доклад, отчет, сообщение*
report (vb.) *делать отчет, сообщать, уведомлять*
repository *вместилище, информационный архив, склад, хранилище*
represent (vb.) *изображать, означать, представлять*
representative *представитель, представительный, характерный*
representative (adj.) *репрезентативный, характерный*
repress *допрессовочный пресс*
repress (vb.) *допрессовывать, повторно прессовать, прессовать заново*
repumping *перекачивание*
request *запрос, требование*
request (vb.) *запрашивать, требовать*
require (vb.) *требовать(ся)*
required *необходимый, обязательный, требуемый*
required area *необходимая площадь*
required cohesion *необходимое сцепление*
required curing temperature [concr.] *необходимая температура твердения*

required curing time [concr.] *необходимая продолжительность выдерживания*
required power *потребляемая мощность*
requirement *потребность, требование*
requirement for accuracy *требования к точности*
requirement for equilibrium *условие равновесия*
requisite *необходимое, нужное*
requisite (adj.) *необходимый, требуемый*
requisite power *потребляемая мощность*
requisition *заявка, требование*
reroofing *настилка новой кровли*
rerouting *изменение маршрута*
rerun *перезапуск*
rerun (vb.) *перезапускать*
resection [geod.] *обратная засечка*
reserve *запас, резерв*
reserve (vb.) *запасать, резервировать*
reserve capacity *резервная мощность, резервный объем*
reserve power supply *аварийный источник питания, резервный источник питания*
reservoir *бассейн, водоем, водохранилище, резервуар*
reset *возврат в исходное состояние, восстановление, сброс*
reset (vb.) *возвращать в исходное положение, восстанавливать, подрегулировать, подтягивать, сбрасывать, устанавливать на ноль*
resetting *восстановление, сбрасывание, установка на ноль*
reshape (vb.) *восстанавливать форму, переделывать, преобразовывать, трансформировать, формировать*
resharpen (vb.) *заточить, переточить*
residence *жилище, местожительство, местопребывание*
residental *жилой*
resident architect *постоянный представитель архитектора на строящемся объекте*
resident engineer *постоянный представитель заказчика на строящемся объекте*
residential allotment *участки, выделенные для жилищного строительства*
residential area *резидентная область памяти, селитебная территория*
residential building *жилое здание, жилой дом*
residential development *участок жилой застройки*
residential district *жилой квартал, микрорайон*
residential neighbourhood *жилой квартал, микрорайон*
residential settlement *жилой квартал, поселок*
residential street *жилая улица*
residential unit *жилая единица, жилище*
residential zone *жилая зона*
residual [mat.] *остаток*
residual (adj.) *остаточный*
residual elongation *остаточное удлинение*
residual strain *остаточная деформация*

residual strength *остаточное сопротивление*
residual stress *остаточное напряжение*
residual welding stress *остаточное напряжение после сварки*
residuary *оставшийся, остающийся*
residue *осадок, остаток, отстой, хвосты, шлам;* [mat.] *остаток*
residue from evaporation *остаток после выпаривания*
resilience *ударная вязкость, упругая деформация, упругость, устойчивость к внешним возмущениям, эластичность*
resilient *упругий, эластичный*
resilient, be (vb.) *быть упругим*
resilient rail [rail] *упругий рельс*
resilient sleeper pad (UK) [rail] *упругая подушка под шпалу*
resilient tie pad (US) [rail] *упругая подушка под шпалу*
resin *смола*
resin adhesive *клей на основе синтетической смолы, синтетический клей*
resin-bonded plywood *проклеенная синтетической смолой, фанера*
resin injection *впрыскивание смоляной смеси, инжекция смоляной смеси*
resinous *смолистый, смоляной*
resinous composition *смоляная масса, смоляной компаунд*
resinous compound *смоляная масса, смоляной компаунд*
resinous wood *древесина хвойных пород, смолистая древесина*
resin varnish *канифольный лак, смоляной лак*
resist (vb.) *противостоять, сопротивляться*
resistance *противодействие, сопротивление, стойкость, устойчивость;* [electr.] *резистор*
resistance brazing *пайка с применением контактного нагрева*
resistance butt-welding *стыковая сварка сопротивлением*
resistance flash welding *стыковая сварка оплавлением*
resistance lap welding *контактная сварка внахлестку*
resistance percussive welding *ударная сварка*
resistance pressure welding *контактная сварка давлением*
resistance projection welding *контактная рельефная сварка*
resistance seam welding *контактная роликовая шовная сварка сопротивлением*
resistance soldering *пайка электросопротивлением*
resistance spot welding *контактная точечная сварка*
resistance stud welding *контактная приварка шпилек*
resistance test *измерение электрического сопротивления*
resistance to acids *кислостойкость, кислотоупорность*
resistance to ageing *сопротивление старению*
resistance to atmospheric corrosion *устойчивость против атмосферной коррозии*
resistance to bending *сопротивление изгибу*
resistance to breaking *сопротивление излому, сопротивление разрушению*
resistance to cold *хладостойкость*
resistance to compression *предел прочности при сжатии, сопротивление сжатию*
resistance to corrosion *коррозионная стойкость, устойчивость против коррозии*

resistance to deformation *сопротивление деформации*
resistance to fatigue *усталостная прочность*
resistance to fracture *сопротивление излому, сопротивление разрушению*
resistance to frost *морозостойкость*
resistance to heat *жаростойкость, теплостойкость*
resistance to impact *сопротивление удару, ударопрочность*
resistance to shock *сопротивление удару, ударопрочность*
resistance to wear *износостойкость, сопротивление износу*
resistance welder *контактная сварочная машина*
resistance welding *электрическая контактная сварка*
resistance welding electrode *электрод для сварки сопротивлением, электрод контактной сварочной машины*
resistance welding machine *контактная сварочная машина*
resistant *прочный, стойкий, устойчивый*
resistant to acids *кислотостойкий, кислотоупорный*
resistant to caustic solutions *стойкий к щелочным растворам*
resistant to chemicals *стойкий к химическому воздействию, химически инертный*
resistant to corrosion *коррозионностойкий*
resistant to light *светостойкий*
resistant to wear *износостойкий*
resistant to wear (adj.) *стойкий к износу*
resistibility *прочность, сопротивляемость, стойкость*
resisting (adj.) *стойкий, устойчивый*
resisting force *сила сопротивления*
resisting moment *момент внутренних сил*
resistive *прочный, стойкий, устойчивый*
resistor *резистор*
resiting *передвижка зданий, перепланировка*
resolution of forces [phys.] *разложение сил*
resonance *резонанс*
resonant pile driving *резонансное вибропогружение свай*
resonate (vb.) *резонировать*
resource *ресурс*
resource-demanding *материалоемкий*
respirable dust *взвешенная пыль*
respirator *респиратор*
respiratory apparatus *дыхательный аппарат*
respiratory protective device *средство индивидуальной защиты органов дыхания*
respond *оконная освещенность, пилястр;* [arch.] *полупилон*
respond (vb.) *отвечать, отзываться, реагировать*
response *зависимость, реакция, характеристика, чувствительность*
responsibility *ответственность*
responsible authority *компетентный орган власти*
rest *опора, пауза покоя, подпорка, подставка, покой, состояние покоя, упор*
rest (vb.) *покоиться*
restart *возобновление, перезапуск, повторный запуск*

restart (vb.) *вновь запускать, возобновлять, перезапускать, повторно запускать*
rest brick *выступ;* [arch.] *консоль*
rest current [electr.] *ток покоя*
rest on (vb.) *опираться, покоиться*
restoration *восстановление, реконструкция, реставрация*
restore (vb.) *возвращать, восстанавливать, реконструировать, реставрировать*
re-store (vb.) *переписать в память заново*
rest pause *пауза покоя*
rest period *время покоя*
rest position *положение покоя*
restrain (vb.) *защемлять, ограничивать, сдерживать, удерживать*
restrained *защемленный*
restrained beam *защемленная балка*
restraint *зажим, ограничитель*
restrict (vb.) *ограничивать, сдерживать*
restriction *дросселирование, помеха, препятствие, сужение сечения;* [hydr.] *ограничение*
rest-time regulations *правила предоставления перерывов на отдых*
result *исход, итог, ответ, результат*
resultant [phys.] *равнодействующая*
resultant (adj.) *равнодействующий, результирующий*
resultant force *равнодействующая сила*
result from (vb.) *проистекать, следовать*
resume (vb.) *возобновлять, продолжать*
resumption of work *возобновление работы*
resurface (vb.) *восстанавливать покрытие, укладывать новое покрытие;* [build.] *заново штукатурить;* [road] *укладывать новую одежду поверх существующей*
resurface welding *наплавка поверхности*
retain (vb.) *сдерживать, сохранять, удерживать;* [hydr.] *запруживать*
retained water *вода, удерживаемая породой*
retainer *держатель, замок, контрящая деталь, стопор, фиксатор*
retainer ring *стопорное кольцо*
retainer seal *набивка, прокладка, уплотнение*
retainer spring *пружинный замок, стопорная пружина*
retaining [hydr.] *запруживание*
retaining barrage [hydr.] *водоудерживающая плотина*
retaining dam *дамба обвалования карты намыва;* [hydr.] *водоудерживающая плотина*
retaining pawl *стопорная собачка*
retaining ring *предохранительное кольцо, стопорное кольцо*
retainings *надрешетный продукт*
retaining spring *пружинный замок, стопорная пружина*
retaining wall *подпорная стенка*
retaining washer *предохранительная шайба, пружинная шайба, стопорная шайба*
retaining weir *водоудерживающая дамба, водоудерживающая плотина*
retamp [rail] *вновь утрамбовывать*

retap (vb.) *прогонять вновь метчиком*

retard (vb.) *задерживать, замедлять, тормозить*

retardation *задержка, замедление, запаздывание*

retarder *ингибитор, отрицательный катализатор;* [chem.] *замедлитель;* [concr.] *замедлитель схватывания*

retarding agent [concr.] *замедлитель схватывания*

retention of colour *прочность окраски, устойчивость окраски*

retention wall *подпорная стена фасада*

retentive *герметичный, плотный*

retest (vb.) *производить повторные испытания*

retesting *контрольное испытание, повторное испытание*

rethread (vb.) *вновь нарезать резьбу, прогонять резьбу метчиком, прогонять резьбу плашкой*

rethreading die nut *калибровочная плашка, прогоночная плашка*

reticular *сеткообразный, сетчатый*

reticulate *сеткообразный, сетчатый*

reticulated *сеткообразный, сетчатый*

reticulated vault *кладка свода в виде сетки с ромбовидными промежутками;* [arch.] *ромбическая перевязка свода*

retiform *сеткообразный, сетчатый*

retighten (vb.) *подтягивать*

retouch (vb.) *отделывать, производить заключительную обработку, чинить*

retrace (vb.) *прочерчивать*

retrench (vb.) *сокращать, урезывать*

retrenchment *сокращение*

retrieval *возвращение, восстановление, выборка, поиск*

retrieve (vb.) *возвращать, выбирать, извлекать, отыскивать*

retroaction *обратное действие, противодействие, реакция*

retroactive *направленный в обратную сторону*

retrofit (vb.) *модифицировать, настраивать, подгонять, реконструировать*

retrofitting *модернизация, модификация, реконструкция*

return *возврат, возвращение, обратный ход, отдача;* [build.] *пристройка*

return (vb.) *возвращать, отдавать*

return (adj.) *возвратный*

returnable container *оборотная тара, тара многоразового использования*

returnable pack *оборотная тара, тара многоразового использования*

returnable package *оборотная тара, тара многоразового использования*

return air *рециркуляционный воздух*

return bend [pipe] *крутоизогнутый отвод*

return circuit *цепь возврата тока;* [electr.] *обратная цепь;* [san.eng.] *сеть возвратного стока*

return conductor [el.] *обратный провод*

return flow *возвратный сток, обратный поток*

return pipe [san.eng.] *сливной трубопровод*

return to earth (vb.) [electr.] *заземлять*

return wall [arch.] *стена флигеля*
return water *обратная вода*
return wire [electr.] *обратный провод*
reusable *пригодный для многоразового использования, пригодный для повторного использования*
reusable packaging *оборотная тара, тара многоразового использования*
reuse *повторное использование*
reuse (vb.) *повторно использовать*
reuse of waste *повторное использование отходов*
reutilizable *пригодный для повторного использования, утилизируемый*
reutilization *повторное использование*
reutilize (vb.) *повторно использовать*
revamp (vb.) *переделывать, перестраивать, реконструировать*
reveal [build.] *проем*
reverberant chamber *реверберационная камера, эхо-камера*
reverberate (vb.) *отражать, реверберировать*
reverberating (adj.) *отражающийся, реверберирующий*
reverberation chamber *реверберационная камера, эхо-камера*
reverberation of sound *отражение звука, эхо*
reverberation room *реверберационная камера, эхо-камера*
reverberatory *отражающийся, реверберирующий*
reversal of direction *изменение направления на обратное*
reversal point *точка возврата*
reverse *обратная сторона, обратный*
reverse (adj.) *негативный, обратный, перевернутый, противоположный*
reverse current *обратный ток*
reverse curve *S-образная кривая*
reverse cycle heating system *система отопления с тепловым насосом*
reverse direction flow *обратный поток*
reverse flow *обратный поток, противотечение, противоток*
reverser *коммутатор;* [electr.] *переключатель*
reverse taper *обратная конусность*
reversibility *обратимость, реверсируемость*
reversible *оборотный, обратимый, поворотный, реверсивный*
reversible lane [road] *полоса дороги с реверсивным движением*
reversible switch *тумблер;* [electr.] *перекидной выключатель*
reversing station *конечная станция;* [rail] *станция для разворота*
reversing switch *коммутатор;* [electr.] *переключатель*
reversing triangle [rail] *поворотный треугольник для локомотивов*
revet (vb.) *облицовывать*
revetment *земляной вал, облицовка, обшивка, одежда откоса из каменной кладки, откосная подпорная стенка, покрытие*
revetment wall *подпорная стенка*
review *периодический журнал, периодическое издание, реферат, рецензия*
review (vb.) *анализ, критический обзор, экспертиза*
revise (vb.) *исправлять, перерабатывать, пересматривать, проверять*

revised construction *новая модернизированная конструкция*
revitalize (vb.) *перестраивать, реконструировать*
revolution *вращение, оборот*
revolvable *вращающийся, поворотный*
revolve (vb.) *вращать(ся), поворачивать(ся)*
revolving (adj.) *вращательный, вращающийся, поворотный*
revolving crane *поворотный кран*
revolving dome *поворотный купол*
revolving door *вращающаяся дверь*
revolving drum mixer *гравитационный бетоносмеситель*
revolving grate *вращающаяся колосниковая решетка*
revolving screen *барабанный грохот*
revolving shutter *свертывающиеся ставни*
revolving surface *поверхность вращения*
revolving switch *вращающийся переключатель, поворотный выключатель*
revolving tower crane *поворотный башенный кран*
rewinding *перемотка*
rework (vb.) *вторично перерабатывать, повторно обрабатывать*
reworking *дополнительная обработка*
R.F.S. *обмазка;* [mason.] *штукатурка*
R.F.S. (vb.) *обмазывать;* [mason.] *штукатурить*
RH *относительная влажность*
rhomb [geom.] *ромб*
rhombic *ромбический, ромбовидный*
rhomboid [geom.] *ромбоид*
rhomboid (adj.) *ромбический, ромбовидный*
rhomboidal *ромбический, ромбовидный*
rhomb shaped *ромбический, ромбовидный*
rhombus [geom.] *ромб*
rib *нервюра, ребро жесткости;* [arch.] *гурт*
rib (vb.) *гофрировать, наносить рифление, рифлевать*
ribbed (adj.) *ребристый, рифленый, рубчатый*
ribbed arch [arch.] *ребристая арка*
ribbed bar [concr.] *арматура периодического профиля*
ribbed ceiling *ребристый потолок*
ribbed glass *рифленое стекло*
ribbed pipe *ребристая труба*
ribbed tube *оребренная труба, ребристая труба*
ribbed vault [arch.] *нервюрный свод*
ribbing *рифление*
ribbon *лента, полоса*
ribbon cable *ленточный кабель;* [electr.] *ленточный кабель, плоский кабель*
ribbon saw *ленточная пила*
ribbon window *ленточное окно*
rib joint pliers *пассатижи*
rib of vault [arch.] *нервюра свода*
rich *богатый, густой, жирный, изобилующий, насыщенный, обширный*
rich clay *жирная глина*

rich concrete *жирная бетонная смесь, смесь с высоким содержанием цемента*

ricker *кол (сортимент древесины);* [woodw.] *жердь*

rickety *неустойчивый, шаткий*

riddle *грохот с крупными отверстиями, сито с крупными отверстиями*

riddle (vb.) *грохотить, просеивать*

ridge *барический гребень, валик, вершина, водораздел, волнистость полосы, выступ, горный кряж, гребень, гребень горы, гряда, гряда гор, гряда торосов, конек крыши, коньковый брус, ориентирующий выступ для совмещения при сборке, отрог, подводная гора, посадочный гребень, посевной гребень, потолок выработки, прилив, ребро, ребро плода, ус (продольный выступ из переполнения калибра металлом), утес, хребет;* [leath.] *рант;* [text.] *кант*

ridge (vb.) *гофрировать, наносить рифление, рифлевать*

ridge beam [arch.] *коньковый прогон*

ridge board [arch.] *коньковый брус*

ridged *гофрированный, рифленый*

ridge of a roof *конек крыши*

ridge piece [arch.] *коньковый прогон*

ridge plate *плита конькового бруса*

ridge pole [arch.] *коньковый прогон*

ridge roof *двускатная крыша*

ridge tile *коньковая черепица, коньковый кирпич*

ridge turret *башня на крыше, фонарь на крыше*

ridging plate *плита конькового бруса*

rifling *система нарезки канала ствола;* [weap.] *нарезка, нарезы*

rift *трещина, щель*

rift (vb.) *раскалывать, расщеплять, трескаться*

rift (of stone) *естественная трещина, раскол в камне*

rift cut [woodw.] *радиальный распил*

rift-sawn timber *пиломатериалы радиального распила*

rig *оборудование, приспособление, снаряжение, установка, устройство*

rigger *натяжное приспособление для приводного ремня, ременный шкив*

rigging *монтаж, сборка*

rigging up *монтаж, подготовка, снаряжение*

right *правая сторона, право*

right (adj.) *правильный, правосторонний, правый, прямой*

right and left designation *маркировка правой и левой стороны, обозначение правосторонняя*

right angle [geom.] *прямой угол*

right-angled *прямоугольный*

right-angled triangle [geom.] *прямоугольный треугольник*

right-angle grinder *угловой шлифовальный станок*

right angles to, at *под прямым углом*

right by the plummet *вертикальный, отвесный, по отвесу*

right-hand *правосторонний, правый, с правой резьбой*

right-hand door *правосторонняя дверь*

right-handed *правый (о резьбе)*
right-handed rotation *правое вращение*
right-handed thread *правая резьба*
right-hand motion *движение по часовой стрелке*
right-hand rotation *правое вращение*
right-hand screw *винт с правой резьбой*
right-hand side [road] *правая сторона*
right-hand switch [rail] *правый перевод*
right-hand tap *метчик правой резьбы*
right-hand thread *правая резьба*
right-hand turn [road] *правый поворот*
right-hand turnout [rail] *правый перевод*
right-hand welding *наложение компенсирующих швов с обратной стороны, правая сварка, сварка правым способом*
right proportion *верная пропорция, правильная пропорция, правильное соотношение*
right side *правая сторона*
right triangel [geom.] *прямоугольный треугольник*
right turn [road] *правый поворот*
right-turn lane [road] *полоса движения на правый поворот*
rightward welding *наложение компенсирующих швов с обратной стороны, правая сварка, сварка правым способом*
rigid *жесткий, неизменный, неподатливый, неподвижно закрепленный, устойчивый*
rigid arch *жесткая арка*
rigid base *прочное основание, твердое основание*
rigid conduit [electr.] *трубопровод для электропроводки*
rigid construction *жесткая конструкция*
rigid control *строгий контроль*
rigid coupling *жесткая муфта*
rigid fastening *жесткое крепление*
rigid fixing *жесткое крепление*
rigid frame *жесткая рама*
rigid frame bridge *рамный мост*
rigidity *жесткость*
rigidity modulus *модуль сдвига, модуль упругости при сдвиге*
rigid joint *жесткий узел, жесткое соединение*
rigidly connected *жестко соединенный*
rigidly mounted *жестко соединенный*
rigid material *жесткий материал*
rigid mounting *жесткий монтаж, прочное крепление*
rigidness *жесткость*
rigid pavement [road] *бетонное покрытие*
rigid plastic *жесткий пластик*
rim (vb.) *кантовать, окаймлять*
rime *иней;* [meteo.] *изморозь*
rime frost [meteo.] *иней*
rim lock *врезной мебельный замок*
rim zone *краевая зона*
rind [woodw.] *кора*
rind gall [woodw.] *отлуп коры*

ring *бугель, кольцо, обод, ободок, обруч, проушина, скоба, хомут*
ring bolt *рым-болт*
ring-porous wood *кольцепоровая древесина*
ring road *кольцевая автодорога*
ring seal *кольцевое уплотнение, упругое уплотнительное кольцо*
ring shake *кольцевая трещина;* [woodw.] *кольцевой отлуп*
ring-shaked [woodw.] *отлупленный по кольцу*
ring-shaped *кольцеобразный*
ring spanner *ключ для круглых гаек, накладной гаечный ключ*
rinse *промывка, прополаскивание;* [san.eng.] *промывная вода*
rinse (vb.) *полоскать, промывать;* [san.eng.] *смывать*
rinse basin *кухонная раковина*
rinse tank *промывной бак*
rinse water tank *промывной бак*
rinsing *полоскание, промывание*
rinsing box [san.eng.] *смывной бачок*
rinsing water *промывная вода, промывочная вода*
rip (vb.) *разрезать, разрывать, раскалывать, распарывать;* [woodw.] *распиливать вдоль волокон*
ripe for development *готовый к застройке*
ripper *кирковщик, рыхлитель;* [tool] *продольная пила*
ripping *рыхление;* [road] *кирковка;* [woodw.] *распиловка вдоль волокон*
ripping cut [woodw.] *продольный распил*
ripping saw *продольная пила*
ripple *очесывающий аппарат;* [ac.] *колебания, неравномерность характеристики;* [el.] *рябь;* [galv.] *чешуйка на поверхности сварного шва;* [wat.] *пульсации;* [yarn.] *перекат реки, чешуйчатость сварного шва*
ripple (vb.) *донный рифель, зыбь*
ripple glass *орнаментное стекло*
riprap *каменная засыпка, каменная наброска, каменная отсыпь, каменно-набросная одежда откоса;* [hydr.] *отсыпь*
ripsaw *продольная пила*
rip track (US) [rail] *ремонтный путь*
rise *возвышение, восстающая выработка, нарастание, подъем;* [build.] *высота подъема крыши;* [geol.] *восстание пласта*
rise (vb.) *возрастать, нарастать, подниматься*
rise (of arch) *стрела подъема (арки)*
rise (of a step) *подступенок, подъем ступени лестницы*
rise (of tide) *высота прилива*
rise and fall pendant *спускной светильник*
rise and tread *подступенок и проступь ступени лестницы*
rise of an arch *стрела подъема арки*
rise of pressure *повышение давления*
rise of temperature *повышение температуры*
riser *вертикальный провод, вертикальный трубопровод, подступенок, подъем ступени лестницы, стояк*
riser pipe *стояк*
rising *возрастание, нарастание, нарастающий*
rising (adj.) *возрастающий, увеличивающийся*
rising arch [arch.] *ползучая арка*

rising butt hinge *дверная петля с подъемом*
rising height *стрела подъема арки*
rising main *подающий стояк*
rising pipe *стояк*
risk *опасность, риск*
risk (vb.) *рисковать*
risk area *область риска, опасная зона*
risk of fire *опасность возгорания, пожароопасность*
rive (vb.) *раскалывать, расщеплять*
river *поток, река*
river embankment *речная дамба*
river pier *речной бык моста*
river training *регулирование речного русла, русловыправительные работы*
rivet *заклепка*
rivet (vb.) *заклепывать, клепать*
rivet body *стержень заклепки*
riveted joint *заклепочное соединение, заклепочный шов*
riveted pipe *клепанная труба*
riveted tube *клепанная труба*
riveter *клепальная машина, клепальный молоток, клепальщик*
rivet forge *горн для нагревания заклепок*
rivet furnace *горн для нагревания заклепок*
rivet gauge line *заклепочный ряд*
rivet group *группа заклепок*
rivet gun *клепальный молоток*
rivet head *головка заклепки*
rivet header *заклепочный пресс для высадки головок, клепальная обжимка*
rivet-heating furnace *печь для нагревания заклепок*
rivet hole *отверстие под заклепку*
riveting *клепка*
riveting die *заклепочный пресс для высадки головок, клепальная обжимка*
riveting hammer *клепальный молоток*
riveting header *заклепочный пресс для высадки головок, клепальная обжимка*
riveting machine *клепальная машина*
riveting press *заклепочный пресс, клепальный пресс*
riveting pressure *давление клепки*
riveting tongs *клепальные клещи*
rivet iron [met.] *сталь для заклепок*
rivet joint *заклепочное соединение, заклепочный шов*
rivet line *заклепочный ряд*
rivet nut *заклепочная гайка*
rivet point *высадочная головка заклепки, замыкающая головка заклепки*
rivet set *клепальная оправка, клепальная поддержка, обжимка*
rivet shank *стержень заклепки*
rivet shank diameter *диаметр стержня заклепки*
rivet snap *заклепочный пресс для высадки головок, клепальная обжимка*

rivet spacing *расстояние между заклепками, шаг заклепок*
rivet steel [met.] *сталь для заклепок*
rivet stock [met.] *сталь для заклепок*
rivet together (vb.) *склепывать*
rly. *железная дорога*
rm (running metre) *погонный метр*
RMS *среднеквадратический*
RMS value [el.] *среднеквадратическое значение*
road *дорога, шоссе*
road approach *подъездная дорога, подъездной путь*
road area [road] *поверхность дороги, поверхность земляного полотна*
road base [road] *дорожное основание*
road bed *балластный слой, основание, слой основания;* [rail] *земляное полотно;* [road] *полотно*
road breaker [road] *пневматический отбойный молоток*
road bridge *автодорожный мост*
road building *дорожное строительство, дорожные работы*
road-building machine *дорожная машина*
road-building material *дорожный материал, материал для строительства дорог*
road bump *дорожный ухаб*
road carpet *слой износа;* [road] *поверхностный слой дорожного покрытия*
road centre *середина дороги*
road concrete mix [road] *асфальтобетонная смесь*
road construction *дорожная одежда, дорожное строительство, дорожные работы*
road construction material *дорожный материал, материал для строительства дорог*
road crossing *перекресток;* [rail] *переезд;* [road] *пересечение дорог*
road crossing of an overhead line [rail] *пересечение путей в двух уровнях*
road curve *дорожный поворот*
road cut *выемка грунта под дорогу, разработка грунта под дорогу*
road cutting [road] *профиль дороги*
road engineering *дорожная техника*
road finisher *финишер;* [road] *бетоноотделочная машина*
road finishing machine *финишер;* [road] *бетоноотделочная машина*
road form *бортовая опалубка для дорожного покрытия*
road foundation [rail] *нижнее строение;* [road] *основание*
road grader *грейдер*
road gravel *дорожный гравий*
road gully *дождеприемник;* [road] *водосток*
road ice warning system *система предупреждения о гололеде на дороге*
road illumination *дорожное освещение*
road level [road] *земляное полотно*
road levelling [road] *планировка земляного полотна*
road line composition *краска для дорожно-маркировочных работ*
road link *соединение дорог*
road machine *дорожная машина*

road maintenance *содержание дорог*
road maker *дорожный рабочий*
road making *дорожное строительство, прокладка дорог*
road-making machine *дорожная машина*
road-making material *дорожный материал, материал для строительства дорог*
road man *дорожный рабочий*
road map *карта-схема автомобильных дорог*
road marking *установка дорожных указателей;* [road] *разметка проезжей части*
road metal *дорожный щебень;* [road] *щебенка*
road metalling [road] *укладка щебеночного покрытия*
road network *дорожная сеть*
road pavement *дорожная одежда, дорожное покрытие*
road renovation *восстановление дороги, реконструкция дороги*
road resistance *сопротивление движению автомобиля;* [road] *сопротивление качению колеса*
road roller *дорожный каток*
road safety *безопасность дорожного движения*
road salt *соль для дорог, сухая соль*
road scraper *скрепер*
roadside *обочина*
roadside ditch *кювет, придорожная канава*
roadside tree *придорожное дерево*
road sign *дорожный знак, дорожный указатель*
road signs *дорожные указатели*
road structure *конструкция дорожной одежды, структура дорожной одежды*
road surface *дорожное покрытие, поверхность дороги, проезжая часть;* [road] *поверхностный слой дорожного покрытия*
road surfacing *дорожная одежда, дорожное покрытие*
road system *дорожная сеть*
road tar *гудрон, дорожный деготь*
road testing machine *дорожная испытательная машина*
road traffic *дорожное движение*
road traffic noise *шум дорожного движения*
road tunnel *автомобильный туннель*
road verge *обочина*
roadway *дорожное полотно, мостовая, проезжая часть дороги*
roadway inlet *дождеприемник;* [road] *водосток*
roadway lighting *дорожное освещение*
roadway paving *дорожная одежда, дорожное покрытие*
roadway surfacing *дорожная одежда, дорожное покрытие*
road width *ширина дороги, ширина проезжей части дороги*
road works *дорожные работы*
robust *прочный (о конструкции)*
robustness *прочность*
rock *булыжник, глыба, горная порода, крупный обломок породы*
rock (vb.) *качать(ся), колебать(ся), трясти(сь)*
rock breaker *камнедробилка*
rock crusher *камнедробилка*

rock crushing plant *камнедробильная база*
rock curb [road] *бордюрный камень*
rock dust *каменная мука, минеральный порошок*
rocker bearing *качающаяся опора моста*
rocker conveyor *вибрационный транспортер, качающийся конвейер*
rockfill *ряж с каменной наброской;* [hydr.] *каменная наброска, каменная отсыпка*
rockfill dam [hydr.] *каменнонабросная плотина*
rock flour *каменная мука, минеральный порошок*
rocking (adj.) *вибрационный, качающийся*
rocking conveyor *вибрационный транспортер, качающийся конвейер*
rocking pier *качающийся устой на шарнирных опорах*
rocking pillar *качающийся устой на шарнирных опорах*
rocking screen *виброгрохот, качающийся грохот*
rocking stanchion *качающийся устой на шарнирных опорах*
rock material *каменный заполнитель, каменный материал, камень*
rock meal *каменная мука*
rock oil *минеральное масло*
Rockwell hardness *твердость по Роквеллу*
Rockwell hardness test *испытания на твердость по Роквеллу*
Rockwell unit *единица твердости по Роквеллу*
rock wool *минеральная вата*
rockwork *рустик;* [mason] *грубо обработанная каменная поверхность*
rod *веха, прут, стержень, штанга, штырь;* [geod.] *рейка;* [met.] *круглый пруток*
rod copper *медный пруток, прутковая медь*
rodding [san.eng.] *прочистка канализационных труб гибким стержнем*
rod holder [weld] *электрододержатель*
rod iron *прутковый металл*
rod-shaped *прутковый, стержневой*
rod steel *круглый стальной пруток*
rod vibrator [concr.] *стержневой вибратор*
roll *вал, валец, валик, валок, ролик, рулон;* [build.] *круглый нащельник*
roll (vb.) *вращать(ся), вращаться, катить(ся), прокатывать, прокручивать, сворачивать(ся), скатывать;* [road] *укатывать*
roll crusher *валковая дробилка*
rolled iron *стальной прокат*
rolled metal *прокат*
rolled product *прокат, прокатные изделия*
rolled section *катаный профиль, сортовой прокат*
rolled steel *катаная сталь*
Rolled Steel Joist (RSJ) *стандартный двутавровый профиль*
rolled steel section *катаный, стальной профиль*
roll electrode *роликовый электрод*
roller *бегунок, валец, валик, валок, ролик;* [paintw.] *малярный валик;* [road] *каток;* [weld] *роликовый электрод*
roller bearing *катковая опора моста*
roller blind *штора на роликах*
roller breaking machine *валковая дробилка*

roller bridge *откатный мост*
roller brush [road] *вращающаяся щетка*
roller conveyor *катковый конвейер, роликовый конвейер, рольганг*
roller crusher *валковая дробилка*
roller grate *цепная колосниковая решетка*
roller path *дорожка качения подшипника, рольганг*
roller rail *роликовая направляющая*
roller shutter *подъемный ставень, свертывающаяся штора*
roller shutter door *жалюзийная шторная дверь*
roller way *дорожка качения подшипника, рольганг*
roll in (vb.) *подкачивать в память, принимать импульсы, свертывать информацию в базах данных;* [road] *укатывать*
roll-in *подкачка*
rolling *вращение, качение, прокатка, прокатывание, уплотнение укаткой;* [road] *укатка*
rolling (adj.) *катящийся, откатный, перекатывающийся, подвижной*
rolling bridge *откатный мост*
rolling contact bearing *катковая опора моста*
rolling crusher *валковая дробилка*
rolling door *раздвижная дверь, шторная дверь*
rolling gate *вальцовый затвор, откатные ворота*
rolling load *нагрузка от колесных транспортных средств;* [road] *подвижная колесная нагрузка*
rolling shutter *подъемный ставень, свертывающиеся жалюзи*
rolling window curtain *свертывающаяся штора*
roll of wallpaper *рулон обоев*
roll-on insulation *изоляция, наносимая раскатыванием*
roll-on/roll-off ship *ролкер, трейлерное судно, трейлеровоз*
roll out *передавать импульсы*
roll out (vb.) *откачивать из памяти, развертывать информацию в базах данных, раскатывать*
roll-out *откачка*
roll shutter door *подъемная дверь, подъемные ворота*
roll up *сдвиг строк на экране монитора*
roll up (vb.) *свертывать, скатывать*
roll-up door *подъемная дверь, подъемные ворота*
Roman arch [arch.] *полукруглая арка, полуциркульная арка*
Roman brick [mason] *римский кирпич (5x10x30 см)*
Roman cement *романцемент*
Romanesque architecture [arch.] *романский стиль*
Romanesque style [arch.] *романский стиль*
Romanesque window *окно с полуциркульной перемычкой, полуциркульное окно*
Roman mosaic floor *мозаичный пол*
Roman tile *римская черепица*
roof *кровля, крыша, покрытие*
roof (vb.) *крыть, монтировать покрытие, настилать крышу, покрывать*
roof batten *обрешетка крыши*
roof beam *стропильный ригель*
roof construction *конструкция покрытия, стропильная ферма*

roof covering *кровля, крыша, покрытие крыши*
roof design *конструкция крыши*
roofed *крытый*
roofed-in *крытый, под односкатной крышей*
roofer *кровельщик*
roof frame *стропильная ферма*
roof garden *сад на крыше*
roof hatch *люк на крышу*
roof in (vb.) *крыть, настилать крышу*
roof in convex and concave tiles *кровля из желобчатой черепицы*
roofing *кровельные работы, кровельный материал, кровля*
roofing cardboard *толь*
roofing cement *кровельный клей*
roofing ceremony *праздник по случаю окончания строительства*
roofing felt *толь*
roofing material *кровельный материал, покрытие крыши*
roofing member *элемент кровли*
roofing nail *толевый гвоздь*
roofing panel *кровельная панель, кровельная плита, кровельный лист*
roofing paper *толь*
roofing sheet *кровельная панель, кровельная плита, кровельный лист*
roofing shingle *кровельный гонт*
roofing slab *кровельная панель, кровельная плита, кровельный лист*
roofing slate *кровельный шифер*
roofing tar *кровельная мастика*
roofing tile *кровельная черепица*
roofing timber *подстропильный лес*
roof in hollow tiles *кровля из желобчатой черепицы*
roof latten *обрешетка крыши*
roof level *высота покрытия, отметка покрытия*
roof light *окно верхнего света, фонарь*
roof membrane *кровельный ковер кровли, рулонная кровля*
roof over (vb.) *крыть, настилать крышу*
roof pitch *уклон ската крыши*
roof ridge *конек крыши*
roof slate *кровельный шифер*
roof slope *уклон ската крыши*
roof structure *конструкция покрытия*
roof surface *поверхность крыши*
roof tile *кровельная плитка, кровельная черепица*
roof trap *чердачный люк*
roof tree *коньковый прогон*
roof truss *висячая стропильная конструкция, решетчатая стропильная ферма*
roof unit *элемент кровли*
roof window *окно верхнего света, слуховое окно*
room *зал, камера, комната, место, помещение, пространство*
room border *бордюр обоев*
room climate *микроклимат*
room fan *комнатный вентилятор*

room heating *отопление помещений*

room height *высота потолка*

room illumination *освещение помещения*

room index [illum.] *показатель помещения*

room temperature *комнатная температура*

room temperature setting adhesive *клей, твердеющий при комнатной температуре*

room thermostat *комнатный терморегулятор*

room unit *объемный блок*

roomy *вместительный, емкий, просторный*

root [bot.] *корень*

root concavity *цепочка раковин на обратной стороне шва;* [weld] *вогнутость обратной стороны шва*

root defect [weld] *дефект в корне шва*

root diameter *внутренний диаметр резьбы*

rooter *дорожный плуг, рутер, рыхлитель;* [road] *кирковщик*

rooting [road] *выкорчевывание*

root mean square *среднеквадратический;* [mat.] *корень из квадрата среднего*

root mean square value (RMS value) *среднеквадратическое значение;* [mat.] *величина корня из квадрата среднего*

root porosity *пористость обратной стороны шва;* [weld] *пористость в корне шва*

rope *веревка, канат, трос*

rope eye *коуш*

rope pulley *канатная таль, канатный шкив*

rope thimble *коуш*

ropeway *канатная дорога*

ropy *вязкий, густой*

rose *окно-роза;* [arch.] *розетка*

rose bit *зенкер, зенковка с круглой головкой*

rose countersink bit *зенкер, зенковка с круглой головкой*

rose head countersink bit *зенкер, зенковка с круглой головкой*

rosette *розетка*

rosette window [arch.] *окно-роза*

rosewood *палисандр, розовое дерево*

rosin-core solder *проволочный припой*

rot *гниль*

rot (vb.) *гнить, портиться*

rotary (adj.) *вращательный, вращающийся, поворотный, ротационный*

rotary breaker *ротационная дробилка*

rotary broom [road] *вращающаяся щетка*

rotary brush [road] *вращающаяся щетка*

rotary crane *поворотный кран*

rotary crusher *ротационная конусная дробилка*

rotary cut veneer *лущеный шпон*

rotary distributor *круговой разбрызгиватель, спринклер*

rotary grate *вращающаяся колосниковая решетка, решетка с поворотными колосниками*

rotary intersection (US) *перекресток с круговым объездом*

rotary motion *вращательное движение*
rotary movement *вращательное движение*
rotary screen *барабанное сито, барабанный грохот*
rotary snow plough *роторный снегоочиститель*
rotary switch [electr.] *поворотный выключатель*
rotary tower crane *поворотный башенный кран*
rotatable *вращающийся, поворотный*
rotate (vb.) *вращать(ся), поворачивать(ся)*
rotating (adj.) *вращательный, вращающийся, поворотный*
rotating direction *направление вращения, направление поворота*
rotating drum mixer *гравитационный бетоносмеситель*
rotating joint *шарнир, шарнирное соединение*
rotating sense *направление вращения*
rotating speed *частота вращения*
rotating velocity *частота вращения*
rotation *вращение, оборот, поворот*
rotational *вращательный, вращающийся, поворотный, ротационный*
rotational axis *ось вращения, ось поворота*
rotational motion *вращательное движение, вращение*
rotational speed *частота вращения*
rotation axis *ось вращения*
rotative *вращательный, вращающийся, поворотный, ротационный*
rotatory *вращательный, вращающийся, поворотный, ротационный*
rotatory motion *вращательное движение, вращение*
rotatory movement *вращательное движение, вращение*
rot-proof *негниющий, стойкий против гниения*
rotten *гнилой, испорченный, прогнивший*
rotten knot *гнилой сучок*
rottenness *гнилость*
rotten wood *гнилая древесина, трухлявая древесина*
rotunda *круглое здание;* [arch.] *ротонда*
rotunda for locomotives [rail] *депо*
rotundity *округлость, полнота, шарообразная форма*
rouge *красный полировальный порошок, крокус*
rough *неровность*
rough (vb.) *матировать стекло, обдирать, обрабатывать начерно*
rough (adj.) *грубый, крупнозернистый, необработанный, неотшлифованный, неровный, приблизительный, черновой, шероховатый*
rough adjustment *грубая регулировка*
rough average *грубое среднее, среднее приближенное*
rough bed [road] *каменная наброска без сортировки камней*
rough boards *нестроганые доски*
rough cast *торкретная штукатурка, штукатурный намет;* [mason] *обмазка;* [met.] *необработанная отливка*
rough-cast (vb.) *набрасывать штукатурку;* [mason] *обмазывать*
rough cast glass *сырое стекло*
rough casting *набрасывание штукатурки, штукатурный намет;* [mason] *обмазка*
rough down (vb.) *обрабатывать начерно, обтесывать*
rough-down *предварительная обработка*

rough draft *набросок, эскиз*
rough edge *горбыль, обзол, облапол;* [woodw.] *лес*
rough-edged *черновой;* [woodw.] *нестроганый*
roughen (vb.) *зернить, надирать, придавать шероховатость*
roughening [concr.] *придание шероховатости бетонной поверхности*
rough estimate *приблизительная оценка*
rough file *драчевый напильник, рашпиль*
rough finish *обдирка, обдирочная обработка, черновая обработка*
rough-grinding *обдирка на шлифовальном круге, черновое шлифование*
rough hewing *крупная насечка*
rough-in (vb.) *набрасывать штукатурку;* [mason] *обмазывать*
roughing *обдирка, обдирочная обработка, черновая обработка*
roughing file *драчевый напильник, рашпиль*
roughing plane *шерхебель*
rough machining *обдирка, обдирочная обработка, черновая обработка*
roughness *шероховатость поверхности*
rough-plane (vb.) [woodw.] *строгать начерно шерхебелем*
rough planing *строгание начерно шерхебелем*
rough-plaster (vb.) *набрасывать штукатурку;* [mason] *обмазывать*
rough plastering *набрасывание штукатурки, первый слой штукатурки, штукатурный намет;* [mason] *обмазка*
rough plate *сырое стекло*
rough rendering [mason] *обмазка*
rough-service (adj.) *противоударный, ударопрочный, ударостойкий*
rough sketch *эскиз*
rough stone *бут*
rough-working *обдирка, обдирочная обработка, черновая обработка*
round *круг, круговое движение, объезд, округленный, округлость, окружной путь, окружность, цикл*
round (vb.) *округлять, скруглять*
round (adj.) *закругленный, круглый, круговой*
round (of a ladder) *грядка (стремянки), ступенька (стремянки)*
roundabout (UK) *кольцевая автотранспортная развязка*
roundabout intersection *кольцевая автотранспортная развязка*
round arch [arch.] *полукруглая арка, полуциркульная арка*
round awl *круглая чертилка*
round bar *круглый стержень*
round bar steel *круглая сталь, стальной пруток*
round corner *скругленный угол*
round-cornered *с закругленными углами*
round down (vb.) *округлять в меньшую сторону*
rounded *закругленный, округленный, округлый*
rounded corner *закругленный угол*
rounded edge *закругленный край*
rounded end *округленный конец винта*
round edge *закругленный край*
roundel *круглая ниша, круглое окно*
rounder [tool] *круглополочный рубанок*
round file *круглый напильник*

round head *полукруглая головка винта*
round head bolt *болт с полукруглой головкой*
round-headed screw *винт с полукруглой головкой*
round-headed stud *гвоздь с большой шляпкой*
roundhouse (US) [rail] *депо*
rounding *закругление, округление, скругление;* [woodw.] *выкружка*
rounding off *округление*
rounding-off radius *радиус закругления*
round iron *круглый стержень, стальной пруток*
roundness *округлость*
round-nosed plane *шерхебель*
round-nosed tongs *круглогубцы*
round-nose iron [tool] *круглоносый паяльник*
round-nose pliers *круглогубцы*
round nut *круглая гайка*
round off (vb.) *закруглять, округлять*
round-off *округление*
round plane [tool] *круглополочный рубанок*
round pliers *круглогубцы*
round pole *круглый пруток, круглый стержень*
round rod *круглый пруток, круглый стержень*
rounds *прутковая сталь, стальной профиль, стальной пруток*
round-the-clock operation *круглосуточная работа, круглосуточный процесс*
round thread *круглая резьба, резьба круглого сечения*
round timber *кругляк;* [woodw.] *круглый лесоматериал*
round up (vb.) *округлять в большую сторону*
round vault *полукруглый свод, полуциркульный свод*
round wood *круглый лесоматериал, кругляк*
route *маршрут, путь, тракт, трасса*
route deviation [rail.] *изменение маршрута*
route diversion [rail.] *изменение маршрута*
router plane *грунтгебель, грунтубель*
route section [road] *отрезок пути*
routine *алгоритм, подпрограмма, рутина, установившаяся практика*
routine (adj.) *повседневный, рутинный, текущий*
routine check *текущая проверка, текущий контроль*
routine equipment *программное оборудование, стандартное оборудование*
routine maintenance *программное сопровождение, профилактическое техническое обслуживание, регламентные работы, текущее техническое обслуживание*
routine measurement *регулярные замеры*
routine test *плановая проверка, стандартные испытания, тестовая процедура, типовые испытания*
routine work *обычная работа, стандартные операции*
routing plane *грунтубель*
row house (US) *дом сблокированного типа*
row of rivets *ряд заклепок*
R.R. *железная дорога*

RSJ (rolled steel joist) *стандартный двутавровый профиль*
rub *истирание, трение;* [paintw.] *разнотон (при окраске)*
rub (vb.) *изнашиваться, истираться, натирать, тереть*
rubber *каучук, резина, терка для штукатурки*
rubber band conveyor *прорезиненный ленточный транспортер*
rubber belt conveyor *прорезиненный ленточный транспортер*
rubber cable *провод с резиновой изоляцией;* [electr.] *кабель*
rubber-coated *обрезиненный*
rubber compound *резиновая смесь*
rubber conveyor *прорезиненный ленточный транспортер*
rubber cover(ing) *резиновая оболочка*
rubber disc *круглая резиновая прокладка*
rubber edge *резиновая прокладка*
rubber facing *резиновая обкладка, резиновое покрытие*
rubber file *брусовка, напильник квадратного сечения с грубой насечкой*
rubber film *резиновая пленка, резиновое покрытие*
rubber gasket *резиновая прокладка, резиновое уплотнение*
rubber glove *резиновая перчатка*
rubber hose *резиновый шланг*
rubber-insulated cable *кабель с резиновой изоляцией*
rubber mastic *каучуковая мастика, резиновая мастика*
rubber packing *резиновая прокладка, резиновое уплотнение*
rubber plug *резиновая пробка*
rubber sheath *резиновая оболочка кабеля*
rubber sheet *резиновая пластина, резиновое полотно*
rubber stopper *резиновая пробка*
rubber tile *резиновая плитка*
rubber tube *резиновый шланг*
rubber-tyred roller [road] *пневмоколесный каток*
rubber varnish *гуммилак, каучуковый лак*
rubber washer *круглая резиновая прокладка*
rubber wheel *резиновое колесо*
rubbing *затирка, натирание, полирование, растирание, трение*
rubbing surface *поверхность трения*
rubbing varnish [paintw.] *политура*
rubbish *обломки, отбросы, отходы, строительный мусор*
rubbish chute *мусоропровод, спускной желоб для строительного мусора*
rubbish dump *свалка*
rubbish removal *уборка мусора*
rubble *бутовый камень, гравий, каменный лом (заполнитель), крупный щебень, рваный камень;* [build.] *бут*
rubble bedding *булыжная постель, бутовый баласт, пакеляж, пакеляжбутовая постель, щебенка;* [road] *щебеночное полотно*
rubble drain *водоотводная канава, укрепленная щебнем или булыжником*
rubble fill *каменная засыпка, каменная наброска*
rubble masonry *бутовая кладка*
rubble packing *булыжная постель, бутовый баласт, пакеляж, пакеляжбутовая постель, щебенка;* [road] *щебеночное полотно*

rubble stone *бутовый камень, рваный камень*

rubblework *бутовая кладка*

rubstone *точильный камень*

rug *ковер*

rugged *жесткий, массивный, неровный, прочный, шероховатый*

rugged construction *прочная конструкция*

ruggedness *прочность*

rugosity *неровность, шероховатость*

ruin *развалины*

ruin (vb.) *разрушать, уничтожать*

ruinous *разрушительный*

rule *измерительный стержень, масштабная линейка, мерная рейка, правило;* [graph.] *масштаб;* [tool] *линейка*

rule (vb.) *графить, линовать, управлять*

ruler *линейка;* [woodw.] *таблица*

ruling pen *рейсфедер*

rumble *вибрация, грохот, шум;* [mech.eng.] *галтовочный барабан*

rumbler *галтовочный барабан*

rumble strip [road] *профилированная обочина*

rumple (vb.) *мять*

run *вытягивание, движение, длина пути, длина трассы, запуск двигателя, лентообразное рудное тело, наклонная сбойка между штреками, направление второстепенного кливажа, небольшой быстрый поток, обрыв и падение клети в шахте, опробование двигателя, проход, работа, режим работы, рудное тело неправильной формы, ручей, течь, узкий шов, ход;* [geogr.] *бремсберг, горизонтальный прожилок, линия раскалывания, обрушение, оползание, рудная залежь, сдвиг, узкое рудное тело;* [road] *пробег;* [weld] *валик*

run (vb.) *бежать (о воде), выполнять, запускать, пробегать, прокладывать кабель, прокладывать трубы, проходить, работать, руководить предприятием, управлять, эксплуатировать;* [hydr.] *течь*

run (of a step) *проступь, ширина ступеньки*

rundle *перекладина, скоба стремянки из скоб, ступенька*

run down [electr.] *разряжаться*

rung *перекладина, скоба стремянки из скоб, ступенька*

run hot [mech.eng.] *перегреваться*

runnel *канава, сток*

runner *бегун, бегунок, каток бегунов, направляющая лифта, ползун, ползунок, ползушка, полоз, распределительный канал, резьба*

running *движение, езда;* [mech.eng.] *ход;* [paintw.] *проход*

running (adj.) *действующий, на ходу, текущий (о воде)*

running bond [mason] *ложковая перевязка*

running costs *эксплуатационные расходы*

running fit *подвижная посадка, ходовая посадка*

running measure *погонный размер*

running metre (rm) *погонный метр*

running sand *зыбучий песок, плывун, плывунный песчаный грунт*

running speed *ходовая скорость*

running trap [san.eng.] *сифон горизонтального трубопровода*

run off (vb.) *стекать*
run-off *паводочный сток, сток паводка, сточная вода*
run-off area *площадь водостока*
run-off water *сточная вода*
run of piping *нитка трубопровода*
run of tubing *нитка трубопровода*
run of welding *проход сварки;* [weld] *проход при наложении шва*
run on gas (vb.) *работать на газе*
run out (vb.) *вытекать*
run out a cable (vb.) *травить кабель*
run out of (vb.) *иссякать, кончаться*
run over (vb.) *переливаться*
runs *потеки (дефекты отделки, окраски)*
runway *дорожное полотно, проезжая часть*
runway rail [crane] *подкрановый рельс*
rupture *излом, разрушение, разрыв*
rupture (vb.) *разрушаться, разрываться*
rupture calculation *расчет разрыва*
rupture deflection [concr.] *прогиб от разрыва*
rupture limit *предел прочности на разрыв*
rupture line *линия разрыва*
rupture load *разрушающая нагрузка, разрывная нагрузка*
rupture strain *деформация при разрыве*
rupture strength *прочность на разрыв*
rupturing capacity [electr.] *разрывная мощность выключателя*
rural area *сельская местность, сельскохозяйственный район*
rural district *сельский район*
rural road *сельская дорога*
rural zone *сельская местность, сельскохозяйственный район*
rush *приток*
rush work *срочная работа*
rust *коррозия, ржавчина*
rust (vb.) *ржаветь*
rustbound *проржавевший*
rust cement *антикоррозийная замазка, замазка с добавкой железных опилок для связывания железа с камнем, чугунная замазка для ремонта отливок*
rusted fast *проржавевший*
rust formation *образование ржавчины*
rustic *грубо отесанный камень;* [mason] *рустика*
rustic (adj.) *грубо отесанный, рустованный (о кладке), цельнодеревянный (о мебели)*
rusticate (vb.) *нарезать русты, насекать поверхность кирпича;* [build.] *рустовать*
rustic joint [mason] *рустованное соединение, рустованный шов*
rustic work *грубо отесанный камень;* [mason] *рустика*
rust in (vb.) *проржаветь*
rusting *ржавление*
rusting through *проржавевший насквозь*
rust-inhibiting paint *антикоррозийная краска*
rust inhibitor *антикоррозийная присадка для жидкости гидросистемы, ингибитор коррозии*

rustless *коррозионностойкий, не поддающийся коррозии, нержавеющий*

rust-preventing agent *антикоррозийное средство*

rust-preventing medium *антикоррозийное средство*

rust-preventing paint *антикоррозийное лакокрасочное покрытие*

rust prevention *защита от коррозии*

rust preventive *антикоррозийное средство*

rust-proof *коррозионностойкий, не поддающийся коррозии, нержавеющий*

rust proofing *защита от коррозии*

rust-proofing coating *коррозионноустойчивое покрытие*

rust-proofing paint *антикоррозийное лакокрасочное покрытие*

rust protection *защита от коррозии*

rust removing *удаление ржавчины*

rust-removing agent *средство для удаления ржавчины*

rust-resistant *не поддающийся коррозии, нержавеющий*

rust-resisting *коррозионностойкий, не поддающийся коррозии, нержавеющий*

rust stain *пятно ржавчины*

rust through (vb.) *проржаветь насквозь*

rusty *заржавелый, ржавый*

rusty spot *пятно ржавчины*

rut [road] *колея*

rut (vb.) *оставлять колеи, проводить борозды*

rutile *рутил*

rutile covering [weld] *рутиловое покрытие*

rutile electrode *рутиловый электрод;* [weld] *электрод с рутиловым покрытием*

rutted [road] *изрытый колеями*

rutty [road] *изрытый колеями*

ry *железная дорога*

S

s (second) [unit] *секунда*
sabre saw (US) *ножовочная пила*
sack *мешок*
sack cloth *мешковина*
sack hoist *мешкоподъемник*
sack holder *мешкодержатель*
sacking *мешковина*
sack lift *мешкоподъемник*
sack trolley *тележка для мешков*
sack truck *тележка для мешков*
sacrificial protection *защита гальваническими анодами, протекторная защита*
saddle roof *двускатная крыша*
saddle stairs *лестница на косоурах*
safe *безопасный, надежный, несгораемый шкаф, сейф*
safe application *безопасное применение*
safe distance *безопасное расстояние*
safe edge *ненасеченное ребро напильника*
safe-edge file *напильник с ненасеченным ребром*
safeguard *меры безопасности, ограждение, охрана*
safeguard (vb.) *защита, защищать, ограждать*
safe load *допустимая нагрузка*
safe side, on the *с запасом*
safe stress *допустимое напряжение*
safety *безопасность, надежность, предохранительное устройство*
safety arch [arch.] *разгрузочная арка*
safety barrier [road] *защитное ограждение*
safety bolt *аварийный болт*
safety boots *защитная обувь*
safety cable *предохранительный трос*
safety cap *защитная каска*
safety catch *защелка, карабин, предохранительная собачка*
safety clothing *защитная одежда*
safety code *правила техники безопасности*
safety collar *предохранительное кольцо*
safety cutout [el.] *плавкий предохранитель*
safety device *предохранительное устройство*
safety direction *инструкция по технике безопасности*
safety distance *безопасное расстояние*
safety factor *запас прочности, коэффициент безопасности*
safety fence *дорожное ограждающее устройство, ограждение*
safety flange *предохранительный фланец*
safety fuse [electr.] *плавкий предохранитель*
safety gear *предохранительный механизм*
safety glass *безопасное стекло*
safety glasses *защитные очки*
safety goggles *защитные очки*
safety guard *защитное ограждение*
safety handrail *защитные перила*

safety helmet *защитная каска*

safety hook *карабин, крюк с защелкой, стопор*

safety installation *защитная установка*

safety instruction *инструкция по технике безопасности*

safety instructions *правила техники безопасности*

safety island [road] *островок безопасности*

safety key *ключ защиты*

safety lintel [arch.] *разгрузочная стрела арки*

safety lock *аварийная блокировка, предохранительный замок*

safety marking *предупредительная разметка*

safety mask *защитная маска, противогаз*

safety net *предохранительная сетка*

safety points [rail] *стрелка сортировочной горки*

safety post *предохранительная стойка*

safety precaution *мера предосторожности*

safety railing *защитные поручни*

safety relief valve *предохранительный клапан*

safety requirements *нормы техники безопасности, требования техники безопасности*

safety screen *защитный экран*

safety screw *предохранительный винт*

safety shoes *защитная обувь*

safety shore [concr.] *стойка временного крепления*

safety sign *предупредительный знак*

safety standard *стандарт по технике безопасности*

safety switch *аварийный выключатель, автоматический аварийный выключатель*

safety toe footwear *защитная обувь*

safety valve *предохранительный клапан*

sag *впадина, кратковременный 'провал' ускорения автомобиля в процессе разгона, наплыв (дефект лакокрасочного покрытия), оседание, отклонение от курса, относительный спад вершины импульса, перекос, провес, провисание, прогиб, просадка, сползание, стрела провеса, стрела прогиба, уменьшение поперечного сечения отливки*

sag (vb.) *обвисать, оседать, покоситься, прогибаться, свисать, сползать*

sag correction *коррекция прогиба, ликвидация прогиба*

sagging *оседание, провес, прогиб, просадка*

sagging bending moment *изгибающий момент при оседании, изгибающий момент при провесе, изгибающий момент при прогибе*

sagitta *сагитта;* [arch.] *стрела прогиба*

sag of wire [electr.] *провес провода*

sail cloth *парусина*

salary *жалованье, оклад*

salient *выступающий*

salt *соль*

salt broadcaster [road] *солеукладчик*

salt fog *соляной туман*

salt-glazed *покрытый соляной глазурью*

salt mist *соляной туман*

salt spray *соляной туман*

salt spray cabinet *камера для распыления соли*

salt spray test *испытания на стойкость к соляному туману*

salt spreader [road] *солеукладчик*

salt water *соленая вода*

salvage *вторичное использование отходов, утилизация отходов*

salvaging *вторичное использование отходов, утилизация отходов*

sample *выборка, образец, образчик, проба;* [stat.] *выборочная совокупность*

sample (vb.) *брать пробу, отбирать образцы, производить выборку*

sample colour chip *образец цвета*

sampler *квантизатор, пробоотборник, устройство стробирования*

sample taken at random *образец, взятый по схеме случайного отбора, случайная выборка*

sample taking *отбор образцов, отбор проб*

sample thief *пробоотборник*

sampling *взятие образцов, выбор дискретных данных, выборка, дискретизация, дискретное представление непрерывной величины, квантование, отбор проб, стробирование*

sampling device *прибор для отбора проб*

sampling probe *зонд для отбора проб*

sand *песок*

sand (vb.) *посыпать песком, чистить песком, шлифовать наждачной бумагой*

sandal wood *сандаловое дерево*

sand and gravel extraction *добыча песка и гравия*

sand asphalt *асфальтобетон, песчаный асфальт*

sandbag *балластный мешок, мешок с землей, мешок с песком*

sand base *песчаное основание*

sand bed *песчаный подстилающий слой*

sand blanket *песчаное покрытие*

sandblast (vb.) *производить пескоструйную обработку*

sandblast apparatus *пескоструйный агрегат*

sandblasting *пескоструйная обработка, пескоструйная очистка*

sandblasting machine *пескоструйный агрегат*

sandblast nozzle *сопло пескоструйного аппарата*

sand catcher *песколовка, пескоуловитель*

sand coffering [road] *песчаный поверхностный слой*

sand-coloured *песочного цвета*

sand drain *песчаная дрена*

sand dredger *землесос для песчаных грунтов, многоковшовый экскаватор для работы в песчаных грунтах*

sand drift *бархан, песчаная дюна, песчаный нанос*

sand-dry *сухой как песок*

sanded roofing felt *толь с песчаной посыпкой*

sanded up *отшлифованный шкуркой, ошкуренный*

sand ejector *эжектор песка*

sander *шлифовально-ленточный станок*

sand-faced brick *облицовочный кирпич с песчаной посыпкой*

sand fill *песчаная насыпь*

sand-filled *заполненный песком*
sand filter *песчаный фильтр*
sand filtration *песчаная фильтрация*
sanding *обработка наждачной бумагой, пескоструйная обработка;* [road] *укладка подстилающего песчано-гравийного слоя*
sanding belt *шлифовальная лента*
sanding block *шлифовальная колодка, шлифовальный утюжок*
sanding cork *шлифовальный брусок из пробки*
sanding disc *наждачный круг*
sanding dust *шлифовальная пыль*
sanding machine *заточный станок;* [woodw.] *шлифовальный станок*
sanding machine with oscillating action *шлифовальный станок с колебательным движением шпинделя*
sanding up *занос песком, пескование*
sand jet *песчаная струя*
sand jet blower *пескоструйный агрегат*
sand-lime brick *силикатный кирпич*
sand-lime mortar *известково-песчаный раствор*
sand mill *песчаная мельница*
sandpaper *наждачная бумага, шкурка*
sandpaper (vb.) *обрабатывать шкуркой, шлифовать наждачной бумагой*
sandpaper surface *грубая поверхность*
sand pit *песчаный карьер*
sand pump *песочный насос*
sand pumping dredger *землесос для песчаных грунтов*
sand quarrying *карьерная добыча песка*
sand replacement *замена песчаного слоя*
sand seal [road] *песчаный покрывающий слой*
sand spreader *пескоразбрасыватель, распределитель песка*
sand spreading machine *пескоразбрасыватель, распределитель песка*
sandstone *песчаник*
sandstone masonry *кладка из песчаника*
sandstone walling *стены из песчаника*
sand stratum *песчаный пласт*
sand washer *пескомойка*
sand wheel blasting *пескоструйная обработка, пескоструйная очистка*
sandwich board *древесностружечная плита типа 'сэндвич', трехслойная древесностружечная плита*
sandwich construction *многослойная конструкция*
sandwiched product *многослойное изделие*
sandwich laminate *слоистый пластик*
sandwich moulding *многослойное формование*
sandwich panel *многослойная панель, панель типа 'сэндвич'*
sandwich plate anchor *анкер многослойной плиты*
sandwich shell *многослойная оболочка*
sandwich structure *многослойная конструкция*
sandy *песчанистый, песчаный*
sandy bottom *песчаное дно*
sandy gravel *гравийно-песчаная смесь, гравий с песком, мелкий щебень*

sandy loam *песчанистый суглинок, супесь*

sanitaries *санитарно-техническое оборудование*

sanitary *санитарно-технический, санитарный*

sanitary and heating installations *санитарно-техническое и отопительное оборудование*

sanitary appliances *санитарно-техническое оборудование*

sanitary china *санитарно-технический фаянс*

sanitary drain pipe *канализационная труба*

sanitary engineering *санитарная техника*

sanitary fitting *санитарно-техническая арматура*

sanitary installation *санитарно-техническое оборудование*

sanitary piping *канализация*

sanitary sewer *канал раздельной системы канализации для ливневых и коммунально-бытовых вод*

sanitary ware *санитарная керамика*

sanitation *санитария*

sap *заболонь древесины*

sapwood *заболонная древесная порода, заболонь древесины*

sash *английское подъемное окно, оконный переплет*

sash angle *угловая накладка, уголок для скрепления углов оконного переплета*

sash bar *горбылек оконного переплета*

sash fastener *оконная задвижка, шпингалет*

sash frame *рама скользящей оконной створки*

sash gate [hydr.] *откидные ворота*

sash plane *рубанок для врубок, фасонный рубанок*

sash rail *направляющая скользящей створки окна*

sash window *опускное окно, подъемное окно*

satellite town *город-спутник*

satin finish *глянцевая отделка, сатинирование*

satisfy (vb.) *выполнять условие, удовлетворять требованиям*

saturate (vb.) *насыщать*

saturated sand *водонасыщенный песок*

saturation *насыщение, насыщенность*

saturation point *точка насыщения*

sauna *сауна*

save (vb.) *записывать, сохранять, спасать, экономить*

saw *пила*

saw (vb.) *пилить, распиливать*

saw blade *полотно пилы*

saw bow *лучок пилы*

saw buck *козлы (для ручной распиловки лесоматериалов)*

saw chain *пильная цепь*

saw cut *пропил, распил*

sawdust *опилки*

sawdust concrete *арболит*

saw file *напильник для заточки пил*

saw frame *державка пилы, лесопильная рама, лучок*

saw gate *лесопильная рама*

saw guide *направляющая пилы*

saw horse *козлы (для ручной распиловки лесоматериалов)*

sawing *пиление, пилка, распил, распиловка*

sawing block [woodw.] *цулага*

sawing machine *механическая пила, пильный станок, приводная пила*

sawing test *испытания на распил*

saw log *пиловочник, пиловочное бревно*

sawmill *лесопильная установка, лесопильный завод*

sawn joint *пропильный шов, шов-пропил в бетонном дорожном покрытии*

saw notch *надрез пилой, пропил*

sawn timber *брус, пиленый лесоматериал*

sawn veneer *пиленая фанера, пиленый шпон*

saw out (vb.) *выпиливать*

saw sash *лесопильная рама*

saw set *разводка (инструмент для развода зубьев пилы)*

sawtooth *зуб пилы*

sawtooth course [mason] *зубчатая кладка*

sawtooth roof *пилообразная крыша, шедовая крыша*

saw trestle *козлы (для ручной распиловки лесоматериалов)*

saw up (vb.) *отпиливать*

saw wrest *разводка зубьев пилы*

scaffold *настыль, подмости, строительные леса*

scaffold (vb.) *возводить подмости, возводить строительные леса*

scaffold beam *балка лесов*

scaffold board *настилочная доска подмостей*

scaffolder *строитель подмостей*

scaffolding *возведение подмостей, возведение строительных лесов, подмости, строительные леса*

scaffolding pole *стойка коренных лесов*

scaffolding standard *стойка коренных лесов*

scaffolding system *система подмостей, система строительных лесов*

scaffolding timber *лесоматериал для подмостей*

scaffolding winch *лебедка подмостей*

scaffolding with stairways *подмости с трапом*

scaffold pole *стойка коренных лесов*

scalar *блок умножения на константу, блок установки коэффициентов, скаляр*

scale *изгарь, масштаб, масштабная линейка, нагар, накипь, неочищенный парафин, окалина, плена, система счисления, чашка весов;* [tool] *масштабная линейка*

scale (vb.) *изменять масштаб, масштабировать, образовывать накипь, образовывать окалину, определять масштаб, сводить к определенному масштабу, удалять накипь, удалять окалину*

scaleboard *клееная фанера, переклейка*

scale division *деление шкалы*

scaled paper *миллиметровая бумага*

scale drawing *масштабный чертеж*

scale factor *коэффициент масштабирования, коэффициент пересчета, масштабный коэффициент, масштабный множитель, множитель шкалы*

scale height *шкала высот*

scale manufacture *крупносерийное производство*

scale model *масштабная модель*

scale model study *изучение на масштабной модели*

scale of colours *цветовая шкала*

scale of degrees *шкала градусов*

scale paper *миллиметровая бумага*

scale production *крупносерийное производство*

scales *весы*

scale up (vb.) *представлять в увеличенном масштабе, увеличивать масштаб*

scaling *деление частоты, образование накипи, отслаивание, передача размера единицы от эталона в область больших или меньших значений физической величины, пересчет*

scamper *недобросовестный работник, халтурщик*

scampwork *небрежная работа, халтура*

scant *короткий (о пиломатериале), недостаточный, скудный*

scantling *бруски, обрешетина, прогон, распорка, рейка, стеллаж, чистообрезной пиломатериал*

scarcity *дефицит, нехватка*

scarcity of water *недостаток воды*

scarf *косая кромка, косой замок, скос кромки, соединение в косой стык*

scarf (vb.) *зачищать газовым резаком, скашивать;* [woodw.] *соединять в косой стык*

scarfing *сплотка;* [woodw.] *вязка*

scarf joint *соединение в косой накладной замок, соединение внапуск, соединение вполунахлест, соединение косым зубом*

scarf tenon [woodw.] *скошенный шип*

scarf-welding *сварка внапуск*

scarification *рыхление почвы*

scarifier *рыхлитель;* [road] *культиватор-рыхлитель*

scarify (vb.) *кирковать, рыхлить*

scarifying equipment *оборудование для киркования, рыхлительное оборудование*

scarp *крутой откос, эскарп*

scatter *разброс, рассеяние*

scatter (vb.) *разбрасывать, рассеивать*

scattered (adj.) *разбросанный, рассеянный*

scattering *разброс, рассеяние*

scattering disc [road] *разбрасыватель*

scatter of strength [concr.] *разброс значений прочности*

scavenge (vb.) *очищать, продувать цилиндр двигателя, соскабливать, убирать мусор*

scavenging *очистка, продувка, уборка, удаление примесей*

schedule *график, календарный план, расписание, таблица*

schedule (vb.) *планировать, распределять, составлять расписание*

scheduled *запланированный, предусмотренный графиком*

scheduled monument *охраняемый памятник*

schedule of payments *график платежей*

scheduling *планирование, распределение, составление календарного плана, составление расписания*

schema *план, проект, схема*

schematic *схематичный*

schematic view *схема, схематичный чертеж*

scheme *план, проект, схема*

scheme (vb.) *планировать, составлять план*

scissor (vb.) *резать ножницами*

scissors *ножницы*

scissors crossing [rail] *пересечение путей под острым углом*

scobs *металлические опилки, окалина, стружка, шлак*

scoop wheel *крыльчатое колесо, лопастное колесо*

scope *индикатор, область действия, осциллограф, сфера компетенции, электронно-лучевая трубка*

scorch *ожог*

scorch (vb.) *иссушать, обжигать, опалять*

score *два десятка, желоб блока, задир, зарубка, метка, множество*

score (vb.) *делать отметку, делать шероховатым, задирать, царапать*

scored joint [mason] *соединение с пазами на наружных гранях кирпича для улучшения сцепления с раствором*

scour *водная эрозия, подмыв, размыв*

scour (vb.) *галтовать, подмывать, размывать, шабрить*

scouring *подмыв, размыв*

scouring cloth *ветошь*

scouring material *материал для очистки*

scour with sand (vb.) *чистить песком*

scrap *металлический лом, скрап*

scrap (vb.) *выбрасывать, сдавать в металлолом*

scrape (vb.) *скоблить, скрести, чистить*

scraper *волокуша, грейдер, кирка, мотыга, скобель, скребок, скрепер, шабер;* [road] *подкапывающий лемех*

scraper bucket *ковш скрепера*

scraper mat *рубанок с зубчатой железкой, цинубель*

scraper plane *рубанок для чистовой обработки твердолиственных пород*

scraping *выскребывание, вычерпывание, работа скрепером, разравнивание грунта*

scraping knife *ручной скребок (малярный инструмент), скребковый нож*

scrap iron *железный лом*

scrap metal *металлолом*

scrap pile *груда металлолома*

scratch *царапина*

scratch (vb.) *царапать*

scratch hardness *склерометрическая твердость, твердость по Мартенсу*

scratch resistance *сопротивление царапанию, твердость по Мосу*

scratch test *определение твердости по Мосу*

screech *визг пилы, визжание*

screech (vb.) *визжать*

screed *маячная рейка, правило, стяжка, шаблон;* [mason] *штукатурный маяк;* [stucco] *разравнивающий слой*

screed (vb.) [concr.] *разравнивать*
screed coat [build.] *стяжка*
screeded surface [concr.] *поверхность после выравнивания*
screed guide *маячная рейка;* [mason] *штукатурный маяк*
screeding *разравнивание правилом;* [concr.] *разравнивание рейкой;* [stucco] *разравнивание шаблоном*
screed line [concr.] *брус-финишер*
screed strip [build.] *гладилка*
screen *грохот, решето, сетка, сито, фильтр, щит, экран;* [tv] *изображение на экране*
screen (vb.) *закрывать щитом, отсеивать, показывать на экране, просеивать, сортировать, экранировать*
screen analysis *ситовой анализ*
screen cloth *полотно сетки, ситовая ткань*
screening *грохочение, защита, отсев, просеивание, сортировка, экранирование*
screening drum *барабанный грохот*
screening plant *просеивающая установка, сортировочная установка*
screenings *высевки, нижний материал грохочения*
screen plate *сортировочная плита*
screen size *линиатура растра, номер сита, размер экрана*
screw *болт, винт, червяк, шнек, шуруп*
screw (vb.) *завинчивать, привинчивать, скреплять винтами*
screw anchor *винтовой мертвый якорь*
screw auger *шнековый бур*
screw bolt *шуруп с квадратной головкой*
screw cap [electr.] *резьбовой цоколь*
screw clamp *струбцина*
screw compasses *циркуль с винтом*
screw connection *винтовое соединение*
screw conveyor *винтовой конвейер, шнековый конвейер*
screw-cutting *нарезание винтовой резьбы*
screw down (vb.) *ввинчивать, завинчивать*
screw drill *сверло*
screwdriver *отвертка*
screwdriver bit *лезвие отвертки*
screwed *завинченный*
screwed cap *накидная гайка*
screwed connection *винтовое соединение*
screwed fitting *резьбовая соединительная деталь, резьбовой фитинг*
screwed hole *резьбовое отверстие*
screwed hose joint *резьбовое шланговое соединение*
screwed lamp-holder *резьбовой патрон лампы*
screwed lamp-socket *резьбовой патрон лампы*
screwed pipe joint *резьбовое трубное соединение*
screw fastening *винтовое крепление*
screw feeder *шнековый питатель*
screw for wood *шуруп*
screw gauge *резьбовой калибр*
screw head *головка винта*
screw hole *отверстие под винт, резьбовое отверстие*

screw hook *крюк с винтом*

screw jack *винтовой домкрат*

screw joint *винтовая сцепка, винтовое соединение, резьбовое соединение, соединение на шурупах*

screwless *без винтов*

screw locking device *фиксатор винта*

screw micrometer *микрометрический винт*

screw nail *винтовой гвоздь*

screw nut *гайка*

screw on (vb.) *навинчивать*

screw pile *винтовая свая*

screw plate *клупп*

screw plug *резьбовая пробка*

screw recessed head *винт с крестовым шлицем*

screw retention *фиксация винта*

screw socket *соединительная муфта с винтовой резьбой*

screw spanner *разводной гаечный ключ*

screw stairs *винтовая лестница*

screw tap [tool] *метчик*

screw terminal [electr.] *зажимной контакт*

screw thread *винтовая резьба*

screw thread cutting *нарезание винтовой резьбы*

screw together (vb.) *завинчивать до отказа*

screw vice *винтовые тиски*

screw wrench *разводной гаечный ключ*

scribe (vb.) *размечать*

scribe awl *метчик, чертилка*

scriber *метчик, чертилка*

scribing *разметка*

scroll saw *лобзик*

scrub (vb.) *скрести, чистить щеткой*

scrubbing *очистка, чистка щеткой*

scuff *задир, заедание, срабатывание, царапина;* [desk] *истирание*

scuff (vb.) *протирать, тереть*

scullery *кладовая, чулан*

scullguard *защитная каска*

sculptor's plaster *гипс*

scum *накипь, пена, шлак*

scupper *водосточная труба, отверстие для спуска воды*

scutcheon *накладка дверного замка, футор*

scuttle *люк, отдушина, полупортик*

scythe stone *оселок для точки кос*

sea cable *морской подводный кабель*

sea dyke *морская дамба*

sea-hardening cement *цемент, твердеющий в морской воде*

seal *затвор, изолирующий слой, изоляция, клеймо, перемычка, печать, пломба, уплотнение*

seal (vb.) *герметизировать, заваривать, заливать герметиком, запаивать, запечатывать, изолировать, клеймить, пломбировать, сваривать, ставить перемычку, ставить печать*

sealant *герметизирующий состав, герметик, материал для уплотнения швов*

sealant compound *герметизирующий состав, герметик*

seal coat *верхний водоизолирующий слой дорожной одежды, водоизолирующая прослойка*

sealed *герметизированный, запечатанный, опломбированный*

sealed double pane *двойные оконные рамы с теплоизоляцией*

sealed glazing unit *теплоизолированное остекление*

sealed insulating glass unit *теплоизолированное остекление*

sealer *герметик*

sea level *уровень моря*

seal face *поверхность уплотнения*

seal flange *герметизированный фланец*

sealing *герметизация, заделка, закупоривание, замазывание, запаивание, изоляция, опломбирование, покрытие защитным слоем, уплотнение швов*

sealing agent *герметик, материал для заделки швов*

sealing coat *верхний водоизолирующий слой дорожной одежды, водоизолирующая прослойка*

sealing compound *герметизирующий состав, герметик, уплотняющая мастика*

sealing disc *герметизирующая мембрана*

sealing edge *кромка уплотнения*

sealing end *торцевая муфта, торцевое уплотнение*

sealing layer *уплотняющая прокладка*

sealing lip *кромка уплотнения*

sealing material *герметик, уплотняющий материал*

sealing of joints *заделка швов*

sealing paint *водонепроницаемая краска*

sealing plug *притертая пробка*

sealing ring *кольцевое уплотнение, уплотнительное кольцо*

sealing strip *уплотнительная лента, уплотнительная полоса*

sealing surface *поверхность уплотнения*

sealing washer *уплотнительная прокладка, уплотнительная шайба*

sealing wax *герметизирующий материал, замазка*

sealing wire *пломбировочная проволока*

seal ring *кольцевой уплотнитель, уплотнительное кольцо*

seam *волосовина, закаточный шов, пласт, пропласток, слой, стык, трещина, фальц, фальцевое соединение*

seam folding machine *кромкозагибочная машина, фальцовочная машина*

seaming *соединение, стачивание, сшивание, фальцовка*

seaming machine *закаточный станок, кромкозагибочная машина, фальцовочная машина*

seamless *бесшовный*

seamless drawn tube *цельнотянутая трубка*

seamless flooring *бесшовное покрытие пола*

seamless pipe *бесшовная труба*

seamless tube *бесшовная труба*

seam weld *роликовый шов*

seam welding *роликовая сварка, сварка продольным швом, сварка прямолинейным швом, шовная сварка*

seam welding machine *машина для роликовой сварки, машина для шовной сварки*

seamy surface *рифленая поверхность*

search *перебор, поиск*

search (vb.) *искать*

searchlight *прожектор*

season *время года, сезон*

season (vb.) *акклиматизировать, выдерживать в естественных условиях*

seasonal *периодический, сезонный*

seasonal fluctuation *сезонные колебания*

seasonal pattern of flow *сезонные колебания режима стока*

seasonal variation *сезонные колебания*

seasoned *выдержанный, высушенный в естественных условиях;* [woodw.] *акклиматизированный*

seasoned wood *сухая древесина*

seasoning *выдерживание, естественная сушка;* [woodw.] *акклиматизация*

seasoning kiln *сушильная печь*

seat *опора, опорная поверхность, опорная подушка, плита основания, седло клапана, сиденье*

seating capacity *вместимость зала*

seat valve *тарельчатый клапан*

seawall *дамба, мол*

seawater *морская вода*

seawater-proof *стойкий к воздействию морской воды*

seawater pump *насос для морской воды*

secant *секанс;* [mat.] *секущая*

secant modulus *момент сопротивления сечения*

secant stiffness *жесткость секущей*

second (s) [unit] *секунда*

secondary (adj.) *вторичный*

secondary air *вторичный воздух*

secondary beam *второстепенная балка, подстропильная балка*

secondary light source *вторичный источник света*

secondary pressure *вторичное давление*

secondary process *вторичный процесс*

secondary reinforcement [concr.] *вспомогательная арматура*

secondary residence *второй дом*

secondary road *вспомогательная дорога*

secondary service *дополнительное обслуживание*

secondary strand [concr.] *вспомогательная прядь*

secondary stress *дополнительное напряжение*

secondary treatment *доочистка сточных вод, дополнительная обработка*

second derivative [mat.] *вторая производная*

second home *второй дом*

second light *косвенный свет*

second moment of area *момент инерции*

second quality *второй сорт, низкое качество*

seconds *брак, продукция пониженного качества, товары второго сорта*

second tap *метчик второго прохода при нарезании резьбы*
secret *потайной, секрет, скрытый*
secret dovetail [woodw.] *соединение глухим ласточкиным хвостом*
secret nailing *потайное крепление гвоздями*
section *отрезок, отсек, поперечное сечение, профиль, разрез, сегмент, секция, сортовая сталь, сортовой прокат, участок, часть;* [graph.] *сечение*
section (vb.) *делить на участки, рассекать*
section, in *в разрезе*
sectional *разбόрный, разъемный, секционный, составной*
sectional area *площадь поперечного сечения*
sectional bar *сортовой профиль*
sectional detail *детальный чертеж в разрезе*
sectional drawing *чертеж в разрезе*
sectional elevation *чертеж в разрезе*
sectional iron *сортовой прокат*
sectional plan *горизонтальная проекция*
sectional steel *сортовая сталь*
sectional view *вид в разрезе, разрез, сечение*
section bar *брус, полоса, прут, сортовой профиль*
section modulus *момент сопротивления сечения*
section of canal *сечение канала*
section shears *механические ножницы для сортового проката*
section steel *сортовая сталь*
secure (vb.) *закреплять, крепить, обеспечивать, прикреплять, соединять*
secure (adj.) *безопасный, надежный*
secure by bolts (vb.) *крепить болтами, соединять болтами*
securing *закрепление, соединение*
securing bolt *зажимной болт*
securing screw *зажимной винт*
security *безопасность, защита, надежность, охрана*
security arrangement *система безопасности*
security grille *предохранительная решетка*
security key *ключ с секретом*
security lock *замок с секретом, кодовый замок*
security regulation *правила техники безопасности*
sediment *нанос, осадок, осадочная порода, отложение, отстой*
sediment (vb.) *отстаиваться*
sedimentary basin *отстойник, отстойный бассейн*
sedimentation *осаждение, отстаивание, седиментация*
sedimentation basin *отстойник, отстойный бассейн*
sedimentation pit *яма-отстойник*
sedimentation tank *отстойник, отстойный резервуар*
sediment trap *грязевик, шламовая ловушка*
see (vb.) *наблюдать, смотреть*
seen from front *вид спереди*
seep (vb.) *просачиваться, протекать, фильтроваться*
seepage *боковой подток воды, просачивание, случайная утечка, течь, утечка, фильтрационные потери, фильтрация*
seepage pressure *фильтрационное давление*

seepage velocity *скорость фильтрации*
seepage water *фильтрационные воды*
seeping well *фильтрационный колодец*
see through (vb.) *видеть насквозь*
see-through *видимый насквозь, прозрачный*
segment *отрезок, сегмент, сектор, участок, часть*
segmental *сегментный*
segmental arch [arch.] *сегментная арка*
segmental arch roof *арочная крыша*
segmental saw blade *сегментное полотно пилы*
segmentation *разделение на части, сегментация*
segmented *разделенный на части, сегментный*
segregate (vb.) *отделять, разделять, расслаивать*
segregation *ликвация, распадание, расслоение, сегрегация;* [met.] *зейгерование*
seism *сейсм, сейсмическое явление*
seismic investigation *сейсмические исследования*
seismic survey *сейсмическая разведка*
select (vb.) *выбирать, выделять, отбирать, подбирать, сортировать*
selected rockfill *защитное покрытие из каменной наброски, каменная наброска*
selection *выбор, выделение, отбор, селекция*
selective corrosion *избирательная коррозия*
selector *коммутатор, переключатель, селектор, селекторное реле*
selector switch *переключатель*
self-acting *автоматический*
self-adhesive *самоклеющийся*
self-adjusting *автоматический, самонастраивающийся, саморегулирующийся, самоустанавливающийся*
self-adjusting level *нивелир с компенсатором угла наклона зрительной трубы;* [geod.] *самоустанавливающийся нивелир*
self-adjustment *самонастройка, саморегулировка, самоустановка*
self-aligning *самовыравнивающийся, саморегулирующийся, самосовмещающийся, самоцентрующийся*
self-closing *самозакрывающийся, самозамыкающийся*
self-closing valve *самозакрывающийся клапан*
self-coloured *естественной окраски*
self-compaction *самоуплотнение*
self-contained construction *автономная конструкция*
self-correcting *самокоррекция, саморегулирование*
self-excited vibration *автоколебания, самовозбуждающиеся колебания*
self-extinguishing *самозатухающий*
self-ignitable *самовоспламеняющийся*
self-igniting *самовоспламеняющийся*
self-ignition *самовозгорание, самовоспламенение*
self-induced vibration *автоколебания, самовозбуждающиеся колебания*
self-levelling [geod.] *автоматическое нивелирование*
self-levelling (adj.) [geod.] *самонивелирующийся*
self-locking *с автоблокировкой, самоблокирующийся*

self-luminescent paint *светящаяся краска*
self-luminous paint *светящаяся краска*
self-priming pump *насос с самозаливкой*
self-propelled *самоходный*
self-propelled crane *самоходный кран*
self-purifying filter *самоочищающийся фильтр*
self-regulating *саморегулирующийся*
self-sealing *самоуплотняющийся*
self-sealing gasket *самоуплотняющаяся прокладка*
self-service *самообслуживание*
self-supporting *автономный, независимый, свободно опертый, свободно стоящий, устойчивый*
self-supporting chimney *свободно стоящая дымовая труба*
self-tapping screw *самонарезающийся винт*
self-tightening *самозакручивающийся, самозапирающийся, самозатягивающийся*
self-ventilated *самовентилируемый, с естественной вентиляцией*
self-ventilation *естественная вентиляция, самовентиляция*
semiautomatic apparatus *полуавтоматическая установка*
semicantilever (adj.) *полунавесное пролетное строение*
semicircle *полукруг, полуокружность*
semicircular *полукруглый*
semicircular arch *полукруглая арка*
semicircular arched window *окно с полукруглой аркой*
semicountersunk *полупотайной, полуутопленный*
semidiameter *полудиаметр, радиус*
semidry pressed brick *кирпич полусухого прессования*
semidull *полуматовый*
semienclosed *полузакрытый*
semiexposed *полуоткрытый*
semifinished goods *полуфабрикат*
semifluid *полужидкий*
semifluid consistency *пластичная консистенция, полужидкая консистенция*
semigloss *полуглянцевый*
semimanufactured goods *полуфабрикат*
semipermeable *полупроницаемый*
semiportable *полупереносной, полустационарный*
semiportal crane *полупортальный кран*
semiprotected *полузащищенный, полуогороженный*
semirigid *полужесткий*
semiskilled worker *разнорабочий*
semisolid *полужидкий*
semisteel *сталистый чугун*
semitimber *лафет, полученный путем продольной распиловки бруса пополам, полумерный лесоматериал;* [woodw.] *полукругляк*
semitransparent *полупрозрачный*
send (vb.) *направлять, отсылать, посылать*
sense of rotation *направление вращения*
sensing *восприятие, регистрация*
sensing device *датчик, чувствительный элемент*

sensitive *быстро реагирующий, восприимчивый, чувствительный*
sensitive to heat *реагирующий на тепловое воздействие, чувствительный к теплу*
sensitivity *чувствительность*
sensitivity to settling *чувствительность к осадке*
sensor *датчик, детектор, сенсорный элемент, чувствительный элемент*
separate *изолированный*
separate (vb.) *отделять, разделять, сортировать*
separate (adj.) *отдельный, разъединенный*
separate contract *отдельный контракт*
separated from *отделенный от*
separated intersection [road] *пересечение в разных уровнях*
separately-leaded cable *кабель с жилами, отдельно изолированными свинцовой оболочкой*
separate roadbed *отдельная полоса движения*
separating element [build.] *разделительный элемент*
separating layer *разделительный слой*
separating plant *сортировальная установка*
separation *отделение, разделение, сепарация, сортировка*
separation layer *разделительный слой, разделитель уровня*
separator *обочина дороги, промежуточная деталь, разделитель, разделительный знак, решето, сепаратор;* [build.] *дистанционный элемент;* [road] *разделительная полоса*
septic tank *отстойник, септический резервуар*
sequence *порядок следования, последовательность, чередование;* [mat.] *натуральный ряд чисел*
sequence (vb.) *упорядочивать*
sequence of numbers *последовательность чисел, числовой ряд*
sequence of operations *последовательность операций*
serial production *серийная продукция, серийное производство*
series *группа, ряд, серия, числовая последовательность*
series connection [el.] *последовательное соединение;* [electr.] *последовательное включение*
series expansion [mat.] *разложение в ряд, расширение числовой последовательности*
series manufacture *серийное производство*
series production *серийная продукция, серийное производство*
series regulating resistor *последовательно подключенный регулирующий резистор*
serious *важный, серьезный*
serious error *грубая ошибка, серьезная ошибка*
serpentine concrete *бетон с серпентинным заполнителем, серпентинобетон*
serpentine road *извилистая дорога, серпантин*
serpentine tube *змеевик*
serrated *зубчатый, пилообразный*
serrated lock washer *зубчатая пружинная шайба*
serrated nut *рифленая гайка*
serrated roller *вал, рифленый каток, рифленый цилиндр*
serration *зубец, зубчиковые искажения в телевизоре, мелкий зуб, мелкомодульное зубчатое соединение*

service *обслуживание, ремонт, сервис, служба, услуги, эксплуатация*
service (vb.) *обслуживать, оказывать услуги*
service, in *в работе, в эксплуатации*
serviceability *годность к эксплуатации, обслуживаемость, ремонтопригодность*
serviceable *годный к эксплуатации*
service area *район обслуживания*
service conditions *рабочие условия*
service contract *договор на обслуживание, контракт на обслуживание*
service core *главная часть установки, основа*
service engineer *инженер по эксплуатации*
service instructions *инструкция по обслуживанию, инструкция по эксплуатации*
service life *долговечность, ресурс, срок службы, срок эксплуатации*
service lift *грузовой лифт, служебный лифт*
service line *линия обслуживания*
service man *монтер, ремонтник*
service panel *эксплуатационная панель*
service pipe *ответвление магистрального трубопровода, разводящий трубопровод*
service platform *грузовая платформа*
service pressure *рабочее давление*
service road *служебная дорога*
services *инженерное оборудование здания, службы, услуги*
service space *место для обслуживания, площадка для обслуживания*
service stairs *служебная лестница*
service stress *рабочее напряжение конструкции*
service test *эксплуатационные испытания*
service trial *служебное испытание, эксплуатационные испытания*
service tunnel *служебный туннель*
service valve *рабочий клапан*
service voltage [electr.] *рабочее напряжение*
servicing *обслуживание, сервис, техническое обслуживание*
servicing area *район обслуживания*
set *группа, комплект, набор, остаточное напряжение, разводка, ряд, усадка;* [mat.] *множество, последовательность*
set (vb.) *класть, монтировать, налаживать, ставить в раму, схватывать, твердеть, устанавливать*
set (adj.) *данный, установленный, учрежденный*
set a saw (vb.) *разводить зубья пилы*
set a spring (vb.) *заводить пружину*
setback *задержка, неудача, отступ, уступ*
set back (adj.) *находящийся в глубине, повернутый назад, установленный сзади*
set going (vb.) *запускать, начинать, приводить в движение, пускать в ход*
set hammer *молоток жестянщика*
set head *установочная головка*
set knob *установочная кнопка*

set limit *установленный предел*

set of current [electr.] *уставка тока*

setoff *берма, выступ, отступ, уступ*

set of pulleys *полиспаст*

set of sieves *набор грохотов, набор сит*

set of tools *набор инструментов*

set on edge (vb.) *устанавливать на ребро*

set out (vb.) *провешивать, размечать, раскладывать;* [geod.] *расставлять вехи*

setpin *палец, установочный шип*

set screw *установочный винт*

set square *плотничный треугольник*

sett *каменная шашка, число нитей на единицу длины ткани;* [road] *брусчатка;* [weav.] *плотность ткани*

setting *запуск, настройка, осадка, оседание, разводка, разметка, регулировка, схватывание бетона, установка, установка прибора*

setting agent [concr.] *ускоритель схватывания*

setting coat *верхний отделочный слой штукатурки*

setting drawing *чертеж кладки*

setting heat *теплота схватывания*

setting into operation *введение в эксплуатацию*

setting out *отгрузка в отвал, разметка;* [geod.] *планировка*

setting out a building *планировка здания*

setting-out datum point [geod.] *исходная точка, репер*

setting-out peg *репер;* [geod.] *исходная точка*

setting-out size *установочный размер*

setting-out work *разметка*

setting plate [concr.] *подушка*

setting plug *калибровая оправка*

setting power [concr.] *вяжущая способность*

setting process *процесс схватывания*

setting reservoir *отстойник, отстойный бассейн*

setting screw *установочный винт*

setting shrinkage *усадка при схватывании*

setting strength [concr.] *вяжущая способность*

setting time *время схватывания*

setting to work *ввод в эксплуатацию, пуск*

setting-up *монтаж, сборка, создание, установка*

settle (vb.) *осаждаться, оседать, садиться*

settlement *оседание, отстаивание, отстой, поселение, поселок;* [build.] *осадка*

settlement computation *расчет осадки*

settlement crack *осадочная трещина, трещина от осадки*

settlement joint *осадочный шов*

settlement of support *осадка опоры*

settlement tendency *низкое сопротивление осадке*

settling *осадка, оседание*

settling basin *отстойник, отстойный бассейн*

settling tank *остойник, отстойный чан*

sett paved road *дорога, выложенная брусчаткой*

sett paving *мощение брусчаткой*

setup *монтаж, настройка*

set up *компоновка, размещение, регулирование, установка*

set up (vb.) *компоновать, монтировать, настраивать, располагать, создавать, устанавливать*

setup diagram *монтажная схема*

set value *заданное значение*

sever (vb.) *разделять, разъединять, рвать*

severe *строгий, суровый*

severe accident *серьезная авария*

severe cold *сильный холод*

severe winter *суровая зима*

sewage *сточные воды*

sewage disposal *удаление сточных вод*

sewage installation *канализационная установка*

sewage outfall *спуск сточных вод*

sewage pipe *канализационная труба*

sewage plant *установка для очистки сточных вод*

sewage pump *канализационный насос*

sewage purification *очистка сточных вод*

sewage system *канализационная система*

sewage treatment *очистка сточных вод*

sewage treatment plant *установка для очистки сточных вод*

sewage water *сточные воды*

sewage works *установка для очистки сточных вод*

sewer *канализационная труба, коллектор*

sewer (vb.) *отводить сточные воды, прокладывать канализацию*

sewerage *канализация*

sewerage network *канализационная сеть*

sewerage pipe *канализационная труба*

sewerage system *канализационная система*

sewer conduit *канализационная труба, коллектор*

sewer connection *отвод канализации*

sewer laying *прокладка канализации*

sewer line *канализационная труба*

sewer manhole *канализационный колодец*

sewer mud exhauster *грязевик, грязеуловитель*

sewer pipe *канализационная труба*

sewer pipeline *канализационный трубопровод*

sewer system *канализационная система*

shackle *вертлюг, серьга, соединительная скоба, хомут*

shackle bolt *болт с вертлюжной серьгой*

shackle nut *вертлюжная гайка*

shackle of padlock *серьга висячего замка*

shackle pin *палец рессорной серьги*

shackle suspension *вертлюжная подвеска*

shade *оттенок, тень, тон*

shade (vb.) *затенять, заштриховывать*

shading *затенение, штриховка;* [graph.] *обработка полутонов*

shading paint *солнцезащитное лакокрасочное покрытие*

shadow *темное пятно, тень*

shaft *вал, ось, стержень колонны, шахтный ствол*
shaft for utilities *шахта для подвода кабелей*
shaft foundation *фундамент шахты, шахтное основание*
shake *вибрация, потрескавшийся кровельный гонт, продольная трещина в древесине, тряска, щель*
shake (vb.) *взбалтывать, встряхивать, трясти*
shaken *расколовшийся;* [woodw.] *треснутый*
shaker *вибратор, вибрационный грохот*
shaker conveyor *вибрационный конвейер*
shaker grate *решетка с качающимися колосниками*
shaking conveyor *вибрационный конвейер*
shaking screen *виброгрохот*
shaking sieve *виброгрохот, вибросито*
shaking table *вибрационный стол*
shaking trough *вибрационный лоток*
shaky *вибрационный, качающийся*
shale *сланец*
shale tar *сланцевый деготь*
shallow *мель, отмель*
shallow channel *мелкий канал*
shallow well *горизонтальная водопонизительная скважина*
shallow worm hole [woodw.] *древоточина*
sham *имитационный, ложный*
shank *зуб рыхлителя, хвостовик, черенок*
shank diameter *диаметр хвостовика*
shape *конфигурация, модель, профиль, форма*
shape (vb.) *придавать форму, строгать, формовать*
shape factor *коэффициент формы*
shape of shell *форма свода-оболочки*
shaper *поперечно-строгальный станок*
shaping *придание формы, профилирование, формование, фрезерование*
shaping by hewing *обрубание, обтесывание*
shaping machine *поперечно-строгальный станок*
shaping ring *кольцевой пуансон*
shaping without stock removal *пластическая обработка без съема материала*
shards *кусочки, черепки*
share *доля, лемех, сошник, часть*
sharing *разделение, совместное использование*
sharp *крутой, острый, отточенный, отчетливый;* [graph.] *знак диез*
sharp angle *острый угол*
sharp bend *крутой поворот, острый изгиб*
sharp-cornered *остроугольный*
sharp-crested weir *водослив с острым гребнем*
sharp edge *острое ребро, острый край*
sharp-edged *с острыми краями*
sharpen (vb.) *заострять, затачивать, оттачивать*
sharpen a point (vb.) *заострять*
sharpener *заточный станок, машинка для заточки карандашей*
sharpening *заострение, заточка*

sharpening machine *заточный станок, машинка для заточки карандашей*

sharpness *острота, резкость изображения, точность, четкость изображения*

sharp thread *остроугольная резьба*

shatter (vb.) *дробить, разбивать, расшатывать*

shatter crack *трещина от сотрясения*

shatterproof *безосколочный, небьющийся*

shatterproof glass *безосколочное стекло, небьющееся стекло*

shave (vb.) *брить, обрезать, скоблить, строгать, шевинговать*

shaving *шевингование*

shaving plane *рубанок, струг*

shavings *стружка*

sheaf of sparks *сноп искр*

shear *поперечная сила, сдвиг, сдвигающее усилие, срез*

shear (vb.) *сдвигать, скалывать, срезать*

shear centre *центр сдвига, центр скоса, центр среза*

shear connector *шпонка, работающая на срез*

shear deformation *деформация сдвига*

sheared edge *обрезная кромка*

shear failure *разрушение в результате среза, разрушение при сдвиге*

shear flow *поток со сдвигом, сдвиговой поток*

shear force *поперечная сила, усилие сдвига*

shear fracture *вязкий излом, разрушение от среза, разрушение при сдвиге, сдвиговое вязкое разрушение*

shearing *сдвиг, скалывание, срез*

shearing action *сдвигающее действие*

shearing area *площадь сдвига, площадь среза*

shearing failure *разрушение в результате среза, разрушение при сдвиге*

shearing force *поперечная сила, усилие сдвига*

shearing force diagram *эпюра поперечных сил*

shearing strain *деформация сдвига*

shearing strength *предел прочности при сдвиге, прочность на сдвиг, сопротивление сдвигу, сопротивление скалыванию*

shearing stress *касательное напряжение*

shearing stress curve *кривая касательного напряжения*

shearing test *испытания на сдвиг, испытания на срез*

shear legs *козловый кран, монтажная тренога с блоком*

shear line *линия среза, линия срезывающих усилий, эпюра срезывающих усилий*

shear modulus *модуль сдвига*

shear pin *срезная чека, срезной штифт*

shear reinforcement *арматура, работающая на срез*

shears *ножницы*

shear stiffness *жесткость при сдвиге*

shear strain *деформация сдвига*

shear strength *предел прочности при сдвиге, прочность на сдвиг, сопротивление сдвигу, сопротивление скалыванию*

shear stress *касательное напряжение*

shear test *испытания на сдвиг, испытания на срез*

shear to length (vb.) *укорачивать*
sheath *кожух, оболочка, обшивка, оплетка*
sheathe (vb.) *заключать в кожух, обшивать, оплетать, покрывать*
sheathed *заключенный в кожух, обшитый, оплетенный*
sheathed electrode *армированный электрод, электрод с металлической оболочкой*
sheathing *армирование, оболочка, обшивка, покрытие*
sheathing of cable *оболочка кабеля*
sheathing of electrode *армирование электрода*
sheathing paper *рубероид, толь*
sheath tube *защитная труба*
sheave *блок, шкив*
shed *зев (пространство между нитями основы для прохода челнока), навес, сарай, укрытие*
shed roof *односкатная крыша, шедовая крыша*
sheepsfoot roller *кулачковый дорожный каток*
sheer legs *козловый кран, монтажная тренога с блоком*
sheer plan *бок (проекция теоретического чертежа судна)*
sheers *двуногий деррик*
sheet *ведомость, лист, листовой материал, шпунтовая свая*
sheet (vb.) *обшивать, покрывать*
sheet asphalt *асфальтовый раствор*
sheet billet shears *ножницы для листового металла*
sheet brass *латунный лист, листовая латунь*
sheet copper *листовая медь, медный лист*
sheet curing *прогрев бетонной смеси в щитовой опалубке*
sheet gauge *калиберная пластина для листового материала, сортамент толщины листового материала*
sheet glass *листовое стекло*
sheeting *листовой материал, обшивка, щитовая опалубка*
sheet iron *тонколистовое железо, черная жесть*
sheet lead *листовой свинец*
sheet metal *жесть, листовой металл*
sheet metal cutter *резак для листового металла*
sheet metal plate *листовой металл, металлический лист*
sheet metal roofing *кровля из листового металла*
sheet metal screw *винт для листового металла*
sheet metal shears *ножницы для листового металла*
sheet-metal working machine *станок для обработки листового металла*
sheet pile *пакет листов, шпунтина, шпунтовая свая*
sheet pile retaining wall *шпунтовая стенка*
sheet pile wall *шпунтовая стенка*
sheet piling *шпунтовая стенка, шпунтовое ограждение*
sheet size *размер листа*
sheet steel *листовая сталь*
sheet thickness *толщина листа*
sheet wall *панельная стена*
sheet work *обшивка*
sheet zinc *листовой цинк*
shelf *карниз, полка*

shelf bracket *кронштейн*
shelf life *срок годности при хранении*
shelf time *срок годности при хранении*
shell *каркас, кожух, корпус, оболочка, обшивка, остов, слой, трубная заготовка*
shellac *шеллак*
shellac (vb.) *обрабатывать шеллаком*
shell auger *ложечный бур, ложкообразное сверло*
shell bit *ложечный бур*
shell construction *здание без отделочных работ*
shell plating *облицовка, обшивка*
shell pump *песочный насос*
shell roof *покрытие в виде свода-оболочки, тонкостенное пространственное покрытие*
shell structure *здание без отделочных работ*
shell thickness *толщина оболочки*
shell-type building *здание в виде свода-оболочки*
shell-type roof *покрытие в виде свода-оболочки*
shell vault *свод-оболочка*
shelter *навес, убежище, укрытие;* [concr.] *тепляк*
shelter (vb.) *укрывать*
shelter belt *защитная ограда*
sherardization *диффузное цинкование, шерардизация*
sherardizing *диффузное цинкование, шерардизация*
shield *защита, ширма, щит, экран*
shield (vb.) *заслонять, защищать, экранировать*
shielded arc welding *дуговая сварка в среде защитного газа*
shielded cable *экранированный кабель*
shielded inert gas metal arc welding (SIGMA welding) *дуговая сварка металлическим электродом в среде инертного газа*
shielded metal arc welding *дуговая сварка металлическим покрытым электродом*
shielding *защита, экранирование;* [weld] *экранирующая оболочка*
shielding gas [weld] *защитный газ*
shift *дислокация, замена, изменение, перекос (дефект отливки), перемещение, рабочая смена, смена, смещение*
shift (vb.) *перемещать, сдвигать, смещать*
shifting *переключение, перемещение, сдвиг*
shifting beam *стальная балка междуэтажных перекрытий, съемный бимс*
shifting sand *дюны, ползучие пески*
shift work *сменная работа*
shim *клин, подкладка, прокладка*
shim (vb.) *подкладывать, прокладывать, расклинивать*
shim ring *регулировочное кольцо*
shin [rail] *рельсовая накладка*
shine *блеск, глянец, лоск*
shine (vb.) *блестеть, лосниться, сиять*
shingle *булыжник, галька, гонт, щебень*
shingle (vb.) *крыть гонтом, обшивать*
shingle roof *гонтовая крыша*

shingle tile *плоская черепица*
shining (adj.) *блестящий, сияющий*
ship (vb.) *отгружать, отправлять, перевозить*
ship caisson *закрытый понтон, кессон*
shiplap (vb.) *строгать доску на фальц*
shipment *отгрузка, отправка, партия товара, транспортировка*
shipworm *червь-древоточец*
shiver *обломок, осколок*
shiver (vb.) *вибрировать, рассыпаться на куски*
shock *толчок, удар*
shock (vb.) *толкать, ударять*
shock absorbing *амортизирующий, демпфирующий*
shock bending test *испытания на изгиб при ударе*
shock concrete *вибробетон*
shock deflection test *испытания на изгиб при ударе*
shock load *ударная нагрузка*
shockproof *противоударный*
shock resistance *сопротивление удару, ударопрочность*
shock resistant *ударопрочный*
shock table *вибростенд, ударный стол*
shock test *испытания на удар*
shoe *башмак, колодка, полюсный наконечник, штамподержатель;* [bridge] *опорная плита;* [pipe] *фланцевое колено с лапой*
shoot *желоб, лоток, скат*
shoot (vb.) *взрывать, вываливать, выгружать, производить сейсмические исследования, сгружать*
shooting board *направляющая линейка для прижима детали при фуговании кромки*
shooting plane *фуганок*
shop-assembled *заводской сборки*
shop board *верстак, рабочий стол*
shop-cut *заводского раскроя*
shop drawing *монтажный чертеж*
shop foreman *мастер цеха*
shop-mount (vb.) *производить сборку в заводских условиях*
shopping centre *торговый центр*
shop primer *заводская грунтовка*
shop rivet *монтажная заклепка*
shop welding *заводская сварка*
shore *берег, крепление, крепь, опора, побережье, подпорка*
shore (vb.) *поддерживать, подпирать, устанавливать крепление*
shore load *нагрузка на опоры*
shore protection *берегоукрепительные работы*
shores *подпорки*
shore spacing *расстояние между подпорками*
shore span [bridge] *береговой пролет моста*
shore up (vb.) *поддерживать, укреплять*
shoring *крепление, крепь, подпорки, усиление*
shoring timber *крепежный лес*
short [electr.] *короткое замыкание*
short (vb.) *шунтировать накоротко;* [electr.] *закорачивать*

short (adj.) *короткий, ломкий, недостаточный;* [met.] *хрупкий*
shortage *дефицит, нехватка*
shortage of material *дефицит материала*
shortage of water *нехватка воды*
short-arc welding *сварка короткой дугой*
short circuit [electr.] *короткое замыкание*
short-circuit (vb.) *закорачивать, замыкать накоротко*
short circuit arc test *опыт короткого замыкания*
short-circuiting [electr.] *закорачивание*
short column *низкая колонна*
shortcoming *недостаток*
short double plane *шлифтик*
shorten (vb.) *укорачивать*
short-grained wood *древесина с коротким волокном*
shortness *хрупкость металла*
short-oil varnish *тощий лак*
short weight *недовес*
shot *дробь*
shot blasting *дробеструйная обработка*
shotcrete *торкрет-бетон*
shotcrete gun *устройство для нанесения торкрет-бетона*
shotcreting *торкретирование*
shotcreting towards formwork *торкретирование по форме*
shotcreting with robot *роботизированное торкретирование*
shot hole *ход древоточца, червоточина*
shot pin *фиксатор замка*
shotproof *взрывобезопасный*
shoulder *буртик, выступ, заплечик, обочина, плечо, упор, фланец*
shoulder bolt *борт с буртиком, борт с заплечиком*
shouldered *с буртиком, с заплечиком, с отбортовкой*
shouldered nut *гайка с буртиком*
shouldered tenon *шпилька с заплечиком*
shoulder piece *консоль, кронштейн*
shoulder screw *винт с буртиком, ступенчатый винт*
shovel *механическая лопата, одноковшовый экскаватор, совковая лопата*
shovel boom *стрела экскаватора*
shovel bucket *ковш экскаватора*
shovel crane *траншейный экскаватор*
shovel excavator *многоковшовый экскаватор*
show (vb.) *показывать*
shower *душ, душевая установка, ливень*
shower (vb.) *орошать, поливать*
shower apparatus *спринклерная установка*
shower cabin *душевая кабина*
shower cabinet *душевая кабина*
shower mixer *смеситель*
showerproof *водоотталкивающий, непромокаемый*
shower proofing *пропитывание водоотталкивающим составом*
show house *выставочное помещение, демонстрационный зал*
shred *полоса отходов бумагоуничтожающей машины, щепа*

shred (vb.) *резать на полоски*

shredder *дезинтегратор, дробилка для отходов*

shrink (vb.) *давать усадку, уменьшаться в объеме, усыхать*

shrinkage *сжатие, уменьшение в объеме, усадка, усушка*

shrinkage allowance [cast.] *допуск на усадку*

shrinkage cavity [met.] *усадочная раковина*

shrinkage crack *усадочная трещина*

shrinkage fit *горячая посадка*

shrinkage groove *неглубокий подрез, образовавшийся при проварке корня многослойного шва*

shrinkage hole [met.] *усадочная раковина*

shrinkage joint *усадочный шов*

shrinkage limit *предел усадки*

shrinkage reinforcement *армирование против усадочных напряжений*

shrinkage strain *усадочная деформация*

shrinkage tolerance *допуск на усадку*

shrink cavity [met.] *усадочная раковина*

shrink fit *горячая посадка*

shrinking *сжатие, усадка*

shroud *кожух, колпак, покров*

shudder *вибрация, дрожание*

shudder (vb.) *вибрировать, дрожать*

shunt *шунт;* [electr.] *параллельный провод;* [rail] *разъездной путь*

shunt (vb.) *направлять в обход, направлять в объезд;* [electr.] *шунтировать*

shunt connection *шунтирующее соединение;* [electr.] *параллельное соединение*

shunting track [rail] *маневровый путь*

shunt off (vb.) *ответвлять, отводить*

shunt to earth (vb.) [electr.] *шунтировать на землю*

shunt yard [rail] *маневровый парк*

shut *место сварки, сварочный пост*

shut (vb.) *закрывать, запирать*

shutdown *выключение, останов, остановка, отключение*

shut down (vb.) *выключать, закрывать, запирать, останавливать*

shute *водосток, желоб, крутой скат, лоток, покатый настил*

shut off (vb.) *запирать, останавливать, отключать*

shutoff valve *быстродействующий запор, запорный вентиль, запорный клапан, стопорный клапан*

shutter *заслонка, затвор, опалубка, ставни, шлюз*

shutter (vb.) *задвигать, затворять*

shutter door *жалюзийная дверь*

shuttering *обтюрация, опалубка*

shuttering board *опалубочная доска*

shuttering joist *опалубочный брус*

shuttering panel *опалубочный щит*

shuttering plywood *опалубочная фанера*

shutter trestle *передвижная опалубка*

shutter vibrator *наружный вибратор (прикрепляемый к опалубке)*

shutter weir *водосливная плотина со щитами на гребне*

shuttle *возвратно-поступательное движение, челнок*

shuttle (adj.) *возвратно-поступательный*

shuttle conveyor *качающийся конвейер*

shuttle valve *маятниковый клапан*

SI (international system of units) *Международная система единиц*

siccative *сиккатив, сушильный агент, сушитель*

siccative (adj.) *быстросохнущий*

sickle-shaped *серповидный, серпообразный*

sickle spanner *крючковый ключ*

side *бок, край, сторона*

side beam *боковая балка, косоур лестницы*

sideboard *борт, подножка*

side borrow [road] *кювет-резерв*

side casting *боковая выгрузка*

side channel spillway *водослив с боковым отводом*

side clearance *боковой зазор*

side conductor rail [rail] *токопроводящий рельс*

side-contact rail [rail] *токопроводящий рельс*

side cut *боковая дорога*

side cutter *бокорезы, косые острогубцы*

side cutting pliers *бокорезы, косые острогубцы*

side ditch *дорожная канава, кювет*

side door *боковая дверь*

side drain *боковая дрена, дорожная канава*

side elevation *боковая проекция, вид сбоку*

side extension *прокладка, промежуточная деталь*

side face *боковая поверхность*

side fillet weld [weld] *фланговый угловой шов*

side-fillister *фальцгобель*

side force *боковое усилие*

side form *бортовая форма для бетонных покрытий*

side gutter *боковой желоб, сточная канава*

side-hung door *боковая задвижная дверь*

side-hung sash window *окно с боковыми створками, окно со створчатыми боковыми переплетами*

side-hung window *окно с боковыми створками*

side jamb *боковая стенка, косяк двери*

side member *лонжерон, продольная балка, стрингер*

side of angle [geom.] *сторона угла*

side of nut *сторона гайки*

side piece *боковина, косоур лестницы, лонжерон, продольный элемент*

side pillar *боковая стойка, боковой пилон*

side post buttress *опорный контрфорс*

side projection *боковая проекция*

side rail [rail] *направляющий рельс*

side road *боковая дорога*

side seam *боковой шов*

sideslip *боковое скольжение*

side slope *боковой откос, скат насыпи*

side span [bridge] *боковой пролет*

side spillway *боковой водослив*

side stairs *черная лестница*
side stress *боковое напряжение*
side stringer *боковой стрингер*
side strip [road] *боковина шины*
side thrust *боковое усилие, распор*
side tipper *думпкар, самосвал с боковой разгрузкой*
side track *запасной путь;* [rail] *обгонный путь*
side view *боковая проекция, вид сбоку*
side wall *боковая стена*
sideways *боком, вбок, вкось, в сторону*
side wing *боковое крыло здания*
siding *ветка, запасный путь;* [rail] *тупик*
siding line *разъезд;* [rail] *запасный путь*
siding track *запасный путь, разъезд*
Siemens-Martin steel *мартеновская сталь*
sieve *грохот, решето, сито, фильтр*
sieve (vb.) *просеивать, сортировать*
sieve analysis *ситовой анализ*
sieve basket *решето*
sieve grate *колосниковая решетка*
sieve plate *решетное полотно, ситовое полотно*
sieve residue *остаток на сите*
sieve test *гранулометрический анализ, ситовой анализ*
sieving *грохочение, отсев, просеивание*
sieving drum *барабанное сито*
sieving filter *ситовый фильтр*
sift (vb.) *грохотать, просеивать*
sifted material *просеянный материал*
sifting *грохочение, просеивание*
siftings *высевки, отсев*
sight *зрение, поле зрения*
sight hole *смотровое окно, смотровой люк*
sighting axis [geod.] *оптическая ось визирного приспособления*
sighting hole *смотровое отверстие, смотровой люк*
sight rail *крамбол, кран-балка, мира;* [build.] *катабалка;* [geod.] *визирка*
sight rod *мира;* [geod.] *нивелирная рейка*
sign *дорожный знак, обозначение, отметка, признак;* [mat.] *знак*
sign (vb.) *отмечать, подписывать*
signal *импульс, сигнал*
signal (vb.) *подавать сигнал, сигнализировать*
signal control *светофорное регулирование*
signal-controlled [road] *регулируемый светофором*
signal-controlled junction *регулируемый перекресток*
signal distance *расстояние сигнализации*
signal installation *светофор, устройство сигнализации*
signalization [road] *светофорное регулирование*
signalize (vb.) *отмечать, сигнализировать*
signal lamp *сигнальная лампа*
signal light *световой сигнал, светофор*
signalling device *сигнальное устройство, устройство сигнализации*

signalling lamp *сигнальная лампа*
signalling light *световой сигнал, светофор*
signal post *светофорная мачта, сигнальный пост*
signboard *дорожный указательный знак, сигнальный щит*
significant *важный, значащий, значимый, значительный*
sign of equation [mat.] *знак уравнения*
signpost *указательный столб*
signposting *установка указательных столбов*
silence (vb.) *глушить, заглушать*
silencer [auto] *глушитель*
silencer on door *дверная звукоизолирующая прокладка*
silencing *устранение шума*
silent *беззвучный, бесшумный*
silica *двуокись кремния, кварц, кремнезем*
silica brick *динасовый кирпич*
silica refractory *динасовый огнеупор, кремнеземистый кирпич*
silica sand *кварцевый песок*
silicate *силикат, соль кремниевой кислоты*
silicated macadam *силикатное дорожное покрытие*
silicate mortar *силикатный строительный раствор*
silicate paint *силикатная краска*
siliceous brick *динасовый огнеупор, кремнеземистый кирпич*
siliceous steel *кремнистая сталь*
silicon carbide *карбид кремния, карборунд*
sill *закладной брус, лежень, наружный подоконник, нижний брус, подушка*
silo *бункер, зерновой элеватор, зернохранилище, силос, силосная башня, силосохранилище, шахтная пусковая установка*
silo (vb.) *закладывать силос, силосовать*
silt *ил, наносы, тина, шлам*
silting-up *заиливание*
silt trench *зумпф, отстойник*
silt up (vb.) *заиливать*
silty *заиленный, наносный*
silver grain *серебристая текстура распила древесины;* [woodw.] *сердцевинные лучи*
silver-grain cut *распил, показывающий серебристую текстуру*
silver ink *серебристая краска*
silver lacquer *цапоновый лак*
silver solder *серебряный припой*
similar *аналогичный, подобный, похожий, сходный*
similarity *аналогичность, подобие*
simple *несложный, однородный, простой*
simple beam *однопролетная балка*
simple bending *простой изгиб*
simple equation [mat.] *простое уравнение*
simple skin cladding *простое обшивочное покрытие*
simple support *простая опора*
simply supported *лежащий, свободно опертый*
simply supported beam *свободно опертая балка*
simultaneous (adj.) *одновременный*

sine *синусоида;* [mat.] *синус*

single (adj.) *единственный, обособленный, ординарный*

single arch *одиночная арка*

single-bay [arch.] *однопролетный*

single-bevel butt weld [weld] *V-образный стыковой шов со скосом одной кромки*

single-bevel butt weld with broad root face [weld] *V-образный стыковой шов с широкой поверхностью притупления*

singlebit axe *топор с одним лезвием*

single breadth of wallpaper *рулон обоев*

single carriageway [road] *дорога с одной полосой движения в каждую сторону*

single circuit line *одноцепная линия электропередачи*

single-component *однокомпонентный*

single conductor cable *одножильный кабель*

single-core cable *одножильный кабель*

single-course pavement *однослойное бетонное покрытие*

single duct air conditioning system *однопоточная система кондиционирования*

single-end box wrench *односторонний торцевой ключ*

single-family house *одноквартирный дом*

single force *одиночное усилие*

single-handed *обслуживаемый одним рабочим*

single-J butt weld [weld] *J-образный стыковой шов с криволинейным скосом одной кромки*

single ladder *стремянка*

single lane road *однопутная автомобильная дорога*

single-layer *однослойный*

single-layer wall *однослойная стена*

single-leafed door *одностворчатая дверь*

single-level *одноуровневый*

single line railway *одноколейная железная дорога*

single lock *одиночный шлюз*

single-nave [arch.] *с одним нефом*

single part *отдельная часть*

single partition *однослойная перегородка*

single-pitch roof *односкатная крыша*

single-ply *однослойный*

single-purpose *одноцелевой, специализированный, специальный*

single-purpose drilling machine *специализированный сверлильный станок*

single reinforcement *одиночная арматура*

single-riveted *однорядно клепаный*

single riveting *однорядная клепка*

single run welding *сварка за один проход*

single-shear rivet *односрезная заклепка*

single-sided *односторонний*

single-span bridge *однопролетный мост*

single-start thread *однозаходная резьба*

single-storey building *одноэтажное здание*

single-storey house *одноэтажный дом*

single surface planer *односторонний рейсмусовый станок, строгальный станок для тонких досок*
single thread *однозаходная резьба*
single track *одноколейный путь;* [rail] *однопутная линия*
single-U butt weld [weld] *U-образный стыковой шов с одним криволоненным скосом двух кромок*
single-unit dwelling *одноквартирный дом*
single-V butt weld *V-образный стыковой шов со скосом двух кромок*
single-V butt weld with broad root face *V-образный стыковой шов со скосом двух кромок и широкой поверхностью притупления*
single-way *одноколейный, однопутный*
single-wheel roller *одновалковый каток*
single-wire line *однопроводная линия*
singular *единственный, отдельный*
sink *водоприемный колодец, водосток, выгребная яма, зумпф, кювета, моечная ванна, мойка, область максимальной зависимости частоты от фазы коэффициента отражения на диаграмме Рике для магнетрона, отстой, поглотитель частиц, потребитель энергии, приемник сточных вод, радиатор, раковина, сбросной колодец, слив, сточная канава, сточная труба, теплоотвод, травильная ванна;* [el.] *приемник;* [electr.] *сток (область поглощения энергии)*
sink (vb.) *бурить ствол шахты, опускать, оседать*
sink a cable (vb.) *прокладывать кабель*
sink in (vb.) *оседать*
sinking *опускание, погружение, проходка шахтного ствола*
sinking masonry *колодезная кладка, шахтная кладка*
sink plug *спускная пробка для раковины*
sink stopper *спускная пробка для раковины*
sink unit *раковина для стока воды*
sink water trap *грязевик, грязеуловитель сточного колодца*
sinter *шлак*
sinter (vb.) *агломерировать, спекать*
sintered *агломерированный, спекшийся*
sinusoidal *синусоидальный*
siphon *дюкер, сифон*
siphon (vb.) *переливать через сифон*
siphon pipe *сифонная труба, трубопровод*
siphon pump *сифонный насос*
siphon trap *водяной затвор, гидравлический затвор*
siren *сирена*
sister hook *храпцы;* [crane] *двойной крюк*
site *абонентский пункт, местонахождение, местоположение, место производства работ, строительная площадка, участок*
site (vb.) *выбирать место строительства, трассировать*
site, on *на месте работ*
site area *строительная площадка*
site cost *затраты на подготовку строительной площадки, стоимость застройки*
sited *спланированный, трассированный*
site development *застройка*

site engineer *производитель строительных работ, прораб*
site for industrial purposes *заводская территория*
site hoist *строительный подъемник*
site hut *времянка*
site joint *укрупнительная сборка*
site layout *план общего расположения*
site layout plan *план строительной площадки*
site manager *начальник строительства*
site map *карта строительной площадки*
site meeting *производственное совещание*
site-mixed concrete *бетон, изготовленный на месте работ*
site office *контора строительной площадки*
site owner *владелец строительной площадки*
site plan *план размещения объектов на строительной площадке, план строительной площадки*
site representative *представитель подрядчика на месте работ*
site supervision *контроль за безопасностью труда на строительной площадке*
site survey *инженерно-геологические изыскания, картирование места работ*
site value *стоимость земельного участка под застройку*
site weld *монтажный сварной шов*
site welding *монтажные сварочные работы*
sitework *производство работ на строительной площадке*
siting *расположение*
siting of the road *трассировка дороги*
sitting room *гостиная комната*
situ, in *на месте работ*
situation *местоположение, обстановка, положение, ситуация*
SI unit *единица Международной системы единиц*
six foot side [rail] *ширина междупутья*
six-sided nut *шестигранная гайка*
size *величина, клейстер, объем, размер, формат*
size (vb.) *калибровать, классифицировать, клеить, определять размер, просеивать, сортировать*
size, of too small *значительно меньше нормального размера*
size colour *клеевая краска*
size designation *обозначение размера*
size grading *гранулометрический состав, подбор фракций по крупности*
size limit *размер с допуском*
size of jaws *размер зева ключа*
size of mesh *номер сита, размер отверстий сита*
size of wire *калибр провода*
size on drawing *размер на чертеже*
size reduction *уменьшение размера*
size standard *норма, размерный стандарт*
sizing *грохочение, проклеивание, сортировка по крупности, сортировка по размерам*
sizing analysis *гранулометрический анализ, ситовый анализ*
sizing machine *классификатор, сортировальная машина*

skeleton *каркас, остов*
skeleton diagram [electr.] *принципиальная схема*
skeleton framing *каркасная конструкция*
skeleton key *отмычка*
skeleton steps *ступени без подступей*
skeleton structure *каркасная конструкция*
sketch *кроки, схема, чертеж, эскиз*
sketch (vb.) *делать эскиз, набрасывать схему, составлять кроки*
sketch map *схематическая карта*
sketch plan *кроки*
skew *наклон, перекос, расфазировка, скос, уклон*
skew (vb.) *перекашивать*
skew (adj.) *косой, несимметричный, перекошенный*
skewback *пята арки, пята свода, пятовый камень*
skew bending *косой изгиб*
skew bridge *косой мост*
skew butt *консольный выступ стены*
skew corbel *консольный выступ стены*
skewed *под углом, скошенный*
skew nailing *забивка гвоздей наискось*
skewness *кривизна, смещение*
skew projection *косая проекция*
skew single-span slab *косая однопролетная балка*
skid *опорная нога, подпора, скольжение*
skid (vb.) *буксовать, заносить, скользить*
skidding *буксование, скольжение, юз*
skidding conditions *условия, возникающие при заносе;* [road] *условия, благоприятствующие заносу*
skidding resistance [road] *сопротивление заносу*
skid foot *опорная нога, подпора*
skid mark [paintw.] *след от кисти*
skidproof *не поддающийся заносу, нескользящий*
skidway *трелевочная дорога*
skill *выучка, квалификация, мастерство*
skilled *искусный, квалифицированный, умелый*
skilled labour *квалифицированная рабочая сила, квалифицированный труд*
skilled work *квалифицированный труд*
skilled worker *квалифицированный рабочий*
skim (vb.) *выравнивать, планировать, снимать верхний слой, снимать пену*
skimmer *дорожный струг, пеноотделитель, планировочный экскаватор, сепаратор*
skimming coat *накрывочный слой штукатурки*
skin *оболочка, обшивка, тонкое покрытие*
skin (vb.) *удалять изоляцию;* [electr.] *зачищать*
skin fissure *поверхностная трещина*
skip *бадья, низкосортная бумага, открытая корзина, прогон бумаги, пропуск, скип, скиповый подъемник*
skip (vb.) *игнорировать, пропускать*
skip hoist *скиповый подъемник*

skirt *кайма, край, кромка*
skirting *окаймление, окантовка*
skirting board *борт, панель, плинтус, стенка*
skive joint *скошенное и зачищенное соединение ленты*
skull cracker *баба, шар, подвешиваемый к стреле крана для разрушения зданий*
skylight *верхний свет, застекленная крыша, низкосортное зеркальное стекло, потолочный свет, световой люк, слуховое окно, фонарь верхнего света*
skyline *горизонт*
skyscraper *высотное здание, небоскреб*
skyway *эстакадная дорога*
slab *бетонное покрытие дороги, горбыль, каравай каучука, листовая заготовка, плита*
slab (vb.) *выкладывать плитами*
slabbing *выкладывание плитами, укладка плит*
slab bridge *плитный мост*
slab broach *протяжка для обработки плоскостей*
slab cork *прессованная пробка для изготовления плит*
slab covering *плитовое покрытие*
slab deck *плитовая платформа, плитовой настил*
slab form *форма для изготовления плит*
slab layer *бетонщик, укладчик бетонных плит*
slab of concrete *бетонная плита*
slab of slate *шиферная плитка*
slab-on-grade *плита, уложенная вровень*
slab paving *дорожное покрытие из плит, мощение плитами*
slab roof *плита покрытия*
slabstone paving *дорожное покрытие из каменных плит*
slab thickness *толщина плиты*
slack *зазор, люфт, провес, слабина, угольная мелочь*
slack (vb.) *замедлять, ослаблять, провисать, расшатывать*
slack (adj.) *медленный, неплотный, ослабленный, провисающий*
slack a cable (vb.) *ослаблять кабель*
slack blocks *клинья кружал*
slacken (vb.) *ослаблять, отпускать*
slack off (vb.) *ослаблять*
slag *шлак*
slag (vb.) *шлаковать*
slag brick *шлаковый кирпич*
slag cement *шлакоцемент*
slag concrete *шлакобетон*
slag gravel *шлаковый гравий*
slagless *безшлаковый*
slag sand *шлаковый песок*
slag stone *шлакобетон*
slag wool *минеральная вата, минеральный войлок*
slake (vb.) *гасить известь, тушить кокс*
slaked lime *гашеная известь*
slaking *гашение*
slaking box *ящик для гашения извести*

slaking drum *барабан для гашения извести*
slaking of lime *гашение извести*
slant *наклон, уклон;* [graph.] *косая черта (символ)*
slant (vb.) *идти вкось, иметь наклон, отклоняться от прямой*
slant (adj.) *наклонный*
slanting *косой, наклонный, скошенный*
slanting position *наклонное положение*
slat *дощечка, планка, пластинка, филенка, шифер*
slate *натуральный шифер, сланец*
slate (vb.) *крыть шифером*
slate axe *топорик для шифера*
slated roof *шиферная крыша, шиферное покрытие*
slate nail *шиферный гвоздь*
slater *кровельщик*
slate roof *шиферная крыша, шиферное покрытие*
slater's hammer *молоток кровельщика*
slate tar *сланцевый деготь*
slating *устройство кровли из шифера*
slating batten *рейки для обрешетки под черепицу*
sledge *кувалда, кузнечный молот*
sledge hammer *кувалда, кузнечный молот*
sledger *камнедробилка*
sleek *лоск*
sleek (vb.) *лощить, разглаживать, сглаживать*
sleeker *гладилка (формовочный инструмент)*
sleeper *доска ендовы, доска разжелобка, законсервированный сейсмический заряд, лага, лежень, мостовой брус, поперечина, поперечина моста, распорка деррика, спальный вагон, шпала*
sleeper block *двойная шпала*
sleeperless track *бесшпальный путь*
sleeper spacing *расстояние между шпалами*
sleeper wall *стенка, несущая половые балки первого этажа*
sleeping policeman *искусственные неровности на дороге для ограничения скорости движения транспорта*
sleeve *втулка, гильза, манжета, патрубок, полый вал, рукав*
sleeve coupling *втулочная муфта*
sleeve joint *муфтовое соединение*
sleeve nut *накидная гайка*
sleeve piece *коуш, проушина*
sleeve socket *пригоночная деталь*
sleeve welding *сварка муфт*
slender *небольшого сечения, тонкий*
slenderness ratio *гибкость*
slew (vb.) *вращаться*
slewing crane *поворотный кран*
slewing gear [crane] *механизм поворота*
slewing journal *поворотная цапфа*
slewing mobile crane *поворотный самоходный кран*
slewing pillar crane *поворотный кран на колонне*
slewing stationary hoist *поворотный стационарный подъемник*
slewing tower crane *поворотный башенный кран*

slice *кристалл, ломоть, пластина, плата, тонкий слой*
sliced veneer *строганый шпон*
slicewood *строганая древесина*
slick (vb.) *разглаживать*
slick (adj.) *гладкий, маслянистый*
slicker *гладилка, шликер*
slickness *гладкость, ровность*
slidable *скользкий*
slide *задвижка, заслонка, золотник, наклонная плоскость, ползун, скользящая часть механизма*
slide (vb.) *передвигать, скользить*
slide assembly *скользящая посадка*
slide bar *направляющая планка*
slide bearing *подшипник скольжения*
slide bevel *малковочный угольник;* [tool] *малка;* [woodw.] *косая врубка*
slide calliper *раздвижной калибр, штангенциркуль*
slide damper *воздушная заслонка, воздушный клапан*
slide face *поверхность скольжения*
slide fit *скользящая посадка*
slide fracture *излом при скольжении*
slide gate *откатные ворота шлюза, щитовой скользящий плоский затвор*
slide gauge *раздвижной калибр*
slide guide *направляющая планка*
slide plate *подвижная плита, подмоторная плита, ползун, ползушка*
slide rail *направляющая, направляющий рельс*
slide resistance *сопротивление скольжению*
slide ring *уплотнительное кольцо*
slide rule *логарифмическая линейка*
slide shoe *рессорный скользящий башмак*
sliding *сдвиг, скольжение*
sliding (adj.) *раздвижной, скользящий*
sliding adjustment *скользящая посадка*
sliding bearing *подшипник скольжения*
sliding bevel *малковочный угольник;* [tool] *малка;* [woodw.] *косая врубка*
sliding block *направляющая планка*
sliding bolt *засов*
sliding caisson *откатные ворота кессонного шлюза, откатный затвор*
sliding calliper *раздвижной калибр, штангенциркуль*
sliding contact *скользящий контакт*
sliding device *скользящее устройство*
sliding door *раздвижная дверь, раздвижные ворота*
sliding falsework *скользящая опалубка*
sliding fit *скользящая посадка*
sliding form *скользящая опалубка*
sliding form assembling *монтаж скользящей опалубки*
sliding form construction *строительство методом скользящей опалубки*

sliding friction *трение скольжения*

sliding gate *откатные ворота шлюза, щитовой скользящий плоский затвор*

sliding hinge *скользящий шарнир*

sliding joint *подвижное соединение*

sliding lock gate *откатные ворота шлюза*

sliding panel *раздвижная стенка*

sliding piece *крейцкопф, ползун*

sliding rail *направляющая, направляющий рельс*

sliding rail of door *направляющая раздвижной двери*

sliding sash *раздвижная створка окна*

sliding shutter assembly *скользящий затвор*

sliding surface *поверхность скольжения*

sliding valve *золотник*

sliding vane [geod.] *визир*

sliding weight *скользящий груз*

sliding window *раздвижное окно*

slight *легкий, небольшой, незначительный, тонкий*

slightly moist concrete *слегка влажный бетон*

slime *жидкая грязь, жидкий ил, муть, слизь, тина, хвосты флотации, шлам*

sling *лямка, петля, строп*

sling (vb.) *выбирать слабину, охватывать лямкой, поднимать с помощью стропа, тащить на лямке*

sling anchorage *анкераж с помощью петли, анкерное крепление*

slip *буксование, оползень, пробуксовка, проскальзывание, сдвиг, скольжение*

slip (vb.) *пробуксовывать, проскальзывать, скользить*

slip collar *распорное кольцо*

slip feather *незакрепленный шип;* [woodw.] *подвижной язычок для соединения на ус*

slip form *скользящая опалубка*

slip form casting *бетонирование в скользящей опалубке*

slip form construction *строительство методом скользящей опалубки*

slipforming speed *скорость бетонирования в скользящей опалубке*

slip form paver *дорожный бетоноукладчик со скользящей опалубкой*

slip form yoke *подъемные козлы*

slippage *пробуксовка, проскальзывание, юз*

slippage resistance *сопротивление проскальзыванию*

slipperiness *скользкость*

slippery *скользкий*

slipping *пробуксовка, проскальзывание, юз*

slip-resistant *нескользкий*

slip road *подъездная дорога, подъездная рампа*

slit *продольный разрез, прорезь, шлиц, щель*

slit (vb.) *разрезать, расщеплять, шлицевать*

slit-and-tongue joint [woodw.] *шпоночная вязка*

slit guide *направляющий паз*

slitting cutter *продольно-резальный станок, станок для продольной резки*

sliver *заусенец, лучина, расщеп, щепка*

S-lock *гидравлический затвор;* [san.eng.] *водяной затвор*

slope *откос, отлогость, скат, склон, уклон*

slope (vb.) *постепенно переходить в горизонтальную плоскость, скашивать, ставить в наклонное положение*

sloped edge *скошенная кромка, фаска*

slope edge *скошенный борт*

slope failure [road] *обрушение откоса*

slope of embankment *оползание откоса*

slope of one on two *уклон 1 к 2*

slope of tangent *угол касательной*

slope paving [road] *укрепление откоса*

slope profile [road] *профиль откоса*

slope protection *укрепление откоса*

slope ratio *заложение откоса, крутизна склона*

slope stability [road] *устойчивость откоса*

slope stakes *колышки для разбивки откосов, откосные лекала*

sloping *отлогий, покатый*

sloping beam *стропила, стропильная балка*

sloping curb *скошенный бордюрный камень*

sloping ground *наклонный участок местности*

sloping ramp *аппарель, наклонный въезд*

sloping roof *крыша со скатами*

sloping side *наклонная сторона*

sloping surface *наклонная поверхность*

sloping wall *откосная стена*

sloppy work *неряшливая работа*

slops *помои, сточные воды*

slot *бороздка, врубовая щель, желобок, канавка, паз, прорезь, участок, щелевая антенна, щелевое отверстие, щель;* [el.] *временной интервал*

slot (vb.) *долбить, прорезать желобки;* [woodw.] *прорезать канавки*

slot boring machine *долбежный станок*

slot cutter *пазодолбежный станок*

slot-headed screw *винт со шлицем*

slot milling *прорезание пазов, шлицевание*

slotted *прорезной, снабженный прорезью, со шлицем*

slotted nut for hook-spanner *прорезная гайка для крючкового гаечного ключа*

slotted screw *винт со шлицем*

slotting *прорезание пазов, шлицевание*

slotting milling cutter *фрезеровальный станок для прорезания пазов*

slow *медленный, тихоходный*

slow-acting *медленно действующий*

slow-curing cutback bitumen *медленно твердеющий разжиженный битум*

slow down (vb.) *замедлять ход*

slow-motion screw *винт с резьбой малого шага*

slow moving traffic lane [road] *полоса медленного движения*

slow-setting *медленно схватывающийся*

slow-setting cement concrete *бетон на медленно схватывающемся цементе*

sludge *ил, осадок, шлам*
sludge dam *шламовая плотина*
sludge extractor *отделитель шлама*
sludge pit *иловый пруд, илонакопитель, шламоотстойник*
sludge pump *пульпонасос*
sludger *пульпонасос*
sludge well *шламовый колодец*
sludgy *заиленный*
sluggish *инерционный, малой чувствительности, медленный*
sluggishness *инерционность*
sluice *водосброс, водосливное отверстие, шлюз-регулятор*
sluice (vb.) *промывать наносы, регулировать расход воды, регулировать сток*
sluice chamber *камера шлюза*
sluice gate *ворота, затвор донного водовыпуска, плоский затвор скользящего трения*
sluice head *голова шлюза*
sluice weir *водослив шлюза*
slum area *трущобы*
slum clearance *расчистка трущоб*
slum clearance area *район расчистки трущоб*
slum dwelling *ветхое жилище*
slump *болотистое место, оползневый грунт, осадка горной породы, сползание;* [concr.] *осадка конуса;* [geol.] *обвал, оползень*
slump cone *конус для определения подвижности бетонной смеси*
slump limit *предельная консистенция бетонной смеси по осадке конуса*
slump range *диапазон значений осадки конуса*
slump test *определение подвижности бетонной смеси по осадке конуса*
slung between *подвешенный на опорах*
slurry *гидросмесь, жидкая глина, жидкое цементное тесто, пульпа, суспензия, шлам*
slurry desiccator *сушилка для пульпы, сушилка для шлама, эксикатор*
slurry drier *сушилка для пульпы, сушилка для шлама*
slurry pump *шламонасос*
slurry seal *обмазка из глинистого раствора;* [road] *защитный слой из готовой битумно-эмульсионной смеси*
slurry trap *шламовая ловушка*
slurry viscosimeter *шламовый вискозиметр*
slush *гидравлическая закладка, замазка, ил, илистые отложения, обмазка, цементный раствор, шпатлевка*
slush (vb.) *обмазывать швы*
slush ice *ледяное сало, шуга*
slushing compound *антикоррозионная смазка, смазка для консервирования*
slush joints (vb.) *уплотнять швы*
small *маленький, малогабаритный, малый, мелкий, небольшой, незначительный*
small bench hammer *молоток, ручник*

small burner test *испытания на горючесть по методу малой горелки*
small face *малая сторона*
small-grained *мелкозернистый*
small gravel *мелкий гравий*
small header-bat *неполный кирпич, половняк;* [mason] *мелкий тычок*
small-meshed *мелкоячеистый*
small particles *мелкие частицы*
small parts *мелкие детали*
small scale model *модель в уменьшенном масштабе*
small sett paving *мозаичная мостовая*
small tool *мелкий ручной инструмент*
smash (vb.) *разбивать, сталкиваться*
smear *мазок, пятно*
smear (vb.) *замазывать, смазывать*
smear over (vb.) *натирать, размазывать*
smell *запах*
smell (vb.) *издавать запах*
smelly *издающий запах, пахучий*
smith *кузнец*
smithy *кузница*
smith's shop *кузнечный цех, кузница*
smock *рабочий халат, спецовка*
smog *густой туман с дымом и копотью, смог*
smog formation *образование смога*
smoke *дым, копоть*
smoke (vb.) *дымить, задымлять, коптить, окуривать*
smoke alarm *дымовая пожарная сигнализация*
smoke and heat ventilation *пожарная вентиляция*
smoke black *сажа*
smoke bonnet *дымник газотрубного котла, дымовытяжная труба, дымоход*
smoked glass *дымчатое стекло*
smoke duct *дымоход*
smoke flue *газоход, дымоход*
smoke formation *дымообразование, задымление*
smoke generation *дымообразование, задымление*
smokeless *бездымный*
smoke pipe *дымовая труба*
smoke purification device *дымоочистное устройство*
smoke purification equipment *дымоочистное оборудование*
smokestack *дымовая труба*
smoke tube *дымогарная труба*
smoking *задымление*
smooth (vb.) *полировать, разглаживать, сглаживать, шлифовать*
smooth (adj.) *гладкий, глянцевидный, ровный*
smooth cut file *напильник с мелкой насечкой*
smooth cutter combination saw *пила для мелких обрезных работ*
smooth-faced *выглаженный, гладкий, ровный*
smooth finish *отделка поверхности шлифованием*
smooth finishing *отделка поверхности шлифованием, шлифование*
smooth formwork [concr.] *гладкая опалубка*

smooth grinding *чистовое шлифование*

smooth hewing *чистовое стесывание*

smoothing *выравнивание, сглаживание*

smoothing board *гладилка, правило;* [concr.] *заглаживающая доска*

smoothing cement *цемент для заглаживания*

smoothing file *заглаживающий напильник*

smoothing hammer *молоток для заглаживания*

smoothing iron [road] *металлический валик для заглаживания поверхности*

smoothing plane *фуганок*

smoothing tool *инструмент для выглаживания поверхности*

smooth machining *чистовая обработка резанием, шлифование*

smoothness *гладкость, ровность*

smooth pargeting *известково-цементная штукатурка*

smooth planing *фугование*

smooth surface *гладкая поверхность*

smooth-wheeled roller *дорожный каток с гладкими валками*

smudge *замазка из сажи и клея для покрытия водопроводных стыков*

smut *землистый уголь, копоть, сажа*

snag *затопленное бревно*

snag (vb.) *срезать сучья*

snap (vb.) *защелкивать*

snap-action *мгновенного действия*

snap catch *замок с защелкой, защелка*

snap head *полукруглая закладная головка заклепки*

snap-head die *клепальная обжимка*

snap-head rivet *заклепка с замыкающей головкой*

snap hook *карабин, крюк с защелкой*

snap lock *замок с засовом-защелкой, пружинный замок, фальцевое соединение на защелках*

snap ring *пружинная шайба, пружинное стопорное кольцо*

snap the line (vb.) *ухватиться за предложение*

snifting hole *отверстие всасывания*

snow *снег*

snow blower *центробежный снегоочиститель*

snow board *снегозащитное ограждение*

snow buster *пневматический снегоочиститель*

snow clearance *снегоочистка, снегоуборка*

snowfall *снегопад*

snow fence *снегозащитное ограждение*

snow guard *снегозащитное ограждение*

snow load *снеговая нагрузка*

snow plough *плужный снегоочиститель*

snow pressure *давление снега*

snow removal *снегоочистка, снегоуборка*

snow screen *снегозащитное ограждение*

snow slush *талый снег*

snowstorm *буран, вьюга*

snow thrower *снегоочиститель*

snug fit *скользящая посадка*

soak (vb.) *впитывать, набухать, пропитывать, просачиваться*
soakaway *поглотительный колодец*
soaking *впитывание, вымачивание, пропитывание*
soaking (adj.) *инфильтрационный, пропитанный*
soak through (vb.) *промокать*
soap *кирпич нормальной толщины (5 см), пустотелый кирпич*
soap film *мыльная пленка*
soapsuds *мыльная вода, мыльная пена, обмылки*
social housing scheme *социальная программа жилищного строительства*
socket *гнездо, панель, разъем, соединительная муфта, штепсельная розетка*
socket adapter *переходная панель;* [electr.] *переходник*
socket-and-spigot joint *замковое стыковое соединение, раструбное соединение*
socket contact [electr.] *штепсельный контакт*
socketed pier *шарнирная опора*
socketed stanchion *шарнирная опора*
socket end *муфта, раструб*
socketing *муфтовое соединение*
socket joint *муфтовое соединение, шарнирное соединение*
socket outlet *выходное гнездо, штепсельная розетка*
socket outlet for ceiling mounting *потолочная штепсельная розетка*
socket outlet for floor mounting *напольная штепсельная розетка*
socket piece *патрубок, штуцер*
socket pipe *раструб, труба с раструбом*
socket plug *штепсель*
socket screw key *прорезной торцовый ключ*
socket wrench *торцовый гаечный ключ*
socle *цоколь*
soda *сода, углекислый натрий*
soda ash *кальцированная сода*
soda-lime glass *натриево-кальциево-силикатное стекло*
soda lye *щелок*
sodium carbonate *углекислый натрий*
sodium glass *натриевое стекло*
sodium hydroxide *гидроксид натрия, едкий натр*
soffit *кессон потолка, нижняя поверхность плиты перекрытия, облицовка верха проема, софит*
soffit slab *потолочная плита*
soft *гибкий, ковкий, мягкий, пластичный, программируемый, программный*
soft-bed work *работа на нежестком основании*
softboard *мягкая древесно-волокнистая плита*
soften (vb.) *ослаблять, размягчать, разупрочнять*
softener *мягчитель, пластификатор;* [paintw.] *флейц (широкая кисть)*
softening *мягчение, пластифицирование, размягчение*
softening (adj.) *мягчительный, пластифицирующий, размягчающий*
softening agent *мягчитель, пластификатор*
softening point *температура размягчения*

softening temperature *температура размягчения*
softness *мягкость*
soft shoulder [road] *грунтовая обочина*
soft solder *мягкий припой*
soft soldering *пайка мягким припоем*
soft verge [road] *грунтовая обочина*
soft water *мягкая вода*
softwood *мягкая древесина*
soil *грунт, земля, нанос, почва;* [road] *земляное полотно*
soil (vb.) *грязнить, пачкать*
soil analysis *анализ почвы, изучение и оценка свойств почвы*
soil bearing capacity [road] *несущая способность грунта*
soil bearing pressure *давление на грунт*
soil bearing value *показатель несущей способности грунта*
soil characteristic *характеристика грунта*
soil compressor *грунтоуплотнитель*
soil conditions *грунтовые условия*
soil dampness *влажность грунта*
soil description *описание грунтов*
soil engineering *механика грунтов*
soil erosion *почвенная эрозия, эрозия почв*
soil exploration *исследование грунта*
soiling *заиление, скармливание скоту зеленого корма*
soil investigation *исследование грунта*
soil laboratory testing *полевой анализ грунта*
soil layer *почвенный слой*
soil materials *составляющие грунта*
soil mechanics *механика грунтов*
soil moisture *влажность почвы*
soil pipe *канализационная труба, канализационный стояк*
soil repellent (adj.) *грязеотталкивающий*
soil sample *образец грунта, проба грунта*
soil specimen *образец грунта, проба грунта*
soil stabilizer *автогудронатор, машина для устройства грунтоцементных покрытий*
soil stabilizing machine *автогудронатор, машина для устройства грунтоцементных покрытий*
soil stack *канализационная труба, канализационный стояк*
soil stratum *почвенный слой*
soil survey *почвенная съемка, почвенное обследование*
soil testing *полевой анализ грунта*
soil water *грунтовая вода*
solar battery *солнечная батарея*
solar cell panel *солнечная батарея*
solar collector *солнечный коллектор*
solar electricity *электроэнергия от солнечных батарей*
solar electric power *электроэнергия от солнечных батарей*
solar energy *солнечная энергия*
solar heat *солнечное тепло*
solar heating *солнечное отопление*
solar heating system *система солнечного отопления*

solar irradiation *солнечная радиация, солнечное излучение*

solar panel *солнечный коллектор*

solar plastic film *пленочный солнечный коллектор*

solar radiation *солнечная радиация, солнечное излучение*

solder *паяльник, припой, спайка*

solder (vb.) *паять, припаивать*

solderability *паяемость, способность подвергаться пайке*

solder connection *соединение пайкой*

soldered fittings *припаянная арматура*

soldered joint *паяный шов*

soldered pipe *припаянная труба*

soldered seam *паяный шов*

soldered side seam *паяный боковой шов*

solder gun *паяльник*

soldering *пайка*

soldering alloy *припой*

soldering apparatus *паяльный аппарат*

soldering bit *жало паяльника, паяльник*

soldering copper *паяльник*

soldering fluid *паяльная жидкость*

soldering flux *флюс для пайки*

soldering furnace *паяльная печь*

soldering iron *паяльник*

soldering iron with mechanical filler wire feed *паяльник с механической подачей присадочной проволоки*

soldering joint *паяный шов*

soldering lamp *паяльная лампа*

soldering paste *пастообразный флюс, паяльная паста*

soldering pewter *пьютер (сплав олова со свинцом)*

soldering point *точка пайки*

soldering test *испытания на устойчивость к нагреву при пайке, проверка спая*

soldering tin *оловянный припой*

soldering tongs *паяльные щипцы*

soldering torch *паяльная лампа*

solder on (vb.) *припаивать*

solder together (vb.) *соединять пайкой*

solder wire *проволочный припой*

soldier *поставленный на торец;* [mason] *кирпич*

soldier course [mason] *ряд кирпичей, поставленных на торец*

sole *дно, лежень, нижняя часть, основание, подошва*

sole piece *лежень, упорная подкладка*

sole plate [build.] *цоколь;* [rail] *рельсовая подкладка*

solid *прочный, сухое вещество, сухой остаток, твердое тело;* [woodw.] *набор без шпон*

solid (adj.) *массивный, объемный, сплошной, твердый*

solid arch rib *сплошное ребро арки*

solid base *сплошное основание, твердое основание*

solid block flooring *перекрытие из сплошных блоков, целиковое перекрытие*

solid blocking *сплошное крепление*

solid body *твердое тело*
solid brick *сплошной кирпич*
solid brick wall *сплошная кирпичная стена*
solid-cast *монолитный (о бетоне)*
solid column *монолитная колонна, сплошная колонна*
solid construction *монолитная конструкция*
solid-core *сплошной*
solid cross-section *сплошное сечение*
solid-drawn *цельнотянутый*
solid-drawn pipe *цельнотянутая труба*
solid floor *сплошная плита перекрытия*
solid foot [meas.] *кубический фут*
solid fuel stove *печь на твердом топливе*
solid glued woodblock *клееный деревянный блок*
solid ground *прочное основание, твердый грунт*
solidification *застывание, отвердевание, твердение*
solidified nitroglycerol *отвержденный нитроглицерин*
solidify (vb.) *застывать, затвердевать*
solidifying point *температура затвердевания, точка затвердевания*
solid inclusion *твердое включение (дефект сварки)*
solidity *массивность, твердость*
solid line *сплошная линия*
solid matter *сухое вещество, твердое вещество*
solid newel stair *сплошная колонна винтовой лестницы*
solid of revolution *тело вращения*
solid of rotation *тело вращения*
solid phase welding *сварка в твердой фазе*
solid pier foundation *сплошной пилонный фундамент;*
[build.] *фундамент устоев моста*
solid profile *сплошной профиль*
solid residue from evaporation *твердый остаток от выпаривания*
solid rock *коренная порода, массивная трещиноватая скала*
solids *сухое вещество, сухой остаток*
solids content *содержание сухого вещества*
solid state *твердая фаза*
solid steel *твердая сталь*
solid wall *сплошная стена*
solid-web girder *балка со сплошной стенкой*
solid-web structure *сплошная конструкция*
solifluction mantle *мантия, покров солифлюкции*
solitary *единственный, одиночный*
solubility *растворимость*
solubility in water *растворимость в воде*
soluble *разрешимый, растворимый*
soluble in water *водорастворимый, растворимый в воде*
soluble potassium *жидкое стекло, натрийсиликатное стекло*
solution *раствор, решение*
solution mixer *смеситель растворов*
solvent *растворитель*
solvent-containing *содержащий растворитель*
solvent degreasing *обезжиривание с помощью растворителя*

solvent naphtha *лигроиновый растворитель, сольвент-нафта*

solvent shock *растворяющее действие*

solvent-thinned *разбавленный растворителем*

soot *копоть, сажа*

soot door *лаз для очистки борова, люк для выгребания сажи*

soot flake *хлопья сажи*

sooting up *сажеобразование*

sooty *закопченый*

sorb (vb.) *абсорбировать, сорбировать*

sort *вид, класс, классификация, разновидность, род, сорт*

sort (vb.) *классифицировать, отбирать, сортировать*

sorter *классификатор, сортировочная машина, сортировщик*

sorting *классификация, сортировка, упорядочение*

sorting drum *сортировочный барабан*

sorting plant *сортировочная установка*

sound *звук*

sound (vb.) *звучать*

sound (adj.) *исправный, неповрежденный, прочный*

sound abatement *ослабление звука*

sound absorbent *звукопоглощающий*

sound absorbent lining *звукопоглощающая облицовка*

sound absorber *звукопоглотитель*

sound absorbing *звукопоглощающий*

sound absorbing floor *звукопоглощающее перекрытие*

sound absorbing material *звукопоглощающий материал*

sound absorption *звукопоглощение*

sound attenuation *глушение шума*

sound attenuator *шумоглушитель*

sound barrier *звукозащитный барьер, звукоизолирующий экран*

sound conducting *звукопроводный*

sound-dead *звуконепроницаемый*

sound deadening *глушение шума*

sound-deadening (adj.) *звукопоглощающий*

sound-deadening effect *эффект шумоглушения*

sound-deadening paint *звукопоглощающая краска*

sounding *зондирование, промер глубины*

sound insulating *звукоизолирующий*

sound insulating cladding *звукоизолирующая облицовка*

sound insulating material *звукоизолирующий материал*

sound insulation *звукоизоляция*

sound intensity *интенсивность звука*

soundless *беззвучный*

sound level *громкость, уровень звука*

sound measurement *звукометрия*

sound meter *измеритель интенсивности шумов, шумомер*

soundness of concrete *постоянство объема бетона*

soundproof *звукоизолирующий, звуконепроницаемый, звукопоглощающий*

soundproof (vb.) *делать звуконепроницаемым, ставить звукоизоляцию*

soundproofing *звукоизоляция*

soundproof material *звукоизолирующий материал*
soundproof room *звукоизолированная комната*
sound resistant screen *звукоизолирующий экран, звукопоглощающий экран*
sound shield *звукопоглощающий экран*
sound volume *громкость звука*
source *источник, исходный;* [el.] *исток*
source of current [el.] *источник тока*
source of energy *источник энергии*
source of noise *источник шума*
source of power [electr.] *источник питания*
south *юг*
sowing of grass *посев трав*
space *интервал, место, область, площадь, пробел, промежуток, пространство, расстояние*
space (vb.) *располагать, располагать с интервалом, устанавливать с определенным промежутком*
space-analytic geometry *трехмерная аналитическая геометрия*
space curve *пространственная кривая*
spaced sleeper joint *рельсовый стык между шпалами*
space factor *пространственный коэффициент*
space heating *отопление помещений*
spacer *прокладка, распорка, распорная деталь, шайба*
space requirement *необходимая площадь*
spacer pipe *распорная труба*
spacer ring *распорное кольцо*
space-saving *компактный*
space system *пространственная система*
spacial *пространственный*
spacing *интервал, расположение вразрядку, расстояние*
spacing gauge *пространственный калибр;* [rail] *прибор для измерения расстояния между рельсами*
spacing of joists *расстояние между балками*
spacing of props *расстояние между стойками*
spacing plate *распорная плита*
spacing ring *распорное кольцо*
spacing screw *распорный винт*
spacing washer *распорная шайба*
spacious *вместительный, обширный, просторный*
spade *заступ, лопата, сошник*
spade (vb.) *рыть, штыковать бетонную смесь*
spade drill *ложечное сверло*
spall drain *каменная дрена*
spalling *выкрашивание, откалывание, шелушение дорожной одежды*
span *диапазон, интервал, пролет, расстояние между опорами*
span (vb.) *перекидывать мост, перекрывать пролет*
spandrel *пазуха свода;* [arch.] *подоконная стенка*
spandrel beam *балка между наружными колоннами, рандбалка, ригель фахверка*
spandrel panel *подоконная стеновая панель*

spandrel wall *межколонное заполнение, опорная надсводная стена*
spanner *гаечный ключ*
spanner with fixed jaws *гаечный ключ с неподвижными губками*
span of jaws *зев гаечного ключа*
span roof *двускатная крыша*
span saw *поперечная пила*
span wire *гибкая поперечина, несущий трос*
spare *запас, запасная часть, резерв*
spare (vb.) *беречь, сберегать*
spare (adj.) *запасной, резервный, свободный*
spare part *запасная деталь, запасная часть*
spare parts list *перечень запасных частей, список запасных деталей*
sparge (vb.) *штукатурить наметом*
spark *вспышка, искра*
spark (vb.) *искрить, обгорать, перекрывать искрой*
spark proof *искрозащищенный*
spatial *пространственный*
spatial arrangement *пространственное расположение*
spatial requirement *требуемое пространство*
spatial trussed structure *пространственная решетчатая конструкция*
spatter (vb.) *разбрызгивать, расплескивать*
spattle *лопаточка, шпатель*
speaker *громкоговоритель, рупор*
special *особенный, особый, специальный*
special conditions *особые условия*
special design *индивидуальный проект, особая конструкция*
special hardener *специальный отвердитель*
specialist *специалист*
specialized coating *специальное покрытие*
special lighting *специальное освещение*
specially built *специально построенный*
specially made *специально созданный*
special process *специальная технология*
special provisions *особо оговоренные условия*
special-purpose (adj.) *специального назначения, специальный*
special purpose tool *специальный инструмент*
special shape brick *кирпич особой формы*
special steel *специальная сталь*
special type bolt *специальный болт*
species *вид, порода, род*
species of wood *древесная порода, порода дерева*
specific *особый, специфический, удельный*
specification *спецификация, технические условия, техническое описание*
specification engineering *изготовление в соответствии с техническими условиями*
specification of tolerance *технические условия на допуск*
specification of welding procedure *технические условия на сварочные работы*
specifications *технические данные*

specifications for tender *технические условия на получение подряда*
specification sheet *спецификация*
specific capacity *удельная вместимость*
specific gravity *удельная масса*
specific humidity *удельная влажность*
specific pressure *удельное давление*
specific weight *плотность, удельная масса*
specified *расчетный, точно определенный*
specified cement strength *расчетная прочность цемента*
specified delivery strength [concr.] *проектная отпускная прочность*
specify (vb.) *задавать, точно определять, устанавливать*
specimen *образец, образчик, проба, экземпляр*
specimen bar *контрольный брус*
specimen product *образец продукции, образцовый продукт, пробное изделие*
speck *пятно, точка*
speckled *крапчатый, пятнистый*
spectacle pulleys *полиспаст, таль*
specular *зеркальный, отражающий*
specular iron *зеркальный чугун*
specular pig iron *зеркальный чугун*
specular reflection *зеркальное отражение*
speed *быстродействие, скорость, частота вращения*
speed bump [road] *искусственная неровность для ограничения скорости движения транспорта*
speed change lane *полоса для выхода автомобилей из общего потока*
speed control hump [road] *искусственная неровность для ограничения скорости транспорта*
speed of operation *быстродействие*
speed of rotation *частота вращения*
speed pulley *ступенчатый шкив*
speed up (vb.) *увеличивать скорость, ускорять*
spend (vb.) *растрачивать, расходовать, тратить*
spent materials *отходы*
sphagnum *белый торфяной мох, сфагнум*
sphere *сфера, шар*
spherical *сферический, шаровидный, шаровой, шарообразный*
spherical button *сферическая головка*
spherical handle *круглая ручка*
spherical joint *шаровой шарнир*
spherical level *круглый уровень*
spherical shell *сферическая оболочка*
spheroidized *сфероидизированый*
spheroid joint *шаровой шарнир*
spiegel *зеркальный чугун;* [met.] *шпигель*
spiegeleisen *зеркальный чугун;* [met.] *шпигель*
spiegel iron *зеркальный чугун;* [met.] *шпигель*
spigot *деревянная пробка, палец, шкворень*
spigot-and-socket joint *раструбное соединение, соединение в раструб*
spike *выброс, зуб, костыль, острие, острый импульс, шип*

spike (vb.) *прикреплять костылями*

spiked iron *нагель*

spike drawer *лапчатый лом*

spill *деревянная пробка, железная полоса, заусенец, кол, лучина, пролитие, просыпка, прут, разлитие, рассыпка;* [met.] *непровар*

spill (vb.) *переливать через край, проливать, расплескивать, сыпать*

spillage *проливание, утечка, утруска*

spillage tank *сливной бак*

spill oil *разлив нефти*

spillover *перелив, переполнение, перепуск*

spill tank *сливной бак*

spill valve *перепускной клапан*

spillway *водосброс, водослив*

spillway dam *водосбросная плотина*

spillway overflow *водоспуск, сбросной водослив*

spin *вращение*

spin axis *ось вращения*

spinner *прядильная машина*

spiral *спираль;* [concr.] *спиральный хомут*

spiral (adj.) *винтовой, спиральный*

spiral conveyor *винтовой конвейер, шнек*

spiral drill *бур, сверло*

spiral hose *спиральный шланг*

spiral-lined hose *шланг со спиральной вставкой*

spirally reinforced *со спиральной арматурой*

spirally reinforced column *колонна со спиральной арматурой*

spirally rolled *навивной, скрученный спиралью*

spirally twisted *навивной, скрученный спиралью*

spirally wound *навивной, скрученный спиралью*

spiral pipe *спиральношовная труба*

spiral ratchet screwdriver *отвертка со спиральным храповым механизмом*

spiral reinforcement [concr.] *спиральная арматура*

spiral spring *спиральная пружина*

spiral staircase *винтовая лестница*

spiral tube *спиральношовная труба*

spire *шпиль;* [arch.] *шпиц*

spirit *спирт*

spirit lacquer *спиртовый лак*

spirit level *спиртовой уровень*

spirit stain *спиртовая протрава*

spirit varnish *спиртовый лак*

splash *брызги, всплеск;* [woodw.] *щиток для защиты от брызг*

splash (vb.) *разбрызгивать*

splashing *набрызгивание, разбрызгивание*

splashproof *защищенный от брызг*

splat *нащельная рейка, нащельник*

splatter dashing [concr.] *удаление пузырьков воздуха*

splay *скос, скошенная кромка*

splay (vb.) *расширять, скашивать*

splay brick *клинчатый кирпич*

splayed flange *раструбный фланец*

splayed kerb *скошенный бордюр*

splayed mitre joint [woodw.] *косое соединение в ус*

splayed window *расходящееся окно*

splice [build.] *соединение внахлестку*

splice (vb.) *наращивать, свивать, соединять внахлестку, сплетать, сращивать*

splice bar [rail] *стыковая накладка*

splice piece [rail] *рельсовая накладка*

splice plate [rail] *стыковой лист*

splicing *соединение внахлестку, сращивание*

splicing sleeve *соединительная муфта*

splint *чека, шплинт;* [woodw.] *заболонь*

splinter *обломок, осколок*

splinter (vb.) *раскалывать, расщеплять*

splinterproof glass *безосколочное стекло*

split *дробление, разбиение, трещина, щель*

split (vb.) *дробить, разбивать, разделять, разрезать, раскалывать, расщеплять*

split (adj.) *разрезанный, расколотый, расщепленный*

split floor level *планировка этажа в двух уровнях*

split nut *разрезная гайка*

split pin *чека, шплинт*

split pin hole *отверстие для шплинта*

split plug *надвижной разрезной штепсель*

splitting *дробление, разбиение, разделение, раскалывание, расщепление*

splitting strength *сопротивление раскалыванию*

split washer *разрезная шайба*

spoil *вынутый грунт, кавальер, отвал, пустая порода*

spoil (vb.) *вынимать грунт, портить, производить брак, сбрасывать в отвал*

spoilage *брак, испорченный продукт, порча*

spoil area *свалка*

spoil bank *кавальер, насыпь по бокам выемки, отвал*

spokeshave *короочистительный нож, скобель, струг*

sponge *губка, пористый материал*

sponge rubber *губчатая резина*

spontaneous ignition *самопроизвольное возгорание*

spoon *желонка, ложечный бур, ложка, лопата с ложкообразным лотком, черпак*

spoon bit *наконечник ложечного бура*

sports floor *спортивный этаж сооружения*

sports ground *спортивная площадка*

spot *место, точка, участок;* [tv] *пятно*

spot (vb.) *определять координаты, пачкать*

spot check *выборочная проверка*

spot electrode *электрод для точечной сварки*

spotfacer *зенкер*

spotfacing *цекование*

spotlight *прожектор*

spot-prime (vb.) *восстанавливать грунтовый слой*

spot remover *пятновыводитель*

spotted *покрытый пятнами*

spotting *образование пятен*

spot weld *шов точечной сварки*

spot-weld (vb.) *проводить точечную сварку*

spot welder *аппарат точечной сварки*

spot welding *точечная сварка*

spot welding electrode *электрод для точечной сварки*

spout *водосточная труба, горловина, желоб, спускной лоток, струя*

spout (vb.) *бить струей*

spout pipe *водосточная труба*

spray *распыление, распылитель, факел распыла, форсунка*

spray (vb.) *впрыскивать, разбрызгивать, распылять*

spray asbestos *асбест, наносимый распылением*

spray booth *окрасочная кабина*

spray cabinet *окрасочная камера*

spray cleaning *пульверизационная очистка*

spray-coat (vb.) [paintw.] *наносить красочное покрытие распылением*

spray coating [paintw.] *окраска напылением*

spray diffuser *диффузор, распылитель*

sprayed concrete *торкрет-бетон*

sprayed plaster *торкретная штукатурка, штукатурка, наносимая методом обрызга*

sprayed rendering *нанесение штукатурки методом обрызга*

sprayer *краскопульт, пульверизатор, разбрызгиватель, распылитель, форсунка*

spray-extraction cleaning *пульверизационная очистка*

spray-finish (vb.) [paintw.] *отделывать распылением*

spray gun *пистолет-краскораспылитель, цемент-пушка;* [paintw.] *краскопульт*

spraying *обрызгивание, разбрызгивание, распыление*

spraying concrete *торкрет-бетон*

spraying device *разбрызгивающее устройство, распылитель*

spraying mask *защитная маска для распыления*

spraying nozzle *краскопульт, распылительная форсунка*

spraying plaster *штукатурка, наносимая методом набрызга*

spraying powder *порошок, наносимый методом распыления*

spraying treatment *обработка набрызгом, обработка распылением*

spray-lacquer (vb.) *лакировать распылением*

spray mist *распыленный туман*

spray nozzle *краскопульт, распылительная форсунка*

spray on (vb.) *наносить распылением*

spray-paint *окрашивать распылением*

spray painting *окраска распылением*

spray plaster *штукатурка, наносимая методом обрызга*

spray treatment *обработка распылением*

spread *разброс, размах крыла, расплыв бетонной смеси, распределение, рассеивание*

spread (vb.) *простираться, распространять, расширять, укладывать бетонную смесь*

spreader *бетоноукладчик, распорка, расширитель, схватка*
spreader bar *широкозахватная траверса;* [concr.] *распределительный арматурный стержень*
spreader pipe *распределительная труба*
spread foundation *уширенное книзу основание, фундамент на естествененом основании*
spreading *нанесение краски, простирание, распределение бетона, увеличение в объеме*
spreading capacity *кроющая способность*
spreading machine *бетоноукладчик, гудронатор*
spreading rate *кроющая способность*
spring *пружина, рессора*
spring (vb.) *коробиться, пружинить*
spring-actuated *приводимый в действие пружиной*
spring catch *замок с пружинной защелкой*
spring clip *пружинная защелка, пружинный зажим*
spring contact *пружинный контакт*
springer [arch.] *пятовый камень арки*
spring flange *пружинный фланец*
spring floor *упругий пол, упругое перекрытие*
springiness *пружинистость, упругость*
springing *пружинистость, рессорное подвешивание, эластичность;* [arch.] *упругость*
springing line [arch.] *линия пят арки*
springing stone [arch.] *пятовый камень*
spring-loaded lock *пружинный замок*
spring lock *пружинный замок*
spring lock washer *пружинная шайба*
spring nut *пружинная гайка*
spring resistance *упругость пружины*
spring ring *пружинное кольцо*
spring snap *пружинная защелка*
spring steel form *форма из пружинной стали*
spring suspension *рессорная подвеска*
spring tape measure *пружинная мерная лента, рулетка*
spring washer *пружинная шайба*
spring water *ключевая, родниковая вода*
spring wood *весенняя древесина, ранняя древесина*
springy *пружинящий, упругий*
sprinkle (vb.) *опрыскивать, орошать, разбрызгивать*
sprinkler *разбрызгиватель, спринклер*
sprinkler head *водораспыляющая головка, головка спринклера*
sprinkler installation *спринклерная установка*
sprinkler spacing *расстояние между спринклерами*
sprinkler system *спринклерная система*
sprinkling *дождевание, орошение, разбрызгивание*
sprinkling apparatus *спринклерная установка*
sprinkling installation *спринклерная установка*
sprocket *звездочка, зуб звездочки, кобылка стропил*
spruce [bot.] *ель*
sprung *давший трещину, подрессоренный*

sprung mass *подрессоренная масса*

spun glass *стеклянная пряжа, стеклянное волокно*

spur *зуб, контрфорс, острый выступ, прямозубое зубчатое колесо, уступ*

spurious *ложный, фиктивный*

spy hole *дверной глазок*

spy hole fitted with an optical element *дверной глазок с линзой*

SQ (selected quality) *отборное качество*

squall [meteo.] *шквал*

square *городская площадь, прямоугольник, угольник;* [mat.] *квадрат*

square (vb.) *делать прямоугольным, обтачивать торец, подрезать торец, устанавливать под прямым углом;* [mat.] *возводить в квадрат*

square (adj.) *квадратный, прямоугольный*

square bar *квадратный профиль, пруток квадратного сечения*

square bar steel *сталь для прутка квадратного сечения*

square butt weld *стыковой шов без скоса кромок*

square centimetre *квадратный сантиметр*

square column *квадратная колонна*

square corner halving [woodw.] *прямой угловой замок накладкой вполдерева*

square-cut timber *четырехкантный брус*

square drive [tool] *квадратный хвостовик*

squared stone *тесаный камень*

squared timber *четырехкантный брус*

square-edged *обрезанный на четыре канта*

square elbow *прямоугольное квадратное колено трубы*

square-faced shovel *совковая лопата*

square footing *квадратное основание*

square head bolt *болт с квадратной головкой*

square iron *стальной прокат квадратного сечения*

square knee *квадратное колено*

square log *пиленый брус, тесаный брус*

square measure *квадратная мера*

square metre *квадратный метр*

square neck bolt *болт с квадратным подголовком*

square neck carriage bolt *болт с квадратным подголовком*

squareness *перпендикулярность*

square nut *квадратная гайка*

square profile *квадратный профиль*

square roof *скатная крыша*

square root [mat.] *квадратный корень*

squares *квадратный профиль*

square-sawn *обрезанный на четыре канта*

square stone *тесаный камень*

square timber [woodw.] *четырехкантный брус*

square-twisted bar [concr.] *витой квадратный стержень арматуры*

square up (vb.) *выравнивать, подрезать торец, спрямлять, устанавливать под прямым углом*

square weld nut *квадратная сварная гайка*

squeak (vb.) *скрипеть (о полах), шуметь*

squeal (vb.) *визжать*

squeeze *нагнетание цемента под высоким давлением, сжатие*

squeeze (vb.) *раздавливать, сдавливать, сжимать*

squeeze out (vb.) *выдавливать, выжимать, вытеснять*

squeezing *анаморфирование изображения, выжимание, выжимание породы в выработку, выпор грунта, обжатие, обжим, осадка кровли, отжатие, поддувание почвы, раздавливание целика, сдавливание, уплотнение формовочной смеси;* [text.] *сжатие*

squirt *шприц*

squirt (vb.) *набрызгивать, разбрызгивать, шприцевать*

squirted skin *обмазка, штукатурный намет*

squirt oiler *пресс-масленка*

SSQ (special selected quality) *специальное отборное качество*

stabbing *крепление теплоизоляционных матов шпильками, насекание, насечка*

stability *состояние равновесия, стабильность, устойчивость*

stability analysis *анализ устойчивости*

stability diagram *диаграмма устойчивости*

stability of shape *неизменяемость формы, устойчивость формы, формоустойчивость*

stabilization *стабилизация*

stabilization of sand dunes *укрепление песчаных дюн*

stabilize (vb.) *стабилизировать*

stabilized subbase *стабилизированное основание;* [road] *стабилизированный подстилающий слой*

stabilizer *стабилизатор*

stabilizer system *система стабилизации*

stabilizing *стабилизация*

stable (adj.) *стабильный, стойкий, устойчивый*

stable emulsion [road] *стойкая эмульсия*

stable equilibrium *устойчивое равновесие*

stable state *стабильное состояние, устойчивое состояние*

stable towards acids *стойкий к кислотам*

stack *вентиляционный канал, вертикальный канал домовой канализации, дымовая труба, стек, стояк, стояковая труба, штабель;* [prof.] *магазин*

stack (vb.) *заносить в стек, застаиваться (о газах), складывать в штабель*

stackability *способность к штабелированию*

stack bond [mason] *штабельная кладка*

stack casing *обмуровка дымовой трубы*

stacked cubic metre *кубический метр кладки*

stack effect *образование тяги, самотяга*

stack gas *отходящий газ*

stack gas analysis *анализ отходящих газов*

stacking *укладка в штабель, штабелирование*

stacking capability *способность к штабелированию*

stadia surveying *тахеометрическая съемка, тахеометрия*

staff *нивелирная рейка, полка, рейка, рукоятка, штат служащих, штукатурный раствор с примесью волокнистых веществ*

staff angle [build.] *угловая рейка обрешетки под штукатурку*

staff room *комната для персонала, служебное помещение*

stage *каскад, отрезок маршрута, очередь строительства, период, платформа, площадка, подмости, помост, ракетная ступень, ракетный блок, стадия, ступень, фаза, этаж здания, этап*

stage (vb.) *разбивать на этапы*

stage grouting *поэтапная заливка цементным раствором*

stagger *разнесение боковых полос каналов, расположение в шахматном порядке*

stagger (vb.) *располагать в шахматном порядке*

staggered (adj.) *расположенный в шахматном порядке, расположенный уступами, ступенчатый*

staggered joints *смещенные швы, швы вразбежку*

staggered riveting *шахматная клепка*

staggered welding *сварка шахматным швом*

staggering *разнесение боковых полос каналов, расположение в шахматном порядке*

staging *козлы, подмости, строительные леса, ступенчатое изменение процесса, технологическая подготовка производства*

stagnant *застойный, инертный*

stagnant air *спертый воздух*

stagnant water *стоячая вода*

stain *краска, протрава, пятно, травитель*

stain (vb.) *окрашивать, покрываться пятнами, протравливать, травить*

stained glass *цветное стекло*

stainer [paintw.] *красящий пигмент;* [woodw.] *колерная паста*

staining *морение, образование пятнистых покрытий, окрашивание, протравливание, травление;* [met.] *коррозия пятнами*

stainless *нержавеющий*

stainless steel *нержавеющая сталь*

stain remover *пятновыводитель*

stain-repellant *грязеотталкивающий*

stair *лестница, лестничный марш, ступенька лестницы*

stair carpet *лестничная ковровая дорожка*

staircase *лестница, лестничная клетка*

staircase access *вход на лестничную клетку*

staircase element *лестничный элемент*

staircase form *опалубка лестницы*

staircase headway *габарит лестничной клетки*

staircase height *высота лестничной клетки*

staircase lighting *лестничное освещение*

staircase switch *электрический выключатель на лестничной клетке*

staircase window *окно на лестничной клетке*

stair enclosure *лестничная клетка*

stair flight *лестничный марш*

stair head *верхняя площадка лестницы*

stair landing *лестничная площадка*

stair nosing *железная предохранительная набойка для деревянных проступей*

stair nosing protection *железная предохранительная набойка для деревянных проступей*

stair opening *лестничный проем*

stair railing *лестничные перила*

stairs *лестница*

stairs head *верхняя площадка лестницы*

stairs mortised into strings *ступеньки, врезанные в косоуры*

stairs with landing *лестница с площадками*

stairs with straight fliers *лестница с прямыми маршами*

stairs with treads fitted on strings *лестница со ступеньками на косоурах*

stairs with two flights *лестница с двумя маршами*

stair top *верхняя площадка лестницы*

stair unit *элемент лестничной клетки*

stairway *лестница, лестничная клетка*

stair well *лестничный проем*

stair width *ширина лестничного пролета*

stake *веха, нивелирная стойка, пикет*

stake (vb.) *забивать колья, подпирать кольями, укреплять*

stake out (vb.) *провешивать линию, прокладывать линию, разбивать линию, трассировать*

stake-out line *провешенная линия*

stale *замкнутый внутри*

stalling load [crane] *перегрузка*

stamp *клеймо, отпечаток, оттиск, штамп, штемпель*

stamp (vb.) *клеймить, ставить печать, чеканить, штамповать*

stamping *клеймение, штампование, штемпелевание*

stamping mould *матрица штампа*

stamp out (vb.) *высекать, чеканить*

stanchion *колонна, подпорка, стойка, столб*

stand *древостой, запас древесины (на 1 га), звено буровых штанг, испытательный стенд, клеть, консоль, кронштейн, лесонасаждение, основание, остановка, пауза, подставка, позиция, положение, продолжительность стояния уровня воды, пульт оператора, пьедестал, свеча бурильных труб, станина, стойка, стоянка автомобилей, штатив*

stand (vb.) *выдерживать нагрузку, ставить, стоять*

standard *мера, норма, образец, стандарт, стойка, эталон*

standard (adj.) *нормальный, обычной конструкции, стандартный, табельный, типовой*

standard brick *стандартный по размерам кирпич*

standard cement strength *нормативная прочность цемента*

standard component *стандартный компонент, типовая деталь*

standard condition *кондиционное состояние, нормальное состояние*

standard conditions *нормальные условия, стандартные условия, стандартный режим*

standard construction *стандартная конструкция, типовая конструкция, типовое строительство*

standard contract *стандартное соглашение, типовой контракт*

standard cross-section *нормальное сечение, нормальный профиль, стандартный профиль*

standard datum plane [geod.] *стандартная уровенная поверхность*

standard design *стандартный проект, типовая конструкция*

standard dimension *стандартный размер*
standard error *средняя квадратическая ошибка*
standard execution *стандартное исполнение*
standard frequency *эталонная частота;* [electr.] *стандартная частота*
standard gauge *образцовая мера, образцовое средство измерений, стандартный калибр;* [rail] *нормальная колея*
standard gauge railway *железная дорога нормальной колеи*
standard hours *обычные часы работы*
standard house *типовой дом*
standardization *нормирование, стандартизация*
standardize (vb.) *калибровать, нормировать, стандартизовать*
standardized (adj.) *калиброванный, нормированный, стандартизованный, унифицированный*
standardized fire *модельный очаг пожара*
standardized part *стандартизованная деталь, унифицированная деталь*
standardized steel quality *стандартное качество стальной арматуры*
standardized testing *типовые испытания*
standard length *стандартная длина*
standard line *линия нормальной колеи, стандартная линия*
standard measure *образцовая мера, эталонная мера*
standard metre *эталонный метр*
standard mix *стандартная бетонная смесь*
standard model *серийная модель, стандартная модель*
standard module *стандартный модуль*
standard of accommodation *нормы жилищного строительства*
standard of measurement *эталон единицы физической величины*
standard of quality *стандарт качества, уровень качества*
standard of reference *контрольный эталон, эталон для сравнения*
standard part *стандартная часть, унифицированная деталь*
standard performance *стандартная производительность, стандартная характеристика, стандартные эксплуатационные качества*
standard pitch of thread *нормальный шаг резьбы*
standard quality *стандартное качество*
standard sand *обычный песок*
standard section *нормальное сечение, нормальный профиль, стандартный профиль*
standard size *стандартный размер, типоразмер, унифицированный размер*
standard steel specifications *технические требования к стали, технические условия на сталь*
standard system *стандартная система*
standard temperature *нормальная температура, стандартная температура*
standard test bar *стандартная испытательная шина;* [concr.] *стандартная испытательная балка*
standard thread *нормальная резьба*
standard time *норма времени, нормативное время, поясное время*

standard type *стандартная модель, стандартная серия*

standby *аварийный, вспомогательный, запасной, резерв, резервирование, резервный*

stand by (vb.) *резервировать*

standby lighting *аварийное освещение*

standby lighting system *система аварийного освещения*

standing (adj.) *неподвижный, неработающий, остановленный, постоянный, стоячий, установленный*

standing axis *вертикальная ось*

standing wave (SW) [electr.] *стоячая волна*

stand lamp *торшер*

stand oil *олифа*

stand out (vb.) *выступать*

standpipe *водоразборная колонка, напорная труба, стояк канализации*

stand roof *навес над трибунами*

standstill *бездействие, мертвая точка, неподвижное состояние, остановка, состояние покоя*

staple *зажим, скоба, струбцина, штырь с проушиной*

staple (vb.) *соединять скобами, сшивать проволокой, сшивать проволочными скобами*

stapling *сшивание проволочными скобами*

star check *лучевая трещина*

star connection [electr.] *соединение звездой*

star cracking *лучевое растрескивание*

starling *волнорез, ледорез*

star shake *лучевая трещина*

star-shaped *выполненный в форме звезды, звездообразный*

start *запуск, начало, отправление, пуск, старт*

start (vb.) *вводить в эксплуатацию, запускать, начинать, отправляться, пускать в ход, стартовать, трогаться*

starting *запуск, начало, отправление, пуск*

starting (adj.) *исходный, начальный, пусковой, стартовый*

starting material *исходный материал*

starting position *исходное положение, стартовая позиция*

starting up *запуск, пуск, пусковой период, старт*

start of work *начало работы*

startup *ввод в действие, пуск, пусковой период, старт*

start up (vb.) *стартовать*

state *положение, режим, состояние*

state (vb.) *заявлять, констатировать*

statement *бюллетень, высказывание, заявление, оператор, официальный отчет, сообщение, утверждение, формулировка;* [mat.] *предположение*

statement of contents *изложение содержания*

state of equilibrium *состояние равновесия*

state of failure *аварийное состояние, состояние отказа*

state of maintenance *состояние технического обслуживания*

state of strain *деформированное состояние*

state of stress *напряженное состояние*

state of the art *современный технический уровень*

state railroad *государственная железная дорога*
state railway *государственная железная дорога*
static *неподвижный, статический, стационарный*
statically determinate *статически определимый*
statically indeterminate *статически неопределимый*
static balance *статическое равновесие*
static compaction *статическое уплотнение*
static current *установившийся ток;* [electr.] *ток покоя*
static electricity *статическое электричество*
static load *статическая нагрузка*
static pressure *статическое давление*
static roller *дорожный каток статического действия*
statics *статика*
static stress *статическое напряжение*
static unbalance *статический дисбаланс*
station *вокзал, место, станция, узел сети, электростанция*
stationary *неподвижный, постоянный, стационарный*
stationary compactor *стационарный уплотнитель*
stationary condition *постоянное состояние, стационарное состояние*
stationary formwork *стационарная опалубка*
stationary hoist *башенный кран*
stationary mixer [concr.] *стационарный смеситель*
stationary mixing plant [concr.] *стационарная смесительная установка*
stationary plant *стационарная установка*
stationary point *стационарная точка;* [mat.] *точка поворота*
stationary vibration *постоянные колебания*
station description [geod.] *описание сети опорных точек*
station rod [geod.] *геодезическая рейка*
status *положение, состояние, статус*
statute brick *стандартный по размерам кирпич*
statutory *нормативный, установленный существующими положениями*
stave *паркетная клепка, планка, ступенька стремянки, шест*
stay *ванта, закрепка строчки на стачивающей машине, опора, оттяжка, подкос, подпорка, подставка, распорка, расчалка, связь, средство усиления стыков корпуса картонного ящика, стойка, стяжка, укосина, усилительная бейка*
stay (vb.) *подпирать, придавать жесткость, удерживать, укреплять*
stay bar *вороток, горбыль оконного переплета, оттяжка, подпора, подпорный брус*
stay bolt *распорный болт*
stay brace *распора, связь, стойка, тяга*
stay by flying buttresses (vb.) *укреплять с помощью арбутана*
stay cable *ванта моста*
staying *анкеровка опоры, устройство оттяжки*
stay nut *упорная гайка*
stay pile *анкерная свая, свая для анкеровки оттяжек*
stay pipe *связная труба в огнетрубном котле*
stay rope *ванта, оттяжка, оттяжной канат, расчалка, стяжка*

stay tightener *натяжное устройство ванты, натяжной винт*
stay wire *натяжная проволока, проволочная оттяжка*
stay-wire bridge *мост с проволочными оттяжками*
steadiness *равномерность движения, устойчивость*
steady (vb.) *приводить в устойчивое состояние, придавать устойчивость*
steady (adj.) *закрепленный, стабильный, установившийся, устойчивый*
steady compressive stress *равномерное сжимающее напряжение*
steady flow *установившееся течение, установившийся поток*
steady load *установившаяся нагрузка*
steady position *устойчивое положение*
steady state *стационарное состояние, стационарный режим, установившееся состояние*
steady-state condition *стационарный режим, условие равновесия, установившийся режим*
steady tensile stress *установившееся растягивающее напряжение*
steam *водяной пар, испарение*
steam (vb.) *запаривать, испаряться, пропаривать*
steam away (vb.) *выкипать*
steam box [woodw.] *паровая камера*
steam curing *пропаривание, тепловлажностная обработка*
steamer [woodw.] *паровая камера*
steam excavator *паровой экскаватор*
steam exposure test *испытания в водяном паре на коррозионную стойкость*
steam hammer *паровой молот*
steaming *пропарка;* [woodw.] *пропаривание*
steam pile driver *паровой копер*
steam soldering *мокрая пайка*
steam-tight *паронепроницаемый*
steam tightness *паронепроницаемость*
steam trap [san.eng.] *конденсационный горшок*
steam wetness *паровая влажность*
steamy *паровлажный, паровой*
steel *сталь;* [concr.] *арматура железобетона*
steel alloy *легированная сталь*
steel analysis *определение химического состава стали*
steel anchor *стальной анкер*
steel anchorage *стальное анкерное крепление*
steel and ironwork *стальные и железные конструкции*
steel armouring *армирование стальной проволокой*
steel article *стальное изделие*
steel-asbestos packing *сталеасбестовое уплотнение*
steel band *стальная лента, стальная полоса*
steel bar *арматурный стержень, полосовая сталь*
steel beam *стальная балка*
steel belt *стальная лента конвейера*
steel braiding *стальная оплетка, стальное плетение*
steel bridge *стальной мост*
steel brush *стальная щетка*

steel cable *стальной трос*
steel caisson *стальной опускной колодец*
steel cassette *стальная кассета*
steel cladding *облицовка листовой сталью*
steel concrete *железобетон*
steel conduit *стальная труба*
steel construction *стальная конструкция*
steel core *стальной сердечник*
steel cylinder *стальной баллон*
steel drum *стальной барабан*
steel face *стальная поверхность*
steel-faced *наваренный сталью*
steel fibre concrete *бетон, армированный стальными волокнами, сталефибробетон*
steel fixer *установщик арматуры;* [concr.] *арматурщик*
steel for general engineering purposes *конструкционная сталь*
steel formwork *стальная опалубка*
steel for prestressed concrete *арматура для преднапряженного железобетона*
steel frame *стальная рама, стальной каркас*
steel framework *стальной каркас*
steel girder *стальная балка*
steel grade *марка стали*
steel grille *стальная решетка*
steel grit *стальные опилки*
steeling *насталивание*
steel jacket *стальная обшивка, стальной корпус*
steel joist *стальная балка*
steel making *производство стали*
steel percentage [concr.] *коэффициент армирования*
steel piling *стальной шпунтовый ряд*
steel pipe *стальная труба*
steel plate *стальная плита, толстая листовая сталь*
steel-plated *бронированный, со стальной броней*
steel plate wall *стена из толстой листовой стали*
steel plate work *конструкция из толстой листовой стали*
steel plating *бронирование, облицовка стальными листами*
steel quality *качество стали*
steel reel *стальная катушка*
steel reinforcement *арматура железобетона*
steel rod *стальной стержень*
steel rope *стальной канат*
steel section *стальной профиль*
steel shapes *профильная сталь*
steel sheet *стальной лист*
steel sheet pile *стальной шпунтовый ряд*
steel sheet pile wall *стальная шпунтовая стенка*
steel sheet piling *стальной шпунтовый ряд*
steel sheet wall *стальная шпунтовая стенка*
steel shell *стальная оболочка*
steel shot *стальная дробь*

steel-shot abrading *дробеструйная очистка*
steel shutter *стальная дверь*
steel shuttering [concr.] *стальная опалубка*
steel strip *стальная полоса*
steel structure *стальная конструкция*
steel-tape armoured *бронированный стальной лентой*
steel that is brittle when cold *хладноломкая сталь*
steel trowel finish *затирка стальной теркой, отделка под лопатку*
steel trowelled surface *поверхность, отделанная под лопатку*
steel trowelling *затирка стальной теркой, отделка под лопатку*
steel tube *стальная труба*
steel window *окно в стальной раме*
steel wire *стальная проволока*
steel wire rope *стальной канат*
steel wool *стальная вата*
steep (vb.) *погружать, пропитывать, смачивать*
steep (adj.) *крутой, отвесный*
steep gradient *крутой уклон*
steeping *вымачивание, замачивание, мерсеризация, размачивание*
steeping of wood *пропитка древесины*
steeple *шпиль;* [arch.] *шпиц*
steepness *крутизна*
steer (vb.) *править, управлять автомобилем*
steerable *управляемый*
steering *рулевое управление*
steering gear *механизм управления, рулевой механизм*
stellar vault [arch.] *звездчатый свод*
stellate *звездообразный, с расходящимися лучами*
stelliform *звездообразный, с расходящимися лучами*
stem *забойка, лицевая вертикальная плита железобетонной подпорной стенки, ножка стеклоизделия, основание корпуса электронного прибора, плодоножка, плунжер, производить забойку скважины, пуансон, ствол, ствол дерева, стебелек, стебель, стержень, тело колонны, форштевень, хвостовик инструмента, цветоножка, цветонос, шпиндель вентиля, штанга, шток;* [lingv.] *основа*
stem (vb.) *забивать, задерживать, запруживать*
stem of rivet *ствол заклепки*
stemwood *стволовая древесина*
stench *вонь, зловоние, смрад*
stench trap *гидравлический затвор в канализации*
step *подножка, порог, приступок двери, рабочая операция, степень, ступенька, ход, шаг, этап*
step (vb.) *двигаться поэтапно, располагать уступами*
step-back welding *обратноступенчатая сварка, сварка обратноступенчатым способом*
step-by-step *постепенный, поэтапный, ступенчатый, шаг за шагом*
step grate *ступенчатая колосниковая решетка*
step irons *скобы-ступенки в стенке колодца*
step-ladder *стремянка*
stepless *бесступенчатый, плавный*

stepped *ступенчатый, с уступами, этажный, ярусный*

stepped footing *ступенчатый фундамент, фундамент с уступами*

stepped gable *ступенчатый фронтон*

stepped grate *ступенчатая колосниковая решетка*

stepping *обработка откосов уступами, полкоуступная выемка, поэтапное изменение*

stepping formwork [concr.] *скользящая опалубка*

step pulley *ступенчатый шкив*

steps *стремянка, трап*

step stress test *испытания при ступенчатом изменении напряжений*

stepwise *постепенный, пошаговый, поэтапный*

stere [woodw.] *кубический метр*

stereobate *стереобат, цоколь без колонны*

sterilize (vb.) *обеззараживать, стерилизовать*

stibium (Sb) *сурьма*

stick *круглый лес, палка, рукоять ковша, стержень*

stick (vb.) *втыкать, липнуть, прикреплять*

stick electrode *электрод для ручной дуговой сварки;* [weld] *штучный электрод*

sticker *наклейка, этикетка*

stickiness *клейкость, липкость, налипаемость*

stick together (vb.) *склеивать, слипаться*

sticky *клейкий, липкий*

stiff *густой, жесткий, крепкий, негибкий*

stiff consistency [concr.] *густая консистенция*

stiffen (vb.) *загустевать, придавать жесткость, усиливать*

stiffener *ребро жесткости, элемент жесткости*

stiffener angle *уголок жесткости*

stiffening *анкеровка, жесткое крепление, придание жесткости*

stiffening brace *связь жесткости*

stiffening fin *ребро жесткости*

stiffening girder *балка жесткости*

stiffening member *элемент жесткости*

stiffening plate *плита жесткости*

stiffening rib *ребро жесткости*

stiffening ring *пояс жесткости*

stiff mix *жесткая бетонная смесь*

stiffness *жесткость*

stiffness factor *коэффициент жесткости*

stiffness in bend *жесткость при изгибе*

stiffness in flexure *жесткость при изгибе*

stiffness ratio *коэффициент жесткости*

stile *вертикальный брус обвязки оконного переплета, обвязочный брус*

stile edge *боковой брус*

still *аппарат для получения хлора, видеокадр, отдельная фотография, перегонный аппарат, ректификационная колонна, стоп-кадр, телевизионная заставка, фотореклама*

still (vb.) *дистиллировать, перегонять*

still (adj.) *неподвижный, спокойный*

stillage *штатив*

still air *неподвижный воздух*

stilling basin *водобойный колодец, камера гашения энергии потока, успокоительный бассейн*

stilling pool *водобойный колодец, камера гашения энергии потока, успокоительный бассейн*

still water *стоячая вода*

stilt (vb.) *ставить на стойки*

stilted road [road] *путепровод*

stink *вонь, зловоние*

stink (vb.) *вонять, смердеть*

stinking *вонючий*

stink trap *гидравлический затвор канализации*

stipple (vb.) *кернить, метить краской, наносить фактуру, придавать шероховатость поверхности штукатурки, тампонировать*

stippler [tool] *керн*

stippling *кернение, придание шероховатости поверхности штукатурки, фактура*

stir (vb.) *взбалтывать, встряхивать, мешать, размешивать*

stirrer *мешалка*

stirring *взбалтывание, перемешивание*

stirring apparatus *мешалка*

stirring arm *лопасть мешалки*

stirrup [concr.] *арматурный хомут*

stirrup bolt *болт крепления хомутов*

stitch welding *прерывистая роликовая сварка, прерывистая шовная сварка, точечная сварка перекрывающимися точками;* [plast.] *автоматическая точечная сварка*

stock *инвентарь, клупп, колодка, облицовочный кирпич, опора, парк автомобилей, подвижной состав, столб, ступица*

stock bar *арматурный стержень*

stock number *инвентарный номер*

stock of materials *материальные запасы*

stock of natural gas *запас природного газа*

stockpile *запас, склад*

stockpile (vb.) *складировать, складывать в штабель*

stock room *склад материалов*

stock shears *стуловые ножницы*

stone *абразивный круг, камень, оселок*

stone ballast *каменный балласт*

stone bolt *заершенный болт для кирпичной кладки*

stone bond *перевязка каменной кладки*

stone breaking works *камнедробилка, камнедробильное предприятие*

stone chippings *каменная мелочь, каменные высевки*

stone chips *каменная мелочь*

stone crusher *камнедробилка*

stone crushing plant *камнедробильная установка, камнедробильный завод*

stone cutter *каменотес*

stone drain *каменная дрена*

stone dresser *каменотес*

stone dressing *обработка камня*

stone drill *сверло по камню*

stone dust *каменная пыль*

stone dyke *каменная дамба*

stone facing *каменная облицовка*

stone filled asphaltic concrete *асфальтобетон с каменным заполнителем*

stone filled sheet asphalt *асфальтовое дорожное покрытие с каменным заполнителем*

stone filter *каменный фильтр*

stone flag *каменная плита, лещадь*

stone hammer *кирка, киур*

stone mason *каменщик*

stonemason's chisel *каменотесное долото*

stone paving *брусчатая мостовая, брусчатая отмостка, брусчатка*

stone pit *каменоломня, карьер*

stone pitching *каменная облицовка, крепление верхнего откоса отмосткой*

stone powder *каменная мука*

stone revetment *каменная отмостка*

stone sett paving *брусчатая мостовая, брусчатая отмостка, брусчатка*

stone shaping blowpipe *газовый резак с дутьем для обработки камня*

stone shaping torch *газовый резак с дутьем для обработки камня*

stone sill *каменный наружный подоконник*

stone tongs *каменные щипцы*

stone wall *каменная стена*

stoneware *керамические изделия*

stoneware tile *керамическая плитка*

stonework *каменная кладка, каменные работы*

stony *валунный, каменистый*

stoop *крыльцо, открытая веранда, целик*

stop *защелка, ограничитель, останов, остановка, стопор, упорный кулачок;* [road] *остановка*

stop (vb.) *задерживать, ограничивать, ограничивать перемещение, останавливать*

stop button *кнопка останова*

stopcock *стопорный кран*

stop collar *упорное кольцо*

stop end *ограничительная прокладка в рабочем шве бетонируемой конструкции*

stop face *упорная поверхность*

stop joint [electr.] *изолирующая муфта*

stop light *стоп-сигнал*

stop line [road] *стоп-линия*

stop log *шандорная балка*

stop motion device *стопорный механизм*

stop moulding *притвор, притворная планка*

stop nut *стопорная гайка*

stoppage *задержка, остановка, прекращение работы, простой*

stoppage of work *прекращение работы*

stopper *втулка, затычка, пробка, шпатлевка*
stop pin *стопорный штифт, штифтовый упор*
stopping *диафрагмирование объектива, задержка, изоляционная перемычка, остановка, простой, торможение, шпатлевка*
stopping device *механизм автоматического торможения, стопорный механизм, тормозное устройство, устройство останова*
stopping knife *металлический шпатель, нож для заделки трещин*
stopping up *закупоривание*
stop plank *шандорная балка*
stopple *втулка, затычка, пробка, шпатлевка*
stop push-button *кнопка останова*
stop quoin *угловой камень кладки*
stop rail *стопорный рельс*
stop screw *стопорный винт*
stop signal *сигнал остановки, стоп-сигнал*
stop up (vb.) *выключать, закупоривать, застопоривать, уплотнять, шпатлевать;* [build.] *обшивать*
stop valve *запорный клапан, запорный кран*
stop wedge *упорная клиновая чека*
storability *сохраняемость*
storage *запас, запоминающее устройство, накопитель, накопление, память, склад, хранение, хранилище*
storage basin *водосборный бассейн, водохранилище*
storage bin *бункер, силос*
storage building *здание хранилища*
storage capacity *вместимость склада, емкость запоминающего устройства, емкость памяти*
storage characteristics *характеристики хранилища*
storage facility *склад, складское хозяйство*
storage house *кладовая, пакгауз, склад, складское помещение*
storage life *срок годности при хранении*
storage mean life *средний срок годности при хранении*
storage method *способ хранения*
storage platform *складская площадка*
storage room *кладовая, цейхгауз*
storage sidings [rail] *складские пути*
storage silo *бункер, силос*
storage space *область памяти, полезная площадь хранения*
storage stability *постоянство запасов, стойкость при хранении*
storage temperature *температура хранения*
storage time *время хранения*
storage water heater *водонагреватель с тепловым аккумулятором*
storage yard *складской двор*
store *водные запасы, водные ресурсы, запас, запоминающее устройство, лавка, магазин, накопитель, отборные деревья, оставляемые при рубках в порослевом насаждении с одним оборотом рубки, память, склад, универсальный магазин, хранение, хранилище*
store (vb.) *закладывать на хранение, запасать, запоминать, накапливать, хранить, хранить на складе*

store building *складское здание*

storehouse *кладовая, магазин, пакгауз, склад*

store room *кладовая, цейхгауз*

store waste (vb.) *хранить отходы*

storey *этаж, ярус*

storey height *высота этажа*

storey partition *этажная перегородка*

storing *закладка на хранение, запоминание, накопление запасов, сохранение, хранение*

storing place *место хранения*

storm damage *убытки от стихийного бедствия*

storm overflow *ливневый сток*

storm sewage *водостоки, ливневая канализация, ливнеотводный канал*

storm sewer *дождевой водосток, коллектор ливневой канализации, ливнеотводный канал*

storm surge *штормовой нагон*

storm surge barrier *защитное ограждение от штормового нагона*

storm surge level *уровень штормового нагона*

storm water *ливневая вода*

storm water basin *дождеприемник*

storm water pipe *водосточная труба*

storm water sewer *ливневая канализация*

storm water tank *отстойник для дождевых вод*

storm window *окно с двойным переплетом*

stove *грелка, камин, печь, сушильная печь*

stove drying *печная сушка*

stove enamel *эмаль горячей сушки*

stove enamelling *горячая эмалировка, эмалировка с обжигом*

stove finish *лак горячей сушки*

stove pipe *дымоход, железная дымовая труба*

stove tile *обожженная черепица*

stoving *обжиг;* [paintw.] *печная сушка*

stow (vb.) *складывать, укладывать*

straddle (vb.) *охватывать с двух сторон, располагать с двух сторон*

straddle carrier *лесовоз, погрузчик для длинномерных материалов, портальный погрузчик*

straddle truck *лесовоз, погрузчик для длинномерных материалов, портальный погрузчик*

straight *гладкий, правильный, прямой, прямолинейный*

straight arch [arch.] *пониженная арка*

straight beam *прямая балка*

straight brick *прямой кирпич*

straight crossfall *односторонний поперечный уклон*

straight cylindrical pin *прямой цилиндрический шплинт*

straightedge *линейка, правило;* [woodw.] *прямолинейная кромка*

straight-edged *с прямой кромкой*

straightedge striker *правило*

straighten (vb.) *выпрямлять, править, разгибать*

straightening *выправление, выпрямление, правка, разгибание, рихтовка*

straight gas cock *проходной газовый кран*

straight-grained *прямоволокнистый;* [woodw.] *прямослойный*

straight joint [mason] *соединение без шпунтов и шпонок;* [woodw.] *сплотка бревен*

straight line *прямая линия*

straightness *прямизна, прямолинейность*

straightness requirement *требования к прямолинейности*

straightness tolerance *допуск на прямолинейность*

straight piecework *сдельная работа*

straight portion *прямолинейный участок*

straight-run bitumen *битум, полученный прямой отгонкой*

straight saw *пила для прямолинейной резки*

straight sawing *пиление в торец, прямолинейная распиловка*

straight scarf [woodw.] *прямой накладной замок*

straight section *прямое сечение, прямой профиль*

straight shank [tool] *прямой хвостовик*

straight staircase *прямая лестница*

straight-through joint *сквозной монтаж*

strain *деформация, деформированное состояние, механическое напряжение, натяжение, растяжение*

strain (vb.) *напрягать, натягивать, процеживать, растягивать, фильтровать*

strain ageing *механическое упрочнение*

strain at failure *деформация при разрыве*

strain cycle fatigue *усталость при знакопеременных нагрузках, циклическая усталость*

strained material *просеяный материал*

strain energy *работа деформации*

strainer *всасывающий фильтр насоса, сито, стяжка, фильтр грубой очистки*

straining *натягивание, натяжение, процеживание, фильтрование*

straining beam *затяжка, ригель*

straining line *линия деформирования*

straining point *точка деформирования*

straining pole *зажимная штанга*

straining sill *лежень, опорная балка*

strain measurement *измерение деформаций, тензометрия*

strain of flexure *деформация при изгибе*

strain of torsion *деформация при кручении*

stranded caisson *опускной колодец с дном*

stranding *свивание каната, скручивание*

strand of rope *плетеный шнур, прядь каната, стренга*

strange *незнакомый, необычный*

strap *бугель, лента, накладка, обруч, полоса, полоска, ремень, серьга, скоба, строп, хомут, шина*

strap (vb.) *стягивать ремнем*

strap hinge *навеска, оконная петля с длинными крыльями*

strap iron *полосовая сталь, полосовое железо*

strapped joint *стык с накладкой*

strapping *обвязка, обшивка железными обручами, связывание, строповка*

strap rail *плоский рельс*
strap sanding machine *ленточно-обдирочная машина*
strap saw *ленточная пила*
stratification *стратификация*
stratified *слоистый*
stratified soil *слоистый грунт*
stratum *граница пласта, граница слоя, пласт, слой*
straw *соломенный;* [agr.] *солома, соломинка*
straw mat *мат из прессованной соломы*
stray (adj.) *блуждающий, паразитный, случайный*
stray current *паразитный ток, ток утечки;* [electr.] *блуждающий ток*
stray flash [weld] *случайная вспышка*
streak *полосатость (порок древесины), полоска, прослойка, черта;* [woodw.] *карра*
streak (vb.) *проводить полосы, чертить*
streaked *полосатый*
streaky *полосатый*
stream *поток, ручей, струя*
stream (vb.) *вытекать, струиться, течь*
stream direction *направление потока*
stream sand *речной песок*
street *улица*
street alarm *наружная пожарная сигнализация*
street cleaner *дорожная уборочная машина, механическая щетка*
street cleansing machine *машина для поливки улиц, поливальная машина*
street crossing *уличный перекресток*
street fitting *переходник, переходной фитинг трубопровода*
street furniture *оборудование улиц*
street gutter *уличный ливнесток*
street hydrant *пожарный кран*
street inlet *ливнесточный колодец*
street junction *уличный перекресток*
street lamp *уличный фонарь*
street lighting *уличное освещение*
street main *основная водопроводная магистраль*
street network *уличная сеть*
street railway *трамвайная линия*
street refuge *островок безопасности*
street sweeper *подметально-уборочная машина*
street urinal *уличный писсуар*
strength *крепость, мощность, напряженность поля, прочность, сила, сопротивление*
strength, of too low *весьма низкой прочности, непрочный*
strength at normal test-age [concr.] *прочность образца бетона в нормальном возрасте*
strength class *класс прочности*
strength condition *критерий прочности*
strengthen (vb.) *укреплять, упрочнять, усиливать*
strengthening *укрепление, упрочнение, усиление*

strengthening arch *усиливающая арка*
strengthening beam *усиливающая балка*
strengthening member *усиливающий элемент*
strengthening plate *усиливающая пластина*
strengthening rib *ребро жесткости, усиливающее ребро*
strengthening ring [rail] *усилительное кольцо*
strength grade *сорт по прочности*
strength of explosive *сила взрыва*
strength of flexure *предел прочности на изгиб, прочность на изгиб*
strength properties *прочностные характеристики*
strength ratio *коэффициент прочности*
strength reduction *снижение прочности*
strength test *испытания на прочность*
strength timber *деловая древесина*
strength welding *сварка с учетом рабочей нагрузки*
stress *внутреннее усилие, напряжение, напряженное состояние*
stress (vb.) *напрягать, подвергать напряжению*
stress analysis *расчет напряжений*
stress component *составляющая напряжения*
stress concentration *концентрация напряжений*
stress condition *напряженное состояние*
stress corrosion *коррозия под напряжением*
stress corrosion cracking *трещинообразование от коррозии под напряжением*
stress crack *трещина от напряжения*
stress cracking *трещинообразование от напряжения*
stress curve *кривая напряжений*
stress cycle *цикл напряжений*
stress diagram *диаграмма напряжений, эпюра напряжений*
stress distribution *распределение напряжений*
stressed *в напряженном состоянии, напряженный, находящийся под напряжением*
stressed concrete *преднапряженный бетон*
stressed reinforcement [concr.] *преднапряженная арматура*
stressed skin *работающая ограждающая оболочка*
stressed-skin construction *пространственная стержневая конструкция с работающей ограждающей оболочкой*
stressed-skin structure *бескаркасное жесткое сооружение, преднапряженная конструкция типа оболочки*
stress-free annealing [met.] *отжиг для снятия внутренних напряжений*
stress function *функция напряжений*
stressing *напряжение, натягивание*
stress in member *напряжение в элементе конструкции*
stress ratio *коэффициент напряжения*
stress relief *снятие напряжений*
stress relieving *снятие напряжений;* [met.] *отпуск*
stress-relieving annealing [met.] *отжиг для снятия напряжений*
stress-strain curve *кривая зависимости деформаций от напряжения*
stress-strain diagram *диаграмма зависимости деформаций от напряжения*

stress tensor *тензор напряжений*

stretch *вытягивание, протяжение, растяжение, участок, эластичность*

stretch (vb.) *вытягивать, простираться, растягивать, удлинять*

stretch at break *натяжение при разрыве*

stretcher *вытяжное устройство, ложковая перевязка в кирпичной кладке, ложок в кирпичной кладке, натяжное приспособление, носилки, правильно-растяжная машина, распорка, расширитель, удлинитель, ширильная машина*

stretcher bond [mason] *поперечная связь*

stretcher bond with broken joints [mason] *поперечная связь со стыками в шахматном расположении*

stretcher course [mason] *ложковый ряд*

stretcher unit [mason] *элемент ложковой перевязки*

stretch forming *вытяжка, растяжение*

stretching *вытяжка, растяжение*

stretching screw *стяжной винт, стяжной замок*

stretching strain *растягивающая деформация*

stretching stress *растягивающее усилие*

stretching tube *цельнотянутая труба*

striation *бороздатость, бороздка, бороздчатость, борозчатость, визуализация акустических волн методом дифракции света, паразитная вертикальная линия на телевизионном изображении, полоска, полосчатость*

strict *не допускающий отклонений, определенный, строгий, точный*

strict control *строгий контроль*

strike *дверная пластинка замка, линейка, правило, удар, формовочный шаблон, щиток*

strike (vb.) *закружаливать, разбивать арку, расшивать швы, снимать опалубку, удалять излишки формовочной смеси, ударять*

strike down scaffolding (vb.) *снимать подмости, снимать строительные леса*

strike off (vb.) *отрезать, отсекать, разравнивать бетонную смесь, сбивать, сколачивать, срезать излишек*

strike out (vb.) *платировать, разводить*

strike plate *дверная пластинка замка*

striker *баба, боек молота, наличник молота, точильный брусок;* [concr.] *трамбовка;* [mason] *ручная кардная щетка*

strike through (vb.) *перечеркнуть*

strike-through *пробивание печатной краски, просвечивание изображения на оборотной стороне оттиска, прохождение клея сквозь основной материал при дублировании;* [paintw.] *проступание грунтового слоя*

striking of lightning *удар молнии*

striking surface *ударная поверхность*

striking wedges *парные клинья*

string *веревка, каболка, канатная пряжа, косоур лестницы, строка, струна, тетива лестницы, шнур, шпагат*

string (vb.) *натягивать, обвязывать*

stringboard *косоур лестницы, тетива лестницы*

string course *перевязка каменной кладки, поясок*

stringer *лонжерон, планка, скрепляющая шашки плоского поддона, полоз, полоса (вид переноса материала при трении), проводник жилы, продольная балка, продольная балка железнодорожного моста, прожилок, ригель перекрытия деревянного каркасного здания, стрингер, строчечное включение в металле;* [rail] *продольная шпала*

string fillet *бордюрная рейка, валик, поясок, раскладка, штапик*

string of piping *колонна труб*

string piece *затяжка, лонжерон, продольная балка*

string polygon [mach.] *веревочный многоугольник*

string tag *бирка на шнурке*

strip *лента, планка, полоса, полосовая сталь, рейка, узкая полоска, шина*

strip (vb.) *очищать, сдирать, срывать нарезку, удалять;* [concr.] *снимать опалубку;* [electr.] *зачищать;* [mining] *производить вскрышные работы*

strip a wall (vb.) *обдирать стену*

strip down (vb.) *демонтировать, разбирать*

stripe *полоса, полосатый материал, штрих*

stripe (vb.) *наносить полосы*

striped *полосатый*

strip electrode [weld] *пластинчатый электрод*

strip fuse [electr.] *пластинчатый плавкий предохранитель*

strip iron *полосовая сталь, полосовое железо*

strip material *полосовой материал, штрипс*

strip paint (vb.) [paintw.] *удалять лакокрасочное покрытие*

stripper *десорбер, жилковыдергивающая машина, колосоуборочная машина, машина для очистки плодов от кожуры, машина для удаления средней жилки табачного листа, мылострогальная машина, обдирочная машина, отпарная секция ректификационной колонны, отпарной аппарат, придержка в штампе, ракель, раствор для удаления верхнего слоя, раствор для удаления лакокрасочного покрытия, рубильник для настрачивания отделки на деталь, сниматель рулонов, стриппер, стripперный кран, съемник, установка для выделения изотопов из отработавшего ядерного топлива, установка для работы с лифтовой колонной под высоким давлением;* [text.] *малодебитная скважина*

stripping *вскрышные работы, удаление верхнего слоя;* [concr.] *распалубка;* [mining] *вскрыша*

stripping down *демонтаж, разборка на части*

stripping of formwork [concr.] *распалубка*

stripping pliers [electr.] *плоскогубцы для зачистки проводов*

stripping time [concr.] *время распалубки*

stripping tongs [electr.] *плоскогубцы для зачистки проводов*

strip steel *полосовая сталь*

stroke *нажатие клавиши, такт, ход, черта, штрих*

stroke (vb.) *гладить, красить кистью*

stroke of a pump *ход поршня насоса*

stroke of lightning *удар молнии*

stroke of the plane *проход рубанка*

strong *крепкий, прочный, сильный*

strong clay *жирная глина*

strongroom *кладовая для хранения ценностей в банке, сейф*

strong wall *брандмауэр*

strong welding *монтажная сварка*

struck *заштрихованный, уплотненный*

struck joint *шов кирпичной кладки со скосом книзу*

struck-joint pointing *расшивка швов кирпичной кладки со скосом книзу*

structural *конструкционный, строительный, структурный*

structural adaptation *структурная адаптация*

structural addition *навес, пристройка*

structural alloy steel *конструкционная легированная сталь*

structural analysis [syst.] *структурный анализ*

structural architect *архитектор-строитель*

structural behaviour *статическая работа конструкции*

structural calculations *расчет конструкций*

structural chipboard *строительная древесностружечная плита*

structural clay tile *строительная керамическая плитка*

structural component *конструктивный элемент, строительная деталь, элемент конструкции*

structural concrete *конструкционный бетон*

structural defect *дефект строительства, конструктивный дефект, структурный дефект*

structural drawing *строительный чертеж*

structural element *строительная деталь, элемент конструкции*

structural element of a building *конструктивный элемент здания, элемент конструкции здания*

structural engineer *инженер-строитель*

structural engineering *проектирование зданий и сооружений*

structural error *конструктивная ошибка*

structural fault *строительная ошибка*

structural floor *несущее перекрытие*

structural foam moulding *формование конструкционного пенопласта*

structural frame *каркасная конструкция, несущий каркас*

structural glass *строительные изделия из стекла*

structural gluing *склеивание конструкций*

structural iron *стальной профиль*

structural material *конструкционный материал*

structural member *конструктивный элемент, строительная деталь, элемент конструкции*

structural model *структурная модель*

structural module *строительный модуль*

structural opening *проем в стене*

structural panel *несущий элемент, строительная панель*

structural part *несущая деталь*

structural plate *конструкционный листовой материал*

structural reveal *притолока, строительная четверть окна*

structural section *сечение конструкции*

structural sheet *конструкционный листовой материал*

structural steel *конструкционная сталь*

structural steel plate *конструкционная листовая сталь*

structural steelwork *несущая стальная конструкция*

structural steel workshop *предприятие по изготовлению стальных конструкций*

structural strength *прочность конструкции*

structural timber *строительный лесоматериал*

structural timber work *деревянная конструкция*

structural tubing shape *трубный профиль*

structural unit *несущий элемент конструкции*

structural varnish *строительный лак*

structural wall element *несущий стеновой элемент*

structure *конструкция, расположение частей, сооружение, строение, структура, схема, устройство*

structure (vb.) *структурировать*

structure-borne sound *шум, порождаемый конструкцией изделия*

structure clearance [rail] *габарит конструкции*

structure gauge [rail] *габарит конструкции*

strut *кронштейн гребного вала, подкос, подпорка, поперечина продольно-строгального станка, распорка, сжатый элемент, сжатый элемент конструкции, стойка*

strut (vb.) *подпирать, распирать*

strut beam *шпренгельная балка*

strut bracing *шпренгельная система*

strut frame *шпренгельная система*

strut-framed bridge *рамный мост с распорками*

strut load *нагрузка на стойку*

strutting *диагональные связи между балками перекрытия, крепление подпорками, распорки между балками перекрытия, стойки, установка подпорных стоек*

stub-end station [rail] *тупиковая станция*

stub of roof tile *выступ кровельной черепицы*

stucco *наружная штукатурка, штукатурный раствор для наружных работ*

stuccoer *штукатурщик*

stucco work *штукатурные работы*

stuck, be (vb.) *застрять, прилипнуть*

stud *гвоздь с большой шляпкой, кнопка, нагель, палец, штифт, штырь;* [road] *километровый столб*

stud wall *деревянная каркасная стена*

stud welding [weld] *приварка шпилек, приварка штырей*

stud work *каркасная конструкция, фахверк*

study *анализ, изучение, исследование*

study (vb.) *изучать, исследовать*

stuff *материал, наполнитель*

stuff (vb.) *набивать, наполнять*

stuffing *архивация файла, вставка, заполнение, набивка, набивочный материал, прокладка*

stuffing box *набивочная камера сальника, сальник*

stump *обрубок, пень*

sturdiness *выносливость, стойкость к воздействию*

sturdy *выносливый, крепкий, стойкий*

sturdy design *прочная конструкция*

style *граверный резец, перо, стиль*

sub- *под-*

subaqueous *подводный*

subaqueous trench method *метод подводной траншеи*

subarch [arch.] *подарка*

subassembly *предварительная сборка, сборочный узел, узловая сборка*

subbase *нижний слой основания дорожного покрытия, нижняя часть цоколя, подстилающий грунт*

subbasement *подвал*

subcoating *грунтовка*

subcontract *договор с субподрядчиком, субподряд*

subcontracting work *работа по субподряду*

subcontractor *субподрядчик*

subcontract product *продукция, произведенная подрядчиком*

subcrust *нижний слой дорожного покрытия, подкорковая зона*

subdivide (vb.) *подразделять*

subdrain *закрытый дренаж, подземный дренаж*

subfloor *накат, черный пол*

subfloor construction *конструкция черного пола, накатное сооружение*

subflooring *устройство черного пола*

subgrade *основание, основная площадка земляного полотна, отметка дна траншеи, поверхность грунта после окончания земляных работ, подстилающий слой;* [rail] *основная площадка земляного полотна;* [road] *постель*

subgrade reaction *реакция грунтового основания, реакция подстилающего слоя*

subgrade reaction at edge *реакция подстилающего слоя у края полотна*

subjacent *нижележащий, подстилающий*

subject *дисциплина, подчиненный, предмет, тема*

subjected to *подвергаемый воздействию*

subjective (adj.) *субъективный*

subject knowledge *знание предмета, знание темы*

subject to (vb.) *подвергать воздействию*

subject to compressive stress *находящийся под действием сжимающего напряжения*

subject to stress (vb.) *напрягать, подвергать напряжению*

subject to tensile stress (vb.) *подвергать растягивающему напряжению, растягивать*

sublimed sulphur *очищенная сера*

submarine (adj.) *подводный*

submarine cable *подводная линия связи, подводный кабель*

submarine line *подводная линия связи, подводный кабель*

submerge (vb.) *затоплять, погружать*

submerge a cable (vb.) *погружать кабель*

submerged *затопленный, погружной, подводный;* [weld] *под флюсом*

submerged arc welding *дуговая сварка под флюсом*
submerged dam [hydr.] *затопленный водослив*
submerged outlet [hydr.] *донный водовыпуск*
submerged pump *погружной насос*
submerged weir *затопленный водослив*
submergence *затопление, подтопление*
submersible (adj.) *погружной, рассчитанный на работу под водой*
submersible lighting fitting *погружная осветительная арматура*
submersible pump *погружной насос*
submersion *затопление, погружение*
submission of tender *представление заявки на подряд*
submit (vb.) *подчиняться, представлять на рассмотрение*
submittal *документ, представленный на рассмотрение*
subsea *погруженный в воду, подводный*
subsequent *последующий*
subsequent treatment *последующая обработка*
subside (vb.) *оседать, ослабляться, падать, убывать*
subsidence *осадка основания сооружения, оседание породы, ослабление, просадка грунта, снижение*
subsider *осветлительный бассейн, отстойник*
subsidiary *вспомогательный, дополнительный, дочерний (о предприятии), подчиненный*
subsidiary road *второстепенная дорога*
subsidized housing *жилищное строительство, финансируемое государством*
subsidized housing project *государственная программа жилищного строительства*
subsidy *дотация, субсидия*
subsoil *грунт под растительным слоем, подпочва, подстилающий слой грунта*
subsoil drain *закрытая дрена*
subsoiler *почвоуглубитель*
subsoil pipe *закрытая труба, подземный трубопровод*
subsoil water *грунтовая вода, подпочвенная вода*
substance *вещество, масса, материал, содержание*
substance hazardous to health *вещество, вредное для здоровья*
substandard *некондиционный, не отвечающий техническим требованиям, нестандартный, обладающий промежуточной точностью между образцовыми и контрольными приборами*
substantial *значительный, крепкий, прочный, существенный*
substantial design *прочная конструкция*
substation [electr.] *подстанция*
substitute *замена, заменитель, суррогат*
substitute (vb.) *заменять, замещать, подставлять*
substitution *замена, замещение, подстановка*
substratum *подпочва, подпочвенный слой*
substructure *нижнее строение, основание, подземная часть сооружения*
subsurface *закрытая площадь, недра, нижние горизонты, подпахотный слой, подповерхностная зона, подпочва, приповерхностная зона, приповерхностный материал*

subsurface (adj.) *грунтовый, подпочвенный*
subsurface conditions *подповерхностные условия*
subsurface erosion *подпочвенная эрозия*
subsurface investigation *глубинное исследование грунта*
subsurface line *подземная линия*
subsurface mounting *подземный монтаж*
subterranean *подземный*
subterranean cable *подземный кабель*
subterranean water *грунтовые воды, подземные воды*
subtract (vb.) *вычитать*
subtraction *вычитание*
suburb *окрестности города, предместье, пригород*
subway *метро, подземка, подземный переход, тоннель*
subzero temperature *температура ниже нуля*
succession *последовательность, преемственность*
successive grouting *последовательное добавление цементного раствора*
suck (vb.) *впитывать, всасывать, поглощать*
sucker *всасывающая труба*
sucking *впитывание, всасывание, засасывание*
sucking (adj.) *впитывающий, всасывающий*
sucking and forcing pump *насос двукратного действия*
sucking effect *всасывающее действие*
suction *впитывание, всасывание, засасывание, отсос, присос*
suction capacity *всасывающая способность*
suction channel *вытяжной канал*
suction cup *всасывающий стакан*
suction dredger *землесосный снаряд*
suction effect *всасывающее действие*
suction fan *вытяжной вентилятор*
suction filter *вакуумный фильтр*
suction head *высота всасывания, грунтозаборное устройство земснаряда*
suction height *высота всасывания*
suction hose *вытяжной шланг*
suction length *длина всасывающего трубопровода*
suction line *всасывающий трубопровод, линия всасывания*
suction pipe *всасывающий трубопровод*
suction pressure *давление всасывания*
suction pump *всасывающий насос*
suction side *сторона низкого давления;* [aero] *сторона всасывания*
suction sweeper *вакуумная подметальная машина*
suction tube *всасывающий шланг*
suction valve *всасывающий клапан*
suction vent *втяжной канал, входное отверстие*
suction well *водоприемный колодец насоса*
sudden *быстрый, внезапный, мгновенный*
sudden failure *внезапный отказ, случайный отказ*
suds *мыльная вода*
sufficient *достаточный*
suggested arrangement *предлагаемая схема, предлагаемое размещение, предлагаемое расположение*

suggested layout *предлагаемая схема, предлагаемое размещение, предлагаемое расположение*

suggestion *предложение*

suit *комплект, набор*

suit (vb.) *подходить, удовлетворять требованиям*

suitability *пригодность, соответствие требованиям*

suitable *годный, подходящий, соответствующий*

suitable application *использование по назначению, подходящее применение*

sulphate *сульфат*

sulphate-resistant cement *сульфатостойкий цемент*

sulphite lye *сернокислый щелок*

sulphur (S) *сера*

sulphur-asphalt *смесь битума с серой (вяжущий дорожный материал)*

sulphur cement *вяжущее на базе желтой серы*

sulphur dioxide *диоксид серы, сернистый ангидрид*

sulphur dioxide pollution *загрязнение атмосферы диоксидом серы*

sulphuric acid *серная кислота*

sum *арифметическая задача, итог, сумма*

sum (vb.) *подводить итог, складывать, суммировать*

summary *итог, сводка*

summary (adj.) *краткий, сокращенный*

summation *сложение, суммирование*

summer *балка, лето, перекладина, прогон*

summer cottage *дача*

summer house *дача, летний домик*

summerwood *поздняя древесина*

summing up *подведение итогов, суммирование*

summit *вершина, выпуклый перелом продольного профиля дороги, участок дороги на выпуклой кривой*

summit of dyke *вершина дамбы*

sump *водосборный колодец, грязевик, грязеотстойник, зумпф, отстойный колодец, поддон*

sum up (vb.) *подводить итоги, складывать, суммировать, увеличение суммы*

sun *солнце*

sun blind *жалюзи, маркиза, штора*

sun breaker *козырек, солнцезащитное устройство*

sun cracking *трещинообразование под действием солнца*

sun dial *солнечные часы*

sundries *метизы, принадлежности*

sundry (adj.) *различный, разный*

sunken road *дорога в выемке*

sunk fascine [hydr.] *спускная фашина*

sunk fence *забор, проходящий по дну рва*

sunk well *опускной колодец*

sunlight *солнечный свет*

sunlight protection *защита от солнечного света*

sun louvre *жалюзи*

sunny *освещенный Солнцем, солнечный*

sun-proof *светопрочный*
sun protection *защита от солнечных лучей, защита от солнца*
sun resistance *светостойкость*
sun-resistant *светостойкий*
sunrise *восход Солнца, заря*
sunset *закат, заход Солнца*
sunshade *навес, тент*
sunshield *солнцезащитное устройство*
sunshine *солнечный свет*
super (adj.) *великолепный, превосходный*
superdimensioned *завышенных размеров, сверхбольшого размера*
superelevation [rail] *возвышение наружного рельса*
superelevation connecting ramp [rail] *покатый переходной путь по кривой с возвышением наружного рельса*
superficial *внешний, поверхностный*
superficial measure *внешний размер*
superficial run-off *поверхностный сток*
superficial structure *верхнее строение, наземная часть здания*
superficial water *поверхностные воды*
superfinish [mech.eng.] *суперфиниш*
superfinish (vb.) *суперфинишировать*
superfluous *избыточный, излишний*
superimpose (vb.) *накладывать, налагать, прилагать нагрузку*
superintendence *контроль, надзор, управление*
superintendent *производитель работ, строительный инспектор*
superior *вышестоящий, лучший, превосходящий, старший*
superplastic *суперпластичный*
superplasticity *суперпластичность*
superpose (vb.) *накладывать, напластовывать*
superposition *наложение, напластование*
superpressure *избыточное давление*
superrefined steel *высокосортная сталь*
superstructure *пролетное строение, часть здания выше фундамента*
supertension *перенапряжение, сверхвысокое напряжение*
supervise (vb.) *заведовать, контролировать, наблюдать, надзирать, смотреть*
supervising authority *контрольный орган*
supervision *контроль, наблюдение, надзор*
supervision of works *контроль за ведением работ, руководство работами*
supervision plan *план технического надзора*
supervisor *бригадир, диспетчер, инспектор, контролер, руководитель работ*
supervisory board *контрольный орган, контрольный совет*
supervisory control *контроль, надзор*
supervoltage [electr.] *сверхвысокое напряжение*
supple *гибкий, ковкий, податливый, эластичный*
supplement *добавление, дополнительный угол, поддержка, приложение*
supplement (vb.) *добавлять, пополнять*

supplemental *дополнительный*
supplementary *добавочный, дополнительный*
supplementary angle [mat.] *дополнительный угол*
supplementary heating *дополнительное отопление*
supplementary information *дополнительная информация*
suppleness *гибкость, ковкость, податливость, эластичность*
supplier *поставщик*
supply *запас, источник питания, питание, подача, подвод тока, снабжение*
supply (vb.) *питать, подавать, подводить, снабжать*
supply air *приточный воздух*
supply cable [electr.] *питающий кабель*
supply frequency [electr.] *питающая частота*
supply grid [electr.] *питающая энергосеть*
supply line [electr.] *питающая линия*
supply mains *питающая электрическая сеть*
supply meter *электросчетчик*
supply network *питающая электрическая сеть*
supply of electricity *подача электроэнергии, электроснабжение*
supply of water *водоснабжение, подача воды*
supply pipe *магистральный трубопровод, подводящая труба, подводящий трубопровод*
supply pump *питающий насос*
supply terminal [electr.] *зажим источника питания*
supply voltage [electr.] *напряжение питания*
supply voltage interruption [electr.] *падение напряжения в сети*
support *несущая конструкция, обеспечение, опора, опорная стойка, поддержка, станина*
support (vb.) *нести, обеспечивать, поддерживать, подпирать*
support angle *угол опирания*
supporter *несущий элемент, средства обеспечения, средства обслуживания, средства поддержки*
supporting *вспомогательный, несущий (о конструкции), опорный*
supporting beam *несущая балка, опорная балка*
supporting block *опорный блок*
supporting column *несущая колонна*
supporting construction *несущая конструкция*
supporting frame *несущая конструкция, несущий каркас, опорная рама*
supporting framework *несущий каркас*
supporting girder *несущая балка*
supporting iron *несущая металлоконструкция*
supporting mast *несущая мачта*
supporting mechanism *опорный механизм*
supporting medium *носитель катализатора*
supporting pillar *колонковая опора*
supporting point *точка опоры*
supporting pole *опорная стойка*
supporting structure *несущая конструкция, поддерживающая конструкция*
supporting surface *несущая поверхность*

supporting trestle *мост на рамных опорах, опорный козелок, рамная опора*
supporting wall *несущая стена*
support point *точка опоры*
support reaction *опорная реакция*
suppression *подавление, тушение, устранение*
suppressor *подавитель помех, фриттер (предохранитель от акустических ударов)*
surbased arch [arch.] *богемская арка*
surbased vault [arch.] *богемский свод*
surcharge *временная нагрузка, добавочная нагрузка, перегрузка*
surcharge loading *перегрузка*
surface *плоскость, площадь, поверхность, покрытие*
surface (vb.) *выравнивать поверхность, обрабатывать поверхность*
surface appearance *внешний вид*
surface area *площадь поверхности*
surface blemish *поверхностный дефект*
surface cavity [met.] *поверхностная раковина*
surface coating *защитное покрытие, поверхностный слой, покрытие для защиты поверхности*
surface condition *состояние поверхности, шероховатость*
surface construction *наземная конструкция*
surface course [road] *верхний слой дорожной одежды*
surface cover *верхнее покрытие*
surface crack *поверхностная трещина*
surface damage *повреждение поверхности*
surface defect *дефект поверхности*
surface deterioration *разрушение поверхности*
surface discontinuity *нарушение сплошности поверхности*
surface dressing *поверхностный слой износа дорожного покрытия, устройство поверхностного тонкого слоя*
surfaced timber *строганые пиломатериалы*
surface elasticity *упругость поверхности*
surface evenness *ровность поверхности*
surface film *поверхностная пленка*
surface finish *качество обработки поверхности, класс обработки поверхности, отделка поверхности, шероховатость*
surface finishing *отделка поверхности, чистовая обработка поверхности*
surface-finish testing instrument *прибор для проверки чистоты поверхности*
surface fissure *поверхностная трещина*
surface force *поверхностное усилие*
surface grinding *плоское шлифование, шлифование плоскостей*
surface-hardened steel *поверхностно-упрочненная сталь*
surface hardening [met.] *поверхностное упрочнение*
surface hardness *поверхностная твердость*
surface layer *поверхностный слой*
surface load *нагрузка на поверхность*
surface measure *измерение шероховатости поверхности*
surface milling cutter [woodw.] *фреза для обработки поверхностей*

surface mounted *наземный*
surface mounted luminaire *потолочный светильник*
surface of a weld *поверхность сварного шва*
surface of contact *поверхность контакта*
surface of formation [rail] *поверхность земляного полотна*
surface of ground water *зеркало грунтовых вод, уровень грунтовых вод*
surface of revolution *поверхность вращения*
surface of rotation *поверхность вращения*
surface of separation *поверхность раздела*
surface-passive agent [road] *поверхностно-пассивное вещество*
surface planing machine *дорожный утюг, планировочная машина, продольно-строгальный станок*
surface pore *поверхностная пора*
surface power *поверхностное усилие*
surface preparation *подготовка поверхности*
surface pressure *давление на поверхность*
surface profile *профиль поверхности*
surfacer *шпатель, шпатлевка*
surface resistance *сопротивление поверхности*
surface roughness *шероховатость поверхности*
surface run-off *поверхностный сток*
surface scratch *поверхностная царапина*
surface scratch test *испытание на твердость по Мосу, определение твердости царапанием*
surface shrinkage [met.] *поверхностная усадка, усадка поверхности*
surface spray painting *окраска поверхности распылением*
surface structure *структура поверхности, текстура поверхности*
surface temperature distribution *распределение температуры на поверхности*
surface tension *поверхностное натяжение*
surface texture *фактура поверхности*
surface traverser [rail] *поворотный круг*
surface treatment *поверхностная обработка*
surface unit *единица поверхности*
surface vibration [concr.] *виброуплотнение поверхности*
surface vibrator [concr.] *поверхностный вибратор*
surface washing *смыв поверхностного слоя*
surface water *поверхностная вода*
surface water catchment *водосточная канава, ливнеспуск*
surface water intake *водосточная канава, ливнеспуск*
surface welding *поверхностная сварка*
surfacing *нанесение покрытия на поверхность, наплавка поверхности, обработка поверхности, одежда дороги, планировка, покрытие лаком, профилирование;* [road] *покрытие;* [woodw.] *полировка*
surge *волна попуска, выброс напряжения, выброс тока, нагон волны, накат волны;* [el.] *перенапряжение*
surge chamber *уравнительная камера*
surge tank *уравнительный резервуар*
surging *вибрация, колебания, помпаж, пульсация*

surmount (vb.) *превосходить, преодолевать*
surpass (vb.) *превосходить, преодолевать*
surplus *избыток, излишек*
surplus (adj.) *избыточный, излишний*
surplus heat *избыточное тепло*
surplusing works *водосброс;* [hydr.] *водосбросное сооружение*
surplus materials *избыточные материалы*
surplus product *избыточный продукт, излишний продукт*
surround (vb.) *обступать, окружать*
surrounding *окружающий*
surrounding environment *окружающая среда*
surroundings *окрестности, окружение*
surveillance *контроль, наблюдение, осмотр, технический надзор*
surveillance authority *орган технического надзора*
survey *изыскание, исследование, обследование, осмотр, план, съемка*
survey (vb.) *межевать, нивелировать, проводить изыскания, проводить съемку местности*
survey and valuation *изыскания и оценка*
survey and valuation report *отчет об обследовании и оценке*
surveying *межевание;* [geod.] *съемка*
surveying camera *аэрофотокамера*
surveying of detail points [geod.] *съемка подробностей*
surveying of heights [geod.] *съемка высот*
survey line [geod.] *линия съемки*
survey notes *полевой журнал;* [geod.] *полевые данные*
survey of land *землемерная съемка, полевая съемка*
survey of title *межевание*
surveyor *землемер, изыскатель, исследователь, топограф*
surveyor's chain [geod.] *мерная цепь*
survey report *отчет об обследовании*
susceptable *чувствительный*
susceptibility *восприимчивость, чувствительность*
susceptible *восприимчивый, чувствительный*
suspend (vb.) *временно прекращать, подвешивать, приостанавливать;* [chem.] *суспендировать*
suspended *взвешенный, висячий, подвесной, суспендированный*
suspended ceiling *подвесной потолок*
suspended deck *подвесная опалубка, подвесная платформа*
suspended dust *взвешенная пыль*
suspended formwork *подвесная опалубка*
suspended joint [rail] *стык навесу*
suspended lamp *подвесная лампа*
suspended luminaire *подвесной светильник*
suspended matter *взвесь, взвешенное вещество*
suspended particles *взвешенные частицы*
suspended railway *подвесная железная дорога*
suspended scaffold *подвесные строительные леса*
suspended solid *взвешенные твердые частицы, твердая взвесь*
suspended span *консольно-балочный пролет*
suspended trolley *подвесная тележка*

suspender *подвесной кабель*
suspension *подвеска, приостановка*
suspension beam *подвесная балка*
suspension bridge *подвесной мост*
suspension cable *несущий трос подвесного моста*
suspension post *висячие стропила*
suspension rod *подвеска*
suspension roof *висячее покрытие*
suspension system *подвесная система*
suspension wire *несущий трос, проволочная подвеска*
sustain (vb.) *выдерживать, испытывать, поддерживать*
sustained *непрерывный, постоянный*
sustaining (adj.) *испытываемый длительное время, поддерживаемый*
sustaining wall *опорная стенка*
SW (standing wave) *стоячая волна*
swab (vb.) *обмазывать, швабрить*
swage *ковочный обжимной штамп, матрица, пуансон*
swallow tail *деталь в виде ласточкина хвоста;* [woodw.] *соединение в шип типа ласточкин хвост*
swamp (vb.) *заболачивать, затоплять*
swan neck *S-образное колено трубопровода*
swap *замена, обмен, перекачка, перекоммутация маршрутов, перестановка, подкачка, смена*
swap (vb.) *замещать, обменивать, переставлять, подкачивать*
swapping *обмен, подкачка;* [prof.] *свопинг*
swarf *мелкая металлическая стружка, шлифовальная муть*
sway bracing *ветровые связи, горизонтальная стяжка, связи жесткости*
sweat (vb.) *отпотевать, паять в печи*
sweating *выпотевание, сплошная запайка*
sweat joint *шов, полностью залитый припоем*
sweep *блок развертки, колебание, пологая кривая, развертка*
sweep (vb.) [el.] *развертывать*
sweeper *подметальная машина, подметальщик*
sweeping *подметание*
swell *возвышение, вспучивание, утолщение*
swell (vb.) *вспучиваться, набухать, разбухать, расширяться*
swell dowel *кобылка, расширяющая шпонка*
swelling *вспучивание, набухание, разбухание*
swell out (vb.) *вспучиваться, разбухать, увеличиваться в объеме*
swill *мусор, помои*
swill out (vb.) *выполаскивать, обмывать, полоскать*
swimming body *плавающее тело*
swimming pool *плавательный бассейн*
swimming-pool nosing *бортик плавательного бассейна*
swing *качание, колебание, поворот, размах*
swing (vb.) *качаться, колебаться, поворачиваться*
swing bridge *поворотный мост, разводной мост*
swing damper *вращающаяся дымовая заслонка*
swing door *вращающаяся дверь, дверь, открывающаяся в обе стороны*

swinging *качание, колебание, поворачивание*
swinging (adj.) *качающийся, поворотный*
swinging crane *поворотный кран*
swinging door *вращающаяся дверь*
swinging lamp *вращающаяся лампа, поворотная лампа*
swinging outlet [san.eng.] *поворотная выпускная заслонка*
swinging saw *маятниковая пила*
swing screen *качающийся грохот*
swing valve *поворотный клапан*
swirl *вихревое движение, вихрь, водоворот, турбулентное движение*
switch *выключатель, замыкатель, коммутатор, переключатель, рубильник, спусковой механизм;* [rail] *стрелка*
switch (vb.) *выключать, коммутировать, переводить стрелку, переключать;* [electr.] *перемагничивать*
switch blade *нож рубильника, остряк, переводной рельс, подвижной рычаг переключателя;* [rail] *перо стрелки*
switchboard *коммутатор, коммутационная панель, распределительный щит;* [electr.] *щит управления*
switch box [electr.] *распределительная коробка*
switch button [electr.] *кнопочный выключатель*
switch cabinet *распределительная коробка;* [electr.] *распределительный щит*
switch connection *включение;* [electr.] *соединение*
switch cover [electr.] *крышка выключателя*
switch desk *коммутационный стол*
switch diamond crossing [rail] *остроугольное стрелочное пересечение*
switched off *выключенный, отключенный*
switchgear [rail] *стрелочный привод*
switchgroup [rail] *групповой контактор*
switching *выключение, коммутация, переключение;* [electr.] *включение*
switching circuit *схема коммутации*
switching off [electr.] *выключение*
switch off (vb.) *выключать;* [electr.] *отключать*
switch on (vb.) [electr.] *включать*
switch socket [electr.] *розетка*
switch stand [rail] *стрелочный станок*
switch tongue [rail] *остряк стрелки*
switchyard [rail] *маневровый парк*
swivel *вертлюг, винтовая стяжка, шарнирное соединение*
swivel (vb.) *вращаться, поворачиваться*
swivel bridge *поворотный мост, разводной мост*
swivelling *вращение, поворот*
swivelling (adj.) *вертлюжный, вращающийся, откидной, поворотный, шарнирный*
swivelling axis *вращающаяся ось, поворотная ось*
swivelling crane *поворотный кран*
swivelling part *вращающаяся деталь, поворотная деталь*
swivelling roller *мебельный ролик*
swivel nut [pipe] *стяжная гайка*

swivel pin *шарнирный болт*
swivel radius *радиус поворота*
swivel tap *вертлюжный кран*
swivel-type *вертлюжного типа, поворотного типа*
symbol *знак, символ, условное обозначение*
symmetrical lighting fitting *симметричная светотехническая арматура*
symmetrical luminous intensity distribution *симметричное распределение силы света*
symmetry *симметрия*
symmetry axis *ось симметрии*
synchronization *синхронизация*
synchronize (vb.) *синхронизировать*
synchronizing *синхронизация*
synchronous *синхронный*
synoptic plan *синоптический план*
synthetic *искусственный, синтетический*
synthetic fibre *синтетическое волокно*
synthetic material *синтетика, синтетический материал*
synthetic resin glue *клей из синтетической смолы*
syphon *дюкер, сифон*
system *план, расположение, система, установка, устройство*
system axes [mat.] *оси системы координат*
system building *сборное строительство*
system construction *сборное строительство*
system earth [electr.] *заземление системы*
system of coordinates [mat.] *система координат*
system of drainage *дренажная система*
system of fits *система посадок*
system of highways *система шоссейных дорог*
system of pulleys *полиспаст*
system of units *система единиц*
system testing *испытания системы, системное тестирование*

T *тавр, тавровый профиль;* [pipe] *тройник*

tab *лапка, символ табуляции, ус, ушко, шпонка*

tab (vb.) *табулировать*

tab connector *контактный столбик;* [el.] *столбиковый вывод*

table *доска, планшетный стол, плита, стол, табель, таблица, щит;* [arch.] *карниз*

tabled scarf [woodw.] *врубка прямым накладным замком*

table of charges *тариф*

table of contents *содержание*

table of rates *тариф*

tablet *планшет, пластинка, плитка;* [arch.] *подферменный камень*

tablet of slate *шиферная плитка*

tabular *в виде таблицы, пластинчатый, слоистый, табличный*

tab washer *лепестковая контршайба*

tacheometer [geod.] *тахеометр*

tacheometer (theodolite) [geod.] *тахеометр (теодолит)*

tacheometry *тахеометрическая съемка;* [geod.] *тахеометрия*

tachymeter [geod.] *тахеометр*

tachymetry *тахеометрическая съемка, тахеометрия*

tack *гвоздь с широкой шляпкой, канцелярская кнопка, клейкость, клеющая способность, кнопка, шпилька*

tack (vb.) *прибивать, приклеивать, прикреплять кнопками;* [plumb.] *фальцевать*

tack coat *предварительный розлив вяжущего материала для обеспечения связи основания с верхним слоем, связующий слой, слой сцепления;* [road] *протравка*

tack-free [paintw.] *без клея*

tackiness *клейкость*

tacking [plumb.] *фальцевание*

tack inhibitor *замедлитель склеивания, ингибитор склеивания*

tackle *полиспаст, принадлежности, такелаж, тали*

tackle block *блок полиспаста, блок талей*

tack weld *прихваточный сварной шов стежками*

tack-weld (vb.) *прихватывать временной сваркой стежками*

tack welding *временное скрепление элемента сваркой стежками*

tacky *клейкий, липкий*

tag *бирка, кабельный наконечник, метка, признак, тег, ярлык блока сообщения*

tag (vb.) *прикреплять бирку, прикреплять ярлык*

tail *остаток, последний элемент списка, список без первого элемента;* [build.] *выступающая часть кирпича ступенчатой кладки*

tail bay *крайний пролет, расстояние между концевыми балками в свету*

tail beam *балка междуэтажных перекрытий, опирающаяся одним концом на ригель, укороченная балка у проема в перекрытии*

tailgate *вспомогательный трек, затвор водовыпуска, низовые ворота, спускной шлюз*

tail gate *нижние ворота шлюза;* [hydr.] *глубинный аварийный затвор*

tail joist *балка междуэтажных перекрытий, опирающаяся одним концом на ригель, укороченная балка у проема в перекрытии*

tailor (vb.) *адаптировать, делать на заказ, привязывать к месту, разрабатывать*

tailored *нестандартный, подогнанный, привязанный к месту*

tailpiece *концевая часть, опирающаяся одним концом на ригель, укороченная балка у проема в перекрытии, хвостовая часть;* [build.] *балка междуэтажных перекрытий*

tail pipe *всасывающая труба насоса*

tailrace *сток, сточный канал*

tailrace tunnel *водоотводящий туннель, спускной туннель*

tail water *вода, нижний бьеф, сбрасываемая в нижний бьеф, сбросные воды гидросооружения*

taint *налет, пятно*

taint (vb.) *загрязняться примесями, портиться, примешивать, пятнать*

tainted *запятнанный, испорченный, с налетом*

take (vb.) *брать, снимать*

take a measurement (vb.) *измерять, снимать размер*

take apart (vb.) *взять по отдельности, демонтировать, разбирать*

take a reading (vb.) *снимать показания прибора*

take asunder (vb.) *демонтировать*

take away (vb.) *убирать*

takedown *демонтаж*

take down (vb.) *демонтировать, записывать, разбирать, размечать, разрушать, снижать, снимать, сносить*

take into use (vb.) *ввести в эксплуатацию, взять для использования, воспользоваться*

take off (vb.) *снимать, убирать*

take out (vb.) *вынимать, вытаскивать*

take samples (vb.) *брать образцы, брать пробы, произвести выборку*

take the level (vb.) [geod.] *брать отсчеты нивелиром*

take the squaring (vb.) *возводить в квадрат*

take up (vb.) *брать, выбирать слабину, занимать место, подбирать, поднимать, принимать*

talc *тальк*

talcum *тальк*

tall *большой, высокий, высотный*

tallboy *высокая дымовая труба*

tallness *высотность*

tallowy *жирный, сальный*

talon [arch.] *каблучок*

tambour *капитель колонны;* [arch.] *барабан купола, тамбур купола*

tambour door *жалюзийная дверца*

tamp (vb.) *набивать, трамбовать;* [rail] *подбивать шпалы*

tamped concrete *трамбованный бетон*

tamper *вибробрус, виброрейка, трамбовка, шпалоподбойка*

tamper (vb.) *вмешаться, вносить самовольные изменения*

tamperproof *устойчивый к внешним воздействиям*

tamper-proof *защищенный от неумелого обращения*

tamper with *вмешиваться в*

tamper with (vb.) *подделывать, портить в результате неумелого обращения, портить умышленно, тайно изменять*

tamping *набивка, набивочный материал, трамбование;* [rail] *подбивка шпал*

tamping machine *трамбовочная машина*

tandem roller *двухвальцовый дорожный каток*

tandem turnout [rail] *сдвоенный стрелочный перевод*

tang [tool] *хвостовик*

tangent [mat.] *тангенс*

tangent (adj.) *касательный, тангенциальный*

tangent (line) [geom.] *касательная*

tangent angle *угол касания, угол соприкосновения*

tangential force *касательное усилие, тангенциальное усилие*

tangential pressure *тангенциальное давление*

tangential stress *касательное напряжение*

tangent plane *касательная плоскость, плоскость касания*

tangent point *точка касания*

tangent screw *микрометрический винт*

tangent tower (US) *опора линии электропередачи*

tangent track *маневровый путь;* [rail] *обгонный*

tank *бак, емкость, резервуар, цистерна;* [el.] *колебательный контур*

tank (vb.) *наполнять бак, хранить в баке, хранить в резервуаре*

tankage *вместимость резервуара*

tank capacity *вместимость резервуара*

tank drainage pump *водоотливной насос*

tanking *гидроизоляция подвального помещения*

tap *водопроводный кран, втулка, легкий удар, метчик, ответвление, отпайка, подключение к линии, пробка;* [electr.] *отвод;* [san.eng.] *водоразборная колонка;* [tool] *винторез*

tap (vb.) *легко ударять, нарезать резьбу, ответвлять, постукивать;* [weld] *сбивать окалину*

tap borer [tool] *метчик*

tape *клейкая лента, лента, полоса*

tape (vb.) *заклеивать липкой лентой, обматывать*

tape line *мерная лента, рулетка*

tape measure *мерная лента, рулетка*

taper *заострение, конус, конусность, уклон калибра*

taper (vb.) *заостряться, суживаться к концу*

tapered *заостренный, конический, конусный*

taper file *остроносый напильник*

taper-headed screw *винт с конической головкой*

tapering *заострение, сужение*

tapering (adj.) *заостренный, конический, конусный, конусообразный*

tapering section *сужающийся профиль*

taper key *клиновая шпонка*

taper off (vb.) *сужаться, сходить на конус, убывать по конусу*

taper piece *заостренная деталь, конусообразная деталь*

taper pipe *коническая переходная труба*

taper sleeve *переходная коническая втулка*

taper tap *конический метчик*

taper washer *клиновидная шайба, шайба неравномерной толщины*

tapestry *гобелен, мебельно-декоративная ткань*

tape test *испытание методом клейкой ленты при измерении силы адгезии*

tap holder *вороток;* [tool] *патрон для закрепления метчика*

tap hole *резьбовое отверстие*

tapped *резьбовой, с нарезанной резьбой*

tapped hole *резьбовое отверстие*

tapping *нарезание резьбы метчиком*

tapping cock *водопроводный кран, водоразборная колонка*

tapping screw *самонарезающий винт*

tapping screw thread *резьба самонарезающего винта*

tap water *водопроводная вода*

tap wrench *вороток*

tar *гудрон, деготь, смола*

tar (vb.) *пропитывать смолой, смолить*

tar asphalt *каменноугольный пек*

tar-bitumen mixture *асфальтовый деготь, битум*

tar board *битуминированный картон, гудронированный картон, рубероид, толь*

tar boiler *котел для разогрева битума*

tar brush *кисть для смазки дегтем*

tar cardboard *гудронированный картон, толь*

tar coating *битуминированный картон, гудронированный картон, рубероид, толь*

tar concrete *дегтебетон*

tar covering *дегтевое покрытие, смоляное покрытие*

tar distributor *асфальтораспределитель, гудронатор, смолораспылитель*

tar emulsion *дегтевая эмульсия*

tar felt *битуминированный картон, гудронированный картон, рубероид, толь*

target *адресат, контрольный размер, мера*

target (adj.) *выходной, объектный*

target plate [geod.] *движок нивелирной рейки, цель нивелирной рейки*

target rod [geod.] *мира*

tariff *расценка, тариф*

tarmac *гудронированное щебеночное покрытие шоссе, дегтебетон, покрытие из щебня, приангарная площадка, тармакадам*

tarmacadam *дегтевый макадам, щебеночное дорожное покрытие, обработанное дегтем*

tarnish *потускнение;* [met.] *побежалость (дефект)*

tarnish (vb.) *матировать;* [met.] *покрываться пленкой окисла*

tarnishing [met.] *побежалость (дефект)*

tar oil *дегтярное масло*

tar paper *битуминированный картон, гудронированная бумага, гудронированный картон, рубероид, толь*

tarpaulin *брезент, просмоленая парусина*

tar preparation *приготовление дегтя*

tarred board *битуминированный картон, гудронированный картон, рубероид, толь*

tarred brown paper *битуминированная бумага*

tarred felt *битуминированный картон, гудронированный картон, рубероид, толь*

tarred roofing cardboard *битуминированный картон, гудронированный картон, кровельный толь*

tar residue *асфальтовый пек*

tarring *гудронирование, смоление*

tar roofing *гудронированный кровельный картон, кровельный толь*

tar roofing paper *битуминированный картон, гудронированный картон, кровельный толь, рубероид*

tarry *дегтеобразный, смолистый*

tarry residues *кубовый пек, смолистый остаток*

tarry soot *копоть*

tarsia *деревянная мозаика, интарсия*

tar spraying machine *асфальтораспределитель, гудронатор, смолорастылитель*

tar surfacing *осмаливание, осмолка*

task *ветвь программы, задача, модуль описания процесса в АДА, рабочее задание*

task description *выдача задания, постановка задачи*

task force *временная группа для выполнения конкретной задачи*

task work *аккордная работа, сдельная работа*

taut *тугой, туго натянутый, упругий*

tauten (vb.) *туго натягивать*

tax *налог*

T-bar *тавровая сталь*

T-beam *тавровая балка, тавровый профиль*

teak *древесина тикового дерева, тик*

teak veneer *тиковая фанера*

team *бригада, экипаж*

team track (US) [rail] *погрузочный путь*

team work *бригадная работа, бригадный метод работы, взаимодействие, совместная работа*

tear *задир, разрыв, слеза*

tear (vb.) *задирать, разрывать, рвать*

tear down (vb.) *сносить*

tearing *разрывание*

tearing down *демонтаж, снос*

tear strength *прочность на разрыв*

technical *технический*

technical adviser *технический советник*

technical aids *техническая база, техническая помощь, технические средства*

technical drawing *технический чертеж*

technical facilities *техническая база, технические способности, технические средства*

technical literature *техническая литература*

technical manager *технический директор*

technical specification *техническое описание*

technical staff *технический персонал, штат специалистов*

technical support *техническая поддержка, техническое содействие*

technical term *технический термин*

technician *техник, технический специалист*
technics *метод, методика, способ, техника, технические науки, технические средства, технологический прием, технология*
technique *методика, прием, способ, технология*
technological *технический, технологический*
technology *техника, технологические науки, технология*
tee *тавровая сталь, тавровый профиль, тройник*
tee-cable box [electr.] *ответвительная кабельная коробка*
tee-handle *рычаг крестового переключения, Т-образная рукоять*
tee-hinge *Т-образная дверная петля*
tee-iron *тавровая сталь*
tee-joint [electr.] *ответвительная кабельная коробка*
tee-piece *тройник*
tee-pipe *тройник, труба-тройник*
tee-steel *однотавровая сталь*
teeter (vb.) *кантовать, опрокидывать*
tee-wrench *гаечный ключ с Т-образным зевом, торцовый ключ*
telamon [arch.] *теламон*
telecom cable *кабель дальней связи, телевизионный кабель*
telecommunication cable *кабель дальней связи, телекоммуникационный кабель*
telecontrol *дистанционное управление*
telemetering *дистанционное измерение;* [geod.] *телеметрия*
telephone *телефон*
telephone cable *телефонный кабель*
telephone connection *абонентский ввод, телефонный ввод*
telephone engineer *монтер, телефонный мастер*
telephone fitter *монтер, телефонный мастер*
telephone installation *абонентский ввод, телефонная аппаратура, телефонный ввод*
telephone line *телефонная линия*
telephone pole *телефонный столб*
telephone post *телефонный столб*
telephone wire *телефонный провод*
telescope (vb.) *выдвигать, телескопировать*
telescopic *выдвижной, раздвижной, телескопический*
telescoping (adj.) *выдвижной, раздвижной, складной, телескопический*
telescoping ladder *выдвижная лестница, раздвижная лестница*
Telford base *пакеляж;* [road] *каменное основание дорожной одежды*
telltale *контрольно-указательное устройство, сигнальное устройство*
telltale lamp *контрольная лампа, сигнальная лампа*
temper *закалка;* [met.] *отпуск*
temper (vb.) *закаливать стекло, отпускать сталь, приготовлять водный раствор, приготовлять раствор, темперировать*
temperate climate *умеренный климат*
temperature *температура*
temperature adjustment *регулирование температуры*
temperature balance *температурное равновесие*
temperature coefficient *температурный коэффициент*

temperature compensated *с компенсацией температурных воздействий*

temperature compensation *компенсация температурных воздействий*

temperature conductivity *температуропроводность, теплопроводность*

temperature control *регулирование температуры*

temperature control device *термореле, термостат*

temperature controller *термореле*

temperature deformation *температурная деформация*

temperature dependence *температурная зависимость*

temperature dependent *температурно зависимый*

temperature detector *датчик температуры, термочувствительный элемент*

temperature difference *разница температур*

temperature drop *перепад температур*

temperature expansion *тепловое расширение*

temperature fluctuation *колебания температуры*

temperature lag *тепловое сопротивление, термическое сопротивление, термосопротивление*

temperature of dew point *температура конденсации, точка росы*

temperature of ebullition *температура кипения, точка кипения*

temperature probe *датчик температуры, термочувствительный элемент*

temperature raising period [concr.] *период тепловыделения*

temperature range *интервал температур, область температур, температурная зона*

temperature reduction *снижение температуры*

temperature regulator *регулятор температуры*

temperature resistance *температуростойкость, температуроустойчивость*

temperature rise *подъем температуры*

temperature sensing element *датчик температуры, термочувствительный элемент*

temperature-sensitive *термочувствительный*

temperature sensor *датчик температуры, термочувствительный элемент*

temperature stress *температурное напряжение*

temperature variation *колебания температуры*

tempered *закаленный с последующим отпуском*

tempered glass *закаленное стекло*

tempered steel *закаленная сталь, отпущенная сталь*

tempering *закалка стали с последующим отпуском, закалка стекла, отпуск, темперирование*

template *калибр, лекало, маска, модель, оголовок опоры моста, профильная доска, темплет, трафарет, установочный шаблон, шаблон, штукатурный шаблон;* [tool] *калибр*

template moulding *формование по моделям*

templet *калибр, лекало, модель, оголовок опоры моста, профильная доска, темплет, трафарет, установочный шаблон, шаблон, штукатурный шаблон;* [tool] *калибр*

temporary *временный, вспомогательный, промежуточный, рабочий*

temporary anchor *временный анкер*

temporary bracing *временная связь, временное крепление*

temporary bridge *временный мост*

temporary construction *временная конструкция, временное строение, вспомогательная конструкция*

temporary corrosion prevention *временная защита от коррозии*

temporary earth [electr.] *временное замыкание на землю, рабочее замыкание на землю*

temporary load *временная нагрузка*

temporary plant *временная установка*

temporary regulations *временные нормы, временные правила*

temporary reinforcement *временная арматура*

temporary road *временная дорога*

temporary shed *временное укрытие для рабочих, времянка*

temporary site covering *временное покрытие территории производства работ*

temporary support *временная опора*

tenacious *вязкий, клейкий, липкий, тягучий*

tenacity *сила сцепления*

tend *иметь тенденцию, направляться (о дороге), обслуживать, следить*

tendency *наклонность, направление развития, тенденция*

tender *заявка на выполнение подряда, коммерческое предложение, объявление о торгах, тендер, тендерная документация*

tender (vb.) *объявлять торги, подавать заявку на торгах*

tender (adj.) *мягкий, пластичный, приглушенный*

tender documents *тендерная документация*

tenderer *фирма, представившая предложение по заключению подрядного договора*

tendering *представление заявки на подряд*

tender schedule *заявленного на торгах, календарный план выполнения подряда*

tender sum *смета, предложенная подрядчиком на торгах*

tendon *преднапряженная арматура;* [concr.] *арматурная прядь, пучок, стержень, трос, элемент предварительно напрягаемой арматуры*

tenement house *многоквартирный жилой дом*

tenon *замок с шипом;* [woodw.] *шип*

tenon (vb.) [woodw.] *соединять на шипах*

tenon-and-slot mortise [woodw.] *шиповая вязка*

tenon cutter *шипорезный станок*

tenon cutting machine *шипорезный станок*

tenon dowel joint [woodw.] *соединение на вставных шипах*

tenoner *шипорезный станок*

tenoning machine *шипорезный станок*

tenon saw *наградка, ножовка с обушком, шипорезная пила*

tenon-shaped *шиповидный*

tense (vb.) *напрягать, растягивать*

tense (adj.) *напряженный, растянутый*

tensibility *растяжимость*

tensible *напрягаемый, работающий на растяжение, растянутый*

tensile *напрягаемый, работающий на растяжение, растянутый*
tensile breaking load *разрывное усилие при растяжении*
tensile failure *разрушение при растяжении, разрыв при растяжении*
tensile force *растягивающая сила, усилие растяжения*
tensile load *растягивающая нагрузка, растягивающая сила, усилие растяжения*
tensile property *способность к растяжению*
tensile reinforcement *арматура, работающая на растяжение;* [concr.] *предварительно напряженная арматура*
tensile rigidity *жесткость при растяжении*
tensile set *остаточная деформация при растяжении*
tensile strain *деформация растяжения, относительное удлинение, растягивающее усилие*
tensile strength *временное сопротивление, предел прочности при растяжении, прочность при растяжении*
tensile strength at break *временное сопротивление, предел прочности при растяжении*
tensile strength in bending *прочность на растяжение при изгибе*
tensile stress *напряжение при растяжении, растягивающее напряжение*
tensile stress in bending *растягивающее напряжение при изгибе*
tensile test *испытания на растяжение*
tensile test curve *график результатов испытаний на растяжение*
tensile testing *испытания на растяжение*
tensile ultimate strength *временное сопротивление, предел прочности при растяжении*
tensile wave *волна растяжения*
tensiometer *тензодатчик, тензометр;* [chem.] *прибор для измерения поверхностного натяжения жидкости, тензиометр*
tension *напряжение, натяжение, растягивающее усилие, растяжение;* [electr.] *напряжение*
tension adjuster *приспособление для натяжения полотна пилы*
tensional bar *растянутый стержень, стяжной хомут*
tensional member *растянутый стержень, стяжной хомут*
tension bar *растянутый стержень, стяжной хомут, тяж*
tension cable *натяжной канат, натяжной трос, оттяжка, растяжка*
tension crack *трещина от натяжения*
tension device *натяжное устройство*
tension disc *натяжной шкив*
tension force *сила натяжения, усилие натяжения*
tensionfree *ненатянутый*
tension in bending *растяжение при изгибе*
tensioning *предварительное напряжение, растяжение*
tension load *растягивающая нагрузка, усилие при растяжении*
tension member *растянутый стержень, стяжной хомут*
tension reinforcement *арматура, работающая на растяжение;* [concr.] *растянутая арматура*
tension rod *растянутый стержень*
tension set *остаточная деформация при растяжении*
tension stiffness *жесткость при растяжении*

tension test *испытания на растяжение*

tension weight *растягивающая нагрузка от собственной массы*

tension wood [woodw.] *древесина с растянутыми волокнами, тяговая древесина*

tens. str. *временное сопротивление, предел прочности при растяжении, прочность при растяжении*

tentative *предварительный, пробный, экспериментальный*

tenuous *жидкий, разбавленный, слабый, тонкий*

tepid *тепловатый, умеренно теплый*

teredo *древоточец, корабельный червь*

term *период, срок, терм, термин, элемент;* [mat.] *член, член уравнения*

terminal *ввод, клемма, конечный пункт, оконечное устройство, терминал;* [el.] *клемма;* [electr.] *зажим*

terminal (adj.) *конечный, концевой;* [electr.] *клеммный*

terminal board *щиток с зажимами;* [electr.] *клеммная доска, контактная доска*

terminal box *кабельная муфта;* [electr.] *клеммная коробка*

terminal box cover [electr.] *крышка клеммной коробки*

terminal clamp *клемма;* [electr.] *контактный зажим*

terminal cover [electr.] *крышка клеммной коробки*

terminal edge *наружная кромка*

terminal plate *клеммная доска, контактная доска;* [electr.] *клеммная коробка*

terminal pole [electr.] *оконечная опора электропередачи, оконечный столб электропередачи*

terminal pressure *выпускное давление*

terminal protection cover [electr.] *крышка клеммной коробки*

terminal screw *винтовая клемма;* [electr.] *контактный винт, присоединительный винт*

terminal support [electr.] *оконечная опора электропередачи, оконечный столб электропередачи*

terminal tower [electr.] *оконечная опора электропередачи, оконечный столб электропередачи*

terminate (vb.) *завершать работу, заканчивать, кончать, прекращать действие, прекращать процесс*

termination *завершение, окончание, прекращение, прекращение действия*

terms *отношения, условия договора*

terra alba *каолин, фарфоровая глина*

terrace *ленточная застройка, терраса, уступ*

terrace (vb.) *подниматься террасами, подниматься уступами*

terraced *ступенчатый, террасный, уступный*

terraced house *дом ленточной застройки*

terrace house *дом ленточной застройки*

terracotta *терракота*

terrain *местность, территория*

terrain profile *профиль местности*

terrazzo *бетон типа терраццо с заполнителем из цветной каменной крошки*

terrazzo floor *бетонно-мозаичный пол*

territory *территория*

teserra *кубик смальты, мозаичная плитка*

test *испытание, контроль, проба, проверка, тест;* [stat.] *критерий*

test (vb.) *испытывать, контролировать, пробовать, проверять, тестировать*

test (adj.) *испытательный, контрольный, пробный*

test assembly *опытная сборка, экспериментальная сборка*

test authority *организация, уполномоченная на проведение испытаний, орган контроля, орган приемочного контроля, полномочия для проверки, технический надзор*

test bar *испытательный стержень*

test beam *испытательная балочка*

test bed *испытательный стенд*

test-bed *испытательная модель*

test bench *испытательный стенд*

test certificate *сертификат об испытаниях*

test code *нормы и правила испытаний, тестовый код*

test data *результаты испытаний, тестовые данные, экспериментальные данные*

test equipment *испытательная аппаратура, испытательное оборудование, тестовое оборудование*

tester *испытатель, испытательная установка, испытательный прибор, лаборант, тестер*

test force *испытательное усилие*

testing *испытание, испытания, контроль, проба, проверка, тестирование*

testing (adj.) *испытательный, контрольный, пробный, проверочный*

testing accuracy *точность испытаний*

testing apparatus *аппаратура для тестирования, испытательная аппаратура, контрольная аппаратура*

testing bed *испытательный стенд*

testing equipment *испытательная аппаратура, испытательное оборудование, тестовое оборудование*

testing house *испытательная станция, испытательный бокс*

testing instrument *испытательный прибор, контрольно-измерительный прибор*

testing laboratory *испытательная лаборатория*

testing machine *испытательная машина, тестовый автомат*

testing method *метод испытаний, метод контроля, метод тестирования*

testing of materials *испытания материалов*

testing operation *контрольная операция, проверочная операция*

testing plant *испытательная установка, установка для проведения испытаний*

testing procedure *методика испытаний*

testing stand *испытательный стенд*

testing standard *нормаль для проведения испытаний, стандарт по методике испытаний*

test laboratory *испытательная лаборатория*

test lamp *контрольная лампа, сигнальная лампа*

test load *испытательная нагрузка*

test loading *испытательное нагружение*

test mandrel *контрольная оправка, проверочная оправка*

test method *метод испытаний, метод проверки, метод тестирования*

test piece *образец для испытаний*

test pile *пробная свая*

test point *контрольная точка*

test pressure *испытательное давление*

test procedure *методика испытаний*

test prod *измерительный зонд*

test reading *показания приборов при испытаниях, результат измерений*

test result *результат испытаний, результат тестирования*

test rig *испытательный стенд*

test run *контрольный запуск, серия испытаний, тестовый запуск*

test sample *выборка, выборочная проба*

test section of track [rail] *экспериментальный участок пути*

test setup *испытательная установка*

test specification *описание теста, тестовое техническое задание, техническое задание на проведение испытаний*

test specifications *стандарт на проведение испытаний, технические требования к испытаниям*

test specimen *испытательный образец*

test stand *испытательный стенд*

test standard *нормаль для проведения испытаний, стандарт по методике испытаний*

test track [rail] *экспериментальный участок пути*

test unit *испытательный образец, тестовый модуль*

test voltage *испытательное напряжение*

tetragon *четырехугольник*

tetragonal *четырехугольный*

textile (material) *текстиль*

texture *строение, структура, текстура, фактура*

texture (vb.) *офактуривать поверхность, придавать шероховатость, текстурировать*

textured finish *текстурированная окраска*

texture paint *текстурированная окраска*

thalweg [hydr.] *участок потока, участок реки*

thatch *кровельный материал, соломенная крыша, тростник*

thatch (vb.) *крыть соломой*

thatched *крытый соломой*

thatched roof *соломенная крыша*

thatcher *кровельщик*

thatching *кровельный материал, кровля*

thatch roof *соломенная крыша*

thatch-roofed *крытый соломой*

thaw *оттепель, таяние*

thaw (vb.) *оттаивать, таять*

thawing *оттаивание*

thawing salt *противообледенительная соль*

T-head *прямоугольная головка винта, Т-образная головка болта*

theft *хищение*

theodolite [geod.] *теодолит*

theorem *предложение, теорема*

theoretic(al) *теоретический*

theoretical size *теоретический размер*

theoretical study *теоретическое исследование*

theoretical value *теоретическая величина, теоретическое значение, теоретическое значение величины*

theory *теория, учение*

theory of plasticity *теория пластичности*

thermal (adj.) *тепловой, термический*

thermal absorption *поглощение тепла, теплопоглощение*

thermal bridge *тепловой мост*

thermal capacity *теплоемкость*

thermal conduction *перенос тепла*

thermal conductivity *коэффициент теплопроводности, удельная теплопроводность*

thermal contraction *тепловое сжатие*

thermal control *терморегулирование*

thermal covering *теплоизоляция*

thermal diffusivity *коэффициент температуропроводности, температуропроводность*

thermal efficiency *к.п.д. теплового двигателя, тепловой к.п.д., термический к.п.д.*

thermal endurance *теплостойкость*

thermal energy *тепловая энергия*

thermal expansion *тепловое расширение*

thermal expansion coefficient *коэффициент теплового расширения*

thermal extension *тепловое растяжение, удлинение*

thermal fatigue *тепловая усталость*

thermal image *тепловое изображение, тепловой сигнал*

thermal insulating material *теплоизоляционный материал*

thermal insulation *теплоизоляция*

thermal insulation material *теплоизоляционный материал*

thermal load *тепловая нагрузка*

thermal loss *потеря тепла, тепловые потери*

thermally operated *работающий на тепловой энергии*

thermally stable *теплоустойчивый*

thermal power station *тепловая электростанция*

thermal property *термодинамический параметр*

thermal protection *тепловая защита, теплоизоляция*

thermal radiation *тепловое излучение*

thermal radiator *нагреватель, теплоизлучатель*

thermal relay *тепловое реле*

thermal resistance *тепловое сопротивление*

thermal shielding *тепловая защита*

thermal shock *тепловой удар*

thermal shock test *испытания на тепловой удар*

thermal shrinkage *тепловая усадка, термическая усадка*

thermal stability *тепловая устойчивость, термическая устойчивость*

thermal station *тепловая электростанция*
thermal storage water heater *тепловой водяной аккумулятор*
thermal stress *тепловая нагрузка, тепловое напряжение*
thermal transmittance *коэффициент теплового пропускания*
thermal treatment *тепловая обработка, термическая обработка, термообработка*
thermal unit *тепловая единица*
thermal value *теплота сгорания*
thermic *тепловой, термический*
thermit [chem.] *термит*
thermit fusion welding *термитная сварка без применения давления, термитная сварка способом промежуточного литья*
thermit pressure welding *термитная сварка впритык, с приложением сжимающего усилия, термитная сварка под давлением*
thermit welding *термитная сварка*
thermocouple *термопара, термоэлемент*
thermodynamic *термодинамический*
thermodynamics *термодинамика*
thermodynamic temperature *абсолютная температура, термодинамическая температура*
thermogram *термограмма*
thermohygrograph *термогигрометр*
thermometer *термометр*
thermometer probe *температурный датчик*
thermometry *измерение температуры, термометрия*
thermoplast *термопласт, термопластмасса*
thermoplastic(s) *термопласт, термопластмасса*
thermoregulation *терморегулирование*
thermoregulator *терморегулятор*
thermoresistant *теплостойкий*
thermosensitive *теплочувствительный*
thermoset *отверждаемая пластмасса*
thermoset (adj.) [plast] *термореактивный*
thermoset plastic *термореактивная пластмасса*
thermosetting (adj.) *отверждаемый нагреванием;* [plast] *термореактивный*
thermosetting adhesive *термореактивный клей*
thermosetting plastics *термореактивные пластмассы*
thermostable *теплоустойчивый*
thermostat *стабилизатор температуры, термореле, термостат*
thermostat-controlled *регулируемый с помощью термореле*
thermostatic *с регулированием температуры, термостатный*
thermostatically controlled *регулируемый с помощью термореле*
thermostatic control *регулирование температуры с помощью термореле*
thermostatic switch *тепловое реле, термореле*
thermostatic valve *терморегулирующий клапан*
thermostat mixer *смеситель с регулируемой температурой*
thermostat phial *термос*
thermostat setting *уставка терморегулятора*

thermovision *тепловидение*

the Technical University of Denmark *Технический университет Дании*

thick *большой толщины, густой, плотный, толстый*

thicken (vb.) *густеть, сгущать(ся), твердеть, уплотняться, утолщаться*

thickener *осветлительный бассейн, отстойник*

thickening *сгущение, уплотнение*

thick-flowing *вязкотекучий, густой*

thickness *густота, плотность, превышение объекта (в машинной графике), толщина*

thicknesser *рейсмусовый пропускной станок, строгальный станок для тонких досок*

thickness gauge *щуп*

thicknessing machine *рейсмусовый пропускной станок, строгальный станок для тонких досок*

thickness meter *толщиномер*

thickness of course *толщина кладки, толщина ряда*

thickness of film *толщина пленки*

thickness of layer *толщина слоя*

thickness of material *толщина материала*

thickness of plate *толщина листа, толщина пластины*

thickness planing machine *рейсмусовый пропускной станок, строгальный станок для тонких досок*

thickwalled *толстостенный*

thimble *втулка, гильза;* [electr.] *кабельный наконечник*

thin *малой толщины*

thin (vb.) *прореживать, разжижать*

thin (adj.) *разжиженный, редкий, тонкий*

T-hinge *Т-образная навеска, Т-образная петля*

thinner *разжижитель, растворитель*

thinning *разбавление, разжижение*

thin plate *тонкий лист, тонкий листовой материал*

thin sheet *тонкий лист, тонкий листовой материал*

thin-wall(ed) *тонкостенный*

thin-walled section *тонкостенное сечение*

thin-walled tube *тонкостенная труба*

third *треть, третья часть*

third (adj.) *третий*

third-angle projection *треугольная проекция;* [mech.draw.] *американское изображение, третье изображение*

third power *куб;* [mat.] *третья степень*

third rail [rail] *контактный рельс, токопроводящий рельс, третий рельс*

third root [mat.] *корень третьей степени, кубический корень*

thixotropic paint *тиксотропная краска*

thixotropy *тиксотропия*

Thomas pig iron *томасовский чугун*

Thomas slag (UK) *томасовский шлак*

Thomas steel *томасовская сталь*

thong *ремень*

thorough *основательный, тщательный*

thoroughfare *магистраль, сквозной проезд, транспортная артерия*
thorough wetting *полное увлажнение, смачивание*
thread *виток резьбы, жила провода, нить, пряжа, резьба*
thread (vb.) *нарезать резьбу*
thread chaser *калибровочная плашка, прогоночная плашка, резьбовая гребенка, резьбовой резец*
thread cutter *метчик*
thread cutting *нарезание резьбы*
thread-cutting nut *калибровочная плашка, прогоночная плашка*
thread-cutting screw *самонарезающий винт*
thread-cutting tool *резьбонарезающий инструмент*
threaded *резьбовой*
threaded anchorage *резьбовое анкерное крепление*
threaded bolt *болт с нарезкой*
threaded coupling *резьбовое соединение*
threaded flange *резьбовой фланец*
threaded hole *резьбовое отверстие*
threaded hose coupling *резьбовое соединение шланга*
threaded joint *резьбовое соединение*
threaded pipe *труба с резьбой*
threaded socket *резьбовая муфта*
threaded union [san.eng.] *муфта с наружной резьбой*
thread end *конец винта*
threader [tool] *метчик*
threadform corrosion *резьбовидная коррозия*
thread forming screw *самонарезающий винт*
threading *нарезание резьбы*
threading attachment *резьбонарезное приспособление*
threading die *плашка*
threading tool *резьбонарезной инструмент*
thready *клейкий*
threat *опасность, угроза*
threat to health *угроза для здоровья, фактор риска*
three-angled *трехсторонний, трехугольный*
three-centre arch [arch.] *бочарный свод, сегментный свод*
three-conductor cable *трехжильный кабель*
three-core cable *трехжильный кабель*
three-cornered *треугольный*
three-dimensional *объемный, пространственный, трехмерный*
three-dimensional guidance *пространственная направляющая, трехмерное наведение, трехмерный ориентир*
three-edged *трехгранный, трехсторонний*
three-floored *трехэтажный*
threefold *утроенный*
threefold window *трехстворчатое окно*
three-hinged arch *трехшарнирная арка*
three-lane road *трехполосная дорога*
three-layer(ed) *трехслойный*
three-legged *трехногий*
three-legged intersection [road] *развилка*
three-legged stand *треножник*

three-leg junction [road] *развилка*
three-phase [electr.] *трехфазный*
three-piece *состоящий из трех частей*
three-pinned arch *трехшарнирная арка*
three-pin plug *трехконтактный разъем;* [electr.] *трехштырьковый штепсель*
three-ply *трехслойный*
three-point pick-up *подъем груза, стропованного в трех точках*
three-quarter bat [mason] *трехчетвертной кирпич*
three-quarter brick [mason] *трехчетвертной кирпич*
three-room *состоящий из трех комнат*
three-room (adj.) *трехкомнатный*
three-sided *трехсторонний*
three-square file *трехгранный напильник*
three-start thread *трехзаходная резьба, трехниточная резьба, трехоборотная резьба, трехходовая резьба*
three-throw cock *трехходовой кран*
three-throw tap *трехходовой кран*
three-throw turnout [rail] *трехходовой стрелочный перевод*
three-way cock *трехходовой кран*
three-way pipe *труба с ответвлением в трех направлениях, трубный тройник*
three-way tap *трехходовой кран*
threshold *пороговое значение, предельное значение;* [build.] *порог*
threshold (limit) value *пороговое (предельное) значение*
throat *горловина, проем камина, проем окна, проход, расчетная толщина сварного шва, сужение*
throat bolt *анкерный болт, распорный болт*
throat thickness [weld] *расчетная толщина шва*
through area *проходная площадка, сквозная площадка*
through bolt *сквозной болт*
through bore *сквозное расточное отверстие*
through column *сквозная колонна*
through hole *сквозное отверстие*
through line [rail] *магистральная линия*
throughput *производительность, производительность вычислительной системы, пропускная способность, пропускная способность канала связи*
through road *магистральная дорога*
throughs *отгрохоченные продукты, просев*
through-stone *тычок;* [mason] *тычковый кирпич*
through track [rail] *главный путь, магистральный путь*
throughway (US) *скоростное шоссе*
throw *бросок*
throw a bridge (vb.) *наводить мост*
throw away (vb.) *браковать*
throw-away *одноразового пользования*
throw-away (adj.) *сменяемый*
throw back (vb.) *откидывать назад, отражать*
throwing device [rail] *стрелочный перевод*
throwing mechanism [rail] *стрелочный перевод*

thru (US) *сквозной*

thrust *напор, отпор грунта, распор, реактивная тяга, сжимающее усилие, упор*

thrust (vb.) *распирать, сжимать, толкать, упирать(ся)*

thrust-bore method *метод продавливания отверстий в грунте насыпи*

thrust-borer *пресс для продавливания отверстий в грунте насыпи*

thrust face *сторона нагнетания;* [phys.] *напорная сторона*

thrust load *осевая нагрузка, осевое давление, осевое усилие*

thrust screw *распорный винт*

thruway (US) *скоростная дорога*

thumb latch *дверная задвижка, дверная защелка*

thumb nut *гайка-барашек, гайка с накаткой*

thumbscrew *винт-барашек, винт с накатной головкой*

thumbtack (US) *чертежная кнопка*

ticket *билет, бирка, этикетка, ярлык*

tidal basin *приливной бассейн*

tidal current *приливное течение, приливно-отливное течение*

tidal dock *приливной бассейн*

tidal flow lane [road] *полоса обратного движения*

tidal lock *приливной шлюз*

tidal range *береговая полоса, затопляемая приливами*

tide *отлив, прилив*

tie *анкер, анкерная оттяжка, веревка, затяжка, окладной венец, связь, тяга, шпагат;* [build.] *растянутый элемент конструкции;* [woodw.] *обвязка*

tie (vb.) *завязывать, связывать*

tie (US) *шпала*

tie bar joint [build.] *шарнирный узел соединений*

tie beam *анкерная балка, балка перекрытия, поперечная связь, стропильная затяжка, укороченная балка у проема в перекрытии*

tie bolt *анкерное крепление, соединительный болт, стяжной болт;* [build.] *анкер*

tie coat [paintw.] *связующий слой покрытия*

tied arch *арка моста, заанкеренная мостовая арка, раскрепленная связями*

tied mesh reinforcement [concr.] *вязаная сетчатая арматура*

tie in *привязка*

tie in (vb.) *координировать, увязывать*

tie-in *связь*

tiepiece *балка перекрытия, укороченная балка у проема в перекрытии;* [build.] *стропильная затяжка*

tie plate [build.] *анкерная плита;* [rail] *подкладка под рельс, подушка под рельс*

tier *слой, ярус*

tier (vb.) *располагать ярусами, укладывать в ряд*

tie rod *анкерное крепление, анкерный болт, растянутый соединительный стержень, тяговая штанга*

tier of beams *ряд балок*

tie tamping machine (US) [rail] *шпалоподбоечная машина*

tie up (vb.) *связывать, скреплять*

tie washer *натяжная шайба*

tie wire *стальная вязальная проволока*

tight *герметичный, закрепленный, компактный, непроницаемый, плотный, посаженный наглухо, сжатый, тугой, тугонатянутый*

tighten (vb.) *герметизировать, затягивать, сжимать, уплотнять*

tighten (a screw) (vb.) *затягивать, подтягивать (винт)*

tightener *натяжное устройство, натяжной барабан, натяжной ролик, натяжной шкив*

tightening *вица, затягивание, набивка сальника, натяжение, подтягивание, уплотнение, хвостовик*

tightening device *натяжное устройство*

tightening key *натяжная чека, регулировочный клин*

tightening plate *стопорная пластина*

tightening screw *стопорный винт*

tightening washer *стопорная шайба*

tightening weight *гнет, пригруз*

tighten up (vb.) *закручивать, подтягивать, уплотнять*

tight-fitting *плотно посаженный, подогнанный*

tight-fitting bolt *призонный болт*

tightly closing *герметически закрывающийся, плотно закрывающийся*

tightness *герметичность, компактность, натяг в посадках, плотность, плотность затяжки, степень затяжки, степень плотности посадки*

tightness test *испытания на герметичность*

tightness to air *воздухонепроницаемость, герметичность*

tightness to water *водонепроницаемость*

TIG-welding (tungsten inert gas welding) *дуговая сварка вольфрамовым электродом в среде инертного газа*

tile *изразец, плитка, пустотелый кирпич, черепица*

tile (vb.) *выкладывать плитками, крыть черепицей*

tile burning *обжиг керамической плитки, обжиг черепицы*

tile cladding *облицовка плитками, покрытие плитками, футеровка плитками*

tiled floor *выложенный плиткой, кафельный пол, пол*

tiled roof *черепичная кровля, черепичная крыша*

tile dust *каменная пыль, керамическая пыль, кирпичная пыль*

tile fixing *закрепление плиток*

tile floor *выложенный плиткой, кафельный пол, пол*

tile hammer *молоток плиточника*

tile kiln *печь для обжига керамической плитки, печь для обжига черепицы*

tile manufacture *производство плитки, производство черепицы*

tile paving *укладка плиток*

tiler *кровельщик*

tile roof *черепичная крыша*

tilery *черепичный завод*

tile shears *ножницы для резки плитки, ножницы для резки черепицы*

tile stove *печь для обжига плитки, печь для обжига черепицы*
tile works *черепичный завод*
tiling *облицовка плитками, укладка черепицы, черепичная кровля*
tiling batten *обрешетина под черепичную кровлю*
till *ледниковые наносы;* [geol.] *морена*
tilt *крен, наклон, отклонение, парусиновый навес, тент*
tilt (vb.) *кантовать, наклонять, наклонять(ся), опрокидывать(ся)*
tiltable *наклоняемый, опрокидывающийся, откидной, поворотный, устанавливаемый под углом*
tilted *наклоннный, наклонный, опрокидываться, повернутый, установленный под углом*
tilting *крен, наклон, опрокидывание*
tilting (adj.) *наклоняющийся, опрокидной, опрокидывающийся, поворотный*
tilting cart *опрокидная вагонетка*
tilt meter *инклинометр, креномер, уклономер*
timber *бревна, брус, деловая древесина, деловые лесоматериалы, доски, древесина, древостой, крепежный лес, лес на корню, лесоматериал, пиломатериалы, тимберс, шпангоут*
timber (vb.) *крепить деревом, обшивать деревом, плотничать, строить из дерева, строить из лесоматериалов*
timber assembling *соединение деревянных элементов, сплотка леса*
timber bracing *крепление деревянных балок*
timber caisson *деревянный опускной колодец*
timber connector *гребень, металлическая шпонка для соединения деревянных элементов, сеточный захват для лесоматериалов, шип*
timber construction *деревянная конструкция, деревянное сооружение*
timber dog *строительная скоба*
timber door *деревянная дверь*
timber dressing *раскрой лесоматериала*
timbered *крепленый деревом, построенный из дерева*
timber engineering *технология строительства деревянных сооружений*
timber facing *деревянная обшивка, деревянный настил*
timber floor *дощатый пол*
timber formwork *дощатая опалубка*
timber frame construction *деревянная каркасная конструкция, деревянный каркас*
timber framing *деревянная каркасная конструкция, деревянный каркас*
timber grab *захват для лесоматериалов*
timber house *деревянный дом*
timber industry *лесная промышленность*
timbering *венец сруба, деревянная конструкция, деревянная обшивка, деревянная опалубка, плотницкие работы*
timber mill *лесопильный завод*
timber partition *деревянная перегородка*
timber pile *деревянная свая*
timber sleeper [rail] *деревянная шпала*
timber structure *деревянная конструкция, деревянное сооружение*

timber trestle *деревянные козлы*

timber waste *отходы лесоматериалов*

timberwork *сруб*

timber work *венец сруба, деревянная конструкция*

timber yard (UK) *лесной склад*

time *время, период, продолжительность, срок, такт, темп*

time (vb.) *осуществлять привязку по времени, регулировать по времени, синхронизировать, хронометрировать*

time-consuming *требующий больших затрат времени, трудоемкий*

time-consuming (adj.) *отнимающий много времени*

time-controlled *изменяющийся во времени, регулируемый по времени*

time-dependent *зависимый от времени, изменяющийся во времени*

time limit *временной предел, ограничение по времени, предельное время*

time limit relay *реле времени*

timely notice *своевременное уведомление*

time of flow *время стока*

timer *автоматический замыкатель, таймер, часы*

time rate *повременная оплата труда, почасовая оплата труда*

time relay *реле времени*

time-saving *сохраняющий время, экономичный по времени, экономящий время*

time schedule *временное планирование, график, расписание*

time sheet *контрольная перфокарта, табель*

time switch *автоматический замыкатель, выключатель с часовым механизмом, реле времени;* [electr.] *счетчик*

time ticket *табель*

time wage *повременная оплата труда, почасовая оплата труда*

timing *синхронизация, согласование по времени, тактирование, хронирование, хронометраж*

tin (vb.) *лудить*

tin (Sn) *олово (Sn)*

tin (UK) *жестяная консервная банка*

tin alloy *сплав на основе олова*

tin bronze *оловянистая бронза*

tin-coated *луженый*

tin coating *лужение*

tincture *настой, настойка, оттенок, подкраска, подцветка, привкус, тинктура*

tin foil *оловянная фольга, станиоль*

tinge *оттенок, цветовой тон*

tingle [mason] *маячный брусок, маячный кирпич*

tinker *лудильщик, медник*

tinkering *лужение, медницкие работы*

tin-lead solder *мягкий припой, оловянно-свинцовый припой*

tinman *жестянщик*

tinman's shears *листовые ножницы, ножницы для резки жести*

tinman's snips *листовые ножницы, ножницы для резки жести*

tinman's solder *мягкий припой*

tinned *луженый*

tinned sheet iron *белая жесть, луженая жесть*

tinned wire *луженая проволока*

tinner *жестянщик*

tinner's shears *листовые ножницы, ножницы для резки жести*

tinning *лужение*

tin pest *оловянная чума*

tin plague *оловянная чума*

tinplate *белая жесть, луженая жесть*

tin-plate (vb.) *лудить*

tinplate varnish *лак для белой жести*

tin plating *лужение*

tin shears *листовые ножницы, ножницы для резки жести*

tin smith *жестянщик*

tin solder *мягкий припой, оловянно-свинцовый припой, оловянный припой*

tin solder wire *оловянный проволочный припой*

tint *оттенок, цветовой тон;* [tv] *растровый фон*

tint (vb.) *оттенять, подцвечивать, слегка окрашивать, тонировать*

tinted glass *дымчатое стекло, тонированное стекло*

tinter *тон, тонирующий цвет;* [paintw.] *колорист*

T-intersection [road] *развилка*

tinting *окрашивание, подкраска, подцветка*

tinting colour *тон, тонирующий цвет*

tinting strength *глубина оттенка, насыщенность цвета;* [paintw.] *интенсивность окраски*

tip *вершина, головка, заостренный конец, легкий удар, наклон, наконечник, насадок, острие, разгрузочная площадка*

tip (vb.) *кантовать, наклонять, опрокидывать, сбрасывать, сваливать*

tipcart *опрокидная вагонетка*

tip chute *наклонный желоб*

tip electrode *электрод для точечной сварки*

tip out (vb.) *вываливать, опорожнять*

tip over (vb.) *опрокидывать(ся)*

tipper *опрокидная вагонетка*

tipping *опрокидывание*

tipping attachment *кантователь, опрокидывающее устройство*

tipping barrow *опрокидная вагонетка*

tipping bucket *опрокидная бадья*

tipping cart *опрокидная вагонетка*

tipping device *кантователь, опрокидывающее устройство*

tipping site *разгрузочная площадка*

tipping trailer *опрокидная вагонетка*

tipping waggon *опрокидная вагонетка*

tip truck *опрокидная вагонетка*

T-iron *тавровая сталь*

titan crane *портальный поворотный кран большой грузоподъемности*

titanium white [paintw.] *титановые белила*

T-joint [weld] *Т-образное соединение, угловое соединение*

T-junction [road] *развилка*

TLV (threshold limit value) *ПДК (предельно допустимая концентрация загрязнений в воздухе производственных помещений)*

toe *носок, передняя кромка, подножье, пята;* [hydr.] *низовая пята плотины;* [rail] *конец остряка, острие остряка*

toecap [wk.env.] *мысок обуви*

toenail (vb.) *забивать гвоздь под углом*

toe of ballast [rail] *подошва балластного слоя*

toe of dam [hydr.] *низовая пята плотины*

toe of dyke [hydr.] *пята дамбы*

toe of fill slope [road] *подошва откоса насыпи*

toe recess [furn.] *выемка для ног, вырез для ног*

toggle switch *перекидной выключатель, триггерный переключатель, тумблер*

toilet *санузел, туалет, уборная*

toilet bowl *унитаз*

toilet facilities *санитарно-гигиенические условия*

toilet pan *унитаз*

toilet seat *сиденье на унитазе*

toilet tank *смывной бачок*

tolerable *допустимый*

tolerance *допуск, допустимое отклонение, допустимый предел, зазор, предел допуска, толерантный предел*

tolerance (vb.) *устанавливать допуск*

tolerance extent *область допустимых значений, поле допуска*

tolerance indication *указание допуска*

tolerance information *указание допуска*

tolerance interval *толерантный интервал*

tolerance limit *допустимый предел, предел допуска, толерантный предел*

tolerance of dimension *допуск размеров*

tolerance on orientation *допустимое отклонение от направления*

tolerance on position *допуск расположения*

tolerance requirement *требования к допускам*

tolerance unit *единица допуска*

tolerance value *значение допуска*

tolerance width *предельно допустимая ширина*

tolerance zone *область допустимых значений, поле допуска*

tolerancing *назначение допусков, установление допусков*

tolerant *допустимый, толерантный*

tolerate (vb.) *допускать*

toll *пошлина, сбор*

tommy (bar) *вороток*

tommy screw *закрутка*

ton *тонна*

tone *оттенок, тональная посылка;* [paintw.] *тон*

tongs *клещи, щипцы*

tongue *вица, выступ, гребень, стрелочный остряк, шип, язычок;* [rail] *остряк стрелочного перевода;* [tool] *хвостовик;* [woodw.] *шпунт*

tongue (vb.) *соединять на шипах;* [woodw.] *сплачивать в шпунт*

tongue (of a plane) *резец (рубанка)*

tongue and groove [woodw.] *шпунт и гребень*

tongue and groove (vb.) [woodw.] *соединять в шип*

tongue-and-groove joint *торцовый замок с гребнем;* [woodw.] *шпунтовое соединение*

tongue-and-lip jointed boards *доски, сплоченные в открытый прямой шип*

tongued *соединенный в шпунт*

tongued and grooved *торцовый замок с гребнем;* [woodw.] *шпунтовый*

tongued and grooved boarding *обшивка в шпунт*

tongued and grooved timber *лесоматериал, соединенный в шпунт*

tongued grooved and beaded boards *доски, сплоченные в открытый прямой шип*

tongued grooved and beaded timber *лесоматериал, сплоченный в открытый прямой шип*

tongue joint [woodw.] *шиповая вязка*

tongue plane *пазник, шпунтовик, шпунтубель*

tongue rail *рельс с ребордой;* [rail] *желобчатый рельс, трамвайный рельс*

tonguing (and grooving) [woodw.] *соединение в шип и в паз*

tool *инструмент, инструментальные средства, орудие, прибор, рабочий инструмент, резец, станок*

tool (vb.) *налаживать станок, обрабатывать, оснащать инструментом*

tool box *инструментальный ящик*

tool cabinet *шкаф для инструментов*

tool chest *инструментальный ящик*

tool cupboard *шкаф для инструментов*

tooling *механическая обработка*

tooling method *технология механической обработки*

tool kit *комплект инструментов, набор инструментов*

tool life *ресурс стойкости инструмента, стойкость инструмента*

tool mark *след обработки*

tool rack *стеллаж для инструментов*

tool shed *инструментальная, кладовая*

tooth *зуб, зубец, кулак, шип*

tooth (vb.) *зацеплять, накатывать зубцы, нарезать зубья*

toothed plate connector *металлическая шпонка для соединения деревянных элементов*

toothing *зубчатое зацепление, накатка зубцов, нарезка зубьев*

toothing plane *зензубель*

tooth plane *зензубель*

top *верх, верхний край, верхняя грань, верхняя часть, верхушка, вершина, колпачок, крышка, шляпка;* [furn.] *рабочая поверхность стола;* [hydr.] *гребень плотины*

top (adj.) *верхний, максимальный, наивысший*

top batten [woodw.] *верхняя планка обрешетки, верхняя рейка обрешетки*

top beam *затяжка висячих стропил, стропильная затяжка*

top coat *верхний покров;* [paintw.] *кроющая краска*

top course *гребень стены;* [mason] *верхний ряд кладки*

top cover *верхняя крышка, крышка*

top-dressing *правка, рихтовка*

top edge *верхний край, верхняя грань, верхняя кромка*

top face *верхняя сторона, лицевая поверхность*

top floor *верхний этаж*

top-hinged window *верхнеподвесное окно*

top-hung *верхнеподвесной*

top-hung (sash) window *верхнеподвесное окно*

top-hung casement window *верхнеподвесное окно*

top layer *верхний слой, верхний уровень*

top light *верхний свет*

top of rail [rail] *гребень рельса, полотно рельса*

topographic *топографический*

topographical *топографический*

topographical conditions *топографические условия*

topographical map *топографическая карта*

topographic map *топографическая карта*

topography *топография*

top paint [paintw.] *кроющая краска*

top part *верх, верхняя часть*

top piece *верхняя часть*

topping *бетонное покрытие, верх, верхняя часть, покрытие;* [concr.] *верхний слой, защитный слой;* [road] *одежда*

topping coat *отделочный слой, покрывающий слой*

topping-out ceremony *торжественный пуск*

topping-up *дозаливка, дозаправка, пополнение*

top plate *верхняя плита*

topple (vb.) *опрокидывать(ся), падать, переворачиваться*

topple over (vb.) *опрокидывать(ся), переворачиваться, терять равновесие*

top ply *верхний слой*

top rail *верхний брус дверного полотна, верхний брус оконного переплета*

top reinforcement *верхняя граница армирования*

top side *верхняя сторона, лицевая сторона*

top side shuttering *верх опалубки*

topsoil *верхний почвенный слой, верхний растительный слой, дерн, естественный песчано-глинистый грунт*

topsoil (vb.) *устраивать покрытие из дерна, устраивать покрытие из естественного песчано-глинистого грунта*

top soil dressing *поверхностная обработка почвенного слоя, снятие дерна, снятие растительного слоя*

top step *верхняя ступень лестницы*

top stone [arch.] *замковый камень, ключевой камень*

top storey *верхний этаж*

top surface *верхняя сторона, лицевая сторона*

top tie *верхняя затяжка, несущая балка, прогон*

top up (vb.) *дозаправлять, доливать, наполнять*

top veneer *верхний шпон фанеры*

top view *вид сверху, чертеж в плане*

top water [hydr.] *переливающаяся вода, сбросная вода*

torch *горелка, кислородная горелка, паяльная лампа, резак, факел*

torch brazing *пайка с применением нагрева пламенем*

torch cutting *автогенная резка, газовая резка, кислородная резка*

torch lamp *паяльная лампа*

torch tip *мундштук газовой горелки, наконечник газовой горелки*

torn surface *рваная поверхность*
toroid *тороид, тороидальный сердечник*
toroidal *кольцевой, тороидный*
torque *крутящий момент, момент вращения*
torque spanner *динамометрический ключ*
torque strength *крутящий момент*
torque tension *напряжение при кручении*
torque test *испытания на кручение, испытания на скручивание*
torque wrench *динамометрический ключ*
torrefaction *высушивание, высыхание, усушка*
torsion *вращение, закручивание, крутка, кручение, скручивание*
torsional elasticity *упругость при кручении*
torsional force *скручивающее усилие, усилие скручивания*
torsional modulus *модуль кручения, модуль скручивания*
torsional moment *крутящий момент, момент вращения*
torsional oscillation *крутильные колебания*
torsional reinforcement *арматура, воспринимающая усилия кручения*
torsional rigidity *жесткость при кручении*
torsional strength *прочность при кручении, сопротивление кручению*
torsional stress *напряжение при кручении*
torsional vibration *крутильные колебания*
torsional vibration test *испытания на крутильные колебания*
torsion balance *крутильные весы*
torsion couple *крутящий момент*
torsion test *испытания на кручение*
torsion torque *крутящий момент*
TORSTAHL *сталь марки TOP, строительная сталь*
TOR-steel *сталь марки TOP, строительная сталь*
tortuous [road] *извилистый*
torus *валик базы колонны*
to size *заданного размера, номинального размера*
total *итог, итоговая сумма, контрольная сумма, сумма*
total (adj.) *итоговый, общий, полный, суммарный*
total capacity *общая емкость, полная вместимость*
total dimensions *габаритные размеры*
total energy house *дом с автономным энергоснабжением*
total head *напор насоса;* [hydr.] *суммарная высота напора*
total head line *напор;* [hydr.] *высота напора*
total height *общая высота, суммарная высота*
totalize (vb.) *подводить итог, суммировать*
total length *общая длина, полная длина*
total load *суммарная нагрузка*
totally enclosed [electr.] *герметичный*
total pressure *полное давление, суммарное давление*
total solids *содержание сухого вещества*
total structural volume *строительный объем*
total weight *полная масса, суммарная масса*
tote (US) (vb.) *перевозить, транспортировать*
totter (vb.) *колебаться*
tottering (adj.) *колеблющийся*
touch *касание, контакт, черта, штрих*

touch (vb.) *вступать в контакт, затрагивать, касаться, трогать*
touch slightly (vb.) *прикасаться, слегка касаться*
touch up (vb.) *подправлять, чинить*
touch-up *мелкий ремонт, чистовая отделка*
touch-up (vb.) *отделывать*
touch-up paint *краска для ликвидации дефектов окраски*
touchwood *гниль древесины*
tough *жесткий, крепкий, плотный, ударновязкий*
toughen (vb.) *закалять стекло, придавать жесткость, упрочнять*
toughened glass *закаленное стекло*
toughening *закалка стекла*
toughness *жесткость, ударная вязкость*
tow *буксирный канат, очесы, пакля*
tow (vb.) *буксировать, тянуть*
tow, in (vb.) *брать на буксир*
towed *буксируемый, прицепной*
towed vehicle *прицеп, прицепной агрегат*
tower *башня, вышка, колонна;* [bridge] *пилон;* [electr.] *опора*
tower block *башенный дом, высотный дом, односекционный дом, точечный дом*
tower body *каркас башни, каркас опоры, массив башни, массив опоры*
tower bolt *дверная задвижка круглого сечения, дверной засов, задвижка*
tower building *башенный дом, высотный дом, односекционный дом, точечный дом*
tower crane *башенный кран*
tower gantry *башенный козловый кран*
tower pole for aerial lines *мачта высоковольтных линий электропередачи, опора высоковольтных линий электропередачи*
tower silo *силос*
tower slewing crane *башенный поворотный кран*
towing *буксировка*
towing gear *буксирное приспособление*
towing line *буксирный канат*
towing rope *буксирный канат*
towline *буксирный канат*
town *город, населенный пункт*
town centre *деловая часть города, центр города*
town house (US) *дом ленточной застройки*
town plan *план города*
town planner *градостроитель*
town planning *градостроительство*
towrope *буксирный канат*
toxic *отравляющий, токсичный*
toxicant *отравляющее вещество, ядовитое вещество*
toxic gas *отравляющий газ*
toxicity *токсичность, ядовитость*
toxicity class *категория токсичности, класс токсичности*
toxic smoke *токсичный дым, ядовитый дым*

toxic substance *отравляющее вещество, ядовитое вещество*
T-piece *тавровый профиль, тройник*
trabeated ceiling *балочное перекрытие*
trabeation *антаблемент, балочное перекрытие*
trace *след, траектория, трасса*
trace (vb.) *записывать, калькировать, локализовывать неисправность, отыскивать повреждение, прослеживать, размечать, следить, трассировать программу, чертить*
trace in full size (vb.) [woodw.] *перевязывать*
tracery *ажурная каменная работа, заполняющая окно;* [arch.] *орнамент*
tracing *калькирование, копирование на кальке или восковке, построение кривой, трассировка*
tracing in full size [woodw.] *обвязка*
tracing paper *калька*
track *верхнее строение пути, гусеница, гусеничная лента, дорожка, дорожная колея, железнодорожный путь, звено гусеничной цепи, канал, проводник, рельсовый путь, трак;* [rail] *рельсовая нитка*
trackage *железнодорожная сеть;* [rail] *сеть рельсовых путей*
track bed [rail] *полотно*
track bench [rail] *обочина пути*
track bolt [rail] *путевой болт, стыковой болт*
track buffer stop [rail] *тупиковый упор*
track crossing [rail] *пересечение путей*
track diagram *мнемоническая схема путей;* [rail] *световое табло*
tracked *на гусеничном ходу*
tracked (adj.) *гусеничный*
tracked crane *гусеничный кран*
track formation *основная площадка земляного полотна;* [rail] *земляное полотно*
tracking *колееобразование, трассировка;* [road] *образование колеи*
tracking current *ток скользящего разряда;* [electr.] *ток поверхностной утечки*
track jack [rail] *путеподъемный механизм*
tracklayer *гусеничный трактор;* [rail] *путеукладчик*
tracklaying [rail] *укладка пути*
tracklaying (adj.) *гусеничный*
tracklaying crane *гусеничный кран*
tracklaying machine [rail] *путеукладчик*
tracklaying tractor *гусеничный трактор*
trackless *безрельсовый*
track lifter [rail] *путеподъемный механизм*
track lining [rail] *рихтовка пути*
track maintenance tools [rail] *инструмент для текущего ремонта путей*
track material [rail] *материал верхнего строения пути*
track measuring device [rail] *путеизмерительное устройство*
track-mounted *рельсовый*
track packing machine *шпалоподбойка;* [rail] *шпалоподбоечная машина*

track pinch bar *клещевой захват для переноски рельсов*
track section [rail] *участок пути*
track shifting machine [rail] *машина для перемещения рельсов*
track spacing [rail] *ширина междупутья*
track spike [rail] *рельсовый костыль*
track system *железнодорожная сеть*
track tamping machine *шпалоподбойка;* [rail] *шпалоподбоечная машина*
track-type tractor *гусеничный трактор*
trackway [rail] *рельсовая нитка*
tractile (adj.) *ковкий, растяжимый, тягучий, эластичный*
tractility *ковкость, растяжимость, эластичность*
traction *тяга, тяговое усилие*
traction bar *тяга*
tractive effort *тяговое усилие*
tractive power *тяговое усилие*
tractive resistance *сопротивление движению, сцепление с грунтом*
tractor *трактор, тягач*
tractor leveller *планировщик;* [road] *грейдер*
tractor loader *одноковшовый погрузчик, пневмоколесный погрузчик*
tractor-scraper unit *трактор в сцепе со скрепером;* [road] *полуприцепной скрепер*
tractor-shovel *одноковшовый погрузчик, пневмоколесный погрузчик*
tractor-towed roller [road] *прицепной каток*
trade *кустарный промысел, профессия*
trade name *торговая марка, фирменное название товара*
traditional *обычный, привычный, традиционный*
traffic *грузооборот, дорожное движение, железнодорожное движение, объем перевозок, перевозки, поток сообщений, трафик, уличное движение*
traffic (vb.) *вести торговлю, осуществлять перевозки, перевозить, торговать*
traffic (adj.) *перевозочный, транспортный*
traffic, with heavy *с интенсивным движением*
traffic, with intense *с интенсивным движением*
trafficable *открытый для движения, открытый для проезда*
traffic-actuated signal *включающийся при движении транспорта, сигнал светофора*
traffic area *проезжая часть*
traffic arterial *главная транспортная артерия, главная транспортная магистраль*
traffic artery *транспортная артерия, транспортная магистраль*
traffic-bearing surface *дорожное полотно, поверхность дорожного покрытия*
traffic bollard [road] *островок безопасности*
traffic centre *транспортный узел*
traffic circle (US) *кольцевая транспортная развязка*
traffic concentration *грузонапряженность, интенсивность дорожного движения, плотность дорожного движения*
traffic control *регулирование дорожного движения*
traffic density *грузонапряженность, интенсивность дорожного движения, плотность дорожного движения*

traffic engineering *технические средства регулирования дорожного движения*

traffic flow *грузонапряженность движения, транспортный поток*

traffic hindrance *помеха движению транспорта, препятствие движению транспорта*

traffic interchange *транспортная развязка*

traffic island [road] *островок безопасности*

traffic lane [road] *полоса движения*

traffic light(s) *светофор*

traffic line [road] *полоса разметки на дорожном покрытии*

traffic load [road] *нагрузка от транспортных средств*

traffic management *организация дорожного движения, регулирование дорожного движения*

traffic network *дорожная сеть, транспортная сеть*

traffic noise *шум от движения транспорта*

traffic paint *краска для дорожной разметки, красящий состав для дорожной разметки*

traffic refuge [road] *островок безопасности*

traffic regulation *регулирование дорожного движения*

traffic road *маршрут движения транспорта*

traffic roundabout (UK) *кольцевая транспортная развязка*

traffic route *маршрут движения транспорта*

traffic safety *безопасность дорожного движения*

traffic segregation *разделение транспортных средств при движении*

traffic separation *разделение транспортных средств при движении*

traffic sign *дорожная разметка, дорожный знак*

traffic signal *дорожный сигнальный знак, светофор, сигнал регулирования движения, стоп-сигнал*

traffic signal controller *контроллер дорожной сигнализации, регулятор дорожной сигнализации, устройство управления светофорным регулированием*

traffic signal installation *светофор*

traffic signalization *дорожная сигнализация, светофорное регулирование*

traffic signs *дорожная разметка*

traffic stream *транспортный поток*

traffic system *дорожная сеть, транспортная сеть*

traffic volume *грузонапряженность, интенсивность движения*

trail *полоса, путь, след, тропа;* [build.] *створчатая конструкция*

trail (vb.) *буксировать*

T-rail [rail.] *виньолевый рельс, широкоподошвенный рельс*

trailed (adj.) *прицепной*

trailer *автомобильный прицеп, завершитель, конечный ракорд, концевик, прицеп, прицепной вагон, рекламный ролик, трейлер*

trailing cable *гибкий подводящий кабель крана*

train *ряд, серия, состав;* [rail] *поезд*

train (vb.) *инструктировать, обучать, тренировать*

trained (adj.) *квалифицированный, обученный*

training *обучение, тренировка*

training of a water course *регулирование русла реки*

training wall *продольная дамба;* [hydr.] *струенаправляющая стенка*

train of machines *машинный парк*

train of rollers *рольганг*

tram *трамвай, трамвайный вагон*

tramcar *трамвай, трамвайный вагон*

tramline *трамвайная линия*

trammels *штангенциркуль*

trammels, pair of *штангенциркуль*

tram rail *трамвайный рельс*

tramway *трамвайная линия*

tramway car *трамвай, трамвайный вагон*

tramway depot *трамвайное депо*

tramway rail *трамвайный рельс*

transept *поперечный неф, поперечный пролет;* [arch.] *трансепт*

transfer *перевод, передача управления, перемещение, перенос, перестановка, пересылка, переход*

transfer (vb.) *переводить, передавать, перемещать, переносить, переставлять, пересылать, переходить*

transference *передача, перенос*

transfer line [rail] *запасной путь, передаточный путь*

transferred arc welding *плазменная сварка*

transfer siding [rail] *запасной путь, передаточный путь*

transfer station [rail] *перевалочная станция, пересадочная станция*

transfer table [rail] *поворотный круг*

transfer track [rail] *запасной путь, передаточный путь*

transform (vb.) *превращать, преобразовывать, трансформировать*

transformation *превращение, преобразование, трансформация;* [chem.] *превращение;* [electr.] *преобразование*

transformer *преобразователь, трансформатор*

transformer box *трансформаторная подстанция*

transformer kiosk *трансформаторная будка, трансформаторная подстанция*

transformer station *трансформаторная подстанция*

transformer tower *трансфоматорная вышка, трансформаторный пост*

transforming station *трансформаторная подстанция*

transient *нерезидентный, переменный, переходный*

transit *прохождение, теодолит;* [geod.] *угломерный инструмент*

transite *асбестоцемент*

transition *передача, перемещение, переход, переход из одного состояния в другое*

transitional *переходный, промежуточный*

transition curve *переходная дорожная кривая*

transition fit *неподвижная посадка*

transition joint *переходная муфта, переходник*

transition member *переходная деталь*

transition piece *переходник, переходной патрон*

transit mixer *передвижной бетоносмеситель*

transitory *временный, переходный, промежуточный*

transit theodolite *теодолит;* [geod.] *угломерный инструмент*

translation *параллельный перенос, параллельный сдвиг, перевод, поступательное движение, сдвиг, трансляция*

translational motion *параллельный перенос, параллельный сдвиг, поступательное движение*

translational movement *параллельный перенос, параллельный сдвиг, поступательное движение*

translucence *полупрозрачность*

translucency *полупрозрачность*

translucent (adj.) *полупрозрачный, просвечивающий*

translucent glass *полупрозрачное стекло*

transmissibility *проницаемость*

transmission *передача, перенос, пропускание, прохождение, трансмиссия;* [tv] *передача*

transmission network *высоковольтная сеть, сеть передачи данных;* [electr.] *сеть линий электропередачи*

transmission of energy *перенос энергии*

transmission of power *передача энергии, силовая передача, электропередача*

transmission system *высоковольтная сеть, сеть линий электропередачи, трансмиссия*

transmission tower *опора высоковольтной линии, опора линии электропередачи*

transmit (vb.) *передавать, проводить;* [electr.] *переносить энергию*

transom *горбылек оконного переплета, импост, поперечина оконной рамы, прогон, ригель;* [build.] *поперечная балка*

transom (US) *полукруглое окно над дверью*

transparency *прозрачность, проницаемость*

transparent *инвариантный, прозрачный, проницаемый, просвечивающий, скрытый*

transparent coating [paintw.] *лессирующее покрытие*

transparent glass *прозрачное стекло*

transparent lacquer *прозрачный лак*

transparentness *прозрачность, проницаемость*

transpierce (vb.) *перфорировать, пробивать отверстия*

transport *перевозка, перемещение, перенос, протяжка, транспорт, транспортировка*

transport (vb.) *перевозить, перемещать, переносить, транспортировать*

transportable *передвижной, переносимый, транспортабельный*

transportable equipment *передвижное оборудование, переносимое оборудование*

transportation *перевозка, транспортирование*

transportation time *время транспортировки*

transport box *контейнер, тара*

transport chute *спускной рештак*

transport container *контейнер, тара*

transport nodal point *транспортный узел*

transport slide *спускной рештак*

transport strength [concr.] *отпускная прочность*

transpose (vb.) *замещать, перемещать, пересекать, переставлять*

transversal *поперечина*

transversal (adj.) *поперечный, секущий*

transversal beam *поперечная балка*

transversal contraction *боковое сжатие, поперечное сжатие*
transversal crack *поперечная трещина*
transversal girder *поперечная балка, поперечная ферма*
transversal line *пересекающая линия, секущая линия;* [mat.] *секущая линия*
transversal motion *поперечное движение*
transversal rib [arch.] *поперечное ребро жесткости*
transversal strength *прочность при сдвиге или срезе*
transversal strength test *испытания на прочность при сдвиге или срезе*
transverse *поперечный*
transverse beam *поперечная балка*
transverse bending test *испытания на поперечный изгиб*
transverse bend test *испытания на поперечный изгиб*
transverse bracing *поперечная связь, поперечная схватка, поперечный ригель*
transverse cable *поперечный канат, поперечный трос*
transverse crack *поперечная трещина*
transverse direction *поперечное направление*
transverse fin *поперечное ребро жесткости*
transverse force *поперечное усилие, усилие сдвига или среза*
transverse girder *поперечная балка, поперечная ферма*
transverse joint *поперечное соединение, поперечный стык, поперечный шов*
transverse load *изгибающая нагрузка, поперечная нагрузка*
transversely *в поперечном направлении, поперек*
transverse member *поперечная балка*
transverse moment *поперечный момент*
transverse profile *поперечное сечение, поперечный профиль*
transverse rail [rail] *поперечный рельс*
transverse reinforcement *арматура, работающая на изгиб;* [concr.] *поперечная арматура*
transverse resistance *прочность при сдвиге или срезе, сопротивление сдвигу или срезу*
transverse rupture stress *разрушающее напряжение при изгибе*
transverse section *поперечное сечение*
transverse shearing force *касательное усилие, скалывающее усилие, срезывающее усилие, усилие сдвига*
transverse strain *деформация при поперечном изгибе, деформация при поперечном сдвиге, деформация при поперечном срезе, касательное напряжение, напряжение сдвига, тангенциальное напряжение*
transverse strength *прочность при сдвиге или срезе, сопротивление сдвигу или срезу*
transverse suspension *поперечная подвеска*
transverse warping [woodw.] *поперечное коробление*
transverse weld [weld] *поперечный шов*
transverse wing [build.] *поперечное крыло здания*
transverse wire *поперечный трос*
trap *внутреннее прерывание, ловушка, прерывание, реакция на особую ситуацию;* [san.eng.] *водяной затвор, гидравлический затвор*

trap (vb.) *захватывать, улавливать;* [san.eng.] *использовать гидравлический затвор*

trap door *крышка, опускная дверь*

trapeze *трапецеидальная балка, трапецеидальная ферма*

trapeziform *трапецеидальный, трапециевидный*

trapezium [geom.] *трапеция*

trapezium (US) [geom.] *трапецоид*

trapezoid [geom.] *трапецоид*

trapezoid (adj.) *трапецеидальный, трапециевидный*

trapezoid (US) [geom.] *трапеция*

trapezoidal *трапецеидальный, трапециевидный*

trapezoidal ditch [road] *корыто покрытия*

trapezoidal girder *трапециевидная балка, трапециевидная ферма*

trapezoidal screw thread *трапецеидальная резьба*

trapezoidal thread *трапецеидальная резьба*

trapezoidal truss *трапецеидальная балка, трапецеидальная ферма*

trapping of air *воздушная подушка, воздушная прослойка*

trash *мусор, отбросы, отходы*

trash dump (US) *мусорная свалка*

trashrack [hydr.] *сороудерживающая решетка*

trass *туф;* [geol.] *трасс (вулканический пепел)*

trass cement *пуццолановый цемент, трассовый цемент*

trass concrete *пуццолановый бетон, трассовый бетон*

trass mortar *пуццолановый раствор, трассовый раствор*

travel *перемещение*

travel (vb.) *передвигаться, перемещаться*

traveller *крановая тележка*

travelling *путешествие*

travelling (adj.) *передвижной, самоходный*

travelling crab *крановая тележка*

travelling crane *мостовой кран, передвижной кран, самоходный кран*

travelling gear *механизм перемещения крана*

travelling mechanism *механизм перемещения крана, приводной механизм*

travelling platform [rail] *откатной мост*

travelling runner *крановая тележка*

travelling slewing crane *передвижной поворотный кран*

travelling speed *скорость перемещения, ходовая скорость*

travelling stairs *эскалатор*

travelling trolley *крановая тележка*

travel speed *скорость перемещения, ходовая скорость*

traverse *боковое движение, перекладина, пересечение, полигонометрическая съемка, поперечина, поперечная балка, поперечная линия, траверса;* [build.] *поперечная балка, поперечная ферма;* [geod.] *полигонометрия*

traverse (vb.) *двигаться в поперечном направлении, перемещаться в поперечном направлении, пересекать, строгать поперек волокон, строгать по торцу*

traverse (adj.) *пересекающий, поперечный*

traverse beam *поперечина, поперечная балка, траверса*

traverse net *сеть полигонометрических пунктов;* [geod.] *полигонометрическая сеть*

traverse point *полигонометрический пункт;* [geod.] *полигональная точка;* [land surv.] *полигонометрическая точка*

traverser *ковейер, транспортер;* [rail] *откатный мост;* [rail.] *передвижная платформа для перевода вагонов с одного пути на другой, транспортная тележка*

traverse survey *полигонометрическая съемка, полигонометрия, теодолитная съемка;* [geod.] *полигонометрия;* [land surv.] *полигонометрическая съемка*

traverse table *подставка угломерного прибора;* [nav.] *таблица разностей широт и отшествий, соответствующих различным курсам и расстояниям;* [rail] *откатный мост;* [rail.] *передвижная платформа для перевода вагонов с одного пути на другой*

traverse wall *поперечная стена, поперечная стенка*

traversing *горизонтальная съемка, отработка профиля, папильонирование землесосного снаряда, перемещение, полигонометрическая съемка, полигонометрия, проложение хода, профилирование;* [land surv.] *пересечение*

traversing bridge *откатный мост*

traversing device *механизм перемещения крана, приводной механизм;* [crane] *крановый механизм*

traversing gear *механизм перемещения крана, приводной механизм;* [crane] *крановый механизм*

traversing mechanism *механизм перемещения крана, приводной механизм;* [crane] *крановый механизм*

travertin(e) *белый итальянский известняк, известковый туф, травертин*

travolator *горизонтальный пассажирский транспортер*

tray [el.] *объединительный блок;* [furn.] *ящик стола*

tread *поверхность ступени, проступь, ступень лестницы*

treadle *подножка*

treat (vb.) *обрабатывать*

treatable *поддающийся обработке*

treated waste water *очищенные сточные воды*

treatment *обработка, пропитка*

treatment by spraying *обработка напылением, обработка распылением*

treatment of sewage (water) *очистка сточных вод*

treatment of waste water *очистка сточных вод*

treatment plant *очистная установка*

treble *тройной ряд заклепок*

treble glazing *тройное остекление*

tree [bot.] *дерево*

treenail (vb.) [woodw.] *вязать на деревянных гвоздях, вязать на нагелях*

tree nail *деревянный дюбель, деревянный нагель*

trefoil *готическая розетка;* [arch.] *орнамент в виде трилистника*

trefoil arch *переходящая в стрельчатую, полуциркульная арка;* [arch.] *арка в форме трилистника*

trellis *решетка, решетчатая конструкция;* [text.] *мешковина*

trelliswork *каркасная конструкция, решетчатая конструкция, фахверк*

tremble (vb.) *вибрировать, колебаться, трястись*

trembler *вибратор*

tremie *бетонопровод для подводного бетонирования*

tremie concrete *подводный бетон*

tremie pipe *бетонопровод для подводного бетонирования*

tremor *вибрация, землетрясение*

trenail *деревянный дюбель, деревянный нагель*

trench *канава, котлован, ров, траншея*

trench (vb.) *копать траншею*

trench digger *канавокопатель, многоковшовый экскаватор, траншеекопатель*

trencher *канавокопатель, многоковшовый экскаватор, траншеекопатель*

trench excavation *отрывка канав, отрывка траншей, рытье котлованов (рвов*

trench excavator *канавокопатель, многоковшовый экскаватор, траншеекопатель*

trench hoe *одноковшовый траншейный экскаватор*

trenching machine *канавокопатель, многоковшовый экскаватор, траншеекопатель*

trestle *козлы, подмости, свайная опора, эстакада*

trestle bridge *мост на козловых опорах, мост на рамных опорах, эстакада*

trestle crane *козловой кран*

trestle ladder *лестница-стремянка*

trestle pole *стойка коренных лесов*

trestle scaffold *подмости*

trestlework *подмости*

trial *испытание, опыт, проба, пробный пуск, серия испытаний, ходовые испытания*

trial (adj.) *испытательный, опытный, пробный, экспериментальный*

trial mounting *пробная сборка, пробный монтаж*

trial run *испытательный запуск, пробный запуск, пробный пуск, ходовые испытания*

triangle *треугольник;* [mech.draw.] *угольник*

triangled *треугольный*

triangle head bolt *болт с треугольной головкой*

triangle of forces *треугольник сил*

triangular *треугольный, трехгранный*

triangular bar *трехгранный пруток*

triangular file *треугольный напильник*

triangular load *распределенная нагрузка с треугольным характером изменения*

triangular scraper *треугольный скребок*

triangular thread *резьба с треугольным профилем, треугольная резьба*

triangulate (vb.) *выполнять триангуляцию, триангулировать;* [geod.] *проводить триангуляционную съемку*

triangulate(d) *триангуляционный;* [geod.] *триангулированный*
triangulation *тригонометрическая съемка;* [geod.] *триангуляция*
triangulation net [geod.] *триангуляционная сеть*
triangulation network [geod.] *триангуляционная сеть*
triangulation point [geod.] *триангуляционный пункт, тригонометрический пункт*
triaxial (compression) test *испытания на трехосное сжатие*
triaxial stress *трехосное напряжение*
triblet *длинная оправка, дорн, сердечник*
tribo-electricity *трибоэлектричество, электризация трением*
trick *деление, риска, черточка*
trickle (vb.) *капать, просачиваться, струиться*
trickle down (vb.) *просачиваться вниз*
trickle through (vb.) *просачиваться, фильтровать(ся)*
trickling filter *песчаный фильтр*
tridimensional *пространственный, трехмерный*
trigger [el.] *триггер*
trigger (vb.) *вводить в действие, дать толчок, запускать, отпирать, пускать в ход*
trigger off *инициировать, привести в действие*
trigonometric(al) *тригонометрический*
trigonometrical functions *тригонометрические функции*
trigonometrical levelling [geod.] *тригонометрическое нивелирование*
trigonometrical station [geod.] *триангуляционный пост, тригонометрический пост*
trigonometric calculation *тригонометрический расчет*
trigonometric functions *тригонометрические функции*
trigonometric levelling *тригонометрическое нивелирование*
trigonometry *тригонометрия*
trigonous *треугольный, трехсторонний*
trilateral *трехсторонний*
trilateration [geod.] *трилатерация*
trim *отделка*
trim (vb.) *обрезать кромки, обтесывать, отделывать, править, снимать заусенцы, торцевать, циклевать*
trimmed joist *врезанная в ригель, подбалка, стропильная нога, укороченная балка*
trimmed rafter *врезанная в ригель, стропильная нога*
trimmer [el.] *триммер;* [woodw.] *междубалочный ригель*
trimming *обрезка кромок, обтесывание, отделка, подгонка, подстройка, правка, регулировка, торцевание, циклевка, юстировка*
trimming joist [woodw.] *междубалочный ригель*
trimming machine *кромкообрубочный станок, обрезной пресс (станок), правильная машина*
trimming of edges *обрезка кромок*
trimmings *декоративные погонажные детали, обрезки*
trimming work *обрезка, обтесывание;* [woodw.] *отторцовка*
trim the edges (vb.) *обрезать края, отторцовывать*
tringle *листель, узкая полочка*
Trinidad asphalt *тринидадский битум*

Trinidad Lake asphalt *тринидадский битум*
trinitroglycerine [chem.] *нитроглицерин*
trinitroglycerol [chem.] *нитроглицерин*
trip *механизм размыкания, механизм расцепления, расцепляющее устройство*
trip (vb.) *освобождать, размыкать, расцеплять*
tripartite *трехсторонний, тройной*
trip dog *кулачок расцепляющего механизма*
triphase *трехфазный*
triple *трехполюсный, утроенный*
triple (adj.) *строенный, тройной*
triple-core cable [electr.] *трехжильный кабель*
triple glazing *тройное остекление*
triple-row *тройной ряд заклепок*
triple thread *трехзаходная резьба*
triple-threaded *с трехзаходной резьбой*
trip lever *выключающий рычаг, отцепляющий рычаг*
triplex glass *трехслойное безосколочное стекло*
tripod *тренога, треножник*
tripod stand *тренога, треножник*
tripoli (powder) *трепел*
tripping *выключение, размыкание, расцепление*
tripping device *механизм размыкания, механизм расцепления, расцепляющее устройство*
tripping mechanism *механизм размыкания, механизм расцепления*
trisect (vb.) [geom.] *делить на три равные части*
triturate (vb.) *измельчать в порошок, растирать в порошок*
trituration *измельчение в порошок, растирание в порошок*
troffer *встроенная полосовая осветительная арматура, троффер*
trolley *крановая тележка, тележка, трамвайный вагон*
trolley (US) *трамвай*
trolley car (US) *трамвай*
trolley line *контактная сеть*
trolley wire *контактный провод*
trommel (screen) *барабанная сортировка, барабанный грохот, сортировочный барабан*
trouble *авария, нарушение (технологического процесса, нарушение правильного хода работы, неисправность, повреждение*
trouble lamp *переноска, переносная лампа*
troubleshooter *специалист по устранению неисправностей, устройство для выявления неисправностей*
troubleshooting *выявление повреждений или неисправностей, локализация повреждений или неисправностей, нахождение неисправностей, устранение повреждений или неисправностей*
trough *встроенная полосовая осветительная арматура, желоб, кабелепровод, корыто, лоток*
troughed belt conveyor *лотковый ленточный транспортер*
trough gutter *водосточный желоб*
troughing *кабелепровод*
trowel *кельма, мастерок, подрезник, расшивка, терка;* [mason] *лопатка*

trowel (vb.) *заглаживать, затирать, штукатурить;* [mason] *набрасывать штукатурку кельмой*

trowelled surface [mason] *заглаженная поверхность*

trowelling *затирка;* [mason] *заглаживание*

trowel off (vb.) *штукатурить;* [mason] *заглаживать кельмой, затирать гладилкой*

truck *вагонетка, тележка*

truck (US) *грузовой автомобиль*

truck (US) (vb.) *осуществлять автоперевозки, перевозить грузы автотранспортом*

truck climbing lane (US) [road] *полоса замедленного движения на подъемах дороги*

truck mixer *автобетоносмеситель*

truck trailer (US) *жилой автоприцеп*

true *истина*

true (vb.) *выправлять, центрировать*

true (adj.) *действительный, истинный, правильный, точный*

true density *абсолютная плотность, абсолютная удельная масса*

trueing *выверка, выравнивание, обработка в размер снятием тонкой стружки, правка, правка абразивного инструмента, регулировка, рихтовка, центровка, юстировка*

trueing-up machine *рихтовальная машина*

trueness *правильность, точность*

trueness to size *точность размеров*

true rupture stress *фактическое напряжение при разрушении*

true specific gravity *абсолютная плотность, абсолютная удельная масса*

true stress *истинное напряжение, фактическое напряжение*

true tensile stress *истинное напряжение при растяжении*

true to line *точно по заданной линии, точно по линии*

true to nature *в натуральную величину*

true up (vb.) *выверять, выправлять*

true value *истинная величина, истинное значение, фактическое значение*

true volume *объем-нетто, чистый объем*

trumpet [concr.] *воронка*

truncate (vb.) *досрочно завершать процесс вычислений, обрезать, срезать верхушку, усекать;* [mat.] *отбрасывать, усекать*

truncated (adj.) [mat.] *усеченный*

truncated cone [geom.] *усеченный конус*

truncated pyramid *усеченная пирамида*

truncation *обрезание, отбрасывание, срезание верхушки, усечение*

trundle *зубчатое колесо*

trundle (vb.) *катить*

trunk *канал связи, магистраль, стержень колонны, шина;* [woodw.] *ствол*

trunking rack [electr.] *кабельная стойка*

trunking tray [electr.] *желоб для проводки*

trunk road *магистральная автомобильная дорога*

trunk road system *сеть магистральных автомобильных дорог*

trunnion *ось качания, ось поворота, цапфа, шкворень*

truss *висячая стропильная конструкция, главная связь, консоль, связь, шпренгель;* [build.] *ферма*

truss (vb.) *соединять висячей стропильной конструкцией, соединять шпренгельной конструкцией, укреплять;* [build.] *связывать*

truss bridge *мост со сквозными фермами, мост с решетчатыми фермами*

trussed partition *несущая перегородка*

truss frame *шпренгельная конструкция;* [build.] *висячая стропильная ферма*

truss girder *решетчатая ферма, сквозная ферма*

truss head *плоская головка винта*

truss post *опора перекрытия, стойка решетчатой или сквозной фермы, стойка шпренгельной балки*

try *испытание, опыт, эксперимент*

try (vb.) *испытывать, подвергать испытанию, пробовать, пытаться, экспериментировать*

trying plane *ручной рубанок, фуганок*

try out (vb.) *испытывать, подвергать испытанию, пробовать, экспериментировать*

try-plane *ручной рубанок, фуганок*

try square *плотничный угольник*

T-screw *винт-барашек, винт с Т-образной головкой*

T-section *тавровый профиль*

T-shaped *тавровый, Т-образный*

T-shaped pipe *тройник*

T-slot *паз, Т-образный желобок*

T-slot cutter *Т-образная фреза*

T-steel *тавровая сталь*

T-tube *тройник*

tub *бадья, бак, ванна, чан*

tube *трубка, штуцер шланга, электронная лампа, электроннолучевая трубка;* [electr.] *кабелепровод*

tube (vb.) *соединять трубкой*

tube bend *колено трубы, отвод*

tube bender *станок для гнутья труб*

tube bending machine *станок для гнутья труб*

tube boiler *водотрубный котел*

tube bundle *связка труб*

tube cleaner *очиститель труб*

tube closing plug *заглушка для труб*

tube coil *шланг*

tube connection *трубное соединение*

tube cutter *труборез*

tube ferrule *рым*

tube joint *трубное соединение*

tube mill *трубчатая дробилка, трубчатая мельница*

tube nut *трубная гайка*

tube plug *заглушка для труб*

tube seam [pipe] *кровельный гвоздь*

tube section *отрезок трубы, патрубок*

tube stand *опора трубопровода*

tube support *опора трубопровода*

tube thickness *толщина трубы*

tube trimming machine *трубообрезная машина, труботорцовочный станок*

tube vice *тиски для труб*

tube wall *стенка трубы*

tube welding *сварка труб*

tubing *работы по прокладке трубопровода, сеть трубопроводов, трубопровод, трубы*

tubing plan *план трубопровода, схема трубопровода*

tubular *трубчатый*

tubular boiler *водотрубный котел*

tubular box spanner *трубный ключ*

tubular construction *трубчатая конструкция*

tubular drill *желонка*

tubular frame *трубчатая рама*

tubular girder *трубчатая балка*

tubular hexagon box spanner *шестигранный трубный ключ*

tubular lattice tower *трубчатая решетчатая башенная опора*

tubular level *ватерпас, трубчатый уровень*

tubular mast *трубчатая мачта, трубчатая опора*

tubular pole *трубчатая мачта, трубчатая опора*

tubular rivet *трубчатая заклепка*

tubular scaffold *трубчатые леса, трубчатые подмости*

tubular socket wrench *трубный ключ*

tubular spirit level *ватерпас, трубчатый уровень*

tubular steel construction *трубчатая стальная конструкция*

tubular steel pole *трубчатая стальная опора*

tubular steel scaffold *трубчатые леса, трубчатые подмости*

tuck joint [mason] *подобранный шов, спрятанный шов*

tuck point [mason] *выпуклая расшивка шва*

Tudor arch *арка в стиле эпохи Тюдоров;* [arch.] *тюдоровская арка*

tufted carpet *ворсовый ковер*

tug *буксир космического аппарата, лямка, постромка;* [nav.] *буксир, межорбитальный транспортный аппарат, тяга*

tug (vb.) *буксирное судно, буксирный канат, буксирный трос, буксировочное приспособление, тянущее усилие*

tumble (vb.) *опрокидывать(ся), переворачивать(ся)*

tumble-down *нуждающийся в ремонте, полуразрушенный*

tumble drier *барабанный сушитель*

tumbler *барабанный сушитель, вращающая собачка замка, зажим пружины*

tumbler spring *пружина сжатия замка*

tumbler switch *тумблер;* [electr.] *перекидной выключатель*

tumbling barrel *галтовочный барабан*

tumbling bay [hydr.] *водосливная плотина*

tumbling drier *барабанный сушитель*

tumbling-in [mason] *намет штукатурки*

tumbling mixer [concr.] *гравитационный смеситель*

tun *чан*

tung oil *тунговое масло*

tungsten inert gas welding *сварка вольфрамовым электродом в среде инертного газа*
tungsten steel *вольфрамовая сталь*
tunnel *галерея, туннель;* [woodw.] *ход личинок-древоточцев*
tunnel (vb.) *прокладывать туннель*
tunnel boring *проходка туннеля*
tunnel boring machine *буровая туннелепроходческая машина*
tunnel construction *проходка туннелей, строительство туннелей*
tunnel driving *проходка туннеля*
tunnel driving machine *буровая туннелепроходческая машина*
tunnelling *проходка туннелей, строительство туннелей*
tunnel lining *облицовка туннеля, отделка*
tunnel mouth *портал туннеля, устье туннеля*
tunnel profile *продольный профиль туннеля, профиль туннеля*
tunnel ramp *наклонный въезд в туннель*
tunnel recess *туннельная ниша*
tunnel vault [arch.] *бочарный свод*
tup *баба копра, кувалда, молот*
turbid *мутный, неясный*
turbidity *мутность, помутнение*
turbine *турбина*
turbine casing *корпус турбины*
turbine housing *корпус турбины*
turbulence *вихревой поток, турбулентность*
turbulent *турбулентный*
turbulent flow *вихревое течение, турбулентное течение*
turf *торф*
turf tar *торфяной деготь*
turn *вираж, виток, вращение, оборот, обходной путь, поворот, положение*
turn (vb.) *вращать(ся), вращаться, поворачивать(ся), превращаться, преобразовывать*
turnaround [road] *кольцевая транспортная развязка*
turn bridge *поворотный мост*
turnbuckle *натяжная муфта, поворотный запор окна, стяжная муфта, талреп*
turn cap *поворотный дефлектор дымовой трубы*
turned *поворотный*
turned bolt *поворотный запор*
turning *вращение*
turning bridge *поворотный мост*
turning circle [road] *кольцевая транспортная развязка*
turning crane *поворотный кран*
turning joint *петля, шарнирное соединение*
turning lathe *токарный станок*
turning moment *момент вращения*
turning point *точка поворота*
turning sash window *створчатое вращающееся окно*
turning saw *лучковая столярная пила*
turnkey *под ключ*
turnkey contract *контракт на проектирование и строительство объекта под ключ*

turnkey plant *завод, построенный под ключ*
turnkey project *объект строительства под ключ*
turn off (vb.) *выключать, выключить, гасить*
turn-off *ответвление дороги, разъезд*
turn on (vb.) *включить, завинчивать, навинчивать, пускать;* [electr.] *включать*
turn on the lathe *обрабатывать на токарном станке*
turnout *боковой станционный путь, объезд, стрелочный перевод;* [rail] *стрелка;* [road] *разъезд*
turn out (vb.) *выключать, исключить, производить*
turn-out lane [road] *полоса стоянки автотранспорта*
turnout on similar flexive curve [rail] *перевод на ту же стрелочную кривую*
turnout track [rail] *боковой станционный путь*
turnout with contraflexive curve [rail] *перевод на противоположную стрелочную кривую*
turn over [graph.] *переворачивать*
turn over (vb.) *опрокидывать(ся), перевертывать(ся)*
turn-over *кантователь, круговорот, механизм поворота оборотного плуга, обмен, оборачиваемость, оборот, перекидной стол, полукруглый пирог со сладкой начинкой*
turnpike (US) *автомобильная дорога, магистраль, пункт сбора платы за проезд по дороге*
turn round (vb.) *поворачиваться вокруг своей оси*
turnscrew *отвертка*
turn switch *поворотный выключатель*
turn window *поворотное окно*
turpentine [chem.] *скипидар*
turpentine substitute [chem.] *минеральный скипидар*
turpentine varnish *скипидарный лак*
turret *башня*
turret slewing crane *башенный подъемный кран, молотовидный подъемный кран*
tusk tenon [woodw.] *шип с зубом*
tweezers *пинцет*
twin (adj.) *двойной, сдвоенный, спаренный*
twin cable *двухжильный кабель*
twin contact *парный, спаренный контакт*
twin core cable *двухжильный кабель*
twine *бечевка*
twin girder *двойная балка*
twin-house *два дома с общей стеной*
twin lock *двойной шлюз*
twin sleeper [rail] *двойная шпала, сдвоенная шпала*
twin tie (US) [rail] *двойная шпала, сдвоенная шпала*
twin-tube *двойная труба, сдвоенная труба*
twin wire *двойной провод*
twin wire cable *двухжильный кабель*
twist *кручение, свивка, скручивание;* [woodw.] *крыловатость*
twist (vb.) *извиваться, изгибаться, крутить, крутить(ся), скручивать(ся)*

twist auger *улиткообразный земляной бур*
twist direction *направление крутки, направление кручения, направление скручивания*
twist drill *спиральное сверло*
twist drill bit *спиральное серло*
twisted *витой, закрученный, крученый, скрученный;* [woodw.] *искривленный*
twisted auger *улиткообразный земляной бур*
twist grip *поворотная ручка*
twist handle *поворотная ручка*
twisting *закручивание, скручивание;* [mach.] *кручение*
twisting moment *крутящий момент*
two-core cable *двухжильный кабель*
two-course floor *двухслойное бетонное перекрытие*
two course overlay *покрытие в два слоя*
two-digit *двухразрядный*
two-digit (adj.) *двуцифровой*
two-dimensional *двухмерный, плоский*
two-dimensional (adj.) *двумерный*
two-family house *двухквартирный дом*
two-figure *двухразрядный*
two-figure (adj.) *двухзначный*
two-flight stairs *двухпролетная лестница*
two-hand control *двуручное управление*
two-handed hammer *двуручный молот*
two-handled saw *двуручная пила*
two-hinged arch *двухшарнирная арка*
two-lane road *двухпутная дорога*
two-leaf door *двухстворчатая дверь*
two-level interchange *двухуровневая дорожная развязка*
two-pack coating *двухкомпонентное покрытие*
two-pack glue *двухкомпонентный клей*
two-part *состоящий из двух частей*
two-part adhesive *двухкомпонентный клей*
two-parted *разделенный на две части, состоящий из двух частей*
two-phase [electr.] *двухфазный*
two-piece *состоящий из двух частей*
two-pin plug [electr.] *двухштырьковая вилка*
two-pipe installation *двухтрубная установка*
two-ply wood *двухслойная фанера*
two-pot paint *двухкомпонентная краска*
two quarters [mason] *кладка в две четверти*
two-room apartment (US) *двухкомнатная квартира*
two-room flat (UK) *двухкомнатная квартира*
two-sided *двухсторонний*
two-stage *двухкаскадный, двухступенчатый*
two-start thread *двухходовая резьба*
two-step *двухступенчатый*
two-storey *двухэтажный*
two storeyed *двухэтажный*
two-storied *двухэтажный*

two-walled *двустенный*

two-way *двусторонний, двухпутный, двухходовой, дуплексный*

two-way cock *двухходовой кран*

two-way reinforcement [concr.] *перекрестная арматура*

two-way road *двухпутная дорога*

two-way slab *опертая по контуру, плита, плита с перекрестной арматурой*

two-way switch *двухходовой выключатель*

two-winged *двукрылый, имеющий два крыла (о здании)*

tympan [arch.] *тимпан*

tympanum [arch.] *тимпан*

type *класс, образец, род, система, тип, тип данных;* [graph.] *литера, шрифт*

type (vb.) *вводить, набирать, печатать*

type-approval license *типовое разрешение*

type designation *обозначение типа*

type of construction *вид конструкции, тип строительства*

type of wood *сорт дерева*

typical cross-section *типовое сечение*

typical floor plan *типовой поэтажный план*

U

U-beam *швеллерная сталь, швеллерный профиль*
U-bend *обратное колено;* [pipe] *U-образное колено*
U-bolt *болт-скоба, П-образный болт, серьга*
U-butt joint [weld] *U-образное стыковое соединение с криволинейным скосом двух кромок*
U-butt weld *U-образное стыковое сварное соединение*
u/c (under construction) *в процессе строительства*
U-iron *швеллерная сталь, швеллерный профиль*
ultimate *конечный, крайний, максимальный, наибольший, окончательный, предельный*
ultimate bending *разрушающее изгибающее напряжение*
ultimate breaking load *разрушающая нагрузка*
ultimate breaking stress *разрушающее напряжение*
ultimate collapsible load *разрушающая сжимающая нагрузка*
ultimate compressive strength *временное сопротивление сжатию, предел прочности при сжатии*
ultimate elongation *предельное удлинение*
ultimate flexural strength *разрушающее напряжение при изгибе*
ultimate load *критическая нагрузка, предельная нагрузка, разрушающая нагрузка*
ultimate moment *разрушающий момент*
ultimate shearing strength *временное сопротивление при сдвиге, предел прочности при сдвиге*
ultimate strain *критическая деформация, предельная деформация*
ultimate strength *предел прочности, предельное напряжение*
ultimate stress *предел прочности, предельное напряжение*
ultimate tensile stress *предел прочности при растяжении*
ultimate torsional strength *предел прочности при кручении*
ultimate true breaking strength *истинный предел прочности при растяжении*
ultrafinish *полирование до зеркального блеска*
ultramarine pigment [paintw.] *ультрамариновый пигмент*
ultrared *инфракрасный*
ultrasonic welding *ультразвуковая сварка*
ultrasound *ультразвук*
umber [paintw.] *умбра*
umbrella roof [arch.] *зонтичное покрытие*
unadulterated *неразбавленный*
unalloyed *нелегированный*
unalloyed metal *нелегированный металл*
unalloyed steel *нелегированная сталь*
unambiguous *однозначный*
unarmoured cable *неармированный кабель, небронированный кабель*
unavailing *безрезультатный*
unbalance *дисбаланс, нарушение равновесия, небаланс, несбалансированность*
unbalanced *неуравновешенный*
unbark (vb.) [woodw.] *окорять*
unbend (vb.) *выправлять, править, разгибать, рихтовать*

unbending *жесткий, негнущийся*
unbind (vb.) *развязывать*
unbolt (vb.) *развинчивать, разъединять, снимать болты*
unbolting *развинчивание, снятие болтов*
unbonded reinforcement [concr.] *армирование без сцепления с бетоном*
unbonded steel tendon *напрягаемая стальная арматура, не сцепленная с бетоном*
unbraced mast *безвантовая мачта*
unbroken seal *герметичное уплотнение, ненарушенное уплотнение*
unbuilt area *незастроенная территория*
unbuilt site *назастроенная площадка*
unburnt brick *необожженный кирпич*
unburnt tile *необожженная черепица*
unbutton (vb.) *расклепывать;* [concr.] *распалубливать*
uncemented window *незамазанное окно*
uncertain *недостоверный, ненадежный, неопределенный*
uncertainty *недостоверность, ненадежность, неопределенность*
unchangeable *неизменяемый, постоянный*
unchecked *непроверенный*
unchipped *неоструженный*
unclean *загрязненный, с примесями*
uncleft wood *бревна, круглый лесоматериал*
uncoated *без покрытия, неокрашенный*
uncoil (vb.) *разматывать*
uncoloured *неокрашенный*
uncompleted *незавершенный, неоконченный*
unconfined compression test *испытания на неограниченное сжатие*
unconfined compressive strength *предел прочности при неограниченном сжатии*
unconformity *несоответствие*
unconnected *несвязанный*
uncouple (vb.) *разъединять, расцеплять*
uncoupling *развязка, разъединение, расцепление*
uncover (vb.) *вскрывать, обнажать, открывать*
uncovered *непокрытый, открытый*
uncured *невулканизированный, невыдержанный*
uncut stone *неграненный камень, необработанный камень, неотесанный камень, нешлифованный камень*
undamaged *неповрежденный*
under-allowance *недостаточный припуск*
underbead crack [weld] *трещина в корне шва*
underbead cracking *образование трещин в корне шва*
underbridge *туннель;* [road] *путепровод под дорогой*
underbuild (vb.) *закладывать основание, закладывать фундамент*
underbuilding *основание, фундамент*
undercoating *грунтовка;* [paintw.] *связующий слой*
under construction *строящийся*
undercrossing *путепровод;* [road] *подземный переход*
undercure (vb.) *недоотверждать*
undercurrent [electr.] *минимальный ток*
undercut [weld] *подрез*

undercutting *поднутрение, подрезание;* [el.] *подтравливание*
underdrain *дренажная труба, отводная труба, спускная труба*
underfloor heating *напольное панельное отопление*
underflow *нижний сход с сита, подрешетный продукт, подрусловый поток, потеря значимости*
undergrade crossing *пересечение в двух уровнях, путепровод под дорогой;* [rail] *переезд под насыпью*
underground *метрополитен, нижние слои грунта, подпочва;* [rail] *подземная железная дорога*
underground (adj.) *подземный*
underground cable *подземный кабель*
underground car park *подземная автомобильная стоянка*
underground floor *подвал, подвальный этаж*
underground garage *подземная автомобильная стоянка, подземный гараж*
underground line *подземная линия, подземный кабель*
underground parking *подземная автомобильная стоянка*
underground pipework *подземный трубопровод*
underground railway *метрополитен*
underground road *дорожный туннель, путепровод под дорогой*
underground tank *подземный резервуар*
underground thoroughfare *дорожный туннель, подземная транспортная магистраль, путепровод под дорогой*
underground water *грунтовая вода*
underhand welding *нижний сварной шов, сварной шов, накладываемый в нижнем положении*
underlay *гидроизоляционный слой, опорная поверхность*
underlayer of gravel [rail] *гравийный балласт*
underlayment *опорная поверхность, подстилка*
under leads *запломбированный*
underlie (vb.) *залегать под чем-либо, служить опорой*
underload *недогрузка, неполная нагрузка*
underlying *лежащий в основе, нижележащий, подстилающий*
undermine (vb.) *подкапывать, подмывать, подрывать*
undermining *подработка, подрубка, подрывание, подсечка*
underpass *подземный переход, путепровод, туннель на пересечении дорог;* [rail] *пассажирский туннель под перроном*
underpass approach *въезд в туннель*
underpin (vb.) *подводить фундамент, поддерживать, подкреплять, подпирать, усиливать фундамент*
underpin a tunnel (vb.) *укреплять туннель*
underpinning *подведение опоры под сооружение, подведение фундамента, усиление фундамента*
under-plaster (adj.) [electr.] *скрытый (о проводке)*
underpour (vb.) *заливать бетон;* [concr.] *укладывать бетонную смесь*
underpressure *вакуум, пониженное давление, разрежение*
under pressure *под давлением*
underprop (vb.) *крепить стойками, подводить опору, подпирать*
under-reinforced [concr.] *слабо армированный*
underroof *подвесной потолок*
underside *днище, нижняя поверхность, обратная сторона, подошва*

underside view *вид снизу*
undersize *заниженный размер, нижний продукт грохочения, подрешетный продукт грохочения, размер ниже номинального*
undersized *меньше заданного размера, неполномерный*
underslung crane *кран-балка*
undertake (vb.) *выполнять, предпринимать*
undertension *понижение напряжения, пониженное напряжение*
under tension *работающий на растяжение;* [electr.] *под напряжением*
undervoltage [electr.] *понижение напряжения, пониженное напряжение*
underwater (adj.) *подводный*
under water *ниже ватерлинии, под водой*
underwater concrete *подводный бетон*
underwater concreting *подводное бетонирование*
underwater welding *подводная сварка*
underweight *заниженная масса, недовес*
undeveloped *незастроенный, необработанный (о земле), неразвитый*
undeveloped area *незастроенный участок*
undeveloped land *незастроенный участок*
undeveloped site *незастроенный участок*
undisturbed sample *образец с ненарушенной структурой*
undivided *неразделенный, цельный*
undo *восстановление предыдущего состояния, откат*
undo (vb.) *демонтировать, ослаблять резьбу, разбирать*
undrained *неосушенный*
undressed *необогащенный (о руде), необработанный, необтесанный, неотделанный, нестроганный*
undressed wood *неокоренный лесоматериал*
undulate (vb.) *двигаться волнообразно*
undulating *волнистый, волнообразный, холмистый*
undulating motion *волнообразное движение, маятниковое движение*
undulation *волнообразное движение, маятниковое движение*
undulatory *волнистый, волнообразный*
unearthed system [electr.] *изолированная система, незаземленная система*
unending *бесконечный*
unequal *неадекватный, неправильный, неравноценный, неравный, несоответствующий*
unequal angle *неравнобокий уголок*
unequal angle bar *неравнобокий уголок*
uneven *неравномерный, неравный, шероховатый;* [road] *неровный*
unevenness *неровность*
uneven surface *неровная поверхность;* [road] *шероховатая поверхность*
uneven terrain *пересеченная местность*
unexposed *неэкспонированный*
unfading *невыцветающий, светостойкий*
unfasten (vb.) *откреплять*
unfavourable *неблагоприятный*
unfiltered water *неотфильтрованная вода*

unfinished *необработанный, неотшлифованный*
unfinished casting *необработанная отливка*
unfit *негодный, неподходящий, непригодный*
unfold (vb.) *развертывать*
unformed *неопалубленный*
unglazed *незастекленный*
ungraded *неклассифицированный, несортированный*
ungrease (vb.) *обезжиривать*
ungrounded [electr.] *незаземленный*
unguarded level crossing *неохраняемый железнодорожный переезд*
unguarded railway crossing *неохраняемый железнодорожный переезд*
ungula of a cone [geom.] *часть конуса, заключенная между двумя плоскостями, пересекающимися внутри него*
unhandy *неудобный, трудноуправляемый*
unhardened *незакаленный*
unhealthy *антисанитарный, вредный, нездоровый*
unhewn stone *неоколотый камень, неотесанный камень*
unhinge a door (vb.) *снять дверь с петель*
unhomogeneous *неоднородный*
unhydrated lime *негашеная известь*
unhygienic *негигиеничный*
uniaxial [phys.] *одноосный*
uniaxial stress *линейное напряжение, одноосное напряжение*
unicoloured *одноцветный*
unidirectional (adj.) *однонаправленный*
unified *унифицированный*
uniform *единообразный, однородный, равномерный, ровный*
uniform attack *равномерная коррозия, сплошная коррозия*
uniform colour, of *равномерно окрашенный*
uniform corrosion *равномерная коррозия, сплошная коррозия*
uniform flow *равномерный поток*
uniformity *единообразие, однородность, равномерность*
uniform load *равномерная нагрузка*
uniformly distributed *равномерно распределенный*
uniformly distributed load *равномерно распределенная нагрузка*
uniformly distributed porosity [weld] *равномерно распределенная пористость*
uniformly graded *однородный по гранулометрическому составу*
uniform pressure *равномерное давление*
uniform texture *однородная текстура*
unify (vb.) *унифицировать*
unilateral *односторонний*
unimproved *неусовершенствованный*
unimproved land *немелиорированная земля*
unimproved road *гравийная дорога, проселочная дорога*
uninflammable *невоспламеняемый*
uninhabitable *непригодный для проживания*
uninhabitable dwelling *дом, непригодный для проживания*
uninhabited *необитаемый*
uninhabited area *необитаемый район*
uninterrupted *бесперебойный, непрерывный*

uninterrupted duty *непрерывный режим работы*

union *муфта трубопровода, патрубок, соединение;* [mat.] *объединение*

union connection [san.eng.] *соединительная муфта*

union elbow *проходной угольник*

union fitting [san.eng.] *резьбовая соединительная муфта, фитинг для соединения трубопроводов без вращения труб*

union joint *муфтовое соединение;* [san.eng.] *резьбовая соединительная муфта*

union nut [pipe] *соединительная гайка*

union piece *резьбовое соединение*

unit *блок, единица измерения, звено, компонент, модуль, прибор, сборочная единица, секция, устройство, элемент, ячейка;* [tech.] *агрегат*

unit area *единица площади*

unit area pressure *давление на единицу площади, удельное давление*

unitary ratio *единичное отношение, единичный коэффициент;* [mat.] *единичная пропорция*

unit built house *сборный дом, типовой дом*

unit construction *блочное строительство, сборное строительство, строительство по типовым проектам*

unite (vb.) *объединять, соединять*

unit elongation *удельное удлинение*

unit load *единичная нагрузка*

unit loading *нагрузка на единицу площади*

unit measure *единичная мера*

unit of area *единица площади*

unit of measurement *единица измерения*

unit of product *единица продукции*

unit of volume *единица объема*

unit price *цена единицы продукции*

unit stress [phys.] *удельное напряжение*

unit water requirement *удельная оросительная норма, удельное водопотребление*

unit weight *удельная масса*

universal *всеобщий, общего назначения, универсальный*

universal drilling machine *универсальный сверлильный станок*

universal grinding machine *универсальный шлифовальный станок*

universality *универсальность*

universal joint *карданный шарнир с крестовиной, универсальный шарнир*

universal mill plate *широкий толстолистовый металл*

universal plate *широкий толстолистовый металл*

universal pliers *универсальные пассатижи*

universal spanner [tool] *универсальный гаечный ключ*

universal tap holder [tool] *универсальный метчикодержатель*

univocal *однозначный*

unjointed *несвязанный, разъединенный*

unkilled lime *негашеная известь*

unknown [mat.] *неизвестное*

unlike *неодинаковый, непохожий, отличающийся*

unlined excavation *незакрепленный котлован*
unload (vb.) *выгружать, разгружать, снимать нагрузку*
unloaden weight *масса порожнего грузового автомобиля*
unloader *разгрузочная машина*
unloading *выгрузка, разгрузка, разрядка, снятие нагрузки*
unloading crane *разгрузочный кран*
unloading valve *перепускной клапан, разгрузочный клапан*
unlock (vb.) *открывать, отпирать, размыкать, расцеплять*
unmachined *необработанный*
unmixed *несмешанный, чистый*
unpave (vb.) [road] *снимать дорожную одежду*
unpaved [road] *немощеный*
unpickable *защищенный от хищения*
unplaned *неструганный*
unplaned boards *неструганные доски*
unplastered [mason] *неоштукатуренный*
unpliable *жесткий, негибкий, неупругий*
unpolished *неполированный*
unpolluted *незагрязненный, чистый*
unpractical *непрактичный, нецелесообразный*
unprepared *неподготовленный*
unpressurized *негерметизированный*
unprocessed *необработанный, непереработанный*
unprotected *незащищенный, неохраняемый*
unrefined *неочищенный, сырой*
unreinforced hose *неармированный шланг*
unreliability *ненадежность*
unreliable *ненадежный*
unrestrained *незащемленный, неограниченный*
unretentive *негерметичный*
unrig (vb.) *демонтировать, снимать*
unrivet (vb.) *расклепывать*
unriveting *расклепывание*
unroll (vb.) *развертывать, раскатывать*
unsafe *ненадежный, опасный*
unsafeness *ненадежность, опасность, рискованность*
unsaturated *ненасыщенный*
unsaturation [chem.] *ненасыщенность*
unscreened *несортированный*
unscrew (vb.) *отвинчивать, развинчивать*
unseasoned wood *невысушенная древесина*
unserviceable *неисправный, ненадежный, непригодный к эксплуатации*
unsheathed *незачехленный*
unshrinkable *безусадочный*
unsilt (vb.) *вести дноуглубительные работы, вести землечерпальные работы, удалять ил*
unskilled labour *неквалифицированный труд*
unskilled labourer *неквалифицированный рабочий, чернорабочий*
unskilled worker *неквалифицированный рабочий, чернорабочий*
unslaked lime *негашеная известь*

unsolder (vb.) *распаивать*
unsorted sawn wood *несортированный пиломатериал*
unsound *дефектный, недоброкачественный*
unsound cement *непостоянный по объему цемент*
unstable *нестабильный, неустойчивый*
unstable equilibrium *неустойчивое равновесие*
unstick (vb.) *отклеивать, откреплять*
unstrained *непросеянный, непроцеженный, нефильтрованный;* [phys.] *ненатянутый*
unstressed *ненагруженный, ненапряженный*
unsuitable *негодный, неподходящий, несоответствующий*
unsuited *негодный, неподходящий, несоответствующий*
unsupported *без опоры, незакрепленный*
unsupported length *свободная длина*
unsurfaced *без покрытия;* [road] *грунтовый*
unsymmetrical *асимметричный, несимметричный*
unsymmetry *асимметрия, несимметричность*
untensioned bolt *незатянутый болт*
untested *непроверенный*
untight *негерметичный, незатянутый*
untreated *необработанный*
untreated sludge *неочищенный шлам*
untreated water *неочищенная вода*
untried *непроверенный*
untrue *неверный, неправильный, неточный*
unusable *непригодный*
unused *неиспользованный, не находящийся в употреблении*
unventilated *невентилированный, непроветренный*
unvulcanized rubber *каучук*
unwater (vb.) *обезвоживать, осушать*
unwatering *обезвоживание, осушение*
unweight (vb.) *облегчать, снимать нагрузку*
unwieldy *громоздкий, неповоротливый, тяжеловесный*
unwind *возврат в исходное состояние*
unwind (vb.) *разматывать, раскручивать*
unworkable *неисправный, непригодный для работы, неприменимый*
unwrought *незавершенный, необработанный*
up *вверх*
up (vb.) *поднимать*
up-and-over door *навесные ворота*
upcast *вынутый грунт*
upend (vb.) *перевертывать, ставить перпендикулярно*
upgrade *наращивание ресурсов;* [road] *подъем*
upgrade (vb.) *модернизировать, повышать качество, совершенствовать, улучшать*
upgrading *модернизация, повышение качества, совершенствование*
uphill ventilation *вентиляция с продуванием воздуха вверх*
upholsterer *драпировщик;* [furn.] *обойщик*
upkeep *ремонт, содержание в исправности, техническое обслуживание, уход*
upkeep of buildings *эксплуатация зданий*

uplift pressure *противодавление*

upper *верхняя часть*

upper (adj.) *верхний, высший*

upper allowance *максимально допустимый размер, припуск*

upper edge *верхний край*

upper end *верхний край*

upper flood gate [hydr.] *верхний затвор для отвода паводковых вод*

upper floor *верхний этаж*

upper layer of ballast [road] *верхний балластный слой*

upper limit of elasticity *верхний предел упругости*

uppermost (adj.) *высший*

upper part *верхняя часть*

upper side *верхняя сторона*

upper storey *верхний этаж*

upper stress limit *максимально допустимое напряжение*

upper strut *распорное бревно;* [woodw.] *подкос*

upper surface *верхняя поверхность*

upper yield stress *верхний предел текучести*

upright *колонна, поставленный стоймя, стойка*

upright (adj.) *вертикальный, отвесный, прямой*

upright, out of *с отклонением от вертикали*

upright course *крайний ряд кладки*

upright of a ladder *стойка лестницы*

upright projection [mech.draw.] *вертикальная проекция*

upset *высадка, опрокидывание, сбой, укорочение детали при осадке;* [tool] *разводка*

upset (vb.) *опрокидывать, переворачивать;* [met.] *высаживать*

upset butt welding (US) *стыковая сварка сопротивлением*

upset forge (vb.) [met.] *штамповать осадкой*

upset forging *поковка, полученная высадкой;* [met.] *осаживание, плющевание, штамповка-высадка, штамповка осадкой*

upsetter *высадочный пресс*

upsetting *обжатие, расплющивание, распучивание полой детали, растяжка;* [met.] *высадка*

upsetting machine *высадочный пресс*

upsetting press *высадочный пресс*

upset welding (US) *стыковая сварка*

upstream *вверх по течению, перемещающийся против течения, против течения*

uptake *вентиляционный канал, дымовой канал*

up-to-date *новейший, современный, соответствующий современным требованиям*

upward *направленный вверх*

upward (adj.) *восходящий, поднимающийся вверх*

upward current *восходящий поток*

upward pressure *противодавление*

upward seepage *инфильтрационный противоток, обратная фильтрация*

urban *городской*

urban agglomeration *городская агломерация*

urban area *городская зона, городская территория*

urban area development plan *план городской застройки, план развития городской зоны*

urban business premises *деловой район города*

urban centre *городской центр, центральная часть города, центр города*

urban commune *городская коммуна, городская община*

urban community *городская агломерация*

urban conglomeration *городская агломерация*

urban core *городской центр, центральная часть города, центр города*

urban design *градостроительное проектирование*

urban development *градостроительство*

urban district *городской район, микрорайон*

urban expansion *рост городов, урбанизация*

urban extension *рост городов, урбанизация*

urban freeway *скоростная автомагистраль*

urban fringe *городская окраина*

urban growth *рост города, урбанизация*

urbanized *урбанизированный*

urban management *градостроительное проектирование*

urban motorway *скоростная автомагистраль*

urban municipality *городской муниципалитет*

urban node *историческое ядро города*

urban nucleus *историческое ядро города*

urban open space *открытое городское пространство*

urban planning *градостроительное проектирование*

urban quarter *городской квартал*

urban redevelopment *реконструкция города*

urban renewal *реконструкция города*

urban renewal area *городской район новой застройки*

urban renovation area *городской район новой застройки*

urban residential district *жилой район города*

urban road system *городская дорожная сеть*

urban settlement *поселок городского типа*

urban sprawl *рост городов, урбанизация*

urban zone *городская зона*

urgent *настоятельный, неотложный, срочный*

urinal *писсуар*

usability *годность, практичность, пригодность, удобство в использовании, эксплуатационная готовность*

usable *годный к употреблению, используемый, пригодный для эксплуатации*

usage *использование, используемость, коэффициент загруженности, коэффициент использования, применение, употребление, частота использования, эксплуатация*

use *использование, применение, употребление, эксплуатация*

use (vb.) *использовать, применять, употреблять*

use, of *полезный*

useability *годность, годность к употреблению, практичность, пригодность, эксплуатационная готовность*

useable *годный к употреблению, используемый, практичный, пригодный для эксплуатации*

U-section *П-образный профиль, швеллер, швеллерная сталь*
used oil *отработанное масло*
useful *полезный, практичный, пригодный*
useful carrying capacity *полезная грузоподъемность*
useful economic life *экономически выгодный ресурс, экономически выгодный срок службы;* [mech.eng.] *экономически выгодный период нормальной эксплуатации*
useful length *эффективная длина*
useful life *период нормальной эксплуатации, ресурс;* [mech.eng.] *эксплуатационная долговечность*
useful load *полезная нагрузка, рабочая нагрузка*
usefulness *полезность, пригодность*
useless *бесполезный, непригодный*
use reliability *эксплуатационная надежность*
user-friendly *ориентированный на пользователя, удобный для пользователя*
user manual *инструкция по эксплуатации, руководство для пользователя, руководство по эксплуатации*
user-optimized *ориентированный на пользователя*
user-oriented *ориентированный на пользователя*
user's guide *инструкция по эксплуатации, руководство по эксплуатации*
use up (vb.) *израсходовать, использовать*
U-shaped girder [rail] *П-образная балка*
U-shaped track girder [rail] *П-образная рельсовая балка*
US standard thread *американская стандартная резьба*
usual *нормальный, обыкновенный, обычный*
utensil *инструмент, посуда, принадлежность, утварь*
utensil socket [electr.] *штепсельная розетка*
utilities *коммунальные службы, коммунальные услуги, предприятия общественного пользования*
utility *коммунальное предприятие, обслуживающая программа, полезность, электростанция общего пользования, эффективность*
utility company *коммунальное предприятие, предприятие общественного пользования, электростанция общего назначения;* [hydr.] *водопроводная станция*
utility power *подвод энергии, энергоснабжение*
utility shed *аппаратная*
utilizable *годный к использованию, годный к употреблению, используемый*
utilization *использование, применение, утилизация*
utilize (vb.) *использовать, применять, утилизировать*
U-tube *П-образная труба, сифонная труба*

V

V (volt) [meas.] *вольт*
vacant building *свободное здание*
vacate (vb.) *освобождать*
vacillate (vb.) *качаться, колебаться*
vacuum *вакуум, разрежение*
vacuum (vb.) *отсасывать пыль, чистить пылесосом*
vacuum brazing *вакуумная пайка твердым припоем*
vacuum cleaner *мусороуборочная машина вакуумного действия, пылесос*
vacuum concrete *вакуумированный бетон*
vacuum dust extractor *вакуумный пылеотделитель, вакуумный пылеуловитель*
vacuum filter *вакуум-фильтр*
vacuum impregnation *вакуумная пропитка*
vacuum mat [concr.] *вакуум-мат*
vacuum pressure process *пропитка в вакууме под давлением*
vacuum process impregnation *вакуумная пропитка, пропитка в вакууме*
vacuum soldering *вакуумная пайка*
vacuum spray painting *окраска распылением в вакууме*
vagrant current [electr.] *блуждающий ток*
valance lighting *верхнее освещение*
valid *допустимый, имеющий силу, правильный, справедливый*
validity *доказанность, достоверность, истинность, срок действия договора;* [mat.] *обоснованность*
valley *борозда, вмятина, впадина, ендова, канавка, разжелобок, точка минимума на вольтамперной характеристике*
valley board *доска разжелобка*
valley gutter *ендова, разжелобок*
valley rafter *стропильная нога разжелобка*
valuation *оценка, таксация*
value *величина, значение, оценка, стоимость, ценность*
value (vb.) *оценивать, таксировать*
valve *вентиль, гидрораспределитель, задвижка, заслонка, клапан, кран, пневмораспределитель, шибер, электронная лампа;* [electr.] *радиолампа*
vanadium steel *ванадиевая сталь*
vandalism *умышленная порча имущества*
vandal-proof *защищенный от умышленной порчи*
vaporization *выпаривание, испарение, парообразование*
vaporizer *выпарной аппарат, испаритель, испарительная колонна*
vapour *пар*
vapour (vb.) *выпаривать, испаряться, превращаться в пар*
vapour barrier *пароизоляция, паронепроницаемый слой*
vapour escape *сброс пара*
vapour permeability *паропроницаемость*
vapourproof *паронепроницаемый*
vapour seal *пароизоляция*
vapourtight lighting fitting *паронепроницаемая светотехническая аппаратура*

vapour tightness *плотность пара*
variable *переменная величина*
variable (adj.) *изменчивый, непостоянный, переменный*
variable slope [road] *ломаный откос*
variance *вариация, дисперсия, изменчивость*
variant *вариант*
variant (adj.) *альтернативный, различный*
variation *вариация, изменение, колебание, отклонение от номинального значения, разброс*
variation from level *отклонение от заданного уровня*
variation from plumb *отклонение по вертикали*
variation in dimension *колебания размера*
variation in plane *отклонение от плоскости*
variation in temperature *колебания температуры*
variation of pressure *колебания давления*
varied *изменяющийся, разнообразный*
variety *ассортимент, вид, многообразие, множество, разновидность, разнообразие, сорт*
varnish *лак*
varnish (vb.) *лакировать, покрывать лаком*
varnishing *лакирование, покрытие лаком*
vary (vb.) *варьировать, изменять, менять, регулировать*
varying load *переменная нагрузка*
vast *громадный, огромный*
vat *бак, ванна, куб, чан*
vault *арка моста, свод*
vault (vb.) *возводить свод*
vault abutment *опора свода*
vaulted *сводчатый*
vaulting *возведение свода*
vault of bridge *арка моста, пролет моста*
V-butt weld *V-образный шов, шов с разделкой кромок*
V-cut thread *резьба с треугольным профилем, треугольная резьба*
vector [mat.] *вектор*
vector angle *угол вектора*
vegetable garden *огород*
vehicle *транспортное средство;* [paintw.] *связующее вещество*
vehicle actuated signal *светофор, включаемый транспортным средством*
vehicular deck *покрытие проезжей части*
vehicular traffic *дорожное движение*
vein *жилка листа;* [woodw.] *прожилок*
veined *с прожилками;* [woodw.] *с узорчатой текстурой*
veined wood *древесина с узорчатой структурой*
veiny [woodw.] *с узорчатой текстурой*
velocity *скорость*
velocity of air *скорость ветра*
velocity of flow *скорость потока*
velocity of rotation *окружная скорость, частота вращения*
veneer *однослойная фанера, поверхностный слой отложений*
veneer (vb.) *обшивать фанерой, фанеровать*

veneer (adj.) *шпон*
veneered *фанерованный*
veneered construction *сооружение, облицованное фанерой*
veneering *фанерование*
veneering saw *пила для заготовки шпона*
veneering wood *ножевая фанера, строганый шпон*
veneer sheet *лист фанеры*
Venetian blind *оконные жалюзи*
Venetian shutters *оконные жалюзи*
Venetian window *трехстворчатое окно*
vent *вентиляционная труба, вентиляционное отверстие, вентиляционный проем, отдушина, форточка*
vent (vb.) *вентилировать, подводить воздух*
vent duct *вентиляционный канал*
vent hole *вентиляционное отверстие, отверстие для выпуска воздуха, отдушина*
ventilate (vb.) *вентилировать, проветривать*
ventilated brick *пустотелый кирпич*
ventilated ceiling *перфорированный потолок*
ventilated soil *пористый грунт*
ventilating (adj.) *вентиляционный, вытяжной*
ventilating duct *вентиляционный канал, воздухопровод*
ventilating fan *вентилятор*
ventilating system *система вентиляции*
ventilation *вентиляция, воздухообмен, проветривание*
ventilation aperture *вентиляционное отверстие*
ventilation duct *вентиляционный канал*
ventilation installation *вентиляционная установка*
ventilation pane *вентиляционный дефлектор*
ventilation pipe *вентиляционная труба*
ventilation plant *вентиляционная установка*
ventilation rate *кратность воздухообмена*
ventilation shaft *вентиляционный ствол*
ventilation space *вентилируемое пространство*
ventilation system *вентиляционная установка, система вентиляции*
ventilator *вентилятор, вентиляционный проем, воздуходувка, форточка*
venting *отвод жидкости, подвод воздуха, проветривание*
vent pipe *вентиляционный канал, вытяжная труба*
vent screw *воздухоотводный винт*
vent stack *вентиляционный стояк*
verdigris *патина (продукт окисления меди и ее сплавов)*
verdigrised *покрытый патиной*
verge *край, кромка;* [build.] *свес крыши над фронтоном;* [road] *обочина*
verge board *доска, закрывающая фронтовые стропильные ноги;* [build.] *наличник*
vermilion *киноварь;* [paintw.] *сульфид ртути*
vermin [agr.] *вредитель*
vernier *верньер, нониус*
vernier calliper gauge *штангенциркуль с нониусом*

vernier correction *точная регулировка*
vernier scale *нониусная шкала*
versatile *универсальный*
versatility *разносторонность, универсальность, эксплуатационная гибкость*
vertex *вершина*
vertical *вертикаль, линия отвеса*
vertical (adj.) *вертикальный, отвесный*
vertical angle *вертикальный угол*
vertical axis *вертикальная ось*
vertical butt weld *вертикальный стыковый шов*
vertical circle [geod.] *вертикальный круг*
vertical circle level [geod.] *уровень вертикального круга*
vertical collector *вертикальный солнечный коллектор*
vertical control datum *уровенная поверхность;* [geod.] *нуль высот*
vertical deflection *прогиб*
vertical elevation [mech.draw.] *вертикальная проекция*
vertical error [geod.] *ошибка по высоте*
vertical fillet weld *угловой шов;* [weld] *вертикальный угловой шов*
verticality *вертикальность, отвесность*
verticality deviation *отклонение от вертикали*
vertical joint *вертикальный шов*
vertical lift gate *подъемный затвор;* [hydr.] *подъемные ворота шлюза*
vertical lifting door *подъемная дверь*
vertical load *вертикальная нагрузка*
vertically hinged frame *рама окна, вращающаяся вокруг вертикальной оси*
vertically perforated brick *дырчатый кирпич*
vertical mixer [concr.] *гравитационный смеситель*
vertical plane *вертикальная плоскость*
vertical play *вертикальный зазор, вертикальный люфт*
vertical reinforcement *вертикальное армирование*
vertical sand drain [road] *вертикальная песчаная дрена*
vertical section *вертикальное сечение*
vertical stay *ванта, оттяжка*
vertical transfer *вертикальный перенос*
vertical view [mech.draw.] *вид сверху*
vertical wall collector *вертикальный солнечный коллектор*
vertical weld *вертикальный сварной шов*
very fluid *легкотекучий*
very harsh consistency [concr.] *сверхжесткая консистенция*
vessel *бак, резервуар, сосуд*
vestibule *вестибюль, холл*
viable *жизнеспособный, осуществимый*
viaduct *виадук, путепровод*
vibrant *вибрирующий*
vibrate (vb.) *вибрировать, дрожать, колебаться*
vibrating (adj.) *вибрирующий*
vibrating compressor *виброуплотняющая машина;* [road] *виброуплотнитель*
vibrating conveyor *вибрационный транспортер*

vibrating feeder *вибрационный питатель*
vibrating grinder *вибрационный шлифовальный станок*
vibrating plate compactor [concr.] *виброплощадка*
vibrating rammer *вибротрамбовка*
vibrating roller [road] *вибрационный каток*
vibrating sanding machine *вибрационный шлифовальный станок*
vibrating screed *вибробрус;* [concr.] *виброрейка*
vibrating screen *вибрационный грохот*
vibrating shovel compactor [concr.] *вибрационная плита*
vibrating table [concr.] *вибростол*
vibration *вибрация, дрожание, колебания, колебательные движения*
vibration absorber *амортизатор колебаний, антивибратор, демпфер*
vibration conveyor *вибрационный транспортер*
vibration damper *амортизатор колебаний, демпфер*
vibration damping *амортизация колебаний, демпфирование*
vibration failure *разрушение вследствие вибрации*
vibration fatigue *усталость при вибрации*
vibrationless *невибрирующий, свободный от колебаний*
vibration-proof *вибростойкий*
vibration reducing *амортизирующий колебания, пружинящий*
vibration screen *виброгрохот, вибросито*
vibration test *испытания на вибрацию, испытания на вибростойкость*
vibrator *вибратор, вибропреобразователь*
vibrator conveyor *вибрационный транспортер*
vibrator frequency *частота колебаний*
vibratory *вибрационный, колебательный*
vibratory compactor *виброуплотняющая машина;* [road] *виброуплотнитель*
vibratory compactor plant *вибрационная уплотняющая установка*
vibratory conveyor *вибрационный транспортер*
vibratory plate *виброплита, виброплощадка*
vibratory roller *вибрационный дорожный каток*
vibroconcrete *вибробетон*
vice *клещи, тиски*
vice bench *слесарный верстак*
vicinity *близость;* [mat.] *окрестность*
view *вид, обзор, перспектива, поле зрения;* [mech.draw.] *проекция*
view (vb.) *осматривать, рассматривать*
view plan *вид в плане*
view port *смотровое отверстие*
Vignoles rail [rail] *широкоподошвенный рельс*
vigour *мощность, сила*
vigourous *мощный, сильный*
villa *вилла, дом на одну семью*
village *деревня*
vinyl *винил*
vinyl-asbestos slab *асбестосмоляная плита*
vinyl floor *виниловый пол*
vinyl gasket *виниловая прокладка*
vinyl tile *виниловая плитка*

vinyl wall coverings *виниловые обои*
vinyl wall fabric *виниловая стенная облицовка*
violent *резкий, сильный*
viscid *вязкий, клейкий, липкий*
viscoelastic behaviour *вязкоупругая характеристика*
viscoelastic deformation *вязкоупругая деформация*
viscoelasticity *вязкоупругость*
viscoplastic *вязкопластичный*
viscosity *вязкость, коэффициент вязкости*
viscosity, of high *высоковязкий*
viscosity grade *коэффициент вязкости*
viscosity index *коэффициент вязкости*
viscosity number *коэффициент вязкости*
viscous *вязкий*
viscous elasticity *вязкая упругость, вязкоупругость, замедленная упругость*
visibility *видимость, видность, дальность видимости*
visible *видимый*
visible ceiling joist *открытая потолочная балка*
visible damage *видимый ущерб*
vision *видимый объект, зрение, система технического зрения, техническое зрение*
vis major *форс-мажорные обстоятельства*
visor *видоискатель, козырек;* [wk.env.] *защитная маска*
visual *видимый, визуальный, зрительный*
visual angle *угол зрения*
visual axis *визирная линия;* [geod.] *оптическая ось*
visual examination *визуальный осмотр*
visual inspection *визуальный контроль, контроль по внешним признакам, наружный осмотр*
vitreous *стекловидный, стеклообразный*
vitreous enamel *стекловидная эмаль*
vitrified brick *спекшийся кирпич*
vitrified clay *плотноспекшаяся глина*
vitrified clay pipe *глазурованная керамическая труба*
vitrify (vb.) *остекловывать, спекать*
V-joint *шов кладки с двумя скосами*
V-notch *V-образный надрез*
void *непропечатка, объем пор, полость, пора, проем в стене, пустота*
void (vb.) *опорожнять*
void (adj.) *пустая операция, пустой*
void of air *безвоздушный*
void ratio *коэффициент пористости, пустотность*
void volume *объем пор, объем пустот, пористость*
volatile *летучий*
volatile component [chem.] *летучий компонент*
volatile solvent [chem.] *летучий растворитель*
volt (V) *вольт*
voltage [electr.] *напряжение*
voltage rating *максимально допустимое напряжение*

volume *вместимость, громкость, емкость, объем, регулятор громкости, том, уровень громкости*
volume expansion *объемное расширение*
volume of solids *объем по сухому остатку*
volume of voids *объем пор, объем пустот*
volume of waste *объем отходов*
volume stability *постоянство объема*
volumetric batching *объемное дозирование*
volumetric content *объемное содержание*
volumetric expansion *объемное расширение*
volumetric measurement *мера объема*
volume under standard conditions *объем при стандартных условиях*
volume weight *объемная масса*
voluminous *объемистый*
volute *спиральная камера, улитка центробежного насоса;* [arch.] *волюта*
vortex *вихрь, водоворот, завихрение*
vortex motion *вихревое движение*
voussoir *клинчатый камень, клинчатый кирпич*
V-pipe *коленчатая труба*
V-shaped *клиновидный*
V-thread *остроугольная резьба*
vulcanite *эбонит*
vulcanization *вулканизация*
vulcanize (vb.) *вулканизировать*

W (watt) [meas.] *ватт*
wafer *пластина, подложка, тонкий диск*
wage *заработная плата*
waggon transfer [rail.] *поворотный круг*
waggon transfer table [rail.] *поворотный круг*
waggon travelling platform [rail.] *поворотный круг*
waggon traverser [rail.] *поворотный круг*
waggon traverse table [rail.] *поворотный круг*
waggon vault [arch.] *бочарный свод*
wainscot *деревянная облицовочная панель*
wainscoting *деревянная панель, обшивка внутренних стен, обшивочный материал*
waist of chimney *перехват дымовой трубы*
waiting area [road] *островок безопасности*
waiting space *зал ожидания;* [road] *дополнительная полоса для кратковременной остановки*
waiting time *время ожидания, время срабатывания, период ожидания*
wale *деревянная распорка, деревянный ригель, поперечина*
waling *деревянная распорка, деревянный ригель, отбойный брус*
waling timber *двойной несущий брус, деревянная распорка, деревянный ригель*
walk *пешеходная дорожка, проход*
walkable *доступный пешеходу, проходимый*
walking comfort *удобство прохода по лестнице*
walking crane *консольный поворотный кран*
walking line *осевая линия лестничного марша*
walking track *пешеходная дорожка, подземный переход, проход*
walking wall crane *настенный поворотный кран*
walkthrough *критический анализ, сквозной контроль*
walk through *коридор, мостки, проход*
walkway *пешеходная дорожка, подземный переход, проход, ступенька, тротуар*
walkway slab *тротуарная плита*
wall *вал, стена, стенка*
wall anchor *анкер крепления балки к стене, стеновой анкер*
wall angle piece *угольник крепления стены*
wall base *плинтус*
wallboard *стеновая волокнистая строительная плита*
wall bond *перевязка каменной или кирпичной кладки*
wall bottom *подножие стены, подошва стены*
wall bound *перевязанный в кладке*
wall bracket *консоль, настенная осветительная арматура*
wall bracket bearing *консольный подшипник, подшипник на кронштейне*
wall brush mottler *щетка для нанесения окраски на стену в виде отдельных точек*
wall clamp *анкер крепления балки к стене, стеновой анкер*
wall collector *вертикальный солнечный коллектор, панельный солнечный коллектор*

wall column *колонна, полуколонна, полностью или частично заделанная в стену*

wall component *стеновой блок, стеновой сборный элемент*

wall construction *возведение стен, стеновая конструкция*

wall covering *облицовка стены*

wall crane *консольный поворотный кран, настенный поворотный кран*

wall cupboard *стенной шкаф*

wall decoration *облицовка стен, обшивка стен*

wall duct [electr.] *канал в стене для скрытой проводки, трубка в стене для скрытой проводки*

walled shaft *ствол с закрепленными стенками, шахта с закрепленными стенками*

wall element *стеновой блок, стеновой сборный элемент*

wall facing *облицовка стены*

wall fitting *настенная осветительная арматура*

wall form *опалубка для бетонирования стен, стеновая опалубка*

wall formwork *опалубка для бетонирования стен, стеновая опалубка*

wall height *высота стены*

wall hook *стеновой крюк*

wall hung wash-basin *настенная раковина*

wall hung W.C. pan *настенный унитаз*

wall in (vb.) *обносить стеной;* [build.] *огораживать*

walling *каменная кладка, кирпичная кладка*

walling bond *перевязка каменной или кирпичной кладки*

wall inlet *настенный впускной клапан*

wall lamp *настенный светильник*

wall line *шов каменной или кирпичной кладки*

wall lining *облицовка стены*

wall of brick *кирпичная стена*

wall of concrete *бетонная стена*

wall opening *проем в стене*

wall outlet *стенная розетка;* [electr.] *стенная штепсельная розетка*

wall paint *малярная краска*

wall panel *стеновая сборная панель, стеновой сборный элемент*

wallpaper *обои*

wall plaster *стенная штукатурка*

wall plate *мауэрлат, нижняя подстропильная вязка, облицовочная стеновая плита, подстропильный брус*

wall plug [electr.] *штепсельная вилка для стенной розетки*

wall rail *прикрепляемый к стене лестничный поручень*

wall receptacle [electr.] *стенная штепсельная розетка*

wall saltpetre *высол, выцвет соли, эфлоресценция*

wall screw *анкерный болт*

wall shuttering *опалубка для бетонирования стен, стеновая опалубка*

wall socket *стенная розетка, штепсельная розетка*

wall space *поверхность стены*

wall string *настенная тетива, прилегающая к стене лестничной клетки тетива лестницы*

wall surface *поверхность стены*

wall thickness *толщина стенки*

wall tie *проволочная обвязка, стеновая закрепа для крепления стеновой облицовки, стеновой анкер для крепления стеновой облицовки*

wall tile *стеновая керамическая облицовочная плитка*

wall-to-wall carpeting *ковер, полностью закрывающий поверхность пола*

wall up (to) *заделывать, замуровывать*

wall washer *анкерная плита, фундаментная плита*

walnut *ореховая древесина;* [woodw.] *орех*

wane *горбыль, обзол, облапол;* [woodw.] *остатки коры на доске*

waney *неоструганный, с остатками коры;* [woodw.] *обзольный*

waney sawn *неоструганный, с остатками коры;* [woodw.] *обзольный*

want (vb.) *испытывать недостаток, нуждаться*

warding file *плоский остроносый ключевой напильник*

wardrobe *гардероб, платяной шкаф*

warehouse *пакгауз, товарный склад, хранилище*

warehouse (vb.) *помещать в склад, складировать, хранить на складе*

warehousing *складирование*

warm *подогретый, теплый*

warm (up) (vb.) *нагревать, подогревать, прогревать*

warm aggregate *прогретый заполнитель*

warm air blowing fan *калорифер*

warm concrete *прогретая бетонная смесь*

warming *нагревание, прогрев, прогревание*

warming-up *подогрев, подогревание, прогрев, прогревание, прогрев аппаратуры*

warm mixing water *подогретая вода затворения*

warning alarm *аварийная предупредительная сигнализация, сигнал тревоги, тревога*

warning device *устройство предупредительной сигнализации*

warning light *предупредительный огонь, предупредительный сигнал, световой сигнал, сигнальный огонь*

warning sign *оповестительный щит, предупреждающий знак*

warning signal *предупредительный сигнал*

warning system *система аварийной сигнализации*

warp *искривление, коробление, перекос*

warp (vb.) *деформироваться, искривляться, коробиться*

warpage *искривление, коробление*

warped (adj.) *искривленный, перекошенный, покоробленный*

warped plane *искривленная плоскость*

warping *искривление;* [woodw.] *коробление*

warrant (vb.) *гарантировать*

warranty *гарантия*

Warren girder *балка Уоррена, ферма с параллельными поясами и треугольной решеткой*

wash *промывка*

wash (vb.) *вымывать, промывать, смывать*

washability *стиркопрочность тканей;* [mining] *обогатимость*

wash-basin *раковина, умывальник*

washboard *плинтус*

washboard road construction *волнистое дорожное покрытие*

wash boring *бурение с промывкой скважины*

washbowl [san.eng.] *унитаз*

washed gravel *промытый каменный материал*

washer *моечная машина, подкладка, прокладка, стиральная машина, упругое зажимное кольцо, шайба*

washer face *подголовок винта*

washing *мытье, отмучивание, отмывка, промывка;* [concr.] *промывка заполнителя*

washing down *смыв, смывание*

washing machine *моечная машина, стиральная машина*

washing-off *промывка*

wash off (vb.) *промывать*

wash-off *промывка*

wash out (vb.) *вымывать, промывать, размывать*

wash-out *размывание, эрозия*

washroom *туалет, туалетная комната*

wash sink *раковина, умывальник*

washwater [san.eng.] *смывная вода*

washwater tank *смывной бачок*

wastage *отбросы, отходы*

waste *лом, мусор, неисправимый брак, отбросы, отходы, утиль*

waste (vb.) *портить, расточать*

waste (adj.) *использованный, негодный, отработавший*

waste area *пустошь, пустырь*

waste bin *мусорный бак, мусоросборник строительного мусора*

waste boards *бракованные доски*

waste chute *лоток для сброса, мусоропровод*

waste collection *вывоз отходов, уборка мусора*

waste collection service *служба уборки мусора*

waste container *контейнер для сбора мусора, мусоросборник*

waste disposal *вывоз отходов, переработка мусора, переработка отходов*

waste disposal plant *завод по переработке отбросов*

wasted time *потерянное время, простой*

waste dump *свалка*

waste funnel *сливная воронка*

waste gas *отработавшие газы, отходящие газы*

waste grinder *мусородробилка*

waste grinding machine *мусородробилка*

waste heat *отходящее тепло, тепло отработавших или отходящих газов*

waste heat recovery *использование отходящего тепла, регенерация отходящего тепла*

waste hole *слив, сток*

waste iron *железный лом, скрап*

waste material *отходы, утильсырье*

waste matter *отбросы, отходы*

waste metal *металлолом*

waste mill *мусородробилка*

waste of energy *потери энергии*
waste oil *отработанное масло*
waste pipe *канализационная сливная труба*
waste plant *установка для переработки отходов*
waste processing *переработка отходов*
waste processing plant *установка по переработке отходов*
waste processor *установка по переработке отходов*
waste product *отбросы, отходы*
waster *брак, бракованный лист;* [mason] *каменный лом, кирпичный лом*
waste recycling *вторичное использование отходов, регенерация отходов*
waste removal *уборка мусора*
wastes *отбросы, отходы*
waste substances *отбросы, отходы*
waste tip *свалка*
waste treatment *переработка отходов*
wastewater *сбросная вода, сточные воды*
wastewater leader [san.eng.] *стояк канализационной системы*
wastewater pipe *канализационный трубопровод, отводная труба, спускная труба*
wastewater purification *водоочистка, очистка сточных вод*
wastewater treatment *очистка сточных вод*
wastewater treatment plant *водоочистная станция, станция водоочистки*
wastewater treatment works (vb.) *водоочистная станция, станция водоочистки*
waste wood *бракованные лесоматериалы*
watch *часы*
watch (vb.) *контролировать, наблюдать*
water *вода*
water (vb.) *орошать, поливать, увлажнять*
water absorbency *гигроскопичность*
water-absorbing capacity *водопоглощающая способность, объем водопоглощения*
water absorption *абсорбция воды, водопоглощение, впитывание воды, всасывание воды*
water admission *впуск воды*
water and heating installations *система центрального отопления*
water architecture *гидроархитектура*
water area *бассейн, водная площадь*
water-bar *спускной желоб, сточный желоб*
water-based *водный, на воде, на водной основе*
water-based paint *акварельная краска, водоэмульсионная краска*
water basin *водохранилище*
water-bearing layer *водоносный горизонт, водоносный слой*
water-bearing stratum *водоносный горизонт, водоносный слой*
water-binding capacity *водосвязывающая способность, способность к гидратации*
water-borne paint *акварельная краска, водорастворимая краска*
water breaker *волнорез*

water catcher *водосборник, водяной коллектор*
water catchment boring *бурение для водосбора, дренажное бурение*
water-cement paste *цементное тесто*
water/cement ratio *водоцементное отношение*
water circulation *циркуляция воды*
water closet *ватер-клозет, санузел, туалет, уборная*
water-closet flush cistern *смывной бачок*
water-closet lid *крышка унитаза*
water-closet seat *сиденье унитаза*
water column *водяной столб*
water company *водопроводная компания*
water conduit *водовод, водопровод*
water consumption *водопотребление, расход воды*
water content *влагосодержание, водосодержание, содержание воды*
watercourse *водосток, гидроканал*
water cup *водяной затвор, гидравлический затвор*
water curing *выдерживание бетона во влажных условиях*
water current *поток воды, течение воды*
water damage *ущерб от паводковых вод*
water demand *водопотребность, потребность в воде*
water-dilutable *водорастворимый, растворимый*
water discharge *водоспуск, расход воды*
water distribution system *система водоснабжения*
water down (vb.) *разбавлять, разводить*
water drip [build.] *слезник*
water droplet *капля воды*
water duct *водовод, водопровод*
water engineering *гидротехника, гидротехническое строительство*
water fastness *водостойкость*
water-filled *водонаполненный, заливной*
water film *адсорбированная вода, водная пленка*
water filter *водопроводный фильтр*
water flow *расход воды*
water flushing [san.eng.] *смыв водой*
water-free *безводный*
water gas *водяной газ*
water gas welding *сварка водяным газом*
water gauge *уровнемер*
water glass [chem.] *жидкое стекло, растворимое натрийсиликатное стекло*
water glass cement *силикатный клей*
water hammer [san.eng.] *гидравлический удар*
water hammer calculation [san.eng.] *расчет гидравлического удара*
water hammering [san.eng.] *гидравлический удар*
water hardness *жесткость воды*
water head *водяной столб*
water heater *водонагреватель, водоподогреватель*
water-holding *водоносный, водоудерживающий*
water-holding capacity *водосвязывающая способность, способность к гидратации*
water hose *рукав, шланг*

water hydrant *водоразборный пожарный кран, гидрант*
water-impermeable *водонепроницаемый*
watering *разбавление, разведение*
water injection *нагнетание воды*
water inlet *водозабор, водозаборное сооружение, водоприемник*
water inlet hose *водозаборный шланг*
water-insoluble *нерастворимый в воде*
water intake *водозабор, водозаборное сооружение, водоприемник*
water jet driving *гидромониторная разработка грунта, погружение свай или подмывом*
waterless *безводный*
water level *ватерпас, водное зеркало, уровень воды;* [tool] *уровень*
water level difference *перепад уровней*
water level gauge *батиметрическая трубка механического лота*
water level indicator *уровнемер*
water lifting *подъем воды*
water line *водовод, водопровод*
waterlogged *водонасыщенный, водоносный, пропитанный водой*
water main *водопровод, водопроводная магистраль*
water meter *водомер*
water mortar *строительный раствор*
water outlet *водовыпуск, водоспуск*
water paint *водоэмульсионная краска, водяная краска*
water parting *водораздел*
water penetration *просачивание, протекание, фильтрация воды*
water permeability *водопроницаемость*
water pipe *водопроводная труба*
water piping *водопровод, водопроводная труба*
water plane *горизонт грунтовых вод, зеркало воды, свободная поверхность воды*
water plug *водоразборный кран, пожарный кран*
water pocket *водяной карман, место скопления конденсата, пора, наполненная водой*
water power station *гидроэлектростанция*
water pressure *давление воды, напор воды*
waterproof (vb.) *делать водонепроницаемым, пропитывать*
waterproof (adj.) *водонепроницаемый, водоотталкивающий, водостойкий, водоупорный, герметичный, гидрофобный*
waterproof apparel *водонепроницаемая одежда*
waterproof cement *водонепроницаемый цемент, цемент с водоотталкивающей добавкой*
waterproof clothing *водонепроницаемая одежда*
waterproof finish *гидроизоляция, пропитка гидроизоляционным составом*
waterproofing *гидроизоляция, обработка для создания водонепроницаемости, пропитка гидроизоляционным составом;* [road] *герметизация швов*
waterproofing compound *герметизирующий состав, герметик, гидроизоляционный состав, гидроизоляция*
waterproofing finishing *гидроизоляция, пропитка гидроизоляционным составом*

waterproofing membrane *гидроизоляционная мембрана*
waterproof paint *водостойкая краска*
waterproof paper *водостойкая бумага*
waterproof tape *водостойкая пленка*
water pump *водяной насос*
water purification *водоочистка, очистка воды*
water-repellency *водонепроницаемость, водоотталкивание, гидрофобия*
water-repellent *водоотталкивающий, гидрофобный*
water-repellent preservative *водоотталкивающее средство защиты древесины*
water-repelling *водоотталкивающий, гидрофобный*
water requirement *водопотребность, потребность в воде*
water reservoir *водохранилище*
water-resistance *влагостойкость, водостойкость*
water-resistant *влагостойкий, водостойкий*
water-resisting *влагостойкий, водостойкий*
water-retaining *водоудерживающий, гидрофильный*
water-retentive *водоудерживающий, гидрофильный*
water rise *подъем воды*
water sample *проба воды*
water seal *гидравлическое уплотнение;* [san.eng.] *водяной затвор, гидравлический затвор*
watershed *водораздел*
water shortage *нехватка воды*
water solubility *растворимость в воде*
water-soluble *растворимый в воде*
water spot *водяное пятно (дефект)*
water stain *водяная протрава*
waterstop *лента для уплотнения швов*
water storage tank *водяная цистерна, водяной бак*
water supply *водопровод, водоснабжение*
water supply and sewerage *водоснабжение и канализация*
water supply installation [san.eng.] *установка водоснабжения*
water supply piping *напорный водопровод*
water supply plant *водопроводная станция*
water supply system *водопровод, система водоснабжения*
water surface *горизонт воды, свободная поверхность воды*
water table *горизонт грунтовых вод, зеркало грунтовых вод;* [san.eng.] *сливной канал*
water tank *водяной бак, резервуар для воды, цистерна для воды*
water tap *водоразборный кран, пожарный кран*
watertight *водонепроницаемый, герметичный*
watertight coating *водонепроницаемое покрытие, водостойкое покрытие*
watertight lighting fitting *водонепроницаемая светотехническая арматура, герметическая светотехническая арматура*
watertightness *водонепроницаемость, герметичность*
water tower *водонапорная башня, пожарный кран*
water trap *водяной затвор, конденсационный горшок*
water treatment *водоочистка, водоподготовка*

water treatment works *водопроводная станция, насосная станция*
water valve *водяной кран, задвижка, створный кран*
water vapour *водяной пар*
water vapour density *абсолютная влажность*
water vapour impermeability *паронепроницаемость*
water vapour permeability *паропроницаемость*
water vapour pressure *давление водяного пара*
water vapour transmission rate *паропроницаемость*
water vole *водяная крыса*
waterway *водоспуск, гидроканал, судоходное русло, фарватер*
waterworks *водопроводная станция, водопроводное сооружение, водохозяйственные мероприятия, водохозяйственный объект, гидротехническое сооружение*
watery *влажный, водянистый*
watt (W) [meas.] *ватт (Вт)*
wave *волна, сигнал*
wave break(er) *волнорез*
waved (adj.) *волнистый*
wave soldering *пайка волной припоя*
wavy *волнистый*
wavy-grained *извилистый;* [woodw.] *свилеватый*
wax *воск, парафин*
wax (vb.) *вощить*
waxing *вощение, покрытие воском*
wax polish *мастика для пола*
waxy bitumen *мягкий битум, полужидкий битум*
way *дорога, маршрут, путь*
way out *выход*
W.C. *ватер-клозет, санузел, туалет, уборная*
W.C. bowl *унитаз*
weak *слабый*
weak (adj.) *жидкий, непрочный, разбавленный, слабый*
weaken (vb.) *ослаблять, разбавлять*
weakening *ослабевание, ослабление*
weakness *слабость*
weak structure *пористая структура*
wear *выработка, изнашивание, износ, истирание, срабатывание*
wear (vb.) *изнашиваться, истираться, срабатываться*
wearability *износостойкость, сопротивление износу*
wear and tear *изнашивание, износ, истирание*
wear and tear resistance *сопротивление износу, сопротивление истиранию*
wear away (vb.) *изнашиваться, истираться*
wear check plug *калибр для проверки степени износа, пробка для проверки степени износа*
wear down (vb.) *изнашиваться, стираться*
wear face *износостойкая накладка, поверхность износа, трущаяся поверхность, фрикционная накладка*
wear hardness *износостойкость, сопротивление износу*
wearing *выработка, износ, истирание, срабатывание*
wearing coat *слой износа*

wearing course [road] *поверхность износа, слой износа*
wearing-down frequency *частота износа, частота срабатывания*
wearing-off *истирание*
wearing part *подверженная износу деталь*
wearing piece *трущаяся деталь*
wearing plate *срабатываемая пластинка, срабатываемая прокладка*
wearing qualities *долговечность, износостойкость, сопротивление износу*
wearing resistance *сопротивление износу*
wearing surface *поверхность износа, слой износа*
wearing test *испытания на износ*
wear layer *слой износа*
wear limit *допуск на износ, предел износа*
wear margin *запас на износ*
wear mark *след износа*
wear off (vb.) *изнашиваться*
wear out (vb.) *изнашиваться, истираться, срабатываться*
wear-proof *износостойкий*
wear resistance *сопротивление износу*
wear-resistant *износостойкий, износоустойчивый, стойкий к истиранию*
wear-resistant (adj.) *износоустойчивый*
wear testing gauge *прибор для измерения износа*
wear well (vb.) *быть износостойким*
weather *погода*
weather (vb.) *выветриваться, подвергаться атмосферным воздействиям;* [met.] *иметь побежалость (дефект)*
weather (adj.) *атмосферный, погодный*
weather-beaten *выветренный*
weatherboarded *с наружным подоконником (об окне)*
weather boarding *обшивка досками внакрой*
weathercock *флюгер*
weathered joint [mason] *скошенная вниз расшивка кладки*
weather groove [build.] *слезник*
weathering *выветривание;* [arch.] *скос для стока дождевой воды;* [met.] *побежалость;* [paintw.] *придание покрытию стойкости против атмосферных воздействий*
weathering (adj.) [met.] *нержавеющий*
weathering resistance *атмосферостойкость, погодостойкость, стойкость против атмосферных воздействий*
weathering stability *атмосферостойкость, погодостойкость, стойкость против атмосферных воздействий*
weathering steel *нержавеющая сталь*
weather joint [mason] *скошенная вниз расшивка кладки*
weather measures *меры защиты от атмосферных воздействий*
weather moulding *слезник*
weatherometer [paintw.] *атмосферная камера для испытаний покрытий металлов на стойкость к атмосферным воздействиям*
weather precautions *меры защиты от атмосферных воздействий*
weatherproof (adj.) *защищенный от атмосферных воздействий, устойчивый против выветривания*

weatherproofing *герметизация*
weatherproofness *стойкость против атмосферных воздействий*
weather protection felt *войлок для законопачивания щелей*
weather protective *защищающий от атмосферных воздействий*
weather resistance *атмосферостойкость, погодостойкость, стойкость против атмосферных воздействий*
weather resistant (adj.) *стойкий против атмосферных воздействий*
weather-resisting (adj.) *стойкий против атмосферных воздействий*
weather screen *ветровое стекло, лобовое стекло*
weather seal *герметизирующая прокладка*
weather shake *ветреница, морозобоина, трещина*
weather strip *герметизирующая прокладка*
weather stripping [build.] *герметизирующая прокладка*
weathertight *стойкий против атмосферных воздействий*
weathertight covering *герметизирующее покрытие*
weather tiling *облицовка стены плиткой внахлестку*
weather vane *флюгер*
weaving *прошивка матрицы ЗУ;* [road] *извилистость*
weaving lane [road] *полоса обгона*
weaving section [road] *извилистый участок дороги*
web *внутренняя перегородка пустотелого кирпича, профиль, ребро, решетка фермы, стенка балки, ткань*
web buckling *коробление стенки или перегородки*
web distortion *коробление стенки или перегородки*
web member *связь решетки, элемент жесткости решетки*
web of rail *шейка рельса*
web plate *лист рамного шпангоута, стенка балки, стойка лонжерона*
web reinforcement *поперечное армирование*
web splice *стыковое соединение стенки балки*
web stiffener *вертикальный уголок жесткости балки*
wedge *клин*
wedge (vb.) *забивать клин, заклинивать, разбивать клиньями*
wedge anchor *клиновой анкер*
wedge-edged brick *клинчатый кирпич*
wedge in (vb.) *вклинивать(ся)*
wedge-shaped *клиновидный, клинообразный*
wedge up (vb.) *заклинивать, подклинивать*
wedging *заклинивание, закрепление клиньями, расклинивание*
weekend cottage *дача*
weep (vb.) *выделять влагу, капать, просачиваться, протекать*
weephole *вентиляционное отверстие, выпускное отверстие;* [mason] *открытый стыковой шов*
weigh (vb.) *взвешивать*
weigh batcher *весовой дозатор*
weigh-batching plant *весовой дозатор*
weighing *взвешивание*
weighing hopper *бункер-дозатор*
weighing instrument *весы*
weighing machine *весы*
weigh out (vb.) *отвешивать, развешивать*

weight *груз, масса, нагрузка, пригруз;* [phys.] *сила тяжести*
weight (vb.) *нагружать*
weighted *взвешенный, нагруженный*
weight per axle *нагрузка на ось*
weight strength *отношение массы к прочности, удельная прочность*
weighty *тяжелый*
weir *водослив, измерительный водослив, плотина для деривации, плотина для измерения расхода воды;* [hydr.] *водоподъемная плотина, водосливная плотина*
weld *сварное соединение, сварной шов*
weld (vb.) *сваривать(ся)*
weldability *свариваемость*
weldable *поддающийся сварке, сваривающийся*
weldable steel *сварочная сталь*
weld autogenously (vb.) *варить автогеном*
weld corrosion *коррозия в зоне сварного шва*
weld decay *коррозия сварного шва*
weld defect *дефект сварки, дефект сварного шва*
welded *приваренный, сварной, сварочный*
welded assembly *сварной узел*
welded components *сварные детали*
welded connection *сварное соединение*
welded fabric *сварная арматурная сетка*
welded joint *сварное соединение, сварной шов*
welded rail joint *сварной рельсовый стык*
welded seam *сварной шов*
welded splice *сварное соединение*
welded tube *сварная труба*
welder *сварочная машина, сварочная установка, сварочный автомат, сварщик*
welder's gloves *защитные рукавицы*
welder's goggles *защитные очки*
welder's hammer *молоток для отбивания окалины*
welder's hand screen *сварочный щиток*
welder's protective screen *сварочный щиток*
weld groove *подготовка кромок под сварку, разделка кромок под сварку*
weld in (vb.) *приваривать*
welding *сварка*
welding (adj.) *сварочный*
welding accessories *принадлежности сварщика, приспособления для сварки, ручной инструмент сварщика*
welding apparatus *сварочный аппарат*
welding arc voltage [weld] *напряжение на дуге*
welding blowpipe *сварочная горелка*
welding burr *облой, сварочный грат*
welding capacity *свариваемость*
welding characteristic *сварочная характеристика*
welding consumables *присадочный материал*
welding crack *сварочная трещина*
welding current *сварочный ток*

welding edge *граница лицевой поверхности шва, сварочный грат*
welding electrode *сварочный электрод*
welding electrode holder *электрододержатель*
welding engineering *сварочная техника*
welding equipment *сварочное оборудование*
welding filler *присадочный материал, сварочная присадка*
welding fissure *сварочная трещина*
welding fittings *сварочная арматура, сварочные фитинги*
welding flame *сварочное пламя*
welding flux *сварочный флюс*
welding gap *зазор между свариваемыми кромками*
welding generator *сварочный генератор*
welding groove *подготовка кромок под сварку, разделка кромок под сварку*
welding gun *сварочная горелка, сварочные клещи, сварочный пистолет*
welding helmet *защитный шлем, сварочная маска*
welding joint *сварное соединение, сварной шов*
welding machine *сварочная машина, сварочный аппарат*
welding method *метод сварки*
welding operator *сварщик*
welding paste *сварочная паста*
welding plane *плоскость сварки*
welding point *место сварки, сварочный пост*
welding position *положение изделия при сварке, положение шва в пространстве*
welding powder *сварочный флюс*
welding pressure *давление осадки, усилие между электродами, усилие осадки*
welding process *метод сварки, технология сварки*
welding repair *ремонт с применением сварки*
welding rod *присадочный пруток, сварочный электрод*
welding seam *сварной шов*
welding set *сварочная установка, сварочный аппарат*
welding shield *защитный щиток*
welding shop *сварочная мастерская, сварочный цех*
welding sleeve *сварочная муфта*
welding spot *место сварки*
welding steel *сварочная сталь*
welding stress *вызванное сваркой собственное напряжение*
welding surface *свариваемая поверхность*
welding test *испытания сварного шва, пробная сварка*
welding torch *сварочная горелка, сварочный пистолет*
welding transformer *сварочный трансформатор*
welding unit *сварочная установка, сварочный аппарат*
welding using filler metal *сварка с использованием присадочного материала*
welding without using filler metal *сварка без использования присадочного материала*
welding with pressure *сварка в пластическом состоянии, сварка давлением*

weld iron *сварочная сталь, сварочное железо*
weld junction *зона сварного соединения*
weldless *бесшовный*
weldless tubing *бесшовная труба, цельнокатанная труба*
weld lines *границы проплавления, линии сплавления*
weldment *сварка, сварная конструкция, сварной узел*
weld metal *свариваемый металл*
weld nut *сварочная гайка*
weld on(to) (vb.) *приваривать*
weld penetration *глубина проплавления, проплавление*
weld seam *сварное соединение, сварной шов*
weld spatter *выброс металла из стыка при оплавлении, разбрызгивание металла при оплавлении*
weld splice *сварное соединение, сварной шов*
weld stress *вызванное сваркой собственное напряжение*
weld stud *установочная шпилька*
weld thickness *толщина сварного шва*
weld together (vb.) *сваривать, соединять сваркой*
weld zone *зона сварки*
well *водоем, источник, ключ, колодец, лестничная клетка, просвет между маршами лестницы, световая шахта, скважина, шахта лифта*
well cover *перекрытие колодца*
well foundation *основание из опускных колодцев*
well-graded *хорошо отсортированный*
well point *артезианский колодец*
well point pump *диафрагменный насос, мембранный насос, погружной насос*
well ring *кольцо крепи опускного колодца*
well-seasoned [woodw.] *хорошо выдержанный*
well-sorted soil *хорошо отсортированный грунт*
well staircase *винтовая лестница*
welt *фальц*
wet (vb.) *смачивать, увлажнять*
wet (adj.) *мокрый, сырой;* [concr.] *влажный;* [paintw.] *свежий*
wet blasting *мокрая пескоструйная очистка, обработка струей влажного песка*
wet consistency *пластичная консистенция*
wet-edge time [paintw.] *время перекрытия*
wet foundation *сырое основание, сырой фундамент*
wet grinding *мокрый размол, шлифование мокрым способом*
wet mill *мельница для мокрого измельчения*
wet mix [concr.] *смесь повышенной влажности*
wet mix bitumen macadam [road] *щебеночное покрытие с пропиткой битумом и поливкой водой перед укаткой*
wet-mix process *технология приготовления пластичной смеси;* [concr.] *мокрый процесс*
wet-on-wet [paintw.] *метод окраски по влажному слою*
wet-on-wet coating *окраска по влажному слою*
wet-paint *непросохшая краска*
wet polishing *мокрое шлифование*

wet sand blaster *аппарат для мокрой пескоструйной обработки*
wet sand blasting *мокрая пескоструйная обработка*
wet sand mix [road] *щебеночное покрытие с поливкой водой перед укаткой*
wet sump pump *водоотливной насос, дренажный насос*
wet through (vb.) *промочить насквозь*
wetting *смачивание, увлажнение*
wetting agent *увлажняющее средство;* [concr.] *пластификатор*
wet treatment *влажностная обработка*
wet well *приемный колодец насоса, сборный колодец*
wharf *набережная, пристань, причал, причальное сооружение*
wharf crane *портовый кран*
wheel *колесо*
wheel (vb.) *катить, поворачивать(ся)*
wheelbarrow *тачка*
wheeled traffic *колесный транспорт*
wheeling step *забежная ступень лестницы*
wheel load *давление колеса, нагрузка на колесо*
wheel track *колесная колея*
whet (vb.) *править, точить, шлифовать*
whetstone *точильный камень*
whipping drum *голова шпиля, дромгед, канатный барабан лебедки*
whirling *вихревое движение, турбулентное движение*
whirling motion *вихревое движение, турбулентное движение*
whirlpool *водоворот*
white, in the [woodw.] *в неотделанном виде*
white bolus [cer.] *каолин*
white deal [woodw.] *древесина ели обыкновенной*
white fingers *виброболезнь*
white frost *изморозь, иней*
white lead *свинцовые белила*
white lung *асбестоз*
whiten (vb.) *белить*
whitening *отмученный мел*
white portland cement *белый портландцемент*
white-scour (vb.) *выщелачивать*
white spirit [chem.] *уайт-спирит*
whitewash *побелка*
whitewash (vb.) *белить, делать побелку*
whitewashing *известковый раствор, побелка*
whitewood *белая древесина хвойных и лиственных пород, тяговая древесина;* [woodw.] *ель обыкновенная*
whiting *известковый раствор, отмученный мел, побелка*
whittle (vb.) *точить*
whole *неразъемный, цельный*
whole beam *неразрезная балка*
whole brick [mason] *цельный кирпич*
whole-brick wall *стена толщиной в один кирпич*
whole-rolled *цельнокатанный*
wholesale production *массовое производство*
whole section timber *бревно, деревянный элемент сплошного сечения, крупный лесоматериал, цельная древесина*

whole timber *бревно, деревянный элемент сплошного сечения, крупный лесоматериал, цельная древесина*
wicket *калитка, форточка;* [hydr.] *ворота шлюза*
wide *обширный, просторный, широкий*
wide-angle lighting fitting *светотехническая арматура, допускающая широкие углы наклона*
wide-meshed *с крупными отверстиями (о сите)*
widen (vb.) *расширять*
widening *расширение*
widening of a street *расширение улицы*
wide strip steel *широкополосная сталь*
width *пролет, толщина, ширина*
width across corners *ширина на угол*
width across flats *размер гайки под ключ*
width between jaws *раствор ключа или клещей*
width of bottom *ширина основания, ширина подошвы*
width of carriageway *ширина проезжей части*
width of cupboard *ширина шкафа*
width of jaw opening *раствор ключа или клещей*
width of overlapping *напуск, нахлест, ширина нахлеста*
width of span *пролет, ширина пролета*
width of stair *ширина лестницы*
width of travelled way (US) *ширина проезжей части*
width of wallpaper *ширина полосы обоев*
wiffets *мелкие детали, метизы*
Williot diagram *диаграмма Вильо*
willow [bot.] *ива*
winch *ворот, лебедка, шпиль*
winch barrel *барабан лебедки*
wind *ветер*
wind (vb.) *вертеть, навивать, наматывать, обматывать, перематывать*
windage *аэродинамическое сопротивление, подветренная поверхность*
wind beam *затяжка висячих стропил, стропильная затяжка*
wind blower *вентилятор, воздуходувка*
wind bracing *ветровая связь*
windbreak *ветровое стекло, ветрозащитный экран, защита от ветра*
wind damage *ущерб от шторма или бури*
wind energy *энергия ветра*
wind energy park *ветроэнергоцентр*
wind engine *ветряная турбина, ветряной двигатель*
winder *бобина, забежная ступень лестницы, катушка*
wind force *сила ветра*
wind generator *ветряк, ветряная мельница*
winding *намотка*
winding stairs *винтовая лестница*
wind load *ветровая нагрузка*
wind loading *ветровая нагрузка, ветровое нагружение*
windmill *ветряк, ветряная мельница*

windmill farm *ветроэнергоцентр*
windmill park *ветроэнергоцентр*
wind motor *ветряная турбина, ветряной двигатель*
window *окно, оконный блок*
window arch *арка оконной ниши, арочная перемычка окна*
window back *подоконная стенка*
window band *оконная обвязка*
window bar *горбылек оконного переплета*
window bay *оконная ниша*
window blind *жалюзи, оконная штора*
window board *внутренний подоконник*
window case *оконная коробка*
window casement *рама окна*
window catch *ветровой крючок*
window cleaning *мойка окон*
window cross *оконный переплет*
window fastener *оконная задвижка, шпингалет*
window fittings *фурнитура окна*
window frame *оконная коробка, оконная обвязка, оконная рама*
window frame head *верхний рамный брус, оконная перемычка*
window furniture *фурнитура окна*
window glass *листовое стекло, оконное стекло, стекло машинной выработки*
window grate *оконная решетка*
window groove *оконный притвор*
window hinge *оконная петля*
window lead *свинец для стеклянных витражей, свинец для стекольных работ*
window ledge *наружный подоконник*
window mountings *фурнитура окна*
window niche *оконная ниша*
window opener *поворотная ручка окна*
window opening *оконный проем*
window pane *оконное стекло*
window panel *стеновая панель с окном*
window parapet *подоконная стенка*
window post *вертикальная обвязка оконной коробки, горбыльки оконного переплета, оконная стойка*
window rabbet *оконный притвор, четверть*
window rail *горбылек оконного переплета*
window recess *оконная ниша*
window sash *оконная рама*
window section *профиль окна, сечение окна*
window shutter *оконный ставень*
window sill *наружный подоконник, нижний брус оконной коробки, сливная доска окна*
window stay *ветровой крючок*
window unit *стеновая панель с окном*
window ventilator *оконный вентилятор*
window wall *оконная обвязка, подоконная стенка*
window with double-glazing *окно с двойным переплетом*

window with metal frame *окно с металлической рамой*

wind power *энергия ветра*

wind power farm *ветроэнергоцентр*

wind power plant *ветровая электростанция, ветроэнергетическая установка*

wind power station *ветровая электростанция*

wind pressure *давление ветра*

windproof *ветронепроницаемый*

wind screen *ветровое стекло*

wind speed *скорость ветра*

windtight *ветронепроницаемый*

wind turbine *ветряная турбина, ветряной двигатель*

wind up (vb.) *навивать, наматывать, перематывать*

wind velocity *скорость ветра*

wing *створка двери, флигель;* [build.] *крыло здания*

wing-bar [illum.] *бра*

wing bolt *барашковый болт, болт-барашек*

wing nut *барашковая гайка, гайка-барашек*

wing of a gate *створка ворот*

wing screw *барашковый винт, винт-барашек*

wing wall [arch.] *откосное крыло стены*

winter concreting *зимнее бетонирование*

winter measures *меры, направленные на обеспечение зимнего режима эксплуатации*

winter of severe frost *суровая зима*

winter window *окно с двойным переплетом*

wipe (vb.) *вытирать, обтирать, протирать*

wire *кабель, провод, проводник, проволока, стальной канат, телеграфировать, трос;* [electr.] *проводник*

wire (vb.) *монтировать провод, связывать проволокой, скреплять проволокой;* [electr.] *прокладывать проводку*

wire bar applicator *аппликатор;* [paintw.] *спиральное проволочное устройство для нанесения покрытия*

wire binder *проволочная обвязка*

wire brush *металлическая проволочная щетка*

wire brushing *очистка проволочной щеткой*

wire cable *стальной канат, стальной трос*

wire cloth *проволочная сетка*

wire-cut brick *кирпич проволочной резки*

wire cutter(s) *ножницы для проволоки;* [tool] *кусачки*

wired cast glass *армированное литое стекло, безосколочное литое стекло, стекло, армированное проволокой*

wired glass *армированное стекло, безосколочное стекло, стекло, армированное проволокой*

wired rough cast glass *армированное стекло, сырое стекло*

wired safety glass *армированное стекло, безосколочное стекло, стекло, армированное проволокой*

wire electrode [weld] *проволочный присадочный материал*

wire fabric *проволочная сетка;* [concr.] *проволочный арматурный каркас*

wire fence *забор из проволочной сетки*

wire fencing *забор из проволочной сетки*

wire gauze *проволочная сетка*

wire glass *армированное стекло, безосколочное стекло, стекло, армированное проволокой*

wire goods *проволочные материалы*

wire grating *проволочная решетка*

wire guard *предохранительная сетка*

wire hose *армированный шланг*

wire mesh *армированное стекло, проволочная сетка*

wire nail *проволочный гвоздь, шпилька*

wire nail with countersunk head *дюкер*

wire net *проволочная сетка*

wire netting *ограждение из проволочной сетки, проволочная сетка*

wire nippers *кусачки, острогубцы*

wire pay-off apparatus *установка для сматывания проволоки*

wire reinforcement *проволочная арматура*

wire rope *стальной канат*

wire rope haulage *канатная откатка*

wire routing [electr.] *монтаж проводов, прокладка проводов*

wire screen *проволочное сито, стальная сетка*

wire socket *бобышка троса, головка троса, муфта троса, обжимка троса*

wire strainer *натяжной винт, приспособление для натягивания проводов или проволоки*

wire strand *прядь каната, стренга*

wire stretcher *приспособление для натяжения кабеля*

wire stripper [electr.] *клещи для удаления изоляции*

wire tie *проволочная обвязка*

wire-tie (vb.) *обвязывать проволокой*

wire works *проволочный завод*

wire yarn *металлическая проволока*

wiring *монтаж, система внутренней проводки, электропроводка*

wiring diagram *монтажная схема*

wiring harness *электросеть;* [electr.] *жгут проводов или кабелей*

wiring methods *технология монтажа электропроводки*

with a high labour content *трудоемкий*

withered *выцветший*

withered (adj.) *засохший, увядший*

with intense traffic *с интенсивным движением транспорта*

with low ceiling *с низким потолком*

without current *обесточенный*

without intermediate supports *без промежуточных опор, свободнолежащий*

withstand (vb.) *противостоять, сопротивляться*

wobble (vb.) *качаться, колебаться*

wobbly *качающийся, колеблющийся*

wood *дерево, древесина, лесоматериал*

wood board *доска*

wood boards *доски, древесная плита, штамповочный картон*

wood borer [tool] *бурав*

wood-burning stove *дровяная печь*

wood carving *резьба по дереву*
wood casing *деревянная обшивка*
wood charcoal *древесный уголь*
woodchip board *древесностружечная плита*
wood chippings *древесные стружки, обрезки, щепа*
wood chips *щепа*
wood concrete *арболит*
woodcrete *арболит*
wood deck *деревянный настил*
wood dowel *деревянный болт, деревянный шип, шпонка*
wood dust *древесная мука, древесная пыль, опилки*
wooden beading *валик, штабик;* [woodw.] *деревянный поясок*
wooden construction *деревянная конструкция*
wooden cover *деревянное покрытие*
wooden dowel *деревянный болт, деревянный шип, шпонка*
wooden fibreboard *древесноволокнистая плита*
wooden floor(ing) *дощатый настил, дощатый пол*
wooden frame *деревянная рама, деревянный каркас*
wooden furniture *деревянная мебель*
wooden hammer *деревянный молоток, киянка*
wooden house *деревянный дом*
wooden lath *дранка, драночная рейка*
wooden mould *деревянная форма*
wooden partition (wall) *деревянная перегородка*
wooden pavement *деревянная мостовая, торцовая мостовая*
wooden pile *деревянная свая*
wooden plug *деревянная пробка, дюбель*
wooden rib *дранка, дрань*
wooden roofing tile *кровельный гонт*
wooden slat *дранка, дрань*
wooden sleeper [rail] *деревянная шпала*
wooden wedge *деревянный клин, подкладка*
wooden window *деревянное окно, оконная рама из дерева*
wood fibre *древесное волокно*
wood fibreboard *древесноволокнистая плита*
wood filler *древесный наполнитель, порозаполнитель*
wood fillet *валик, деревянный поясок, штабик*
woodflour *древесная мука*
wood form *деревянная опалубка, деревянная форма*
wood fungus *домовой гриб*
wood furring *деревянная обрешетка*
wood glue *древесный клей*
wood impregnation *пропитка дерева*
wood industry *деревообрабатывающая промышленность*
wood insert *деревянная вставка*
wood lagging *деревянная обшивка*
wood moulding *валик, деревянная профилированная раскладка, деревянная профилированная рейка, деревянный поясок, штабик*
wood nail *деревянный болт, деревянный шип, шпонка*
wood of coniferous trees *древесина хвойных пород*

wood panelling *деревянные панели, обшивка стен деревянными панелями*

wood pile *деревянная свая*

wood preservation treatment *консервация дерева, пропитка дерева*

wood preservative *антисептик, консервант, консервирующее вещество*

wood preservative coating *консервирующее покрытие*

wood product *лесоматериал(ы)*

wood putty *древесная замазка*

wood rasp *деревянная терка, рашпиль*

wood resin *древесная смола*

wood saw *пила для распиловки древесины, пила по дереву*

wood scraper *деревянный скребок*

wood screw *шуруп*

wood screw thread *резьба для шурупов*

wood shaving *деревянная стружка*

wood sheathing *деревянная обшивка*

wood shingle roof *гонтовая крыша*

wood shuttering *деревянная опалубка*

wood siding *деревянная обшивка*

wood stain *протрава для древесины*

wood staining *морение древесины, протравливание древесины*

wood stove *дровяная печь*

wood strip *деревянная планка, полоса, рейка*

wood structure *деревянная конструкция*

wood tar *древесная смола*

wood treatment *консервация, пропитка дерева*

wood truss *деревянная ферма*

wood veneer *деревянный шпон, однослойная фанера*

wood waste *древесные отходы*

wood wool *древесная шерсть, тонкая древесная стружка*

wood wool cement slab *плита из арболита*

wood wool slab *древесноопилочная плита*

woodwork *деревообработка, деревянные изделия, изделия из древесины*

woodworking *деревообработка*

woodworking industry *деревообрабатывающая промышленность*

woodworking machine *деревообрабатывающий станок*

wood worm *личинка древоточца, мебельный точильщик*

woody (adj.) *деревянный, древесный*

work *материал, работа*

work (vb.) *действовать, обрабатывать, работать*

workability *удобообрабатываемость, удобоукладываемость*

workable *выполнимый, поддающийся обработке, удобообрабатываемый*

workable timber *лесоматериал*

work area *рабочая зона, рабочая область, рабочая площадка*

work bench *верстак*

work capacity *трудоспособность*

work cycle *рабочий цикл, технологический процесс*

work environment *условия труда*

worker *работник, рабочий*
workers' protection *охрана труда, техника безопасности*
workholder *оправка, патрон*
work-holding device *оправка, патрон*
work hours *часы работы*
work hygiene *гигиена труда*
work in (vb.) *встраивать*
working *производство, работа, эксплуатация*
working area *зона, рабочая область, рабочая площадка*
working capacity *трудоспособность*
working conditions *производственные условия, условия труда*
working current *рабочий ток*
working day *рабочий день*
working deck *рабочая платформа*
working drawing *рабочий чертеж*
working environment *условия труда*
working environment legislation *трудовое законодательство*
working environment measure *меры по улучшению условий труда*
working fit *рабочая посадка*
working gear *вспомогательный привод, рабочий механизм*
working group *рабочая группа*
working hours *часы работы*
working hygiene *гигиена труда*
working instructions *инструкция по эксплуатации*
working life *долговечность, ресурс, срок службы*
working light *освещение рабочего места*
working load *рабочая нагрузка*
working method *технология производства*
working order, in *в порядке, годный к работе*
working parts *рабочие детали*
working party *рабочая группа*
working place *рабочее место*
working plan *план работы*
working platform *рабочая платформа, рабочий настил лесов, рабочий настил подмостей*
working pressure *рабочее давление*
working radius *вылет, радиус действия*
working range *рабочая зона*
working scaffold *леса, подмости*
working site *место производства работ, рабочая площадка*
working space *рабочая зона*
working speed *рабочая скорость*
working stress *допускаемое напряжение, рабочее напряжение, расчетное напряжение*
working surface *рабочая поверхность*
working time *рабочее время*
working width *рабочая ширина, ширина захвата*
work in progress *незавершенные работы*
work instruction *инструкция по эксплуатации, руководство по эксплуатации*
work load *полезная нагрузка, рабочий поднимаемый груз*

workman *работник, рабочий*
workmanlike manner, in a *качественно, квалифицированно*
workmanship *качество работы, квалификация*
workmanship, good *хорошая квалификация, хорошее качество работы*
work material *материал, сырье*
workmen's shelter *бытовка, укрытие для рабочих*
work method *технология производства*
work of seasonal nature *сезонная работа*
work operation *рабочая операция*
work out (vb.) *разрабатывать*
work output *производительность*
work pace *темпы работы*
workpiece *заготовка, обрабатываемая деталь*
work place *рабочее место*
work platform *леса, подмости, рабочая платформа, рабочий помост*
work point *рабочая зона*
work posture [wk.env.] *положение при работе*
work procedure *порядок действий при работе*
work process *технологический процесс*
work programme *рабочая программа*
work range *радиус действия*
work-related injury *производственная травма*
workroom *рабочее помещение*
work routine *заведенный порядок, установившаяся практика*
works *завод, предприятие*
works certificate *приемочное свидетельство*
work schedule *график работ*
works foreman *бригадир*
worksheet *рабочая таблица, рабочий лист, технологическая карта*
workshop drawing *рабочий чертеж*
work site *рабочее место*
work site arrangement *организация рабочего места*
work size *рабочий размер*
work space *рабочая зона, рабочее пространство*
work space layout *организация рабочей зоны, организация рабочей площадки, планировка рабочей зоны, планировка рабочей площадки*
work specification *техническое описание*
work stoppage *прекращение работы*
work strain *напряженное состояние*
work stress [empl.] *рабочая нагрузка*
works under contract *подряд*
work surface *рабочая поверхность*
work table *рабочий стол*
work task *рабочее задание*
work technique *технология работы*
work ticket *разрешение на работу*
work time *рабочее время*
work time control *контроль рабочего времени*

work up (vb.) *обрабатывать, отделывать*
work wear *рабочая одежда, спецодежда*
worm *архимедов винт, червяк, шланг, шнек*
worm conveyor *винтовой транспортер, шнековый конвейер*
worm-eaten *изъеденный древоточцем, подточенный древоточцем, с червоточиной*
worm groove [woodw.] *червоточина*
worm hole [woodw.] *червоточина*
worm nut *винтовая стяжная муфта, длинная накидная гайка*
worn *изношенный, сработавшийся, стертый*
worn (adj.) *поношенный*
worn down *изношенный, сработавшийся, стертый*
worn out *изношенный, сработавшийся, стертый*
wound *насечка, разрез*
woven glass cloth *стекловолокнистая ткань, ткань из стекловолокна*
woven glass fabric *стекловолокнистая ткань, ткань из стекловолокна*
woven hose *шланг с оплеткой*
wrap (vb.) *заворачивать, обертывать*
wrapped ply hose *шланг с оплеткой*
wreck *поломка*
wreck (vb.) *ломать(ся), разрушать(ся)*
wrecking *поломка, разрушение*
wrecking plate *разборная плита*
wrench [tool] *гаечный ключ, гайковерт*
wrench size across flats *размер ключа по зеву*
wring (vb.) *выжимать, отжимать*
wringing fit *напряженная посадка, плотная посадка*
wrinkle *морщина, складка*
wrinkle (vb.) *морщить, собираться в складки*
wrinkle finish *лак-муар*
wrinkle lacquer *лак-муар*
wrinkling *образование складок, сморщивание*
wrong *неправильный, ошибочный*
wrought *кованый, ковкий*
wrought brass *ковкая бронза*
wrought iron *кованое железо*
wrought-iron lattice *решетка из кованого железа*
wrought steel *ковкая сталь*
wry *искривленный, кривой, перекошенный*
wryness *кривизна, перекос*
W-truss *W-образная ферма, ферма с двойной треугольной решеткой*

X

x-axis [mat.] *ось абсцисс, ось X*

x-member *крестообразный элемент*

X weld [weld] *X-образный шов*

Y

yard *двор, площадка для открытого хранения, склад, станционный парк, товарный двор, ярд (мера длины, равная 0,9144м)*
yardage *длина в ярдах, объем в кубических ярдах*
yard side *двор, задняя сторона дома*
y-axis [mat.] *ось ординат, ось Y*
Y connection [electr.] *соединение звездой*
yd (yard) *ярд*
yearly *ежегодный*
yearly consumption *потребление в год, расход в год*
yellow (vb.) *желтить, красить в желтый цвет*
yellow (adj.) *желтый*
yellowed *пожелтевший*
yellowing *пожелтение*
yellowish *желтоватый*
yellowy *желтоватый*
yield *выдавать импульс, выпуск, выход, добыча, отдача;* [phys.] *текучесть*
yield (vb.) *возвращать значение, вырабатывать, добывать, производить;* [met.] *переходить в состояние текучести*
yielding *текучесть;* [phys.] *остаточная деформация, пластическая деформация*
yielding (adj.) *оседающий, остаточный, поддающийся, текучий, упругий*
yield limit [phys.] *предел текучести, условный предел текучести*
yield line [phys.] *линия разрушения*
yield-line theory *теория линий разрушения*
yield load [phys.] *напряжение текучести*
yield point [phys.] *предел текучести*
yield point at elevated temperature [phys.] *предел текучести при повышенной температуре*
yield point at normal temperature [phys.] *предел текучести при нормальной температуре*
yield strength *предел текучести;* [phys.] *напряжение текучести*
yield stress [phys.] *напряжение текучести*
Y-intersection [road] *развилка*
young *молодой, недавний, новый, юный*
Young's modulus *модуль упругости, модуль Юнга*
Y-pipe *труба-развилка;* [san.eng.] *развилка трубы*
Y-track (US) [rail] *развилка путей*

zapon lacquer *цапоновый лак*
zebra crossing [road] *пешеходный переход типа 'зебра'*
zebra markings [road] *разметка типа 'зебра'*
zero *нулевая точка, нулевой, нуль*
zero (vb.) *обнулять, установить на нуль*
zero adjusting *нуль-регулировка, установка на нуль*
zero adjusting screw *регулировочный винт*
zero conductor *нулевая фаза;* [el.] *нулевой проводник;* [electr.] *нулевой провод*
zero correction *коррекция по нулевой точке, нуль-коррекция*
zero energy house *здание с нулевым потреблением энергии*
zero grounding [el.] *нулевое заземление;* [electr.] *заземление нулевой фазы*
zeroize (vb.) *обнулять, устанавливать на нуль*
zeroizing *обнуление, установка на нуль*
zeroizing fault *ошибка обнуления, ошибка установки на нуль*
zero line (on a scale) *нулевая линия (на шкале)*
zero mark (on a scale) *нулевое деление (на шкале)*
zero point *нулевая точка*
zero position *нулевая позиция, установка на нуль*
zero power *с нулевой мощностью*
zero power (adj.) *реактивный*
zero setting *обнуление, установка на нуль, установка нуля*
zero wire *нулевая фаза;* [el.] *нулевой провод*
zigzag *зигзаг, ломаная линия, соединение зигзагом*
zigzag connection *соединение зигзагом;* [electr.] *соединение по схеме зигзаг*
zigzag folding rule *складная линейка, складной метр*
zigzagging (adj.) *зигзагообразный*
zigzag line *ломаная линия*
zigzag riveting *зигзагообразная клепка*
zigzag spot weld [weld] *зигзагообразный точечный шов*
zinc (vb.) *оцинковывать, цинковать*
zinc (Zn) *цинк (Zn)*
zinc chloride paste *тестообразный паяльный флюс*
zinc chloride solution *водный раствор паяльного флюса*
zinc chromate (pigment) *хлорат цинка (пигмент);* [paintw.] *хромовокислый цинк*
zinc chromate primer *грунтовка из хромовокислого цинка*
zinc-coated *оцинкованный*
zinc coating *оцинкование*
zinc covering *покрытие из оцинкованного железа*
zinc dust [paintw.] *цинковая пудра*
zinc dust paint *цинковая краска*
zincic *содержащий цинк, цинковый*
zincing *оцинковывание, цинкование*
zincking *оцинковывание, цинкование*
zinc plate *цинковая пластина*
zinc plating *оцинковывание, цинкование*

zinc-rich paint *краска с большим содержанием цинка*
zinc roofing *кровля из оцинкованного железа*
zinc sheathing *обшивка из оцинкованного железа*
zinc sheet *листовой цинк, цинковый лист*
zinc silicate primer *грунтовка из кремнекислого цинка*
zinc white *цинковые белила*
zinc yellow *хромат цинка;* [paintw.] *желтый цинк*
zinking *оцинковывание, цинкование*
zone *зона, район, участок*
zone plan *план района, план участка*
zoning *зонирование, районирование*
Z-section *стальной Z-образный профиль*
Z-shaped *Z-образный*
Z-steel *стальной Z-образный профиль*

MIP/L&H BUSINESS DICTIONARY ENGLISH-RUSSIAN

АНГЛО-РУССКИЙ БИЗНЕС СЛОВАРЬ

Moscow International Publishers
in cooperation with
L&H Publishing Co., Copenhagen

MIP/L&H
COMPUTER DICTIONARY
ENGLISH-RUSSIAN

АНГЛО-РУССКИЙ СЛОВАРЬ КОМПЬЮТЕРНЫХ ТЕРМИНОВ

Moscow International Publishers
in cooperation with
L&H Publishing Co., Copenhagen